Die Personalkosten im Facheinzelhandel

Europäische Hochschulschriften
Publications Universitaires Européennes
European University Studies

Reihe V
Volks- und Betriebswirtschaft

Série V Series V
Sciences économiques, gestion d'entreprise
Economics and Management

Bd./Vol. 2838

PETER LANG
Frankfurt am Main · Berlin · Bern · Bruxelles · New York · Oxford · Wien

Max Reinhard Wenzlitschke

Die Personalkosten im Facheinzelhandel

Entwicklung – Relevanz – Anpassung

PETER LANG
Europäischer Verlag der Wissenschaften

Die Deutsche Bibliothek - CIP-Einheitsaufnahme

Wenzlitschke, Max Reinhard :

Die Personalkosten im Facheinzelhandel :
Entwicklung – Relevanz – Anpassung / Max Reinhard
Wenzlitschke. - Frankfurt am Main ; Berlin ; Bern ; Bruxelles ;
New York ; Oxford ; Wien : Lang, 2002
(Europäische Hochschulschriften : Reihe 5, Volks- und
Betriebswirtschaft ; Bd. 2838)
Zugl.: Köln, Univ., Diss., 2001
ISBN 3-631-38773-3

D 38
ISSN 0531-7339
ISBN 3-631-38773-3

www.peterlang.de

Geleitwort

Im Einzelhandel nimmt der Facheinzelhandel sowohl in Bezug auf die Anzahl der Geschäfte, der Beschäftigten und des Marktanteils eine bedeutende Rolle ein. Zu ihm zählen nicht nur die Fachgeschäfte, sondern auch Waren- und Kaufhäuser sowie andere Betriebsformen, die ihre tief gestaffelten Sortimente mit Serviceleistungen anreichern. Der Fachhandel prägt den Einzelhandel in besonderer Weise. Aber: Die Serviceleistungen führen zu vergleichsweise hohen Personalkosten, und es scheint so, dass die Bürde der hohen Personalkosten im Zeitablauf immer schwerer wird. Hier setzt der Verfasser der vorliegenden Arbeit ein, indem er drei Fragen aufwirft:

- Wie haben sich die Personalkosten im Facheinzelhandel in den letzten Jahrzehnten entwickelt?
- Welchen Einfluss hatten die Personalkosten auf die ökonomische Situation des Facheinzelhandels?
- Welche Maßnahmen stehen dem Facheinzelhändler zur Effizienzsteigerung im Personalbereich zur Verfügung?

Der Leser wird nicht nur über die vielfältigen Bestandteile von Personalkosten informiert, sondern erhält einen detailreichen Einblick in die Entwicklung der Personalkosten im Facheinzelhandel. Dem Verfasser standen hierfür die über Jahrzehnte angesammelten Daten aus den Betriebsvergleichen des Instituts für Handelsforschung in Köln zur Verfügung. Es wird deutlich, welchen Herausforderungen sich der Fachhandel stellen musste. Insofern handelt es sich bei den Ausführungen auch um ein Stück deutsche Wirtschaftgeschichte. Der Verfasser ist aber nicht bei der Beschreibung der Situation stehen geblieben, sondern hat auch geprüft, in welchem Zusammenhang ökonomischer Erfolg und Personalkostenbelastung stehen und wie die Handelsbetriebe in Anbetracht der stetig steigenden Personalkosten reagieren können.

Die Arbeit verdient meines Erachtens insbesondere wegen der einmaligen Dokumentation der Personalkostenentwicklung Beachtung. Sie schärft das Bewusstsein für langfristige Trends und ihre Auswirkungen auf eine Branche.

Köln, im August 2001 Prof. Dr. L. Müller-Hagedorn

Vorwort

Während meiner Tätigkeit als wissenschaftlicher Mitarbeiter und späterer Leiter des Bereichs ‚Betriebsvergleiche und Controlling' am Institut für Handelsforschung an der Universität zu Köln habe ich die Herausforderungen des Handels und die dahinterstehenden, oft weniger sichtbaren Sorgen und Nöte der Geschäftsinhaber/innen bzw. Geschäftsführer/innen in unzähligen Gesprächen persönlich kennen lernen dürfen.

Dies gilt im besonderen Maße für den Facheinzelhandel und sein mutmaßlich größtes Problem, das der Personalkosten. Der Preis für eine Einheit des Faktors Arbeit ist nicht nur absolut, sondern auch im Verhältnis zur betrieblichen Wertschöpfung seit Jahrzehnten stetig gestiegen. In dem Bemühen, der Forderung vieler Zeitgenossen nach einem breiten Angebot hochwertiger Serviceleistungen bei moderaten Warenverkaufspreisen auch weiterhin gerecht zu werden, haben sich die Kosten des Leistungsträgers Personal zu einer Last entwickelt, die von einem Großteil der Betriebe kaum mehr getragen werden kann. Derart motiviert, habe ich es mir im Rahmen der vorliegenden Arbeit zur Aufgabe gemacht, die Entwicklung und die Relevanz der Personalkosten dieser Betriebsform zu analysieren und zu dokumentieren. Ferner war es mein Anliegen, die Maßnahmen zur Anpassung der Personalkosten aufzuzeigen und zu systematisieren.

An dieser Stelle möchte ich mich bei den Menschen bedanken, die mich bei der Anfertigung dieser Arbeit unterstützt haben.

Namentlich danke ich meinem Doktorvater, Herrn Prof. Dr. Lothar Müller-Hagedorn, für die fachliche Betreuung und sein Vertrauen in das Gelingen dieser Arbeit. Herrn Prof. Dr. Toni Pierenkemper gilt mein Dank für die Übernahme des Korreferates. Darüber hinaus gilt mein besonderer Dank Herrn Jochen Müller, der die Mühe auf sich genommen hat, das Manuskript nach formalen Mängeln kritisch durchzusehen.

Den größten Beitrag zum Gelingen dieser Arbeit leistete meine Lebensgefährtin, Frau Martina Müller. Sie hat mich auf dem doch recht langen und teilweise steinigen Weg geduldig und verständnisvoll begleitet. Zudem sorgte sie für die notwendige Zerstreuung und Abwechslung. Vielen Dank dafür.

Die Promotion ist das lokale, möglicherweise sogar das globale Maximum meiner Ausbildung. Ich möchte es nicht versäumen, den beiden Menschen zu danken, die mir diese Bildung ermöglichten, meinen Eltern. Ihnen ist dieses Buch gewidmet.

Köln, im August 2001 — Max Reinhard Wenzlitschke

Inhaltsverzeichnis

Abbildungsverzeichnis

Abbildungen im Anhang:

Tabellenverzeichnis

Anhangverzeichnis

Abkürzungsverzeichnis

A.	Auflage
Azubis	Auszubildende
betriebl.	betrieblicher
Bd.	Band
BFuP	Betriebswirtschaftliche Forschung und Praxis
BgBl.	Bundesgesetzblatt
bspw.	beispielsweise
bzw.	beziehungsweise
DBW	Die Betriebswirtschaft
DIN	Deutsche Industrie Norm
e.V.	eingetragener Verein
EH	Einzelhandel
etc.	et cetera
f.	folgende Seite
ff.	folgende Seiten
FH	Fachhandel
gesetzl.	gesetzliche
H.	Heft
Hrsg.	Herausgeber
i.d.R.	in der Regel
i.e.S	im engeren Sinne
i.w.S	im weiteren Sinne
incl.	inclusive
ISO	International Organization for Standardization
Jg.	Jahrgang
Marketing ZFP	Marketing Zeitschrift für Forschung und Praxis
M.d.IfH	Mitteilungen des Instituts für Handelsforschung an der Universität zu Köln
o.	oder
o.Jg.	ohne Jahrgang
o.V.	ohne Verfasser
POS	Point of Sale
Qm	Quadratmeter
rd.	rund
S.	Seite
Sp.	Spalte
Stat.BA	Statistisches Bundesamt
u.a.	und andere(s)
vgl.	vergleiche
vs.	versus

WiSt	Wirtschaftswissenschaftliches Studium
WISU	Das Wirtschaftsstudium
z.B.	zum Beispiel
ZfB	Zeitschrift für Betriebswirtschaft
zfbf	Schmalenbachs Zeitschrift für betriebswirtschaftliche Forschung
ZfhF	Zeitschrift für handelswissenschaftliche Forschung

1 Einführung

1.1 Problemstellung

Im Facheinzelhandel der Bundesrepublik Deutschland liegt nach den Betriebsvergleichsergebnissen des Instituts für Handelsforschung bereits seit Anfang der sechziger Jahre die Entwicklung der einzelbetrieblichen Kosten über der Umsatzentwicklung und seit Anfang der siebziger Jahre schreibt die Mehrzahl der Betriebe betriebswirtschaftliche Verluste. Die Situation hat sich in der jüngsten Vergangenheit dadurch weiter zugespitzt, dass die Erlöse seit 1993 erstmalig über einen Zeitraum von mehreren Jahren hinweg bei weiter steigenden Kosten anhaltend rückläufig sind.[1] Treibende Kraft beim stetigen Anstieg der betrieblichen Gesamtkosten sind die Personalkosten. Ihr Anteil am Umsatz hat sich beispielsweise von 1949 (9,2 %) bis 1997 (19,0 %) mehr als verdoppelt, ohne dass die gleichzeitige Zunahme der Handelsspanne diese Belastung hätte ausreichend kompensieren können.[2] Die langfristige Zunahme der Kosten durch den Einsatz des Faktors Arbeit in den Fachbetrieben des Einzelhandels hatte aber nicht nur Auswirkungen auf den Erfolg dieser Unternehmen, sondern beeinflusste über die Variation des Personaleinsatzes zudem mutmaßlich das Leistungsangebot des Facheinzelhandels am Markt. Zur Verbesserung der betriebswirtschaftlichen Situation dieser nach wie vor bedeutenden Betriebsform des Einzelhandels sind Effizienzsteigerungen im Personalbereich (im Sinne des Verhältnisses von bewertetem Input und bewertetem Output) unumgänglich. Nur wenn dies gelingt, wird der Facheinzelhandel seine Bedeutung auch in Zukunft behalten. Aufgrund der großen Bedeutung der Personalkosten für den Facheinzelhandel lauten die drei zentralen Fragestellungen der vorliegenden Arbeit:

- Wie verlief die bisherige Personalkostenentwicklung im Facheinzelhandel?
- Welchen Einfluss haben die Personalkosten auf die Situation des Facheinzelhandels?
- Welche Maßnahmen stehen dem Facheinzelhändler zur Effizienzsteigerung im Personalbereich zur Verfügung?

---

1 Konkrete Informationen sind Kapitel 2 zu entnehmen.

2 Beide Angaben beziehen sich auf den Facheinzelhandel in den alten Bundesländern. Vgl. Seyffert, R. (Hrsg.): Umsatz, Kosten, Spannen und Gewinn des Einzelhandels in der Bundesrepublik Deutschland in dem Jahrzehnt 1949 bis 1958, Köln-Opladen 1962, S. 58; Kaapke, A.: Der Jahresbetriebsvergleich der Einzelhandelsfachgeschäfte 1997 – Bericht über die Ergebnisse aus den alten und neuen Bundesländern, in: M.d.IfH, 50. Jg. (1998), H. 11, S. 240.

1.2 Aufbau der Arbeit

Die Arbeit ist in fünf Kapitel gegliedert. In Anschluss an die Einführung wird im zweiten Kapitel auf Basis empirischer Daten die Entwicklung der Personalkosten des bundesdeutschen Facheinzelhandels beschrieben. Der Analysezeitraum von 1949 bis 1998 umfasst genau ein halbes Jahrhundert. Dank der Betriebsvergleiche des Instituts für Handelsforschung an der Universität zu Köln kann bei der Vergangenheitsanalyse auf umfangreiches Datenmaterial eines breiten Spektrums von Fachsparten des Einzelhandels zurückgegriffen werden. Eine weitere ergiebige Quelle sind die wiederkehrenden Erhebungen des Statistischen Bundesamtes der Bundesrepublik Deutschland, die nicht zuletzt für die wirtschaftswissenschaftliche Theorie und zum Nutzen der empirischen Wirtschaftsforschung in Instituten und Hochschulen durchgeführt werden.[3] Der einleitende Exkurs über die verschiedenen Erhebungen, die Auskunft über die Personalkostensituation im Facheinzelhandel geben, ist bewusst ausführlich. Er soll dem Leser die Möglichkeit geben, bei weiterem Interesse die angegebenen Quellen zu Rate zu ziehen. Im Rahmen der vorliegenden Arbeit können nur ausgewählte Aspekte bzw. Komponenten der Personalkosten einer vergangenheitsorientierten Analyse unterzogen werden.

Während die Langfristanalyse der Personalkostenentwicklung in Kapitel 2 eine deskriptive Sichtweise in den Vordergrund ihrer Aussagen stellt, erfolgt die Beurteilung dieser Entwicklung anschließend in Kapitel 3. Im Mittelpunkt stehen dabei die Auswirkungen auf die Entwicklung der beiden bedeutendsten Sachverhalte im Facheinzelhandel. Aus einzelbetrieblicher Sicht wird in Kapitel 3.2 der Einfluss der Personalkosten auf den Unternehmenserfolg der Betriebe dieser Betriebsform untersucht. Mit dem Versuch des Kapitels 3.3, den weitergehenden Einfluss der anhaltenden Personalkostenveränderung auf die Marktleistungsstrategie des Facheinzelhandels zu bestimmen, schließt das dritte Kapitel.

Ob sich die aufgezeigten Entwicklungslinien in die Zukunft fortschreiben lassen, hängt von den Möglichkeiten ab, die dem Facheinzelhandel zur Senkung der Personalkosten (noch) zur Verfügung stehen. Das vierte Kapitel beschäftigt sich mit dieser Thematik, indem es die Maßnahmen für eine personalkostenreduzierte Leistungserstellung im Facheinzelhandel behandelt. Gemäß Kapitel 4.1 scheint unter dieser Zielsetzung der produktionstheoretische Ansatz als theoretischer Bezugsrahmen besonders geeignet. Die Bestimmung der Leistungen ist im Rahmen des produktionstheoretischen Ansatzes von herausragender Bedeutung. Sie erfolgt ausführlich in Kapitel 4.2. Die anschließende Systematisierung und Diskussion der relevanten Maßnahmen erfolgt in Kapitel 4.3 anhand des Ausmaßes an Einflussnahme auf die Marktleistungsstrategie der Fachhandelsbetriebe.

Das abschließende Kapitel 5 fasst die Ergebnisse dieser Arbeit zusammen.

---

3 Vgl. Statistisches Bundesamt (Hrsg.): Unternehmen und Arbeitsstätten. Kostenstruktur im Einzelhandel 1989, Fachserie 2, Reihe 1.3, Stuttgart 1992, S. 7.

2 Die Entwicklung der Personalkosten im Facheinzelhandel

Um die ‚Last' der Personalkosten und ihre Bedeutung für den Facheinzelhandel im weiteren Verlauf der vorliegenden Arbeit untersuchen zu können, möchte Kapitel 2 in einem ersten Schritt die allgemeine Entwicklung der Personalkosten im Facheinzelhandel aufzeigen. Zuvor sind die Begriffe Facheinzelhandel und Personalkosten zu definieren.

2.1 Begriffsbestimmungen

2.1.1 Zum Begriff des Facheinzelhandels

Jeder Handeltreibende ist seit jeher bestrebt, sich über ein Warensortiment hinaus durch eine individuelle Kombination der absatzpolitischen Instrumente bzw. durch ein am Standort einzigartiges Leistungsangebot von seinen Konkurrenten abzuheben. Aus Sicht des Kunden vergleichbare Konzepte, die eine gewisse Marktbedeutung erlangen, werden zu homogenen Gruppen zusammengefasst, wobei die Gruppen untereinander möglichst heterogen sein sollen. Die Ähnlichkeit der Betriebe kann anhand vielfältiger Merkmale mit einer Vielzahl an Ausprägungen je Merkmal konkretisiert werden.

Im Laufe der Entwicklungsgeschichte des Einzelhandels ist eine Fülle an Erscheinungsformen mit unterschiedlichen Merkmalskombinationen entstanden, die eine immer schneller werdende Ergänzung mit neuen Varianten erfährt. Die zunehmende Vielfalt der Typologien, insbesondere auch durch die Möglichkeiten des elektronischen Handels, scheint die Annahme zu bestätigen, dass bisherige Erscheinungsformen zwar Marktanteile verloren haben, aber keine davon gänzlich aus dem Markt ausgeschieden ist.[4] Aufgrund dieses weiten Spektrums differierender betriebspolitischer Konzepte scheint in Anlehnung an Müller-Hagedorn eine zumindest zweistufi-

---

4 Selbst der Hausierhandel, der durch Betrügen, Stehlen und Betteln seinerzeit stark in Verruf gekommen war, so dass noch bis ins 19. Jahrhundert ständig Maßnahmen getroffen wurden, um das Gewerbe per Verordnung einzuschränken, ist in Deutschland noch nicht gänzlich ausgestorben. Vgl. Berekoven, L.: Geschichte des deutschen Einzelhandels, Frankfurt am Main 1986, S. 26. Eine Betriebsform, die zumindest in Europa per Verordnung abgeschafft wurde, ist die des Duty-Free-Shops. Vgl. hierzu o.V.: Duty Free, Schröders vergeblicher Kampf, in: http://www.manager-magazin.de/news/artikel/0,1113,2841,00.html, 11. April 1999.

ge Klassifizierung der Einzelhandelsbetriebe angeraten. Demnach soll in Abhängigkeit der Konkretisierung der Einteilung in Betriebsformen auf der einen und Betriebstypen auf der anderen Seite unterschieden werden. Der Grad der Konkretisierung wird durch die Anzahl der berücksichtigten Merkmale determiniert. Ohne eine konkrete Zahl an Merkmalen zur Abgrenzung der beiden Begriffsalternativen vorgeben zu wollen, bleibt der Begriff ‚Betriebsform' einer allgemeinen Typologisierung von Einzelhandelsbetrieben vorbehalten, während der Begriff ‚Betriebstyp' einer weitergehenden mehrdimensionale Konkretisierung der geschäftspolitischen Konzeption beschreibt.[5] Die Merkmale zur Definition von Betriebsformen und Betriebstypen sind dabei grundsätzlich nicht voneinander zu unterscheiden.

Die in der Literatur als relevant erachteten Merkmale sind uneinheitlich, wobei vor allem die Betriebsgröße, die Standortlage, das Bedienungssystem, das Preisniveau und die Sortimentsstruktur zur Typologisierung von Einzelhandelsbetrieben herangezogen werden.[6] Weitere mögliche Kriterien sind u.a. die Beweglichkeit des Standorts, das Vorhandensein einer Verkaufsstelle, die Integration eines Betriebs in eine Agglomeration, die Art des Inkassos, die Distanzüberwindung und der Kundenkreis.[7] Tabelle 1 nennt bedeutende Merkmale und definiert sie.

Merkmal	**Beschreibung**
Verkaufsraum	**mit vs. ohne Verkaufsraum** Die Existenz eines Verkaufsraums soll immer dann angenommen werden, wenn die Präsentation der Ware innerhalb eines umbauten Raumes erfolgt, der vom Kunden zu Zwecken des Einkaufs betreten werden muss und der in Eigentum oder in Gebrauch des Händlers ist. Bei Privaträumen des Kunden, die im Rahmen des Homeshoppings (Katalog, Internet, etc.) genutzt werden, handelt es sich somit nicht um Verkaufsräume.
Öffnungszeit	**lange vs. kurze Öffnungszeiten** Lange Öffnungs- bzw. Verkaufszeiten sollen immer dann angenommen werden, wenn die absolute Zeitdauer, in der der Handelsbetrieb seine Leistungen oder zumindest weite Teile davon dem Kunden anbietet, ständig über der von anderen Handelsbetrieben liegt. Die alleinige optische Präsentation der Waren im Schaufenster des Ladenhandels ist demnach nicht den Verkaufszeiten zuzurechnen. Die maximale Öffnungszeit für den Großteil der Betriebsformen wird durch die Bestimmungen des 'Ladenschlussgesetzes' reglementiert.[8]

5 Vgl. Müller-Hagedorn, L.: Betriebstypen im Einzelhandel, in: Tietz, B./Köhler, R./Zentes, J.: Handwörterbuch des Marketing, 2. A., Stuttgart 1995, S. 240.

6 Merkmale des Betriebes, etwa die Rechtsform, die Bezugswege von Waren, der regionale Standort oder die Dauer seines Bestehens, die die Wahl der Betriebsstätte durch den Kunden nicht unmittelbar beeinflussen, finden bei der Klassifizierung i.d.R. keine Berücksichtigung.

7 Vgl. Bidlingmaier, J.: Einzelhandel, Betriebsformen des, in: Tietz, B. (Hrsg.): Handwörterbuch der Absatzwirtschaft, Stuttgart 1974, Sp. 526-546.

8 Vgl. o.V.: Gesetz über den Ladenschluß vom 28. November 1956 (BgBl. I S. 875), zuletzt geändert durch Artikel 1 des Gesetzes vom 30. Juli 1996 (BgBl. I S. 1186).

Betriebsgröße	**Großbetriebsformen vs. Kleinbetriebsformen** Zur Messung der Betriebsgröße (hier nicht im Sinne einer Verkaufsstelle) können die unterschiedlichsten qualitativen und quantitativen Kriterien herangezogen werden. Zu letzteren gehören im Besonderen die Fläche, die Zahl der beschäftigten Personen, der Umsatz und der Grad der Filialisierung. Eine Großbetriebsform soll immer dann angenommen werden, wenn der Handelsbetrieb in einem dieser vier Kriterien dauerhaft und deutlich über dem Durchschnitt der anderen Handelsbetriebe liegt. Mit zehn und mehr Filialen gilt eine Filialunternehmung beispielsweise als Großbetriebsform.[9]
Geschäftslage	**Hauptverkehrslage vs. Nebenverkehrslage** Eine Hauptverkehrslage soll immer dann angenommen werden, wenn eine hohe Kundenfrequenz die Lage charakterisiert und am Standort mind. eine weitere Geschäftslage mit einer niedrigeren Kundenfrequenz vorhanden ist. Dieser Ansatz entspricht der Systematisierung der Geschäftslagen, wie sie im Rahmen des Betriebsvergleichs des Instituts für Handelsforschung (allerdings detaillierter) Anwendung findet.
Standortvariation	**fester vs. variabler Standort** Ein fester Standort soll immer dann angenommen werden, wenn der Betrieb im Sinne einer Verkaufsstelle während der Öffnungszeiten ständig am selben Mikrostandort platziert ist. Eine feste Verbindung mit dem Boden soll hierfür keine Voraussetzung sein. Die Verkaufsstelle selbst ist der Ort, an dem dem Kunden die Ware angeboten oder präsentiert wird und dieser seine Willenserklärung zum Erwerb der Ware abgibt. Auch beim Homeshopping kann der Standort der Verkaufsstelle fix sein, sofern das Informations- und Präsentationsmedium (z.B. Internetzugang) ortsgebunden ist.
Sortiment	**mit vs. ohne Sortimentsorientierung** Eine Sortimentsorientierung wird im Folgenden immer dann angenommen, wenn Handelsbetriebe eine oder mehrere Warenarten anbieten, die eine besondere Tiefe aufweisen. Die Breite des Sortiments soll dagegen kein Rolle spielen.
Preis	**mit vs. ohne Preisorientierung** Eine Preisorientierung soll immer dann angenommen werden, wenn die Preise für die Mehrzahl der angebotenen Waren ständig unter denen von anderen Handelsbetrieben für vergleichbare Waren liegen.
Service	**mit vs. ohne Serviceorientierung** Eine Serviceorientierung soll immer dann angenommen werden, wenn das Angebot an entgeltlosen Dienstleistungen, Warenleistungen (Tragetaschen, Warenproben etc.) und sonstigen unbepreisten Leistungen vor, während oder nach dem Kauf von Waren ständig über dem von anderen Handelsbetrieben liegt. Selbstbedienung schließt als Verkaufsform die Serviceorientierung eines Betriebes grundsätzlich nicht aus.

Tab. 1: Bedeutende Merkmale zur Typologisierung von Einzelhandelsbetrieben

9 Vgl. Ausschuß für Begriffsdefinitionen aus der Handels- und Absatzwirtschaft (Hrsg.): Katalog E. Begriffsdefinitionen aus der Handels- und Absatzwirtschaft, 4. Ausgabe, Köln 1995, S. 50.

Als Beispiel für die Bestimmung eines Betriebstyps soll die Definition des ‚Fachgeschäfts' des Ausschusses für Begriffsdefinitionen aus der Handels- und Absatzwirtschaft dienen, die im Katalog E folgende konkrete Anforderungen an dieses Betriebskonzept stellt. Demnach ist ein Fachgeschäft ein Einzelhandelsbetrieb, der ein branchenspezifisches oder bedarfsgruppenorientiertes Sortiment in großer Auswahl und in unterschiedlichen Qualitäten und Preislagen mit ergänzenden Dienstleistungen anbietet.[10] Der Begriffsbestandteil ‚Geschäft' deutet zudem darauf hin, dass der stationäre Handel in Verkaufsräumen als zusätzliche Bedingung für diesen Betriebstyp angesehen werden kann. In der Annahme, dass es sich im Einzelhandel regelmäßig um entgeltlose Dienstleistungen handelt und die Abgabe von Gratisware eine eher untergeordnete Rolle spielt, kann die Bedingung der erweiterten Dienstleistungen als Synonym für die Serviceorientierung dieses Betriebstyps angesehen werden. Das branchenspezifische oder bedarfsgruppenorientierte Sortiment in großer Auswahl und in unterschiedlichen Qualitäten und Preislagen steht für eine spezielle Form der Sortimentsorientierung.

Vor dem Hintergrund, dass das Fachgeschäft als der klassische Typ eines Facheinzelhandelsbetriebes angesehen werden kann, sollen die drei zentralen Faktoren – Stationärer Verkaufsraum, Sortimentsorientierung und Serviceorientierung – den Facheinzelhandel als Gesamtes charakterisieren. Die bisherigen Ausführungen lassen sich zu folgender Definition für den Facheinzelhandel als übergeordnete Betriebsform im Sinne der vorliegenden Arbeit verdichten:

Zum Facheinzelhandel werden alle Handelsbetriebe gerechnet, die in **stationären Verkaufsräumen** ein hinsichtlich **mindestens einer Warenart tiefgestaffeltes Sortiment** mit **ergänzenden Leistungen (i.d.R. Serviceleistungen)** dem Endverbraucher anbieten.

Unter den Zielsetzungen der vorliegenden Arbeit werden diejenigen Betriebstypen des Einzelhandels näher betrachtet, die sich eines besonders hohen Personaleinsatzes bei der Erstellung der betrieblichen Leistung bedienen und entsprechend hohe Kosten für diesen Faktor aufwenden müssen. Zur Abgrenzung des Facheinzelhandels wäre es demnach nahe liegend, den intensiven Personaleinsatz zumindest als zusätzliches Merkmal in die Definition mit einzubeziehen. Auf den expliziten Einbezug dieses Merkmals wird dennoch verzichtet, weil auch der Facheinzelhandel anstelle von Personal vermehrt neue Kommunikationsmedien am Point of Sale zur Kostenreduktion einsetzen wird.[11] Die Bedingung der Fremdbedienung als konstitutives Merkmal für diese Betriebsform würde die Faktorsubstitution als eine Maßnahme zur Personalkostenreduktion im Facheinzelhandel nur sehr eingeschränkt zulassen.

---

10 Vgl. Ausschuß für Begriffsdefinitionen aus der Handels- und Absatzwirtschaft (Hrsg.), 1995, S. 43.

11 Vgl. Kothlow, S.: Multimediale Systeme im stationären Einzelhandel, in: Bliemel, F./Fassott, G./Theobald, A. (Hrsg.): Electronic Commerce, Wiesbaden 1999, S. 146.

Neben dem Fachgeschäft lassen sich eine Reihe weiterer Betriebstypen des Ladenhandels dem Facheinzelhandel zuordnen. Um diese identifizieren zu können, sollen die Alternativen zunächst charakterisiert werden. Die erste Spalte der folgenden tabellarischen Übersicht zeigt die Vielfalt der Betriebstypen im Einzelhandel, ohne dabei einen Anspruch auf Vollständigkeit zu erheben. In den Spalten zwei bis neun wird anhand der Merkmale aus Tabelle 1 das jeweilige Profil der marktorientierten Betriebspolitik abgetragen. Unter pragmatischen Gesichtspunkten wurde allerdings der Differenzierungsgrad der Merkmale auf drei Ausprägungen beschränkt. Die letzte Spalte von Tabelle 2 nennt spezielle Merkmale einzelner Betriebstypen.

Merkmal / Betriebstyp	Mit Sortimentsorientierung	Mit Preisorientierung	Mit Serviceorientierung	Fester Standort mit Verkaufsraum	Lange Öffnungszeiten	Großbetriebsform	Hauptverkehrslage	sonstiges konstituierendes Merkmal
1	2	3	4	5	6	7	8	9
Ambulanter Handel	O	O	O	–	O	–	O	Raumüberbrückung
Automatenverkauf	O	–	–	–	+	–	O	
Boutique	+	–	+	+	–	–	+	modisches Sortiment
Discounter	–	+	–	+	–	+	O	
Duty-Free-Shop	O	+	O	+	+	–	–	
Fabrikladen	–	+	O	+	–	O	–	ohne Zwischenhandel
Fachgeschäft	+	–	+	+	–	O	O	
Fachmarkt	+	+	O	+	–	O	O	
Galerie	–	–	O	+	O	–	O	Kunstgewerbliches Sortiment
Gemischtwarenhaus	–	–	O	+	–	–	–	
Handwerkshandel	+	–	+	O	–	–	O	ohne Zwischenhandel
Internethandel	O	O	O	–	+	O	–	Raumüberbrückung
Kaufhaus	+	–	+	+	–	O	+	
Nachbarschaftsladen	–	–	O	+	+	–	–	Wohngebietsnahe Lage
Off-price-Store	–	+	–	+	–	+	–	stetiger Sortimentswandel
Sammelbesteller	–	–	+	–	+	–	–	Raumüberbrückung
Selbstbedienungswarenhaus	O	+	–	+	–	O	O	Autokundenorientierung
Spezialgeschäft	+	–	+	+	–	–	O	
Supermarkt	O	–	–	+	–	O	O	Schwerpunkt Lebensmittel
Teleshopping	–	–	O	–	+	O	–	Raumüberbrückung
Verbrauchermarkt	+	O	–	+	–	+	O	
Versandhandel	O	O	O	–	+	O	–	Raumüberbrückung
Warenhaus	+	–	+	+	–	+	+	
+ Trifft meist zu / **–** Trifft meist nicht zu / **O** Sowohl als auch								

Tab. 2: Charakterisierung der Betriebstypen des Einzelhandels

Betriebstypen in der Erscheinungsform von Spezialgeschäften, Boutiquen, Fachgeschäften, Warenhäusern, Kaufhäusern erfüllen demnach die Anforderungen an einen Facheinzelhandelsbetrieb in besonderer Weise. Eine trennscharfe Abgrenzung des Facheinzelhandels vom sonstigen Einzelhandel wird in der Praxis allerdings dadurch unmöglich gemacht, dass die Übergänge von einem Betriebstyp zu einem anderen fließend sind und Mischformen existieren. Auch Fachmärkte, die im Gegensatz zu Fachdiscountern ihre Wettbewerbsstrategie nicht ausschließlich auf eine extreme Kosten- und Preisstrategie ausrichten, sondern im Rahmen der Marktbearbeitung auch erweiterte Leistungen zur Differenzierung einsetzen, sind nicht von vorn herein ausgeschlossen. Diesem Umstand trägt die folgende Abbildung Rechnung. Sie zeigt die Abgrenzung des Facheinzelhandels anhand eines zweidimensionalen Modells, in das die bedeutendsten Betriebstypen des stationären Einzelhandels eingeordnet sind.

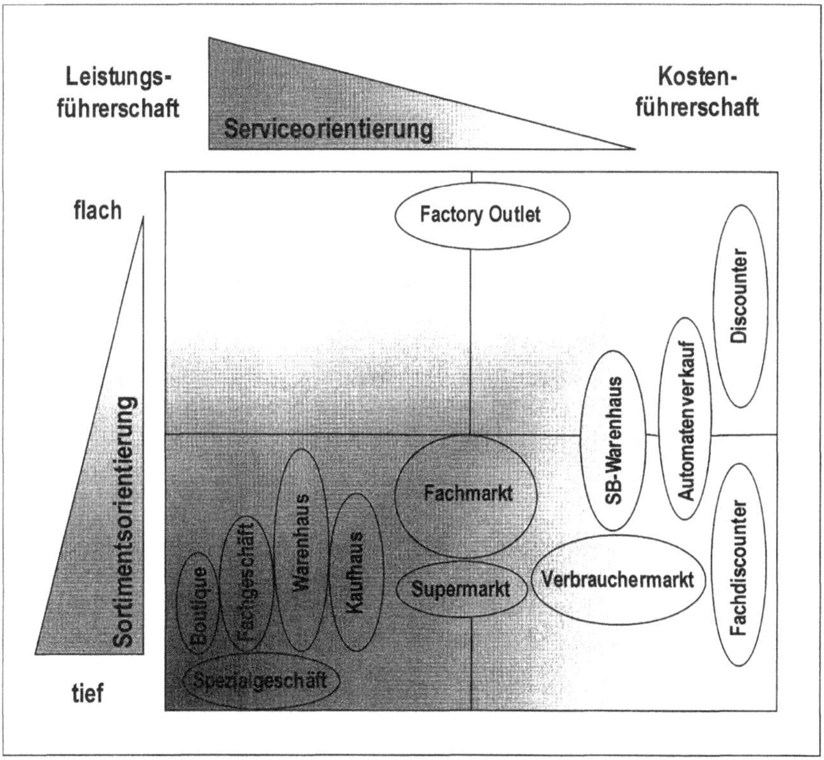

Abb. 1: Die Abgrenzung des Facheinzelhandels

Die optische Markierung des Facheinzelhandels erfolgt in der Darstellung durch ein graues Muster, dessen Farbintensität abnimmt. Der fließende Übergang signalisiert die Unmöglichkeit einer eindeutigen Abgrenzung. Aus Gründen einer einfacheren

Darstellungsweise wurde eine überschneidungsfreie Positionierung der Betriebsformen unterstellt, wie sie in der Realität nicht gegeben ist.

Bedeutendstes Merkmal des Facheinzelhandels ist für die weiteren Ausführungen die Serviceorientierung. Durch sie sind die hohen Personalkosten dieser Betriebsform verursacht. Das folgende Kapitel definiert den Begriff der Personalkosten.

2.1.2 Zum Begriff der Personalkosten

Zunächst soll der Begriffsbestandteil **Personal** im Facheinzelhandel definiert und beschrieben werden, um dann auf die Begriffsbestimmung seiner **Kosten** eingehen zu können. Eine einheitliche Definition des betrieblichen Personals existiert nicht. So setzen Olfert/Steinbuch das Personal mit der Gesamtheit der Arbeitnehmer eines Unternehmens gleich und weisen darauf hin, dass diese häufig auch als Belegschaft bezeichnet wird. Arbeitnehmer in ihrem Sinne ist, wer in einem persönlichen Abhängigkeitsverhältnis entgeltliche Arbeit verrichtet.[12] Eine ähnliche Sichtweise findet sich bei Oechsler. Er bezeichnet alle in jeder Art von Betrieben in abhängiger Stellung arbeitenden Menschen als Personal, die innerhalb einer institutionell abgesicherten Ordnung eine Arbeitsleistung gegen Entgelt erbringen.[13] Dagegen wird bei umfassenderen Ansätzen der Begriff des Personals i.d.R. um denjenigen Personenkreis erweitert, der in keiner abhängigen Stellung Arbeit verrichtet.[14]

Wie weit der Begriff Personal sinnvollerweise gefasst werden sollte, hängt von der konkreten personalwirtschaftlichen Problemstellung ab. Der Ausschluss von Personen, die entweder die Bedingung eines bestehenden Abhängigkeitsverhältnisses oder die einer entgeltpflichtigen Beschäftigung nicht erfüllen, würde im vorliegenden Fall der Aufgabenstellung nicht gerecht. Nicht zuletzt aufgrund der betriebswirtschaftlichen Notwendigkeit, bei vielen Fachgeschäften kalkulatorische Kosten für die unentgeltliche Tätigkeit des Geschäftsinhabers und seiner mithelfenden Familienangehörigen in Ansatz bringen zu müssen, hat der Einsatz derartiger Personengruppen Einfluss auf die Wirtschaftlichkeit des Betriebsfaktors Arbeit in diesem Wirtschaftssektor. Zudem werden die Personalkosten nicht aus Sicht der Geschäftsführung untersucht, sondern aus der des externen Beobachters. Der Begriff des Personals definiert sich im vorliegenden Kontext somit wie folgt:

> Das **Personal** stellt die Gesamtheit der betriebszugehörigen Menschen in einem Fachbetrieb des Einzelhandels dar, unabhängig davon, ob sie objektbezogene, ausführende oder dispositive, anweisende Arbeit leisten.

---

12 Vgl. Olfert, K./Steinbuch, P.A.: Personalwirtschaft, 7. A., Ludwigshafen (Rhein) 1998, S. 22.

13 Vgl. Oechsler, W.A.: Personal und Arbeit, 6. A., München 1997, S. 1.

14 Vgl. Seyffert, R.: Über Begriff, Aufgaben und Entwicklung der Betriebswirtschaftslehre, 6. A., Stuttgart 1971, S. 13; Weber, W./Mayrhofer, W./Nienhüser, W.: Grundbegriffe der Personalwirtschaft, Stuttgart 1993, S. 196; Nicklisch, H.: Die Betriebswirtschaft, 7. A., Stuttgart 1932, S. 289.

Alle anderen Personen, die unentgeltlich an der Erstellung der fachhandelsbetrieblichen Leistung beteiligt sind, nicht zuletzt der Kunde selbst, verursachen trotz des Faktorverzehrs keine betrieblichen Kosten. Demgemäss setzen sich die Kosten des Personals aus betrieblichen, ordentlichen und außerordentlichen Aufwendungen für Angestellte und dem Unternehmerlohn als kalkulatorische Kosten des Inhabers und seiner mithelfenden Angehörigen zusammen. Personalaufwendungen für zugekaufte Dienstleistungen z.B. Reinigung, gewerbliche Schaufensterdekoration, Reparaturen, Steuerberatung etc. sind im Folgenden ausgeschlossen.

Das Institut für Handelsforschung an der Universität zu Köln unterscheidet implizit Personalkosten im weiteren Sinne, d.h. inklusive Unternehmerlohn und Personalkosten im engeren Sinne, welche gleichbedeutend mit den zuvor genannten Personalaufwendungen sind und keinen Unternehmerlohn enthalten. Die Begriffe werden im Rahmen des Betriebsvergleichs für den Groß- und Einzelhandel wie folgt definiert:

Personalkosten (i.e.S.)	Bruttogehälter und -löhne aller im Betrieb angestellten Personen einschließlich des Arbeitgeberanteils an den sozialen Lasten sowie Tantiemen, Gratifikationen, Prämien, Provisionen und Sachleistungen (Verpflegung, Logis usw.).
Unternehmerlohn	Entgelt für die nicht entlohnte Tätigkeit des Inhabers und seiner Familie. Da bei Einzelunternehmungen, offenen Handelsgesellschaften und Kommanditgesellschaften unter Personalkosten kein Unternehmerlohn verbucht wird, ist dafür ein kalkulatorischer Betrag in Ansatz zu bringen. Das kalkulatorische Entgelt entspricht dem an gleichwertige leitende oder ausführende Kräfte nach den Sätzen der örtlichen Tarifordnung oder nach freier Vereinbarung zu zahlende Gehalt. Für die mithelfenden Familienangehörigen, die kein Gehalt beziehen und somit nicht Angestellte sind, wird ein ihrer Tätigkeit und der örtlichen Tarifordnung entsprechendes kalkulatorisches Entgelt angesetzt.

Die Spezifikation der Personalkosten im Facheinzelhandel kann geeigneter Weise anhand der Merkmale **Periodizität** (1), rechtliche **Komponenten** (2), **Personalstruktur** (3) und **Handelsleistung** (4) in unterschiedliche Kostenkategorien erfolgen. In der folgenden Abbildung 2 ist die Nennung von Merkmalsausprägungen lediglich exemplarischer und nicht erschöpfender Art.

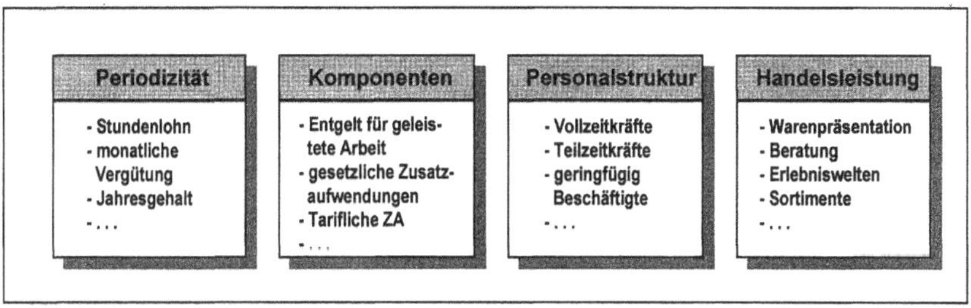

Abb. 2: Klassifikationsmerkmale der Personalkosten

Eine typische Aussage auf Basis dieser Systematisierung könnte lauten: Das monatliche (1) Entgelt für geleistete Arbeit (2) ist für Teilzeitkräfte (3) in der Beratung von Damenoberbekleidung (4) um drei Prozentpunkte gestiegen. An diesem Beispiel zeigt sich die Möglichkeit, mittels beliebiger Kombination der Kriterienausprägungen nahezu jede relevante Art von Personalkosten im Facheinzelhandel abgrenzen zu können. Das Maß der Personalkosten ist dabei entweder eine relative Verhältniszahl (z.B. Prozent) oder eine absolute Währungseinheit (z.B. Euro). Während die Handelsleistung als Bezugsgröße erst in Kapitel 4 ausführlich analysiert wird, zeigt Abbildung 3 eine detaillierte Aufschlüsselung der Personalkosten nach ihren Komponenten. Hinsichtlich der Periodizität der Personalkosten beschränkt sich die Arbeit auf Stunden- und Jahreswerte. Die Abgrenzung der Personalkosten in Bezug auf die Personalstruktur soll erst in Kapitel 4.3.1.1 erneut aufgegriffen werden.

<table>
<tr><th colspan="6">Personalkosten (i.w.S.)</th></tr>
<tr><th colspan="5">Personalaufwand (Personalkosten i.e.S.)</th><th rowspan="4">Kalkulatorischer (Unternehmer-) Lohn</th></tr>
<tr><th rowspan="3">Aufwendungen für geleistete Arbeit bzw. Leistungsentgelt</th><th colspan="4">Personalzusatzaufwendungen (PZA)</th></tr>
<tr><th rowspan="2">Gesetzliche PZA</th><th rowspan="2">Tarifliche PZA</th><th colspan="2">Betriebliche PZA</th></tr>
<tr><th>Betrieblich vereinbarte PZA</th><th>Freiwillige PZA</th></tr>
<tr><td>– Löhne und Gehälter
– Entgelte für geringfügig Beschäftigte
– Leistungsprämien
– Überstunden-Entgelte incl. Zuschläge
– Mitarbeiter Provisionen
– Prämien für Verbesserungsvorschläge
– Sonstige Leistungsentgelte</td><td colspan="2">– Arbeitgeberanteil zur Sozialversicherung
– Bezahlte Feiertage und sonstige Ausfallzeiten
– Entgeltfortzahlung im Krankheitsfall
– Versicherungsaufwendungen
– Aufwendungen nach dem Mutterschutzgesetz
– Kosten für Betriebsverfassung und Mitbestimmung
– Tarifurlaub
– Sonstige gesetzliche und tarifliche PZA</td><td colspan="2">– Aus- und Fortbildung
– Betriebliche Altersversorung
– 13. Monatsgehalt
– Urlaubsgeld
– Abfindungen lt. Sozialplan
– Verpflegung
– Gratifikationen
– Freizeit für besondere Anlässe
– Arbeitskleidung
– Sonstige betriebliche PZA</td><td>– UL für den tätigen Inhaber
– UL für mithelfende Familienangehörige
– KL für sonstige mithelfende Betriebszugehörige</td></tr>
</table>

Abb. 3: Komponenten der Personalkosten

Die obige Darstellung ist eine mögliche Systematisierung der betrieblichen Personalkosten nach ihren rechtlichen Komponenten. Auch wenn die Aufteilung nach den Entgelten für geleistete Arbeit und den Personalzusatzaufwendungen bzw. -kosten und diese wiederum nach ihren gesetzlichen, tariflichen und betrieblichen Bestandteilen allgemeine Verbreitung gefunden hat, weichen die in der Praxis vorzufindenden Systematisierungsansätze in Abhängigkeit von ihrer Zielsetzung unterschiedlich weit voneinander ab.[15] Das dabei verwendete Datenmaterial entstammt allerdings

15 Vgl. Friede-Mohr, Ch.: Die Entwicklung der Personalkosten, Bonn 1987, S. 27-47.

regelmäßig der Arbeitskostenerhebung des Statistischen Bundesamtes.[16] Diese und weitere relevante Datenquellen zu den Personalkosten im Einzelhandel werden im folgenden Kapitel 2.2 vorgestellt.

2.2 Relevante Datenquellen zu den Personalkosten im Einzelhandel

Auf eine eigene Erhebung der relevanten Sachverhalte zur Darstellung der Personalkostenentwicklung im Facheinzelhandel wurde verzichtet. Zum einen scheint eine die langfristige Entwicklung der Personalkosten darstellende Erhebung vergangenheitsorientierter Daten nur sehr eingeschränkt möglich, zum anderen existieren eine Reihe von permanenten Erhebungen, die die Personalkosten in einer für die Arbeit ausreichenden Art und Weise berücksichtigen.

Der Zeitraum der Analyse soll sich unter Maßgabe einer Langfristperspektive von 1949 bis 1998 und somit über genau 50 Jahre erstrecken. Für das Jahr 1949 als Analysebeginn spricht neben der Gründung der Bundesrepublik Deutschland und dem ersten vollständigen Geschäftsjahr nach der Währungsreform vor allem die Tatsache, dass das Institut für Handelsforschung an der Universität zu Köln den Betriebsvergleich für den Facheinzelhandel erstmalig systematisch angeboten und durchgeführt hat. Ähnlich weit zurück gehen zudem die laufenden Erhebungen des Statistischen Bundesamtes, das u.a. mit der Veröffentlichung der ‚Langen Reihen' „dem häufig geäußerten Wunsch nach Zeitreihen ab dem Jahr 1950 entspricht".[17]

Neben diesen beiden zentralen Datenquellen können eine Reihe weiterer Erhebungen für die Analyse der Personalkostenentwicklung des (Fach-)Einzelhandels von Relevanz sein. Notwendige Voraussetzung ist allerdings das Anliegen bzw. die Bereitschaft der durchführenden Stelle, die Daten zu publizieren oder auf Anfrage dem sekundären Nutzer zur Verfügung zu stellen. Durch diese Einschränkung kann nur ein relativ unbestimmter Teil des statistischen Materials der allgemeinen Aufbereitung und Auswertung zugänglich gemacht werden. Insbesondere die Verbundgruppen, Franchise- und Filialunternehmen des Facheinzelhandels verfügen über umfassendes Datenmaterial auf Basis der einzelnen Fachbetriebe, das lediglich zum internen Gebrauch bestimmt ist. Eine Übersicht über die Institutionen, deren wiederkehrende Untersuchungen zum Gegenstandsbereich der Personalkosten im Einzelhandel publiziert werden (bzw. wurden), gibt Tabelle 3, ohne dabei einen Anspruch auf Vollständigkeit zu erheben.

---

16 Vgl. AWV – Arbeitskreis für wirtschaftliche Verwaltung e.V. (Hrsg.): Personalkosten und Personalzusatzkosten in der betrieblichen Praxis, Eschborn 1995, S. 5f.

17 Statistisches Bundesamt (Hrsg.): Gesamtkatalog 2000, Stuttgart 2000a, S. 10.

Institution	Erhebung
Institut für Handelsforschung an der Universität zu Köln (IfH)	– Jahresbetriebsvergleich – Tertialsbetriebsvergleich
Statistisches Bundesamt	– Kostenstruktur im Einzelhandel – Arbeitskostenerhebung – Verdiensterhebung – Jahreserhebung im Einzelhandel – Gehalts- und Lohnstrukturerhebung
BBE - Unternehmensberatung GmbH (vormals: Betriebswirtschaftliche Beratungsstelle für den Einzelhandel)	Gehaltsstrukturuntersuchung
Institut der deutschen Wirtschaft (iw)	Arbeitskostentrendrechnung
FfH - Institut für Markt- und Wirtschaftsforschung GmbH (vormals: Forschungsstelle für den Handel)	‚Berliner Betriebsvergleich'
EHI Euro-Handelsinstitut e.V. (vormals: Deutsches Handelsinstitut Köln e.V. (DHI))	Betriebsvergleich der Filialbetriebe des Lebensmitteleinzelhandels

Tab. 3: Institutionen und deren Erhebungen zu den Personalkosten im Einzelhandel

Die relativ begrenzte Anzahl dieser Institutionen, die Daten in nennenswertem Umfang zur Personalkostensituation im Einzelhandel erheben und diese auch der Öffentlichkeit zur Verfügung stellen, kann über die Fülle dieses Materials hinwegtäuschen. Allein die publizierten Auswertungen des Statistischen Bundesamts nehmen seit 1950 soviel Raum ein, dass eine Gesamtdarstellung unmöglich ist. Die weiteren Ausführungen können lediglich einen grundsätzlichen Einblick in die Veränderungen der Kosten für den Faktor Arbeit geben. Um über die getroffene Auswahl hinaus dem Leser einen Überblick über das breite Spektrum an publizierten Kennzahlen zur Personalkostensituation im (Fach-)Einzelhandel zu vermitteln, sollen die Methoden und Inhalte der einzelnen Erhebungen im Folgenden kurz skizziert werden. Die Darstellungen basieren auf der jeweils letzten Erhebung bzw. deren Veröffentlichung (Stand: September 2000).

2.2.1 Der Betriebsvergleich des Instituts für Handelsforschung

Professor Dr. Rudolf Seyffert hat schon 1924 die Anregung zur Errichtung eines Forschungsinstituts für Kleinhandelsbetriebslehre an der Universität Köln gegeben. Nachdem es Jahre brauchte, um diesen Gedanken bei den maßgeblichen Stellen lebendig werden zu lassen, datiert die Eröffnung des „Betriebswirtschaftlichen Instituts für Einzelhandelsforschung" auf den 19. Januar 1929.[18] Im weiteren Verlauf seiner Geschichte hat es seinen Namen mehrfach verändert, gemäß der Erweiterung seiner Aufgabengebiete. Mit der vorerst letzten Änderung wurde es durch Erlass des damaligen Reichsministers für Wirtschaft, Erziehung und Volksbildung am 12. September 1944 in „Institut für Handelsforschung an der Universität zu Köln" umbenannt.

Bereits zu Beginn seiner Tätigkeit befasste sich das Institut mit der Problematik der Handelsspanne. Die damals weit verbreitete Kritik an der Existenz derartiger freikalkulierbarer Preisaufschläge und deren Rechtfertigung durch den Handel machte eine wissenschaftliche und somit objektive Forschung notwendig. Aus den hierzu durchgeführten Kosten- und Preisanalysen entwickelte sich der Betriebsvergleich des Instituts für Handelsforschung. Die systematischen Betriebsvergleichsarbeiten für den Einzelhandel wurden im Jahre 1949 mit 1.798 Betrieben aus 26 Branchen und Teilbranchen aufgenommen. Von Anfang an bildete der mittelständische Facheinzelhandel in Form von Fachgeschäften, Spezialgeschäften und Boutiquen den Schwerpunkt der Analysen. Er wird seitdem in unterschiedlichen Intervallen durchgeführt. Neben den branchenübergreifenden Standardauswertungen, die monatlich, quartals- bzw. tertialsweise und jährlich erfolgen, werden eine Reihe von individuellen Spezialauswertungen angeboten.

Der Betriebsvergleich verfolgt dabei mehrere Zielsetzungen. Zum einen und zum wichtigsten will er den teilnehmenden Betrieben die Möglichkeit zur ständigen Kontrolle und zur optimierten Planung ihres Betriebsablaufs geben. Durch die Übermittlung entscheidender Struktur-, Leistungs- und Kostenzahlen von einer Vielzahl an Unternehmen sollen die Schwächen und Stärken des einzelnen Betriebes und Ansatzpunkte für ihre Beseitigung bzw. Nutzung aufgezeigt werden. Im Rahmen dieser Zielsetzung gibt der Betriebsvergleich Hilfestellung bei der Ursachenanalyse, beim Ableiten von Wirkungsprognosen und letztlich bei der Formulierung von Zielvorgaben. „So trägt der Betriebsvergleich zur Leistungssteigerung sowie zur Rentabilitätsverbesserung und damit letztlich zur Existenzsicherung der Unternehmen bei."[19]

Eine sekundäre Aufgabe des Betriebsvergleichs ist die zahlenmäßige Dokumentation der Situation des (Fach-)Einzelhandels. Insbesondere Ministerien, Handelskammern, Verbände, gewerbliche Verbundgruppen, Kreditinstitute und andere öffentliche und privatwirtschaftliche Institutionen nutzen die publizierten Durchschnittsergebnisse für ihre Arbeit. Von Bedeutung für die Analyse der Personalkostenentwicklung sind der Jahres- und der Tertialsbetriebsvergleich des Instituts für Handelsforschung. Da die jährliche Erhebung die Kostenpositionen der tertialsweisen Auswertung mit beinhaltet und darüber hinaus über wesentlich mehr Teilnehmer verfügt, wird auf die

18 Vgl. Gesellschaft zur Förderung des Instituts für Handelsforschung an der Universität zu Köln (Hrsg.): Festschrift zum 25-jährigen Bestehen der Gesellschaft zur Förderung des Instituts für Handelsforschung an der Universität zu Köln e.V., Köln 1953, S. 8.

19 Klein-Blenkers, F. (Hrsg.): Der Betriebsvergleich des Instituts für Handelsforschung. Methoden und Nutzungsmöglichkeiten, Sonderhefte der M.d.IfH, Nr. 40, Köln 1991, S. 1.

Darstellung des dafür aktuelleren Tertialsbetriebsvergleichs verzichtet.[20] Tabelle 4 informiert über den Jahresbetriebsvergleich, der gleichzeitig den zentralen Datenpool für die empirischen Auswertungen dieser Arbeit darstellt.

Erhebung	**Jahresbetriebsvergleich**
Periodizität	jährlich seit 1949
Einzelhandelsbereich	50 Branchen und Teilbranchen des Facheinzelhandels (1998)
Stichprobenauswahl	willkürliche Auswahl
Stichprobenumfang	von 1949 bis 1998 durchschnittlich 4.687 Facheinzelhandelsbetriebe p.a.
Erhobene Kennziffern zu den Personalkosten	– Summe der absoluten Fremdpersonalkosten – Absoluter Unternehmerlohn für Inhaber – Absoluter Unternehmerlohn für Familienangehörige – Teilweise absolute Fremdpersonalkosten einzelner Betriebsbereiche (z.B. Werkstatt)
Publikation Kennziffern	– Fremdpersonalkosten in % des Bruttoumsatzes – Unternehmerlohn in % des Bruttoumsatzes – Gesamte Personalkosten in % des Bruttoumsatzes – Personalkosten (incl. Unternehmerlohn) je beschäftigte Person in DM (1949 bis 1968) – Personalkosten (ohne Unternehmerlohn) je angestellte beschäftigte Person in DM (1969 bis 1995 u. 1998)
Klassifizierung	1. Stufe: Bundesgebiet 2. Stufe: Branche 3. Stufe: Teilbranche 4. Stufe: Geschäftslage, Ortsgröße, Zahl der beschäftigten Personen, Raumgröße, Umsatzgröße, Personalleistung
Veröffentlichungen	– Mitteilungen des Instituts für Handelsforschung – Dokumentationshefte

Tab. 4: Informationen zum Jahresbetriebsvergleich des IfH

2.2.2 Die öffentliche Statistik

Das Berichtssystem des Statistischen Bundesamts und die jeweiligen Landesämter liefern in drei Kategorien (zusammenfassende Veröffentlichungen, Klassifikationen und Fachserien) auf der Grundlage des Handelsstatistikgesetzes (HdlStatG) regelmäßig in monatlichen, jährlichen und mehrjährigen Erhebungen sowie in Ergänzungserhebungen und Zählungen systematisch erfasste Daten über den Handel.[21]

20 Für weitere Informationen zum Tertialsbetriebsvergleich des IfH siehe Wenzlitschke, M.R./Wagner, E.: Ergebnisse einer Befragung zum Tertialsbetriebsvergleich, in: M.d.IfH, 50. Jg. (1998), H. 7, S. 148f.

21 Vgl. Müller-Hagedorn, L./ Schuckel, M.: Der Handel in der amtlichen Statistik, in: von der Lippe, P./Rehm, N./Strecker, H./Wiegert, R. (Hrsg.): Wirtschafts- und Sozialstatistik heute. Theorie und Praxis. Festschrift für Walter Krug, Sternefels 1997, S. 110. Dort findet sich auch ein Hinweis

Der (Binnen-)Handel im institutionellen Sinne wird hierbei in Einzelhandel, Großhandel und Handelsvermittlung differenziert. Die Definition des Einzelhandels erfolgt in Übereinstimmung mit dem Katalog E, Begriffsdefinitionen aus der Handels- und Absatzwirtschaft: Einzelhandel betreibt, wer „Waren in eigenem Namen für eigene oder fremde Rechnung in der Regel vorwiegend an private Haushalte absetzt."[22] Das inhaltliche Spektrum der verschiedenen Einzelhandelsbefragungen bzw. -zählungen umfasst Kennzahlen zur Struktur, zum Erfolg und zu den Kosten des Unternehmens bzw. der Arbeitsstätte. Als Ergebnisse werden ausschließlich aggregierte Werte veröffentlicht.

Namentlich sind es fünf unabhängige Erhebungen, die einen Beitrag zur Analyse der Personalkostensituation im (Fach-)Einzelhandel leisten können: die **Kostenstrukturerhebung**, die **Arbeitskostenerhebung**, die vierteljährliche **Verdiensterhebung**, die **Jahreserhebung im Einzelhandel** und die **Gehalts- und Lohnstrukturerhebung**. Keine weitere Betrachtung erfahren dagegen die regelmäßigen Tarifauswertungen des Stat.BA. Es handelt sich dabei um Statistiken, die laufend die Lohn- und Gehaltsvereinbarungen aufbereiten. Durch ihren eher theoretischen Charakter sowie deren Ergebnisdarstellung in Form von Indizes eignen sie sich nur bedingt zur Analyse der Personalkostenentwicklung.

Die Kostenstrukturerhebung im Einzelhandel

„Im Einzelhandel werden ähnliche Untersuchungen vom Institut für Handelsforschung an der Universität zu Köln durchgeführt, die allerdings in erster Linie auf einen Betriebsvergleich, aber auch auf die Gewinnung von Strukturbildern einer Anzahl von Einzelhandelszweigen abgestellt sind. Um die beiderseitigen Arbeiten nicht durch Doppelbefragungen zu stören, unter denen die Berichtsfreudigkeit der Firmen erheblich hätte leiden können, wurden auf Grund einer mit dem genannten Institut getroffenen Vereinbarung die von ihm befragten rd. 2000 Einzelhandelsunternehmungen bei der Kostenstrukturerhebung nicht berücksichtigt. Das hatte auch den Vorteil, dass so die Möglichkeit geschaffen wurde, die beiden unabhängig voneinander bei einem unterschiedlichen Firmenkreis getroffenen Feststellungen aneinander zu kontrollieren."[23] Dieses Zitat aus der ersten Veröffentlichung des Statistischen Bundesamtes zur Kostenstruktur des Einzelhandels der Bundesrepublik aus dem Jahre 1950 dokumentiert die enge Verwandtschaft der beiden Auswertungen.

auf die zugrundeliegenden Gesetze über die Statistik im Handel und Gastgewerbe vom 10. November 1978, Bbl sowie die Statistikanpassungsverordnung (StatAV) vom 26. März 1991 und das Gesetz zur Änderung des Handels- und Lohnstatistikgesetzes vom 2. März 1994.

22 Statistisches Bundesamt (Hrsg.): Unternehmen und Arbeitsstätten. Kostenstruktur im Einzelhandel 1993, Fachserie 2, Reihe 1.3, Stuttgart 1996, S. 245 und Ausschuß für Begriffsdefinitionen aus der Handels- und Absatzwirtschaft (Hrsg.), 1995, S. 41.

23 Statistisches Bundesamt (Hrsg.): Die Kostenstruktur in der gewerblichen Wirtschaft und in ausgewählten freien Berufen. Ergebnisse der Kostenstrukturerhebung 1950. Einzelhandel, H. 4, Stuttgart-Köln 1955, S. 8f.

Im Gegensatz zum Betriebsvergleich des Instituts für Handelsforschung, der lediglich als sekundären Nutzen die Situation des Facheinzelhandels anhand von Kennzahlen dokumentiert, soll die Kostenstrukturstatistik in erster Linie ein Bild der in Unternehmen verschiedener Wirtschaftszweige erwirtschafteten Gesamtleistung und des Leistungsaufwands sowie deren Zusammensetzung geben. Tabelle 5 gibt einen Überblick über die personalkostenrelevanten Erhebungsmerkmale der Kostenstrukturstatistik. Da das Erhebungsdesign in der Vergangenheit nur geringfügig modifiziert wurde, sind alle Angaben der letzten veröffentlichten Erhebung von 1993 entnommen worden.[24] Sie stehen repräsentativ für die vorhergehenden Auswertungen.

Erhebung	**Kostenstruktur im Einzelhandel**
Periodizität	Erstmals 1950, dann vierjährlich seit 1961
Einzelhandelsbereich	Einzelhandel insgesamt, untergliedert nach 77 Branchen
Stichprobenauswahl	willkürliche Auswahl
Stichprobenumfang	Lt. Gesetz über die Kostenstrukturstatistik vorgeschriebener Repräsentationsgrad von 5 Prozent der Gesamtzahl aller Unternehmen und sonstigen Arbeitsstätten. (1993: alte Bundesländer 8.891 (2,2 %), neue Bundesländer 2807 (3,4 %))
Erhobene Kennziffern zu den Personalkosten	– Bruttolöhne und –gehälter – Provisionen an Gehalts- und Lohnempfänger/innen – gesetzliche Sozialkosten – übrige Sozialkosten
Publikation Kennziffern	Absolute Kennziffern in DM (je Unternehmen) – Löhne u. Gehälter sowie Provisionen insgesamt – Löhne u. Gehälter sowie Provisionen insgesamt je Beschäftigten – Löhne u. Gehälter – Provisionen – Sozialkosten Relative Kennziffern (je Unternehmen) – Löhne u. Gehälter in % der Gesamtleistung – Provisionen in % der Gesamtleistung – Gesetzliche Sozialkosten in % der Gesamtleistung – Übrige Sozialkosten in % der Gesamtleistung – Anteil der gesetzl. Sozialkosten an den Sozialkosten insgesamt in % – Anteil der übrigen Sozialkosten an den Sozialkosten insgesamt in % – Anteil der Sozialkosten insgesamt an den Löhnen und Gehältern sowie den Provisionen in %
Klassifizierung	1. Stufe: Bundesgebiet 2. Stufe: Wirtschaftsklassen der Systematik der Wirtschaftszweige 3. Stufe: Umsatzgröße
Veröffentlichungen	Fachserie 2: Unternehmen und Arbeitsstätten, R 1.3: Kostenstruktur im EH

Tab. 5: Informationen zur Kostenstrukturerhebung des Stat.BA im Einzelhandel

24 Vgl. Statistisches Bundesamt (Hrsg.), 1996, S. 3-17 u. 240-249.

Während die Erhebungen zur Kostenstruktur lediglich die vier in Tabelle 5 aufgeführten Kostenkomponenten des Faktors Arbeit getrennt voneinander erheben und auswerten, ist es bei der im Folgenden vorzustellenden speziellen **Arbeitskostenerhebung** ein Vielfaches an unterschiedlichen Positionen. Eine solche detaillierte Aufschlüsselung kann insbesondere die Voraussetzung zur Ableitung der einzelnen kostenkomponentenbezogenen Einsparungspotenziale der Personalaufwendungen im Facheinzelhandel schaffen.

Die Arbeitskostenerhebung im Einzelhandel

Im lohnstatistischen Berichtssystem des Stat.BA nimmt die Arbeitskostenerhebung eine zentrale Stellung ein. Ihre Hauptaufgabe liegt darin, die Kostenbelastung der Unternehmen durch die Beschäftigung von Arbeitnehmern nach Kostenarten zu quantifizieren. Als wichtige Elemente werden die Bruttolöhne und -gehälter sowie die Personalnebenkosten in ihren Bestandteilen erhoben und ausgewertet. Dies umfasst alle Aufwendungen der Unternehmen, die mit der Beschäftigung von Arbeitnehmern entstehen (Arbeitgeberbeiträge zur Sozialversicherung, Aufwendungen für die Berufsausbildung und die betriebliche Altersversorgung u.v.a.).

Auch wenn die erste Erhebung im Handel für das Jahr 1957 dokumentiert ist, finden regelmäßige Erhebungen erst seit Anfang der siebziger Jahre statt. Seit 1978 werden sie in den Mitgliedsländern und aufgrund von Rechtsverordnungen der EG nach weitgehend vergleichbaren Konzepten und zum gleichen Zeitpunkt durchgeführt.[25] Tabelle 6 stellt die Arbeitskostenerhebung im Einzelhandel anhand ihrer wichtigsten Kriterien vor. Die Angaben basieren auf der aktuellen Erhebung für das Jahr 1996.[26]

---

25 Vgl. Statistisches Bundesamt (Hrsg.): Löhne und Gehälter. Personal- und Personalnebenkostenerhebungen. Aufwendungen der Arbeitgeber im Groß- und Einzelhandel sowie im Bank- und Versicherungsgewerbe 1978, Fachserie 16, H. 2, Stuttgart-Mainz 1981, S. 4.

26 Vgl. Statistisches Bundesamt (Hrsg.): Löhne und Gehälter. Arbeitskostenerhebungen. Arbeitskosten im Produzierenden Gewerbe und ausgewählten Dienstleistungsbereichen 1996. Erste Ergebnisse für Deutschland, Fachserie 16, H. 1, Stuttgart 1999b, S. 3-13 u. 327-344.

Erhebung	**Arbeitskostenerhebung**
Periodizität	1957, 1970, 1974, 1978, 1981, 1984, 1988, 1992 u. 1996
Einzelhandelsbereich	52 Einzelhandel (ohne Handel mit Kraftfahrzeugen und ohne Tankstellen); Reparatur von Gebrauchsgütern untergliedert in: 52.1 Einzelhandel mit Waren verschiedener Art (in Verkaufsräumen) 52.2 Facheinzelhandel mit Nahrungsmittel, Getränken und Tabakwaren (in VKR) 52.3 Apotheken; Facheinzelhandel mit medizinischen, orthopädischen u. kosmetischen Artikeln (in VKR) 52.4 Sonstiger Facheinzelhandel (in VKR) 52.5 Einzelhandel mit Antiquitäten und Gebrauchtwaren (in VKR) 52.6 Einzelhandel (nicht in VKR) (Nur Unternehmen mit 10 und mehr Arbeitnehmern)
Stichprobenauswahl	repräsentative Auswahl
Stichprobenumfang	2.060 Unternehmen
Erhobene Kennziffern zu den Personalkosten	**Löhne und Gehälter insgesamt** davon: – Ausbildungsvergütungen einschließlich Sonderzahlungen – Zusätzliches Urlaubsgeld – Leistungen des Arbeitgebers zur Vermögensbildung der Arbeitnehmer – Sonstige im Voraus fest vereinbarte Sonderzahlungen wie 13. Monatsgehalt u.ä. – Von den persönlichen Leistungen oder dem Unternehmenserfolg u.ä. abhängige Sonderzahlung wie Erfolgsbeteiligungen, Prämien für Verbesserungsvorschläge – Urlaubsvergütung, -abgeltung einschl. Schwerbehindertenurlaub – Gesetzliche Lohn- und Gehaltsfortzahlung bis zur 6. Krankheitswoche – Vergütung der gesetzlichen Feiertage und sonstiger gesetzlicher Ausfalltage – Vergütung sonstiger betrieblicher oder tariflicher arbeitsfreier Tage **Personalaufwendungen** (die nicht oder nicht allgemein in der Lohn- u. Gehaltssumme enthalten sind) davon: – Arbeitgeberpflichtbeiträge zur Sozialversicherung davon: – Arbeitgeberpflichtbeiträge zur Rentenversicherung – Arbeitgeberpflichtbeiträge zur Arbeitslosenversicherung – Arbeitgeberpflichtbeiträge an gesetzl. und nach § 257 SGB V private Krankenkassen – Arbeitgeberpflichtbeiträge zur Pflegeversicherung – Arbeitgeberpflichtbeiträge zur Renten-, Kranken- und Arbeitslosenversicherung für Auszubildende – Beiträge zur Berufsgenossenschaft ohne Umlage für das Konkursausfallgeld – Aufwendungen für die betriebliche Altersversorgung u. sonstige Vorsor-

	geeinrichtungen
	davon: – Rentenzahlungen aufgrund betriebl. Ruhegeldzusagen
	– Pensionrückstellungen nach § 6 a EStG zu Beginn des Geschäftsjahres
	– Pensionrückstellungen nach § 6 a EStG am Ende des Geschäftsjahres
	– Zuwendungen an Pensionskassen
	– Zuwendungen an Unterstützungskassen
	– Beiträge für Direktversicherungen (einschl. Gehaltsumwandlungsversicherungen)
	– Aufwendungen für den Vorruhestand
	– Sonstige Aufwendungen für die Alterssicherung, Beiträge an den PSVaG
	– Zusätzliche Beiträge an Einrichtungen zur Unterstützung im Krankheitsfall
	– Zusätzliche Beiträge an Einrichtungen zur Unterstützung der Arbeitnehmer bei Kurzarbeit und Arbeitslosigkeit
	– Sonstige Aufwendungen für Vorsorgeeinrichtungen
	– Unterstützungsaufwendungen und sonstige Personalnebenkosten
	davon: – Zusätzliche Lohn-/Gehaltsfortzahlung im Krankheitsfall, Zuschüsse zum Krankengeld
	– Beihilfen zu den Kosten für Arztleistungen, Kuren, Zahnersatz u.ä.
	– Betriebliches oder tarifliches Kurzarbeitergeld
	– Familienunterstützungen (Verheirateten-, Kinderzuschläge, Zuwendungen bei Heirat, Geburt, Tod u.a., nicht jedoch das gesetzliche Kindergeld)
	– Wohnungsfürsorge
	– Naturalleistungen (ohne Kantinenzuschüsse)
	– Entschädigungen und Abfindungen bei Beendigung des Arbeitsverhältnisses
	– Sach- und Fremdkosten für berufliche Aus- und Weiterbildung, Lehrgänge
	– Kantinenkosten, Essensgutscheine und Essensmarken
	– Sach- und Fremdkosten für Einrichtungen des betrieblichen Gesundheitsdienstes und sonstige Belegschaftseinrichtungen (ohne Kantinen)
	– Aufwendungen bei auswärtiger Beschäftigung
	– Anwerbungskosten (Ein- und Vorstellungskosten)
	– Zuschüsse zum Mutterschaftsgeld
	– Sonstige gesetzliche Aufwendungen (z.B. Ausgleichsabgabe nach dem Schwerbehindertengesetz)
	– Sonstige direkte Zuwendungen
	– Zahlungen an Zeitarbeitsfirmen für die Überlassung von Personal
	– Aus öffentlichen Mitteln erstattete Aufwendungen

Publikation	
Kennziffern	Ausgewählte Erhebungspositionen und zusätzliche Zusammenfassungen: – Entgelt für geleistete Arbeit, – Personalnebenkosten insgesamt, – Gesetzliche Personalnebenkosten, – Sonderzahlungen, – Vergütung arbeitsfreier Tage, – Aufwendungen für Vorsorgeeinrichtungen, – Sonstige Personalnebenkosten und – Arbeitskosten insgesamt je vollbeschäftigten Arbeitnehmer in DM und in % des Entgelts für geleistete Arbeit. zusätzlich: Arbeitskosten je geleistete Stunde in DM
Klassifizierung	1. Stufe: Bundesgebiet 2. Stufe: Wirtschaftszweig 3. Stufe: Unternehmensgrößenklassen, Quintilen, Arbeitnehmergruppen
Veröffentlichungen	Erhebung 1957: Statistik der Bundesrepublik Deutschland, Band 246/3 Erhebung 1970: Fachserie M, Reihe 15 Erhebung 1974 u. jünger: Fachserie 16

Tab. 6: Informationen zur Arbeitskostenerhebung des Stat.BA im Einzelhandel

Steht speziell die kurzfristige Entwicklung der Löhne und Gehälter im Einzelhandel im Mittelpunkt des Interesses, bietet sich der Rückgriff auf die ‚Vierteljährliche Verdiensterhebung' des Stat.BA an.

Vierteljährliche Verdiensterhebung

Die laufende Verdiensterhebung informiert u.a. über die kurzfristigen Entwicklungen der Bruttoverdienste der Angestellten im Einzelhandel. Die Inhalte der Tabelle 7 basieren auf der zuletzt veröffentlichten Erhebung vom Oktober 1999.[27]

27 Vgl. Statistisches Bundesamt (Hrsg.): Löhne und Gehälter. Angestelltenverdienste im Produzierenden Gewerbe, Handel, Kredit- und Versicherungsgewerbe Oktober 1999, Fachserie 16, Reihe 2.2, Stuttgart 2000b, S. 3-8 u. 288-290; Statistisches Bundesamt (Hrsg.): Löhne und Gehälter. Arbeitnehmerverdienste im Produzierenden Gewerbe; Handel; Kredit- und Versicherungsgewerbe Oktober 1999, Fachserie 16, Reihe 2.3, Stuttgart 2000c, S. 3-5 u. 54-56.

Erhebung	**Verdiensterhebung**
Periodizität	Seit 1957 in vierteljährlichen Abständen für die Monate Januar, April, Juli u. Oktober
Einzelhandelsbereich	52 Einzelhandel (ohne Handel mit Kraftfahrzeugen und ohne Tankstellen); Reparatur von Gebrauchsgütern 52.2 Facheinzelhandel mit Nahrungsmittel, Getränken und Tabakwaren (in VKR) 52.3 - 52.7 Apotheken; Facheinzelhandel mit medizinischen, orthopädischen u. kosmetischen Artikeln (in VKR); Sonstiger Facheinzelhandel (in VKR); Einzelhandel mit Antiquitäten und Gebrauchtwaren (in VKR); Einzelhandel (nicht in VKR); Reparatur von Gebrauchsgütern (Nur Betriebe mit 5 und mehr Arbeitnehmern)
Stichprobenauswahl	keine Angabe
Stichprobenumfang	Im früheren Bundesgebiet wurden ca. 10 % der zur Auswahlmasse zählenden Betriebe erfasst.
Erhobene Kennziffern zu den Personalkosten	– Bruttoverdienste der Angestellten in DM, die im Berichtsmonat gezahlt werden (ohne Teilzeitbeschäftigte, Azubis und leitende Angestellte)
Publikation Kennziffern	– Bruttomonatsverdienste der Angestellten im Berichtsmonat in DM – Bruttomonatsverdienste der Angestellten im Berichtsjahr in DM – Bruttomonatsverdienste der Angestellten im Berichtsjahr in % von 1995 – Bruttojahresverdienste der Arbeitnehmer in DM
Klassifizierung	Bundesgebiet, Bundesland, Wirtschaftszweig, Beschäftigungsart, Geschlecht und Leistungsgruppe
Veröffentlichungen	Fachserie 16: Löhne und Gehälter, Reihe 2.2 u. 2.3

Tab. 7: Informationen zur Verdiensterhebung des Stat.BA im Einzelhandel

Jahreserhebung im Einzelhandel

Die Jahreserhebung im Einzelhandel soll bedeutsame Informationen zur Beurteilung der Rentabilität und der Produktivität im Einzelhandel vermitteln. Neben der für die Personalkostensituation relevanten Anzahl der Beschäftigten und der Bruttolohn- und -gehaltssumme der Unternehmen werden u.a. Daten zum Jahresumsatz, zum Wareneingang, zu den Lagerbeständen und zu unterschiedlichen Aufwandsarten erhoben. Unter der genannten Zielsetzung und den Inhalten ist diese Jahreserhebung mit dem Jahresbetriebsvergleich des IfH verwandt. Speziell die Angaben zum Personal sollen Aufschluss über die Entwicklung der Arbeitsintensität und -produktivität geben. Die Informationen der Tabelle 8 basieren auf der aktuellen Erhebung zum Geschäftsjahr 1998.[28]

[28] Vgl. Statistisches Bundesamt (Hrsg.): Binnenhandel, Gastgewerbe, Tourismus. Beschäftigung, Umsatz, Wareneingang, Lagerbestand und Investitionen im Einzelhandel 1997, Fachserie 6, Reihe 3.2, Stuttgart 1999a, S. 3-12 u. 63-70.

Erhebung	**Jahreserhebung im Einzelhandel**
Periodizität	jährlich, seit 1979
Einzelhandelsbereich	52.1-52.6 Einzelhandel insgesamt, untergliedert nach 29 Branchen
Stichprobenauswahl	geschichtete Zufallsauswahl
Stichprobenumfang	Befragt wurden max. 35.000 Unternehmen aus 388.414 Einzelhandelsunternehmen der letzten Handels- und Gaststättenzählung (HGZ) 1993. Die Rücklaufquote ist nicht publiziert.
Erhobene Kennziffern zu den Personalkosten	– Bruttolöhne und -gehälter einschließlich Provisionen, tariflicher und freiwilliger Sozialkosten (keine Arbeitgeberanteile zur Sozialversicherung)
Publikation Kennziffern	– Bruttolohn- und -gehaltssumme insgesamt in DM – Bruttolohn- und -gehaltssumme je Beschäftigten in DM – Anteil der Bruttolohn- und -gehaltssumme am Rohertrag in % – Veränderung der Bruttolohn- und -gehaltssumme gegenüber dem Vorjahr in %
Klassifizierung	1. Stufe: Wirtschaftsklassen der Systematik der Wirtschaftszweige 2. Stufe: Umsatzgröße, Beschäftigtengröße
Veröffentlichungen	Fachserie 6: Binnenhandel, Gastgewerbe, Tourismus, Reihe 3.2

Tab. 8: Informationen zur Jahreserhebung des Stat.BA im Einzelhandel

Die Gehalts- und Lohnstrukturerhebung im Handel

Die Gehalts- und Lohnstrukturerhebung erfasst Angaben für einzelne Arbeitnehmer und ermöglicht damit die Darstellung von Verdienst- und Arbeitszeitschichtungen. Darüber hinaus werden einige zusätzliche Merkmale erhoben, wie z.B. Alter, Ausbildungsstand, Unternehmenszugehörigkeit und die Größe der Unternehmen, die das Verdienstniveau maßgeblich beeinflussen. Auch die Ermittlung von Nettoverdiensten ist eine bedeutende Zielsetzung der Erhebung, da diese eine Vorstellung vom verfügbaren Einkommen der Arbeitnehmer vermitteln und das Erwerbsverhalten der Arbeitnehmer nachhaltig beeinflussen. Tabelle 9 stellt die Gehalts- und Lohnstrukturerhebung anhand ihrer wichtigsten Kriterien vor. Die Angaben basieren auf der aktuellen Erhebung für das Jahr 1995.[29]

29 Vgl. Statistisches Bundesamt (Hrsg.): Löhne und Gehälter. Gehalts- und Lohnstrukturerhebung. Ausgewählte Strukturdaten im Produzierenden Gewerbe, im Groß- und Einzelhandel, Kredit- und Versicherungsgewerbe 1995, Fachserie 16, H. 1, Stuttgart 1998a, S. III-XXIII u. 478-491; Statistisches Bundesamt (Hrsg.): Löhne und Gehälter. Gehalts- und Lohnstrukturerhebung. Arbeiterverdienste nach Wirtschaftszweigen und ausgewählten Merkmalen 1995, Fachserie 16, H. 2, Stuttgart 1998b, S. III-IX u. 480-481; Statistisches Bundesamt (Hrsg.): Löhne und Gehälter. Gehalts- und Lohnstrukturerhebung. Angestelltenverdienste nach Wirtschaftszweigen und ausgewählten Merkmalen 1995, Fachserie 16, H. 3, Stuttgart 1998c, S. III-IX u. 410-411; Statistisches Bundesamt (Hrsg.): Löhne und Gehälter. Gehalts- und Lohnstrukturerhebung. Verdienstschichtungen nach ausgewählten Merkmalen sowie Arbeitnehmerverdienste nach Berufen 1995, Fachserie 16, H. 4, Stuttgart 1998d, S. III-XIV u. 720-721.

Erhebung	**Gehalts- und Lohnstrukturerhebung**
Periodizität	1951, 1957, 1962, 1966, 1972, 1978, 1990, 1995
Einzelhandelsbereich	G Handel; Instandhaltung und Reparatur von Kraftfahrzeugen und Gebrauchsgütern 52 Einzelhandel (ohne Handel mit Kraftfahrzeugen und ohne Tankstellen); Reparatur von Gebrauchsgütern 52.2 Facheinzelhandel mit Nahrungsmittel, Getränken und Tabakwaren (in VKR) 52.3 - 52.7 Apotheken; Facheinzelhandel mit medizinischen, orthopädischen u. kosmetischen Artikeln (in VKR); Sonstiger Facheinzelhandel (in VKR); Einzelhandel mit Antiquitäten und Gebrauchtwaren (in VKR); Einzelhandel (nicht in VKR); Reparatur von Gebrauchsgütern
Stichprobenauswahl	repräsentative Auswahl
Stichprobenumfang	Es wurden durchschnittlich 8 % der Betriebe im gesamten Erhebungsbereich angeschrieben. Die Rücklaufquote wurde nicht publiziert.
Erhobene Kennziffern zu den Personalkosten	Getrennte Erhebung für Arbeiter und Angestellte – Bruttomonatsverdienst, davon: Gesamtverdienst der Mehrarbeitszeit – Im Bruttomonatsverdienst enthaltene Zulagen für Schichtarbeit – Im Bruttomonatsverdienst enthaltene Zulagen für Samstags-, Sonntags- und Feiertagsarbeit – Im Bruttomonatsverdienst enthaltene Zulagen für Nachtarbeit – Lohnsteuer einschl. Solidaritätszuschlag ohne Kirchensteuer – Beiträge zur Renten- und Arbeitslosenversicherung – Beiträge zur Kranken und Pflegeversicherung – Bruttojahresverdienst – davon: Sonderzahlungen – Nettojahresverdienst
Publikation Kennziffern	– Erhebungspositionen auf Stunden-, Monats- u./o. Jahresbasis in DM – Streuung der Bruttomonats- und Bruttojahresverdienste in DM
Klassifizierung	Arbeiter/Angestellte/Arbeitnehmer, Bundesgebiet, Geschlecht, Unternehmensgrößenklassen, Dauer der Unternehmenszugehörigkeit, Leistungsgruppen, Alter der Beschäftigten, Ausbildungsstand, Beschäftigungsmodus, Lohnsteuerklassen, Lohnformen, Beruf
Veröffentlichungen	Fachserie 16: Löhne und Gehälter. Gehalts- und Lohnstrukturerhebung

Tab. 9: Informationen zur Gehalts- und Lohnstrukturerhebung des Stat.BA im EH

2.2.3 Die Gehaltsstrukturuntersuchung der BBE - Unternehmensberatung GmbH

Die Gehaltsstrukturuntersuchungen werden mit dem Ziel durchgeführt, mittelständischen Unternehmen des Einzelhandels Orientierungsdaten zur Verfügung zu stellen. Sie sollen für Vergleiche mit eigenen Strukturdaten und als Entscheidungshilfen in der Vergütungspolitik genutzt werden. Die Erhebungspositionen bezüglich der Personalkosten haben sich im Zeitablauf verändert. Waren es zunächst nur das monatliche fixe Grundgehalt, die monatlichen Gesamtbezüge (incl. Prämien und Provisionen) und die jährlichen Zulagen, erfolgt die Erhebung und Auswertung seit Anfang der neunziger Jahre deutlich detaillierter. Exemplarisch nennt Tabelle 10 die Kriterien der aktuellen Gehaltsstrukturuntersuchungen des Jahres 1999.

Erhebung	**Gehaltsstrukturuntersuchung**
Periodizität	jährlich, seit 1971 (ohne 1973 u. 76)
Einzelhandelsbereich	In der Regel für zwei wechselnde Branchen des Facheinzelhandels p.a.: – Baumärkte: 1984 – Buchhandel: 1986/89 – Bürowirtschaftl.-FH: 1971/72/76/77/81/85/88/90/93/99 – Eisenwaren/Hausrat-FH: 1971/77/78/81/99 – Foto-FH: 1979/95 – Gartencenter: 1992 – Glas, Porzellan u. Keramik-FH: 1982/89 – Kaufhäuser: 1971 – Warenhäuser, Textil: 1980 – Kraftfahrzeug-EH: 1984/87/92 – Lebensmittel-EH: 1972 – Möbel-FH: 1971/72/74/76/77/79/81/83/87/90/93/97 – Reifenfachhandel: 1992 – Schuh-FH: 1972/82/98 – Sportwaren-FH: 1994 – Textil-FH: 1971/72/75/76/77/81/82/83/86/88/91/95/98 – Unterhaltungselektronik-FH: 1978/80/82/85/91/94/97
Stichprobenauswahl	willkürliche Auswahl
Stichprobenumfang	ca. 60 Betriebe pro Branche
Erhobene Kennziffern zu den Personalkosten	– Fremdpersonalkosten in % vom Umsatz – monatliches Festgehalt brutto in DM – monatliche Provisionen/ Prämien in DM – Weihnachtsgeld in DM – Urlaubsgeld in DM – Arbeitgeberanteil zur gesetzlichen Sozialversicherung in DM p.a. – Tantieme in DM p.a. – Aufwand betriebliche Altersversorgung in DM p.a. – Aufwand Dienstwagen in DM p.a. – Geplante Gehaltsanpassung für das Folgejahr in %
Publikation Kennziffern	 Erhebungspositionen und Zusammenfassungen
Klassifizierung	Position des Mitarbeiters, Ortsgröße, Bundesland, Umsatzgrößenklassen, Betriebsgröße (Mitarbeiterzahl), Alter, Arbeitszeit
Veröffentlichungen	BBE-Gehaltsstrukturuntersuchung, Berichtsbände ab 1971

Tab. 10: Informationen zur Gehaltsstrukturuntersuchung der BBE

In Ergänzung bzw. Weiterführung zu den zentralen Erhebungen der Gehaltsstrukturen im Einzelhandel führt die BBE weitere einmalige oder mehrmalige Sondererhebungen durch. Hierzu zählt die einmalige Untersuchung über die **Vergütung von leitenden Mitarbeitern und Führungskräften im Einzelhandel 1996**. „Eine solche Analyse hat einen eigenständigen Nutzwert von hoher praktischer Bedeutung für die Einzelhandelsunternehmer, da die leitenden Mitarbeiter und Führungskräfte bis auf wenige Ausnahmen außertariflich bezahlt werden und deshalb keine Orientierungswerte vorliegen."[30] Auch zwei weitere Untersuchungen beschäftigen sich mit speziellen Komponenten der Personalkosten im Einzelhandel. Zum einen ist dies die Erhebung zur **Angemessenheit der GmbH-Geschäftsführer-Vergütungen**, die bislang sieben mal durchgeführt wurde (1984,1988,1991,1994,1996,1999,2000) und zum anderen die Erhebung zum **Verdienst von mitarbeitenden Familienangehörigen**, die 1997 zum fünften mal durchgeführt und publiziert wurde, die aber nicht weitergeführt wird.

2.2.4 Weitere relevante Quellen

Die Arbeitskostentrendrechnung des Instituts der deutschen Wirtschaft (iw)

Um der Problematik mangelnder Aktualität der Arbeitskostenerhebung des Statistischen Bundesamtes zu begegnen, werden die Personal- und Personalzusatzkosten dieser Erhebung vom Institut der deutschen Wirtschaft jährlich fortgeschrieben. Dies gilt seit 1966 für das verarbeitende Gewerbe und seit 1972 auch für den Einzelhandel. Als wesentliche Hilfsstatistiken für die Aktualisierung der amtlichen Daten werden regelmäßig die Beitragssätze und Beitragsbemessungsgrenzen in der Sozialversicherung, der Sozialbericht der Bundesregierung, die jährliche Auswertung der Tarifverträge durch das Bundesministerium für Arbeit und Sozialordnung sowie die Krankenstandsstatistiken der Betriebs- und Ortskrankenkassen herangezogen. Außerdem werden Modellrechnungen von Personalzusatzkosten einzelner Verbände und Betriebe vergleichend ausgewertet.[31]

Forschungsstelle für den Handel (FfH)

Bereits seit Anfang der dreißiger Jahre legte die damalige Forschungsstelle für den Handel mit Sitz in Berlin „nunmehr in Verfolg ihrer alljährlichen Berichterstattung über die Lage einiger Zweige des Einzelhandels" regelmäßig Untersuchungsergebnisse zur Entwicklung der Kosten und Leistungen im deutschen Einzelhandel vor, die in Bezug auf den Faktor Arbeit Angaben zu den Gehältern und Löhnen (einschl. Unter-

30 BBE (Hrsg.): BBE-Dokumentation. Gehälter für leitende Mitarbeiter im Einzelhandel, Köln 1997, S. XI.

31 Vgl. Hemmer, E.: Personalzusatzkosten in der deutschen Wirtschaft, in: iw-trends, Quartalshefte zur empirischen Wirtschaftsforschung, Bd. 1 (1998), S. 65f.

nehmerlohn und einer Vergütung für unentgeltlich im Betrieb mitarbeitende Familienangehörige) in Prozent vom Umsatz beinhalteten.[32]

Nach dem zweiten Weltkrieg führte die Forschungsstelle als Pendant zu den Erhebungen des IfH von 1950 bis 1985 Betriebsvergleiche für den Berliner Einzelhandel durch. Das Angebot umfasste Vergleiche unterschiedlicher Periodizität. Zuletzt beteiligten sich max. zehn Branchen mit ca. 200 Einzelhandelsbetrieben an den allgemeinen monatlichen, tertialsweisen und jährlichen Auswertungen.[33] Die publizierten Kennzahlen zu den lokalen Personalkosten beschränkten sich auf die ‚Kosten je Beschäftigten in DM' und die ‚Personalkosten in % vom Umsatz'. Einzelheiten sowie konkrete Werte können den monatlichen ‚FfH Mitteilungen' für den genannten Zeitraum entnommen werden.

Euro-Handelsinstitut e.V. (EHI)

Die Personalkosten des Einzelhandels sind auch Gegenstand der Jahresbetriebsvergleiche des Euro-Handelsinstituts in Köln. Im Rahmen des Betriebsvergleichs der SB-Läden und Supermärkte werden für diese speziellen Betriebstypen des Lebensmitteleinzelhandels seit 1957 die betrieblichen Personalkosten in % des Umsatzes und die Vergütung je Person erhoben und veröffentlicht. Zumindest die teilnehmenden Kleinbetriebe mit einer Verkaufsfläche bis 400 qm können dem Facheinzelhandel zugerechnet werden. Die Serviceorientierung als definitorische Voraussetzung ist bei ihnen im Vergleich zu den großflächigen Betriebstypen deutlich intensiver. Zu den letzteren zählen die Verbrauchermärkte und die SB-Warenhäuser, für die das Euro-Handelsinstitut seit 1974 ebenfalls einen Jahresbetriebsvergleich anbietet, dabei allerdings lediglich die Personalkosten in % vom Umsatz berücksichtigt. Über die Ergebnisse beider Erhebungen wird regelmäßig in den EHI-Publikationen ‚dynamik im handel' und ‚Handel aktuell' berichtet.

Publikationspflichtige Unternehmen des Einzelhandels

Eine weitere ergiebige Quelle zu den Personalkosten stellen die Jahresabschlüsse der publikationspflichtigen Unternehmen des Einzelhandels dar. Vor allem die Warenhauskonzerne als Großbetriebform des Facheinzelhandels können auf ihre Personalkostensituation hin analysiert werden. Das folgende Kapitel 2.3 informiert differenziert über die Kosten des Faktors Arbeit im Facheinzelhandel.

---

32 Forschungsstelle für den Handel (FfH) (Hrsg.): Der Einzelhandel mit Eisenwaren, mit Haus- und Küchengeräten und mit Glas- und Porzellanwaren im Jahre 1935, Berlin 1936, S. 2.

33 Vgl. Forschungsstelle für den Handel (Hrsg.): Arbeitsbericht für das Rechnungsjahr 1985, Berlin 1996, S. 11.

2.3 Die Personalkosten im Facheinzelhandel von 1949 bis 1998

Die notwendige Selektion der im Folgenden darzustellenden Daten zur Personalkostensituation im Einzelhandel aus der Fülle der o.g. Erhebungen erfolgt anhand unterschiedlicher Kriterien. Priorität haben diejenigen Daten, die primär dem Facheinzelhandel entstammen und die eine Zeitreihenanalyse zulassen. Dabei führt der Weg vom allgemeinen zum besonderen. Alle Angaben beziehen sich zudem ausschließlich auf das Gebiet der alten Bundesländer. Gegen eine insbesondere der Zielsetzung des dritten Kapitels entsprechende Darstellung der bisher erhobenen Daten aus den neuen Ländern spricht, neben dem geringen Umfang des Materials, die Tatsache, dass der Einfluss des abrupten Wechsels von einem zum anderen Wirtschaftssystem die Entwicklung des dortigen Einzelhandels in einem solchen Maße bestimmt hat, dass andere Einflussgrößen, so auch die Höhe der Personalkosten, eine kaum einzuordnende Rolle spielten.

2.3.1 Die Personalkosten in Prozent vom Umsatz und je Faktoreinheit

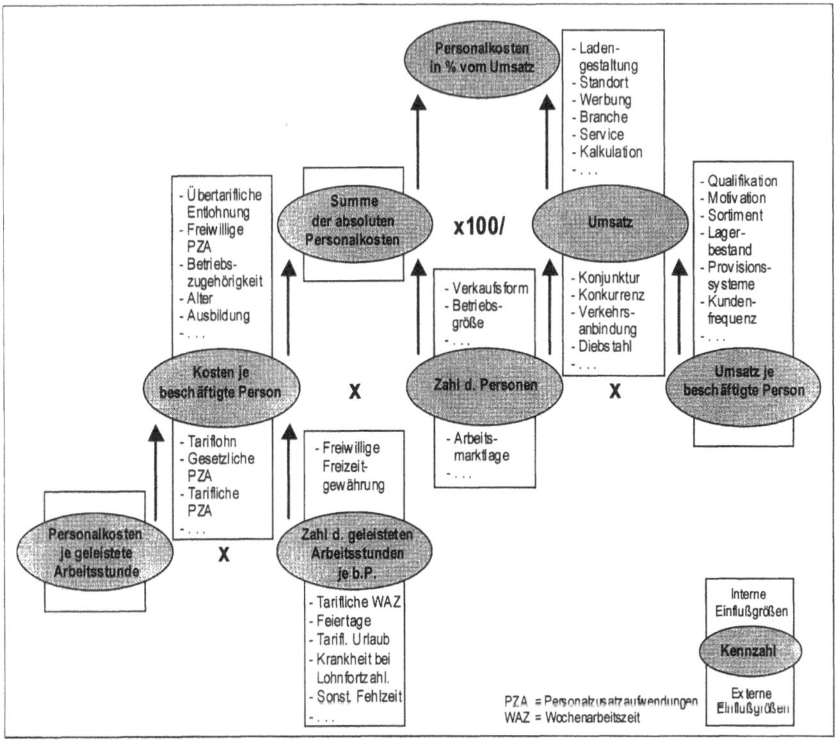

Abb. 4: Einflussgrößen der Personalkosten in Prozent vom Umsatz

Eine der zentralen und globalen Kennzahlen zur Personalkostensituation ist der prozentuale Anteil der Personalkosten am betrieblichen Umsatz. Abbildung 4 zeigt die Einflussgrößen und deren Zusammenhänge.[34]

Der reale Verlauf der Personalkostenentwicklung in % vom Umsatz wird auf Basis des Jahresbetriebsvergleichs des IfH für den Facheinzelhandel von 1949 bis 1998 in Abbildung 5 wiedergegeben. Die Personalkosten umfassen neben den Aufwendungen für angestellte Mitarbeiter definitionsgemäß ein kalkulatorisches Entgelt für die Tätigkeit des Inhabers bei Einzelfirmen und Personengesellschaften sowie für eventuell mithelfende Familienangehörige. Ohne Einbezug des kalkulatorischen Unternehmerlohns würden bei dem zu beobachtenden, steigenden Anteil der Kapitalgesellschaften die Personalkosten im Zeitablauf allein dadurch steigen, dass die Wandlung des Inhabers zum angestellten Geschäftsführer ein weiteres Gehalt bedingt, ohne dass sich die Personalkapazität und somit die Produktivität verändert.

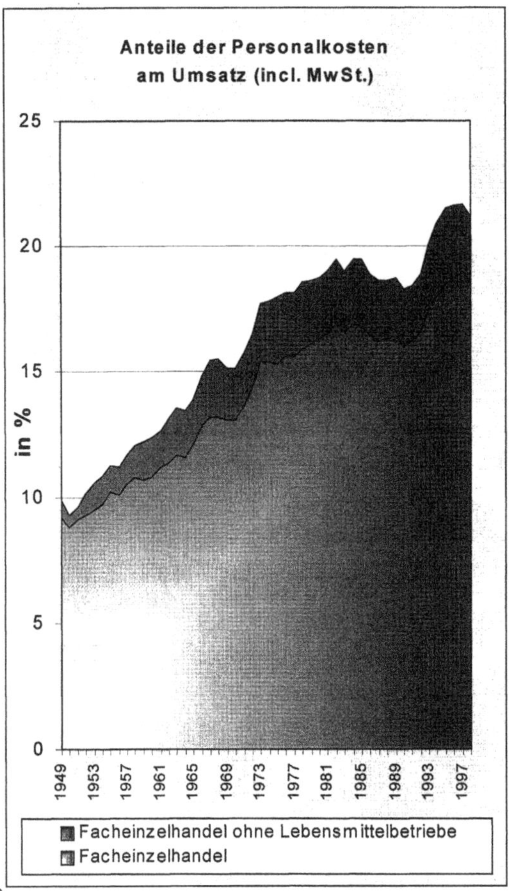

Abb. 5: Die Entwicklung der Personalkosten in % vom Umsatz

Bei der Ermittlung der zu publizierenden Kennzahlen für den Facheinzelhandel als Gesamtes wurde vom IfH grundsätzlich zunächst das arithmetische Mittel über die einzelbetrieblichen Werte einer Branche berechnet, dieses mit dem Umsatzanteil der Branche gewichtet und mit den anderen entsprechenden Branchenwerten zum Fach-

34 In Anlehnung an Wenzlitschke, M.R.: Der Anstieg der Personalkosten und seine Folgen für den Facheinzelhandel, in: Müller-Hagedorn, L. (Hrsg.): Trends im Handel. Analysen und Fakten zur aktuellen Situation im Handel, Frankfurt am Main 1996, S. 239.

handelsdurchschnitt aggregiert. Durch sein hohes Anteilsgewicht am Einzelhandelsumsatz geht dabei vom Lebensmitteleinzelhandel ein besonderer Einfluss aus. So hat auch der mittelständische Fachhandel dieser Fachsparte frühzeitig eine Vorreiterrolle bei der Einführung des Selbstbedienungsprinzips und somit beim Abbau von Personalkapazität gespielt. Seine daraus resultierenden relativ moderat ansteigenden Kosten für den Faktor Arbeit verdecken zum Teil die extrem zunehmende Belastung des Umsatzes der meisten anderen Fachsparten. Um diesem besonderen Einfluss zu begegnen, werden die Durchschnittswerte des Facheinzelhandels in den Mitteilungen des IfH seit 1981 mit und ohne Einbezug der Lebensmittelbetriebe ausgewiesen.[35] Diese Differenzierung findet sich auch in Abbildung 5 wieder.[36]

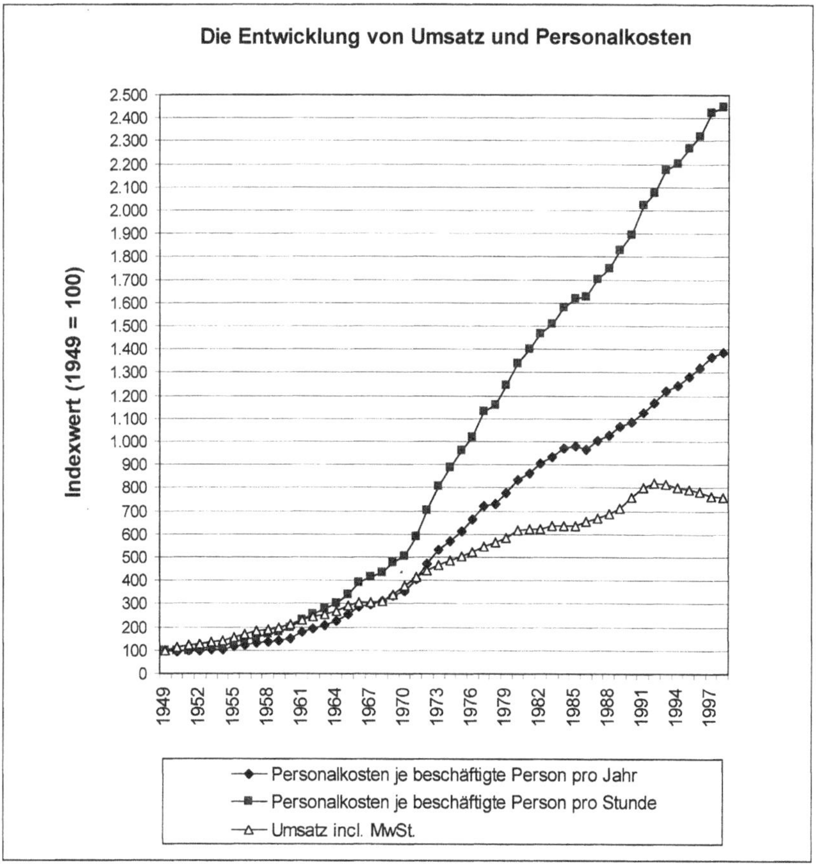

Abb. 6: Entwicklung von Umsatz und Personalkosten von 1949 bis 1998

35 Vgl. Philippi, H.: Bericht über die Ergebnisse des Betriebsvergleichs des Einzelhandels im Jahre 1981, in: M.d.IfH, 34. Jg. (1982), H. 11, S. 142.

36 Die der Grafik zugrundeliegenden Daten können ebenso wie die Quellenangaben Anhang 1 entnommen werden.

Der hohe Anstieg der Personalkosten im Verhältnis zum Umsatz bedingt voneinander abweichende Entwicklungslinien von Kosten und Erlösen. Die ungünstigste Konstellation ist die, in der die Erlöse bei weiter steigenden Personalkosten rückläufig sind. Mit einer derartigen Situation ist der Facheinzelhandel seit 1993 konfrontiert. Um den Einfluss der beiden wichtigsten Komponenten über den dargestellten Zeitraum von fünfzig Jahren transparent werden zu lassen, zeigt Abbildung 6 den Verlauf der Preisentwicklung für eine Einheit des Faktors Arbeit auf Jahres- und auf Stundenbasis sowie den Verlauf der Umsatzentwicklung.

Um einen direkten Vergleich dieser drei Kennzahlen zu ermöglichen, werden in der Grafik ausschließlich Indexwerte ausgewiesen (1949=100). Die den Entwicklungslinien zugrundeliegenden Daten und ihre Quellen können Anhang 2 entnommen werden. Auf die Veränderung des quantitativen Faktoreinsatzes als weitere Determinante der betrieblichen Personalkosten soll unter einem Verweis auf Kapitel 3.3 an dieser Stelle verzichtet werden.

Die Entwicklung der Umsätze im westdeutschen Facheinzelhandel zeigt bis 1992 einen relativ stetig ansteigenden Verlauf. Lediglich in den Jahren 1967, 1982 und 1984 reduzierten sich die durchschnittlichen Einnahmen geringfügig. Eine deutliche Trendwende markiert das Jahr 1993. Seitdem befinden sich die Erlöse dieser Betriebsform auf Talfahrt. Es gibt vielfältige Gründe für die verhaltene Nachfrage. Von besonderer Bedeutung sind Anteilsverschiebungen im Waren- bzw. Güterkorb der Konsumenten (vermehrte Ausgaben für Urlaubsreisen und Aktien, Einsparungen bei Textilien etc.) und die weiter zunehmende Konkurrenz durch andere, meist preisaggressive Betriebstypen.

Sinkende Umsätze werden immer dann zu einem besonderen Problem, wenn der Anteil fixer Kosten an den Gesamtkosten eine kompensatorische Anpassung an die Erlössituation vereitelt. Die anhaltende extreme Entwicklung der Personalkosten, kann als Indiz für den fixen Charakter dieses Teils der Handlungskosten angesehen werden. Die Aufteilung der Zeitreihe in Dekaden zeigt zunächst ein verhaltenes Ansteigen der jährlichen Personalkosten je beschäftigter Person von 1950 bis 1959 mit einer durchschnittlichen Steigerungsrate von 3,6 % pro Jahr. Von 1960 bis 1969 beträgt der jährliche Zuwachs 9,1 Prozent. Mit 8,9 % p.a. bewegen sich die Mehrkosten der dritten Dekade für eine Einheit des Faktors Arbeit auf einem vergleichbaren hohen Niveau. Dieser starke Anstieg wird erst Mitte der achtziger Jahre abgebremst. Von 1980 bis 1989 reduzieren sich die durchschnittlichen Zuwachsraten auf 3,2 Prozentpunkte. Die moderatesten Erhöhungen sind ab 1990 zu beobachten.

Das Steigungsmaß der Entwicklungslinien des Faktorpreises variiert allerdings mit ihrer Bezugsgröße. Dem gemäß ergeben sich für die Kennzahl „Personalkosten je geleistete Arbeitsstunde“ die in der Grafik dargestellten Abweichungen von den Jahreswerten. Erst die Umlage der gesamten Personalkosten auf die kleinste relevante Zeiteinheit lässt den Preis für den effektiven Faktoreinsatz sichtbar werden. Der Verlauf der Trendlinie für die Personalkosten auf Basis einer effektiv gearbeiteten Stunde zeigt in Abbildung 6 einen zweigeteilten Verlauf. Von 1949 bis Anfang der sechziger Jahre stiegen die Werte progressiv an, um dann linear ihren Verlauf fortzusetzen. Die steigenden Zuwachsraten während der ersten Phase sind vor allem das Ergebnis rapide sinkender Wochenarbeitszeiten. „Das bundesdeutsche Wirtschaftswunder bescherte den meisten Beschäftigten des Einzelhandels zu Beginn der 50er Jahre eine 60-Stunden/6-Tage-Arbeitswoche ... Bis Juni 1958 war in allen wesentlichen Tarifgebieten des Einzelhandels die 45-Stunden-Woche tariflich durchgesetzt."[37]

Ein Vergleich der Entwicklungsverläufe der drei beschriebenen Kennzahlen zeigt rein formal, dass Anfang- und Endwerte ungleich weit auseinander liegen. Während sich der Umsatz von 1949 bis 1998 lediglich um den Faktor 7,6 vermehrte, steigerten sich die Personalkosten je beschäftigte Person um gut das 13-fache (1949/3.800 DM ⇔ 1998/52.782 DM) und die je Arbeitsstunde um das 24,5-fache (1949/1,36 DM ⇔ 1998/33,32 DM). Dabei dominierte zunächst die Umsatzentwicklung über die Steigerung der Personalkosten. Allerdings bereits Anfang der sechziger Jahre überholten die Personalkosten je eingesetzte Arbeitsstunde die Erlöse und Anfang der siebziger Jahre zogen auch die Kosten für den jährlichen Einsatz einer Einheit des Faktors am Umsatz vorbei. Seitdem öffnen sich die Faktorpreis-Umsatz-Scheren mit zunehmender Geschwindigkeit, lediglich unterbrochen von der zusätzlichen Nachfrage aus den neuen Bundesländern in den Jahren 1989 bis 1992. Auch wenn an dieser Stelle die Veränderungen der Einsatzmenge des Faktors Arbeit bei der Analyse unberücksichtigt bleiben, kann es nicht verwundern, dass sich die Personalkosten in Prozenten des Umsatzes unter dieser Langfristperspektive im Facheinzelhandel mehr als verdoppelt haben (vgl. Abbildung 5).

2.3.2 Die Personalkosten je angestellte Person nach ausgewählten Branchen

Um die Allgemeingültigkeit des Trendverlaufs der Kosten je beschäftigte Person im Facheinzelhandel dokumentieren zu können, wird die Entwicklung dieser Kennzahl für ausgewählte Branchen im Folgenden dargestellt. Der Zeitraum erstreckt sich wiederum von 1949 bis 1998. Bei der Auswahl der Branchen wurde ein besonderer Wert darauf gelegt, dass die Kennzahlen unterschiedliche Kostenniveaus repräsentieren und ein möglichst breites Spektrum abbilden. Traditionell liegen die Löhne und Gehälter und somit auch die Personalkosten im Möbelfachhandel deutlich über dem Durchschnitt, wohingegen die Entgelte im Blumenfachhandel eher bescheidene Ausmaße annehmen. Neben diesen beiden Branchen finden der Drogeriefachhandel, der Schuhfachhandel und der Buchfachhandel zusätzliche Berücksichtigung.

Zur Kontrolle der Plausibilität werden nicht nur die Daten des Instituts für Handelsforschung, sondern auch die Ergebnisse der Kostenstrukturerhebung des Statisti-

---

37 Lemm, R.: Von Früh bis Spät – Arbeitszeit und Arbeitszeitverkürzungen im Einzelhandel (Eine Chronologie), in: o. Hrsg.: Dienst am Kunden?, Hamburg 1987, S. 120-122.

schen Bundesamtes aufbereitet und dargestellt.[38] Die amtliche Statistik berücksichtigt im Rahmen ihrer Erhebungen ausschließlich die Personalkosten der beschäftigten Personen im Angestelltenverhältnis. Um eine möglichst hohe Vergleichbarkeit der beiden unabhängigen Erhebungen gewährleisten zu können, sind auch bei der Berechnung der Kennzahlen des Instituts für Handelsforschung der Inhaber und seine mithelfenden Familienangehörigen sowie deren kalkulatorischer Lohn in den folgenden Abbildungen unberücksichtigt geblieben. Durch den Wegfall des kalkulatorischen Unternehmerlohnes bei den Einzelfirmen und Personengesellschaften, als Pendant zu den Geschäftsführergehältern der Kapitalgesellschaften, liegen die den Trendanalysen zugrundeliegenden durchschnittlichen absoluten Personalkosten tendenziell niedriger als bei den Berechnungen des Trendverlauf in Abbildung 6. Ein Einfuß auf den Verlauf an sich kann allerdings ausgeschlossen werden.

38 Die den Grafiken zugrundeliegenden Daten und deren Quellen finden sich in Anhang 3.

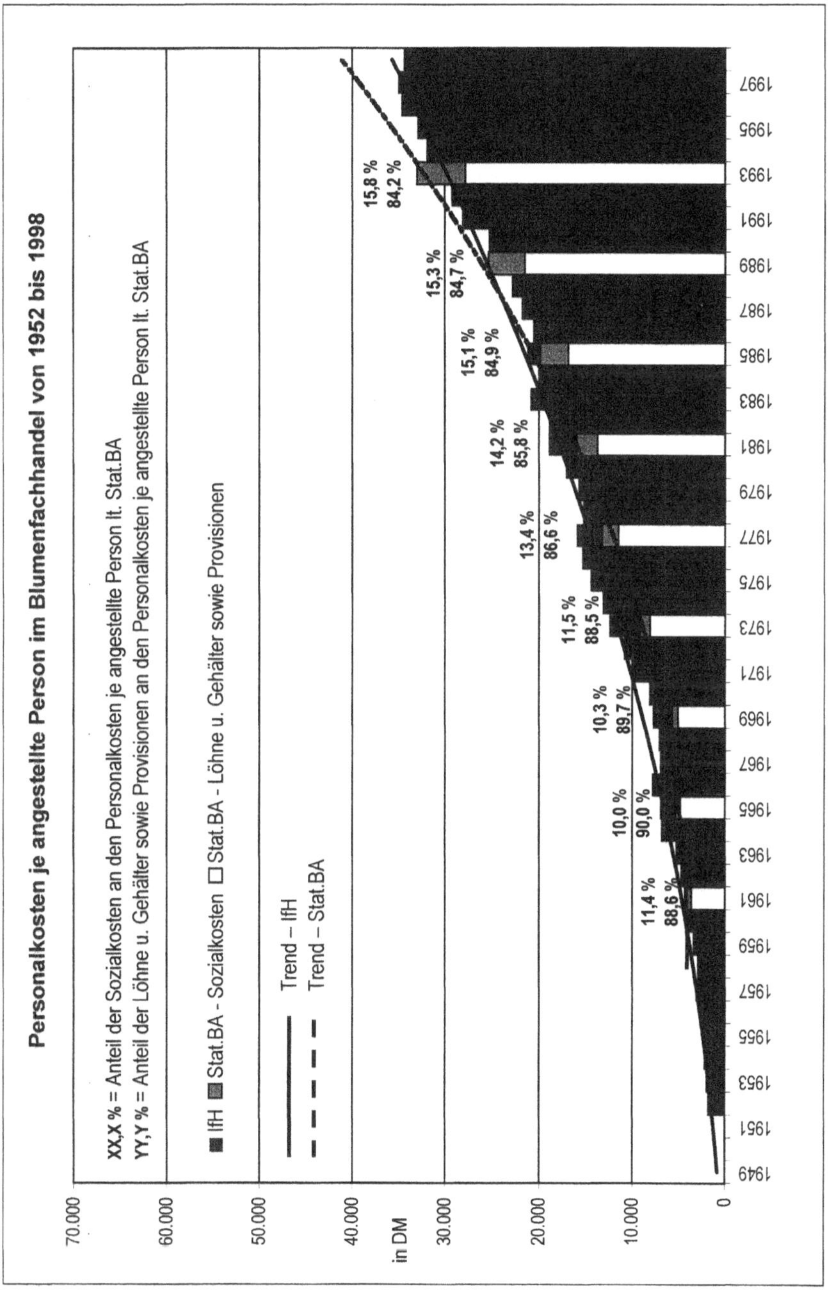

Abb. 7: Die Entwicklung der Personalkosten je angestellte Person im Blumen-FH

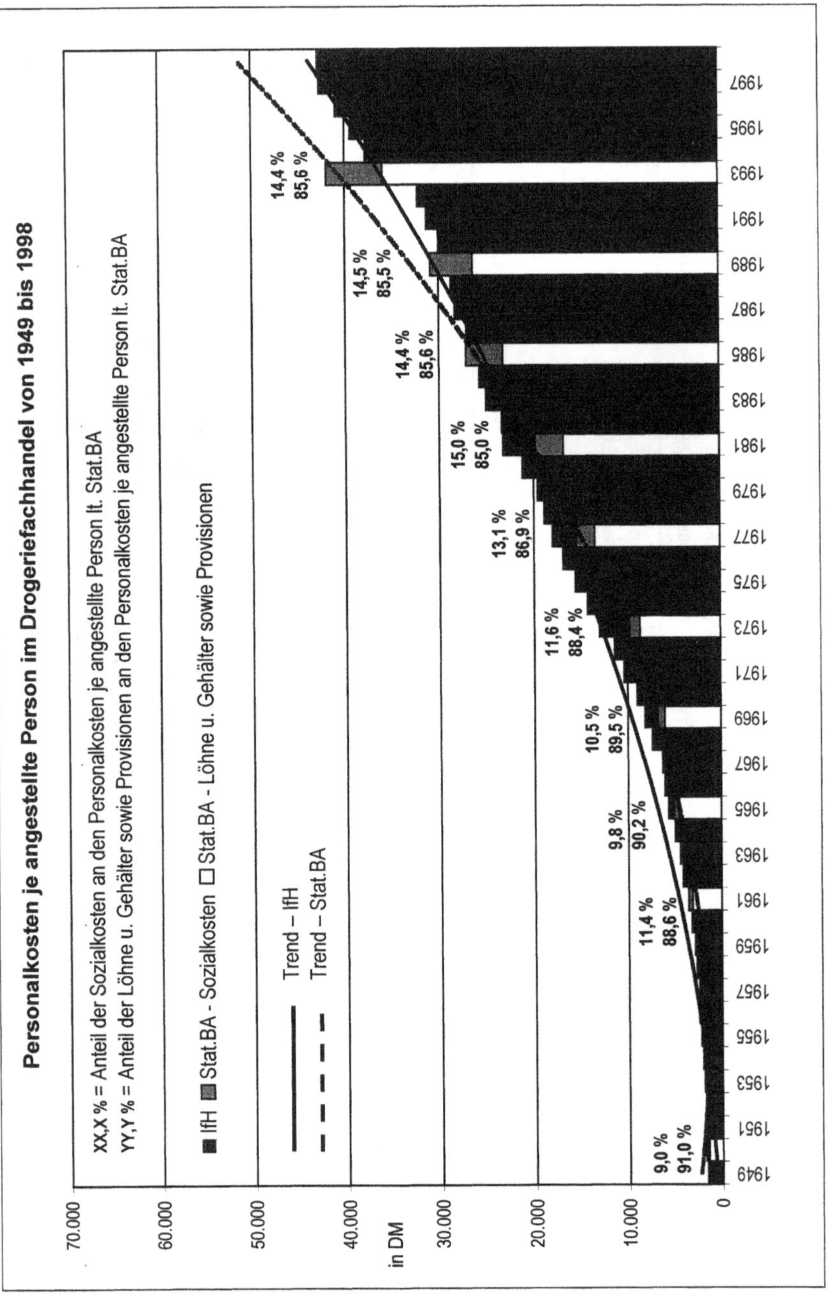

Abb. 8: Die Entwicklung der Personalkosten je angestellte Person im Drogerie-FH

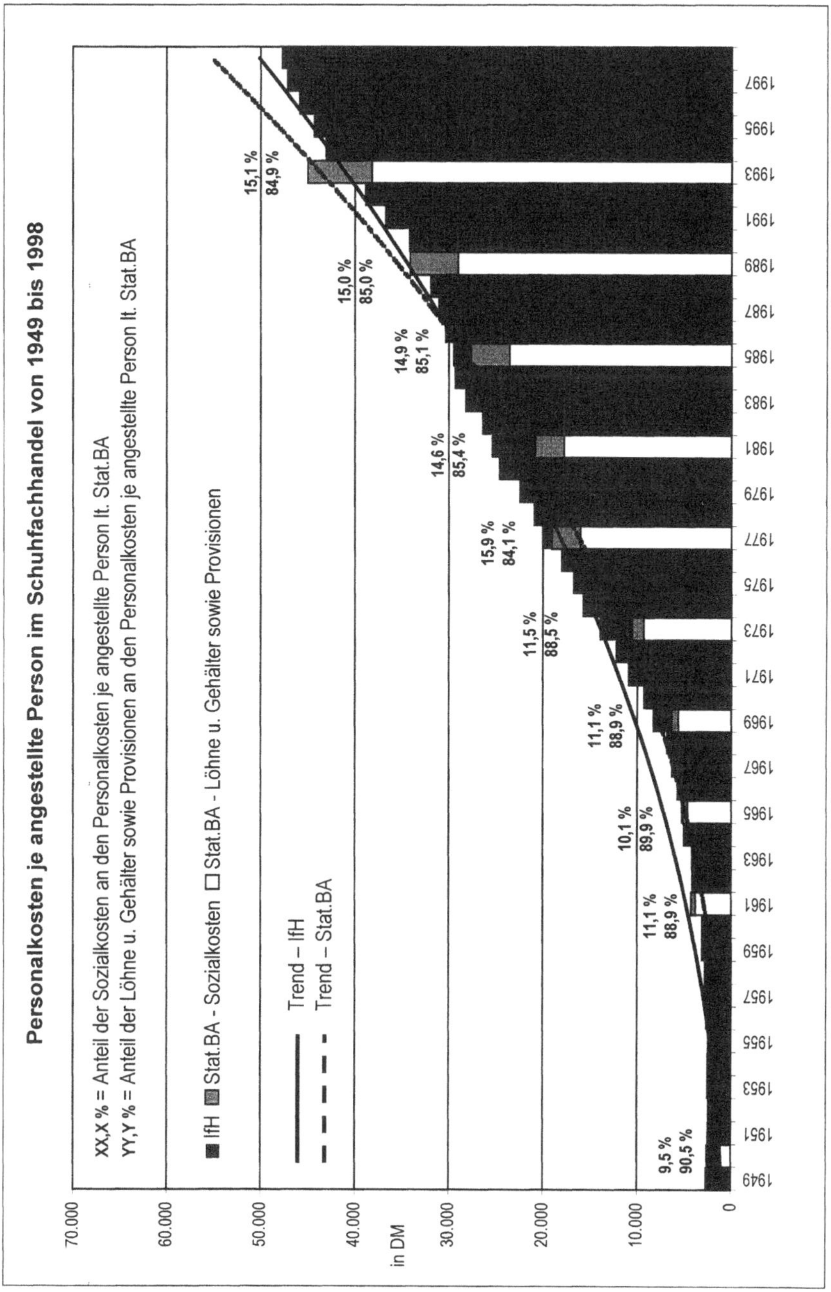

Abb. 9: Die Entwicklung der Personalkosten je angestellte Person im Schuh-FH

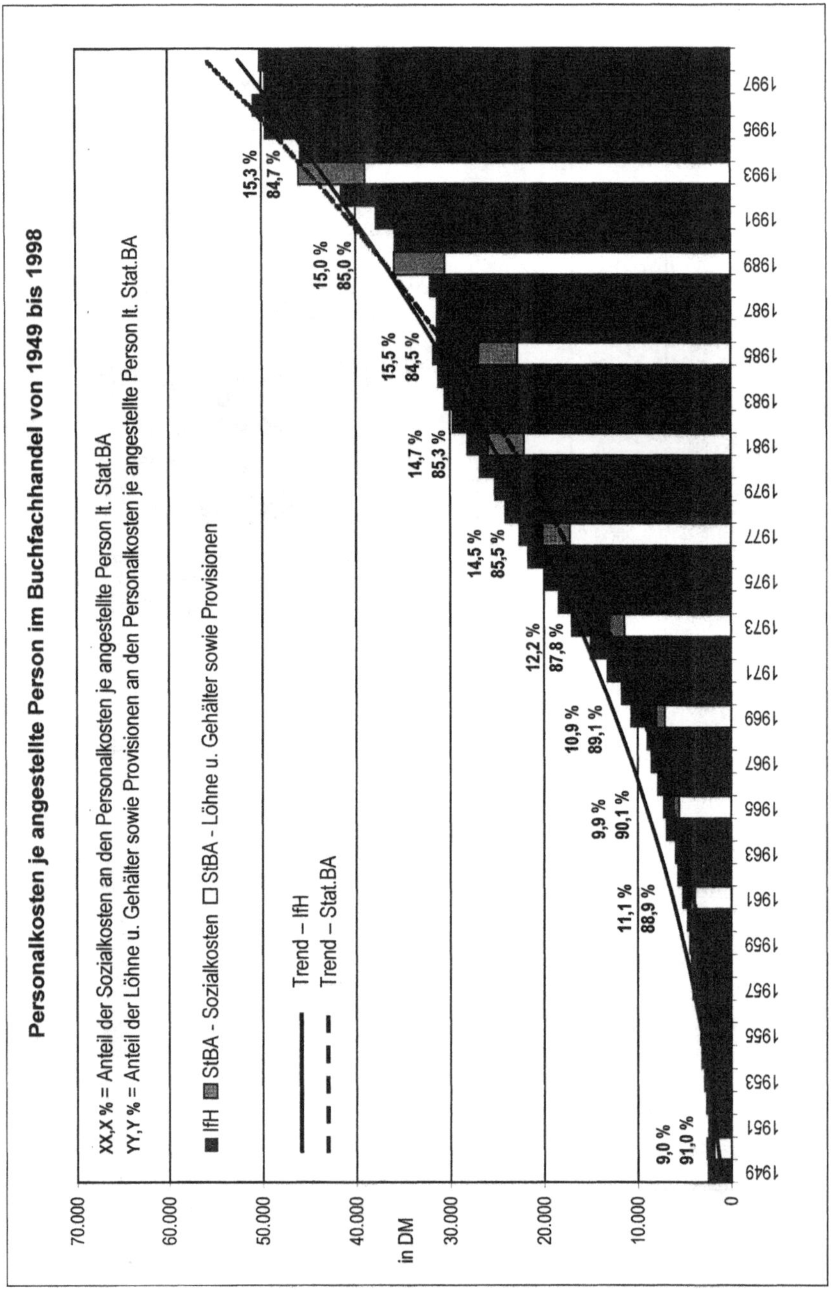

Abb. 10: Die Entwicklung der Personalkosten je angestellte Person im Buch-FH

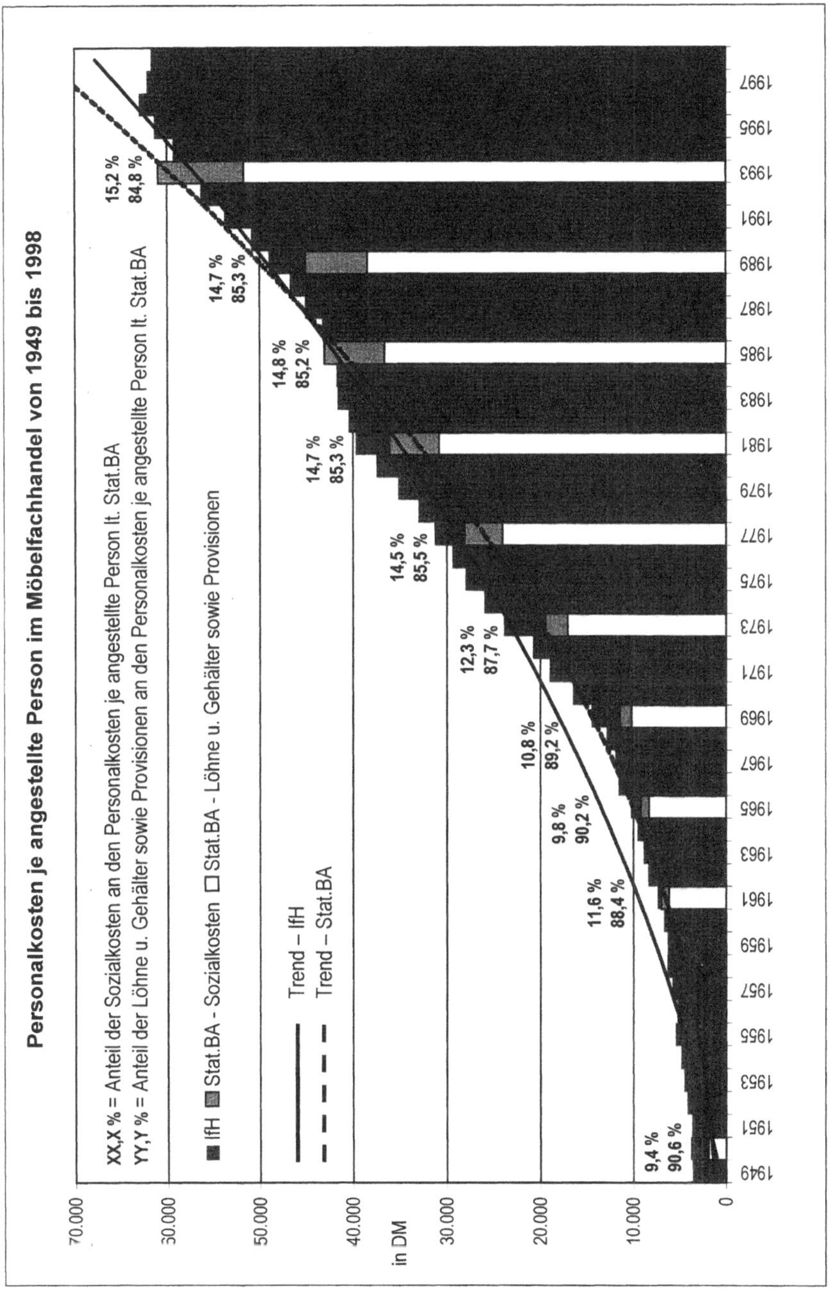

Abb. 11: Die Entwicklung der Personalkosten je angestellte Person im Möbel-FH

Die Personalkosten der fünf beispielhaft dargestellten Fachsparten geben ein recht anschauliches Bild über das unterschiedliche Niveau dieser Faktorkosten im Einzelhandel. Während im Möbeleinzelhandel die Kosten je angestellte vollbeschäftigte Person bereits die Grenze von 60.000 DM p.a. deutlich überschritten haben, sind die entsprechenden Aufwendungen im Blumenfachhandel mit ca. 35.000 DM deutlich niedriger. Die Werte der anderen Branchen liegen zwischen diesen Extremen, wobei die Höhe der Personalaufwendungen insbesondere mit der Wertigkeit der Ware und dem daraus resultierenden Käuferverhalten der Kunden variiert. Wertigkeit in dem hier verstandenen Sinne umfasst die Dimensionen 'Artikelpreis' und 'Nutzungsdauer'. Dem gemäß bewegt sich das Kosten- und Lohnniveau im Einzelhandel mit Hausrat- und Wohnungsbedarfsartikeln sowie Bürobedarf am oberen Ende und das des Einzelhandels mit Verbrauchsgütern des täglichen Bedarfs am unteren Ende der Skala.[39]

Die im Rahmen der ersten Erhebung 1950 vom Stat.BA angestrebte und bereits erwähnte Kontrolle der Ergebnisse der Kostenstrukturerhebung, die seitdem allerdings nur im vierjährigen Turnus durchgeführt wird, anhand der entsprechenden Ergebnisse des Jahresbetriebsvergleich des IfH setzt zwei Stichproben von Einzelhandelsbetrieben mit homogener Zusammensetzung bezüglich einer Vielzahl von denjenigen Merkmalen voraus, die Einfluss auf die Höhe der Personalkosten haben. Den entscheidenden Einfluss hat die Betriebsform der Unternehmen. Für das Jahr 1950 lässt sich zurecht annehmen, dass es sich bei beiden Analysen in überwiegendem Maße um Betriebstypen des Facheinzelhandels handelt. Während sich die Erhebungen des IfH auch in den Folgejahrzehnten ausschließlich auf diese Betriebsform bezogen und mit den Fachgeschäften einen Schwerpunkt setzten, flossen in die Untersuchung der Kostenstruktur des Statistischen Bundesamtes zunehmend Unternehmen neuer, zum Teil stark filialisierter Betriebsformen ein. Der steigende Anteil der Großbetriebsformen in den Erhebungseinheiten zeigt sich insbesondere in der zunehmenden Besetzung der höheren Umsatzgrößenklassen. Aufgrund der häufig gemachten Beobachtung, dass mit zunehmender Unternehmensgröße auch die Personalkosten je angestellte Person ansteigen, liegen die von der amtlichen Statistik ermittelten Werte dieser Kennzahl seit Anfang der neunziger Jahre meist über den

39 Diese Klassifizierung des Einzelhandels anhand des Sortiments entspricht der Einteilung des IfH, das im Rahmen seiner Branchendokumentation vier Bereiche voneinander abgrenzt:
1) Facheinzelhandel mit Verbrauchsgütern des täglichen Bedarfs (z.B. Lebensmitteleinzelhandel, Reformhäuser, Drogerien, Blumenfachgeschäfte und Naturkost/Naturwaren-Einzelhandel)
2) Facheinzelhandel mit Bekleidungsartikeln und Accessoires (z.B. Textileinzelhandel, Schuheinzelhandel, Lederwareneinzelhandel und Uhren-, Juwelen-, Gold- und Silberwareneinzelhandel)
3) Facheinzelhandel mit Hausrat- und Wohnungsbedarfsartikeln sowie Bürobedarf (z.B. Möbeleinzelhandel, Glas-, Porzellan- und Keramikeinzelhandel, Eisenwaren und Hausrathandel, Tapeten-, Bodenbelag- und Farbenhandel und Bürowirtschaftlicher Fachhandel)
4) Facheinzelhandel mit Freizeitartikeln (z.B. Radio- und Fernseheinzelhandel, Zweiradhandel, Sportartikeleinzelhandel und Sortimentsbuchhandel).

Vgl. Kaapke, A., Der Jahresbetriebsvergleich der Einzelhandelsfachgeschäfte 1998, in: M.d.IfH, 51. Jg. (1999), H. 11, S. 221.

Werten des IfH.[40] Die Feststellung, dass sich tendenziell größere Facheinzelhandelsbetriebe regelmäßig an den Auswertungen des IfH beteiligen (vgl. Kapitel 3.1), kann bei entsprechender Argumentation die höheren Personalkosten der Betriebsvergleichsteilnehmer in den weiter zurückliegenden Zeiträumen erklären.

Trotz dieser Niveauunterschiede sind die prozentualen Veränderungsraten der Kennziffer „Personalkosten je angestellte beschäftigte Person" sowohl bei den verschiedenen Branchen, als auch bei den beiden Erhebungen von IfH und Statistischem Bundesamt weitestgehend identisch. Die Steigerungsraten der in den Abbildungen 7 bis 11 ausgewiesenen Trendlinien zeigen vergleichbare Werte. Die im Branchenvergleich einheitlichen Entwicklungsmuster zeigen sich nicht nur bei der Summe der Personalkosten je angestellten Beschäftigten, sondern auch bei deren Komponenten. So ist beispielsweise der Anteil der getrennt von den 'Löhnen u. Gehältern sowie Provisionen' ausgewiesenen 'Sozialkosten' an der Summe der Personalkosten je Faktoreinheit von 1950 bis 1993 einheitlich um ca. 5 bis 6 Prozentpunkte und somit überproportional gestiegen.[41]

Wie die bisherigen Ausführungen des Kapitels 2.3 zeigen, sind die Personalkosten unabhängig von den bislang gewählten Bezugsgrößen stark angestiegen. Im folgenden Kapitel 2.3.3 soll ihre Veränderung zudem ins Verhältnis zu den Kosten der anderen Betriebsfaktoren gesetzt werden.

2.3.3 Die Kostenstruktur nach ausgewählten Branchen

Eine zwingende Schmälerung des unternehmerischen Gewinns kann aus dem Anstieg der Personalkosten nicht abgeleitet werden. Ohne den detaillierteren Analysen des Kapitels 3.2 vorgreifen zu wollen, sollen die Personalkosten und ihre Steigerung in den Kontext der übrigen zentralen erfolgsbestimmenden Faktoren eines Handelsbetriebes gebracht werden. Die Abbildungen 12-17 zeigen in Form von Schichtdiagrammen das Verhältnis aggregierter Kostenpositionen zum Umsatz und als Differenz das betriebswirtschaftliche Betriebsergebnis für den Zeitraum 1949 bis 1998. Um die Allgemeingültigkeit bestehender Trends zu überprüfen, wurden zusätzlich zum Facheinzelhandel insgesamt branchenbezogene Auswertungen erstellt. Es zeigen sich wie bereits bei den jährlichen Personalkosten je angestellte Person Entwicklungsmuster, die zwar in ihrer Intensität voneinander abweichen, in ihrer Richtung aber für alle Branchen Gültigkeit haben.

---

40 Die Beobachtung, dass mit der Größe der Unternehmung auch die Personalkosten je beschäftigte Person ansteigen, bestätigt u.a. Friede-Mohr: „Die Auswertung des Datenmaterials in Abhängigkeit von der Beschäftigtengrößenklasse zeigt einen positiv korrelierten Zusammenhang. Das heißt: Je größer das Unternehmen, umso höher die Personal- und Personalzusatzaufwendungen". Friede-Mohr, C., 1987, S. 71.

41 Die im Rahmen der Kostenstrukturstatistik des Stat.BA regelmäßig erhobenen Sozialkosten decken sich nicht mit den in Kapitel 2.3.4 darzustellenden Personalnebenkosten. Sie berücksichtigen nur den Teil der Personalnebenkosten, der nicht Lohn- bzw. Gehaltsbestandteil ist.

In Analogie zu Kapitel 2.3.2 werden im Folgenden die Kennzahlen für den Facheinzelhandel mit Blumen, Drogeriewaren, Schuhen, Büchern und Möbeln dargestellt. Jeder einzelnen Grafik liegen dabei ca. 300 Kennzahlenwerte zugrunde, die größtenteils unmittelbar den publizierten Auswertungen des IfH zum Jahresbetriebsvergleich entnommen sind oder auf deren Basis errechnet wurden.[42] Zum Zwecke eines einheitlichen Maßstabs werden alle Werte in Prozent vom Umsatz ausgewiesen. Dies lässt zwar keine Rückschlüsse auf ihre absolute Höhe zu, zeigt aber in recht anschaulicher Weise die relativen Veränderungen der Kostenbestandteile und deren Anteil an der Umsatzbelastung.

42 Die den Grafiken 12-17 zugrundeliegenden konkreten Daten können dem Anhang 4 entnommen werden. Entsprechende Auswertungen zu weiteren 34 Fachsparten des Einzelhandels finden sich in Anhang 5.

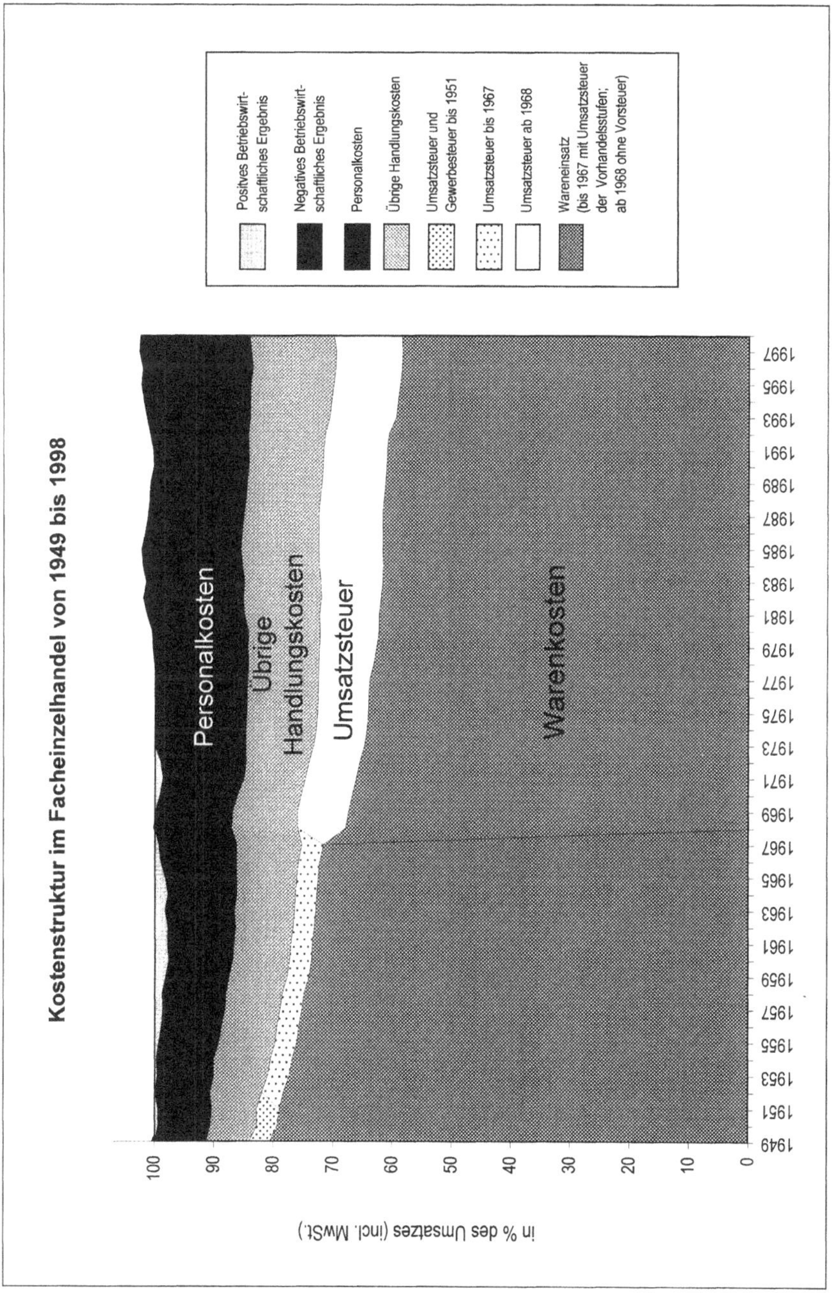

Abb. 12: Die Entwicklung der Kostenstruktur im Facheinzelhandel

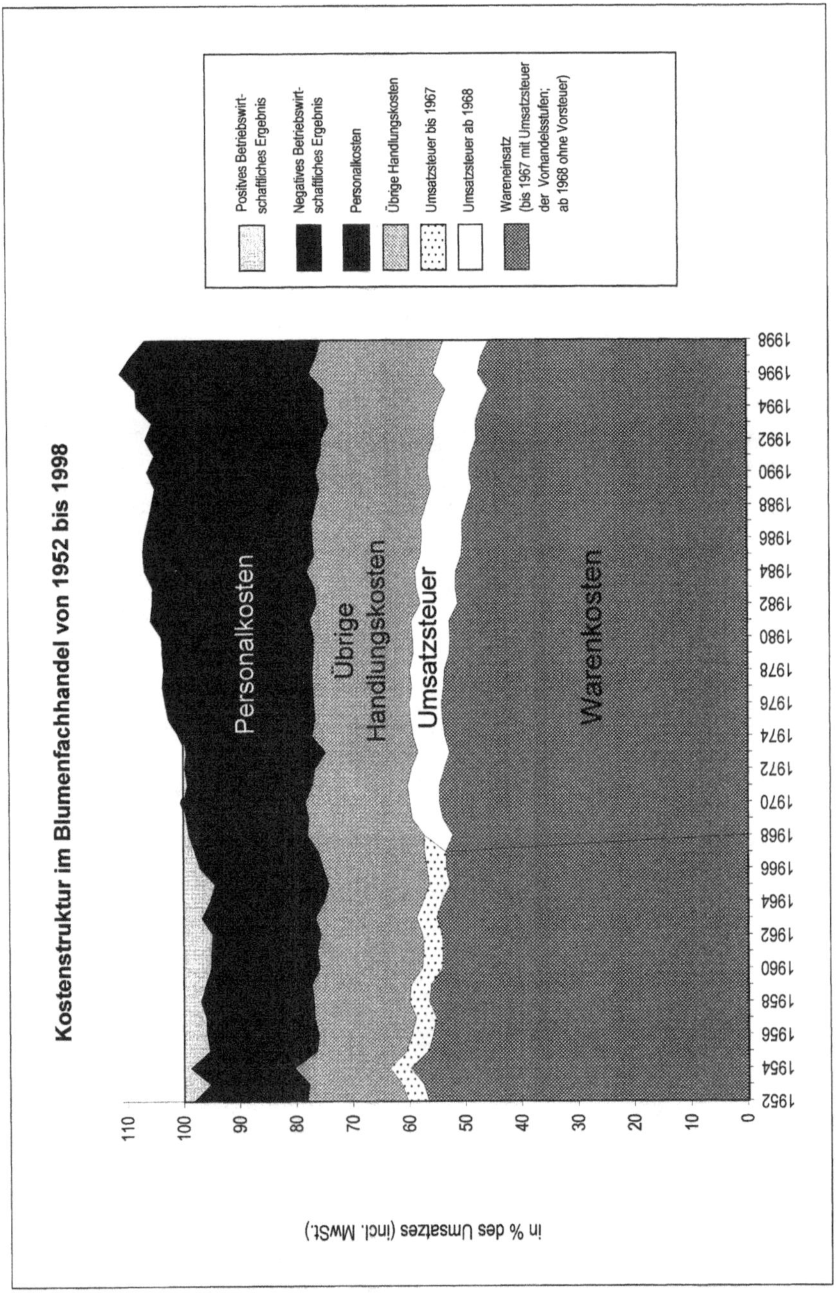

Abb. 13: Die Entwicklung der Kostenstruktur im Blumenfachhandel

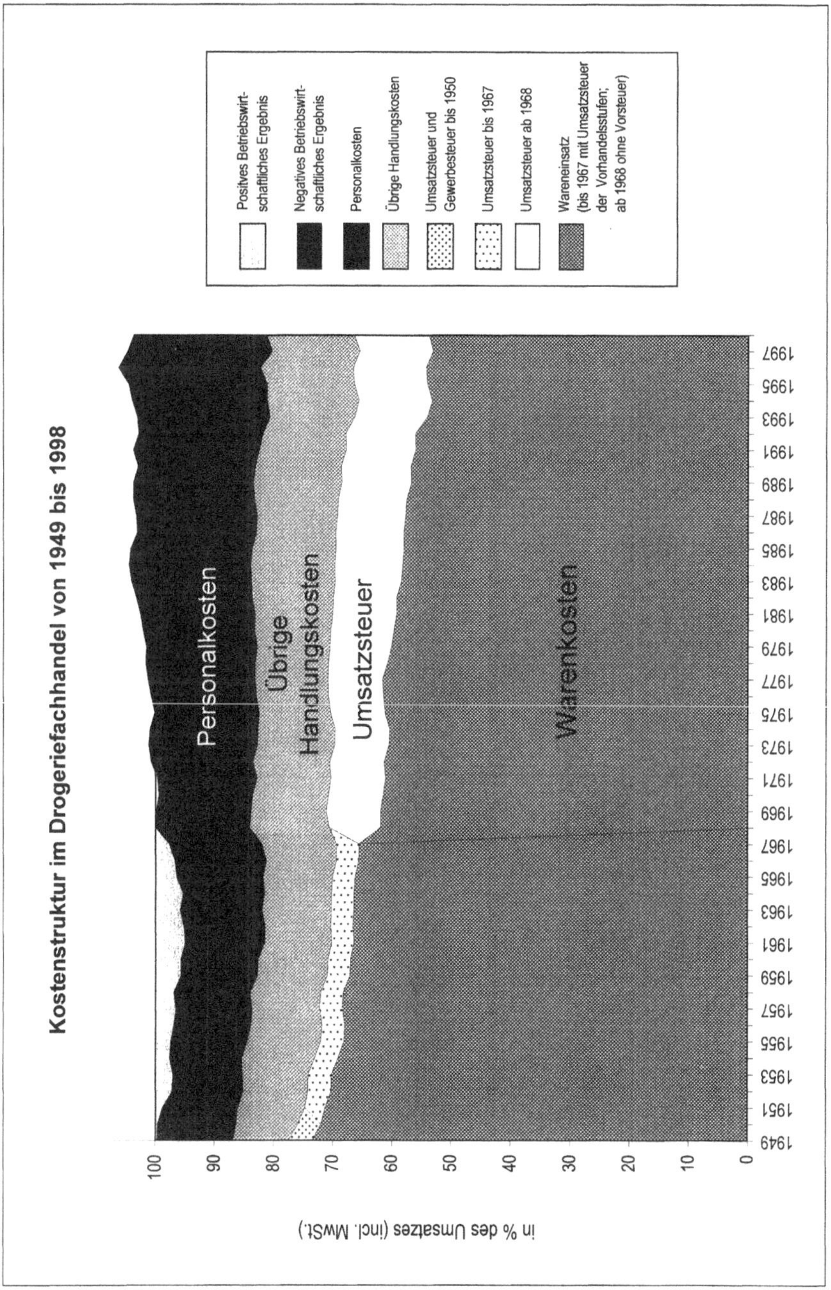

Abb. 14: Die Entwicklung der Kostenstruktur im Drogeriefachhandel

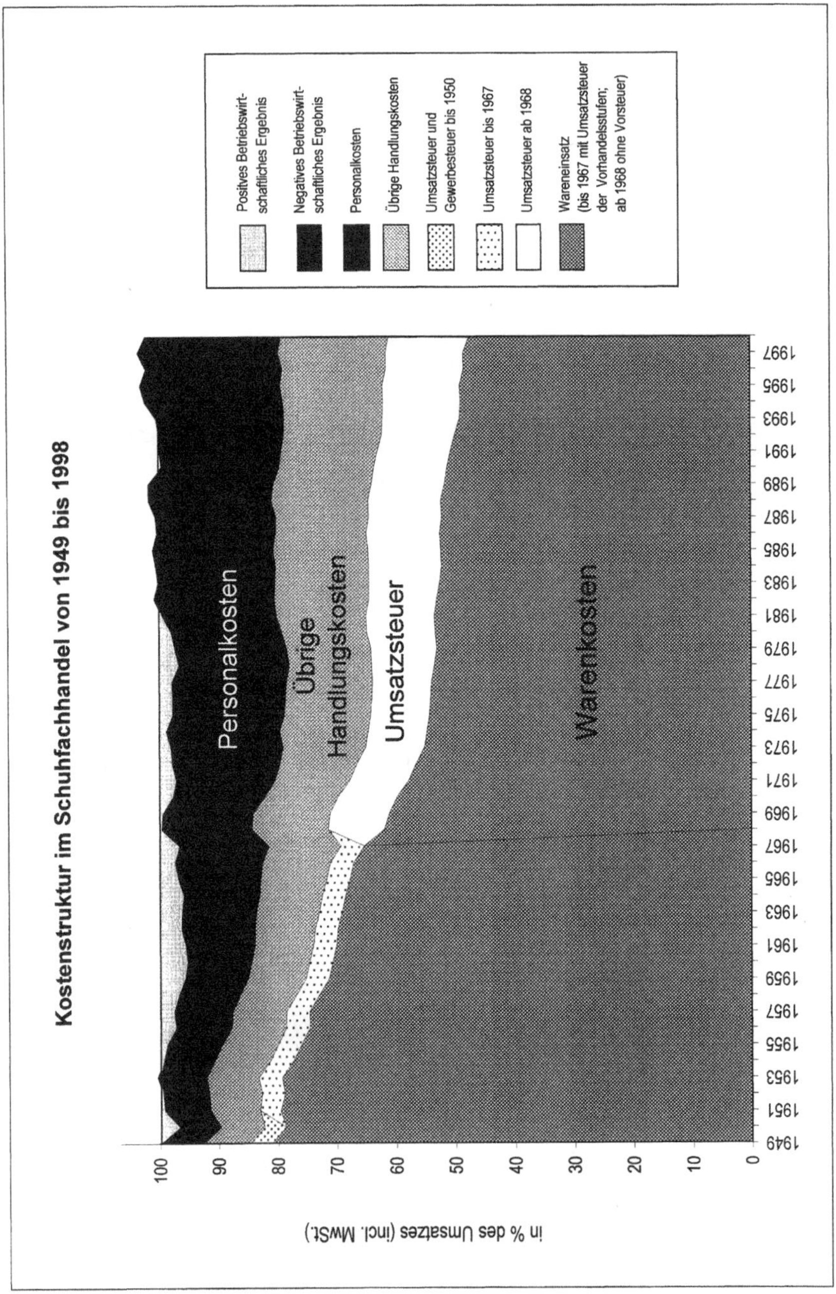

Abb. 15: Die Entwicklung der Kostenstruktur im Schuheinzelhandel

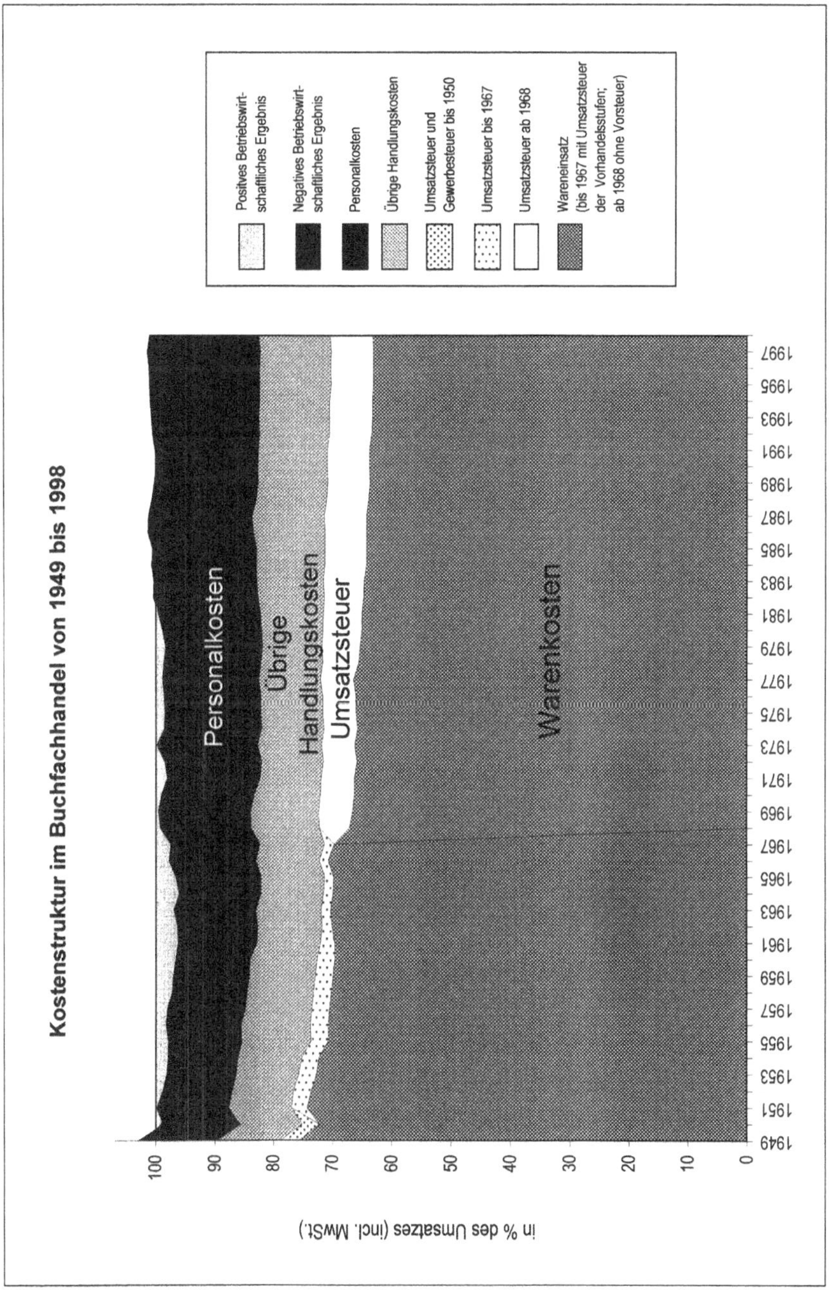

Abb. 16: Die Entwicklung der Kostenstruktur im Buchfachhandel

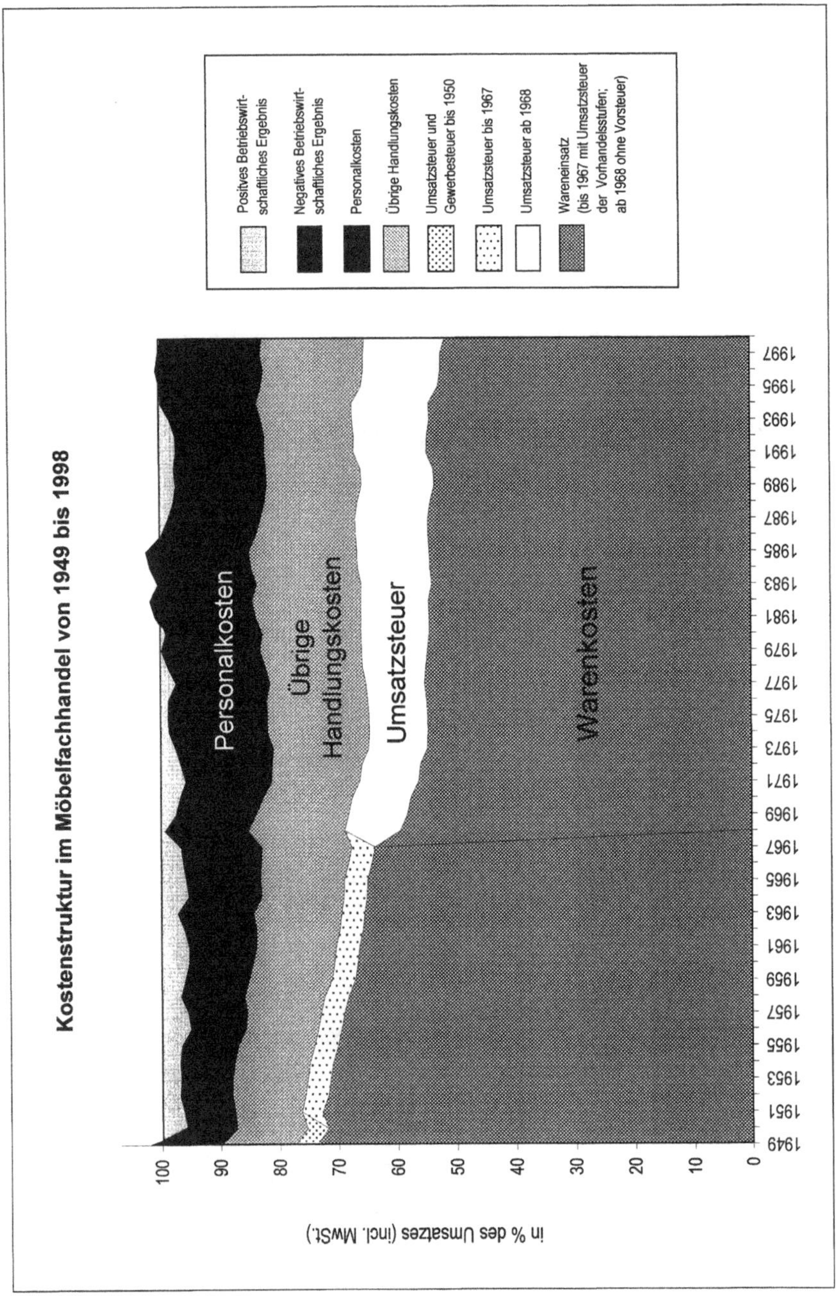

Abb. 17: Die Entwicklung der Kostenstruktur im Möbeleinzelhandel

Die unterschiedlichen Kostengebirge in den Abbildungen 12-17 setzen sich regelmäßig aus Warenkosten, Umsatzsteuer und gesamten Handlungskosten zusammen. Letztere unterteilen sich in Personalkosten und alle sonstigen Handlungskosten. Am oberen Rand der Grafik verdeutlicht eine horizontale Gerade den Gesamtumsatz (100 %). Die Handelsspanne ist demnach die Differenz zwischen der Umsatzgeraden und der über Umsatzsteuer und Warenkosten liegenden Grenzlinie. Die oberste Linie zeigt die Gesamtentwicklung der übereinandergeschichteten Kosten und der Umsatzsteuer. Befindet diese sich unterhalb des Umsatzes, wurde ein positives Betriebswirtschaftliches Ergebnis erzielt, im umgekehrten Fall ein negatives.

Mit Ausnahme der Jahre 1949 und 1968 befand sich der westdeutsche Facheinzelhandel bis 1973 betriebswirtschaftlich in der Gewinnzone (vgl. Abbildung 12). Nachdem fünf Jahre lang weder ein nennenswerter Gewinn noch ein Verlust zu verzeichnen war, traten ab 1978 negative Betriebsergebnisse auf. Eine leichte Erholung ist seitdem lediglich in den zwei Jahren nach der Wiedervereinigung zu beobachten. Während 1960 das beste betriebswirtschaftliche Ergebnis mit + 2,4 % vom Umsatz realisiert werden konnte, liegt der niedrigste Wert 1997 bei - 2,7 %.

Der Frage nach den Ursachen für diese jüngste Entwicklung soll erst in Kapitel 3 nachgegangen werden. Interessant erscheint vorerst ein Blick auf die Veränderung der einzelnen Kostenanteile am Umsatz. Hier zeigt sich für den Facheinzelhandel insgesamt, dass die Kosten des Wareneinsatzes in % vom Umsatz stetig gesunken sind. Der damit einhergehende Anstieg der Betriebshandelsspanne blieb jedoch seit Anfang der 70er Jahre hinter dem Anstieg der gesamten Handlungskosten zurück. In Zahlen ausgedrückt bedeutet dies für den gesamten Zeitraum ein Anwachsen der Spanne um 14,2 Prozentpunkte vom Umsatz (von 15,9 % in 1949 auf 30,1 % in 1998). Der Zuwachs bei den Handlungskosten beträgt dagegen 16,2 Prozentpunkte (von 16,4 % in 1949 auf 32,6 % in 1998).

Ein Beispiel mit besonders hohen Veränderungsraten ist der Schuhfachhandel. Dort legte die Handelsspanne um 23,9 Prozentpunkte (von 15,2 % auf 39,1 %) und die Handlungskosten um 25,7 Prozentpunkte (von 15,5 % auf 41,2 %) zu. Als Pendant kann der Buchfachhandel angesehen werden. Die vergleichsweise geringen Steigerungsraten zeigen einen Zuwachs der Handelsspanne um 8,6 % (von 21,1 % auf 29,7 %) und der Handlungskosten um 6,6 (von 24,1 % auf 30,7 %) Prozentpunkte vom Umsatz.

Eine hohe aber ebenso konstante Handelsspanne zeichnet den Blumenfachhandel aus. Die Warenkosten und die Umsatzsteuer reduzierten sich über den Betrachtungszeitraum von 1952 bis 1998 lediglich um 6,9 Prozentpunkte vom Umsatz (60,3 % zu 53,4 %). Diese nur geringfügige Entlastung des Umsatzes reichte nicht aus, um die extreme Zunahme der Personalkosten zu kompensieren. Die Kosten für den Faktor Arbeit stiegen von 20,1 Prozent auf 31,2 Prozent vom Umsatz und stellen damit den Spitzenwert aller 43 am Betriebsvergleich des Instituts für Handelsforschung 1998 beteiligten und publizierten Fachsparten dar. Folglich lag das betriebswirtschaftliche Ergebnis mit einem Verlust von 6,3 Prozent vom Umsatz am unteren Ende der Skala.

Bemerkenswert ist dabei vor allem die Tatsache, dass der Blumenfachhandel, wie bereits dargelegt, gleichzeitig zu den Branchen mit den geringsten Personalkosten je beschäftigte Person zu zählen ist, während der Möbeleinzelhandel mit doppelt so hohen Aufwendungen für eine tätige Person die, gemessen am betriebswirtschaftlichen Ergebnis, erfolgreichste Fachhandelsbranche der letzten zehn Jahreserhebungen darstellt. Hohe Personalkosten, zumindest die je Faktoreinheit, haben folglich per se keinen negativen Einfluss auf die Gewinnsituation im Facheinzelhandel (vgl. Kapitel 4.3.1.1.1).

Allerdings wird das Verhältnis von betrieblicher Wertschöpfung und Personalkosten mutmaßlich durch den überproportionalen Anstieg der Kostenkomponenten des Faktors Arbeit belastet, die kein Entgelt für geleistete Arbeit darstellen. Die angestrebte Deskription der Entwicklung der Personalkosten im Facheinzelhandel soll mit den unterschiedlichen Personalaufwendungen abgeschlossen werden.

2.3.4 Die Entwicklung der Personalaufwandsarten im (Fach-)Einzelhandel

Angestrebtes Ziel dieses Kapitels ist es, die unterschiedlichsten Aufwendungen für einen Arbeitnehmer im Facheinzelhandel detailliert über einen möglichst langen Zeitraum dazustellen.[43] Hierzu werden die publizierten Ergebnisse des Stat.BA zu den Personal- und Personalnebenkostenerhebungen bzw. Arbeitskostenerhebungen herangezogen. Dieses Vorhaben wird allerdings dadurch erschwert, dass die bislang neun durchgeführten Erhebungen im (Fach-)Einzelhandel der Jahre 1957, 1970, 1974, 1978, 1981, 1984, 1988, 1992 und 1996 hinsichtlich ihrer Designs und ihrer Inhalte mehr oder weniger stark voneinander abweichen. Folgende Einschränkungen muss die oben genannte Zielsetzung dadurch erfahren:

- Aufgrund der abweichenden Systematisierungen der Wirtschaftszweige (Deutsche Systematik der Wirtschaftszweige, Allgemeine Systematik der Wirtschaftszweige in den Europäischen Gemeinschaften (NACE) / Ausgabe 1970, Systematik der Wirtschaftszweige in den Europäischen Gemeinschaften (NACE Rev.1)) / Ausgabe 1993) sind langfristige branchenbezogene Auswertungen nicht möglich.
- Die Erhebungen der Jahre 1957, 1970 und 1974 werden nicht berücksichtigt. Hierfür sind vor allem vier Gründe verantwortlich. Zum ersten weichen die Erhebungspositionen von denen der folgenden sechs Jahre stark ab. Zum zweiten werden die einzelnen Personalnebenkosten noch ins Verhältnis zu den Bruttoverdiensten gesetzt und nicht, wie später allgemein üblich, auf das ‚Entgelt für ge-

43 Die von der Kostenstrukturerhebung des Stat.BA erfassten und in Kapitel 2.3.2 bereits dargestellten Sozialkosten der (Fach-)Einzelhandelsbetriebe unterscheiden sich von den Personalzusatzaufwendungen dadurch, dass sie lediglich den Teil der Zusatzkosten berücksichtigen, der nicht in den Bruttolöhnen bzw. -gehältern enthalten ist.

leistete Arbeit' bezogen.[44] Zum dritten blieben bei diesen drei Erhebungen kleine Unternehmen mit unter 20 bzw. 50 Beschäftigten und somit viele Facheinzelhandelsbetriebe der Betriebstypen Fachgeschäft, Spezialgeschäft und Boutique unberücksichtigt. Zum vierten und letzten erfasste man in den Jahren 1957 und 1970 noch keine Teilzeitkräfte. Die Vergleichbarkeit der Werte mit denen der folgenden Erhebungen ist nach Aussage des Statistischen Bundesamts dadurch stark eingeschränkt.[45]

- Ergebnisse zum Facheinzelhandel im Sinne der vorliegenden Arbeit sind nur für die Jahre 1992 und 1996 veröffentlicht. Diese unterscheiden sich jedoch kaum von denen des gesamten Einzelhandels; entstammen doch beispielsweise 55,0 % der von der Arbeitskostenerhebung 1996 erfassten 2.060 Unternehmen dem Facheinzelhandel in Verkaufsräumen (ohne Apotheken und Lebensmittelbetriebe).[46] Im Weiteren wird deshalb auf die Werte des ,Einzelhandels (ohne Handel mit Kraftwagen und Motorrädern sowie mit Kraft- und Schmierstoffen)' für 1978 bis 1988, des ,Einzelhandels (ohne Handel mit Kraftfahrzeugen, Tankstellen)' für 1992 und des ,Einzelhandels (ohne Handel mit Kraftfahrzeugen und ohne Tankstellen); Reparatur von Gebrauchsgütern' für 1996 zurückgegriffen. Die einzelnen Quellen sind in Fußnote 47 angegebenen.[47]

- Nur ein Teil der Aufwandsarten wurde von 1978 bis 1996 völlig unverändert erhoben und können dem gemäß separat dargestellt werden. Die anderen werden im Weiteren lediglich als Bestandteil von aggregierten Werten berücksichtigt.

Um den Zusammenhang der Aufwandsarten zu verdeutlichen, stellt Abbildung 18 die aktuelle Gliederung der Arbeitskosten nach der Systematik des Stat.BA für Deutschland vor.

---

44 Neben dem Begriff der Personalnebenkosten finden sich auch die Termini Personalzusatzaufwendungen und Personalzusatzkosten, die den gleichen Sachverhalt kennzeichnen sollen. Im Rahmen des vorliegenden Kapitels soll den Gepflogenheiten des Stat.BA Rechnung getragen und dem Begriff der Personalnebenkosten der Vorzug gegeben werden, auch wenn der hier relevante Werteverzehr regelmäßig mit einer Ausgabe verbunden ist und somit treffender als Aufwendung zu bezeichnen wäre.

45 Vgl. Statistisches Bundesamt (Hrsg.): Löhne und Gehälter. Personal- und Personalnebenkostenerhebungen. Aufwendungen der Arbeitgeber im Groß- und Einzelhandel sowie im Bank- und Versicherungsgewerbe 1974, Fachserie 16, H. 3, Stuttgart-Mainz 1977, S. 5.

46 Vgl. Statistisches Bundesamt (Hrsg.), 1999b, S. 308 u. 314.

47 Vgl. Statistisches Bundesamt (Hrsg.): Löhne und Gehälter. Arbeitskostenerhebungen. Arbeitskosten in ausgewählten Dienstleistungsbereichen 1996. Ergebnisse für das frühere Bundesgebiet sowie die neuen Länder und Berlin-Ost, Fachserie 16, H. 3, Stuttgart 1999c, S. 22; Statistisches Bundesamt (Hrsg.): Löhne und Gehälter. Arbeitskostenerhebungen. Arbeitskosten in ausgewählten Dienstleistungsbereichen 1992, Fachserie 16, H. 2, Stuttgart 1995, S. 21; Statistisches Bundesamt (Hrsg.): Löhne und Gehälter. Arbeitskostenerhebungen. Arbeitskosten im Groß- und Einzelhandel sowie im Bank- und Versicherungsgewerbe 1988, Fachserie 16, H. 2, Stuttgart 1990, S. 26; Statistisches Bundesamt (Hrsg.): Löhne und Gehälter. Arbeitskostenerhebungen. Arbeitskosten im Groß- und Einzelhandel sowie im Bank- und Versicherungsgewerbe 1984, Fachserie 16, H. 2, Stuttgart-Mainz 1986, S. 27; Statistisches Bundesamt (Hrsg.): Löhne und Gehälter. Personal- und Personalnebenkostenerhebungen. Aufwendungen der Arbeitgeber im Groß- und Einzelhandel sowie im Bank- und Versicherungsgewerbe 1981, Fachserie 16, H. 2, Stuttgart-Mainz 1984, S. 59; Statistisches Bundesamt (Hrsg.), 1981, S. 51.

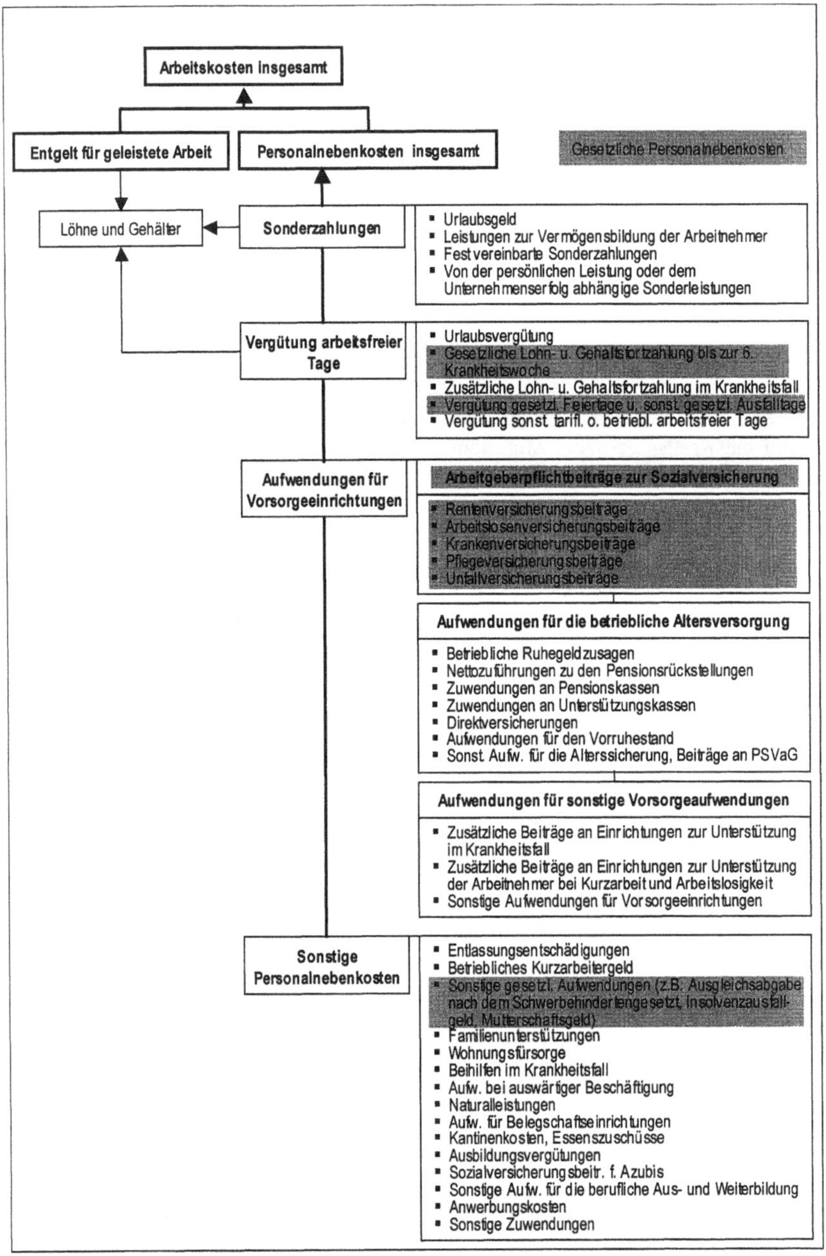

Abb. 18: Deutsche Gliederung der Arbeitskosten[48]

48 Statistisches Bundesamt (Hrsg.), 1999c, S. 8.

Analog zu den Auswertungen des Stat.BA erfolgen die weiteren Angaben einheitlich in Prozent des Entgelts für geleistete Arbeit'. In den Abbildungen 19a-h werden zunächst die aggregierten Aufwandsgrößen ins Verhältnis zu dieser Kennzahl gesetzt.

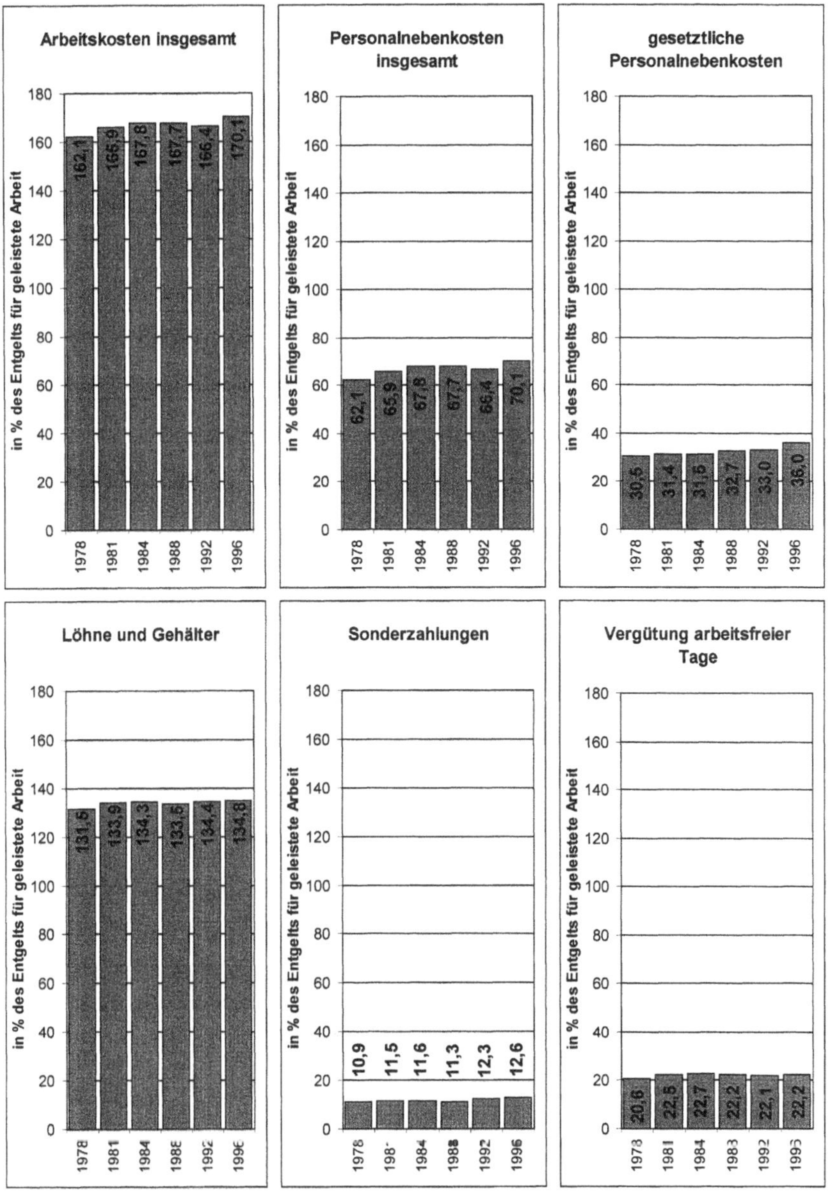

Abb. 19a-f: Das Verhältnis zentraler Aufwandsarten zum Entgelt für geleistete Arbeit im (Fach-)Einzelhandel

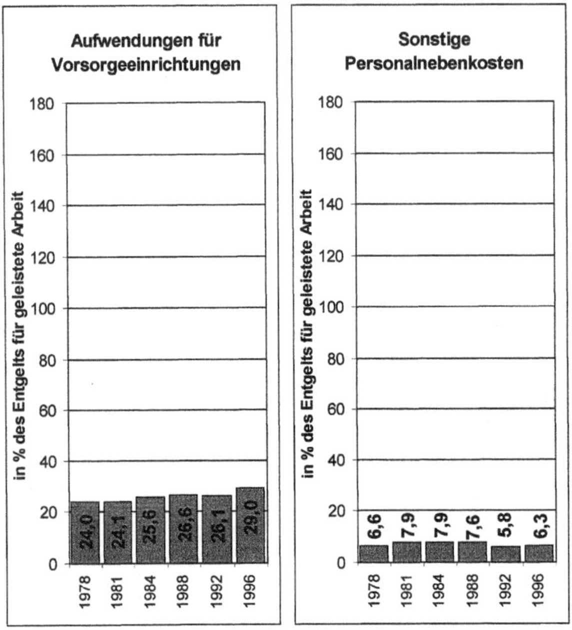

Abb. 19g+h: Das Verhältnis zentraler Aufwandsarten zum Entgelt für geleistete Arbeit im (Fach-)Einzelhandel

Das Entgelt für geleistete Arbeit ist definiert als die Summe der Löhne und Gehälter vermindert um die in den Personalnebenkosten nachgewiesenen Bestandteile Sonderzahlungen und Vergütung arbeitsfreier Tage. Bezogen auf einen vollbeschäftigten Arbeitnehmer pro Jahr ist es im Einzelhandel von 18.165 DM im Jahre 1978 um 101,2 % auf 36.556 DM im Jahre 1996 angestiegen.[49] Die anderen Erhebungsjahre zeigen folgende Werte:
1981 gleich 20.238 DM,
1984 gleich 23.495 DM,
1988 gleich 26.083 DM,
1992 gleich 32.154 DM.

Die wohl häufigste Gegenüberstellung nimmt einen Vergleich zwischen Personalnebenkosten und Leistungsentgelt vor. Hier zeigt sich in Bezug auf den (Fach-)Einzelhandel, dass der Einzelhändler 1996 je 100 DM Leistungsentgelt weitere 70,10 DM an zusätzlichen Kosten für den Faktor Arbeit aufwenden musste. Dieser Wert liegt 8 DM über dem Wert von 1978, d.h. die Personalnebenkosten sind überproportional gestiegen. Verantwortlich hierfür sind in erster Linie die gesetzlichen Nebenkosten, die gut die Hälfte der gesamten Nebenkosten ausmachen und um 5,50 DM zugelegt haben.

Von den vier Hauptgruppen der Personalnebenkosten haben die Aufwendungen für Vorsorgeeinrichtungen die höchsten Zuwächse zu verzeichnen. Allein von 1992 bis 1996 hat ihr Anteil am Leistungsentgelt von 26,1 % auf 29,0 % zugenommen. Aber auch die Sonderzahlungen und die Vergütungen für arbeitsfreie Tage haben ihren Anteil an der steigenden Belastung mit den Kosten, die nicht unmittelbar der eigentlichen Leistung des Faktors Arbeit zuzurechnen sind. Lediglich die ‚Sonstigen Personalnebenkosten' sind tendenziell rückläufig. Interessanter als die aggregierten Werte

49 Bei der Berechnung der Zahl der vollbeschäftigten Arbeitnehmer wurden Teilzeitbeschäftigte entsprechend ihrer geleisteten Arbeitszeit in Vollbeschäftigte umgerechnet. Auszubildende wurden dabei vernachlässigt. Vgl. Statistisches Bundesamt (Hrsg.), 1999c, S. 29.

sind die Veränderungsraten der einzelnen Aufwendungen. So hatte beispielsweise die Einführung der Pflegeversicherung als Teil der ‚Arbeitgeberpflichtbeiträge zur Sozialversicherung' einen besonderen Einfluss auf den jüngsten Zuwachs der übergeordneten ‚Aufwendungen für Vorsorgeeinrichtungen'. Und die relative Reduzierung der ‚Sonstigen Personalnebenkosten' in den beiden letzten Erhebungsjahren resultierte in erster Linie aus der Abnahme der Aufwendungen für die Ausbildungsvergütung. Tabelle 11 gibt die Werte in DM je vollbeschäftigte angestellte Person und in % des Leistungsentgelts der wichtigsten Zusatzaufwendungen im Zeitablauf wieder und beschließt damit die Ausführungen des dritten Kapitels. Allen Untersuchungen in diesem Kapitel ist gemein, dass sie einen starken langfristigen Anstieg der Kosten des Faktors Arbeit im Facheinzelhandel feststellen konnten. Diese Veränderungen sind nicht ohne Auswirkungen auf die Unternehmen dieser Betriebsform geblieben. Kapitel 3 untersucht die Relevanz der Personalkostenentwicklung.

Art der Aufwendung											
1978		1981		1984		1988		1992		1996	
DM	%	DM	%	DM	%	DM	%	DM	%	DM	%
Urlaubsgeld											
557	3,1	584	2,9	786	3,3	858	3,3	1.225	3,8	1.467	4,0
Leistungen zur Vermögensbildung der Arbeitnehmer											
151	0,8	261	1,3	285	1,2	269	1,0	246	0,8	268	0,7
Leistungs- u. gewinnabh. Sonderzahlungen und Sonstige fest vereinbarte Sonderzahlungen											
1.273	7,0	1.488	7,4	1.661	7,1	1.826	7,0	2.486	7,8	2.861	7,8
Urlaubsvergütung											
2.055	11,3	2.553	12,6	3.291	14,0	3.591	13,8	4.275	13,3	4.861	13,3
Gesetzliche Lohn- und Gehaltsfortzahlung im Krankheitsfall											
755	4,2	924	4,6	938	4,0	1.013	3,9	1.423	4,4	1.417	3,9
Zusätzliche Lohn- und Gehaltsfortzahlung im Krankheitsfall											
2	0,0	13	0,1	4	0,0	2	0,0	11	0,0	65	0,2
Vergütung gesetzl. Feiertage und sonst. gesetzl., betrieblicher und tariflicher Ausfallzeiten											
930	5,1	1.048	5,2	1.091	4,6	1.179	4,5	1.411	4,4	1.791	4,9
Renten-, Arbeitslosen-, Kranken- und (seit 1996) Pflegeversicherungsbeiträge											
3.616	19,9	4.087	20,2	5.042	21,5	5.009	22,0	7.378	22,9	9.395	25,8
davon: Rentenversicherungsbeiträge											
k.A.	k.A.	k.A.	k.A.	k.A.	k.A.	k.A.	k.A.	3.611	11,2	4.522	12,4
davon: Arbeitslosenversicherungsbeiträge											
k.A.	k.A.	k.A.	k.A.	k.A.	k.A.	k.A.	k.A.	1.286	4,0	1.524	4,2
davon: Krankenversicherungsbeiträge (und seit 1996 Pflegeversicherungsbeiträge)											
k.A.	k.A.	k.A.	k.A.	k.A.	k.A.	1.795	7,9	2.481	7,7	3.349	9,2
Unfallversicherungsbeiträge											
203	1,1	243	1,2	271	1,2	298	1,1	339	1,1	424	1,2
Aufwendungen für die betriebliche Altersversorgung											
530	2,9	543	2,7	688	2,9	651	2,5	663	2,1	773	2,1
Aufwendungen für sonstige Vorsorgeeinrichtungen											
4	0,0	6	0,0	6	0,0	2	0,0	5	0,0	10	0,0
Entlassungsentschädigungen (und seit 1996 betriebliches Kurzarbeitergeld)											
17	0,1	45	0,2	105	0,4	107	0,4	173	0,5	397	1,1
Sonstige gesetzliche Aufwendungen											
39	0,2	44	0,2	54	0,2	73	0,3	123	0,4	199	0,5

Familienunterstützungen											
21	0,1	19	0,1	21	0,1	17	0,1	14	0,0	19	0,1
Wohnungsfürsorge											
2	0,0	2	0,0	1	0,0	2	0,0	7	0,0	12	0,0
Beihilfen im Krankheitsfall											
5	0,0	1	0,0	3	0,0	1	0,0	1	0,0	0	0,0
Auslösungen, Trennungsentschädigungen u.ä. (bis 1988 incl. Verpflegungszuschüsse)											
104	0,6	87	0,4	75	0,3	95	0,4	45	0,1	28	0,1
Naturalleistungen											
143	0,8	194	1,0	157	0,7	219	0,8	161	0,5	191	0,5
Aufwendungen für Belegschaftseinrichtungen											
30	0,2	49	0,2	65	0,3	33	0,1	96	0,3	91	0,2
Ausbildungsvergütungen											
687	3,8	900	4,4	1.036	4,4	1.067	4,1	902	2,8	921	2,5
Sonstige Aufwendungen für die berufliche Aus- und Weiterbildung											
82	0,4	180	0,9	275	1,2	295	1,1	271	0,8	292	0,8
Sonstige Zuwendungen											
78	0,4	73	0,4	73	0,3	74	0,3	86	0,3	142	0,4

Tab. 11: Verschiedene Aufwandsarten im (Fach-)Einzelhandel in DM je vollbeschäftigten Arbeitnehmer und in % des Entgelts für geleistete Arbeit in den Jahren 1978, 1981, 1984, 1988, 1992 und 1996

3 Die Auswirkungen der Personalkostenentwicklung im Facheinzelhandel

Für den einzelnen Unternehmer beeinflusst die Höhe der betrieblichen Personalaufwendungen auf direktem Wege die Gesamtkosten, durch einen eventuellen Motivationseffekt bei der Leistungserstellung oder durch den Rückfluss der Löhne und Gehälter in Form des privaten Wareneinkaufs von Mitarbeitern aber nur indirekt die Erlöse. Neben ihrem Einfluss auf die betriebliche **Rentabilität** können sie zudem Art und Ausmaß des **Marktleistungsangebots** der Betriebes bestimmen. Diese zwei elementaren Möglichkeiten der Einflussnahme sollen auch im vorliegenden Kapitel die Relevanz der Personalkosten für die einzelnen Fachbetriebe des Einzelhandels kennzeichnen. Neben ihrer Bedeutung auf mikroökonomischer Ebene hat diese Kostenart und ihre langfristige Entwicklung zudem Einfluss auf makroökonomischer E-bene, indem sie mutmaßlich die Evolution des Einzelhandels im Allgemeinen und die des Facheinzelhandels im Besonderen in nicht zu unterschätzendem Maße beeinflusst haben.

Der Verlauf des dritten Kapitels gestaltet sich wie folgt. In Kapitel 3.1 wird zunächst die vorgenommene Auswahl der Stichproben geschildert, die die Basis der weiteren empirischen Analysen der Personalkosten im Facheinzelhandel sind. Aus einer mikroökonomischen Sichtweise heraus wird daran anschließend in Kapitel 3.2 der permanent steigende Druck der Personalkosten auf die Rentabilität im Facheinzelhandel beschrieben, nicht zuletzt um damit frühzeitig auf die bestehende Notwendigkeit der Personalkostenreduzierung hinweisen zu wollen. Längerfristige Perioden anhaltender betriebswirtschaftlicher Verluste lassen sich durch operative Maßnahmen nur sehr bedingt in eine Trendwende überführen. Es ist vor allem die strategische Neuausrichtung der Unternehmenspolitik, die einer Geschäftsaufgabe vorbeugen soll und kann. Veränderungen der strategischen Unternehmenskonzeption, bei denen die für den Facheinzelhandel typischen Betriebsfaktoren nach Quantität und Qualität neu kombiniert werden, haben in erster Linie die Marktleistungen zum Gegenstand. Eine entsprechende Analyse der Marktleistungsstrategie des Facheinzelhandels in Abhängigkeit der Personalkostenentwicklung ist Gegenstand des Kapitels 3.3. Bevor allerdings eine dementsprechende Untersuchung auf Basis empirischer, einzelbetrieblicher Daten bzw. Kennzahlen erfolgen kann, sind an gegebener Stelle die theoretischen Grundlagen zum Einfluss des Personalkostenanstiegs auf die strategische Unternehmensplanung zu behandeln.

3.1 Die Stichprobenauswahl als Fundament der weiteren Analysen

Die Untersuchung des Einflusses der Personalkosten auf den Unternehmenserfolg erfolgt ebenfalls auf Basis der Daten zum Betriebsvergleich des Instituts für Handelsforschung. Allerdings zeigen sich die publizierten Betriebsvergleichsergebnisse hierfür nicht ausreichend. Es handelt sich dort ausschließlich um aggregierte Branchendurchschnittswerte, die weitergehende Kausalanalysen nicht zulassen. Sollen nicht nur Fragestellungen nach dem Ist-Zustand (What-is-Analysen), sondern auch nach dem Was-Wäre-Wenn-Zustand (What-if-Analysen) beantwortet werden, kann dies nur auf Basis einzelbetrieblicher, anonymisierter Daten erfolgen.

Wenngleich das Institut für Handelsforschung seit Anfang der 70er Jahre die elektronische Datenverarbeitung zur Unterstützung der umfangreichen Betriebsvergleichsarbeiten nutzt, ist die für den Einsatz moderner Auswertungssoftware notwendige Kompatibilität der Datenstruktur erst seit 1981 gegeben. Folglich basieren die weiteren Auswertungen auf einzelbetrieblichen Daten der Jahre 1981 bis 1998. Die Tatsache, dass der Großteil der erhobenen Kennzahlen weder zwischen den Erhebungsjahren, noch zwischen den vom Betriebsvergleich erfassten Branchen variiert, sowie das breite Spektrum dieser Fachsparten und die Vielzahl der teilnehmenden Betriebe, schaffen die Voraussetzungen für umfangreiche Auswertungen über einen längeren Zeitraum, die zumindest für den Facheinzelhandel i.e.S. (Fachgeschäfte, Boutiquen, Spezialgeschäfte, Kaufhäuser) Allgemeingültigkeit besitzen.

Von 1981 bis 1998 haben 93.252 Facheinzelhandelsbetriebe aus den alten Bundesländern am Jahresbetriebsvergleich des IfH teilgenommen.[50] Im Durchschnitt dieser 18 Jahre betrug die Teilnehmerzahl 5.181 Betriebe p.a.. Handelsbetriebe folgender Fachsparten nutzten die Dienstleistung beispielsweise 1998:

Branchen des Facheinzelhandels 1998	**Anzahl der Betriebe**
Facheinzelhandel mit Freizeitartikeln	
– Radio- und Fernseheinzelhandel	56
– Fotoeinzelhandel	23
– Musikfachgeschäfte	20
– Zweiradhandel	71
– Sportartikeleinzelhandel	103
– Spielwareneinzelhandel	17
– Sortimentsbuchhandel	313
– Bahnhofsbuchhandel	7
– Zoologische Fachgeschäfte	2

50 Ohne Apotheken. Diese Branche bleibt bei den folgen Betrachtungen unberücksichtigt, da deren Entwicklung in besonderem Maße von den bestehenden Reglementierungen (Preisbindung, Filialisierungsverbot, Sortimentskompetenz etc.) beeinflusst wird.

Facheinzelhandel mit Hausrat- und Wohnungsdedarfsartikel, Bürobedarf und sonstigen Artikeln		
– Möbeleinzelhandel	227	
– Tapeten-, Bodenbelag- und Farbenhandel	22	
– Beleuchtungs- und Elektroeinzelhandel	8	
– Bürowirtschaftlicher Fachhandel	39	
davon mit vorwiegend – Büromaschinen, Büromöbel und Organisationsmittel (BBO)		5
– Papier, Bürobedarf und Schreibwaren (PBS)		26
– BBO/PBS-Vollsortimenter		8
– Glas-, Porzellan- und Keramikeinzelhandel	108	
– Hartwarenhandel	174	
davon mit vorwiegend – Haus- und Küchengeräten		10
– Haushalttechnik		4
– Baubeschlägen, Kleineisen und Werkzeugen		29
– 30% u. mehr Walzmaterial-, Sanitärartikel-, Bau- und Brennstoffe		29
– Küchen und Ausstattung		44
– gemischtem Sortiment		58
– Stahlwarenfachhandel	3	
– Medizintechnischer Fachhandel	6	
Facheinzelhandel mit Bekleidungsartikeln und Accessoires		
– Textileinzelhandel	449	
davon mit vorwiegend – Herrenbekleidung		85
– Damenoberbekleidung		93
– Herren-, Damen- und Kinderbekleidung		90
– Kinder- und Babyausstattung		19
– Wäsche, Miederwaren und Badeartikel		21
– Bettwaren, Bett- und Hauswäsche		43
– Teppichen und Gardinen		28
– gemischtem Sortiment		70
– Schuheinzelhandel	881	
– Lederwareneinzelhandel	69	
– Uhren-, Juwelen-, Gold- und Silberwareneinzelhandel	175	
Facheinzelhandel mit Verbrauchsgütern des täglichen Bedarfs		
– Lebensmitteleinzelhandel	911	
– Tabakwareneinzelhandel	26	
– Reformhäuser	69	
– Naturkost- und Naturwarenfachgeschäfte	138	
– Parfümerieeinzelhandel	4	
– Drogerien	40	
– Blumenfachgeschäfte	93	
Summe	4054	

Tab. 12: Zahl der Teilnehmer am Jahresbetriebsvergleich des IfH 1998 aus den alten Bundesländern nach Branchen

Trotz der großen Teilnehmerzahlen erheben die im Rahmen der Arbeit berechneten und dargestellten Kennzahlen nicht den Anspruch auf Repräsentativität. Der Betriebsvergleich des IfH hat zum Ziel, die betriebswirtschaftliche Situation mindestens zweier Betriebe anhand von Kennzahlen vergleichend gegenüberzustellen. Eine repräsentative Erhebung ist hierfür nicht notwendig. Sie wäre auch insofern nicht durchführbar, als dass Betriebe durch Dritte von der Möglichkeit des Betriebsvergleichs in Kenntnis gesetzt werden und deren Teilnahme ohne Aufforderung des Instituts erfolgen würde. Dieser Fall einer „sich selbst wählenden Stichprobe" (*self-selected sample*) könnte durch eine ex post Festlegung der für die Durchschnittsberechnungen relevanten Teilnehmer aus dem Kreis der bereits gemeldeten Betriebe vermieden werden. Einer bewussten Auswahl, beispielsweise in Form des *Quota-Verfahrens*, steht aber die mangelnde Kenntnis über die Verteilungen der Merkmalsausprägungen der relevanten Merkmalsdimensionen der Gesamtheit aller Betriebe einer Branche bzw. des gesamten Facheinzelhandels entgegen. Dies würde permanente Strukturuntersuchungen bei allen Fachsparten dieser Betriebsform bedingen; ein Aufwand, der selbst vom Statistischen Bundesamt nicht erbracht werden kann. Die alternative Ziehung einer Zufallsstichprobe aus einer nicht zufallsbestimmten Teilmenge ist methodisch nicht zulässig und damit irrelevant.

Der Mangel an statistischer Repräsentativität widerspricht aber nicht der Annahme, dass die zu treffenden Aussagen in weiten Bereichen Allgemeingültigkeit besitzen. Rückschlüsse der Teilerhebung auf die Grundgesamtheit sind gemäß *dem Gesetz der großen Zahlen* in unterschiedlichem Maße möglich. Denn je größer der Anteil der am Betriebsvergleich beteiligten Betriebe an der Gesamtheit der relevanten Fachhandelsbetriebe ist, desto geringer ist die Wahrscheinlichkeit, dass die ausgewählte Einheit und deren Ergebnis von der Grundstruktur der zugrunde liegenden Masse abweicht.[51] Nach Auskunft des Instituts für Handelsforschung ist aufgrund von Erfahrungswerten davon auszugehen, dass sich Branchendurchschnittswerte ab 40 teilnehmenden Betrieben bereits stabilisiert haben. Erfolgt zusätzlich eine Klassifizierung anhand ergebnisrelevanter Merkmale (Geschäftslage, Größenklassen etc.), d.h. der Grad der Homogenität der Betriebe innerhalb des Clusters steigt, sind oft auch geringere Fallzahlen ausreichend.

Ungeachtet der obigen Problematik gewährleistet die inhaltliche Kontinuität der Erhebungen zum Betriebsvergleich und das zugrundeliegende umfassende Kennzahlensystem eine ökoskopische Beobachtung des Facheinzelhandels in idealtypischer Weise. Die Konstanz, mit der sich viele Betriebe an diesen Auswertungen beteiligen, schafft zusätzlich die Voraussetzung für einen Vergleich der Ergebnisse zwischen

---

51 Das Gesetz der großen Zahlen trifft strenggenommen nur auf die Zufallsauswahl zu, denn nur bei ihr ist sichergestellt, dass die Wahrscheinlichkeit, in die Stichprobe mit einbezogen zu werden, völlig unabhängig von den einzelbetrieblichen Merkmalen ist. Zumindest hinsichtlich des Merkmals „Interesse am Betriebsvergleich" kann unterstellt werden, dass bei einer willkürlichen Auswahl die merkmalstragenden Betriebe unabhängig von der Größe der Stichprobe gegenüber der Grundgesamtheit überrepräsentiert sind. Trotz dieser Einschränkung besitzt das Gesetz der großen Zahlen, zumindest in Form einer allgemeinen Aussage, für den überwiegenden Teil der betrieblichen Merkmale Gültigkeit.

den einzelnen Jahren. Die Häufig- und Regelmäßigkeit, mit der der einzelne Teilnehmer diese Dienstleistung in Anspruch nimmt, zeigt dabei recht unterschiedliche Werte.

Um den Grad der Homogenität der 18 ‚Stichproben' hinsichtlich ihrer Teilnehmerzusammensetzung ermitteln zu können, muss der einzelne Betrieb in den unterschiedlichen Jahresbeständen identifiziert werden. Die Identifizierung eines Betriebes erfolgt anhand einer verschlüsselten Kennummer, welche seine Anonymität in den Auswertungen, die den Teilnehmern vom IfH zur Verfügung gestellt werden, sicherstellen soll. Auf Wunsch des Teilnehmers kann dieser jederzeit eine neue Kennummer zugewiesen bekommen. Die Vergabe neuer Kennummern erfolgt beispielsweise dann, wenn mindestens ein Mitglied aus dem Kreis einer ‚Erfahrungsaustauschgruppe' ausscheidet. Die Identifikation der verbleibenden Gruppenmitglieder in den zukünftigen Auswertungsunterlagen zum JBV soll durch diese Maßnahme unmöglich gemacht werden. Um die maximale Teilnahmehäufigkeit der Betriebe und mit ihr die Schnittmengen zwischen den Jahren bestimmen zu können, mussten im Vorfeld der Analysen ca. 4.000 Kennummerwechsel manuell und somit äußerst aufwendig ausfindig und rückgängig gemacht werden. Daraus resultierten für die 18 zu berücksichtigenden Jahreserhebungen die in Tabelle 13 abgegebenen Häufigkeiten der Teilnahme am Betriebsvergleich.

X-malige Teilnahme am JBV von 1981 bis 1998	Zahl der Betriebe	Prozente	Kumulierte Prozente
1	8546	37,9	37,9
2	3511	15,6	53,5
3	2019	9,0	62,5
4	1541	6,8	69,3
5	1262	5,6	74,9
6	963	4,3	79,2
7	716	3,2	82,3
8	687	3,0	85,4
9	549	2,4	87,8
10	458	2,0	89,9
11	337	1,5	91,4
12	304	1,3	92,7
13	262	1,2	93,9
14	235	1,0	94,9
15	212	,9	95,9
16	237	1,1	96,9
17	241	1,1	98,0
18	457	2,0	100,0
Gesamt	22537	100,0	
Fälle	93252		

Tab. 13: Verteilung der Teilnahmehäufigkeit am Jahresbetriebsvergleich des IfH von 1981 bis 1998

Nach Bereinigung der Kennummernwechsel lassen sich für den relevanten Zeitraum 22.537 unterschiedliche Facheinzelhandelsbetriebe mit einer theoretischen durchschnittlichen Teilnahmehäufigkeit von 4,1 identifizieren. Die aus dem bereinigten Teilnahmeverhalten resultierenden Schnittmengen mit Betrieben jeweils zweier Erhebungsjahre zeigt Tabelle 14 für alle möglichen Kombinationen. In den fett umrahmten Feldern ist die Gesamtzahl der teilnehmenden Betriebe des jeweiligen Jahres ergänzend angegeben.

1981	6613																	
1982	71,9 4752 72,8	6529																
1983	63,1 4175 64,1	73,3 4784 73,4	6514															
1984	57,8 3825 58,6	65,9 4301 65,9	73,8 4805 73,6	6528														
1985	53,0 3505 57,6	59,3 3872 63,7	64,4 4196 69,0	71,4 4664 76,7	6081													
1986	47,8 3162 52,0	53,4 3489 57,3	57,6 3753 61,7	62,7 4091 67,2	72,9 4434 72,9	6086												
1987	40,1 2652 45,0	44,1 2882 48,9	46,8 3050 51,8	50,6 3300 56,0	59,2 3598 61,1	65,4 3978 67,5	5890											
1988	36,0 2378 42,2	38,6 2523 44,8	41,4 2700 47,9	44,8 2923 51,9	52,7 3206 56,9	56,8 3456 61,3	65,9 3880 68,8	5636										
1989	31,8 2100 41,5	33,9 2216 43,8	36,6 2384 47,1	40,0 2610 51,6	46,3 2817 55,7	49,6 3017 59,6	55,7 3279 64,8	66,7 3760 74,3	5058									
1990	28,9 1913 39,0	30,8 2008 41,0	33,1 2153 43,9	35,7 2328 47,5	41,0 2492 50,9	44,3 2697 55,1	49,0 2889 59,0	61,7 3480 71,0	68,1 3446 70,3	4899								
1991	26,1 1729 37,9	28,0 1830 40,2	29,9 1947 42,7	32,0 2091 45,9	36,8 2236 49,1	39,3 2393 52,5	43,3 2551 56,0	54,1 3050 66,9	58,5 2959 64,9	72,6 3557 78,1	4556							
1992	23,8 1575 35,7	25,4 1661 37,6	27,0 1762 39,9	28,8 1883 42,7	33,0 2008 45,5	35,4 2152 48,8	38,7 2281 51,7	48,2 2714 61,5	50,6 2561 58,0	62,5 3060 69,3	73,6 3352 76,0	4413						
1993	22,1 1459 33,4	23,6 1538 35,3	24,6 1604 36,8	26,4 1723 39,5	30,3 1842 42,2	31,8 1937 44,4	34,3 2018 46,3	41,6 2342 53,7	46,5 2354 54,0	52,8 2587 59,3	60,6 2761 63,3	67,8 2990 68,5	4362					
1994	19,8 1310 31,1	21,0 1371 32,6	22,2 1443 34,3	23,6 1543 36,6	27,2 1655 39,3	28,5 1735 41,2	30,7 1806 42,9	40,5 2283 54,2	39,7 2008 47,7	50,5 2476 58,8	56,8 2590 61,5	62,3 2751 65,3	69,0 3011 71,5	4211				
1995	18,3 1210 30,0	19,3 1260 31,2	20,4 1331 33,0	21,5 1405 34,8	24,7 1503 37,2	25,7 1567 38,8	27,6 1627 40,3	36,8 2074 51,4	35,3 1783 44,2	46,5 2277 56,4	50,1 2281 56,5	53,9 2380 59,0	58,7 2559 63,4	71,4 3005 74,5	4035			
1996	16,9 1116 29,1	17,8 1165 30,3	18,4 1197 31,2	19,4 1267 33,0	22,2 1347 35,1	23,2 1412 36,8	24,9 1469 38,3	34,4 1940 50,5	31,6 1599 41,6	42,9 2102 54,7	45,1 2056 53,5	48,7 2147 55,9	52,3 2282 59,4	63,6 2677 69,7	75,0 3027 78,8	3840		
1997	15,0 991 25,1	15,7 1025 26,0	16,2 1058 26,8	17,0 1113 28,2	19,4 1178 29,8	20,5 1249 31,6	21,8 1286 32,6	31,6 1780 45,1	27,6 1394 35,3	39,0 1909 48,4	40,6 1852 46,9	43,6 1925 48,8	46,1 2013 51,0	56,5 2379 60,3	64,3 2596 65,8	75,2 2889 73,2	3947	
1998	13,0 862 21,3	13,7 896 22,1	14,3 930 22,9	14,8 969 23,9	16,9 1030 25,4	17,9 1087 26,8	18,9 1114 27,5	27,6 1553 38,3	24,0 1213 29,9	33,8 1654 40,8	35,1 1600 39,5	37,9 1674 41,3	39,8 1736 42,8	49,1 2066 51,0	57,9 2335 57,6	65,5 2517 62,1	75,8 2992 73,8	4054
Jahr	1981	1982	1983	1984	1985	1986	1987	1988	1989	1990	1991	1992	1993	1994	1995	1996	1997	1998

Tab. 14: Schnittmengen der Betriebsvergleichsteilnehmer zwischen den Erhebungsjahren 1981 bis 1998

Ziel dieser Kreuztabellierung ist es, eine Maßgröße festzulegen, die Auskunft über die Vergleichbarkeit der Jahresbestände hinsichtlich der Teilnehmerzusammensetzung als Gesamtes gibt. Zu diesem Zweck wurde jeweils oberhalb der Angabe zur Schnittmenge zweier Jahre deren prozentualer Anteil am Gesamtbestand des älteren und unterhalb der des jüngeren Jahres nachrichtlich ausgewiesen. Erwartungsgemäß ist die absolute Schnittmenge der Jahre 1981 und 1998 am geringsten. Von den 6613 Betrieben, die 1981 im Rahmen des Jahresbetriebsvergleich ihre Daten dem Institut für Handelsforschung übermittelten, nahmen 18 Jahre später 862 Betriebe auch an der Auswertung für das Jahr 1998 teil. Dies entspricht einem Anteil von 13,0 bzw. 21,3 Prozent. Die höchste Übereinstimmung bezüglich der Teilnehmerstruktur weisen die Jahre 1996 und 1995 auf. 75,0 Prozent der Teilnehmer aus 1995 waren das darauffolgende Jahr ebenfalls dabei. Im umgekehrten Fall waren es sogar 78,8 Prozent.

Der durchschnittliche Schnittmengenanteil über alle 306 Prozentwerte ergibt 45,4 Prozent, d.h. im Mittel hat sich knapp die Hälfte der Gesamtteilnehmer eines jeden Jahres an der Auswertung eines anderen Jahres beteiligt. Der Vorteil einer Panelerhebung, dass die Stichprobenzusammensetzung in dynamischer Sichtweise keinen Einfluss auf die Ergebnisse des zu untersuchenden Sachverhalts hat, ist im vorliegenden Fall nur zum Teil gegeben. Es kann nicht ausgeschlossen werden, dass insbesondere Anteilsverschiebungen zwischen den oft sehr heterogenen Fachsparten des Einzelhandels und den Größenklassen innerhalb einer Branche auf die Ergebnisse in einem unbestimmten Maße Einfluss nehmen.

1981	457																	
1982	100,0 457 100,0	457																
1983	100,0 457 100,0	100,0 457 100,0	457															
1984	100,0 457 100,0	100,0 457 100,0	100,0 457 100,0	457														
1985	100,0 457 100,0	100,0 457 100,0	100,0 457 100,0	100,0 457 100,0	457													
1986	100,0 457 100,0	100,0 457 100,0	100,0 457 100,0	100,0 457 100,0	100,0 457 100,0	457												
1987	100,0 457 100,0	100,0 457 100,0	100,0 457 100,0	100,0 457 100,0	100,0 457 100,0	100,0 457 100,0	457											
1988	100,0 457 100,0	100,0 457 100,0	100,0 457 100,0	100,0 457 100,0	100,0 457 100,0	100,0 457 100,0	100,0 457 100,0	457										
1989	100,0 457 100,0	100,0 457 100,0	100,0 457 100,0	100,0 457 100,0	100,0 457 100,0	100,0 457 100,0	100,0 457 100,0	100,0 457 100,0	457									
1990	100,0 457 100,0	100,0 457 100,0	100,0 457 100,0	100,0 457 100,0	100,0 457 100,0	100,0 457 100,0	100,0 457 100,0	100,0 457 100,0	100,0 457 100,0	457								
1991	100,0 457 100,0	100,0 457 100,0	100,0 457 100,0	100,0 457 100,0	100,0 457 100,0	100,0 457 100,0	100,0 457 100,0	100,0 457 100,0	100,0 457 100,0	100,0 457 100,0	457							
1992	100,0 457 100,0	100,0 457 100,0	100,0 457 100,0	100,0 457 100,0	100,0 457 100,0	100,0 457 100,0	100,0 457 100,0	100,0 457 100,0	100,0 457 100,0	100,0 457 100,0	100,0 457 100,0	457						
1993	100,0 457 100,0	100,0 457 100,0	100,0 457 100,0	100,0 457 100,0	100,0 457 100,0	100,0 457 100,0	100,0 457 100,0	100,0 457 100,0	100,0 457 100,0	100,0 457 100,0	100,0 457 100,0	100,0 457 100,0	457					
1994	100,0 457 100,0	100,0 457 100,0	100,0 457 100,0	100,0 457 100,0	100,0 457 100,0	100,0 457 100,0	100,0 457 100,0	100,0 457 100,0	100,0 457 100,0	100,0 457 100,0	100,0 457 100,0	100,0 457 100,0	100,0 457 100,0	457				
1995	100,0 457 100,0	100,0 457 100,0	100,0 457 100,0	100,0 457 100,0	100,0 457 100,0	100,0 457 100,0	100,0 457 100,0	100,0 457 100,0	100,0 457 100,0	100,0 457 100,0	100,0 457 100,0	100,0 457 100,0	100,0 457 100,0	100,0 457 100,0	457			
1996	100,0 457 100,0	100,0 457 100,0	100,0 457 100,0	100,0 457 100,0	100,0 457 100,0	100,0 457 100,0	100,0 457 100,0	100,0 457 100,0	100,0 457 100,0	100,0 457 100,0	100,0 457 100,0	100,0 457 100,0	100,0 457 100,0	100,0 457 100,0	100,0 457 100,0	457		
1997	100,0 457 100,0	100,0 457 100,0	100,0 457 100,0	100,0 457 100,0	100,0 457 100,0	100,0 457 100,0	100,0 457 100,0	100,0 457 100,0	100,0 457 100,0	100,0 457 100,0	100,0 457 100,0	100,0 457 100,0	100,0 457 100,0	100,0 457 100,0	100,0 457 100,0	100,0 457 100,0	457	
1998	100,0 457 100,0	100,0 457 100,0	100,0 457 100,0	100,0 457 100,0	100,0 457 100,0	100,0 457 100,0	100,0 457 100,0	100,0 457 100,0	100,0 457 100,0	100,0 457 100,0	100,0 457 100,0	100,0 457 100,0	100,0 457 100,0	100,0 457 100,0	100,0 457 100,0	100,0 457 100,0	100,0 457 100,0	457
Jahr	1981	1982	1983	1984	1985	1986	1987	1988	1989	1990	1991	1992	1993	1994	1995	1996	1997	1998

Tab. 15: Schnittmengen der Betriebsvergleichsteilnehmer mit einer von 1981 bis 1998 ununterbrochenen Teilnahme

Die Selektion der Betriebe, die ununterbrochen d.h. 18 Jahre hintereinander teilgenommen haben, bietet sich als Problemlösung an. Die ex ante Festlegung des Panels führt allerdings zu einer deutlichen Verringerung der Stichprobe auf 457 Betriebe p.a. Die Schnittmengen der Jahresbestände hinsichtlich der Teilnehmer betragen einheitlich 100 Prozent (vgl. Tabelle 15).

Differenziertere Analysen sind bei abnehmender „Repräsentativität" aufgrund der sich weiter reduzierenden Fallzahlen nur sehr eingeschränkt möglich. Als Kompromiss bietet sich die Berücksichtigung der Betriebe an, die eine bestimmte minimale Teilnahmehäufigkeit aufweisen. Eine Erweiterung des Panels um die Einzelhandelsbetriebe, für die eine 10 bis 18malige Teilnahme registriert werden konnte, erweitert steigert die Fälle von 457 auf 2743. Letztere verteilen sich auf die einzelnen Erhebungsjahre und deren Schnittmengen wie in Tabelle 16 dargestellt.

1981	**1897**																	
1982	94,6 **1795** 89,4	**2008**																
1983	92,3 **1750** 83,3	92,6 **1859** 88,5	**2100**															
1984	93,9 **1782** 80,4	93,4 **1876** 84,6	95,1 **1997** 90,1	**2217**														
1985	95,3 **1807** 77,6	94,7 **1902** 81,6	95,2 **2000** 85,8	95,9 **2126** 91,2	**2330**													
1986	94,8 **1798** 75,4	94,5 **1898** 79,5	95,2 **1999** 83,8	95,1 **2108** 88,3	95,8 **2232** 93,5	**2386**												
1987	94,7 **1796** 73,8	94,7 **1902** 78,2	94,5 **1985** 81,6	94,8 **2102** 86,4	95,4 **2223** 91,4	95,9 **2287** 94,0	**2433**											
1988	94,1 **1786** 70,2	93,9 **1886** 74,1	94,0 **1974** 77,6	94,1 **2087** 82,0	94,8 **2208** 86,8	94,9 **2264** 89,0	95,7 **2329** 91,5	**2544**										
1989	93,9 **1782** 71,2	93,7 **1881** 75,1	93,8 **1970** 78,7	94,1 **2087** 83,3	94,2 **2195** 87,7	94,5 **2254** 90,0	94,7 **2305** 92,1	93,0 **2365** 94,4	**2504**									
1990	92,3 **1751** 69,0	91,8 **1844** 72,6	92,1 **1935** 76,2	92,4 **2048** 80,7	92,6 **2157** 85,0	92,8 **2214** 87,2	93,3 **2271** 89,4	93,8 **2386** 94,0	95,4 **2388** 94,1	**2539**								
1991	85,3 **1618** 67,2	85,3 **1712** 71,1	86,1 **1809** 75,1	86,4 **1916** 79,6	86,9 **2025** 84,1	87,0 **2077** 86,3	87,6 **2131** 88,5	88,3 **2246** 93,3	88,9 **2227** 92,5	90,4 **2296** 95,3	**2408**							
1992	77,6 **1472** 65,7	77,8 **1562** 69,7	79,0 **1660** 74,1	79,3 **1757** 78,4	83,3 **1860** 83,0	80,1 **1912** 85,4	80,8 **1966** 87,8	81,4 **2070** 92,4	81,9 **2050** 91,5	83,1 **2109** 94,2	87,8 **2115** 94,4	**2240**						
1993	71,3 **1352** 64,4	71,5 **1435** 68,3	71,7 **1506** 71,7	72,8 **1613** 76,8	74,1 **1726** 82,2	74,3 **1772** 84,4	74,7 **1817** 86,5	75,9 **1930** 91,9	76,0 **1904** 90,7	77,2 **1959** 93,3	80,9 **1949** 92,8	86,9 **1947** 92,7	**2100**					
1994	65,1 **1234** 63,4	65,0 **1306** 67,1	65,3 **1372** 70,5	66,5 **1474** 75,8	67,6 **1576** 81,0	68,1 **1624** 83,5	68,6 **1669** 85,8	69,9 **1779** 91,5	69,6 **1743** 89,6	70,9 **1799** 92,5	74,2 **1787** 91,9	79,8 **1788** 91,9	86,9 **1824** 93,8	**1945**				
1995	60,0 **1138** 62,6	60,2 **1208** 66,4	60,3 **1267** 69,7	61,1 **1364** 74,5	62,2 **1449** 79,7	62,8 **1498** 82,4	63,3 **1539** 84,7	65,1 **1655** 91,0	64,6 **1617** 88,9	66,0 **1677** 92,2	68,8 **1657** 91,1	73,6 **1648** 90,6	80,1 **1683** 92,6	87,6 **1704** 93,7	**1818**			
1996	55,2 **1047** 62,7	55,2 **1108** 66,4	54,3 **1141** 68,4	55,2 **1224** 73,3	55,8 **1301** 78,0	56,9 **1358** 81,4	57,9 **1408** 84,4	59,8 **1521** 91,1	59,0 **1478** 88,6	60,2 **1529** 91,6	63,0 **1516** 90,8	67,5 **1513** 90,7	73,4 **1541** 92,3	79,7 **1550** 92,9	87,2 **1585** 95,0	**1669**		
1997	48,7 **923** 62,4	48,5 **974** 65,8	48,0 **1007** 68,0	48,6 **1078** 72,8	48,9 **1140** 77,0	50,1 **1195** 80,7	50,6 **1230** 83,1	52,9 **1345** 90,9	52,1 **1304** 88,1	53,4 **1357** 91,7	55,9 **1346** 90,9	59,9 **1341** 90,6	65,5 **1375** 92,9	70,9 **1379** 93,2	77,2 **1404** 94,9	84,8 **1416** 95,7	**1480**	
1998	42,8 **812** 62,1	42,6 **856** 65,4	42,4 **890** 68,0	42,5 **942** 72,0	42,8 **998** 76,3	44,1 **1053** 80,5	44,1 **1073** 82,0	46,6 **1186** 90,7	45,6 **1143** 87,4	47,1 **1195** 91,4	49,2 **1184** 90,5	52,8 **1183** 90,4	57,5 **1208** 92,4	62,4 **1213** 92,7	68,1 **1238** 94,6	74,1 **1236** 94,5	82,6 **1223** 93,5	**1308**
Jahr	**1981**	**1982**	**1983**	**1984**	**1985**	**1986**	**1987**	**1988**	**1989**	**1990**	**1991**	**1992**	**1993**	**1994**	**1995**	**1996**	**1997**	**1998**

Tab. 16: Schnittmengen der Betriebsvergleichsteilnehmer mit einer von 1981 bis 1998 zehn- bis achtzehnmaligen Teilnahme

Die Schnittmenge der Jahre 1981 und 1998 zeigte mit 812 Betrieben wiederum den absolut kleinsten Wert. Im Unterschied zu Tabelle 14 hat sich ihr Anteil an den neu definierten Jahresbeständen jedoch wesentlich erhöht. Die Quoten betragen für den 'worst case' jetzt 42,8 bzw. 62,1 Prozent. Im besten Falle sind die Jahresbestände von 1986 und 1987 bezüglich der Teilnehmerbesetzung mit einem Ähnlichkeitsmaß von 95,9 bzw. 94,0 Prozent nahezu identisch. Der Durchschnittswert als Ähnlichkeitsmaß über alle Jahresbestände beträgt bei dieser Vorgehensweise 79,3 Prozent. Dieser Wert wird aufgrund der mehr oder weniger großen 'Teilnehmersterblichkeit' auch von klassischen Panelerhebungen kaum übertroffen.

Die prozentuale Verteilung der drei unterschiedlichen Stichprobenumfänge in Bezug auf die vertretenen Fachsparten des Einzelhandels zeigen vergleichbare Werte und sind Tabelle 17 zu entnehmen.

Branche	Alle Betriebe (1 bis 18malige Teilnahme v. 1981-1998)		Erweitertes Panel (10 bis 18malige Teilnahme v. 1981-1998)		Panel (18malige Teilnahme v. 1981-1998)	
	Anzahl	%	Anzahl	%	Anzahl	%
1	2	3	4	5	6	7
Lebensmittel	5382	23,9	228	8,7	5	1,1
Bekleidung und Textilien	3160	14	542	19,8	116	25,4
Schuhe	2188	9,7	331	12,1	74	16,2
Möbel	1497	6,6	136	5	16	3,5
Hartwaren	1340	5,9	249	9,1	51	11,2
Bücher	994	4,4	305	11,1	65	14,2
Consumer Electronic	884	3,9	61	2,2	6	1,3
Blumen und Pflanzen	878	3,9	94	3,4	5	1,1
Bürowirtschaftliche Artikel	822	3,6	118	4,3	10	2,2
Uhren und Schmuck	660	2,9	135	4,9	24	5,3
Glas, Porzellan und Keramik	533	2,4	88	3,2	17	3,7
Drogerien	510	2,3	64	2,3	12	2,6
Sportartikel	476	2,1	25	0,9	2	0,4
Naturkost/Naturwaren	373	1,7	7	0,3	-	-
Zweiräder	351	1,6	45	1,3	2	0,4
Reformhauswaren	331	1,5	67	2,4	12	2,6
Raumausstattung	286	1,3	41	1,5	10	2,2
Fotografie	275	1,2	36	1,3	1	0,2
Tabakwaren	230	1	21	0,8	4	0,9
Lederwaren	215	1	44	1,6	11	2,4
Musikalien	192	0,9	21	0,8	8	1,8
Spielwaren	166	0,7	7	0,3	1	0,2
Parfüm	166	0,7	11	0,4	1	0,2
Medizintechnik	142	0,6	15	0,5	1	0,2
Elektro und Beleuchtung	140	0,6	6	0,2	-	-
Zoologie	65	0,3	5	0,2	1	0,2
Jagd- und Sportwaffen	64	0,3	6	0,2	-	-
Bücher im Bahnhof	58	0,3	17	0,6	2	0,4
Gemischtwaren	45	0,2	8	0,3	-	-
Warenhäuser	25	0,1	1	0	-	-
Nähmaschinen	25	0,1	-	-	-	-
Briefmarken	21	0,1	4	0,1	-	-
Stahlwaren	20	0,1	5	0,2	-	-
Tabakwaren im Bahnhof	12	0,1	-	-	-	-
Fische	11	0	-	-	-	-
Betriebe gesamt	22537	100	2743		457	
Fälle gesamt	93252		37926		8226	

Tab. 17: Anzahl der Betriebe des Fach-EH nach Branchen mit unterschiedlichen Teilnahmehäufigkeiten an den Jahresbetriebsvergleichen des IfH von 1981 bis 1998

Um den Einfluss variierender Fallzahlen und differierender Zusammensetzungen der drei unterschiedlichen Bestände untersuchen und bewerten sowie deren Ergebnisse entsprechend interpretieren zu können, sind die im weiteren Verlauf der Arbeit vorzustellenden Auswertungen nicht nur auf Basis der Betriebe des erweiterten Panels erstellt worden. Vielmehr bezogen sich die entsprechenden Analysen auch auf die Gesamtstichproben sowie auf die 457 Panelbetriebe, ohne deren Ergebnisse im Einzelnen parallel ausweisen zu wollen. Dies erscheint allein deshalb nicht notwendig, da im Allgemeinen lediglich das Niveau der Kennzahlen, nicht aber ihre Entwicklungsrichtung in Abhängigkeit der zugrundeliegenden Stichprobe Unterschiede aufweist. Insbesondere vor der Zielsetzung, den langfristigen Einfluss der Personalkosten auf die Entwicklung der Facheinzelhandelsbetriebe aufzeigen zu wollen, spielen die absoluten Werte nur eine untergeordnete Rolle. Am Beispiel des quantitativen Personaleinsatzes lassen sich vergleichbare Entwicklungslinien auf unterschiedlichem Niveau anschaulich beispielhaft darstellen. Abbildung 20 zeigt die Zahl der beschäftigten Personen je Betrieb von 1981 bis 1998 in Abhängigkeit der drei Stichproben.

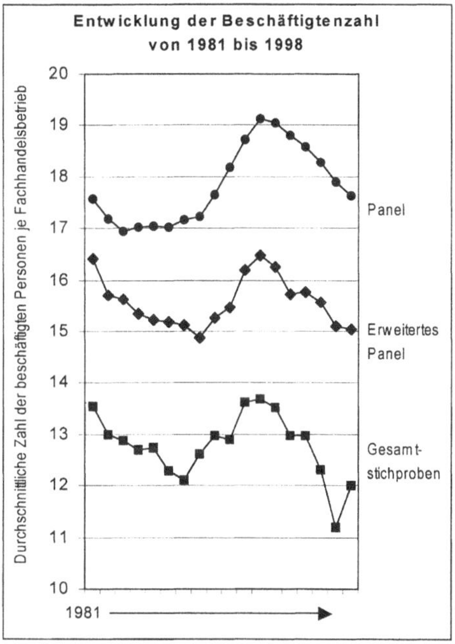

Abb. 20: Durchschnittliche Beschäftigtenzahl je Betrieb in Abhängigkeit der drei unterschiedlichen Stichproben

Augenfällig ist das unterschiedliche Beschäftigtenniveau, das mit zunehmender Konstanz der Teilnahme ansteigt. Anscheinend sind es tendenziell die größeren Facheinzelhandelsbetriebe, die den Nutzen des Jahresbetriebsvergleichs zu schätzen wissen und dies mit einer regelmäßigen Teilnahme quittieren. Unabhängig von der Art der zugrunde liegenden Stichprobe zeigt sich bei allen drei Linien der gleiche Trendverlauf, wenngleich dieser auf Basis aller Betriebsvergleichsteilnehmer (1 bis 18malige Teilnahme) ungleich schwerer zu analysieren ist. Der höchste Personalstand kann einheitlich im Jahr 1992 beobachtet werden, nachdem seit Mitte der achtziger Jahre die Zahl der beschäftigten Personen stetig zugenommen hatte.[52]

52 Seit 1992 ist gleichzeitig die Zahl der Erwerbstätigen im gesamten Einzelhandel rückläufig. Vgl. Statistisches Bundesamt (Hrsg.): Statistisches Jahrbuch 1998, Stuttgart 1998e, S. 102-103.

Diskontinuierliche Entwicklungsverläufe allein aufgrund von differierenden Teilnehmerzusammensetzungen zwischen den einzelnen Jahresbeständen (so ist beispielsweise die Entwicklungslinie der Gesamtstichproben in Abbildung 20 durch neun, die des Panels lediglich durch zwei Umkehrpunkte gekennzeichnet) zeigen sich überwiegend bei absoluten Kennzahlen. Um Entwicklungen möglichst eindeutig auf die Veränderung realer Sachverhalte zurückführen zu können, ist die Berücksichtigung von relativen Kennzahlen im Weiteren geboten. Abbildung 21 will dies exemplarisch verdeutlichen. Sie zeigt die Umsatzveränderung im ‚Bürowirtschaftlichen Fachhandel' zum einen auf Basis von absoluten und zum anderen auf Basis von relativen Werten.

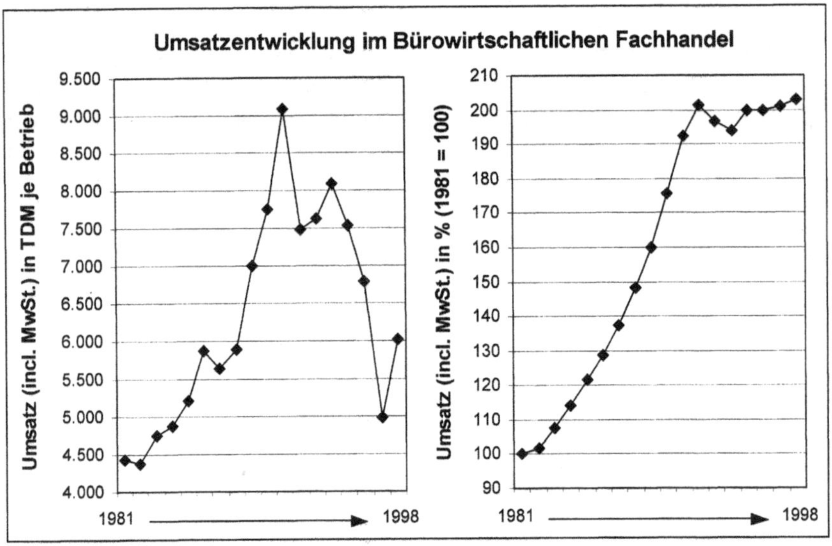

Abb. 21: Die absolute und relative Umsatzentwicklung des Bürowirtschaftlichen Fachhandels auf Basis der Gesamtstichproben von 1981 bis 1998 im Vergleich

Beiden Grafiken liegen dieselben absoluten Umsatzwerte (incl. MwSt.) der einzelnen Betriebe zugrunde. Die linke Grafik zeigt den Umsatz in DM, den die Teilnehmer am Betriebsvergleich im jeweiligen Jahr durchschnittlich erzielt haben. Bei Berechnung der Werte zur rechten Grafik wurde zunächst die einzelbetriebliche Umsatzentwicklung eines jeden Jahres in Prozent zum jeweiligen Vorjahr errechnet und daraus der Branchendurchschnitt gebildet. Letzterer wurde schließlich als Indexzahl mit der Basis 1981 = 100 dargestellt.

Bei beiden Varianten hat sich der Umsatz von Anfang der achtziger Jahre bis zum Beginn der neunziger Jahre einheitlich verdoppelt. Auch der sich anschließende kurzfristige Rückgang der Erlöse zeigt hinsichtlich der Entwicklungsrichtung Übereinstimmung. Unterschiedlich scheinen sich dagegen die Erlöse seit 1994 entwickelt zu haben. Die absoluten Werte beginnen eine extreme Talfahrt, während die relativen zumindest leicht ansteigen. Der Grund liegt in der sich im Zeitablauf stark verändernden Teilnehmerzusammensetzung, wobei zunehmend kleinere Betriebe des Bürowirtschaftlichen Fachhandels die Stichproben dominieren.[53] Letzteres bedingt den extremen Rückgang der durchschnittlichen absoluten Umsätze je Betrieb in der linken Grafik von Abbildung 21. Von den 235 Facheinzelhandelsbetrieben dieser Branche, die sich beispielsweise 1989 am Betriebsvergleich beteiligen, waren 119 Betriebe (50,6 Prozent) bereits 1981 dabei, aber nur 22 Betriebe (9,4 Prozent) auch 1998.

Je homogener die Stichproben zwischen den einzelnen Jahren in ihren Teilnehmerzusammensetzungen sind, desto gleichförmiger sind die Verläufe der Entwicklung einer Kennzahl auf Basis von absoluten Werten und von Prozentwerten im Vergleich zum Vorjahr. Bei einem idealtypischen Panel sind sie deckungsgleich. Zusammenfassend kann festgestellt werden, dass folgende vier Maßnahmen die Allgemeingültigkeit der weiteren Ergebnisse sicherstellen sollen:

- Auswertungen, die über den gesamten Zeitraum von 1981 bis 1998 hinweg erstellt werden (Zeitreihenanalyse), basieren unter der Zielsetzung einer möglichst homogenen Teilnehmerzusammensetzung zwischen den Jahresbeständen regelmäßig auf den Daten des ‚Erweiterten Panels' (mind. 10malige Teilnahme am Betriebsvergleich). Lediglich bei Auswertungen mit ausschließlichem Bezug auf ein bestimmtes Geschäftsjahr (Zeitpunktanalyse) wird zwecks maximaler Fallzahl die Gesamtstichprobe zugrunde gelegt.

- Es werden nur Ergebnisse ausgewiesen, denen mind. 40 Fälle zugrunde liegen. Ausnahmen werden durch die Fallzahl gekennzeichnet.

- Einzelbetriebliche Extremwerte werden heraus gefiltert.

- Auf den Ausweis absoluter Werte wird so weit wie möglich verzichtet.

Unter Berücksichtigung dieser Maßnahmen scheint das umfassende Datenmaterial des Jahresbetriebsvergleichs des Instituts für Handelsforschung in besonderer Weise geeignet, die Relevanz der Personalkostenentwicklung im Facheinzelhandel untersuchen zu können. Insgesamt handelt es sich um ca. 35 Positionen, die jährlich erhoben werden.[54] Die maximale Anzahl berechneter und in Form der Betriebsanalyse dem einzelnen Betrieb fakultativ zur Verfügung gestellter Kennzahlen beträgt 113. 19 Kennzahlen beziehen sich davon auf den Faktor Arbeit. Damit ist der Umfang an theoretisch zu definierenden und zu berechnenden Variablen aus dem Per-

---

53 Extreme Schwankungen in der Teilnehmerzusammensetzung ergeben sich immer dann, wenn Verbundgruppen einer Branche sich mit ihren Mitgliedern neu am Betriebsvergleich beteiligen oder aus diesem ausscheiden.

54 Die Anzahl variiert geringfügig zwischen den Branchen. Mit Untergliederungen (z.B. Umsätze nach Warengruppen) werden bis zu 90 unterschiedliche Erhebungspositionen berücksichtigt.

sonalbereich noch nicht erschöpft. Durch den Einbezug externer Daten lassen sich darüber hinaus weitere sinnvolle Kennzahlen ableiten.[55] Welche Kennzahlen in die folgenden empirischen Analysen einfließen, hängt vom zu untersuchenden Sachverhalt ab. Erster Untersuchungsgegenstand ist der Einfluss der Personalkosten auf den Unternehmenserfolg im Facheinzelhandel.

3.2 Der Einfluss der Personalkosten auf den Unternehmenserfolg

Der Zusammenhang von Personalkosten und Unternehmenserfolg wird zunächst in Kapitel 3.2.1 unter Ausschluss sonstiger Einflussgrößen detailliert untersucht. Intension hierbei ist es, aus der alleinigen Kenntnis bzw. Variation der Personalkostenhöhe auf die betriebswirtschaftliche Situation und deren Veränderung schließen zu können. Erst in einem zweiten Schritt werden in Kapitel 3.2.2 weitere Determinanten hinzugezogen. Nur so lässt sich die relative Stellung der Kosten für den Faktor Arbeit im Facheinzelhandeln bestimmen.

3.2.1 Die monokausale Analyse des Unternehmenserfolgs

Die Sachverhalte, aus denen sich der Unternehmenserfolg eines Fachhandelsbetriebes ableiten lässt, sind vielfältig. Bei der folgenden Betrachtung soll von der Unternehmung als einer in Privateigentum befindlichen, nach dem erwerbswirtschaftlichen Prinzip handelnden Betriebswirtschaft ausgegangen werden. Dieses Handeln findet seinen Ausdruck im Gewinn- oder Rentabilitätsstreben, das nach der neueren Theorie der Unternehmung zwar nicht als die einzige, aber als die bedeutendste Zielsetzung anzusehen ist. Der Gewinnbegriff wird im Allgemeinen durch die Differenz der sowohl nach Begriffsinhalt wie –umfang unterschiedlichen Komponenten Einnahmen, Ertrag oder Leistung und Ausgaben, Aufwand oder Kosten definiert.[56] Der Inhalt des Gewinnbegriffs muss folglich zunächst eindeutig bestimmt werden.

In Anlehnung an die methodische Vorgehensweise des Betriebsvergleichs des Instituts für Handelsforschung soll wie bereits in Kapitel 2.3.3 die Differenz aus Umsatz und Kosten den Erfolg eines Fachhandelsunternehmens innerhalb einer Periode widerspiegeln. Das **Betriebswirtschaftliche Betriebsergebnis** (im Folgenden kurz Betriebsergebnis) gehört neben der Betriebshandelsspanne zu den entscheidenden Positionen im Betriebsvergleich.[57] Das Betriebsergebnis als residuale Größe verdeutlicht Abbildung 22.

---

55 Um die effektive Veränderung der Faktorkapazität darstellen zu können, musste beispielsweise die Entwicklung der Beschäftigtenzahl in Abbildung 39 eine Korrektur durch die jährlich geleisteten Arbeitsstunden je Beschäftigten erfahren, die nicht Gegenstand des Betriebsvergleichs sind.

56 Vgl. Gabler Wirtschafts-Lexikon, 12. A., Wiesbaden 1988, Sp. 2188-2189.

57 Anders als das ebenfalls vom IfH errechnete und publizierte ‚Steuerliche Betriebsergebnis' werden beim ‚Betriebswirtschaftlichen Betriebsergebnis' kalkulatorische Kosten in Abzug gebracht.

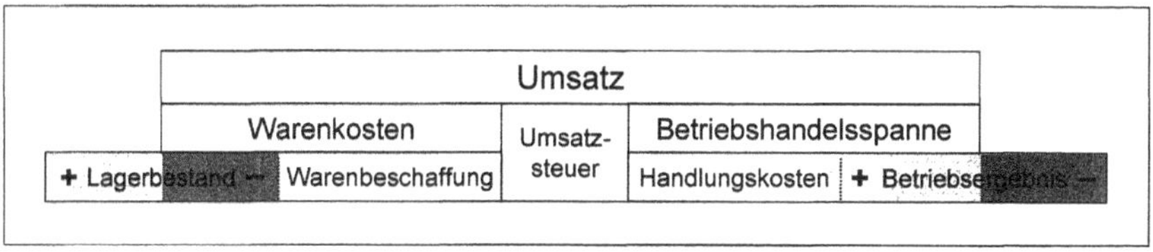

Abb. 22: Erfolgsrelevante Kennzahlen im Handelsbetrieb

Die gestrichelte Linie zwischen Handlungskosten und Betriebsergebnis soll zeigen, dass c.p. jeder Rückgang der Handlungskosten einen Anstieg des Betriebsergebnisses bewirkt und umgekehrt. Ebenso führt ein Mehr bzw. Weniger an Wareneinkauf gegenüber den Warenkosten zu einer entsprechenden Lagerbestandsveränderung.

Die Bedingung konstanter (im Zeitvergleich) bzw. vergleichbarer (im zwischenbetrieblichen Vergleich) sonstiger Einflussgrößen macht es notwendig, nur solche Betriebe in die einzelne Analyse mit einzubeziehen, die diese auch erfüllen. Voraussetzung hierfür sind getrennte Auswertungen nach den einzelnen Fachsparten des Einzelhandels. Zu groß ist der Einfluss des Warenkreises auf die weiteren erfolgsrelevanten Einflussgrößen. So bewirkt beispielsweise der Unterschied in der Handelsspanne von Tabakwaren und Raumausstattung, dass der Tapeten-, Bodenbelag- und Farbenhandel 1998 mit einer Personalkostenlast in Höhe von 26,4 % (alle weiteren Angaben in Prozent vom Umsatz (incl. MwSt.)) ein positives Betriebsergebnis (+ 0,7 %) und der Tabakeinzelhandel mit deutlich geringeren Personalkosten in Höhe von 12,5 % ein negatives Ergebnis (– 0,6 %) zu verzeichnen hatte.[58]

Die Höhe der Handelsspanne gilt gemeinhin als Parameter für die Marktleistungsstrategie der Handelsbetriebe. Ein für die Mehrzahl der Betriebe des Facheinzelhandels charakteristisch hoher Anteil an personalkostenintensiven Serviceleistungen kann dabei durch eine entsprechende Differenz zwischen Wareneinstandspreisen und Warenverkaufspreisen gewinnbringend angeboten werden. Bei einem teilweisen Verzicht auf ein entsprechendes Angebot lassen sich Gewinne aber auch bei niedriger Handelsspanne realisieren. Die Höhe der Personalkosten hat bei effizienter Arbeitsweise des Faktors per se keinen eindeutigen Einfluss auf den Erfolg des Unternehmens. Die hierzu notwendige Variabilität der Handelsspanne ist in der Praxis

58 Die Analyse der Personalkosten sowie der anderen für dieses Kapitel relevanten und in Abbildung 22 dargestellten betriebswirtschaftlichen Kennzahlen erfolgt nicht auf Basis der absoluten Werte, sondern regelmäßig in Prozent vom Umsatz. Dadurch lassen sich diese Kennzahlen zwischen den Betrieben und zu unterschiedlichen Zeitpunkten vergleichen und eine erste Wertung ihrer Höhe vornehmen. Die Bewertung der Kostenhöhe erfolgt in der Produktionstheorie allgemein in Relation zum quantitativen Output (z.B. Personalkosten je produziertem Stückgut). Aufgrund der besonderen und in Kapitel 4 dargestellten Problematik die einzelnen Marktleistungen des Facheinzelhandels aus einer produktorientierter Sicht definieren und voneinander abgrenzen zu können, wird im Handel in erster Linie die Relation zum Umsatz lediglich als stellvertretende Outputgröße gewählt. So berücksichtigt der Umsatz nur den Teil der entgeltpflichtigen Marktleistungen. Durch den hohen Anteil an Serviceleistungen im Fachhandel kann nicht ausgeschlossen werden, dass sich die Personalkosten eines Betriebes in Bezug auf seine Gesamtleistung und in Bezug auf seine Gesamterlöse äußerst unterschiedlich voneinander verhalten.

aber nur bedingt gegeben. Nicht nur die Warenkosten sind relativ fix, auch die Warenverkaufspreise lassen sich nicht beliebig frei kalkulieren. In Ausnahmen unterliegt das Sortiment sogar mehr oder weniger umfassend einer Preisbindung. Hiervon betroffen ist neben den Apotheken und den Tabakfachgeschäften vor allem der Buchhandel. Eine Variation der Handelsspanne ist bei Büchern demnach nur sehr eingeschränkt möglich.[59] Dies bestätigt die geringe Streuung dieser Kennzahl im Branchenvergleich. Tabelle 18 informiert über die Handelsspanne in absteigender Reihenfolge und deren Standardabweichung in % vom Umsatz für Branchen, bei denen die Voraussetzung von mind. 40 Fällen 1998 erfüllt waren.

Branche	**Handelsspanne** (in % vom Umsatz)	**Standard-abweichung** (in % vom Umsatz)	**Anzahl der Betriebe**
Blumen und Pflanzen	46,6	6,0	74
Uhren und Schmuck	43,3	5,8	145
Schuhe	39,1	5,7	347
Bekleidung	39,0	5,0	347
Glas, Porzellan und Keramik	38,9	4,2	43
Möbel	34,9	5,3	172
Hartwaren	31,8	7,0	112
Reformhauswaren	31,3	3,5	53
Zweiräder	31,2	6,1	56
Consumer Electronic	31,1	7,5	45
Bücher	29,7	4,7	247
Naturkost/Naturwaren	26,5	4,8	134
Lebensmittel	19,7	4,4	775

Tab. 18: Die Handelsspanne ausgesuchter Branchen im Facheinzelhandel 1998[60]

Eine Steigerung des relativen Betriebsergebnisses in Form der Umsatzrendite ist bei determinierter Handelsspanne nur durch die Reduzierung der Handlungskosten möglich. Ist der Faktor Arbeit nur eingeschränkt substituierbar, kann daraus folgende Hypothese abgeleitet werden:

Je niedriger die Personalkosten, desto höher der Gewinn.

59 Eine Möglichkeit, die Handelsspanne im Buchhandel zu vergrößern, sind (neben einer entsprechenden Sortimentsgestaltung) Naturalrabatte bei der Warenbeschaffung. Bestellt ein Buchhändler beispielsweise 10 Exemplare eines Titels, erhält er üblicherweise das Elfte kostenlos.

60 Textileinzelhandel ohne ‚Bettwaren, Bett- u. Hauswäsche' und ‚Teppichen und Gardinen' (vgl. Tabelle 12).

• Im Sortimentsbuchhandel

Einen ersten Hinweis auf den Zusammenhang dieser beiden Kennzahlen im Sortimentsbuchhandel zeigt die Häufigkeitsverteilung des Betriebsergebnisses 1998 und die mit den einzelnen Kategorien korrespondierenden Personalkosten in Prozent vom Umsatz gemäß Abbildung 23.[61] In die Analyse auf Basis der Gesamtstichprobe konnten 241 Buchhändler mit einbezogen werden.

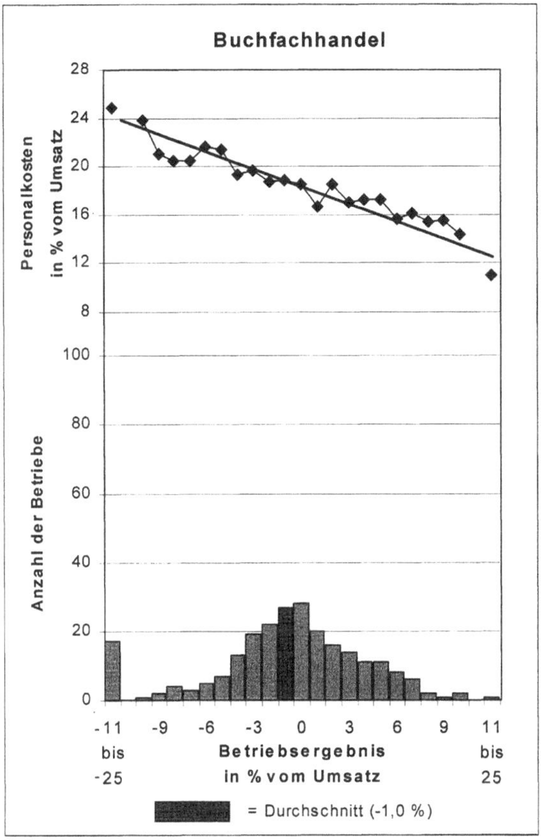

Abb. 23: Zum Verhältnis von Personalkosten und Betriebsergebnis im Buchfachhandel 1998

Das Betriebsergebnis zeigt sich als normalverteilt. Bei einem durchschnittlichen Wert von -0,95 % vom Umsatz haben 44 % der Sortimentsbuchhändler das Geschäftsjahr 1998 mit einem Gewinn und 56 % mit einem Verlust abgeschlossen. Erwartungsgemäß hängt die Ertragssituation im zwischenbetrieblichen Vergleich in hohem Maße von den Personalkosten ab. So haben beispielsweise verlustbringende Betriebe mit einem negativen Ergebnis von ≤ -11 % durchschnittliche Personalkosten in Höhe von 24,9 %. Diese Belastung liegt um 13,9 Prozentpunkte über dem Wert der Gruppe mit einer durchschnittlichen Umsatzrendite von ≥ +11 %.

61 Um einen Vergleich der folgenden branchenbezogenen Auswertungen auch optisch zu gewährleisten, wurde auf eine einheitliche Skalierungsweite der Achsen bei gleichen Grafiken Wert gelegt. Daraus resultiert auch das disproportionale Verhältnis von der Höhe der aufgezeigten Häufigkeitsverteilung und der Skalierung der Ordinatenachse in Abbildung 23, die Angaben bis zu einem Wert von über 100 Betrieben erlaubt.

Der Einfluss der Personalkosten auf das Betriebsergebnis kann mittels Regression quantifiziert werden. Das Streudiagramm in Abbildung 24 lässt einen linearen Zusammenhang zwischen der abhängigen Variablen Betriebsergebnis und der unabhängigen Variablen Personalkosten erkennen. Die Regressionsgerade zeigt dabei einen fallenden Verlauf mit einem Steigungskoeffizienten von minus 0,78 %, d.h. steigen bzw. fallen die Personalkosten um einen Prozentpunkt vom Umsatz, ist eine Ab- bzw. Zunahme des Betriebsergebnisses um 0,78 Prozentpunkte zu erwarten. Da beide Kennzahlen in Bezug zum Umsatz angegeben sind, gilt gleiches für die absoluten Werte, d.h. die Ersparnis von 1 DM an Personalkosten führt bei den betrachteten Fachbetrieben des Buchhandels zu einem um 78 Pf höheren Betriebsergebnis.

Die Stärke bzw. Bestimmtheit dieses Zusammenhangs wird durch den Korrelationskoeffizienten nach Pearson angegeben und kann mit einem Wert von R = -0,56 als hoch angesehen werden. Neben dem Korrelationskoeffizienten wird das Signifikanzniveau der Irrtumswahrscheinlichkeit p angegeben. Der Irrtum bezieht sich darauf, einen zufälligen Zusammenhang der beiden Variablen verworfen zu haben. Mit einem Wert von p <= 0,001 gilt die Korrelation von Personalkosten und Betriebsergebnis als höchst signifikant. Der Einfluss des Zufalls kann nahezu ausgeschlossen werden.[62]

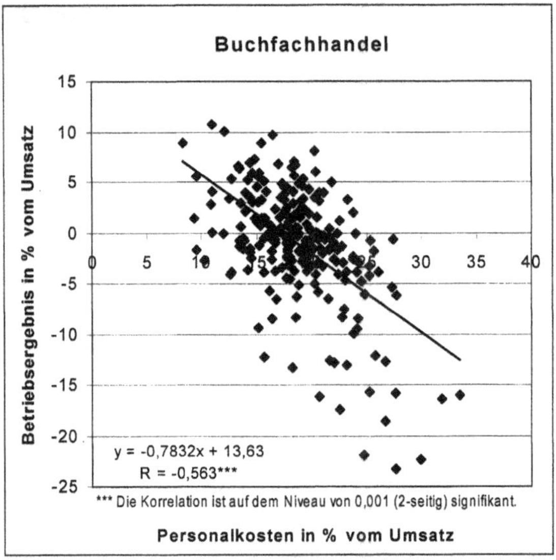

Abb. 24: Zum Zusammenhang von Personalkosten und Betriebsergebnis im Buchfachhandel 1998

Aufgrund der bisherigen Ergebnisse kann zumindest in Bezug auf den Buchhandel ein starker negativer Einfluss der Kosten des Faktors Arbeit auf den Unternehmenserfolg im Jahre 1998 konstatiert werden. Dieser Einfluss hat sich über den Untersuchungszeitraum von 18 Jahren hinweg nur geringfügig verändert. Die

62 Diese Einschätzung folgt der allgemeinen, unverbindlichen Festlegung: „Aussagen, die mit einer Irrtumswahrscheinlichkeit p <= 0,05 behaftet sind, nennt man signifikant, solche mit einer Irrtumswahrscheinlichkeit p <= 0,01 heißen sehr signifikant und solche mit einer Irrtumswahrscheinlichkeit p <= 0,001 höchst signifikant." Bühl, A./Zöfel, P.: SPSS für Windows. Version 6, Bonn u.a. 1994, S. 89. Diese drei unterschiedlichen Signifikanzniveaus werden durch die Angabe von ein, zwei oder drei Sternchen symbolisiert. Entsprechend erfolgt die Markierung in der obigen und den noch folgenden Darstellungen.

einzelnen Werte für den Steigungskoeffizienten der Trendgeraden als Maß für das Austauschverhältnis der beiden Variablen sind auf Basis des erweiterten Panels errechnet und in Abbildung 25 dargestellt. Auch wenn Anfang der achtziger Jahre ein geringer Anstieg des Koeffizienten zu beobachten ist, zeigt der längerfristige Trend leicht, aber eindeutig nach unten. Der geringste Wert konnte im vorgegebenen Zeitraum für das Jahr 1984 ermittelt werden. Zu diesem Zeitpunkt beeinträchtigte jede zusätzlich Mark an Personalkosten das Betriebsergebnis um 50 Pfennige. Elf Jahre später waren es bereits knapp 70 Pfennige.[63] Auch das Maß für die Stärke des Zusammenhang der beiden Variablen hat im Facheinzelhandel mit Büchern über den betrachteten Zeitraum grundsätzlich zugenommen. 1997 zeigt es mit einem Wert von minus 0,604 ein lokales Maximum.

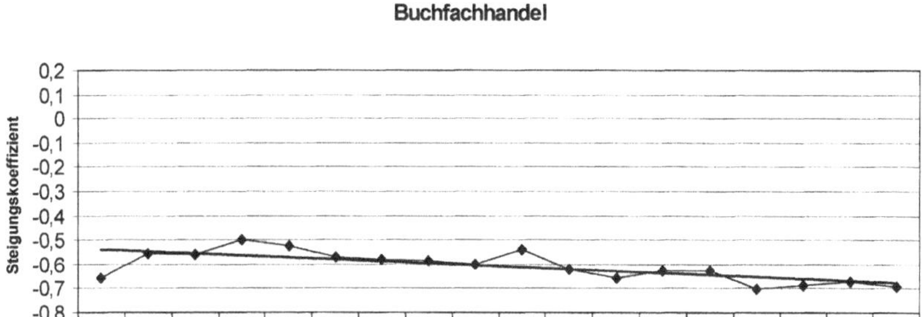

	1981	1982	1983	1984	1985	1986	1987	1988	1989	1990	1991	1992	1993	1994	1995	1996	1997	1998
Steigung	-0,658	-0,557	-0,562	-0,501	-0,527	-0,569	-0,58	-0,587	-0,603	-0,542	-0,619	-0,658	-0,627	-0,625	-0,702	-0,689	-0,672	-0,694
R	-0,509	-0,451	-0,453	-0,391	-0,395	-0,392	-0,415	-0,401	-0,471	-0,419	-0,496	-0,524	-0,534	-0,516	-0,481	-0,569	-0,604	-0,565

Abb. 25: Entwicklung der Regressionsgeradensteigung aus Personalkosten und Betriebsergebnis im Buchfachhandel von 1981 bis 1998

Der besondere Einfluss der Personalkosten auf den Geschäftserfolg der Fachbetriebe des Buchhandels wurde durch die mangelnde Möglichkeit begründet, die Kostenbelastung durch eine entsprechende Ausweitung der Handelsspanne ausgleichen zu können. Aber nicht nur die Preisbindung der zweiten Hand steht diesem Unterfangen entgegen. Auch die starke Konkurrenz durch preisorientierte Betriebsformen verhindert bei einigen Branchen eine Ausweitung der Handelsspanne zumindest auf ein für den Facheinzelhandel durchschnittliches Niveau von 36,2 % vom Umsatz.[64] Als ein typisches Beispiel können die Fachgeschäfte des Lebensmitteleinzelhandels angesehen werden. Sie erzielen 1998 lediglich eine Betriebshandelsspanne von 19,7 %, bei einer ebenfalls geringen Standardabweichung von 4,4 Prozentpunkten. Entsprechend hoch ist die Bedeutung der Personalkosten für die Gewinnsituation auch für

---

63 Die in Abbildung 24 angegebene Steigung der Geraden von -0,783 für das Jahr 1998 wurde auf Basis der Gesamtstichprobe ermittelt. Der Wert von -0,694 aus Abbildung 25 basiert dagegen auf dem Erweiterten Panel. Vgl. hierzu die Erläuterungen auf Seite 69.

64 Bei der Berechnung des o.a. Wertes blieben die Lebensmittelbetriebe unberücksichtigt. Einschließlich dieser Branche betrug die Handelsspanne im Facheinzelhandel 1998 durchschnittlich 30,1 Prozent vom Umsatz. Vgl. Kaapke, A., 1999, 238.

diese Fachsparte. Die Abbildungen 26 und 27 zeigen analog zum Buchhandel die Zusammenhänge.

• Im Lebensmittelfacheinzelhandel

Bei einem durchschnittlichen Betriebsergebnis von minus 4,1 % haben 82,6 % der 763 Lebensmittelfachbetriebe das Geschäftsjahr 1998 mit Verlust und nur 17,4 % mit einem Gewinn abgeschlossen. Trotz der eindeutigen Parallelen zum Sortimentsbuchhandel zeigen sich über einen weiten Bereich relativ konstante Personalkosten. Betriebe mit einem Betriebsergebnis von – 5 % hatten mit 13,1 % nur geringfügig höhere Personalkosten als Betriebe mit einem ausgeglichen Ergebnis von 0 %, für die Kosten in Höhe von 12,3 % angefallen sind. Zumindest für dieses Intervall muss die Zwangsläufigkeit, nach der ein verminderter Unternehmenserfolg mit steigenden Personalkosten einhergeht, relativiert werden. Ein vermehrter Personaleinsatz zeigt sich in diesem Bereich als relativ unschädlich.[65] Dieser partielle Zusammenhang zwischen den beiden Variablen trägt dazu bei, dass die Trendlinie des Streudiagramms in Abbildung 27 etwas flacher verläuft als die des Sortimentsbuchhandels in Abbildung 24. Die mit einer Bestimmtheit von R = -0,54 errechnete Veränderung des Betriebsergebnisses

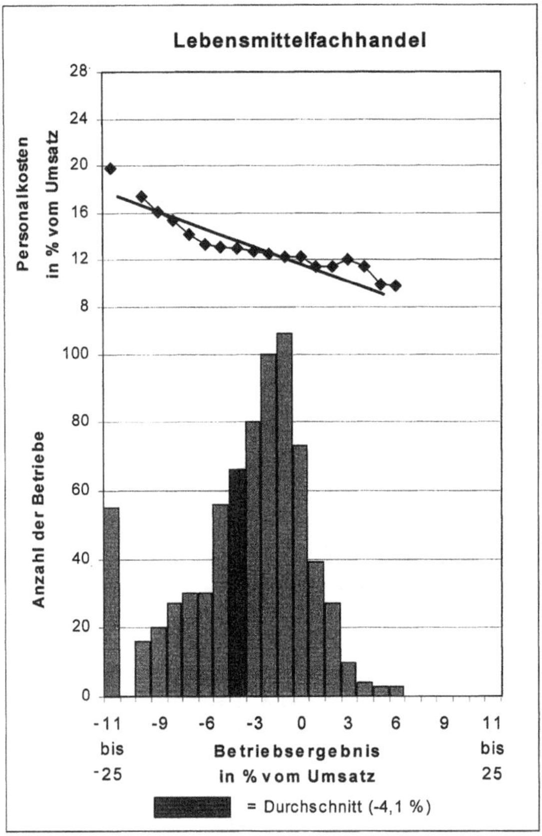

Abb. 26: Zum Verhältnis von Personalkosten und Betriebsergebnis im Lebensmittelfachhandel 1998

65 Der Rückschluss von einer hohen Personalkostenbelastung auf einen ebenfalls hohen Personaleinsatz unterstellt vergleichbare Faktorpreise.

bei Variation der Personalkosten um einen Prozentpunkt vom Umsatz beträgt im Lebensmittelfachhandel für das Auswertungsjahr 1998 –0,59 Prozentpunkte vom Umsatz.

Wenn man den Stimmen folgt, die das Ausmaß an Serviceleistungen als ersten Erfolgsfaktor im Facheinzelhandel werten, müsste sich unter den Prämissen hoher Produktivität und eingeschränkter Substituierbarkeit des Faktors Arbeit ein positiver Zusammenhang zwischen Personalkosten und Unternehmenserfolg zeigen. Diese originäre Zielsetzung des Fachhandels, neben der Ware umfangreiche und personalkostenintensive Serviceleistungen gewinnbringend anbieten zu wollen, schien zumindest im Branchendurchschnitt weder für den Sortimentsbuchhandel in den vergangenen zwei Jahrzehnten noch für die Fachgeschäfte des Lebensmitteleinzelhandels in den zurückliegenden 50 Jahren praktikabel.[66] Ob diese Feststellung auch auf Branchen zutrifft, die weder einer Preisbindung noch der massiven Konkurrenz anderer Betriebsformen ausgesetzt sind, soll am Beispiel des Schuhfachhandels und des Uhren-, Juwelen-, Gold- und Silberwareneinzelhandels untersucht werden.

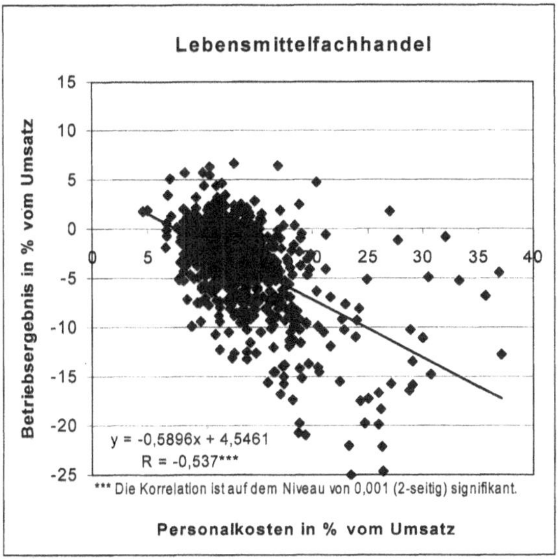

Abb. 27: Zum Zusammenhang von Personalkosten und Betriebsergebnis im Lebensmittelfachhandel 1998

• Im Schuhfacheinzelhandel

Beiden Fachsparten ist eigen, dass sie überdurchschnittliche Kalkulationsaufschläge bei einer breiten Streuung der Werte realisieren können. Gute Voraussetzungen, um einen hohen Personaleinsatz und dessen Kosten über ein hochwertiges Marktleistungsangebot zum Erfolgsfaktor werden zu lassen. So ist nicht auszuschließen, dass ein Großteil der Fachhändler dieser Fachsparten unternehmerische Erfolge trotz o-

66 Die Veränderung des Betriebsergebnisses im Buchfachhandel und im Lebensmittelfachhandel von 1949 bis 1998 kann Anhang 4 u. 5 entnommen werden. Grafisch ist diese in den Abbildungen 16 und 84 dargestellt.

der gerade wegen hoher Personalkosten erwirtschaftet. Nicht von ungefähr finden sich bei beiden Fachsparten starke Segmente mit exklusiven und serviceorientierten Fachgeschäften. So setzt insbesondere der Uhren- und Schmuckfachhandel wie keine andere Branche auf die Angebotsform der ausschließlichen Verkäuferbedienung.[67]

Die Hypothese vom überdurchschnittlichen Personaleinsatz (in % vom Umsatz) als Erfolgsfaktor kann auf Basis der Daten zum Betriebsvergleich des Instituts für Handelsforschung nicht bestätigt werden. Sowohl die Fachgeschäfte des Schuheinzelhandels als auch die des Uhren-, Juwelen-, Gold- und Silberwareneinzelhandels können mehrheitlich zunehmende betriebswirtschaftliche Erfolge nur bei abnehmenden Personalkosten realisieren. Dennoch zeigen sich Unterschiede zu den bereits analysierten Branchen. Die Abbildungen 28 und 29 verdeutlichen den Zusammenhang für den Schuhfacheinzelhandel.

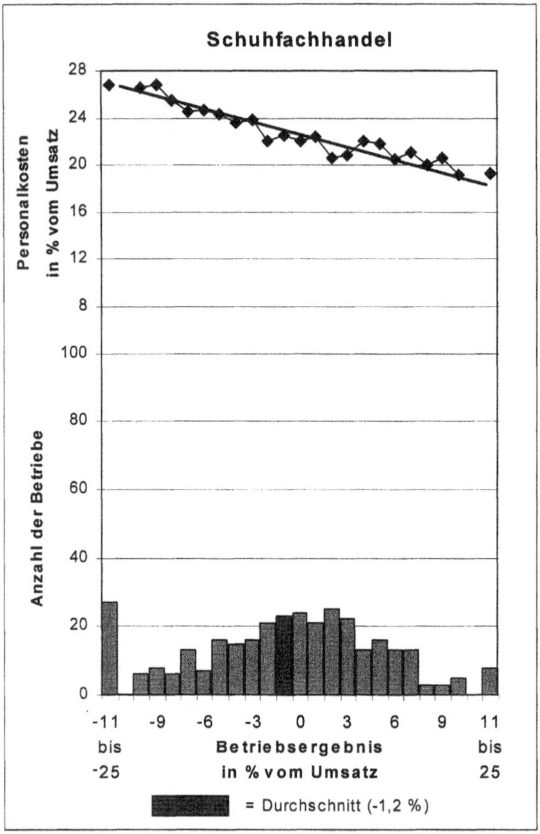

Abb. 28: Zum Verhältnis von Personalkosten und Betriebsergebnis im Schuhfachhandel 1998

Augenfällig ist dabei die insbesondere im Vergleich zum Sortimentsbuchhandel geringe Spannbreite der Personalkosten zwischen den unterschiedlichen Stufen des Betriebsergebnisses im Schuhfachhandel. Die durchschnittlichen Personalkosten der besonders verlustreichen Betriebe mit einem negativen Ergebnis von ≤ -11 % haben eine nur um 7,4 Prozentpunkte höhere Belastung des Umsatzes mit Personalkosten als die besonders erfolgreichen Betriebe mit einer durchschnittlichen Umsatzrendite von ≥ +11 %. Die Differenz be-

67 Vgl. Kapitel 3.3.2.1.

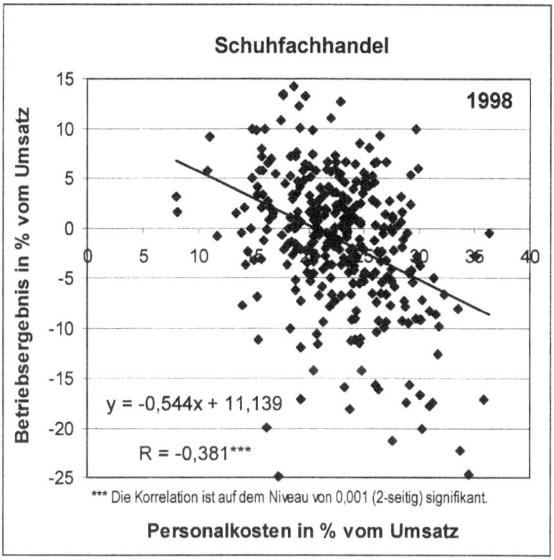

Abb. 29: Zum Zusammenhang von Personalkosten und Betriebsergebnis im Schuhfachhandel 1998

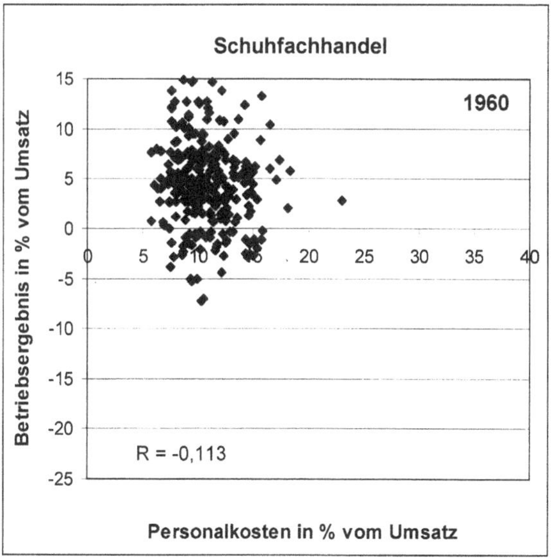

Abb. 30: Zum Zusammenhang von Personalkosten und Betriebsergebnis im Schuhfachhandel 1960

trägt beim Sortimentsbuchhandel mit 13,9 Prozentpunkten knapp das Doppelte (vgl. Abbildung 23). Auch die negative Steigung der Trendgeraden in Abbildung 29 liegt mit einem Wert von – 0,54 unterhalb derer der Vergleichsbranchen. Bezeichnenderweise hat die Bestimmtheit (R = -0,38), mit der die 329 in die Analyse einbezogenen Betriebe des Schuhfachhandels dieses, theoretische Austauschverhältnis realisieren können bzw. müssen, ebenfalls abgenommen. Insgesamt reagiert das Betriebsergebnis bei dieser Fachsparte abgeschwächt auf die Veränderung der Personalkosten.

Auch wenn im Branchenvergleich die Stärke der Einflussnahme der Personalkosten auf den unternehmerischen Erfolg leicht geringer ausfällt, kann eine angemessene Beurteilung nur erfolgen, wenn man zum Vergleich die Situation des Schuhfachhandels während seiner höchsten Prosperität in der ersten Hälfte der sechziger Jahre heranzieht. Von 1960 bis 1964 betrug der Jahresüberschuss durchschnittlich 4,1 Prozent vom Umsatz.

Das damals eingesetzte Personal war notwendig, um die Erlössteigerungen von 7,1 % p.a. realisieren zu können. Ein negativer Einfluss seiner Kosten auf das Betriebsergebnis konnte damals weitestgehend aus geschlossen werden. Exemplarisch zeigt Abbildung 30 den losen Zusammenhang der beiden Kennzahlen für das Geschäftsjahr 1960 anhand von 295 Fachbetrieben des Schuheinzelhandels.[68] Der Korrelationskoeffizient ist mit R = -0,113 entsprechend gering. Bei einer Irrtumswahrscheinlichkeit von p = 0,052 ist der Zusammenhang nicht mehr als signifikant einzustufen. Die Angabe einer Trendgeraden erübrigt sich hierdurch. Die parallele Anordnung der Abbildungen 29 und 30 soll einen Vergleich der beiden Berichtsjahre auch optisch ermöglichen.

• Im Uhren-, Juwelen-, Gold- und Silberwareneinzelhandel

Der loser werdende Zusammenhang von Personalkosten und Betriebsergebnis bei zunehmender Handelsspanne und deren Streuung zeigt sich noch deutlicher im Uhren-, Juwelen-, Gold- und Silberwareneinzelhandel. Die Regressionsgerade verfügt nur noch über eine Steigung von -0,40 % bei einem Korrelationskoeffizienten von R = -0,37. Damit zeigt sich das Betriebsergebnis dieser Branche von allen Fachsparten, die vom Betriebsvergleich des IfH erfasst werden, im Berichtsjahr 1998 am resistentesten gegen den negativen Einfluss hoher Personalkosten.

Die den Berechnungen zugrundeliegenden 138 Uhren- und Schmuckgeschäfte der Gesamtstichprobe für 1998 lassen sich wie in Abbildung 31 dargestellt in vier Segmente untergliedern.[69] Erwartungsgemäß ist die Menge der Betriebe aus den Segmenten 1 und 3 mit 85 Fällen (61,6 %) am größten; folgen ihre Werte doch dem allgemeinen Trend. Es finden sich aber auch 53 Uhren- und Schmuckgeschäfte (38,4 %), die ein umgekehrtes Austauschverhältnis von Kosten und Ergebnis aufweisen.

---

68 Die einzelbetrieblichen Werte wurden für das Berichtsjahr 1960 anhand der Auswertungen zum damaligen Jahresbetriebsvergleich manuell erfasst.

69 Auf die Darstellung der Häufigkeitsverteilung des Betriebsergebnisses wird aufgrund zu geringer Fallzahlen bei dieser Branche verzichtet.

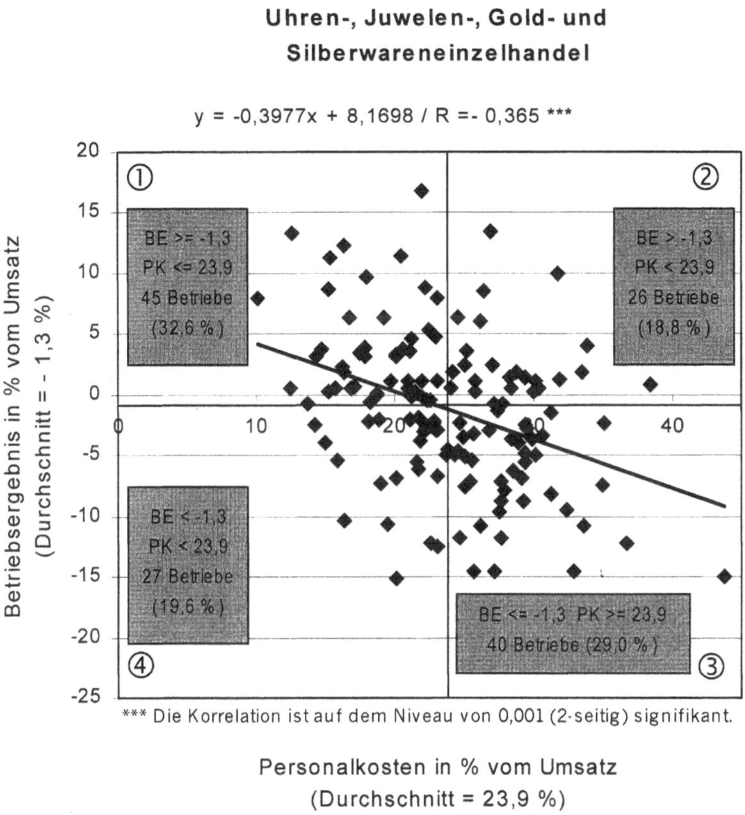

Segment ①: Fachgeschäfte, die mit durchschnittlichen oder unterdurchschnittlichen Personalkosten ein durchschnittliches oder überdurchschnittliches Betriebsergebnis erzielen.

Segment ②: Fachgeschäfte, die mit überdurchschnittlichen Personalkosten ein überdurchschnittliches Betriebsergebnis erzielen.

Segment ③: Fachgeschäfte, die mit durchschnittlichen oder überdurchschnittlichen Personalkosten ein durchschnittliches oder unterdurchschnittliches Betriebsergebnis erzielen.

Segment ④: Fachgeschäfte, die mit unterdurchschnittlichen Personalkosten ein unterdurchschnittliches Betriebsergebnis erzielen.

Abb. 31: Zum Zusammenhang von Personalkosten und Betriebsergebnis im Uhren-, Juwelen-, Gold- und Silberwarenfachhandel 1998 unterteilt in vier Segmente

In 26 Fällen scheinen hohe Personalkosten den Unternehmenserfolgs positiv zu beeinflussen. Immerhin konnten davon 24 Betriebe sogar ein positives Betriebsergebnis erwirtschaften. Dass niedrige Personalkosten kein Garant für ein zumindest überdurchschnittliches Ergebnis sind, mussten dagegen 27 Betriebe erfahren.

Die Vermutung, dass der Anteil der Betriebe aus den Segmenten 2 und 4 bei Branchen mit niedriger oder beschränkt variabler Handelsspanne geringer ausfällt, wird durch die Gegenüberstellung der Werte für die vier beispielhaft aufgezeigten Fachsparten bestätigt. Die konkreten Werte sind der Tabelle in Abbildung 32 zu entnehmen.

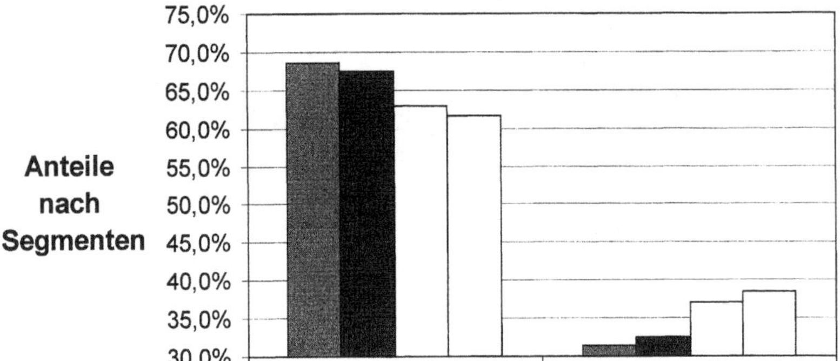

	① und ③	② und ④
■ Lebensmittel	68,6%	31,4%
■ Bücher	67,5%	32,5%
□ Schuhe	63,0%	37,0%
□ Uhren und Schmuck	61,6%	38,4%

Abb. 32: Anteile der Segmente mit entgegengesetzten Verhältnissen von Personalkosten und Betriebsergebnis im Branchenvergleich

Als Zwischenfazit kann festgehalten werden, dass im Regelfall mit steigenden Personalkosten das Betriebsergebnis im Facheinzelhandel sinkt. Auf Basis der linearen Regression wurden für das Geschäftsjahr 1998 Einbußen ermittelt, die von 40 Pf im Uhren- und Schmuckfachhandel bis zu 78 Pf im Buchfachhandel je zusätzliche Mark an Personalkosten reichen. Die Stärke dieser Zusammenhänge variiert dabei nur geringfügig zwischen den Branchen und nur ein geringer Teil der Fachgeschäfte sieht sich in der Lage, mit einer überdurchschnittlichen Kostenbelastung durch den Faktor Arbeit ein ebensolches Ergebnis zu erzielen. Interessant wäre es hier zu wissen, wie groß die Wahrscheinlichkeit ist, bei gegebenen Personalkosten ein überdurchschnittliches oder sogar positives Betriebsergebnis zu erzielen. Antwort auf diese Frage gibt die ‚kategoriale logistische Regression', auf deren Modell zunächst kurz eingegangen werden soll.

Das statistische Verfahren der kategorialen logistischen Regression (oder auch binäres Logitmodell) untersucht die Abhängigkeit einer dichotomen Variablen von anderen, unabhängigen Variablen.[70] Meist handelt es sich bei der dichotomen abhängigen Variablen um ein Ereignis, das eintreten kann oder nicht. Die logistische Regression berechnet dann die Wahrscheinlichkeit, mit der dieses Ereignis in Abhängigkeit von der unabhängigen Variablen eintritt. Man geht davon aus, dass das Ereignis nicht eintritt, wenn sich für p ein Wert kleiner als 0,5 ergibt. Im anderen Fall nimmt man das Eintreffen des Ereignisses an. Für die weiteren Analysen soll ein positives Betriebsergebnis als das Ereignis gelten.[71] Die Wahrscheinlichkeit für das Eintreten dieses Ereignisses wird für jeden Fall nach dem Ansatz

$$p = \frac{1}{1+e^{-z}} \quad \text{wobei} \quad z = b + b_1 \bullet x_1 + b_2 \bullet x_2 + \ldots + b_n \bullet x_n \quad \text{berechnet.}$$

x_i sind dabei die Werte der unabhängigen Variablen, mit denen das Ereignis prognostiziert werden soll. Das theoretische Spektrum für diese unabhängigen Variablen ist äußerst weit. Tabelle 19 informiert über potentiell erfolgsrelevante Kennzahlen, die vom Jahresbetriebsvergleich des IfH erfasst und ausgewertet werden und die grundsätzlich als unabhängige Variablen in Frage kommen.[72] [73]

Einflussgrößen auf das Betriebsergebnis	**Code**
Variablen zur Betriebsleistung	
- Handelsspanne in % des Umsatzes	L01
- Kundenzahl je beschäftigte Person	L02
- Lagerumschlagshäufigkeit	L03
- Umsatz je beschäftigte Person in DM	L04
- Umsatz je Einzelverkauf in DM	L05
- Umsatz je Qm Geschäftsraum in DM	L06
Variablen zu den Betriebskosten (alle in % des Umsatzes)	
- Abschreibungen	K01

70 Das Modell der kategorialen Regression geht zurück auf Grizzle/Starmer/Koch. Vgl. Schuckel, M.: Bedienungsqualität im Einzelhandel, Stuttgart 1999, S. 213.

71 Ausgeglichene Betriebsergebnisse, bei denen sich Erlöse und Kosten vollständig decken, sind selten und sollen im Weiteren unter die positiven Betriebsergebnisse subsumiert werden. Auch hätte man anstelle eines positiven, ein überdurchschnittliches Betriebsergebnis als abhängige Variable auswählen können; jedoch ist diese Vorgehensweise mit dem Nachteil verbunden, die Ergebnisse der einzelnen Branchen aufgrund abweichender Mittelwerte für das Betriebsergebnis nicht miteinander vergleichen zu können.

72 Keine Berücksichtigung findet an dieser Stelle die Variable ‚Verkaufs- und Bedienungsform'; zu unterschiedlich sind die Erhebungspositionen zwischen den Fachsparten.

73 Besonderen Einfluss auf das Betriebsergebnis hat auch die Höhe der Warenkosten. Wenn diese keine direkte Berücksichtigung findet, dann resultiert dies aus ihrer hohen Korrelation mit der Handelsspanne. Durch die Konstanz der Umsatzsteuer wird der Rohertrag in % des Umsatzes ausschließlich von dem Anteil der Warenkosten am Umsatz bestimmt, d.h. der Einfluss der beiden Variablen auf das Betriebsergebnis ist völlig identisch. Die Ergebniswerte der Handelsspanne stehen somit auch stellvertretend für die Warenkosten.

– Bezugskosten der Ware	K02
– EDV- und Kommunikationskosten	K03
– Gewerbesteuer	K04
– Kosten für Werbung	K05
– Kraftfahrzeugkosten	K06
– Mietkosten, incl. Mietwert für eigene Räume	K07
– Personalkosten	K08
– Rechts- und Beratungskosten	K09
– Sachkosten für Geschäftsräume	K10
– Zinsen für Fremd- und Eigenkapital	K11
– alle sonstige Kosten	K12
Variablen zur Struktur des Betriebes	
– Geschäftsräume insgesamt in Qm	S01
– Anteil der Verkaufsfläche an der Geschäftsfläche	S02
– Qm Geschäftsraum je beschäftigte Person	S03
– Bundesland • Baden-Würtemberg • Bayern • Berlin-West • Bremen • Hamburg • Hessen • Niedersachsen • Nordrhein-Westfalen • Rheinland-Pfalz • Saarland • Schleswig-Holstein	S04
– Ortsgröße nach Zahl der Einwohner • bis 2.000 • 2.001 bis 5.000 • 5.001 bis 10.000 • 10.001 bis 20.000 • 20.001 bis 50.000 • 50.001 bis 100.000 • 100.001 bis 300.000 • über 300.000	S05
– Geschäftslage • Hauptverkehrslage und Nebenverkehrslage mit hoher Kundenfrequenz • Nebenverkehrslage mit niedriger Kundenfrequenz und Lagen ohne Frequenzunterschiede	S06
– Bezugswege der Waren • überwiegend vom Hersteller (ohne Einkaufsgemeinschaft) • überwiegend vom Großhändler (ohne Einkaufsgemeinschaft) • überwiegend durch Einkaufsgemeinschaft • überwiegend durch Eigenherstellung	S07
– Rechtsform • Einzelfirma • OHG • KG • GmbH • GmbH & Co. KG	S08

Tab. 19: Betriebliche Merkmale mit Einfluss auf das Betriebsergebnis

Die unabhängigen Einflussgrößen können beliebiges Skalenniveau aufweisen. Kategoriale Daten mit mehr als zwei Ausprägungen müssen allerdings vor der Analyse in mehrere dichotome Dummy-Variablen zerlegt werden.[74] Im Folgenden betrifft dies die Variablen Bundesland, Bezugswege der Waren und die Rechtsform der Fachhandelsbetriebe.

Wie beim linearen Regressionsmodell müssen auch bei der logistischen Regression die Regressionskoeffizienten b_i aus den Modelldaten geschätzt werden.[75] Anstelle der Methode der ‚Kleinste-Quadrat-Schätzung' (KQS) wird die ‚Maximum-Likelihood-Methode' (ML-Methode) angewendet. Die Koeffizienten werden so bestimmt, dass durch ihre Wahl die Wahrscheinlichkeit der tatsächlich beobachteten Stichprobenwerte verglichen mit allen anderen möglichen Parameterwerten maximal ist.[76]

Ergebnis der Schätzungen von Regressionskonstante (*b*) und den Regressionsgewichten (b_i) ist in einem ersten Schritt die bereits genannte lineare Gleichung.

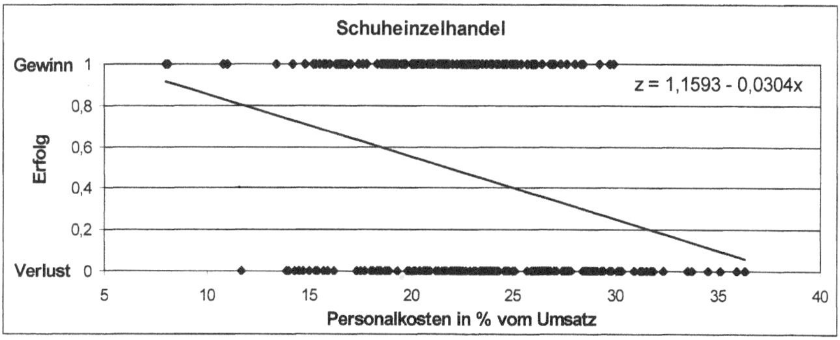

Abb. 33: Lineares Regressionsmodell von Personalkosten und Erfolg

$$z = b + b_1 \bullet x_1 + b_2 \bullet x_2 + \ldots + b_n \bullet x_n$$

Der Prämisse eines linearen Zusammenhangs wird auch bei den weiteren Analysen gefolgt. Die lineare Beziehung zeigt sich exemplarisch zwischen betriebswirtschaftlichem Erfolg und den Personalkosten der Schuhfachgeschäfte gemäß Abbildung 33.[77] Die Grafik basiert abermals auf den Betriebsvergleichsergebnissen von 1998.

74 Vgl. Bühl, A./Zöfel, P., 1994, S. 256.

75 Der Name ‚logistische Regression' kommt daher, dass die obige Gleichung auch die logistische Wahrscheinlichkeitsverteilung wiedergibt.

76 Zu den Vorteilen der ML-Methode gegenüber der KQS bei der kategorialen Regression vgl. Toutenburg, H.: Lineare Modelle, Heidelberg 1992, 234.

77 Eine weitere Prämisse der kategorialen logistischen Regression ist die Unabhängigkeit der in die Stichprobe einbezogenen Fälle. Diese ist im Folgenden schon allein aus der räumlichen Distanz der Fachbetriebe zueinander gewährleistet.

Da die abhängige Variable mit einer 0/1-Kodierung (hier Verlust/Gewinn) in die Analyse einbezogen wird, ließe sich die Gleichung bereits als lineares Wahrscheinlichkeitsmodell interpretieren. Tatsächlich ergeben sich bei einer derartigen Interpretation jedoch verschiedene Probleme. Besondere Schwierigkeiten bereitet die Tatsache, dass die Wahrscheinlichkeit *p* auf den Bereich zwischen 0 und 1 definiert ist, *z* aber auch davon abweichende Werte annehmen kann. Das Modell $p = z$ würde also nur in einem bestimmten Wertebereich von x_i gültig sein. Darüber hinaus erscheint ein lineares Wahrscheinlichkeitsmodell vor allem dann unplausibel, wenn Wahrscheinlichkeiten nahe null oder eins vorkommen. In solchen Situationen wird anstelle einer konstanten Zu- oder Abnahme der Wahrscheinlichkeit allgemein eine nichtlineare Annäherung an die Extremwerte erwartet (vgl. Abbildung 34).[78]

Um den genannten Mängeln zu begegnen, wählt man den bereits vorgestellten Ansatz, der einen monotonen Verlauf (S-Kurve) unter Einschluss des linearen Ansatzes über dem Definitionsbereich (0/1) der Wahrscheinlichkeit p garantiert:

$$p = \frac{\exp(b + b_1 \bullet x_1 + b_2 \bullet x_2 + ... + b_n \bullet x_n)}{1 + \exp(b + b_1 \bullet x_1 + b_2 \bullet x_2 + ... + b_n \bullet x_n)}$$

Im Folgenden wird dieser Ansatz angewendet, indem zunächst nur nach einer Kennzahl Ausschau gehalten wird, mit der der Erfolg eines Handelsbetriebes prognostiziert werden soll (monokausale Analyse). Eine der mutmaßlich bedeutendsten Determinanten des Betriebsergebnisses stellt im Facheinzelhandel die Höhe der Personalkosten dar. Der Zusammenhang von Personalkosten und Unternehmenserfolg soll in einem einleitenden Schritt unter Ausschluss sonstiger Einflussgrößen untersucht werden. Erst in einem zweiten Schritt werden weitere Determinanten hinzugezogen, nicht zuletzt um deren relative Stellung im Facheinzelhandeln zu bestimmen.

Das zu untersuchende Ereignis soll ein positives Betriebsergebnis sein (Variablen-Code: G01). Tritt dieses Ereignis nicht ein, wird ein negatives Betriebergebnis angenommen. Die ‚Personalkosten in % des Umsatzes' stellen die unabhängige Variable dar (Variablen-Code: K08). Die wesentlichen, unter Verwendung des Programmsystems ‚SPSS' errechneten Ergebnisse werden für den Buchfachhandel und den Uhren- und Schmuckfachhandel im Folgenden parallel dargestellt. Die Ergebnisse der anderen Fachsparten liegen zwischen diesen beiden Extremen. Auf Ihre Darstellung wird deshalb verzichtet.

In einem ersten Schritt wird die Güte der Anpassung des Modells getestet. Dies erfolgt mit Hilfe des doppelt negativen Wertes des Logarithmus der Likelihood-Funktion (-2LL). Als Anfangswert für dieses -2LL wird der Wert bestimmt, der sich für das Regressionsmodell ergibt, das nur die Konstante b enthält, d.h. der Koeffizient

---

78 Vgl. Andreß, H.-J./Hagenaars, J.A./Kühnel, S.: Analyse von Tabellen und kategorialen Daten. Log-lineare Modelle, latente Klassenanalysen, logistische Regression und GSK-Ansatz, Berlin u.a. 1997, S. 265; Toutenburg, H., 1992, S. 233.

der unabhängigen Variablen wird gleich null gesetzt. Für die beiden Branchen ergeben sich die folgende Werte.

Buchfachhandel	Uhren- und Schmuckfachhandel
Beginning Block Number 0. Initial Log Likelihood Function -2 Log Likelihood 330,59884 * Constant is included in the model	Beginning Block Number 0. Initial Log Likelihood Function -2 Log Likelihood 189,44937 * Constant is included in the model

Tab. 20: Anfangsgüte des Modells

Anschließend wird geprüft, ob sich der berechnete -2LL-Wert durch die Hinzunahme der unabhängigen Variablen ‚Personalkosten in % des Umsatzes' vermindern lässt. Eine Abnahme dieses Wertes bedeutet eine Verbesserung der Anpassung. Nach jeweils 3 Iterationen sind die endgültigen Lösungen erreicht. Der neue -2LL-Wert für den Buchhandel ist 289,5 und damit um 41,2 kleiner als der Anfangswert. Für den Uhren- und Schmuckfachhandel ergibt sich ein verbesserter Wert von 180,3, der um 9,2 unter dem alten liegt.

Buchfachhandel	Uhren- und Schmuckfachhandel
Beginning Block Number 1. Method: Enter Variable(s) Entered on Step Number 1.. K08 Personalkosten insg. in % d. Ums Estimation terminated at iteration number 3 because Log Likelihood decreased by less than ,01 percent. -2 Log Likelihood 289,447 Goodness of Fit 233,378 Cox & Snell - R^2 ,157 Nagelkerke - R^2 ,210 Chi-Square df Significance Model 41,152 1 ,0000 Block 41,152 1 ,0000 Step 41,152 1 ,0000	Beginning Block Number 1. Method: Enter Variable(s) Entered on Step Number 1.. K08 Personalkosten insg. in % d. Ums Estimation terminated at iteration number 3 because Log Likelihood decreased by less than ,01 percent. -2 Log Likelihood 180,254 Goodness of Fit 139,088 Cox & Snell - R^2 ,064 Nagelkerke - R^2 ,086 Chi-Square df Significance Model 9,195 1 ,0024 Block 9,195 1 ,0024 Step 9,195 1 ,0024

Tab. 21: Ergebnisse der kategorialen Regression mit einer erklärenden Variablen

Die Differenz wird als Chiquadrat-Wert ausgewiesen und ist zumindest in Bezug auf den Buchfachhandel höchst signifikant. Durch die Hinzunahme der Personalkosten hat das Anfangsmodell bei dieser Branche eine entsprechende Verbesserung erfahren. Dagegen kann die Verbesserung um lediglich 9,2 bezüglich des Uhren- und

Schmuckhandels nur als sehr signifikant bewertet werden (p > 0,001). Im Branchenvergleich zeigt sich, dass die Kenntnis der Personalkosten die Güte der Vorhersage, ob ein Fachbetrieb ein ausgeglichenes bzw. positives oder ein negatives Betriebsergebnis erwirtschaftet, im Buchfachhandels stärker verbessert als im Uhren- und Scnmuckfachhandel. Dies bestätigt den bereits festgestellten, unterschiedlich starken Einfluss der Personalkosten auf die Gewinnsituation in diesen beiden Branchen.

Die Güte eines Gesamtmodells kann auch mittels einer Klassifikationstabelle überprüft werden. Diese stellt die auf Basis des Betriebsvergleichs festgestellte Gruppenzugehörigkeit (n = negatives Betriebsergebnis, p = positives Betriebsergebnis) der auf Basis des berechneten Modells vorhergesagten Gruppenzugehörigkeit gegenüber.

<u>Buchfachhandel</u>

Classification Table for G01 Gruppe
The Cut Value is ,50

Observed		Predicted n	Predicted p	Percent Correct
negatives Ergebnis	n	102	33	75,56%
positives Ergebnis	p	50	56	52,83%
			Overall	65,56%

<u>Uhren- und Schmuckfachhandel</u>

Classification Table for G01 Gruppe
The Cut Value is ,50

Observed		Predicted n	Predicted p	Percent Correct
negatives Ergebnis	n	62	15	80,52%
positives Ergebnis	p	31	30	49,18%
			Overall	66,67%

Tab. 22: Ausmaß der richtig und falsch prognostizierten Werte

Der Tabelle für den Uhren- und Schmuckfachhandel ist beispielhaft zu entnehmen, dass von den 77 Betrieben, die 1998 ein negatives Ergebnis erzielt hatten, vom Modell 62 (80,5 %) richtigerweise mit einem solchen Ergebnis erkannt werden. Bei den anderen 15 nimmt das Modell fälschlicherweise einen positiven Jahresabschluss an. Von den insgesamt 61 erfolgreichen Betrieben dieser Branche werden 30 (49,2 %) entsprechend zugeordnet, während die anderen 31 Betriebe als erfolglos beurteilt werden, obwohl sie ein zumindest ausgeglichenes Betriebsergebnis erzielen konnten. Durch die alleinige Kenntnis der Personalkostenhöhe sind mithin 92 von 138 Betrieben der Realität entsprechend beurteilt worden; dies entspricht einer Quote von 66,7 %. Dieser Anteil liegt um 1,1 Prozentpunkte über dem des Buchfachhandels. Einheitlich ist bei beiden Branchen die Treffergenauigkeit größer, wenn ein negatives als wenn ein positives Ergebnis korrekt zu beurteilen ist. Das bedeutet gleichzeitig, dass die Wirkungsrichtung der Personalkosten nicht eineindeutig ist. Ein negatives Ergebnis geht in aller Regel mit hohen Personalkosten einher; ein positives Ergebnis basiert dagegen nicht zwingend auf niedrigen Personalkosten.

Schließlich werden die berechneten Koeffizienten ausgegeben, die zur Berechnung der fallweisen Wahrscheinlichkeiten herangezogen wurden. Die Überprüfung der Koeffizienten, ob diese sich signifikant von null unterscheiden, erfolgt über die Chi-quadrat-verteilte Wald-Statistik (vgl. Tabelle 23). Hierzu wird der quadrierte Quotient aus den einzelnen Koeffizienten und ihren ebenfalls angegebenen Standardfehlern gebildet.

Buchfachhandel

--------------------- Variables in the Equation ----------------------

Variable	B	S.E.	Wald	df	Sig	R	Exp(B)
K08	-,2448	,0440	30,9705	1	,0000	-,2960	,7829
Constant	4,2902	,8176	27,5361	1	,0000		

Uhren- und Schmuckfachhandel

--------------------- Variables in the Equation ----------------------

Variable	B	S.E.	Wald	df	Sig	R	Exp(B)
K08	-,0949	,0329	8,3115	1	,0039	-,1825	,9094
Constant	2,0134	,7926	6,4520	1	,0111		

Tab. 23: Koeffizienten und Prüfstatistik

In dem Beispiel des Buchfachhandels ergibt sich aus den höchst signifikanten Koeffizienten $b_0 = 4{,}2902$ und $b_1 = -0{,}2448$, dass Betrieb mit einem Personalkostenanteil von 15,2 % vom Umsatz mit einer Wahrscheinlichkeit von 0,64 ein ausgeglichenes oder positives Betriebsergebnis realisiert.

$$z = 4{,}2902 - 0{,}2448 \bullet 15{,}2 = 0{,}569 \longrightarrow p = \frac{1}{1+e^{-0{,}569}} = 0{,}64$$

Die Wahrscheinlichkeit von 0,64 bei dem beispielhaften Wert der unabhängigen Variablen von 15,2 % gilt (zufälligerweise) auch für den Uhren- und Schmuckfachhandel. An dieser Stelle überschneiden sich die Funktionsverläufe der Wahrscheinlichkeit der beiden Branchen. Abbildung 34 zeigt die Kurven, aus denen sich ablesen lässt, mit welcher Wahrscheinlichkeit ein Betrieb positive Betriebsergebnisse erzielt, wenn er Personalkosten in bestimmter Höhe hat.

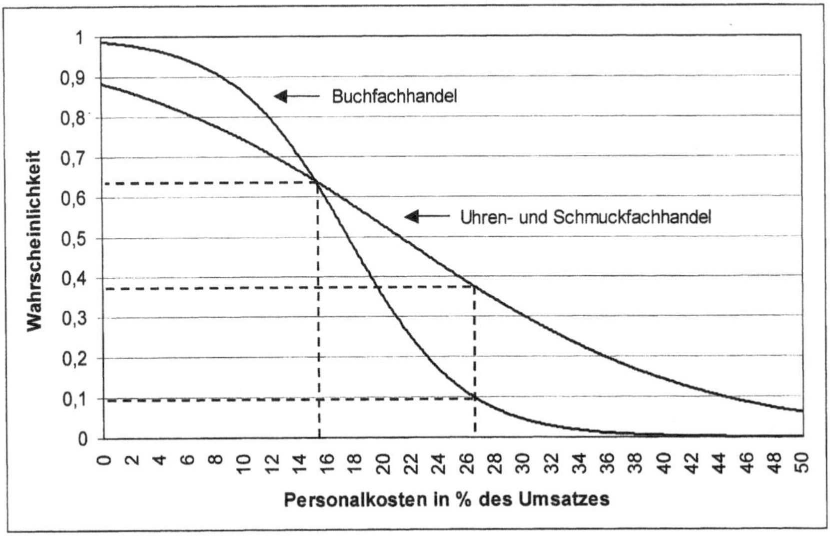

Abb. 34: Die Wahrscheinlichkeit für ein ausgeglichenes oder positives Ergebnis in Abhängigkeit von den relativen Personalkosten im Buch- und im Uhren- und Schmuckfachhandel

Der Kurvenverlauf für den Buchfachhandel ist deutlich steiler. Der Wertebereich der Personalkosten reicht 1998 bei dieser Fachsparte von 8,4 % bis 33,5 %. Die stärkste Veränderung der Wahrscheinlichkeit zeigt sich dabei in dem Intervall von 14 % bis 24 %. Buchhandelsbetriebe, die den unteren Wert verzeichneten, hatten mit einer Wahrscheinlichkeit von 0,70 ein positives Ergebnis. Diese Wahrscheinlichkeit sinkt auf 0,17, wenn die Personalkosten nur 10 Prozentpunkte darüber lagen.

Im Branchenvergleich kann der Funktionsverlauf des Uhren- und Schmuckfachhandels dagegen als eher flach und linear bezeichnet werden, wobei die beobachteten Werte der relativen Personalkosten 1998 von 10,2 % bis 43,8 % reichten. Die größte Differenz der beiden Funktionen ergibt sich bei einer Personalkostenbelastung von 26,4 %. Während im Uhren- und Schmuckfachhandel noch mit einer Wahrscheinlichkeit von 0,38 ein positiver Jahresabschluss angenommen werden kann, beträgt der Wert im Buchfachhandel lediglich 0,10.

Auch wenn die Ausführungen dieses Kapitels einen starken Zusammenhang zwischen Personalkosten und Betriebsergebnis belegen, sind die Kosten für den Faktor Arbeit nur eine von mehreren Determinanten für den Erfolg im Facheinzelhandel. Um die Stellung dieser speziellen Einflussgröße im Vergleich bewerten zu können, müssen noch weitere Einflussgrößen in die Analyse mit einbezogen werden. Diese Zielsetzung verfolgt Kapitel 3.2.2.

3.2.2 Die multikausale Analyse des Unternehmenserfolgs

Die monokausale Analyse hat gezeigt, dass bereits mit einer einzigen Größe, hier den Personalkosten, in vielen Fällen zutreffend prognostiziert werden kann, ob es sich um einen erfolgreichen Betrieb handelt. Allerdings wurden auch einige Betriebe falsch zugeordnet. Im Folgenden soll deshalb geprüft werden, ob die Hinzunahme weiterer Merkmale die Zuordnung verbessert. Dabei hat die kategoriale logistische Regression den Vorteil, dass die unabhängigen Variablen beliebiges Skalenniveau besitzen können.[79] Die abhängige kategoriale Variable sei wiederum das Betriebsergebnis in positiver oder negativer Ausprägung.

Wegen der vielen in die Analyse eingehenden Determinanten muss das der Regression zugrunde liegende statistische Rechenprogramm ‚SPSS' entscheiden, welche davon letztlich in die Wahrscheinlichkeitsgleichung aufgenommen werden sollen. Hierzu bietet sich das Verfahren der schrittweisen Vorwärtsselektion an. Diese Methode beginnt zunächst mit der Einbeziehung nur der Konstanten und nimmt dann sukzessive jeweils die Variablen auf, die die höchste Korrelation zur abhängigen Variablen aufweisen. Zusätzlich wird jeweils überprüft, welche der Einflussgrößen wieder entfernt werden müssen, um die Güte des Modells verbessern zu können. Unter den verschiedenen Kriterien, anhand derer über die Aufnahme bzw. das Ausscheiden einer Variable entschieden wird, wurde bei den folgenden Analysen die ‚Likelihood-Funktion' ausgewählt.

Die Analysen erstrecken sich wiederum auf den Buchfachhandel und den Uhren- und Schmuckfachhandel. Einer detaillierten Dokumentation der einzelnen Analyseschritte steht der begrenzte Umfang der vorliegenden Arbeit entgegen. Es werden aus diesem Grund nur die letzten und abschließenden Ergebnisse dargestellt. Die zwei folgenden Übersichten nennen zunächst die Einflussgrößen, die aufgrund ihres hohen Erklärungswertes hinsichtlich der abhängigen Variablen vom Regressionsmodell ausgewählt wurden, die dazugehörigen Koeffizienten sowie deren Signifikanzniveau für die zwei zu untersuchenden Branchen des Facheinzelhandel.

---

79 Die nominalskalierten Variablen S04,S07,S08 müssen allerdings erst auf die Analyse vorbereitet werden. Hierzu wird jede einzelne ihrer Ausprägungen in eine dichotome ‚Dummy'-Variable überführt.

Buchfachhandel

---------------------- Variables in the Equation ----------------------

Variable	B	S.E.	Wald	df	Sig	R	Exp(B)
K08 PK	-6,8253	3,0627	4,9662	1	,0258	-,1296	,0011
K07 Miete	-5,0923	2,2969	4,9153	1	,0266	-,1285	,0061
K05 Werbung	-3,9575	2,3295	2,8862	1	,0893	-,0708	,0191
K11 Zinsen	-8,4009	4,3548	3,7216	1	,0537	-,0987	,0002
K01 Abschr.	-6,0281	2,5308	5,6733	1	,0172	-,1442	,0024
K12 sonst.	-5,3912	3,7368	2,0814	1	,1491	-,0215	,0046
L01 Spanne	5,6855	2,5021	5,1634	1	,0231	,1338	294,5685
K09 R+Berat.	-10,7184	6,4601	2,7528	1	,0971	-,0653	,0000
Constant	13,4110	12,9980	1,0646	1	,3022		

Uhren- und Schmuckfachhandel

---------------------- Variables in the Equation ----------------------

Variable	B	S.E.	Wald	df	Sig	R	Exp(B)
K08 PK	-,7463	,1845	16,3655	1	,0001	-,3297	,4741
K05 Werbung	-,8177	,2713	9,0875	1	,0026	-,2316	,4414
K06 Kfz	-1,7841	,7040	6,4225	1	,0113	-,1829	,1680
K11 Zinsen	-,8214	,2560	10,2912	1	,0013	-,2505	,4398
K01 Abschr.	-1,2524	,3892	10,3548	1	,0013	-,2514	,2858
K12 sonst.	-1,2699	,3571	12,6458	1	,0004	-,2838	,2809
L01 Spanne	,7123	,1742	16,7172	1	,0000	,3337	2,0387
Constant	,1793	3,1662	,0032	1	,9548		

Tab. 24: Koeffizienten und Prüfstatistik einzelner Merkmale

Im Buchfachhandel sind es acht und im Uhren- und Schmuckfachhandel sieben Einflussgrößen, die in die Berechung der einzelbetrieblichen Wahrscheinlichkeiten, ein positives Betriebsergebnis erzielt zu haben, eingeflossen sind. Die Aufnahme weiterer Variablen hätte die Güte der Modelle nicht verbessert. Neben den Personalkosten sind es die Kosten für Werbung, Zinsen, Abschreibungen und sonstiges sowie die Handelsspanne von denen das Betriebsergebnis maßgeblich bestimmt wird. Die zusätzliche Angabe der Mietkosten und der Rechts- und Betratungskosten beim Buchfachhandel und die der Kraftfahrzeugkosten beim Uhren- und Schmuckfachhandel reicht aus, um mit einer Trefferquote von weit über 90 % die Gruppenzugehörigkeit anhand des Modells korrekt zu beurteilen. Lediglich drei bzw. sechs Betriebe sind vom Modell nicht korrekt beurteilt worden.[80] Die Klassifikationstabellen geben darüber Auskunft.

80 Da nur die Fälle in die Auswertung einbezogen werden, die zu allen Variablen eine gültige Angabe gemacht haben, reduzierten sind die Stichprobenumfänge der beiden Branchen nochmals. Von den insgesamt 313 vom Betriebsvergleich 1998 erfassten Buchhändlern (vgl. Tabelle 12) konnten 128 in die Analyse einbezogen werden. Bei den Uhrmachern und Juwelieren waren es 97 von 175 Betrieben.

Buchfachhandel

```
Classification Table for G01 Gruppe
The Cut Value is ,50
                                 Predicted
                                                       Percent
                             n        I        p       Correct
Observed                  +--------------+--------------+
  negatives Ergebnis    n I      67      I       2      I  97,10%
                          +--------------+--------------+
  positives Ergebnis    p I       1      I      58      I  98,31%
                          +--------------+--------------+
                                                 Overall  97,66%
```

Uhren- und Schmuckfachhandel

```
Classification Table for G01 Gruppe
The Cut Value is ,50
                                 Predicted
                                                       Percent
                             n        I        p       Correct
Observed                  +--------------+--------------+
  negatives Ergebnis    n I      53      I       3      I  94,64%
                          +--------------+--------------+
  positives Ergebnis    p I       3      I      38      I  92,68%
                          +--------------+--------------+
                                                 Overall  93,81%
```

Tab. 25: Richtige und falsche Zuordnung bei multikausaler Analyse

Sind die Koeffizienten der relevanten Einflussgrößen bekannt, kann für jede Wertekombination die Gewinnerwartung prognostiziert werden.

Soll der Einfluss der unterschiedlichen Determinanten auf den Unternehmenserfolg beurteilt werden, sind die Übersichten in Tabelle 26 hilfreich. Sie informieren über den Beitrag jeder ausgewählten Variablen zur Steigerung der Güte des Modells. Die Fähigkeit des Modells, Betriebe den beiden Gruppen der abhängigen Variablen korrekt zuordnen zu können, wird wiederum durch die Abnahme des doppelt negativen Wertes des Logarithmus der Likelihood-Funktion (–2LL) bestimmt.

Im Vergleich zeigt sich, dass die Kenntnis der Personalkostenbelastung bei beiden Branchen die Güte der Vorhersage am stärksten erhöht hat. Würde man diesen Einflussfaktor wieder eliminieren, führte dies zu einem Anstieg des -2LL-Wertes um 121,5 bzw. 52,7. Alle Werte der anderen ausgewählten Variablen liegen darunter. Die Personalkosten können zumindest bei diesen beiden brachenbezogenen Stichproben als die erste Determinante des Betriebsergebnisses bezeichnet werden.

Buchfachhandel

---------------- Model if Term Removed -----------------

Term Removed	Log Likelihood	-2 Log LR	df	Significance of Log LR
K08 PK	-69,169	121,506	1	,0000
K07 Miete	-29,628	42,425	1	,0000
K05 Werbung	-11,275	5,718	1	,0168
K11 Zinsen	-20,464	24,096	1	,0000
K01 Abschr.	-22,810	28,788	1	,0000
K12 sonst.	-18,754	20,678	1	,0000
L01 Spanne	-65,795	114,758	1	,0000
K09 R+Berat	-12,496	8,161	1	,0043

No more variables can be deleted or added.

Uhren- und Schmuckfachhandel

---------------- Model if Term Removed -----------------

Term Removed	Log Likelihood	-2 Log LR	df	Significance of Log LR
K08 PK	-49,439	52,726	1	,0000
K05 Werbung	-28,857	11,564	1	,0007
K06 Kfz	-27,274	8,397	1	,0038
K11 Zinsen	-31,518	16,884	1	,0000
K01 Abschr.	-32,424	18,697	1	,0000
K12 sonst.	-38,751	31,351	1	,0000
L01 Spanne	-46,997	47,843	1	,0000

No more variables can be deleted or added.

Tab. 26: Erklärungsbeitrag einzelner Merkmale

Den zweiten Rang unter den wesentlichen Faktoren nimmt die Handelsspanne ein. Ihre Werte liegen nur geringfügig unter denen der Personalkosten.[81] Bei drei von neun untersuchten Fachsparten lag die Relevanz der Handelsspanne sogar leicht über der der Personalkosten. Namentlich sind dies der Zweiradhandel, der Schuhfachhandel und der Naturwaren-/Naturkostfachhandel. Dagegen dominierten die Personalkosten zusätzlich zu den beiden bereits dargestellten Branchen im Textilfachhandel, im Eisenwaren- und Hausrathandel, im Blumenfachhandel und im Möbeleinzelhandel.

Auch wenn die Aufnahme zusätzlicher Variablen in die Wahrscheinlichkeitsfunktion die Güte des gewählten Modells nicht mehr steigert bzw. diese sogar mindert, sind diese nicht ohne Bedeutung für den Gewinn der Fachhandelsbetriebe. So zeigte ein weiterer Rechenlauf unter Ausschluss der vom Modell bereits als besonders relevant beurteilten acht bzw. sieben Determinanten, dass auch zwischen den restlichen

81 Der ‚Deckungsbeitrag des Faktors Arbeit' hat als Kombination aus Handelsspanne und Personalkosten mit Abstand den größten Einfluss auf das Betriebsergebnis im Fach-EH. Wie die Auswertungen gezeigt haben, dominiert diese Variable die restlichen Kennzahlen in einem solchen Maße, dass deren relativer Einfluss kaum zu beurteilen ist. Folglich blieb diese außen vor.

Kennzahlen noch deutliche Unterschiede bestehen. Im Buchfachhandel folgen demnach bspw. auf den Plätzen neun und zehn der ‚Umsatz je beschäftigte Person' und die ‚Gewerbesteuer in % des Umsatzes'. Im Uhren- und Schmuckfachhandel sind es die ‚Lagerumschlagshäufigkeit', der ‚Umsatz je beschäftigte Person' und die ‚Ortsgröße', die die Plätze sieben bis zehn einnehmen.

Nicht erst diese Ausführungen zeigen die herausragende Bedeutung der Personalkosten für den wirtschaftlichen Erfolg des Facheinzelhandels. Resümiert man die unterschiedlichen Analysen des gesamten Kapitels 3.2, so führt ein Anstieg der Personalkosten, wie bei keiner anderen Einflussgröße, zu Einbußen beim Betriebsergebnis. Die Zeiten in denen der massive Einsatz von Personal als unschädlich oder sogar als Erfolgsfaktor angesehen werden konnte, scheinen spätestens seit Anfang der achtziger Jahre vorbei. Dass es auch in schwierigen Zeiten Fachhändler gibt, die, wie bereits ebenfalls gezeigt, trotz oder gerade wegen hoher Personalkosten überdurchschnittliche Renditen erwirtschaften, kann über die prekäre Situation, in der sich diese Betriebsform hinsichtlich ihrer Gewinnsituation befindet, nicht hinwegtäuschen. Überdurchschnittliche Renditen können auch negative oder zumindest schlechte Renditen sein.

Der unternehmerische Erfolg gemessen am monetären Betriebsergebnis ist mutmaßlich nicht der alleinige Sachverhalt, der in besonderem Maße von der Entwicklung der Personalkosten abhängig ist. Im folgenden Kapitel soll die Hypothese überprüft werden, dass sich auch die Marktleistungsstrategien der Fachbetriebe des Einzelhandels in der Vergangenheit nicht gänzlich dem Einfluss der Personalkosten entziehen konnten.

3.3 Der Einfluss der Personalkostenentwicklung auf die Unternehmensstrategie

Für die Annahme einer Einflussnahme der Personalkosten auf die Unternehmensstrategie finden sich in der Literatur kaum Hinweise. Dies resultiert weniger aus der mangelnden Bedeutung, die den Kosten des Faktors Arbeit mittlerweile beizumessen sind, als vielmehr aus der stiefmütterlichen Behandlung, die dem betrieblichen Personal im Allgemeinen und für lange Zeit zuteil wurde. Erst in den sechziger Jahren des vergangenen Jahrhunderts, d.h. erst im letzten Drittel der rund 100 Jahre, die seit der Gründung der ersten Handelshochschule vergangen sind, hat sich das Fach „Personal" als betriebswirtschaftliche Teildisziplin herausgebildet. [82] Aber auch die anschließende theoretische Auseinandersetzung mit dem ‚neuen' Erkenntnisobjekt erfolgte aus einer rein operativen Sichtweise. Eine strategische Bedeutung des Faktors Arbeit konnte zunächst nicht ausgemacht werden. Aufgrund dessen soll dieser Zusammenhang im folgenden Kapitel 3.3.1 zunächst aus einer allgemeinen, the-

82 Vgl. Krell, G.: Geschichte der Personallehren, in: WiSt, 27. Jg. (1998), H 5, S. 222.

oretischen Sichtweise heraus ausführlich thematisiert werden. Daran anschließend untersucht Kapitel 3.3.2 den empirischen Zusammenhang von Personalkostenentwicklung und Marktleistungsstrategie im Facheinzelhandel.

3.3.1 Die Stellung des Personalkostenmanagements innerhalb der Unternehmensstrategie

Rekonstruiert man das Entscheidungsverhalten von Führungskräften, so lassen sich unterschiedliche Zielinhalte auf unterschiedlichen Ebenen unterscheiden. In Bezug auf Personalentscheidungen sind drei Ebenen voneinander abzugrenzen. Die **Unternehmensstrategie** steht auf oberster Stufe und im Rahmen der weiteren Ausführungen für die Marktleistungsstrategie des Facheinzelhandels, entwickelt als spezielle Variante des allgemeinen Begriffs der Produkt-Markt-Strategie. Nach den Vorgaben der Unternehmensstrategie ist das **Personalmanagement** auf einer untergeordneten Stufe bemüht, das zur Erstellung der Marktleistungen notwendige Personal in quantitativer und qualitativer Hinsicht zum richtigen Zeitpunkt und am richtigen Ort bereitzustellen. In der darauffolgenden Leistungserstellung koordiniert und kontrolliert es den Einsatz des Personals.[83] Als residuale Größe bestimmt der in Geldeinheiten zu bewertende Faktorverzehr in besonderem Maßen das **Personalkostenmanagement**, das auf unterster Stufe angesiedelt ist.[84]

---

83 Der Begriff Personalmanagement wird im Allgemeinen und auch im Folgenden synonym verwandt mit den Termini Personalarbeit, Personalwesen, Personalwirtschaft oder auch einfach nur mit Personal, auch wenn die synonyme Verwendung dieser Begriffe ihren unterschiedlichen historischen und inhaltlichen Besonderheiten nicht ganz gerecht wird.

84 Die hier vorgenommene explizite Trennung von Personalmanagement und Personalkostenmanagement findet in der Literatur keine einheitliche Entsprechung. Vielmehr bildet letzteres nach Ansicht eines Teils der Autoren zusammen mit anderen personalbezogenen Arbeitsbereichen das betriebliche Personalmanagement. Nach Ackermann sind beispielsweise neun Personalmanagementfelder zu unterscheiden: Personalbestandsanalyse, Personalbedarfsbestimmung, Personalbeschaffung, Personalentwicklung, Personalfreisetzung, Personalveränderung, Personaleinsatz, Personalführung und Personalkostenmanagement. Scholz erweitert diese Aufgliederung um das Personalinformationsmanagement. Vgl. Scholz, C.: Integration der strategischen Personalplanung in der strategischen Unternehmensführung, in: Ackermann, K.-F./ Scholz, H. (Hrsg.): Personalmanagement für die 90er Jahre, Stuttgart 1991, S. 40. Andere Autoren verzichten auf den Einbezug des Personalkostenmanagements in den Aufgabenkatalog des Personalwesens und beschränken sich auf das Management des Leistungsentgelts. Zu ihnen gehört auch Berthel. Er unterscheidet in sechs Arbeitsfelder – Personalbedarfsermittlung, Personalbeschaffung bzw. -freisetzung, Personaleinsatz, Personalentwicklung, Gestaltung von Arbeitsbedingungen sowie Leistungsabgeltung – . Vgl. Berthel, J.: Personal-Management, 4. A., Stuttgart 1995, S. 117ff. Eine mögliche andere Sichtweise ordnet Planung, Kontrolle und Steuerung der Personalkosten dem Bereich des betrieblichen Controllings zu und trennt diesen Aufgabenbereich vom Personalmanagement. Die Art der Trennung oder Zuordnung des Personalkostenmanagements von bzw. zu den verschiedenen Unternehmensbereichen spielt für die Zielsetzung - den Einfluss der Faktorkosten auf die Marktleistungsstrategie des Facheinzelhandels aufzeigen zu wollen - keine Rolle. Sie ist nur dann von Interesse, wenn sie Ausdruck für die unterschiedliche Beurteilung der Bedeutung des Personalkostenmanagements ist. So ist anzunehmen, dass Autoren, die dem Personalkostenmanagement eine große Bedeutung zumessen, dieses auch als einen eigenständigen Aufgabenbereich ansehen.

Dieser einseitige Einfluss der jeweils übergeordneten Zielsetzung stand bis weit in das zwanzigste Jahrhundert hinein außer Frage. Nach dieser eher traditionellen Sichtweise hatten sich Aufgabengebiete mit Bezug zum Personal grundsätzlich nach den Vorgaben der Unternehmensstrategie zu richten. Personalkosten zählten zu den abhängigen Variablen und ihr Management war lediglich auf die Gestaltung der Arbeitsentgelte ausgerichtet. Erst in den vergangenen zwei Dekaden wurde dem Personalmanagement die wissenschaftliche Aufmerksamkeit zuteil, die ihrer Bedeutung für das gesamte Unternehmensmanagement entspricht: „Verschiedene Tendenzen deuten darauf hin, dass sich die Betriebswirtschaftslehre insgesamt stärker auf eine personal- bzw. sozial-orientierte Theorie als in der Vergangenheit stützen wird. Die Vorstellung von einer ‚personalen Theorie der Unternehmung' erscheint heute weit weniger utopisch als noch vor wenigen Jahrzehnten."[85] Auch oder gerade im Bereich des Einzelhandel wurde der langfristige und umfassende Einfluss des Personalmanagements auf die Marktleistungsstrategie nach und nach erkannt und propagiert. Man erkannte im Faktor Arbeit nicht mehr nur das ausführende, sondern auch das gestalterische Element der betrieblichen Potenziale.

Auch die gewachsene Bedeutung des Personalkostenmanagements für den Erfolg der Fachhandelsbetriebe wurde zunehmend thematisiert. Der weiterreichende Einfluss der Personalkosten auf die Unternehmensstrategie findet jedoch bislang keine entsprechende Aufmerksamkeit. Das diesbezüglich mangelnde Interesse verwundert angesichts des dramatischen Anstiegs der betriebswirtschaftlichen Verluste. Nur vereinzelt finden sich Hinweise auf den besonderen Einfluss der Personalkosten. Scholz formuliert folgendermaßen: "Das Personalkostenmanagement orientiert sich am Kostenverursachungsfaktor ‚Personal' und verbindet Personalmanagement mit der Unternehmensplanung".[86]

Der Einfluss des Personalkostenmanagements kann allerdings nur auf indirektem Wege über das Personalmanagement auf die Unternehmensstrategie der Betriebe des Facheinzelhandels wirken. Die weiteren Ausführungen des vorliegenden Kapitels tragen diesem zweistufigen Rückkopplungsprozess Rechnung, indem sie zunächst die Stellung der Personalstrategie innerhalb der strategischen Unternehmensplanung beleuchten und anschließend die Personalkosten als Engpass der Personalstrategie im Facheinzelhandel herausstellen. Abbildung 35 verdeutlicht den Zusammenhang.

---

85 Gaugler, E.: Gegenstandsbereich und Erkenntnisstand des Personal-Management, in: BFuP, 34. Jg. (1982), H. 4, S. 298f.

86 Scholz, C., 1991, S. 39.

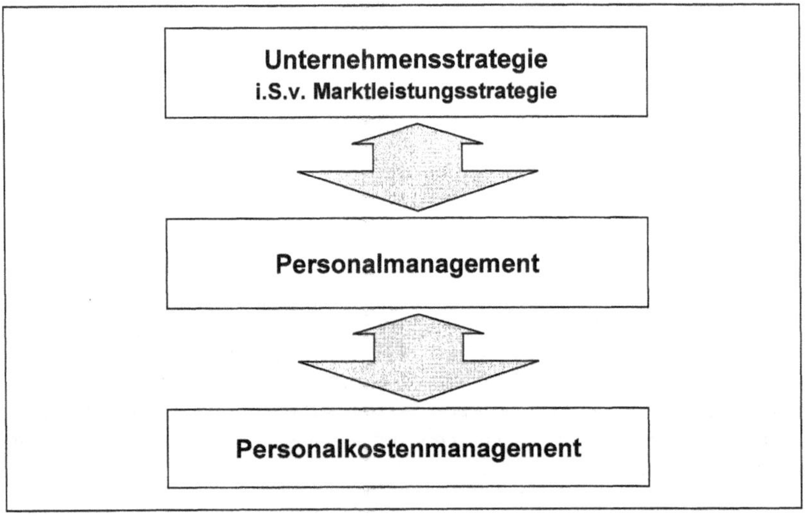

Abb. 35: Drei hierarchische Entscheidungsebenen personalrelevanter Problemfelder

Solange das Personalmanagement als ausschließlich operatives Aufgabenfeld angesehen wurde, konnte von ihm kein Einfluss auf höhere Managementebenen ausgehen. Erst ein Trading-Up auf die gleiche oder eine zumindest hinreichende Stufe mit der Marktleistungsstrategie schafft hierzu die Voraussetzungen. Die Anzahl der Management- bzw. Planungsebenen ist in der Literatur nicht einheitlich definiert. Als Ebenen lassen sich unternehmenspolitische Rahmenplanung, strategische und operative Planung differenzieren; häufig wird als zusätzliche Ebene die taktische bzw. taktisch-dispositive Planung, die i.d.R. zwischen strategischer und operativer Planung lokalisiert wird, ergänzend angeführt.[87] Auch die Merkmale und deren Ausprägungen, anhand derer die Abgrenzung der Stufen erfolgt, werden unterschiedlich angenommen.

Aus pragmatischer Sicht nimmt die Mehrzahl der Autoren lediglich eine Zweiteilung vor und unterstellt den Zielen, Plänen und Maßnahmen einer Unternehmung entweder einen operativen oder strategischen Charakter, wenngleich die charakteristischen Merkmale nicht nur diskret, sondern auch stetig sein können. Die folgende Auflistung zeigt exemplarisch die Vielfalt der zur Einteilung herangezogenen Merkmale:

- Proaktives, langfristig angelegtes Denken und Handeln,
- Ganzheitlich, konzeptionelles Denken und Handeln,
- Antizipierendes Denken und Handeln,
- Potenzialorientierung bzw. -sicherung,
- Flexibilitätsorientierung,

87 Vgl. Gabler Wirtschafts-Lexikon, 1988, Sp.2137.

- Chancen- und Risikoorientierung,
- Stärken- und Schwächen-Orientierung,
- Relevanz der Problemfelder,
- Komplexitätsreduktion,
- Personen-, Gruppen-, Abteilungs- und Unternehmensbezug.

Ein häufig anzutreffendes Wortspiel zur Veranschaulichung der angenommenen grundsätzlichen Unterscheidung in strategisch und operativ sind die beiden Fragestellungen „Machen wir die richtigen Dinge?“ oder „Machen wir die Dinge richtig?“. Die erste Frage nach der Effektivität soll eine strategische Vorgehensweise signalisieren, die auf den Aufbau von Erfolgspotenzialen ausgerichtet ist, während die zweite Frage die Effizienz als operatives Charakteristikum in den Vordergrund rückt und die ausreichende Abschöpfung der Potenziale in Frage stellt. Die strikte Trennung dieser beiden Managementebenen lässt weder Raum für eine Schnittmenge, noch existieren Angaben, ab welcher Merkmalsintensität bzw. -ausprägung der Übergang vom operativen zum strategischen Management erfolgt.

Möglicherweise hat die ausschließende Polarisierung von zwei Managementebenen dem Personalmanagement auf lange Zeit ein Trading-Up erschwert. Da die Personalwirtschaft mutmaßlich nicht länger planen kann, als es die Unternehmensstrategie vorgibt, die Relevanz der Problemfelder geringer erscheint, die ganzheitliche Sicht oft eingeschränkt wirkt und auch die Ausprägungen der anderen konstituierenden Merkmale gegenüber derer der Unternehmensstrategie geringer bzw. ‚geringwertiger‘ ausfallen, wurden die Ziele und Maßnahmen des Personalmanagements für lange Zeit lediglich als operativ eingestuft. Dies resultierte zum einen aus dem damalig unterstellten Menschenbild, das vor allem den Aspekt der menschlichen Arbeitsleistung als Element des Produktionsprozesses, nicht aber das menschliche Verhalten als Erfolgsfaktor in den Vordergrund rückte.[88] Zum anderen und möglicherweise noch bedeutender war das Überangebot an Arbeitskräften und die damit verbundenen niedrigen Arbeitsentgelte. Die Situation am Arbeitsmarkt machte Löhne und Gehälter sowie betriebliche Sozialleistungen noch nicht zum Wettbewerbsinstrument der arbeitgebenden Betriebe.[89] Durch die Möglichkeit Personal relativ problemlos austauschen zu können, stellten Personalbeschaffung, Personalentwicklung, Personalfreisetzung, Personalveränderung, Personaleinsatz, Personalführung etc. die Personalverantwortlichen kaum vor eine besondere Herausforderung.

So musste Staffelbach noch Mitte der achtziger Jahre des zwanzigsten Jahrhunderts feststellen: „Publikationen, die sich konzeptionell mit dem strategischen Personalmanagement befassen, liegen keine vor." „Generell erlangen Fragen des strategischen Personalmanagements im Vergleich zu solchen des strategischen Marketing- oder Finanzmanagements keinen entsprechenden Stellenwert."[90] Eine noch geringe-

---

88 Vgl. Gutenberg, E.: Grundlagen der Betriebswirtschaftslehre, 24 A., Berlin u.a. 1983, S. 3.

89 Vgl. Gaugler, E., 1982, S. 286.

90 Staffelbach, B.: Strategisches Personalmanagement, Bern-Stuttgart 1986, S. 4 u. 10.

re strategische Bedeutung als dem Personal selbst wurde seinen Kosten beigemessen.[91]

Dabei wurden die ersten Fragen nach der strategischen Bedeutung von Personal relativ früh gestellt. Eine der ersten Fragestellungen, nicht nur für den Einzelhandel, formulierte Seyffert bereits 1922: „Immer haben wir bei unseren Untersuchungen die Darstellung der Bedeutung der menschlichen Arbeit für den Kleinhandel im Auge gehabt und die Aufgaben, die daraus für die Betriebsleitung erwachsen. Wir haben aber dabei immer im Menschen ein bloßes Instrument, ein Organisationsmittel gesehen. Unsere Problemstellung verlangte das. Es war zu zeigen, wie der Mensch als Nur-Mittel in den Betrieb eingereiht, eingefügt wird. Wir können aber diese Untersuchung nicht abschließen, ohne zum Schluss die Frage aufzuwerfen: Ist der Mensch mit seiner Arbeitsleistung im Betriebe nur ein Betriebsfaktor, wie z.B. die Ware, und wenn nicht, welche neuen Aufgaben werden damit der Betriebsleitung gestellt? Das Stellen der zweiten Frage deutet schon die Verneinung der ersten an."[92] Dank der zunehmenden Forschungsaktivitäten und Veröffentlichungen in den 80er und 90er Jahren liegen heute Antworten vor und gilt der Mensch in der Unternehmung auch als Gestalter der Potenziale und somit als strategischer Faktor. Auch wenn die Notwendigkeit und die Existenz eines strategischen Personalmanagements nach herrschender Meinung in der Betriebswirtschaftslehre mittlerweile allgemein anerkannt ist, scheint die Suche nach einem zweckmäßigen, möglichst präzisen Begriff des strategischen Personalmanagements noch nicht abgeschlossen.

Auf die Darstellung der Diskussion zur Terminologie des strategischen Personalmanagements wird verzichtet. Im Rahmen dieser Arbeit scheint der Begriff der Personalstrategie ausreichend. Er steht stellvertretend und als Sammelbegriff für strategisches Personalmanagement, -planung und -politik. Gleiches gilt für den Begriff der Unternehmensstrategie. An beide soll lediglich die Bedingung eines langfristigen, antizipativen, ganzheitlichen und konzeptionellen Denkens und Handelns geknüpft sein. Damit geht dieser Ansatz über die Ansätze hinaus, die sich auf die klassische Definition der Strategie als Ergebnis eines Planungsprozesses beziehen. Bei Ihnen muss eine Strategie derart nachweisbar sein, dass bewusst grundlegende Langfristziele der Personalarbeit sowie konkrete Vorgehensweisen und Ressourcen zur Erreichung dieser Ziele festgelegt werden. Auf der anderen Seite bleibt dieser Ansatz hinter denen zurück, deren Auffassung nach grundsätzlich jedes Unternehmen eine Personalstrategie verfolgt, wenngleich sich die Personalverantwortlichen derer oft nicht bewusst sind. Gemäß dieser Auffassung soll eine entsprechende Identifizierung ausreichen, um sie der Planung zugänglich zu machen.[93]

---

91 Ebenda, S. 11.

92 Seyffert, R.: Der Mensch als Betriebsfaktor. Eine Kleinhandelsstudie, Stuttgart 1922, S. 196.

93 Vgl. Ackermann, K.-F.: Strategisches Personalmanagement im Visier der Wissenschaft, in: Ackermann, K.-F./Scholz, H. (Hrsg.): Personalmanagement für die 90er Jahre, Stuttgart 1991, S. 17-21.

In Ableitung des lateinischen Wortes strategos = Feldherrnkunst steht strategisches Personalmanagement für das Personalmanagement, das einer Strategie folgt bzw. sich an einer Strategie orientiert.[94] Die sich hieraus ergebende zentrale Fragestellung lautet: Welchen Strategien kann das Personalmanagement folgen und wie beeinflussen sich Unternehmensstrategie und Personalstrategie gegenseitig? Mit Art und Ausmaß der Verbindung von unterschiedlichen Strategiebereichen haben sich in der Vergangenheit verschiedene Managementforscher beschäftigt. Im Folgenden soll die von Scholz vorgenommene Verdichtung in vier grundsätzlich voneinander zu unterscheidende Positionierungsansätze der Personalstrategie gegenüber der Unternehmensstrategie vorgestellt, weiterentwickelt und insbesondere für den Facheinzelhandel diskutiert werden.[95]

1) Unabhängigkeit von Personalstrategie und Unternehmensstrategie

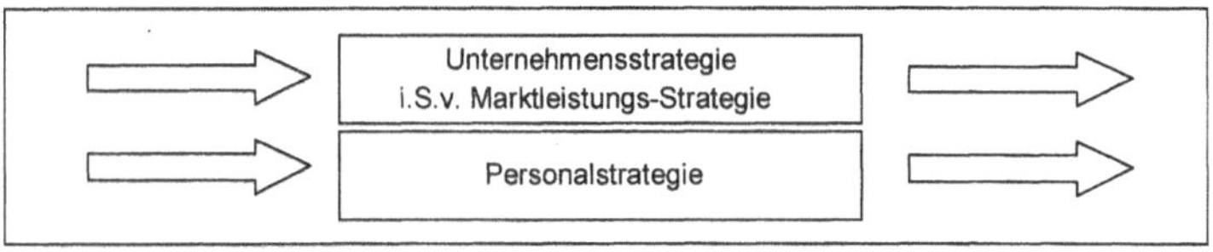

Der Unabhängigkeit von Personalstrategie und Unternehmensstrategie liegt die Annahme zugrunde, dass das Personalmanagement nur seiner eigenen Strategie folgen kann. Es besteht zwischen der Unternehmensstrategie und der Personalstrategie kein inhaltlicher Bezug. Folglich wird die Personalstrategie unabhängig von der Unternehmensstrategie derart formuliert, dass sie lediglich ein grundsätzliches Klima für die allgemeine Umsetzbarkeit von Strategien schafft. Dieser Ansatz kann als der traditionellste bezeichnet werden. Die Personalarbeit spielt hier eine eher defensive Rolle. Voraussetzung hierfür ist eine Höhe der Personalkosten, die es erlaubt, einen breiten qualitativen und quantitativen personalwirtschaftlichen Rahmen zu setzen, um allen unternehmensstrategischen Eventualitäten begegnen zu können. Dieser Ansatz gehört im Facheinzelhandel weitestgehend der Vergangenheit an.

2) Die Unternehmensstrategie folgt der Personalstrategie

Die zweite Variante mag auf den ersten Blick ausschließlich theoretischer Natur sein, lassen sich doch kaum Argumente dafür finden, diesen Ansatz in die Praxis umsetzen zu wollen. Der Nachteil einer Unternehmensstrategie, die in erster Linie den vorgegebenen Personalressourcen folgt, liegt in der mangelnden Orientierung an den Markterfordernissen.

94 Ebenda, S. 15.

95 Vgl. Scholz, C., 1991, S. 44-46; Scholz, C.: Strategisches Personalmanagement. Von der Vision zur Realisation, in: Gablers Magazin, 5. Jg. (1990), H. 2, S. 17. Eine Adaption dieses Ansatzes findet sich auch bei Stoffl. Vgl. Stoffl, M.: Personalmanagement in Großbetrieben des Einzelhandels, Wiesbaden 1996, S. 48-51.

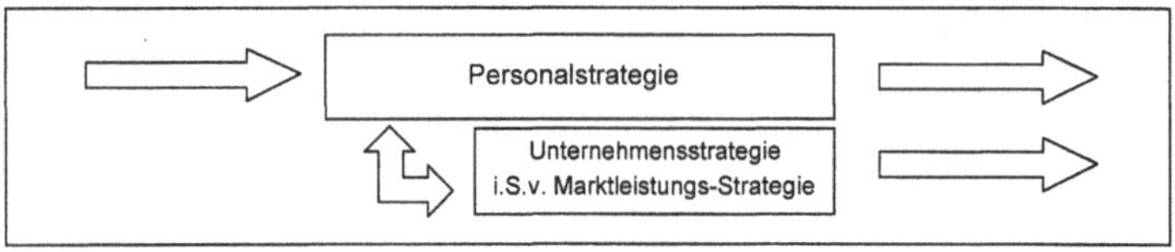

Eine derartige Positionierung kommt dann zum Tragen, wenn Strategien nicht formal definiert, sondern allenfalls implizit praktiziert werden. Solch eine derivative Vorgehensweise schränkt den Spielraum für Marktleistungsstrategien entscheidend ein. Dennoch hat diese Sichtweise gerade im Facheinzelhandel ihre Bedeutung nicht gänzlich verloren. Dies liegt weniger an der eingeschränkten Flexibilität von Arbeitsverträgen, sondern an der besonderen Situation des dortigen Personalwesens. Insbesondere bei kleineren Fach- und Spezialgeschäften hat der enge und oft langjährige Kontakt von Unternehmensleitung und abhängig Beschäftigten ein soziales Klima familiärer Art derart geschaffen, dass selbst dann Mitarbeiter weiter beschäftigt werden, wenn deren mangelnden Leistungspotenziale eine notwendige Modifikation der Unternehmensstrategie verhindern. Ein rückkoppelnder Einfluss auf die Personalstrategie wird oft erst dann zugelassen, wenn das unternehmerische Oberziel der langfristigen Gewinnerzielung kaum mehr zu verwirklichen ist.

3) Die Personalstrategie folgt der Unternehmensstrategie

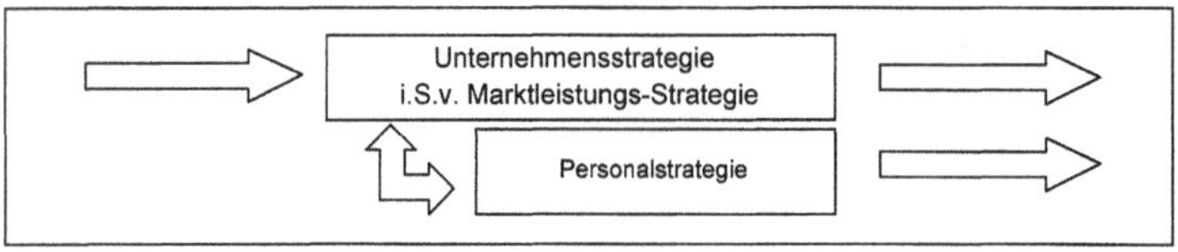

Während Alternative 2 die Personalstrategie, wenn auch nur implizit, als Ziel ansieht und die Unternehmensstrategie als Mittel, liegt bei dieser Variante eine umgekehrte Kausalität vor. Personalmanagement ist in diesem Sinne nur eine derivative Teilfunktion, die den Vorgaben der Unternehmensstrategie folgt und die zur Erreichung der erklärten Unternehmensziele erforderlichen Ressourcen des Faktors Arbeit bereitzustellen hat. „Dies gilt speziell für die Portfolio-Analyse, die exakte Vorgaben für die Personalstrategie liefert, bis hin zur Ausrichtung der Unternehmenskultur."[96]

Die Tatsache, dass das strategische Personalmanagement bei dieser Variante keine eigenständigen, im Extremfall der Unternehmensstrategie zuwiderlaufenden Ziele formulieren darf, bedeutet allerdings nicht, dass es ohne Einfluss bleibt. Auch hier existiert ein Rückkopplungsmechanismus, der immer dann wirkt, wenn Zielvorgaben aus der Unternehmensstrategie nicht umgesetzt werden können. In diesen Fällen muss die Unternehmensstrategie überdacht und modifiziert werden. Wie die weite-

96 Scholz, C., 1991, S. 45.

ren Ausführungen des dritten Kapitels zeigen sollen, hat die Stärke dieses Einflusses auf die Marktleistungsstrategie im Einzelhandel die Dynamik der Betriebsformen entscheidend angestoßen, und sie wirkt unverändert fort.

4) Die Personalstrategie als Bestandteil der Unternehmensstrategie

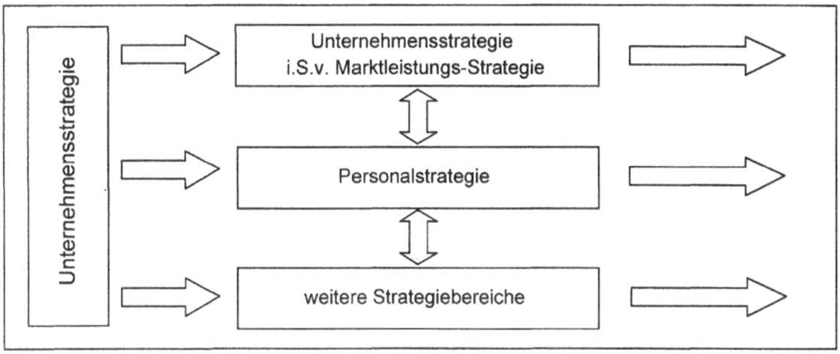

Die vierte Möglichkeit der Positionierung von Personal- und Marktleistungsstrategie versucht das Unter- und Überordnungsverhältnis der Varianten zwei und drei zu überwinden. Um die Personalstrategie und die Unternehmensstrategie i.S. einer Marktleistungsstrategie gleichberechtigt nebeneinander stellen zu können, werden diese als zwei von mehreren Teilen einer übergeordneten Gesamtunternehmensstrategie definiert. Der Begriff der Unternehmensstrategie erfährt somit eine inhaltliche Erweiterung derart, dass nunmehr ein integratives Gesamtsystem aus verschiedenen Strategiekomponenten angestrebt wird, wobei diese in gegenseitiger Abhängigkeit formuliert, implementiert und kontrolliert werden müssen.

Die vier dargestellten möglichen Positionierungen finden eine unterschiedlich hohe Akzeptanz. Variante eins und zwei werden zwar praktiziert, aber eher selten vertreten.[97] Anders dagegen bei Variante drei und vier. Allerdings scheint hier der Zuspruch nach Theorie und Praxis zu differieren. Während die meisten Autoren personalwirtschaftlicher Lehrbücher in den letzten Jahren ein integratives System postulieren, das Unternehmungs- und Personalstrategie iterativ und gleichberechtigt aufeinander abstimmt, vertritt die Unternehmenspraxis überwiegend Variante 3, bei der die Personalstrategie der Unternehmensstrategie folgt.

Trotz der unterschiedlichen Standpunkte wird der Einfluss der Personalstrategie über einen Rückkopplungseffekt auf die Unternehmensstrategie i.S. der Marktleistungsstrategie gemäß Variante 3 auch innerhalb der Variante 4 akzeptiert. „Ist die geforderte personelle Entwicklung aussichtslos, erfahren die Unternehmensstrategien hier eine Revision. Andererseits gehen jedoch auch vom Personalmanagement aktive Suchprozesse aus, um neue unternehmerische Möglichkeiten zu schaffen".[98] Somit

97 Sinnvoll scheinen diese Varianten weniger aus betriebswirtschaftlicher Sicht, sondern vielmehr als Sicht der Arbeitnehmervertretungen.

98 Stoffl, M., 1996, S. 50.

wird allein die Frage, ob das Personalmanagement durch ‚aktive Suchprozesse' das Unternehmensmanagement mitbestimmen kann, entgegengesetzt beantwortet. Variante 3 billigt der Personalstrategie als Kontrollfunktion lediglich die Aussage. „So kann es nicht gemacht werden" zu, während Variante 4 auch die Aussage zulässt: „So kann bzw. soll es gemacht werden".

Zusammenfassend kann festgestellt werden, dass in Abhängigkeit der betrieblichen Zielhierarchie Variante zwei bis vier zu unterscheiden sind, in denen die Personalstrategie Einfluss auf die Marktleistungsstrategie nehmen kann.

V2: Der Betrieb folgt keinem gewinnwirtschaftlichen Prinzip und die Personalstrategie bestimmt die Marktleistungsstrategie per se. Klassische Beispiele sind Behindertenwerkstätten und Betriebe zur Resozialisierung von Strafgefangenen.

V3: Der Betrieb will als oberste Zielsetzung eine bestimmte Marktleistung anbieten und vertreiben. Der Einfluss der Personalstrategie erfolgt indirekt über einen Rückkopplungsprozess immer dann, wenn Vorgaben nicht erfüllt werden können.

V4: Der Betrieb handelt grundsätzlich nach dem Prinzip der Gewinnmaximierung. Mit dieser Zielsetzung ist auch die Möglichkeit verbunden, dass die Personalstrategie die Marktleistungsstrategie determiniert.

Nicht nur theoretisch, sondern auch praktisch spielen alle drei Ansätze im Fachhandel eine mehr oder weniger große Rolle. Die Zahl der Betriebe, die einer abweichenden Personalstrategie Priorität vor der Unternehmensstrategie einräumen können, wird aufgrund der in Kapitel 3.2 beschriebenen Entwicklung der betriebswirtschaftlichen Situation der Fachbetriebe des Einzelhandels immer geringer. Sie spielt in der Praxis eine untergeordnete Rolle und soll dies auch bei den weiteren Ausführungen tun.

Die dritte Variante scheint die Situation im Facheinzelhandel am Besten widerzuspiegeln. Die spezielle Marktleistungsstrategie bestimmt diese Betriebsform und kann dementsprechend nur eingeschränkt variiert werden. Auch wenn aufgrund des damit verbundenen hohen Personaleinsatzes größtenteils keine Gewinne mehr erwirtschaftet werden, vollzieht sich der Wandel der Marktleistungsstrategie nur sehr verhalten.

Den größten Einfluss auf den Einzelhandel als Gesamtes besaß bislang Variante 4. Das Bemühen der konkurrierenden Betriebsformen, einen höchstmöglichen Gewinn zu realisieren, hat bereits Ende der 50er Jahre eine von der Idee der Selbstbedienung getragene Rationalisierungswelle in Gang gesetzt, die die Alleinstellung des damaligen Fachhandels in vielen Bereichen kontinuierlich beseitigte und der Prosperität dieser Betriebsform ein Ende setzte.[99] Die Personalstrategie für das Verkaufs- und Servicepersonal folgte der Maxime Substitution, Freisetzung und Dequalifizierung. Als Folge entstanden i.d.R. Betriebsformen, deren Marktleistung sich im Minimalfall auf das Angebot des Sortiments beschränkte und ergänzende Dienstleistungen einem Trading-Down unterzogen. Insbesondere das Discountgeschäft setzte auf die Personalkostenführerschaft und brach grundlegend mit traditionellen Marktleistungsstrategien.

Der unterschiedlich starke Einfluss der Personalstrategie auf die Marktleistungsstrategie wurde im Einzelhandel demnach vom Personalkostenmanagement entscheidend bestimmt. Stoffl beschreibt wie folgt: „Dem Personalmanagement kommt dabei die Funktion eines Reglers zu, der im System eines Regelkreises durch Soll-Ist-Vergleich den Übereinstimmungsgrad von Regel- (Ist-Bestand) und Führungsgröße (Bedarf) registriert. Bei Abweichungen hat der Regler in Abhängigkeit der Abweichungsursachen Veränderungsvorgänge einzuleiten, die die Störung beseitigen bzw. auf eine Harmonisierung von Führungs- und Stellgröße hinwirken".[100] Veränderungsvorgänge bezüglich der Marktleistungsstrategie sind vom Personalmanagement immer dann einzuleiten, wenn die Führungsgröße außerhalb des regelbaren Bereiches liegt. Die Grenzen des regelbaren Bereichs werden ausschließlich von der Höhe der Personalkosten bestimmt. Mit steigenden Personalkosten wird der Bereich enger.[101]

Die Personalkostensituation gibt als Engpass somit den Rahmen und die Richtung des Personalmanagements vor und kann daher als mittelbare, aber entscheidende Determinante der Marktleistungsstrategie angesehen werden. So scheint es nur konsequent, wenn sich die Stimmen mehren, die dem Personalkostenmanagement auch eine strategische Bedeutung zubilligen.[102]

3.3.2 Zum empirischen Zusammenhang von Personalkostenentwicklung und Marktleistungsstrategie

Die Hypothese, dass die Personalkosten auf die Entscheidung der Betriebe des Facheinzelhandels, welche Leistungen sie am Markt anbieten und erstellen, Einfluss nehmen, soll auf ihre Plausibilität hin überprüft werden. In Kapitels 3.3.2 soll deshalb

---

99 Die damalige Alleinstellung bezieht sich auf den stationären Einzelhandel. Für den Textilhandel wurden für das Jahr 1950 beispielsweise folgende Betriebsformenanteile der Einzelhandlungen ermittelt: Ladengeschäfte 55,8%, Etagengeschäfte 1,5%, Handel in der Wohnung 4,8%, Versandhandel 1,4%, Ambulanter Handel 35,2%, ständige Straßenverkaufsstände 1,3% u. Handel ab Lager und sonstige Betriebsformen 0,02%. Vgl. Menge, R.: Struktur und Leistungen des westdeutschen Textileinzelhandels in den Jahren 1949 bis 1953, Köln-Opladen 1957, S. 30.

100 Stoffl, M., 1996, S. 45.

101 Die grundsätzliche Unmöglichkeit, wie sie vereinzelt bei Spezialkräften der Forschungs- und Entwicklungsabteilungen von High-Tech-Unternehmen zu beobachten ist, den Personalbedarf aus Mangel an qualifizierten Arbeitskräften decken zu können, kann für den Fachhandel ausgeschlossen werden.

102 Vgl. Scholz, C., 1991, S. 43.

untersucht werden, die bislang theoretisch aufgezeigten Entwicklungslinien und Zusammenhänge in der Praxis bzw. in der Realität wiederzufinden.

Das Spektrum der vom Fachhandel am Markt angebotenen Leistungen ist weit und wird in Kapitel 4.2 ausführlich behandelt. Eine differenzierte Längsschnittanalyse, die Auskunft über die konkrete Leistungsverteilung im Facheinzelhandel über einen längeren Zeitraum gibt, kann aufgrund mangelnder empirischer Erhebungen jedoch nicht durchgeführt werden. Das folgende Zitat von Seyffert gibt zumindest einen Einblick in die Leistungsbreite eines Kaufhauses zu Zeiten, zu denen sich der Wettbewerb der Betriebsformen auf einige wenige beschränkte. "Da ist zunächst der Portier, der dem Kunden die Türe aufmacht, dann der Empfänger, der ihn der Verkaufstafel zuführt, da ist die Verkäuferin, die die Ware vorlegt, die Lernende, die ihr die gesuchten Waren zubringt, die gezeigten wegräumt, da sind das Kassenmädchen, welches die Waren zur Packtafel bringt, die Kassiererin, die das Geld einnimmt, die Kontrolleurin, welche den Verkaufszettel nachrechnet, die Packerin, die das Paket fertig macht und zum Schluss tritt wieder der Portier in Tätigkeit. ... Dabei ist die Liste der zur unmittelbaren Kundenbedienung gehörigen Personen noch nicht erschöpft. Der Führer durch die Verkaufsräume, der Dolmetscher, der Fahrstuhlführer und die den einzelnen Verkaufspersonen vorgesetzten Angestellten, die in schwierigen Fällen hinzugezogen werden, gehören ebenfalls dazu."[103]

Dieses Zitat aus dem Jahre 1922 kennzeichnet in sehr anschaulicher Weise den damaligen Einsatz von Personal im Facheinzelhandel. Es kann nicht verwundern, dass er an einer anderen Stelle bemerkt: "Ohne Mitwirkung des Menschen, ohne seine Arbeitsleistung ist keine wirtschaftliche Tätigkeit möglich."[104] Dass diese Aussage nach wie vor Gültigkeit besitzt, scheint auch ein dreiviertel Jahrhundert später unstrittig. Unstrittig ist allerdings auch, dass in diesem Zeitraum die wirtschaftliche Tätigkeit im Einzelhandel von einer ständigen Reduktion des Faktors Arbeit begleitet wurde. Konnten oder sollten die einzelnen Tätigkeiten durch den vermehrten Einsatz anderer Betriebsfaktoren nicht weiter ausgeführt werden, ging der rückläufige Personaleinsatz mit einer Reduktion von Handelsleistungen einher. Dies zeigt sich nicht nur an der Entstehung und Verbreitung von Betriebsformen mit geringer Personalintensität, sondern ist in zunehmenden Maße auch im Facheinzelhandel zu beobachten. Dass es sich bei dem Tätigkeitsverzicht nicht zuletzt um Dienstleistungen gegenüber dem Kunden handelt, kann im Fachhandel bei dem hohen Anteil des Verkaufspersonals am Gesamtpersonal nicht verwundern. Die heute geführte Diskussion um die ‚Dienstleistungswüste Deutschland‘ schließt den Facheinzelhandel daher nicht aus. Will man den Weg bis hierhin zurückverfolgen, muss auf Indikatoren zurückgegriffen werden, die zumindest die quantitative Entwicklung des Marktleistungsprogramms im Facheinzelhandel stellvertretend aufzeigen.

---

103 Seyffert, R., 1922, S. 73.

104 Seyffert, R., 1922, S. 6.

3.3.2.1 Die Entwicklung der Bedienungs- und Beratungsintensität im Facheinzelhandel von 1981 bis 1998

Eine Indikatorgröße für das Ausmaß an Marktleistungen kann der Selbstbedienungsgrad sein. Es wird dabei unterstellt, dass dieser in hohem Maße mit dem Leistungsangebot korreliert ist. Je mehr Leistungen des Fachhandels auf den Kunden übertragen werden können, desto niedriger sind dabei zumindest die absoluten Personalkosten.[105] Der Grad der Selbstbedienung kann auf Basis der Daten zum Jahresbetriebsvergleich des IfH entweder anhand der Faktorkombination von Personal und Raum oder der Verkaufs- bzw. Bedienungsform bestimmt werden. Letztere beschreibt die Angebotsform der Verkaufsstelle anhand der vier Ausprägungen: ‚Verkäuferbedienung ohne Vorwahl', ‚Verkäuferbedienung mit Vorwahl', ‚Teilselbstbedienung' und ‚Selbstbedienung'. Den Begriffen liegen folgende Definitionen zugrunde:

Die **Verkäuferbedienung ohne Vorwahl (VB)** ist eine reine Verkäuferbedienung, bei der der Kunde ohne das Verkaufspersonal keine Wahlmöglichkeiten hat. Die **Verkäuferbedienung mit Vorwahl (VBmV)** umfasst dagegen eine Vorwahlmöglichkeit des Kunden, z.B. nach Modellen oder Größen. Bei der **Teilselbstbedienung (TSB)** wird ein Teil des Sortiments in Bedienungsform angeboten, ein anderer Teil dagegen in Selbstbedienung. Die Verkaufsform **Selbstbedienung (SB)** sieht das vollständige Angebot in Form der Selbstbedienung vor.

Die Ausprägungen können als Rangfolge unterschiedlicher Bedienungsintensitäten angesehen werden. Allein die Abgrenzung der ‚Verkäuferbedienung mit Vorwahl' und die ‚Teilselbstbedienung' ist hinsichtlich des Bedienungsaufwands nicht eindeutig bestimmbar. Bei beiden Alternativen handelt es sich um eine Mischform aus Verkäuferbedienung und Selbstbedienung, die jeweils äußerst unterschiedliche Kombinationen erfahren können. Im Folgenden sollen sie deshalb zu einer Ausprägung zusammengeführt werden.

105 Ein gleichzeitiger Anstieg des Betriebsergebnisses ist daraus jedoch nicht abzuleiten. Unter welchen Bedingungen ein Trading-Down der Marktleistungsstrategie einen solchen Erfolg herbeiführt, wird in Kapitel 4.3.2 diskutiert.

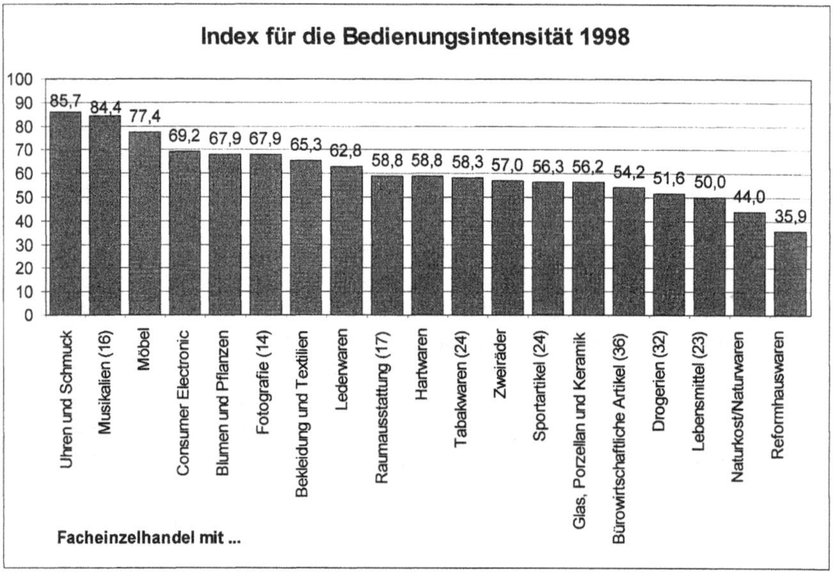

Abb. 36: Index für die Bedienungsintensität im Branchenvergleich

Um die Bedienungsintensität zwischen den Branchen anhand der drei verbleibenden Ausprägungen vergleichbar zu machen, soll auf Basis eines Rangbewertungsverfahrens ein Bedienungsindex definiert werden. Hierzu werden die Ausprägung ‚SB' mit einer 0, die ‚TSB/VBmV' mit einer 1 und die ausschließliche ‚VB' mit einer 2 codiert. Die Summe der Einzelwerte der Betriebe einer Branche wurde anschließend ins Verhältnis zur maximal erreichbaren Punktzahl gesetzt und auf 100 Prozent normiert:

((x-Fälle * 0 + y-Fälle * 1 + z-Fälle * 2)*100/(xyz-Fälle * 2) = Bedienungsintensität

Der Bedienungsindex kann Werte zwischen 0 und 100 % annehmen. Die konkreten Werte für die am Betriebsvergleich des IfH 1998 teilnehmenden Branchen sind in Abbildung 36 dargestellt.[106]

Der Maximalwert von 100 % steht für die ausschließliche Bedienung durch Verkaufspersonal, der Minimalwert von 0 % für die reine Selbstbedienung des Kunden. Es kann nicht verwundern, dass mit zunehmender Erklärungsbedürftigkeit des Warenkreises der Wert ansteigt. Scheinbar lassen sich Uhren und Schmuck, gefolgt von Musikinstrumenten ohne die entsprechende Marktleistungsstrategie nicht veräußern. Entsprechend gering zeigt sich der Wert bei Verbrauchsgegenständen des täglichen

---

106 Die in Klammern angegebene Zahl hinter der Fachsparte in Abb. 36 nennt die Fallzahl, falls diese < 40 ist. Fachsparten mit einer Fallzahl < 10 werden nicht dargestellt. Der JBV des Buchfachhandels verzichtet ab 1995 auf die Erhebung zur Bedienungsform, so dass auch diese Branche trotz ausreichender allgemeiner Besetzung unberücksichtigt bleibt. Gleiches gilt für den Schuhfachhandel, der eine abweichende Systematisierung der Bedienungsformen aufweist.

Bedarfs. Interessanter als die Unterschiede zwischen den Branchen ist in Bezug auf die vorliegende Problematik die Veränderung der Verteilung der Bedienungsstrategien innerhalb des Facheinzelhandels und seiner Branchen im Zeitablauf. Abbildung 37a-h zeigt u.a. die Entwicklungsverläufe der drei Strategien sowie den des daraus berechneten Indexwertes der Bedienungsform von 1981 bis 1998 für die Branchen, die die Mindestfallzahl von 40 Betrieben p.a. des erweiterten Panels erfüllen.[107]

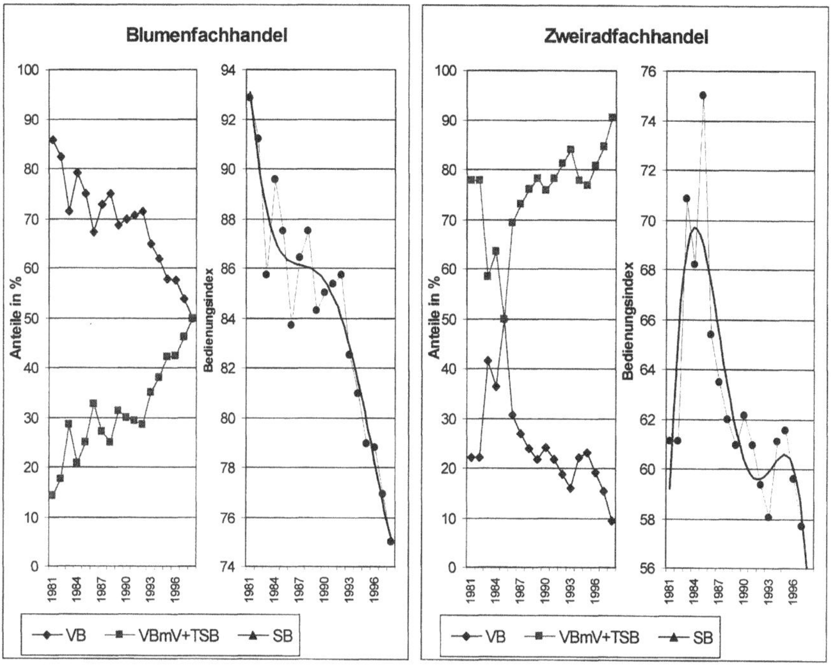

Abb. 37a+b: Entwicklung der Bedienungsformen und der Bedienungsintensität im Blumenfachhandel und im Zweiradhandel von 1981 bis 1998

[107] Nur für einen Teil der in Tabelle 17, Spalte 4 ausgewiesenen Fallzahlen stehen Angaben zur Bedienungsform zur Verfügung. Unter der Restriktion einer Mindestfallzahl von 40 Betrieben reduziert sich die Zahl der in Abbildung 37 aufzuzeigenden Branchen somit auf acht.

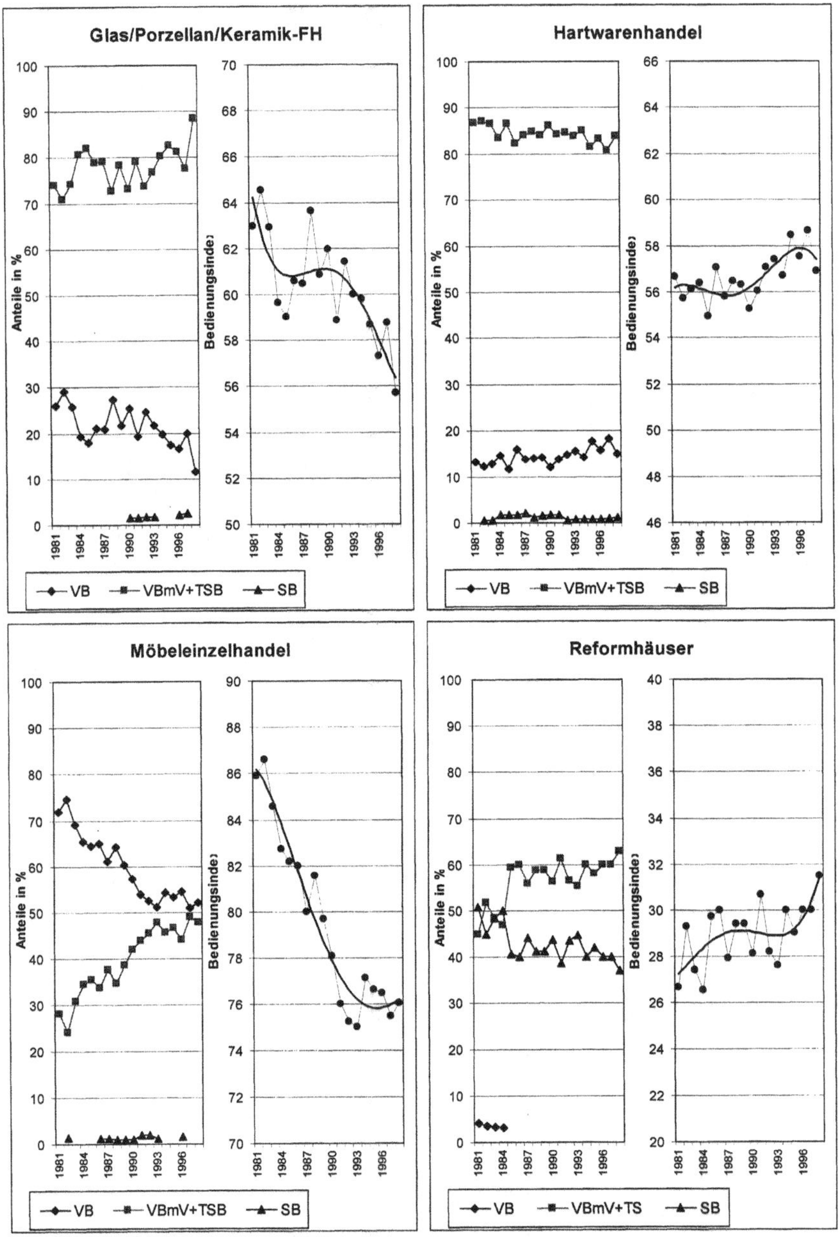

Abb. 37c-f: Entwicklung der Bedienungsformen und der Bedienungsintensität im Glas-, Porzellan- u. Keramikfachhandel, im Hartwarenfachhandel, im Möbelfachhandel und bei den Reformhäusern von 1981 bis 1998

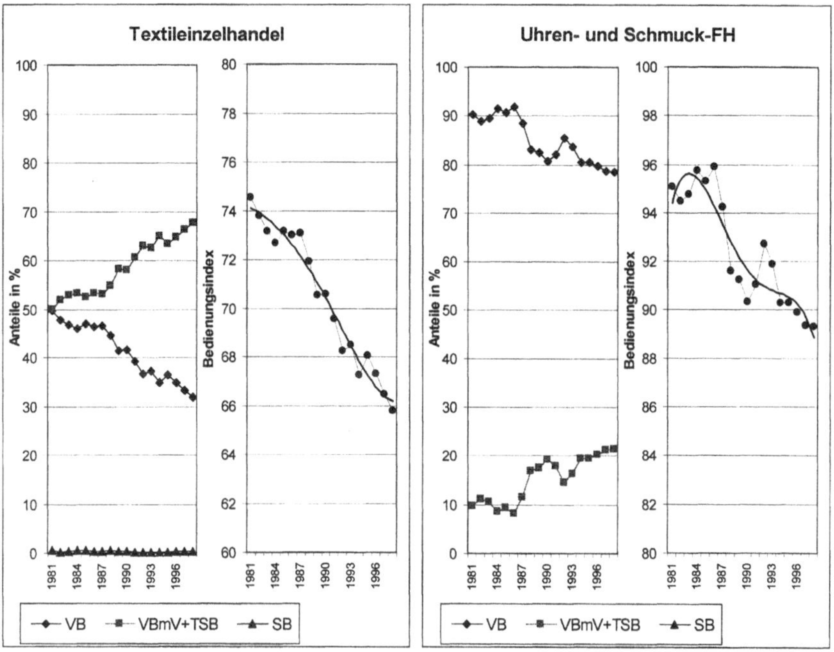

Abb. 37g+h: Entwicklung der Bedienungsformen und der Bedienungsintensität im Textilfachhandel und im Uhren- u. Schmuckfachhandel von 1981 bis 1998

Sechs der acht dargestellten Fachsparten haben ihre Beratungsintensität mehr oder weniger deutlich reduziert. Das größte Trading-Down ist im Blumenfachhandel, gefolgt vom Möbeleinzelhandel und vom Textileinzelhandel, zu verzeichnen. Der Bedienungsindex der Florist-Fachgeschäfte und Einzelhandelsgärtnereien gab von 92,9 (1981) um 17,9 Prozentpunkte auf 75,0 (1998) nach. Der Anteil der Geschäfte dieser Branche, die ausschließlich auf Verkäuferbedienung setzen, reduzierte sich von 85,7 % auf 50,0 %. Dagegen stieg der Anteil der Verkäuferbedienung mit Vorwahl bzw. Teilselbstbedienung von 14,3 auf 50,0 Prozent. Reine Selbstbedienung war im Blumenfachhandel bislang nicht vertreten. Zu den wenigen Fachsparten mit einem wenn auch verhaltenen Anstieg der Bedienungsintensität gehören die Reformhäuser und der Hartwarenhandel. Die Werte des Bedienungsindex für die Fachgeschäfte mit Hartwaren stiegen innerhalb von 18 Jahren geringfügig von 56,6 auf 56,9 und die der Reformhäuser von 26,7 auf 31,5.[108]

108 Auch die Ergebnisse zur Bedienungsintensität der Lebensmittelfacheinzelhandelsbetriebe und der Drogerien zeigen ein Trading-Up der Marktleistungsstrategie. Es sind anscheinend die Fachsparten des Einzelhandels, die bereits in der Vergangenheit in hohem Maße Selbstbedienungskonzepte realisiert haben und die sich in der jüngsten Vergangenheit auf die angenommenen Stärken des Fachhandels zurück besinnen. So empfiehlt der Verband Deutscher Drogisten (VDD) seinen Mitgliedern eindringlich, sie sollen ihren Kunden mehr Service und Beratungsqualität bieten. Damit, so die Hoffnung des Verbandes, können sich die Fachunternehmen wirk-

Von den insgesamt 19 analysierten Branchen konnte bei 15 Branchen eine Abnahme der Beratungsaktivität beobachtet werden. So kann es nicht verwundern, dass auch der Durchschnitt der Fachbetriebe des Einzelhandels in dem betrachteten Zeitraum seine Bedienungsaktivitäten kontinuierlich reduziert hat. Sein Index reduzierte sich von 66,3 (1981) auf 61,7 (1998). Die Abnahme von 4,6 Prozentpunkten innerhalb von 18 Jahren mag zunächst gering erscheinen, sie muss allerdings vor dem Hintergrund beurteilt werden, dass bereits bei einer Bedienungsintensität von unter 50 die Selbstbedienung die Verkäuferbedienung dominiert und bei einem Mangel an sonstigen Marktleistungen, die definitorischen Voraussetzungen für diese Betriebsform nicht mehr als erfüllt angesehen werden können. In der Annahme, dass noch vor 50 Jahren jeder Kunde durch Verkaufspersonal bedient und beraten wurde und somit ein damaliger Bedienungsindex von 100 unterstellt werden kann, bewegt sich der Fachhandel mit einem Wert von 61,7 zunehmend am Rande seines Selbstverständnisses (vgl. Abbildung 38).

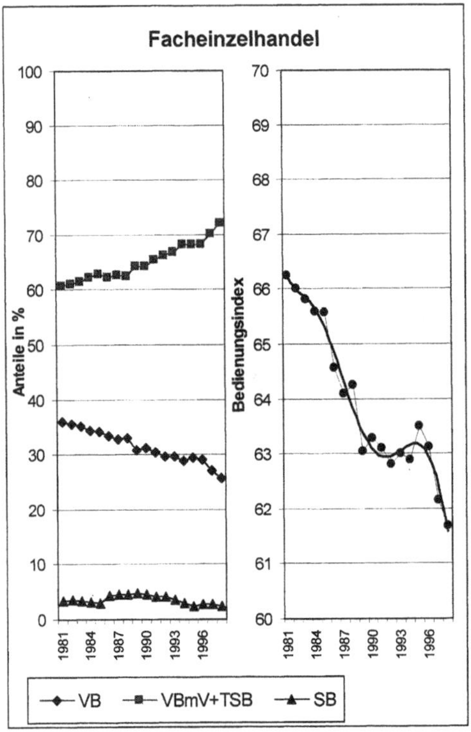

Abb. 38: Die Entwicklung der Bedienungsformen und der Bedienungsintensität im Facheinzelhandel von 1981 bis 1998

3.3.2.2 Zum Zusammenhang von Personaleinsatz und Bedienungsintensität

Mit den Abbildungen 37 und 38 wurde nachgewiesen, wie der Facheinzelhandel seine Bedienungs- und Beratungsaktivitäten und somit den Kerns seiner gesamten Marktleistungsstrategie reduziert hat. In einem nächsten Schritt ist zu prüfen, ob sich ein damit verbundener Abbau der Personalkapazität nachweisen lässt. Die mengenmäßige Personalkapazität kann durch die Zahl der beschäftigten Personen nicht vollständig abgebildet werden. Veränderungen bei der Arbeitsdauer der Beschäftig-

sam gegenüber preisaggressiven Wettbewerben behaupten und auch die anhaltende Rezession besser überwinden. Vgl. o.V.: Noch mehr Service und Beratungsqualität, in: handelsjournal, o.Jg. (1994), H. 4, S. 16.

ten haben zudem Einfluss. Insbesondere durch die in dem betrachteten Zeitraum vorgenommene zweimalige Herabsetzung der tariflichen Wochenarbeitszeit weicht die Entwicklung der vom JBV erfassten betrieblichen Beschäftigtenzahl von der Entwicklung der Personalkapazität ab.[109] Um diesem Umstand Rechnung zu tragen, wurden die Durchschnittswerte in Abbildung 39 auf die für das Jahr 1981 vom Institut für Arbeitsmarkt- und Berufsforschung (IAB) errechnete effektive Arbeitszeit normiert.[110]

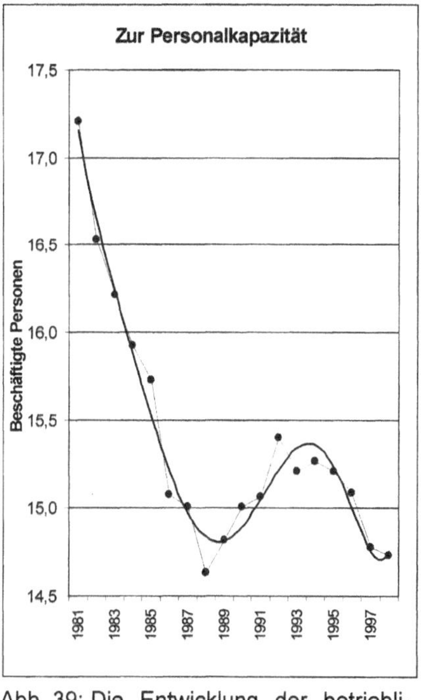

Abb. 39: Die Entwicklung der betrieblichen Personalkapazität im Facheinzelhandel von 1981 bis 1998

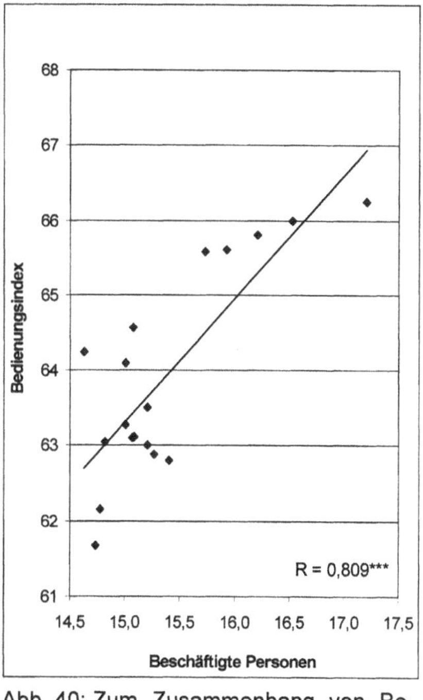

Abb. 40: Zum Zusammenhang von Bedienungsintensität und Personalkapazität im Facheinzelhandel von 1981 bis 1998

Der Verlauf der Personalkapazität ist dreigeteilt. Von 1981 bis 1988 wurde deutlich Personal abgebaut (-15,0 %). In den darauffolgenden vier Jahren stieg der Personalstand vorübergehend bis 1992 (+5,2 %), um sich von 1993 an wieder rückläufig zu entwickeln (-4,3 %). Von Anfang bis Ende dieser Gesamtperiode reduzierte sich die Personalkapazität um 14,4 Prozent. Augenfällig ist die parallele Entwicklung von Personaleinsatz und Bedienungsintensität. Bei beiden wurde der langfristig rückläu-

109 Die tarifliche Wochenarbeitszeit betrug im westdeutschen Einzelhandel von 1981 bis 1984 40 Stunden, von 1985 bis 1990 38,5 Stunden und seit 1991 37,5 Stunden.

110 Die Werte der zugrundegelegten, effektiven Arbeitszeit je beschäftigte Person im Handel für den Untersuchungszeitraum und deren Quelle können dem Anhang 2 entnommen werden.

fige Trend zu Beginn der neunziger Jahre unterbrochen. Der Grund mag nicht zuletzt in der massiven Belebung der westdeutschen Einzelhandelsnachfrage durch die neuen Bundesländer in Anschluss an die Wiedervereinigung zu sehen sein, von der auch der Fachhandel profitierte. Statistisch zeigt sich zwischen Personalkapazität und Bedienungsintensität ein auf dem Niveau von $p <= 0{,}001$ signifikanter Zusammenhang von $R=0{,}81$ (vgl. Abbildung 40).

Um den Einfluss des Größenwachstums der Betriebe auszuschließen, soll neben der Variation der absoluten Personalkapazität auch die Veränderung des relativen Personaleinsatzes aufgezeigt werden. Von besonderer Bedeutung ist in diesem Kontext die Faktorkombination von Personal und Raum. Es wird allgemein davon ausgegangen, dass mit zunehmender Selbstbedienung relativ mehr Raum und weniger Personal eingesetzt wird. Es handelt sich dabei allerdings nicht wie ebenfalls oft unterstellt um eine Faktorsubstitution.[111] Der Faktor Raum kann Aktivitäten des Faktors Arbeit nur sehr eingeschränkt übernehmen. Die Tätigkeiten des betrieblichen Personals werden vielmehr auf den Kunden übertragen. Die Folge ist der Austausch von Marktleistungen des Händlers durch Kundenleistungen und somit gemäß den Ausführungen des Kapitels 4.2.4.1.2 ein Trading-Down des Leistungsangebots. Abbildung 41 zeigt den Verlauf der bivariaten Faktorkombination des Facheinzelhandels von 1981 bis 1998. Betrug die Personalkapazität zu Beginn dieser Zeitspanne noch 1,75 beschäftigte Personen je 100 Qm-Geschäftsraum, hat sie sich am Ende um 31,4 Prozent auf 1,20 beschäftigte Personen ermäßigt.

Damit setzte sich der zumindest seit 1949 nachweisbare Trend, relativ mehr Raum und weniger Personal im Fachhandel einzusetzen, unverändert fort. Den statistischen Zusammenhang von Bedienungsintensität und relativem Personaleinsatz zeigt Abbildung 42. Gemäß dem Korrelationskoeffizient von $R = 0{,}948$ korrespondiert die aufgezeigte Veränderung der Bedienungsintensität mit dem reduzierten Einsatz des Faktors Arbeit in einem besonders hohen und signifikanten Maße.

111 Vgl. Scholl, G.: Die Faktoren Raum und Einrichtungsmittel im Ladenfacheinzelhandel des mittelfristigen Bedarfs, Frankfurt am Main 1996, S. 69.

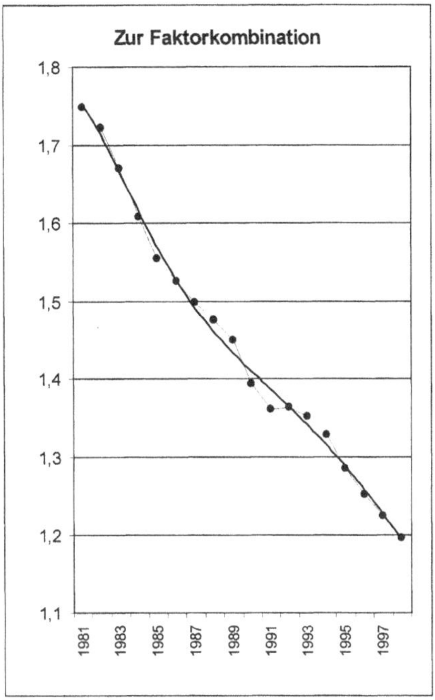

Abb. 41: Entwicklung der Faktorkombination von Personal und Raum im Facheinzelhandel von 1981 bis 1998

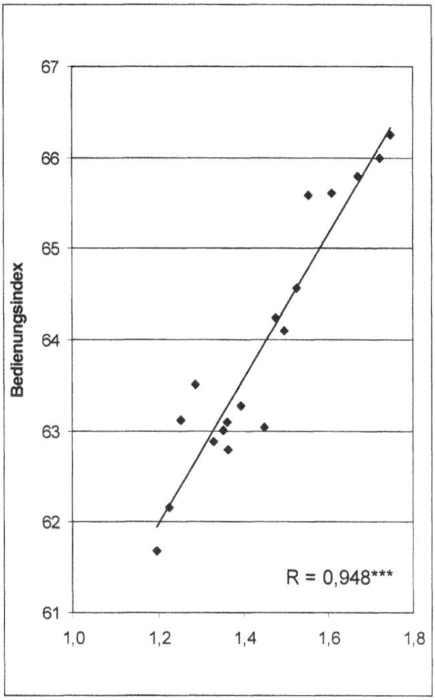

Abb. 42: Zum Zusammenhang von Bedienungsintensität und Faktorkombination im Facheinzelhandel von 1981 bis 1998

3.3.2.3 Zum Zusammenhang von Personalkostenbelastung und Bedienungsintensität

Der dritte relevante Sachverhalt zur Überprüfung der Hypothese vom Einfluss der Personalkosten auf die Marktleistungsstrategie im Facheinzelhandel sind die Personalkosten selbst. Ihre Entwicklung im Verhältnis zu den bereits dargestellten Entwicklungen von Bedienungsintensität und Personaleinsatz bildet einen weiteren Baustein in der empirischen Analyse dieses Kapitels. Dass sich ein reduzierter Personalstand auf die Entwicklung der absoluten Personalkosten dabei grundsätzlich positiv auswirkt, braucht nicht untersucht zu werden. Allerdings reichte der Abbau an Personalkapazität im Fachhandel nicht aus, um die absoluten Personalkosten sinken zu lassen. Vielmehr hat der Preisauftrieb des Faktors Arbeit dessen Kosten bis 1997 auch weiterhin stetig ansteigen lassen. Erst 1998 ist es erstmals gelungen, durch den Abbau von Personal in Verbindung mit einer moderaten Erhöhung des Lohnniveaus den Auftrieb der absoluten Personalkosten zu stoppen und eine leichte Entlastung herbeizuführen. In Zahlen ausgedrückt, haben sich von 1981 bis 1997 die durchschnittlichen Gesamtkosten des Faktors Arbeit für einen Betrieb des erweiterten Panels von 583.058 DM um 66,5 % auf 970.710,2 DM je Betrieb erhöht. Daran anschließend reduzierten sie sich 1998 geringfügig auf 966.954 DM. Von Anfang bis Ende des gesamten Untersuchungszeitraum ergibt sich somit eine Steigerung um 383.895 DM, gleich 65,8%.

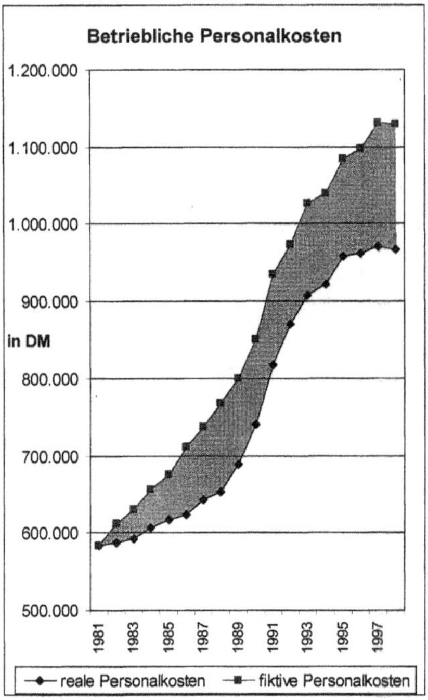

Abb. 43: Die Entwicklung der betrieblichen, absoluten Personalkosten im Facheinzelhandel von 1981 bis 1998

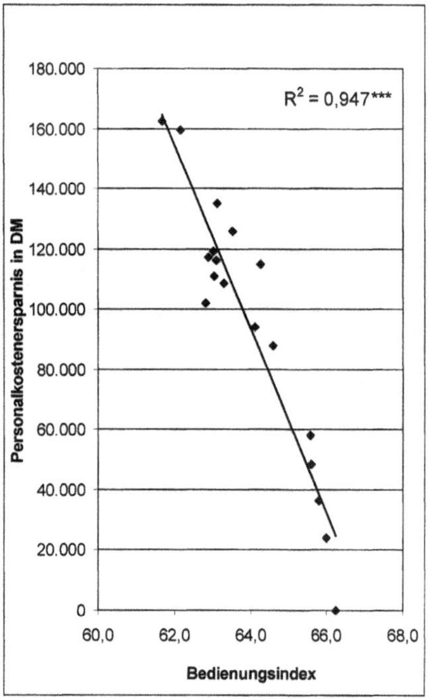

Abb. 44: Zum Zusammenhang von Bedienungsintensität und Personalkostenersparnis im Facheinzelhandel der Jahre 1981 bis 1998

Hätte allerdings die durchschnittliche Personalkapazität eines Betriebes aus dem Jahre 1981 auch für das Jahr 1998 Bestand gehabt, wäre die Differenz sogar auf 546.424 DM (+97,3%) angestiegen. Durch den Verzicht auf 14,4 Prozent der Beschäftigten konnten 162.529 DM eingespart werden. Um den Einfluss des Personalabbaus sichtbar werden zu lassen, zeigt Abbildung 43 nicht nur den realen, sondern auch den fiktiven Personalkostenverlauf, d.h. bei angenommener konstanter Personalkapazität.

Aufgrund der Überkompensation der Personalreduktion durch den parallelen Anstieg des Faktorpreises ist der Zusammenhang von Bedienungsintensität und Personalkostenentwicklung, nach dem der Verzicht auf personelle Dienstleistungen die absolute Kostensituation im Facheinzelhandel entspannt hat, nicht offensichtlich. Um ihn sichtbar zu machen, kann anstelle der realen gesamten Personalkosten ihre Differenz zu den Gesamtkosten des Faktors Arbeit bei angenommener konstanter Personalkapazität in Beziehung zur Bedienungsform gesetzt werden. Hier zeigt sich recht deutlich, dass ein starker linearer Zusammenhang zwischen der Bedienungsintensität und der absoluten Kostenersparnis mit einem Korrelationskoeffizienten von R=0,95 besteht (vgl. Abbildung 44).

Zur Bestätigung der Hypothese, dass die hohen Personalkosten über ihre negativen Auswirkungen auf die Gewinnsituation die Marktleistungsstrategie der Fachbetriebe des Einzelhandels beeinflussen, können die gesamten einzelbetrieblichen Personalkosten allerdings nur bedingt herangezogen werden. Der in Abbildung 43 dargestellte rasante Anstieg der absoluten Personalkosten lässt eine außergewöhnliche Belastung für die Unternehmen zwar vermuten, tatsächlich ergibt sie sich aber nur dann, wenn der Anstieg der Einnahmen hinter denen der Kosten zurückbleibt. Da im Untersuchungszeitraum nicht nur der Preis des Faktor Arbeit, sondern auch die Warenverkaufspreise angestiegen sind, konnte ein Teil der Belastung aufgefangen werden.

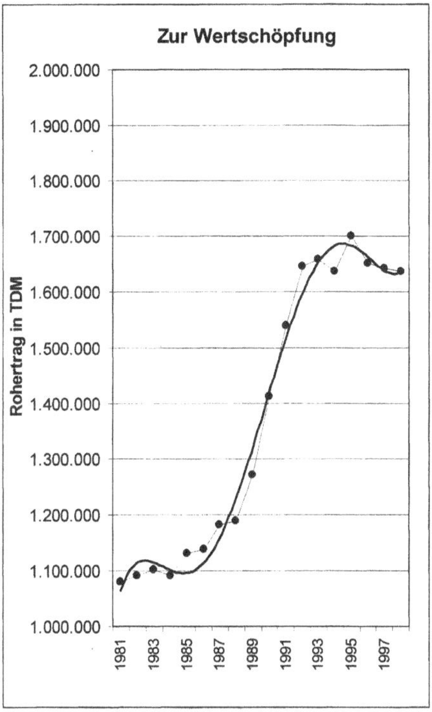

Abb. 45: Die Entwicklung der betrieblichen Wertschöpfung im Facheinzelhandel von 1981 bis 1998

Bereits in Kapitel 3.2 wurde der negative Einfluss der Personalkosten auf das Betriebsergebnis im zwischenbetrieblichen Vergleich untersucht und festgestellt. Um die relative Personalkostenhöhe hinsichtlich ihres Einflusses auf die Gewinnsituation im Zeitvergleich mit in den Kontext einfließen lassen zu können, soll diese Kostenart im Folgenden in Prozent des Rohertrages angegeben werden.[112] Der durchschnittliche betriebliche Rohertrag als Maß für die Wertschöpfung des Faktors Arbeit zeigt dabei eine dreistufige Entwicklung (vgl. Abbildung 45). Von 1981 bis 1988 ist ein äußerst verhaltener Anstieg zu beobachten. Der Anfangswert von 1.079.563 DM erhöhte sich in diesen acht Jahren lediglich um 109.008 DM auf 1.188.571 DM. Es folgten vier Jahre mit starken jährlichen Zuwächsen von durch-

112 Der Rohertrag stellt die über die Warenkosten hinausgehende absolute Wertschöpfung dar. Sein prozentualer Anteil am Umsatz ist die Handelsspanne.

schnittlich 114.176 DM. Seit 1993 stagniert der Rohertrag ohne wesentliche Veränderungen. Mit einem Wert von 1.637.875 lag er 1998 sogar um 7.399 DM unter dem Wert von 1992.

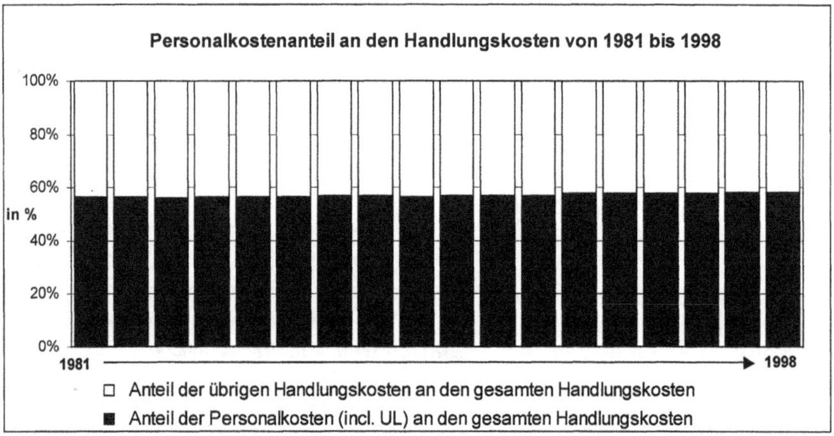

Abb. 46: Zum quantitativen Verhältnis von Personalkosten und sonstigen Handlungskosten im Facheinzelhandel von 1981 bis 1998

Einen negativen Einfluss auf das Betriebsergebnis hat der Anstieg der Personalkosten in % der Wertschöpfung immer dann, wenn die vermehrten Kosten des Personals nicht durch substitutionsbedingte Kosteneinsparungen bei anderen Betriebsfaktoren ausgeglichen werden. Dies war im Facheinzelhandel bislang nicht der Fall. Die sonstigen Handlungskosten sind nahezu parallel zu den Personalkosten gestiegen. Der Anteil der Personalkosten an den gesamten Handlungskosten hat sich gemäß Abbildung 46 von 1981 (56,3 %) bis 1998 (58,2 %) um 1,9 Prozentpunkte und damit nur geringfügig erhöht. Eine Kompensation gestiegener Personalkosten durch die zeitgleiche Reduzierung der Summe der weiteren Handlungskosten ist folglich nicht zu beobachten.

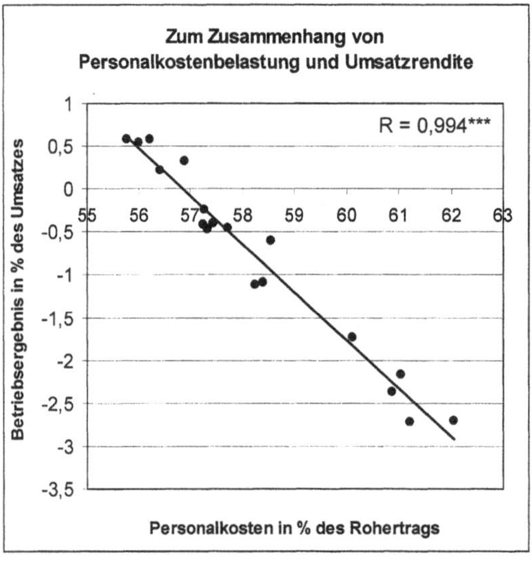

Abb. 47: Der Einfluss der relativen Personalkostenhöhe auf den Unternehmenserfolg im Facheinzelhandel in den Jahren 1981 bis 1998

Ein sich verschlechterndes Verhältnis von Personalkosten zu Rohertrag führte in der Vergangenheit somit stets zu einem Rückgang des Unternehmenserfolgs. So kann es nicht verwundern, dass sich zwischen Umsatzrentabilität und Personalkostenanteil an der Wertschöpfung für den Zeitraum von 1981 bis 1998 ein Korrelationskoeffizient von nahezu 1 ergibt (vgl. Abbildung 47).

Bei der schlussendlichen Gegenüberstellung von Bedienungsintensität und gewinnrelevanter Personalkostenbelastung soll auf die Darstellung ihres Zusammenhangs mittels Streudiagramm und Regressionsgeraden verzichtet werden. Auch wenn sich rein rechnerisch ein Korrelationskoeffizient von R = 0,50 ermitteln lässt, deutet bereits das geringe Signifikanzniveau von p=0,035 auf ein zumindest nicht lineares Verhältnis der beiden Kenngrößen über den gesamten Untersuchungszeitraum von 18 Jahren hin. Dennoch zeigt eine vergleichende Gegenüberstellung der beiden Entwicklungsverläufe, dass diese übereinstimmend durch vier unterschiedliche Phasen gekennzeichnet sind. In der Abbildung 48 werden diese Phasen jeweils durch Linien unterschiedlicher Steigung voneinander abgegrenzt.

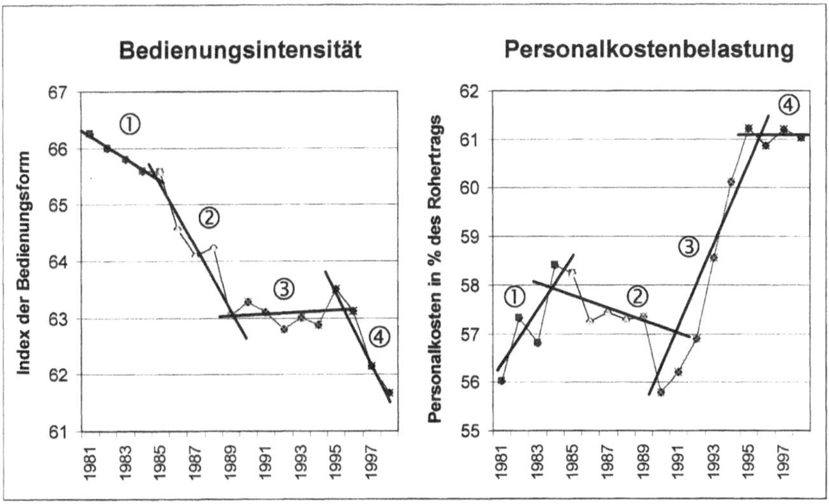

Abb. 48: Eine vergleichende Gegenüberstellung der Entwicklungen von Marktleistungsstrategie und Personalkostenbelastung im Facheinzelhandel von 1981 bis 1998

Phase ①: Die Bedienungsintensität nimmt von 1981 bis 1985 bei steigender Personalkostenbelastung leicht ab. Der realisierte Personalabbau reichte nicht aus, um bei nur verhalten anwachsenden Roherträgen (vgl. Abbildung 45) den Preisaufschub des Faktors Arbeit auszugleichen.

Phase ②: Dank der deutlichen Abnahme der Bedienungsintensität und deren Aufwendungen in den Jahren 1985 bis 1989 ist bei einer weiterhin nur leicht ansteigenden Wertschöpfung eine Verminderung der Personalkostenbelastung und somit eine Verbesserung des Betriebsergebnisses zu beobachten.

Phase ③: Obwohl sich der Kundenservice in Form der persönlichen Bedienung und Beratung zwischen den Jahren 1989 und 1990 kaum unterscheidet, führt der wiedervereinigungsbedingte Nachfragezuwachs kurzfristig zu einer starken Entlastung der Wertschöpfung mit Personalkosten. Durch diesen Erfolg motiviert, hielten die Fachhändler bis 1995 ihre Marktleistungsstrategie nahezu konstant. Der damit verbundene Anstieg der absoluten Personalkosten konnte bis 1992 durch die weitere Zunahme des Rohertrags in weiten Teilen kompensiert werden. Die darauf folgenden Jahre 1993 bis 1995 brachten jedoch eine massive Verschlechterung der Gewinnsituation im Facheinzelhandel mit sich. Der Zuwachs des Rohertrags endete abrupt, bei weiterhin steigenden Personalaufwendungen. Innerhalb von drei Jahren verschlechterten sich die Personalkosten von 56,9 % auf 61,2 % des Rohertrages. Das Betriebsergebnis, das 1992 noch einen positiven Wert von +0,3 % vom Umsatz aufwies, gab entsprechend bis zu einem Verlust von minus 2,7 % vom Umsatz in 1995 nach.

Phase ④: In dem Bemühen, der zunehmenden Personalkostenbelastung zu begegnen, reduziert der Fachhandel seit 1996 abermals seine Bedienungs- und Beratungsaktivitäten. Durch die damit verbundene Herabsetzung der Personalkapazität konnte die Zunahme der Verluste zumindest gestoppt werden. Mit einem Wert von –2,7 % vom Umsatz bewegt sich das Betriebsergebnis von 1998 auf der Höhe von 1995.

Trotz der von 1989 bis 1992 wiedervereinigungsbedingten atypischen Entwicklungslinien können für die Personalkosten, für die Personalkapazität, für die Marktleistungsstrategie und für die gewinnwirtschaftliche Situation im Facheinzelhandel von 1981 bis 1989 eindeutige Trends sowie deren Zusammenhänge identifiziert werden. Der kontinuierliche Anstieg der Löhne und Personalnebenkosten hat dabei zu einer extremen Belastung der Wertschöpfung geführt. Um dieser Belastung entgegenzuwirken, wurde auf Kosten der Bedienungsintensität Personalkapazität abgebaut. Das Ausmaß dieser Maßnahmen blieb allerdings stets hinter der Zunahme der Faktorpreise zurück. Dies kann insofern nicht verwundern, da das Potenzial zur Personaleinsparung im Facheinzelhandel, ohne negative Auswirkungen auf das Käuferverhalten befürchten zu müssen, begrenzt ist und viele Fachhändler dementsprechend eine Reduzierung der Bedienungsleistung scheuen.[113] Allerdings stellt sich bereits

113 Vgl. Conz, B.: Mehr Mut zu weniger Beratung. Verkaufsanalysen in vier Einzelhandelsbranchen, Köln 1976, S. 80f.

heute in vielen Fällen die Frage, ob das Ausmaß an angebotenen Marktleistungen die definitorischen Voraussetzungen für einen Fachbetrieb des Einzelhandels noch erfüllen. Solange Marktleistungen ohne den Einsatz von Personal nur sehr eingeschränkt erstellt werden können, kann aber ein weiteres Trading-Down im Facheinzelhandel nicht ausgeschlossen werden.

Die mögliche Vielfalt der in Kapitel 4 vorzustellenden Marktleistungen des Facheinzelhandels bedürfen zu ihrer Erstellung aber nicht nur des Einsatzes von Personal. Als Hilfsmittel bzw. Werkzeuge müssen diesem Produktionsfaktor andere Faktoren, Ware, Informationsmedien und sonstigen immateriellen und materiellen Betriebsmitteln, zur Seite gestellt werden (vgl. Kapitel 4.2.2). Auch der überwiegende Teil der übrigen Handlungskosten, soweit dieser vom Institut für Handelsforschung separat erhoben wird bzw. wurde, hatte in dem analysierten Zeitraum von 1949 bis 1998 vergleichbare Steigerungsraten zu verzeichnen (vgl. Kapitel 2.3.3). Die Hypothese, dass insbesondere die Personalkosten für die Deflation an Marktleistungen im Einzelhandel verantwortlich waren und weiterhin sind, soll trotz der Beobachtung parallel steigender sonstiger Handlungskosten aufrecht erhalten werden. Hierfür zeigen sich vier Gründe verantwortlich:

1. Durch den Anteil von über 50 % führt der gleiche prozentuale Anstieg der Personalkosten zu einer überproportionalen Steigerung der absoluten Kostenbelastung gegenüber der Summe der übrigen Kosten im Allgemeinen und ihrer einzelnen Komponenten im Besonderen. Beispielsweise sind die Personalkosten und die Mietkosten im Musikfachhandel 1997 um jeweils 3 Prozent gestiegen, ohne ihre Anteile an den Handlungskosten zu verändern. Von der zusätzlichen Belastung dieser beiden Kostenarten in Höhe von durchschnittlich 41.400 DM entfielen 33.700 DM auf die Personalkosten und nur 7.700 DM auf die Mietkosten.

2. Die grundsätzliche Aussage, dass hauptsächlich die Personalkosten die Marktleistung des Facheinzelhandels verteuert haben, schließt die Kosten des Faktors Arbeit nicht aus, die bei der Produktion von zugekauften Dienstleistungen verzehrt wurden. So haben sich beispielsweise die externen Reparaturkosten für Kraftfahrzeuge auch durch die zunehmende Entlohnung des Werkstattpersonals stetig verteuert. Ein Verzicht auf den Service der Warenlieferung kann dadurch motiviert sein. Es wäre interessant zu wissen, in welcher Höhe sich die Personalkosten in Prozent vom Umsatz im Facheinzelhandel bewegen, wenn zu den betrieblichen auch die außerbetrieblichen Personalkosten hinzuaddiert werden.

3. Ein Großteil der Personalkosten im Facheinzelhandel ist fix, d.h. er variiert nur zu einem geringen Teil mit der Ausbringungsmenge der angebotenen Marktleistungen. Die Unbestimmtheit des Zeitpunkts, zu dem vor allem die Serviceleistungen durch den Kunden nachgefragt werden, macht den Aufbau eines permanenten Leistungspotenzials, wenn auch in variabler Intensität, während der gesamten

Ladenöffnungszeit notwendig.[114] Auf der anderen Seite handelt es sich zumindest bei den Kosten des Verkaufspersonals und somit bei dem überwiegenden Teil der Personalkosten im Facheinzelhandel um Stelleneinzelkosten der Leistungserstellung. Ihre Höhe variiert anders als die der Gemeinkosten der sonstigen betrieblichen Stellen (Verwaltung, Controlling, Warenbewirtschaftung etc.) unmittelbar mit dem Leistungsprogramm, d.h. mit der Art und dem Ausmaß der angebotenen Dienstleistungen. Die hohe Elastizität der Personalkosten gegenüber Veränderungen des Marktleistungsprogramms macht sie zum Katalysator für das anhaltende Trading-Down im Einzelhandels.

3.3.2.4 Der Einfluss der Personalkosten auf die Marktleistungsstrategie als Megatrend

Die dargestellten Entwicklungen auf Basis der Betriebe des erweiterten Panels zeigen lediglich einen mittelfristigen Ausschnitt aus der Evolution des Facheinzelhandels. Um zu zeigen, dass der Einfluss der Personalkosten auf die Marktleistungsstrategie bereits als Megatrend über einen deutlich längeren Zeitraum wirkt, muss auf die vom Institut für Handelsforschung seit 1949 veröffentlichten Durchschnittsergebnisse der jeweiligen Jahresbetriebsvergleiche zurückgegriffen werden.[115] Auf die damit verbundene Problematik unterschiedlich stark voneinander abweichender Stichprobenzusammensetzungen zwischen den Jahren wurde bereits hingewiesen. Es wurde an angegebener Stelle aber auch gezeigt, dass die errechneten Kennzahlen der Gesamtstichprobe eines Jahres und diejenigen des erweiterten Panels zwar in ihrer absoluten Höhe unterschiedlich stark voneinander abweichen, in der Regel aber nicht in Bezug auf ihre Entwicklungsrichtung.

Eine der obigen Untersuchung vergleichbare Analyse für den Zeitraum von 1949 bis 1998 ist nicht allein aufgrund der unterschiedlichen Stichproben, sondern auch aus Mangel an publizierten Kennzahlen weder möglich noch gewollt. Die Veröffentlichungen des IfH enthalten keine Angaben zur Bedienungsform. Die durchschnittliche Zahl der beschäftigten Personen wurde nur für die einzelnen Branchen, nicht aber für den Facheinzelhandel als gesamtes publiziert. Um diesen Problemen teilweise zu begegnen, soll der langfristige Druck der Personalkosten auf die Marktleistungsstrategie anhand einer ausgewählten Branche verdeutlicht werden. Hierzu bietet sich der Textilfacheinzelhandel an, repräsentiert er doch gut ein Fünftel des bundesdeut-

---

114 Vgl. Kapitel 4.3.1.2.1.1.

115 Eindeutige definitorische Voraussetzungen für einen Megatrend existieren nicht. In der Regel ist es der außergewöhnlich lang anhaltende Einfluss, der einen solchen charakterisiert. Naisbitt/Aburdene unterstellen beispielsweise eine Wirkungsdauer von mindestens einem Jahrzehnt. Vgl. Naisbitt, J./Aburdene, P.: Megatrends 2000, Düsseldorf-Wien-New York 1990, S. 10. Zu dem Wesen des Trends vgl. auch Feld, C.: Trends – Megatrends: Definitionen, Möglichkeiten der Ermittlung, Gütekriterien und Relevanz für die Unternehmensplanung, in: Müller-Hagedorn, L. (Hrsg.): Trends im Handel. Analysen und Fakten zur aktuellen Situation im Handel, Frankfurt am Main 1996, S. 9-25.

schen Einzelhandelsumsatzes.[116] Wie parallele Auswertungen ergeben haben, zeigen sich die in den folgenden fünf Abbildungen dargestellten Entwicklungsverläufe der Faktorpreise, der absoluten und relativen Personalkapazität sowie der Personalkostenbelastung in überwiegendem Maße auch bei den anderen Sparten des Facheinzelhandels.[117] Die Langfristperspektive des Textileinzelhandels steht somit stellvertretend für die Gesamtheit der Fachbetriebe dieser Betriebsform.

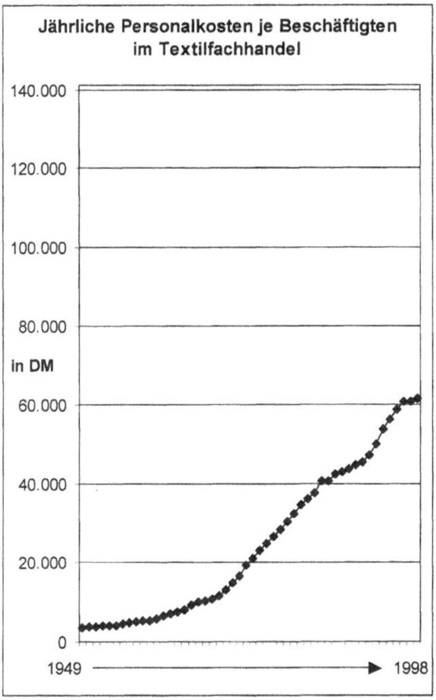

Abb. 49: Die Entwicklung der absoluten Personalkosten je beschäftigte Person im Textilfachhandel von 1949 bis 1998

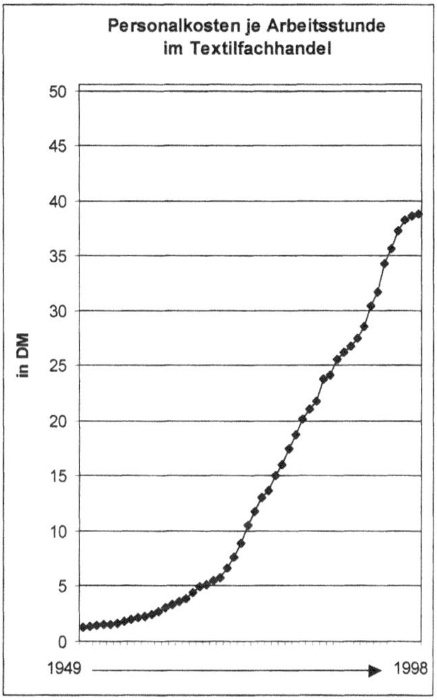

Abb. 50: Die Entwicklung der absoluten Personalkosten je eingesetzte Arbeitsstunde im Textilfachhandel von 1949 bis 1998

Die jährlichen Personalkosten je beschäftigte Person sind im Textilfacheinzelhandel von 3.530 DM in 1949 auf 61.476 DM in 1998 angestiegen (vgl. Abbildung 49). Diese Steigerung von 1.641,5 Prozent fällt gegenüber dem Zuwachs der Personalkosten je eingesetzte Arbeitsstunde dennoch vergleichsweise gering aus. Der Preis für eine Arbeitsstunde hat um 3067,7 % Prozent zugenommen. Er stieg von Anfang des Untersuchungszeitraums von 1,27 DM auf 38,81 DM an (vgl. Abbildung 50).[118] Damit

116 Vgl. Kaapke, A., 1999, S. 222.

117 Die den Abbildungen des Kapitels 3.3.2.4 zugrundeliegenden Werte können Anhang 5 entnommen werden.

118 Der Wert für das Jahr 1996 beläuft sich auf 38,31 DM. Damit deckt er sich nahezu mit dem Wert von 37,88 DM, den das Stat.BA für den Facheinzelhandel (in Verkaufsräumen, ohne Facheinzelhandel mit Nahrungsmitteln, Getränken und Tabakwaren, ohne Apotheken und ohne Fach-

eine Preisexpansion, die sich dem Einfluss des einzelnen Fachhändlers weitgehendst entzieht, nicht den unternehmerischen Erfolg negativ beeinflusst, muss entweder die betriebliche Wertschöpfung in gleicher Weise zulegen und/oder Personalkapazität eingespart werden. Von letzterer Möglichkeit machten auch die Textilfachhändler intensiven Gebrauch. Abbildung 51 zeigt die Veränderung des absoluten quantitativen Personaleinsatzes anhand der Zahl der beschäftigten Personen von 1949 bis 1998.

Die Entwicklung der Personalkapazität ist jeweils zweigeteilt. Neben der realen Entwicklung dieser Kennzahl wird zusätzlich die effektive Veränderung ausgewiesen, deren Berechnung die reale Kapazität um die Abnahme der personenbezogenen Arbeitszeit korrigiert. Nachdem die Zahl der real beschäftigten Personen je Betrieb als Folge des Wiederaufbaus nach dem zweiten Weltkrieg bis 1956 auf 31,0 angestiegen ist, reduzierte sie sich anschließend bis 1998 um 54,2 % auf 14,2 Beschäftigte. Die Abnahme der effektiv eingesetzten Faktorkapazität fällt für diesen Zeitraum mit 69,6 Prozent deutlich höher aus. Denn wird die durchschnittliche jährliche Arbeitszeit eines Beschäftigten von 2.790 Stunden des Jahres 1949 auch 1998 (1.583,9 Std.) zugrunde gelegt, reduziert sich der reale Werte von 14,2 Arbeitskräfte auf eine effektive Beschäftigtenzahl von 8,1.

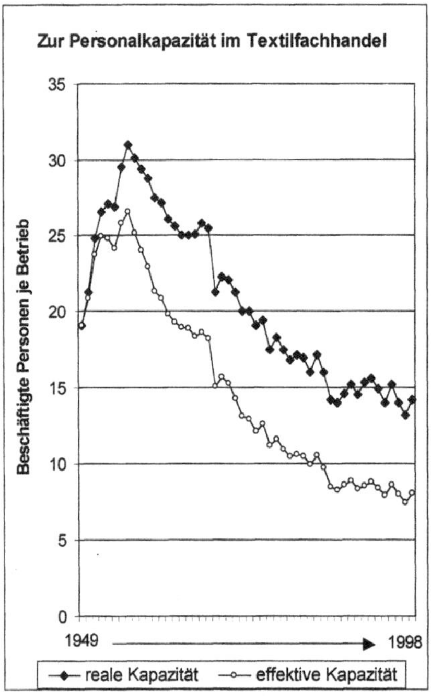

Abb. 51: Die Entwicklung der realen und effektiven Personalkapazität im Textilfachhandel von 1949 bis 1998 je Betrieb

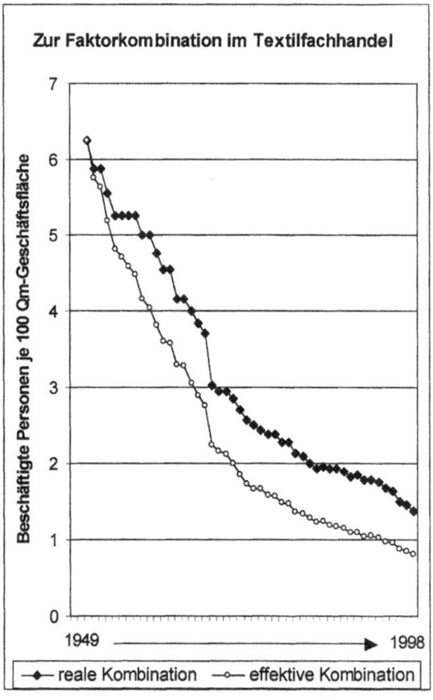

Abb. 52: Die Entwicklung der realen und effektiven Faktorkombination von Personal und Raum im Textilfachhandel von 1951 bis 1998

Neben der Verringerung der monatlichen bzw. jährlichen Arbeitszeiten hat auch das Größenwachstum der Betriebe einen weiteren Personalabbau kompensiert. Wie bereits an anderer Stelle angemerkt, scheint die Entwicklung der relativen Beschäftigtenzahl daher geeigneter, die langfristige und effektive Reduzierung des Personaleinsatzes aufzuzeigen. Abbildung 52 informiert über die Beschäftigtenzahl im Verhältnis zur Geschäftsfläche. Kennzahlen zur Faktorkombination von Personal und Raum wurden vom IfH erstmalig für das Geschäftsjahr 1951 publiziert. Zum damaligen Zeitpunkt entfielen im Textilfacheinzelhandel auf 100 Qm-Geschäftsraum 6,3 beschäftigte Personen. Diese Zahl reduzierte sich stetig bis auf 1,4 Personen im Jahr 1998. Diese starke „Ausdünnung" des Personals um den Faktor 4,5 (-77,8 %) fällt noch deutlicher aus, berücksichtigt man auch hier die Arbeitsdauer der beschäftigten Personen zu den unterschiedlichen Zeitpunkten. 6,3 Beschäftigte in 1951 entsprechen bei einer reduzierten Jahresarbeitszeit um 1.089,9 Std. je beschäftigte Person einer vergleichbaren Personalkapazität von 10,6 Personen in 1998.[119] Sind es heute 1,4 Personen, die im Textilfachhandel auf 100 Qm-Geschäftsfläche ihren Dienst leisten, waren es 48 Jahre zuvor vergleichsweise 10,6.[120]

Die Reduzierung des relativen Personaleinsatzes um den Faktor 7,6 (-86,8 %) kann nicht alleinig mit Rationalisierungsmaßnahmen begründet werden. Auch wenn insbesondere bei der Erstellung von innerbetrieblichen Leistungen die elektronische Datenverarbeitung Tätigkeiten des Faktors Arbeit ersetzt haben mag (Buchführung, Kundenkartei, Bestellwesen etc.), geht der Großteil der Personaleinsparung zu Lasten des Marktleistungsangebots. Die Faktorkombination von Personal und Raum gilt im Einzelhandel schlechthin als Indikator für den Selbstbedienungsgrad der Handelsbetriebe. Auch wenn bis zum Berichtsjahr 1980 aufgrund fehlender Angaben zur konkreten Bedienungsform der Textilfachhandelsbetriebe Veränderungen hinsichtlich ihrer Bedienungsintensität nicht analysiert werden können, steht der Trendverlauf in Abbildung 52 für einen massiven Abbau des personalen Marktleistungsangebots.[121]

---

119 Die Entwicklung der jährlichen Arbeitszeit in Stunden je beschäftigte Person im Handel ist für den Zeitraum von 1949 bis 1998 der Anlage 2 zu entnehmen.

120 Ein weiterer Sachverhalt, der Einfluss auf den relativen quantitativen Personaleinsatz nehmen könnte, ist die Dauer der Ladenöffnung. Allerdings hat sich diese, auch aufgrund des bestehenden Ladenschlussgesetzes vom 28.11.1956, im Zeitablauf kaum verändert. Selbst die Novellierung bzw. die Liberalisierung zum 1.11.1996 hat die durchschnittliche Öffnungsdauer eher geringfügig erhöht. Viele Betriebe praktizierten nach einer Testphase wieder ihre alten Öffnungszeiten oder verlängerten diese am Abend auf Kosten der morgendlichen Öffnung. Aufgrund dieser Konstanz soll die Ladenöffnungsdauer im vorliegenden Kontext keine weitere Rolle spielen. Vgl. Müller-Hagedorn, L./Kaapke, A./Wenzlitschke, M.R.: Ladenschlussgesetz – Was sagt der Fachhandel?, in: M.d.IfH, 49. Jg. (1997), H. 3, S. 45-61; Kaapke, A./Wenzlitschke, M.R.: Ladenschlussgesetz – Was sagt der Fachhandel? – Teil II, in: M.d.IfH, 49. Jg. (1997), H. 7, S. 137-148.

121 Am direktesten gibt das Verhältnis von Personalkapazität und Kundenaufkommen Auskunft über die Bedienungs- und Beratungsintensität der Fachhandelbetriebe. Im Rahmen des Jahresbetriebsvergleichs des IfH wird allerdings lediglich die Zahl der Einzelverkäufe in Form von ‚Kassenzetteln und Rechnungen aus Bar- und Kreditverkäufen' erhoben. Diese Kennziffer lässt keinen Rückschluss auf die Gesamtzahl der bedienten Kunden zu. Vielmehr ist davon auszugehen, dass sich die Anteile zwischen Käufern und Nicht-Käufern im Zeitablauf zugunsten letzterer verschoben haben. Wenn zu Beginn des Analysezeitraums der Versorgungskauf und die morali-

Das Potenzial zum Abbau von Personal ist begrenzt. Der Abbau kann zwar dazu beitragen, einen Teil des Preisanstiegs auszugleichen, die überwiegende Kompensation muss aber durch eine entsprechende Erhöhung der Wertschöpfung erfolgen. Auf welchem Wege das Verhältnis von Personalkosten und Wertschöpfung in Sicht auf ein maximales Betriebsergebnis optimiert werden kann, wird unterschiedlich beurteilt. Grundsätzlich lassen sich zwei extreme Positionen unterscheiden:

1) Nur ein quantitativ und qualitativ besonders hochwertiges Marktleistungsangebot, getragen von der persönlichen Bedienung und Beratung des Kunden, lässt diesen eine relativ hoch kalkulierte Ware erstehen, deren Rohertrag ausreicht um die Personalkosten und die sonstigen Handlungskosten zu decken und einen Gewinn zu erzielen.

2) Ein reduziertes Marktleistungsangebot spart mehr Handlungskosten ein, als dem Betrieb an Rohertrag durch den Verkauf von niedrigkalkulierter Ware verloren geht. Wie bereits dargestellt, reagiert insbesondere der Einsatz des Faktors Arbeit variabel auf ein verringertes Marktleistungsprogramm. Die eingesparten Handlungskosten sind überwiegend Personalkosten.

An dieser Stelle soll die Frage, ob der Facheinzelhandel in Verbindung mit der Variation des Marktleistungsangebots in der Vergangenheit zuviel oder zuwenig Personal eingespart hat, unbeantwortet bleiben. Dieser Thematik widmet sich Kapitel 4.3.2, wenn es darum geht, Maßnahmen aufzuzeigen, die bei variabler Marktleistung eine Reduktion der Personalkosten herbeiführen sollen. Stellvertretend für den Facheinzelhandel kann aber festgestellt werden, dass es den Textilfachgeschäften in der Vergangenheit nicht gelungen ist, die Wertschöpfung in ausreichendem Maße zu betreiben. Der Anstieg des Rohertrages blieb langfristig und zunehmend hinter dem der Personalkosten zurück. Die damit zwangsläufig einhergehende Verschlechterung des Betriebsergebnisses wurde an anderer Stelle schon beschrieben. Abbildung 53 zeigt die Personalkostenbelastung des Rohertrags von 1951 bis 1998 im Textilfacheinzelhandel. Auch wenn die Last der Personalkosten aufgrund von konjunkturellen Schwankungen des Rohertrages nicht stetig zugenommen hat, ist der langfristig negative Trend eindeutig. Der prozentuale Anteil der Personalkosten am Rohertrag hat sich von 43,9 % im Jahre 1951 auf 57,3 % im Jahre 1998 erhöht. Das Jahr 1995 markiert mit 57,8 % den Spitzenwert.

Die bisherigen Ausführungen lassen den Eindruck zu, dass der Fachhandel permanent damit beschäftigt ist, die ihm davoneilenden Personalkosten durch Personalabbau abbremsen und durch eine Ausweitung der Wertschöpfung einholen zu wollen, er aber auf Dauer zunehmend an Boden verliert. Der damit einhergehende vermehrte Verzicht persönlicher Bedienungs- und Beratungsleistungen legt den Schluss na-

sche Verpflichtung, die Ware nach Inanspruchnahme der Dienstleistung zu erwerben, dominierten, wird die Bedienungsleistung des Facheinzelhandels heute nur bei einem Teil der Nachfrager erlöswirksam. Auf den Einbezug der Kundenzahl muss bei der Analyse der Marktleistungsstrategie demnach verzichtet werden.

he, dass gemäß der zu überprüfenden Hypothese die Personalkostenstrategie die Marktleistungsstrategie der Fachbetriebe des Einzelhandels seit einem halben Jahrhundert dominiert oder zumindest einen starken Einfluss auf diese ausübt.[122] Grundsätzliche Veränderungen der strategischen Marktleistungskonzeption führen zu einem Wechsel in der Betriebsform bzw. im Betriebstyp des Handelsbetriebes.[123] Wenn es sich dabei um gleichgerichtete Entwicklungslinien einer Vielzahl von Betrieben handelt, führt dies gemäß den Annahmen der Systemtheorie, dass die Veränderung eines Systems aus einzelnen Veränderungen seiner Subsysteme resultiert, zu Anteilsverschiebungen zwischen den Betriebsformen, bis hin zu der Entstehung neuer und dem Vergehen traditioneller Betriebsformen. Die Personalkosten hätten somit einen mittelbaren, aber entscheidenden Einfluss auf den Wandel der Betriebsformen und die Entwicklungsgeschichte des gesamten (Fach-)Einzelhandels nachhaltig bestimmt. „So ist die Geschichte des Handels geradezu die Geschichte neuer Betriebsformen".[124]

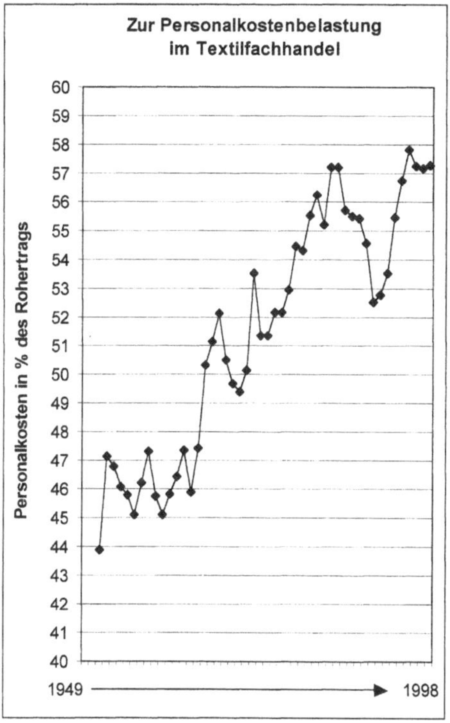

Abb. 53: Die Entwicklung des Anteils der Personalkosten an der betrieblichen Wertschöpfung im Textilfachhandel von 1951 bis 1998

Als Beweis für ein Diktat der Personalkosten im Facheinzelhandel können die obigen Ausführungen nur bedingt gelten. Die dargestellten statistischen Zusammenhänge im gesamten Kapitel 3.3.2 machen trotz Signifikanz und hoher Werte der Korrelationskoeffizienten keine gesicherten Aussagen zur Kausalität des Zusammenhangs. Auf der anderen Seite kann ein Einfluss der Personalkosten nur dann ausgeschlossen werden, wenn die Nachfrageelastizität des Kunden gegenüber Preisdifferenzierungen der Ware, wie sie sich aus einer unterschiedlichen Personalkostenhöhe bei unterschiedlichen Marktleistungsstrategien ergeben, gleich null

---

122 Die hierzu getroffene Annahme, dass der Erstellung von Marktleistungen überwiegend limitationale Austauschverhältnisse der Betriebsfaktoren mit eingeschränkter Prozessvariation zugrunde liegen, wird in Kapitel 4.3.1.2 näher untersucht.

123 Vgl. Heinemann, G.: Betriebstypenprofilierung im Facheinzelhandel - Ansätze der strategischen Marktsegmentierung, Münster 1987, S. 29f.

124 Müller-Hagedorn, L.: Handelsmarketing, Stuttgart u.a. 1984, S. 59.

ist. Diese Annahme kann insbesondere vor dem Hintergrund, dass der Kunde im Facheinzelhandel einen Großteil der Marktleistungen als Serviceleistungen kostenlos in Anspruch nehmen und dieselbe oder eine vergleichbare Ware bei einer anderen Betriebsform preisgünstig erwerben kann, als unrealistisch bezeichnet werden. Die Frage, welche Sachverhalte auf die Entscheidungsfindung zu einem Trading-Down der Marktleistungsstrategie in welchem Ausmaß bislang Einfluss genommen haben, ließe sich abschließend nur durch eine Befragung der Geschäftsführung der Facheinzelhandelsbetriebe beantworten. Eine solche repräsentative Erhebung ist dem Autor jedoch nicht bekannt. Dennoch wurde die zentrale Hypothese mehrfach von Fachhändlern gegenüber dem Autor bestätigt. Im Rahmen der von ihm als Mitarbeiter des IfH von 1993 bis 1997 durchgeführten ca. 250 Betriebsbesuche, die in erster Linie der wirtschaftlichen Analyse des Betriebes auf Basis des Betriebsvergleichs dienten, äußerten sich viele der Inhaber bzw. Geschäftsführer enttäuscht darüber, dass sie ihre Idealvorstellung von einem exklusiven und stark serviceorientierten Fachgeschäft aufgrund der damit verbundenen (Personal-)Kosten nicht oder nicht mehr realisieren könnten. Dabei wurde unterstellt, dass der Kunde auf dem Weg in die Dienstleistungsgesellschaft diese Serviceorientierung ebenfalls als wünschenswert ansieht, er aber nicht bereit bzw. nicht in der Lage ist, dieses Angebot in ausreichender Weise monetär zu entgelten.

Was bleibt, ist die Feststellung, dass dem mutmaßlichen besonderen Einfluss der Personalkosten auf die Marktleistungsstrategie in der Vergangenheit zu wenig Aufmerksamkeit geschenkt wurde. Dieser Mangel bleibt nicht auf den Facheinzelhandel begrenzt; auch der weiterreichende Einfluss der Personalkostenentwicklung auf das Entstehen und Vergehen von Betriebsformen des Einzelhandels im Allgemeinen wird von theoretischer Seite her kaum thematisiert. Dabei wäre eine Unternehmensstrategie, die die Kostenführerschaft anstrebt, ohne den extremen Anstieg der Personalkosten nicht möglich gewesen. Zahlreiche in der Vergangenheit innovative Betriebstypen, wie z.B. das Selbstbedienungswarenhaus, der Off-Preis-Store, der Fachmarkt oder das Diskontgeschäft, hätten gegenüber den Betriebstypen mit Leistungsführerschaft ihren strategischen Wettbewerbsvorteil nicht herausarbeiten können. Obwohl es eine Vielzahl von Theorien zur Dynamik der Betriebsformen bzw. –typen und somit zur Evolution des Einzelhandels gibt, berücksichtigen diese kostentheoretische Aspekte nur am Rande. Um hier einen entgegengesetzten Akzent zu setzen, bildete im vorliegenden Kapitel die Betrachtung der Kostenseite den Schwerpunkt. Ertragstheoretische Aspekte flossen zwar in Form des Umsatzes und der betrieblichen Wertschöpfung mit ein. Für ein abschließendes Urteil über die ursächlichen Einflussgrößen eines reduzierten Marktleistungsangebots im Facheinzelhandels muss ergänzend insbesondere das Kundenverhalten auf mögliche Veränderungen hin untersucht werden.

Nachdem in den Kapiteln zwei und drei die Entwicklung der Personalkosten sowie deren Bedeutung thematisiert wurde, untersucht das folgende vierte Kapitel die Maßnahmen zu einer erfolgsorientierten Reduzierung bzw. Anpassung der Personalkosten im Facheinzelhandel. Die Zukunft des Facheinzelhandels hängt nicht zuletzt von der Effizienz dieser Maßnahmen ab.

4 Die personalkostenreduzierte Leistungserstellung im Facheinzelhandel

Ziel des vierten Kapitels ist es, Ansatzpunkte zu einer Reduzierung der Personalkosten in Abhängigkeit von den Leistungen des Facheinzelhandels herauszuarbeiten. Gemäß Kapitel 4.1 scheint unter dieser Zielsetzung der produktionstheoretische Ansatz als theoretischer Bezugsrahmen besonders geeignet. Hierzu setzt sich Kapitel 4.2 ausführlich mit den vom Personal zu erstellenden Leistungen auseinander. Die Bestimmung der Leistungen ist im Rahmen des produktionstheoretischen Ansatzes von herausragender Bedeutung. Sie gehört für Müller-Hagedorn/Sewing zu den drei zentralen Fragestellungen, durch deren Beantwortung sich auch die Strukturen und Abläufe in einem Handelsbetrieb erschließen:[125]

1. Welche Produktionsfaktoren werden im Handelsbetrieb eingesetzt und inwieweit unterscheiden sich diese von den Produktionsfaktoren in anderen Wirtschaftszweigen?
2. **Worin bestehen die Leistungen des Handelsbetriebs?**
3. Von welchen Faktoren hängt es ab, in welchem Ausmaß Produktionsfaktoren eingesetzt werden müssen, um ein bestimmtes Ergebnis zu erzielen?

Die Ausführlichkeit, mit der die Leistung im Facheinzelhandel beleuchtet wird, rechtfertigt sich aus dem Mangel an Definitionen zur Handelsleistung aus produktionstheoretischer Sicht. Während sich die betriebswirtschaftliche Produktionstheorie nahezu ausschließlich mit den Ergebnissen der industriellen Fertigung beschäftigt und deren Produkte in Form von konkret zu benennenden Sachgütern definiert, fehlt es in der Handelsbetriebslehre an vergleichbaren Begriffsbestimmungen für den Output der Betriebe dieses Wirtschaftssektors. Aber erst die Kenntnis bzw. Definition der „Produkte" des Facheinzelhandels schafft die Voraussetzung für eine sinnvolles Personalkostenmanagement. Die besondere Problematik bei der Bestimmung des handelsspezifischen Outputs ergibt sich aus dem Umstand, dass nahezu ausschließlich der Prozess der Leistungserstellung, nicht aber das Ergebnis beobachtet und analysiert werden kann. So kann es nicht verwundern, dass in Abstraktion dieses Sachverhalts und somit in vielen Fällen der Einfachheit halber ein unmittelbarer Zusammenhang zwischen Personalkostenvariation und der daraus resultierenden Veränderung des betriebswirtschaftlichen Erfolgs des Handelsunternehmens unterstellt wird.

125 Vgl. Müller-Hagedorn, L./Sewing, E: Betriebswirtschaftliche Besonderheiten von Handelsbetrieben, in: WISU, 19. Jg. (1990), H. 4, S. 229.

Dieser Ansatz berücksichtigt in unzureichender Weise, dass Personalkosten als bewerteter Verzehr des Betriebfaktors Arbeit nur mittelbar über die Erstellung und den Absatz von Sach- und Dienstleistungen auf die Rendite im Fachhandel einwirken.

Beweggrund für den Einsatz von Personal im Facheinzelhandel ist das Bestreben, eine Leistung für den Markt erstellen zu wollen. Die Marktleistungsstrategie entscheidet somit in besonderem Maße über Art und Umfang des einzusetzenden Personals und gibt den Rahmen für die Höhe der Personalkosten vor. Aber auch die Optimierung der Personalkosten bei einem gegebenen und somit konstanten Leistungsangebot ist ohne Berücksichtigung der Leistung und ihrer „Produktion“ kaum möglich. Zu groß scheint der Einfluss auf das Leistungsergebnis und somit auf den Ertrag, wenn Parameter der Faktorkosten verändert werden. Die Vorgehensweise in Kapitel 4.2 sieht wie folgt aus. Nachdem kurz auf die Vielfalt des Leistungsbegriffs im Einzelhandel hingewiesen worden ist, erfolgt in einem weiteren Schritt eine allgemeine Typologisierung der Handelsleistung aus produktionstheoretischer Sicht. Darauf aufbauend werden die Gesamtleistung eines Facheinzelhandelsbetriebes in ihre Bestandteile zerlegt und die einzelnen Leistungen klassifiziert.

Die anschließende Systematisierung der relevanten Maßnahmen erfolgt in Kapitel 4.3 anhand des Ausmaßes an Einflussnahme auf die strategische Ausrichtung der Unternehmenspolitik. Anders als der Industrie ist es dem Handel aufgrund der Kundengebundenheit bei der Leistungserstellung nicht möglich, die ‚Produktion‘ in ‚Billiglohngebiete‘ räumlich zu verlagern. Um Personalkosteneinsparungen realisieren zu können, bleiben dem Einzelhändler zwei grundsätzlich unterschiedliche Handlungsalternativen. Entweder er reduziert die absoluten Personalaufwendungen bei gegebener Marktleistung (Kapitel 4.3.1) oder er nutzt die gegebene Faktorkapazitäten des Personals zur einer Modifikation des Leistungsangebotes (Kapitel 4.3.2). Letzteres Maßnahmenbündel berücksichtigt auch den Fall, dass die Personalkosten absolut ansteigen, wobei ihr Anteil am Umsatz bzw. an der Wertschöpfung allerdings rückläufig sein muss und somit die Bedingung der Kostenreduktion erfüllt ist.

Die notwendigen Maßnahmen bei der ersten Alternative werden zuerst auf die Herabsetzung des Faktorpreises und den ersatzlosen Abbau von Personalkapazität gerichtet sein. Auf dem Weg vom operativen zum strategischen Personalkostenmanagement können in einem nächsten Schritt die Möglichkeiten zu einer betriebswirtschaftlich sinnvollen und technisch machbaren Substitution des Faktors Arbeit durch einen anderen Faktor ausgeschöpft werden. Wenn die Anzahl alternativer Produktionsverfahren zu gering bzw. nicht vorhanden ist, um eine Minimalkostenkombination deutlich unterhalb der Erlöse zu realisieren, ist eine Modifizierung der betrieblichen Handelsleistung gemäß der zweiten Alternative notwendig. Zwei entgegengesetzte Strategien sind in der Realität zu beobachten. Mit einem ‘Trading-Up‘ wird das Leistungsangebot eines Handelsunternehmens „nach oben“ erweitert, vertieft oder qualitativ angehoben, mit einem ‘Trading-Down‘ erfolgt im umgekehrten Fall eine Vereinfachung der Vertriebsmethoden „nach unten“. Da sich der Facheinzelhandel aus seinem betriebsformentypischen Leistungsbündel heraus definiert, sind einer top-down

Nivellierung bzw. Novellierung des Leistungsangebots allerdings systemimmanente Grenzen gesetzt.

Unabhängig von der Vorgehensweise im Einzelnen gilt für alle in Kapitel 4.3 vorzustellenden Maßnahmen, dass sie zu einer absoluten oder zumindest relativen Personalkostensenkung und zu einer Steigerung des betriebswirtschaftlichen Ergebnisses im Facheinzelhandel führen müssen.

Zunächst soll in einem einleitenden Schritt der theoretische Bezugsrahmen für Kapitel 4 gesetzt werden.

4.1 Theoretischer Bezugsrahmen

Die im weiteren Verlauf der vierten Kapitels zu treffenden Aussagen zum Personal im Fachhandel und seiner Kosten sollten, wenn schon nicht durchgehend theoriegestützt, so doch zumindest theoriegeleitet sein.[126] Neben der Kostentheorie sind es insbesondere die verschiedenen theoretischen Ansätze innerhalb der betriebswirtschaftlichen Personallehre, die einen Beitrag zur Analyse des speziellen Gegenstandsbereichs leisten können.

Gemäß dem Anliegen, die Effizienz und die Wirtschaftlichkeit des arbeitenden Menschen zu erhöhen, müssen stets die Wechselwirkungen zwischen betrieblichem Input und Output berücksichtigt werden. Unter den vielfältigen theoretischen Ansätzen, die sich innerhalb der Betriebswirtschaftslehre mit dem arbeitenden Menschen beschäftigen, scheint der **produktionstheoretische Ansatz** als Bezugsrahmen für die Analyse der Personalkosten und seiner Reduktion im Fachhandel geeignet. Die Input-Output-Relationen werden hierbei zum einen mit Hilfe von Produktionsfunktionen mengenmäßig dargestellt und zum anderen durch die Bewertung des Faktoreinsatzes (z.B. in Form von Lohnkosten) wertmäßig bestimmt.[127] Der Input setzt sich aus den Produktions- bzw. Betriebsfaktoren zusammen. Der Produktionsfaktoransatz stellt auch innerhalb der Personallehre die maximale Ergiebigkeit des Faktors Arbeit und die Optimierung der Faktorkombination hinsichtlich ihrer Wirtschaftlichkeit in den Mittelpunkt seiner Betrachtung.[128] Aufgrund dieser Tatsache soll er auch den Rahmen für die vorliegende Arbeit bilden.[129]

---

126 Vgl. Drumm, H.J.: Personalwirtschaftslehre, 3. A., Berlin u.a. 1995, S. 169.

127 Vgl. Müller-Hagedorn, L.: Der Handel, Stuttgart-Berlin-Köln 1998, S. 116.

128 Vgl. Krell, G., 1998, S. 224.

129 Die Frage, ob sich die Produktionstheorie auch auf Handelsbetriebe übertragen lässt, wird allerdings auch kritisch beantwortet. Da der Autor nicht den Anspruch erhebt, eine Produktionstheorie für den Handel entwickeln zu wollen, sondern lediglich anhand ihrer Grundüberlegungen den Facheinzelhandelsbetrieb als Input-Output-Einheit betrachtet, wird auf diese kontroverse Diskussion verzichtet. Vgl. hierzu die Beiträge in der Zeitschrift für Betriebswirtschaftslehre, Hedderich, R.: Die Warenprozesse und die Kapazitätsfaktoren im Einzelhandelsbetrieb, in: ZfB, 48. Jg.(1978), S. 579-595; Leihner, E.: Die Entwicklung der Betriebswirtschaftslehre aus Sicht

Das Ziel, die Wirtschaftlichkeit des arbeitenden Menschen zu erhöhen, verfolgen auch eine Reihe weiterer theoretischer Ansätze zu Personal und Arbeit. Eines der ältesten Konzepte ist der 1911 von Taylor entwickelte **Scientific Management-Ansatz**. Er ist vor allem durch den rationellsten Einsatz von Mensch und Maschine im Produktionsprozess geprägt. Leistungs- und Effizienzdenken, Streben nach Produktivität, systematische Arbeitszeitstudien, materielle Anreizsysteme, strenge Arbeitsteilung und Optimierung der Arbeitsumgebung sind seine Merkmale.[130]

In der jüngeren Vergangenheit fanden diese ‚traditionellen' Ansätze eine Ergänzung durch die spezifische Anwendung der Institutionenökonomie auf personalwirtschaftliche Problemfelder. Seitdem macht in Deutschland nicht nur die personalwirtschaftliche Forschung, sondern auch die Personalwirtschaftslehre enorme Veränderungen durch.[131] Die Theorien der Institutionenökonomie dienen den Vertretern dieser neuen programmatischen Ausrichtung der Personallehre als Teil des Fundaments zur Errichtung der **Personalökonomie**. Ihr Anliegen ist es u.a., dem bestehenden Defizit eines an Effizienzkriterien ausgerichteten Personaleinsatzes der traditionellen Personalwirtschaft zu begegnen. Der dabei praktizierte Methoden- und Theorienpluralismus ist Programm und Ausdruck der Vielfalt des Problemfelds ‚betriebliches Personalwesen'.[132] Das dabei unterstellte Menschenbild entspricht der grundlegenden Wertvorstellung ökonomischer Personallehre, für die ein Beschäftigungsverhältnis einen Tausch zwischen Arbeitnehmer und Arbeitgeber darstellt und für die die Funktionalität und Instrumentalität der Arbeit das Verhältnis kennzeichnet.[133] Folgerichtig werden beispielsweise Investitionen in das Humankapital gleich einem Betriebsmittel einer Investitionsrechnung unterzogen. Gleiches gilt für das Organisationskapital, für das in Analogie zum Humankapital ebenfalls versucht wird, einen zumindest theoretischen Ertragswert zu ermitteln. Auch zeugt diese Sichtweise des Personals als eine von der Produktnachfrage abhängige Variable von seinem angenommenen Wesen als Mittel zur Erreichung unternehmerischer Ziele. Dass das Individuum durchaus

---

der Unternehmensberatung unter besonderer Berücksichtigung der Betriebswirtschaftslehre des Handels, in: ZfB, 52. Jg. (1982), S. 580-597; Hedderich, R.: Kritische Anmerkungen zur Entwicklung der Betriebswirtschaftslehre des Handels, in: ZfB, 53. Jg. (1983), S. 684-685; Barth, K.: Noch einmal: Kritische Anmerkungen zur Entwicklung der Betriebswirtschaftslehre des Handels, in: ZfB, 54. Jg. (1984), H. 3, S. 295-298; Hedderich, R.: Eine Erwiderung zu den Ausführungen von Barth, in: ZfB, 54. Jg. (1984), S. 299-301; Gümbel, R.: Die Produktionsfunktion – Fundament der Handelsbetriebslehre, in: ZfB, 54. Jg. (1984), S. 299-301 und Kroeber-Riel, W.: Grundsatzfragen der Handelsbetriebslehre – Zwei Briefe, Eine provinzielle Diskussion!, in: ZfB, 54. Jg. (1984), S. 888-890. An anderer und aktuellerer Stelle weist Müller-Hagedorn darauf hin, dass die Produktionstheorie im Rahmen der Handelsbetriebslehre etwas in den Hintergrund getreten ist. Es darf aber nicht übersehen werden, dass ihre Grundüberlegungen unter anderen Begriffen aktuell sind. Dies gilt insbesondere für die Entwicklung von Kennzahlensystemen und das Konzept der Wertschöpfungskette. Vgl. Müller-Hagedorn, L., 1998, S. 113.

130 Vgl. Taylor, F.W.: Die Grundsätze wissenschaftlicher Betriebsführung, Berlin 1913, S. 2.

131 Vgl. Backes-Gellner, U./Lazear, E.P./Wolff, B.: Personalökonomie. Fortgeschrittene Anwendungen für das Management, Stuttgart 2001, S. V.

132 Vgl. Backes-Gellner, U.: Personalwirtschaftslehre – eine ökonomische Disziplin, in: Weber, W. (Hrsg.): Grundlagen der Personalwirtschaft: Theorien und Konzepte, Wiesbaden 1996a, S. 309.

133 Ebenda, S. 302.

eigennützig, rational und kalkulierend handeln kann, steht hierzu nicht in Widerspruch.[134]

Das Anliegen der theoretischen Ansätze, die den Umgang mit dem Personal in erster Linie unter stark ökonomischer Zielsetzung beschreiben und erklären, wird durch die übergreifende Etikettierung mit dem Begriff der **Personalwirtschaft** verdeutlicht.[135] Auch im Rahmen dieser speziellen programmatischen Orientierung der Personallehre wird dem Produktionsfaktoransatz eine herausragende Rolle zugesprochen: „Die Theorie der Personalwirtschaft ist ... zunächst als Theorie von Beschaffungsentscheidungen unter Marktbedingungen, anders ausgedrückt: als Teil der allgemeinen Betriebswirtschaftslehre im Sinne Gutenbergs“ anzusehen.[136] Insbesondere die Substitution von Arbeit durch Kapital ist mit Hinweis auf Gutenberg eine Möglichkeit, die Effizienz des im Betrieb verbleibenden Personals zu erhöhen.

Die verhältnismäßig junge betriebswirtschaftliche Teildisziplin ‚Personal‘ folgte in ihren Anfängen allerdings zunächst dem Zeitgeist der sechziger und siebziger Jahre und legte in Abkehr zum faktoriellen Ansatz Gutenbergs und den arbeitswissenschaftlichen Erkenntnissen Taylors den Schwerpunkt ihrer Lehre auf **verhaltenswissenschaftliche** Aspekte.[137] Ihre Vertreter weisen darauf hin, dass die Besonderheiten der menschlichen Arbeit, auch der objektbezogenen Arbeit, nicht außer Acht gelassen werden dürfen und es somit stets erforderlich ist, die quantitative Analyse durch psychologische und soziologische Aspekte zu ergänzen.[138] Die im Betrieb beschäftigten Personen verfolgen neben den ökonomischen auch soziale Ziele, denen Rechnung getragen werden muss. Drumm resümiert folglich: “Alle personalwirtschaftlichen Entscheidungen stehen daher unter mehrfacher Zielsetzung.“[139]

Die damit verbundene teilweise bis vollständige Abkehr von ökonomischen Notwendigkeiten beim Personaleinsatz wurde von Beginn an diskutiert, stößt aber erst seit Anfang der achtziger Jahre, begleitet und unterstützt von einer allgemeinen und zunehmenden Verschlechterung der gewinnwirtschaftlichen Situation, in den Unternehmen aller Wirtschaftsbereiche auf zunehmende Kritik.[140] Die Diskussion über die Zweckmäßigkeit der ‚ökonomischen‘ versus ‚verhaltenswissenschaftlichen‘ Orientie-

134 Vgl. Sadowski, D.: Humankapital und Organisationskapital – Zwei Grundkategorien einer ökonomischen Theorie der Personalpolitik in Unternehmen, in: Ordelheide, D./Rudolph, B./Büsselmann, E. (Hrsg.): Betriebswirtschaftslehre und Ökonomische Theorie, Stuttgart 1991, S. 135-137.

135 Vgl. Drumm, H.J., 1995, S. 19; Krell, G., 1998, S. 225.

136 Sadowski, D., 1991, S. 135f.

137 Als Geburtsjahr der betriebswirtschaftlichen Personallehre wird unter Hinweis auf Wunderer regelmäßig das Jahr 1961 angegeben. Vgl. Wunderer, R.: Entwicklungstendenzen im Personalwesen. Beurteilung aus theoretischer und praktischer Warte, in: DBW, 43. Jg. (1983), H. 2, S. 219f.

138 Vgl. Potthoff, E.: Betriebliches Personalwesen, Berlin-New York 1974, S. 10.

139 Drumm, H.J., 1995, S. 169.

140 Vgl. Wunderer, R./Mittmann, J.: 10 Jahre Personalwirtschaftslehren – von Ökonomie nur Spurenelemente, in: DBW, 43. Jg. (1983), H. 4, S. 647.

rung der Personallehre ist bis heute nicht abgeschlossen, soll aber an dieser Stelle nicht weitergeführt werden.[141] Vielmehr wird die Position der Stimmen vertreten, für die sich ökonomisches und verhaltensorientiertes Denken nicht ausschließen. So weist Backes-Gellner beispielsweise auf den möglichen und sinnvollen Einbezug von individuellen Nutzenmaximierungskalkülen, unterschiedlichen Menschenbildern und Umwelteinflüssen bei ökonomischen Analysen der Personalwirtschaftslehre hin.[142]

Die Berücksichtigung verhaltenswissenschaftlicher Aspekte im produktionstheoretischen Rahmen der vorliegenden Arbeit scheint immer dann im Besonderen geboten, wenn die Maßnahmen zur Personalkostenreduktion auf eine Variation der Faktorgüte ausgerichtet sein sollen. Schon früh erkannte der **Human-Relations-Ansatz** den Zusammenhang von Leistungsverhalten und Leistungsergebnis des Personals. Seine bereits in den zwanziger Jahren formulierten Forderungen nach einer leistungsfördernden Kommunikation zwischen den hierarchischen Ebenen, nach der Notwendigkeit, die Mitarbeiter zu informieren und sie intensiv zu betreuen, stehen ebenso wie die Erkenntnis, dass das Leistungsverhalten vorrangig durch die Zufriedenheit des Mitarbeiters, durch soziale Normen, günstige Aufstiegsmöglichkeiten, mitarbeiterorientierte Vorgesetzte, abwechslungsreiche Arbeit und durch die Mitbestimmung bei der Arbeitsgestaltung bestimmt wird, für einen frühen alternativen Weg zur Effizienzsteigerung des Faktors Arbeit.[143] Einen hierzu komplementären Ansatz bildet das **Human-Resource-Management**. Der Mensch im Unternehmen wird hier jedoch nicht mehr alleinig als Kostenfaktor begriffen, sondern zudem und in entscheidendem Maße als Wettbewerbs- und Erfolgsfaktor (vgl. hierzu auch Kapitel 3.3.1). Dieses ‚Trading-Up' hinsichtlich seiner Bedeutung für die Erreichung übergeordneter Unternehmensziele verlangt die Berücksichtigung personalwirtschaftlicher Aspekte bei allen betrieblichen Entscheidungen. Als Erfolgsfaktor, Vermögensanlage und Investitionsobjekt zur Unterstützung der Unternehmensstrategie muss diesem eine besondere Hinwendung zu Teil werden. Entsprechend viel Raum nimmt die Auseinandersetzung mit den Maßnahmen zur Motivation und zur Entdeckung, Erhaltung und Weiterentwicklung der Fähigkeiten und Fertigkeiten der Mitarbeiter in diesem Ansatz ein.

Zusammenfassend kann festgestellt werden, dass der Produktionsfaktoransatz den theoretischen Bezugsrahmen für die weiteren Ausführungen vorgibt. Hiermit folgt der Autor u.a. der Aufforderung von Ridder, dass sich eine Weiterentwicklung der Personalwirtschaftslehre als ökonomische Theorie stärker auf den von Gutenberg ent-

---

141 Als jüngstes Beispiel für eine Diskussion bzw. einen Dialog zu dieser Fragestellung können die Beiträge von Alewell und Weibler angesehen werden. Vgl. Alewell, D.: Zum Verhältnis von Arbeitsökonomik und Verhaltenswissenschaften, in: DBW , 56. Jg. (1996), H. 5, S. 667-683 und Weibler, J., Ökonomische vs. verhaltenswissenschaftliche Ausrichtung der Personalwirtschaftslehre – Eine notwendige Kontroverse?, in: DBW , 56. Jg. (1996), H. 5, S. 649-665.

142 Vgl. Backes-Gellner, U.: Personalökonomik und Verhaltenswissenschaften, in: DBW, 56. Jg. (1996b), H. 6, S. 857.

143 Vgl. Olfert, K./Steinbuch, P.A., 1998, S. 29.

wickelten ökonomischen Kern zu konzentrieren hat.[144] Durch die zusätzliche partielle Berücksichtigung verhaltensorientierter Aspekte wird dem besonderen Wesen des Faktors Arbeit Rechnung getragen, wenngleich sein Einsatz im Facheinzelhandel ausschließlich unter ökonomischen Gesichtspunkten und somit als Mittel zum Zweck betrachtet werden soll.

4.2 Die Leistungen des Facheinzelhandels

Auf dem Weg die einzelnen Leistungen des Facheinzelhandel aus einer produktionstheoretischen Sicht heraus zu definieren, soll zunächst eine allgemeine Typologie der Leistungen im Einzelhandel entworfen werden.

4.2.1 Eine allgemeine Typologie der Leistungen im Einzelhandel

Die seit langem geführte und zumindest außerhalb der Wissenschaften immer wieder auflebende Diskussion um die Produktivität des Handels erhält ihren Nährboden in besonderem Maße dadurch, dass das Resultat der Leistungserstellung in Handelsbetrieben ungleich weniger augenfällig ist als in Handwerks- und Industriebetrieben. Weber fasst die Problematik folgendermaßen zusammen: „So gilt i.d.R. für Handelsbetriebe:

1. sie produzieren keine Sachgüter,
2. sie erhöhen nicht den Gebrauchswert,
3. sie erstellen keine selbständig verwertbaren Dienstleistungen, wie z.B. Rechtsanwälte, Steuerberater oder Universitäten, und
4. Handelsspannen sind keine vernachlässigbare Größe (sie betragen teilweise mehr als 50% der Verbraucherpreise)."[145]

Dass diese Spannen insbesondere im Facheinzelhandel dennoch nicht ausreichen, um die Handlungskosten im Allgemeinen und die Personalkosten im Speziellen zu decken, lässt die Bedeutung der sich im Folgenden anschließenden Definition der von dieser Betriebsform zu erstellenden Leistung deutlich werden. Auch wenn es sich beim betrieblichen Output tatsächlich um überwiegend nicht selbständig verwertbare Dienstleistungen handelt, können diese dem Kunden durchaus einen hohen Nutzen stiften. Darüber hinaus vernachlässigt die obige These die Erstellung von Rechten, als speziellen Output produktiver Prozesse im Handel. Zudem muss die Feststellung, dass der Handel keine Sachgüter produziert, kritisch hinterfragt werden.

---

144 Vgl. Ridder, H.: Personalwirtschaftslehre als ökonomische Theorie, in: Weber, Wolfgang (Hrsg.). Grundlagen der Personalwirtschaft: Theorien und Konzepte, Wiesbaden 1996, S. 335.

145 Weber, H.H.: Zur Diskussion um die Produktivität des Handels, in: ZfB, 46. Jg. (1976), H. 1, S. 47.

Obwohl der Leistungsbegriff in der Betriebswirtschaftslehre eindeutig als mehr oder weniger gelungenes, bewertetes oder unbewertetes Ergebnis eines betrieblichen Erzeugungsprozesses definiert ist, erfährt dieser in der Literatur zur Handelsbetriebslehre oft eine umfassendere Anwendung.[146] Es sind die unterschiedlichsten Theorien, die sich mittel- oder unmittelbar, mehr oder weniger streng axiomatisch der Leistung des Handels, als Gegenstand der wissenschaftlichen Erkenntnis, nähern. Die voneinander abweichenden Zielsetzungen dieser Theorien und das weite Spektrum differierender Ansätze innerhalb der Theorien führten gemäß der Notwendigkeit „Definitionen sind so vorzunehmen, dass sie sich zur Behandlung der ins Auge gefassten Problemstellung eignen"[147] zu einer Vielzahl von unterschiedlichen Definitionen bzw. Sichtweisen des Begriffes der Handelsleistung.

Der große Umfang an anzuführender Literatur, wollte man die einzelnen Ansätze zur Handelsleistung explizit darlegen, würde über die Zielsetzung, eine für die vorliegende Arbeit geeignete Bestimmung der Leistung und ihrer Komponenten aus produktionstheoretischer Sicht vornehmen zu wollen, hinausgehen. An dieser Stelle soll u.a. auf Holler verwiesen werden, der eine ausführliche Auseinandersetzung mit den unterschiedlichen Sichtweisen der Handelsleistung vornimmt.[148] Erschwert wird eine solche Vorgehensweise dadurch, dass die zur Terminologie der Handelsleistung gehörigen artverwandten Begriffe, wie z.B. Funktion, Aktivität, Tätigkeit, Fähigkeit, Erzeugnis des Handels teils synonym, teils antonym verwendet werden.

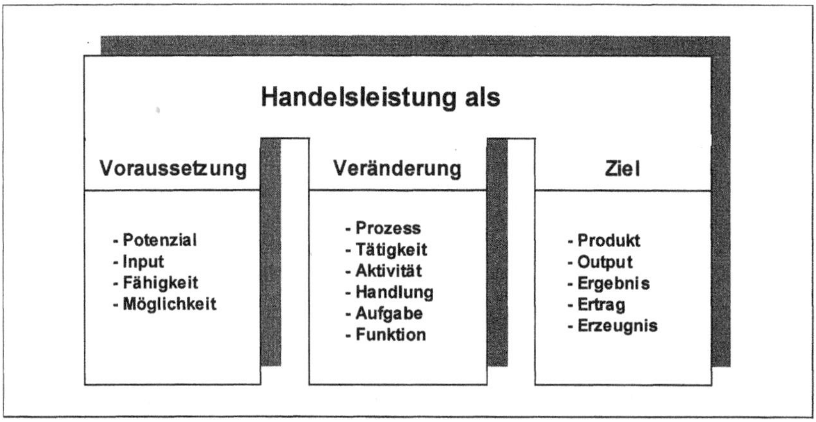

Abb. 54: Die Interpretationsvielfalt des Begriffs der Handelsleistung

Um zumindest eine gewisse Ordnung in diese Begriffswelt zu bringen, werden die Begriffe anhand ihrer Primärzielsetzung in drei Kategorien unterteilt (vgl. Abbildung

146 Vgl. Gabler Wirtschafts Lexikon, 1988, Sp. 98.

147 Müller-Hagedorn, L.: Handelsmarketing, 2. A., Stuttgart-Berlin-Köln 1993a, S. 18.

148 Vgl. Holler, H.: Produktionsfunktion und Handelsbetrieb, Frankfurt am Main u.a. 1990, S. 155-326. Vgl. auch die Ausführungen zur Handelsleistung bei Woratschek, H.: Betriebsform, Markt und Strategie, Wiesbaden 1992, S. 5-34.

54). Jede der drei Kategorien versucht das Wesen der Handelsleistung aus einem anderen Blickwinkel zu charakterisieren. Die Begriffe zur Handelsleistung werden demnach entweder als eine an die Leistungserstellung gerichtete Voraussetzung, als eine dem Handeln zugrundeliegende Veränderung der betrieblichen Faktoren oder als eine beim Handeln angestrebte Zielsetzung interpretiert. Insbesondere die Produktionstheorie bedient sich zur Kennzeichnung eines produktiven Systems dieser Dreiteilung. Am häufigsten stehen dabei die Begriffstripel **Potenzial**, **Prozess** und **Produkt** sowie **Input**, **Aktivität** und **Output** für die drei aufeinander folgenden Stufen der Produktion.[149]

Neben ihrem mehrdimensionalen Wesen erschwert die oftmals vorgenommene Zusammenfassung sehr heterogener Leistungstypen und –arten unter dem Begriff der Handelsleistung das Verständnis der weiteren Ausführungen. Um eine Auseinandersetzung mit den Besonderheiten der Leistungen des Facheinzelhandels und die daraus resultierenden Ableitungen personalkosteneinsparender Maßnahmen im Rahmen der operativen und strategischen Produktionsplanung zu ermöglichen, soll zunächst eine allgemeingültige Typenbildung der Leistungen des Einzelhandels vorgenommen werden. Abbildung 55 stellt zunächst anhand einer Gliederung die für die vorliegende Arbeit relevanten Typen vor. Darauf aufbauend werden dann die relevanten Begriffe definiert und inhaltlich diskutiert.

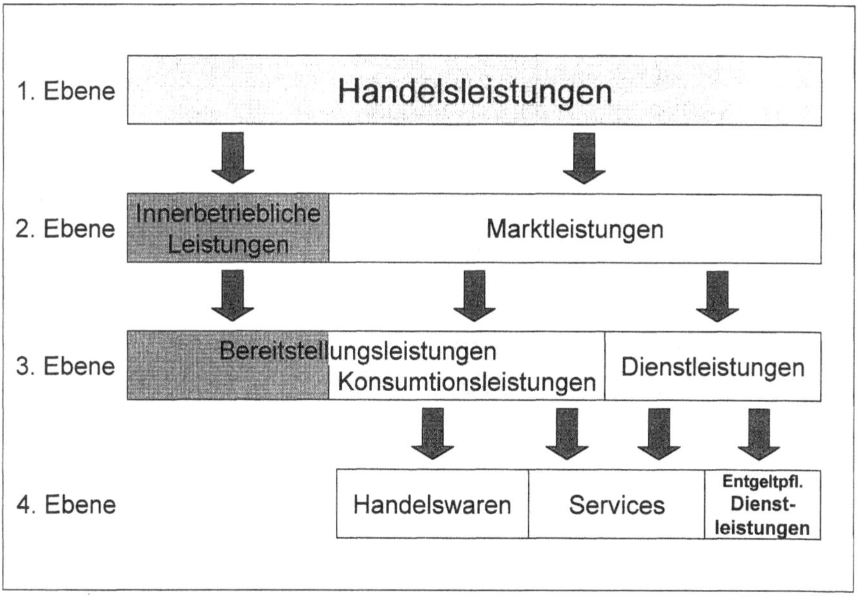

Abb. 55: Eine Leistungstypologie des Facheinzelhandels

149 Der Terminus des Produktes steht dabei überwiegend für das Ergebnis der industriellen Fertigung und soll in Bezug auf die Handelsleistung im Weiteren nur eingeschränkt benutzt werden.

Innerbetriebliche Leistungen vs. Marktleistungen

Auf der zweiten Ebene können Handelsleistungen in innerbetriebliche Leistungen auf der einen und Leistungen, die für den unmittelbaren Absatz erstellt werden, auf der anderen Seite differenziert werden. Müller-Hagedorn/Sewing machen die Zuordnung der einzelnen Handelsleistung zu diesen beiden Kategorien davon abhängig, ob die Leistung für den Nachfrager erkennbar und somit relevant ist.[150] Ein weiteres Kriterium sieht Müller-Hagedorn in dem Umstand, dass Leistungen in unterschiedlichem Maße dem Wettbewerb ausgesetzt sein können. Leistungen ohne unmittelbaren Wettbewerbseinfluss sind dem rückwärtigen Bereich der Unternehmung zuzuordnen.[151] In Anlehnung an Walther, der die gleiche Klassifizierung vornimmt, sollen die für den Nachfrager relevanten Leistungen im Folgenden als **Marktleistungen** bezeichnet werden.[152] Der Begriff der Marktleistung findet sich auch bei Engelhardt.[153] Anstelle der Termini *Interne Leistung* (Walther) oder *Gefüge- und Dispositionsleistung* (Engelhardt) soll das Pendant zur Marktleistung dem von Müller-Hagedorn/Sewing gewählten Begriff der **Innerbetrieblichen Leistung** folgen.[154] Den beiden Begriffen sollen folgende Definitionen zugrunde liegen:[155]

Marktleistungen	Spektrum der Leistungen, die der Einzelhandelsbetrieb am Absatzmarkt anbietet.
Innerbetriebliche Leistungen	Spektrum der Leistungen des Einzelhandels, die keine Marktleistungen sind. Sie werden in der Regel vom Betrieb zur Aufrechterhaltung der Betriebsbereitschaft erstellt. Hierzu zählen in erster Linie Güter, die der betrieblichen Eigennutzung zuzurechnen sind (Geschäftsführung, Verwaltung, Rechnungswesen etc.), aber auch von Dritten in Auftrag gegeben werden (Staat, Gewerbeaufsichtsamt, Lieferanten etc.).

Aus dieser Differenzierung resultiert eine verhältnismäßig enge Sichtweise von innerbetrieblichen Leistungen. Funktionsbereiche, wie bspw. Einkauf und Logistik der Ware, ohne die im Handel kaum eine Marktleistung erstellt werden kann, zählen demnach nicht zu den innerbetrieblichen Leistungen. Vielmehr handelt es sich um Marktleistungen aus prozessorientierter Sicht (vgl. Kapitel 4.2.3).

---

150 Vgl. Müller-Hagedorn, L./Sewing, E., 1990, S. 230.

151 Vgl. Müller-Hagedorn, L.: Bausteine eines Management-Informationssystems: Balanced Scorecard – Benchmarking – Betriebsvergleich, in: Beisheim, O. (Hrsg.): Distribution im Aufbruch, Bestandsaufnahme und Perspektiven, München 1999, S. 740. Um monopolistische Marktleistungen nicht grundsätzlich auszuschließen, wird die angenommene Konkurrenzsituation, in der sich der Anbieter mit seiner Leistung befindet, als Einteilungskriterium nicht explizit herangezogen.

152 Vgl. Walther, A.: Einführung in die Wirtschaftslehre der Unternehmung, 2. A., Zürich 1955, S. 237-239.

153 Vgl. Engelhardt, H.W.: Grundprobleme der Leistungslehre, dargestellt am Beispiel der Warenhandelsbetriebe, in: zfbf, 18. Jg. (1966), H. 2, S. 165f.

154 Vgl. Müller-Hagedorn, L/Sewing, E, 1990, S. 229.

155 Zur Problematik der eindeutigen Trennung von Marktleistungen und innerbetrieblichen Leistungen siehe Kapitel 4.2.4.

Bereitstellungsleistung vs. Dienstleistung

Der Einzelhandel bietet dem Kunden in überwiegendem Maße Sachleistungen mit ergänzenden Dienstleistungen an. Es kann vor allem in Bezug auf den Facheinzelhandel vermutet werden, dass der größte Teil der Personalkosten zur Erstellung der unterschiedlichsten Dienstleistungen aufgewandt werden muss. Der Dienstleistungsproduktion kommt folglich eine besondere Bedeutung bei der Variation des Personaleinsatzes und seiner Kosten in den Betrieben des Facheinzelhandels zu. Da der Dienstleistungsbegriff in der Literatur nicht einheitlich definiert ist, erfolgt die Begriffsbestimmung relativ ausführlich. Dabei soll auch den Fragen nachgegangen werden, welche Merkmale einer Dienstleistung als konstitutiv angesehen werden können und wie sie sich dadurch von den anderen Leistungen des Fachhandels abgrenzt.

Bereits die klassische Nationalökonomie hat sich mit dem Wesen der Dienstleistung beschäftigt. Die Differenzierung in materielle und immaterielle Produktion und eine nutzenorientierte Betrachtungsweise von Gütern schafften die Voraussetzungen für eine intensive Auseinandersetzung mit dem Themenkreis der Dienstleistung.[156] Inhärent für die Leistungserstellung aus produktionstechnischer Sicht ist, wie bereits einleitend dargestellt, die Einteilung in drei unterschiedliche Stufen, die zeitlich aufeinander aufbauen und aus denen sich unterschiedliche Definitionsansätze auch für die Dienstleistung ergeben haben:[157]

Die **potenzialorientierte** Sichtweise der Dienstleistung unterstellt, dass Dienstleistungen als Fähigkeiten eines Dienstleistungsanbieters begriffen werden können, durch Menschen und/oder Maschinen spezifische Leistungen beim Dienstleistungsnachfrager zu erbringen.[158]

Die **prozessorientierte** Sichtweise der Dienstleistung vertritt die Auffassung, dass über den Dienstleistungsprozess die Bedarfsdeckung Dritter herbeigeführt wird.[159]

Die **produktorientierte** Betrachtung der Dienstleistung basiert auf der Annahme, dass nur das Ergebnis des Prozesses als Leistung anzusehen ist, denn nur dieses ist am Markt vertretbar.[160]

---

156 Vgl. Meffert, H./Bruhn, M.: Dienstleistungsmarketing, Grundlagen – Konzepte – Methoden, Wiesbaden 1995, S. 9.

157 Vgl. Wolf, S.: Kundenbindung durch Qualitätsmanagement, Göttingen 1997, S. 89-91.

158 Dienstleistungen bei denen der Potenzialcharakter im Vordergrund steht, finden sich beispielsweise bei Meyer/Mattmüller und bei Hentschel. Vgl. Meyer, A./Mattmüller, R.: Qualität von Dienstleistungen – Entwurf eines praxisorientierten Qualitätsmodells, in: Marketing ZFP, 9. Jg. (1987), H. 3, S. 187f; Hentschel, B.: Dienstleistungsqualität aus Kundensicht: Vom merkmals- zum ereignisorientierten Ansatz, Wiesbaden 1992, S. 19f.

159 Eine prozessorientierte Betrachtung liegt der Definition von Berekoven, L.: Der Dienstleistungsmarkt in der Bundesrepublik Deutschland, Göttingen 1983, S. 23 zugrunde.

160 Ergebnisorientierte Dienstleistungsdefinitionen finden sich u.a. bei Altenburger und bei Engelter. Vgl. Altenburger, O.A.: Ansätze zu einer Produktions- und Kostentheorie der Dienstleistung, Berlin 1980, S. 21; Engelter, K.-A.: Das Rationalisierungspotenzial im Dienstleistungsbereich. Zu den Möglichkeiten der Substitution persönlicher Systeme im Bereich der Produktion immaterieller Güter, Frankfurt-Bern-Las Vegas 1979, S. 116.

Die Abgrenzung der Dienstleistung gegenüber andersartigen Leistungen erfolgt in der Regel anhand konstitutiv erachteter Merkmale.[161] Nahezu alle Merkmale lassen sich auf zwei zentrale Faktoren zurückführen:

1. Die **Integration eines Objekts oder Subjekts** als externer Faktor in den Dienstleistungsprozess,
2. die **Immaterialität** des Dienstleistungsprodukts.

Nur die Integration des externen Faktors in den Leistungserstellungsprozess erweist sich jedoch als allen Dienstleistungen gemeinsame und dadurch allgemein anerkannte Eigenschaft.[162] Das zur Abgrenzung gegenüber der Sachleistung regelmäßig herangezogene Merkmal der Immaterialität verfügt nicht über eine derartige Allgemeingültigkeit. Vor allem die Existenz von materiellen Trägermedien (z.B. Baupläne des Architekten), die Einbeziehung eines zu bearbeitenden externen Objekts (z.B. Autoreparatur) und die Auftragsfertigung eines individuellen Sachgutes (z.B. Maßanzug) sind Ausnahmen einer Regel, die zunehmend in Frage gestellt wird. Im Weiteren soll daher die Immaterialität kein Merkmal einer Dienstleistung sein. Zudem scheint die obige Annahme von drei unabhängigen Sichtweisen der Dienstleistung nicht gerechtfertigt, weshalb in der vorliegenden Arbeit ein übergreifender Ansatz präferiert wird. Der entsprechende Dienstleistungsbegriff findet sich bei Meffert/ Bruhn. Diese Definition soll auch in Rahmen dieser Arbeit Gültigkeit haben:[163]

Dienstleistungen sind marktfähige Leistungen, die mit der Bereitstellung und/oder dem Einsatz von Leistungsfähigkeiten verbunden sind (**Potenzialorientierung**). Interne und externe Faktoren werden im Rahmen des Erstellungsprozesses kombiniert (**Prozessorientierung**). Die Faktorenkombination des Dienstleistungsanbieters wird mit dem Ziel eingesetzt, an den externen Faktoren, an Menschen oder deren Objekten, nutzenstiftende Wirkungen zu erzielen (**Produktorientierung**).

Bei Negierung der Immaterialitätsbedingung ist weder das betriebliche Leistungspotenzial noch das Leistungsergebnis, sondern ausschließlich der Leistungsprozess charakteristisch für eine Dienstleistung. Nur in dieser Phase besteht eine Besonderheit in Form der notwendigen Integration eines externen Faktors.[164] Dabei spielt es keine Rolle, ob an Menschen oder nach deren Vorgaben an Objekten nutzenstiftende Veränderungen vorgenommen werden. Engelhard/Kleinaltenkamp/Reckenfelderbäumer schlagen konsequenterweise den Verzicht auf die ursprüngliche Trennung der Begriffe Sach- und Dienstleistung vor und fordern eine allgemeingültigere Typo-

161 Vgl. hierzu exemplarisch Scheuch, F.: Dienstleistungsmarketing, München 1982, S. 63f.

162 Vgl. Meffert, H.: Marktorientierte Führung von Dienstleistungsunternehmen – neue Entwicklungen in Theorie und Praxis, in: DBW, 54. Jg. (1994), H. 4, S. 521.

163 Meffert, H./Bruhn, M., 1995, S. 27.

164 Vgl. Meffert, H./Bruhn, M., 1995, S. 25.

logie von Absatzobjekten.[165] Im Folgenden soll dieser Forderung mit der Klassifizierung der ökonomischen Leistungen des Facheinzelhandels in **Dienstleistungen** auf der einen und **Bereitstellungsleistungen** auf der anderen Seite Rechnung getragen werden.

Der Terminus ‚Bereitstellung' soll verdeutlichen, dass dieser Typus der Handelsleistung dem Nachfrager von Seiten des Fachhandels als fertiges Endprodukt angeboten wird. Im Gegensatz zur Dienstleistung werden bei der Leistungserstellung ausschließlich Betriebsfaktoren ohne Einbezug externer Faktoren kombiniert. Handelt es sich dabei um eine Marktleistung, steht diese dem Kunden zum Konsum als **Konsumtionsleistung**, im Falle einer innerbetrieblichen Leistung einem anderen Beschäftigten oder einer anderen Betriebseinheit zum weiteren Einsatz in einem produktiven Prozess zur Verfügung. Der Begriff Konsum kennzeichnet in dem hier vorliegenden Zusammenhang den „Verbrauch und/oder die Nutzung (Gebrauch) materieller und immaterieller Güter durch Letztverwender."[166] Die bisherigen Ausführungen zur Bereitstellungsleistung lassen sich zu folgender Definition zusammenfassen:

Bereitstellungsleistungen sind Handelsleistungen, die aus einer produktorientierten Sichtweise heraus entweder dem Kunden als Marktleistungen zum Konsum (**Konsumtionsleistung**) oder als innerbetriebliche Leistungen anderen Betriebsteilen bzw. –einheiten sowie externen Dritten zur weiteren Verwendung als **produktive Faktoren** angeboten bzw. bereitgestellt werden.

Während es sich bei dem breiten Spektrum von Bereitstellungsleistungen sowohl um Marktleistungen als auch um innerbetriebliche Leistungen handeln kann, soll sich der Begriff der Dienstleistung ausschließlich auf die Marktleistung beziehen. Der entgegengesetzten Sichtweise von Scherz u.a., dass Dienstleistungen ebenso für den unternehmensinternen Gebrauch wie auch originär für den externen Markt produziert werden können, wird demnach nicht gefolgt.[167] Unabhängig von der Frage, unter welchen Voraussetzungen die Begrifflichkeit einer ‚unternehmensinternen Dienstleistung' als sinnvoll erachtet werden kann, soll im Folgenden ausschließlich der Einbezug des Kunden als Endnachfrager bzw. Letztverbraucher und somit externem Faktor die Dienstleistung bedingen. Alle anderen Fachhandelsleistungen lassen sich unter dem Begriff der Bereitstellungsleistung subsumieren. Diese ausschließlich marktorientierte Sichtweise der Dienstleistung teilt auch Berekoven, der diese Leistung explizit als Marktleistung begreift.[168] Damit bleiben auch solche Leistungen außen vor, die der Facheinzelhandel meist aufgrund von behördlichen Vorgaben un-

165 Vgl. Engelhardt, W.H./Kleinaltenkamp, M./Reckenfelderbäumer, M.: Leistungsbündel als Absatzobjekte: Ein Ansatz zur Überwindung der Dichotomie von Sach- und Dienstleistungen, in: Corsten, H. (Hrsg.): Integratives Dienstleistungsmanagement: Grundlagen, Beschaffung, Produktion, Marketing, Qualität, Wiesbaden 1994, S. 35-37.

166 Gablers Wirtschaftslexikon, 1988, Sp. 2938.

167 Vgl. Scherz, E.: Verrechnungspreise für unternehmensinterne Dienstleistungen, Wiesbaden 1998, S. 21-23.

168 Vgl. Berekoven, L., 1983, S. 37.

entgeltlich gegenüber Dritten erstellt bzw. erstellen muss. Sie sollen aus pragmatischen Gründen den innerbetrieblichen Leistungen zugeschlagen werden.

Die für den Markt zu erstellenden Bereitstellungsleistungen auf der einen und die Dienstleistungen auf der anderen Seite müssen sich von ihrem Ergebnis her nicht zwingend unterscheiden. Dies gilt nicht nur für die in Bezug auf den Einzelhandel mehr oder weniger zu vernachlässigende Sachleistungserstellung, sondern auch für einen Teil der immateriellen Marktleistungen. Der Unterschied liegt hier lediglich darin begründet, dass bei der Konsumtionsleistung die für den Konsumenten nutzenstiftenden Eigenschaften bei der Erstellung antizipiert werden müssen, wohingegen der Abnehmer bei einer Dienstleistung durch seine Partizipation am Leistungsprozess unmittelbar Einfluss auf das Produkt der Dienstleistung nehmen kann.[169] Das Angebot standardisierter Serviceleistungen, die der Kunde beim Einkauf lediglich konsumiert, können als Beispiele für marktseitige Bereitstellungsleistungen ohne Dienstleistungscharakter angesehen werden. So soll angenommen werden, dass das Abspielen von Hintergrundmusik in einem Kaufhaus erst dann zur Dienstleistung wird, wenn der Kunde durch seinen Musikwunsch die Zusammenstellung der Lieder und dadurch die Gestaltung dieser Leistung aktiv mitbestimmen kann, ansonsten handelt es sich um eine Bereitstellungsleistung.

Dieses Beispiel deutet bereits auf eine grundsätzliche Problematik bei der Trennung von Bereitstellungsleistung und Dienstleistung hin. Es ist kaum eindeutig festzulegen, in welchem Ausmaß ein externes Subjekt oder dessen Objekt in den betrieblichen Produktionsprozess eingebunden werden muss, um diese obligate Voraussetzung für eine Dienstleistung zu erfüllen. Dennoch lassen sich bei dem Bemühen, eine möglichst konkrete dichotome Abgrenzung der beiden Leistungsarten vornehmen zu wollen, zwei relevante Fälle der Integration des externen Faktors unterscheiden.

1. **Der externe Faktor erfährt eine Veränderung**. Immer wenn es das Ziel des Produktionsprozesses ist, Modifikationen am Kunden oder an seinem Objekt vorzunehmen, soll es sich eindeutig um eine Dienstleistung handeln (z.B. Beratung des Kunden durch Verkaufspersonal, kosmetische Behandlung in einer Drogerie oder Parfümerie, Schuhreparatur im Schuhgeschäft, Ohrlöcher anfertigen im Schmuckfachhandel).

2. **Der externe Faktor nimmt Einfluss auf das Produktionsergebnis**, ohne selbst verändert zu werden. Auch in den Fällen, in denen das Produktionsergebnis nicht der Kunde oder sein Objekt selbst ist, das Produkt aber ohne seine Mitwirkung in dieser Form nicht erstellt werden kann, ist der Tatbestand einer Dienstleistung erfüllt (z.B. dem Kunden wird das Eigentumsrecht an der

---

169 Fälle, bei denen der externe Faktor gegen seinen Willen in den Produktionsprozess einbezogen wird, erfüllen durch die nicht eintretende nutzenstiftende Wirkung per Definition nicht den Tatbestand einer Dienstleistung.

Handelsware verschafft, Anfertigen eines Maßanzugs, Binden eines individuellen Blumenstraußes im Floristik-Fachhandel).

Alle anderen Fälle, in denen die Marktleistung in der bestehenden oder herzustellenden Form lediglich vom externen Faktor nachgefragt und/oder konsumiert wird, sind als Konsumtionsleistungen zu charakterisieren. Hierzu zählt vor allem die einzelne Handelsware, wie auch das angebotene Warensortiment. Auch die Ladengestaltung, die Preisgestaltung, das Angebot von Transporthilfen in Form von Einkaufswagen und Tragetaschen sowie ein dem Handelsbetrieb angeschlossener Gastronomiebetrieb sind Konsumtionsleistungen des Facheinzelhandels. Selbst wenn beim letzteren Beispiel die Zubereitung einer Mahlzeit erst durch die Bestellung des Kunden bewirkt wird, erfüllt der alleinige Wunsch bzw. der Auftrag des Kunden nicht die Bedingung für eine Integration desselben in den Produktionsprozess. Konsequenterweise müssten unter einer solchen Annahme generell alle im Kundenauftrag erbrachten Leistungen als Dienstleistungen angesehen werden. „Dies führt zu einer extremen Ausweitung dessen, was .. dem Begriff der Dienstleistung zu subsumieren wäre."[170] Die angestrebte Klarheit im Hinblick auf die Abgrenzung von Dienstleistung und Konsumtionsleistung würde dadurch nicht gefördert.

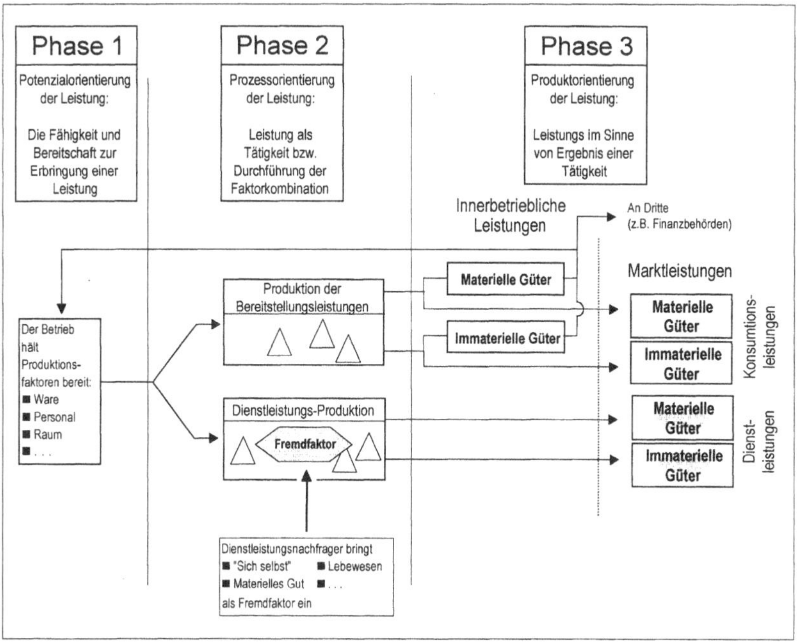

Abb. 56: Phasenorientierter Zusammenhang der Leistungserstellung im Einzelhandel

170 Wolf, S., 1997, S. 94.

Die bisherige Typologisierung der Handelsleistung und die Produktion ihrer Komponenten soll mittels eines grafischen Modells verdeutlicht werden. Abbildung 56 zeigt den Zusammenhang der Leistungserstellung im Einzelhandel anhand der drei Stufen bzw. Phasen der Produktion.

Jedes Produktionsergebnis kann in Verbindung mit zusätzlichem Input dazu genutzt werden, einen neuen Output zu erstellen. So stehen nicht nur innerbetriebliche Leistungen als Produktionsfaktoren für neue Kombinationsprozesse der Handelsunternehmung zur Verfügung, sondern auch die Marktleistungen können auf Seiten des Kunden genutzt werden, um in Verbindung mit zusätzlichen Faktoren eine neue Leistung zu erstellen. Derartige **Kundenleistungen** sind nicht mehr der betrieblichen Leistungsproduktion zuzurechnen; sie sind aber dann für die weiteren Ausführungen von besonderer Bedeutung, wenn sie im Rahmen der Selbstbedienung erstellt werden. So bestimmt das Verhältnis von Handelsleistungen zu Kundenleistungen in einem besonderem Maße die Höhe der Personalkosten im Facheinzelhandel. Auch gilt: je mehr Aktivitäten auf den Kunden übertragen werden können, desto geringer sind zumindest die absoluten Kosten für den Betriebsfaktor Arbeit. Ein Umstand der die Entwicklung des Einzelhandels mutmaßlich entscheidend mit geprägt hat (vgl. Kapitel 3.3.2).

Durch die bereits dargestellte Problematik einer eindeutigen Trennung von Dienstleistung und Konsumtionsleistung ergibt sich auch bei der Gegenüberstellung von Handelsleistung und Kundenleistung die Schwierigkeit einer klaren Abgrenzung. Theoretisch lässt sich formulieren, dass das Ergebnis einer Dienstleistung immer eine Handelsleistung darstellt und die Nutzung einer bereitgestellten Konsumtionsleistung durch den Endverbraucher einer Kundenleistung entspricht; in der Praxis ist der Charakter einer Leistung jedoch nicht in jedem Falle offensichtlich. Auf eine weitergehende Analyse dieser Thematik soll an dieser Stelle mit Hinweis auf die Ausführungen des Kapitels 4.3 verzichtet werden. Dort werden die Personalkosten in Abhängigkeit der Marktleistungsstrategie variiert. Um das Angebot an Marktleistungen bestimmen zu können, müssen die Leistungen des Facheinzelhändlers von denen des Kunden separiert werden.

Handelsware vs. Services vs. Entgeltpflichtige Dienstleistungen

Marktseitige Leistungen in den beiden Ausprägungen Dienstleistung und Bereitstellungsleistung lassen sich weiterhin in entgeltpflichtige Marktleistungen in Form von Handelswaren, Dienstleistungen und in unentgeltliche Marktleistungen in Form von Serviceleistungen untergliedern. Der häufig anzutreffenden synonymen Verwendung der Begriffe Dienstleistung und Service wird im Rahmen dieser Arbeit nur eingeschränkt gefolgt. Der Terminus Service soll sich im Weiteren nur auf den aus Sicht des Kunden unentgeltlichen Teil der Dienstleistung im Handel erstrecken. Darüber hinaus umfasst er alle sonstigen unentgeltlichen Konsumtionsleistungen. Handelswaren sollen im Weiteren ausnahmslos entgeltpflichtig sein.[171]

Die Unterscheidung von Marktleistungen in solche, die der Kunde nur entgeltpflichtig (z.B. Kauf von Ware) erwerben kann, um sie konsumieren zu können, und solche, die er unentgeltlich und eigenständig nutzen kann (z.B. Beratung ohne Kauf von Ware), ist für die weiteren Ausführungen von nicht zu unterschätzender Bedeutung. Ihr quantitatives Verhältnis zueinander bestimmt die relative Höhe der Personalkosten im Facheinzelhandel, die überwiegend in Prozent des Umsatzes angegeben wird. Je geringer der Anteil derartiger unentgeltlicher Marktleistungen, desto geringer ist die entsprechende Personalkostenbelastung unter der Bedingung, dass diese nur mittels Einsatz des Faktors Arbeit erstellt werden können.

Der Umstand, dass im Handel selbständige, d.h. angemessen bepreiste Dienstleistungen kaum vermarktet werden können und folglich der ansteigende Preis für den Faktor Arbeit stetig auf den Warenpreis aufgeschlagen wurde, hat insbesondere im Facheinzelhandel einen negativen Einfluss auf den Warenabsatz gehabt. Dieser Wirkungszusammenhang deutet exemplarisch nochmals auf die Notwendigkeit der vorgenommenen Typologisierung der Handelsleistung hin.

Die bisherige Typenbildung erfolgte auf einem relativ hohen Aggregationsniveau. Einzelne Leistungen wurden bisher nur als Beispiele zur Verdeutlichung der Thematik genannt. In den folgenden Kapiteln 4.2.2 bis 4.2.4 sollen die spezifischen Leistungen des Facheinzelhandels aus einer potenzial-, prozess- und produktorientierten Sichtweise heraus konkretisiert werden, wobei die Marktleistungen hierbei eindeutig den Schwerpunkt bilden. Auf eine entsprechend ausführliche Darstellung der innerbetrieblichen Leistungen wird aus zwei Gründen verzichtet. Zum einen unterscheiden sich die innerbetrieblichen Leistungen des Facheinzelhandels kaum von denen anderer Betriebsformen (Finanzierung, Rechnungswesen etc.); d.h. das Spezifische der untersuchungsleitenden Problemstellungen – Wie lassen sich die Personalkosten im Facheinzelhandel reduzieren? – ist bei der Erstellung dieser internen Leistungen nicht erfüllt. Zum anderen spielen die Personalkosten dieses Leistungsbereichs durch ihren geringen Anteil an den gesamten betrieblichen Personalkosten dieser Betriebsform nur eine untergeordnete Rolle.

---

171 Die vom Handel angebotenen Serviceleistungen werden von einigen Autoren unter den Begriffen Servicepolitik und Kundenservice explizit als eines der absatzpolitischen Instrumente im Handel angesehenen. Das Definitionsmerkmal der Unentgeltlichkeit der Leistung wird in der Literatur allerdings kontrovers diskutiert. Darüber hinaus werden zur Abgrenzung von Services weitere Merkmale herangezogen, die aber im vorliegenden Kontext keine Bedeutung haben sollen. Zu ihnen gehören eine über den branchen- oder betriebsformenüblichen Rahmen hinausgehende Leistung, eine ausschließlich nach dem Kauf erbrachte Leistung und/oder die Freiwilligkeit der Leistung. Vgl. Hansen, U.: Absatz- und Beschaffungsmarketing des Einzelhandels, 2.A., Göttingen 1990, S. 433; Gerstung, F.: Die Servicepolitik im Großhandel, in: M.d.IfH, 28. Jg. (1976), H. 3, S. 46.

Die folgende Auseinandersetzung mit den Besonderheiten der Leistungen des Facheinzelhandels wendet sich vor allem der produktorientierten Sichtweise zu. Während die Potenziale und Prozesse insbesondere der Marktleistung seit jeher Gegenstand zumindest der allgemeinen handelswirtschaftlichen Erkenntnis sind, existieren nur wenige Abhandlungen, die sich explizit mit den ‚Produkten' des Handels beschäftigen. Entsprechend gering ist die Zahl an Definitionen zum Leistungsangebot des Facheinzelhandels aus ergebnisorientierter Sicht. Nur wenn beispielsweise das Produkt eines persönlichen Beratungsprozesses im Fachhandel von diesem getrennt zu bestimmen ist, lassen sich andere weniger personalkostenintensive Beratungsverfahren sinnvoll entwickeln und realisieren.

Im Weiteren sollen zunächst grundsätzliche Aspekte im Vordergrund stehen. Tiefergehende Analysen sind dem Kapitel 4.3 vorbehalten. Unter der speziellen Zielsetzung Personalkosten einsparen zu wollen, wird in ihm untersucht, wie ausgewählte Leistungspotenziale, -prozesse und –produkte des Facheinzelhandels modifiziert werden können.

4.2.2 Die potenzialorientierte Sichtweise der Leistungen des Facheinzelhandels

Die potenzialorientierte Sichtweise der Produktion meint die Fähigkeit und Bereitschaft, eine spezifische Leistung erbringen zu können. Dieser Tatbestand kann dann als erfüllt angenommen werden, wenn die zur Erstellung der Leistung notwendigen Produktionsfaktoren zur Verfügung stehen. Anstelle des allgemeinen Begriffs der Produktionsfaktoren hat sich innerhalb der Handelsbetriebslehre der Begriff der Betriebsfaktoren etabliert. Diese werden wie folgt definiert:

> **Betriebsfaktoren** sind alle zum Betrieb der Handelsunternehmung verwendeten Güter materieller und immaterieller Art, deren Einsatz für das Erstellen der Handelsleistungen aus technischen oder wirtschaftlichen Gründen notwendig ist, unabhängig davon, ob es sich um freie oder wirtschaftliche Güter handelt. Letztere brauchen lediglich im Verfügungsbereich und nicht im Eigentum des Händlers sein.

Einer der ersten Hinweise auf Betriebsfaktoren im Handel findet sich bei Ludovici. Er unterscheidet folgende Faktorarten: Waren („Waaren"), Personen („Die Handlungsfähigen und zur Handlung erforderlichen Personen") und Hilfsmittel („Die Hülfsmittel zum Treiben der Handlung")[172] Die Frage, welche Betriebsfaktoren der Handel zur Erstellung der vielfältigen Leistungen einsetzt bzw. einsetzen muss, wird seitdem teils einheitlich, teils uneinheitlich beantwortet. Differenzen ergeben sich zum einen aus der unterschiedlichen Anzahl voneinander abzugrenzenden Faktoren und zum

172 Vgl. Ludovici, C.G.: Grundriß eines vollständigen Kaufmanns-Systems, 2. A., Leipzig 1768, S. 2-5 u. 31. Zitiert bei Klein-Blenkers, F.: Die Kombination der Betriebsfaktoren und ihr Einfluss auf die Handelsleistung, in: M.d.IfH, 34. Jg. (1982), H. 10, S. 118.

anderen aus der unterschiedlichen Bedeutung, die den vielfältigen Betriebsmitteln beigemessen wird.

Die frühen Systematisierungen von Betriebsfaktoren im Handel erfolgten in Anlehnung an die Klassische Theorie, deren Vertreter auf Grundlage der damalig vorherrschenden Einkommensarten Lohn, Bodenrente und Profit in die Faktoren Arbeit, Kapital und Boden unterschieden. Mit einem entsprechenden Hinweis wählt bspw. Seyffert diese Dreiteilung und ersetzt Kapital durch Ware und Boden durch Raum.[173] Schär wählt eine ähnliche Vorgehensweise. Er übernimmt dabei die Faktoren Arbeit und Kapital (unterscheidet allerdings in Eigen- und Fremdkapital (Kredit)) und tauscht Boden gegen Ware aus.[174] Spätere Einteilungen nehmen weitergehende Differenzierungen vor. Buddeberg benennt für den Handelsbetrieb folgende Faktoren:[175]

1. Menschliche Arbeitsleistung,
2. sachliche Betriebsmittel,
3. den Regiefaktor Ware,
4. den Sicherungsfaktor Kapital und
5. den dispositiven Faktor.

Eine noch detailliertere Systematisierung findet sich bei Klein-Blenkers. Aufbauend auf den Überlegungen Gutenbergs und ergänzt durch Aspekte, die Buddeberg hinzufügte, stellt er das System der Betriebsfaktoren wie folgt dar:[176]

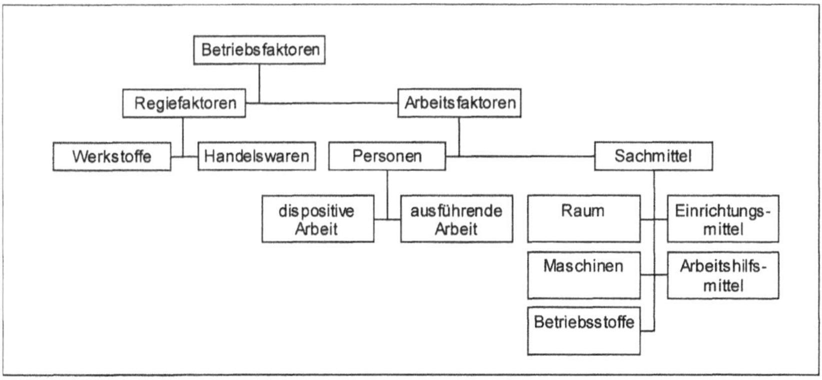

Abb. 57: System der Betriebsfaktoren nach Klein-Blenkers

Zwei Gemeinsamkeiten sind besonders augenfällig. Zum einen beziehen sich die unterschiedlichen Ansätze stets auf den Binnenhandel insgesamt, ohne in nennens-

173 Vgl. Seyffert, R., 1922, S. 7.
174 Vgl. Schär, J.F.: Allgemeine Handelsbetriebslehre, 1. Bd., 1.A., Leipzig 1911, S. VII.
175 Vgl. Buddeberg, H.: Betriebslehre des Binnenhandels, Wiesbaden 1959, S. 41-55.
176 Klein-Blenkers, F., 1982, S. 118.

werter Weise nach Betriebsformen und Betriebstypen zu differenzieren, zum anderen werden in allen Ansätzen die Faktoren Arbeit und Ware berücksichtigt. Welche Betriebsfaktoren sich aufgrund ihrer Bedeutung für den Facheinzelhandel neben Arbeit und Ware zusätzlich abgrenzen lassen, zeigt Abbildung 58.

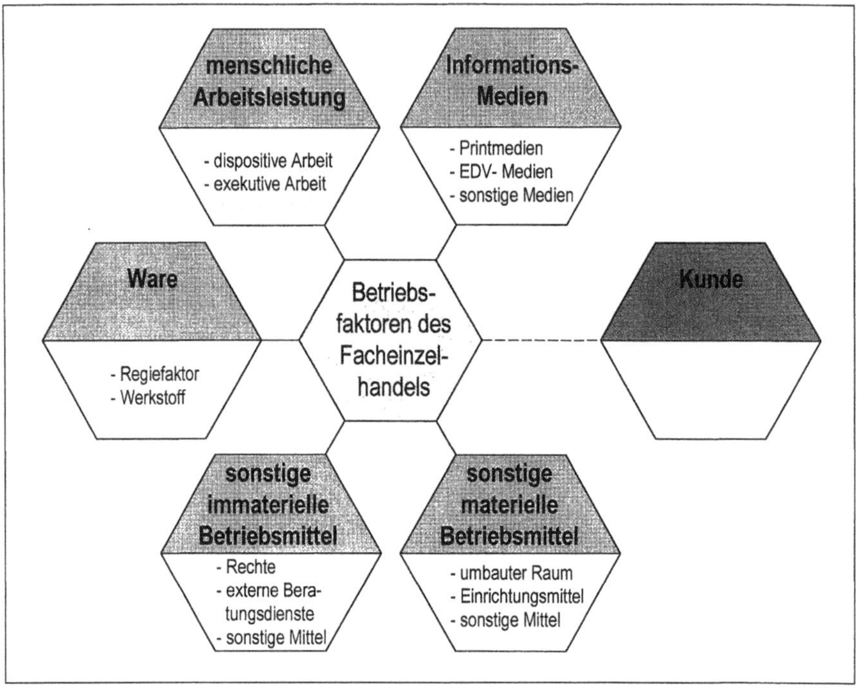

Abb. 58: Die Betriebsfaktoren des Facheinzelhandels

Eine Besonderheit der Faktorzusammensetzung im Facheinzelhandel resultiert aus dem hohen Anteil an Dienstleistungen an der Gesamtmarktleistung. Die Berücksichtigung des Kunden als zusätzlichem Faktor ist demnach geboten. Es handelt sich dabei aber nicht um einen betriebseigenen, sondern um einen zum Betrieb notwendigen externen Faktor.

Die zentrale Dienstleistung besteht in der Beratung des Kunden hinsichtlich der zum Kauf geeigneten Ware. Bei diesem Teil der Kundenbedienung unterstützen neben den traditionellen vermehrt elektronische Informationsmedien das Personal. Aufgrund ihrer rasch zunehmenden Bedeutung sollen warenbezogene Informationsmedien einen eigenständischen Betriebsfaktor darstellen. Die zusätzliche Erweiterung der sachlichen Betriebsmittel um eine immaterielle Komponente als separatem Betriebsfaktor resultiert aus der Annahme, dass immateriellen Betriebsmitteln bislang zu wenig Aufmerksamkeit geschenkt wurde.[177] So ist beispielsweise das Recht, einen Handelsbetrieb führen zu dürfen, auch im Facheinzelhandel die Grundvoraussetzung für jede Leistungserstellung. Von besonderer Bedeutung sind zudem Vertriebsrechte.

Die obige Systematisierung der Betriebsfaktoren des Facheinzelhandels erfolgt vor dem Hintergrund, die Möglichkeiten und Grenzen der Substitution von menschlicher Arbeit durch andere, kostengünstigere Faktoren aufzeigen zu wollen. Eine derartige Modifikation des Leistungspotenzials ändert auch die sich anschließenden produktiven Prozesse.

4.2.3 Die prozessorientierte Sichtweise der Leistungen im Facheinzelhandel

Wie bereits in Kapitel 4.2.1 dargestellt, werden zur Kennzeichnung der Leistungserstellung unterschiedliche Begriffe herangezogen. Neben der Bezeichnung Prozess sind dies vor allem die Termini Tätigkeit, Aufgabe und Aktivität. Folgende Definitionen sollen die vier Begriffe voneinander abgrenzen. Der Begriff **Tätigkeit** steht im Rahmen der Arbeitswissenschaften für einzelne Ablaufabschnitte, die der Erfüllung der Arbeitsaufgabe in einem Arbeitsystem dienen. Unter **Aufgabe** wird in der Organisationstheorie eine dauerhaft wirksame Aufforderung an einen Handlungsträger verstanden, festgelegte Handlungen wahrzunehmen. Der allgemeine Begriff **Aktivität** bezeichnet innerhalb der Produktionstheorie jede Kombination von Faktoreinsatzmengen (Inputs), die zu einer Ausbringung (Output) führt.[178] Handelt es sich dabei um eine auf die Erbringung eines Leistungsoutputs gerichtete Kette von relativ homogenen und sich wiederholenden Aktivitäten, soll dies mit dem Begriff **Prozess** gekennzeichnet werden.[179] Obwohl die Aktivitäten eines Fachhandelsbetriebs aufgrund des hohen Anteils an zu erstellenden Dienstleistungen in Abhängigkeit des jeweiligen Kunden mehr oder weniger stark voneinander abweichen können, variieren sie doch lediglich im Rahmen sich wiederholender Verhaltens- und Vorgehensweisen. Der Begriff des Prozesses hat auch im Facheinzelhandel demnach seine Berechtigung.

Die Beschäftigung mit betrieblichen Prozessen hat in der Handelsbetriebslehre Tradition. Ein zentraler und früher Ansatz ist die Lehre von den Handelsfunktionen.[180] Sie hat die Aufgabe, die von den Marktteilnehmern im Distributionsprozess ausgeübten Tätigkeiten und Aufgaben darzustellen.[181] Die Aufgaben können sich auf eine

---

177 Vgl. Müller-Hagedorn, L., 1998, S. 114.

178 Vgl. Gablers Wirtschaftslexikon, 1988, Sp. 137, 366 und 1881.

179 Vgl. Müller-Hagedorn, L./Toporowski, W.: Kostenrechnung in Handelsbetrieben, in: Freidank, C.-C./Götze, U./Huch, B./Weber, J. (Hrsg.): Kostenmanagement, Aktuelle Konzepte und Anwendungen, Berlin u.a. 1997, S. 465.

180 Als geistige Väter dieses eher deskriptiven aktivitätsanalytischen Ansatzes im deutschsprachigen Raum gelten Schär (1911) und Oberparleiter (1918). Vgl. Gümbel, R.: Handel, Markt und Ökonomik, Wiesbaden 1985, S. 95-97.

181 Vgl. Ausschuß für Begriffsdefinitionen aus der Handels- u. Absatzwirtschaft (Hrsg.), 1995, S. 30.

Überbrückung räumlicher, zeitlicher, mengenmäßiger und qualitativer Spannungen zwischen Produktion und Konsum beziehen, die sich dadurch ergeben, dass in der arbeitsteiligen Wirtschaft Güter nicht von den Verwendern hergestellt werden. Die für den Konsum notwendigen Handelsfunktionen können prinzipiell von jedem Marktteilnehmer ausgeübt werden. Trotz der vermehrten Bemühungen von Industrie und Handel, durch Übernahme von Funktionen der anderen Marktseite diese umgehen zu wollen (Faktory-Outlets, Internet-Shopping etc.), entfällt der Großteil der Aktivitäten zur Erfüllung der unterschiedlichen Handelsfunktionen nach wie vor auf den Handel.

Es wurden in der Vergangenheit unterschiedliche Kataloge von Handelsfunktionen entwickelt. Tabelle 27 stellt drei Kataloge exemplarisch vor.[182]

Kataloge von Handelsfunktionen		
nach Sundhoff	**nach Katalog E**	**nach Hansen**
A. Sachgüterumgruppierungsfkt. 1. Sortimentsfunktion 2. Quantitätsfunktionen B. Bedarfsanpassungsfunktion 1. Überbrückungsfunktion 2. Sicherungsfunktion C. Marktausgleichsfunktion 1. Markterschließungsfunktion 2. Umsatzdurchführungsfkt. D. Sachgüteraufbereitungsfkt. 1. Qualitätsfunktion 2. Vollendungsfunktion	Güterbereitstellungsfunktion - Qualitätsfunktion - Sortimentsfunktion - Güterfolgeleistungen Gewinnungsfkt. von Absatz- und Beschaffungspartnern - Interessenwahrungsfkt. - Informationsfunktion - Beratungs- und Akquisitionsfunktion Physische Güterumschlagsfkt. - Raumüberbrückungsfkt. - Lagerfunktion - Quantitätsfunktion Entgeltfunktion - Preisbildungsfunktion - Zeitliche und örtliche Preisausgleichsfunktion - Kreditfunktion	I. Vermittlungsfunktion des Warenstroms a) Quantitative Warenumgruppierungsfkt. b) Qualitative Warenumgruppierungsfkt. c) Raumüberbrückungsfunktion d) Zeitliche Ausgleichsfunktion II. Vermittlungsfunktionen des Kommunikationsstroms e) Ermittlungsfunktion von Angebot und Nachfrage f) Lenkungsfunktion von Angebot und Nachfrage III. Vermittlungsfunktionen des Wertstroms g) Funktion der Preisermittlung h) Zeitliche Zahlungsausgleichsfunktion

Tab. 27: Ausgewählte Kataloge von Handelsfunktionen

Die Funktionskonzepte unterscheiden sich durch den Differenzierungsgrad, durch den methodischen Ansatz ihrer Gewinnung (normativ – explikativ; historisch-relativ – allgemein) und durch die ökonomische Sichtweise (mehr gesamtwirtschaftlich, mehr

182 Vgl. Sundhoff, E.: Handel, in: Beckerath, E.v./Bente, H./Brinkmann, C. et al. (Hrsg.): Handwörterbuch der Sozialwissenschaften, Bd. 4, Stuttgart 1965, S. 762-779; Ausschuß für Begriffsdefinitionen aus der Handels- und Absatzwirtschaft (Hrsg.), 1995, S. 30; Hansen, U., 1990, S. 15.

einzelbetrieblich orientiert oder gemischt).[183] Einen mikroökonomischen funktionalen Ansatz wählt beispielsweise Woratschek bei dem Bemühen, den Produktionsprozess als zweite Phase der Leistungserstellung im Handel zu charakterisieren: „Der Transformationsprozess wird durch die Handelsfunktionen beschrieben. ... Das Set Handelsfunktionen und dessen jeweils ausgeübte Intensität (=Transformationsprozess) beschreibt somit das theoretische Konstrukt Handelsleistung auf seinen verschiedenen Dimensionen der Überwindung von Marktspannungen. Die Handelsleistung selbst lässt sich andererseits über ihre verschiedenen Merkmale bzw. Eigenschaften beschreiben. Die Merkmale der Handelsleistung sind das Ergebnis der in bestimmter Intensität ausgeübten Handelsfunktionen."[184] Woratschek verzichtet im Weiteren auf eine Analyse des Transformationsprozesses: „Für die marktorientierte Betrachtung in dieser Arbeit spielt die Beschreibung des Produktionsprozesses innerhalb eines Handelsbetriebs eine eher untergeordnete Rolle"[185]. Auch wenn die Beschreibung der produktiven Prozesse eine übergeordnete Rolle spielt, eignen sich die funktionalen Ansätze hierzu nur sehr eingeschränkt, denn die Grenzen der Funktionsanalyse liegen in dem Dilemma der Funktionsmessung als notwendige Voraussetzung für ihre Anwendung zu gestalterischen Zwecken der handelsbetrieblichen Praxis.[186]

Um Personalkosten mittels Prozessmodifikation, Prozessinnovation oder Auslagerung von Aktivitäten aus dem Betrieb einsparen zu können, ist eine Bewertung der alternativen Aktivitäten anhand ihrer Kosten notwendig. Kosten können aber nur dann verursachungsgerecht zugeordnet werden, wenn die Aktivität, d.h. der Verzehr der Betriebsfaktoren während des Kombinationsprozesses, gemessen werden kann. Als erster Schritt zur Messung der Aktivitäten im Handel kann deren empirische Identifizierung angesehen werden.[187] Hierzu wurde insbesondere in den sechziger und siebziger Jahren und in Anlehnung an die entsprechende Vorgehensweise bei der industriellen Fertigung der Arbeitsablauf im Einzelhandel anhand von Arbeits- und Zeitstudien in Teilvorgänge aufgegliedert. Eine Reihe unterschiedlicher Institutionen beschäftigte sich intensiv mit dieser Thematik, wobei die Rationalisierungs-Gemeinschaft des Handels (RGH) und das Institut für Selbstbedienung (ISB) eine herausragende Rolle einnahmen. Vergleichbare Untersuchungen wurden zudem von der Bundesarbeitsgemeinschaft der Mittel- und Großbetriebe des Einzelhandels e.V. (BAG), von der Arbeitsgruppe für empirische Bildungsforschung Heidelberg (AfeB) und vom Reichsausschuß für Arbeitszeitermittlung (REFA[188]) in Auftrag gegeben bzw. durchgeführt.[189] Aus diesen empirischen und weiteren Analysen resultierten unterschiedliche Ansätze zur Abgrenzung betrieblicher Aufgaben- und Tätigkeitsfel-

183 Vgl. Hansen, U., 1990, S. 9f.

184 Woratschek, H., 1992, S. 28.

185 Woratschek, H., 1992, S. 51.

186 Vgl. Hansen, U., 1990, S. 10.

187 Vgl. Corsten, H.: Grundlagen des Prozessmanagements, in: WISU, 25. Jg. (1996), H. 12, S. 1090.

188 Seit 1951 ‚Verband für Arbeitszeitstudien – Refa – e.V.', seit 1977 ‚Refa – Verband für Arbeitsstudien und Betriebsorganisation e.V.'.

189 Die Identifikation und Analyse von Prozessen hat in der jüngsten Vergangenheit auch im Einzelhandel durch die vermehrte Installation von Qualitätsmanagementsystemen nach DIN ISO

der des Personals im Einzelhandel. Tabelle 28 stellt drei dieser Gliederungen exemplarisch vor.[190]

Aufteilung der Tätigkeiten und Aufgaben des Personals im Handel		
nach Mies	**nach Bargmann/Müller/Schickle und Tippelt**	**nach Seyffert**
I. Arbeit mit Kundenkontakt 1. Verkaufsgespräch 2. Ware holen 3. Kassenzettel schreiben 4. Kassieren 5. Verpacken 6. Sonstige Arbeiten mit Kundenkontakt II. Arbeit mit der Ware 1. Ware einräumen 2. Ware ordnen 3. Warenpflege 4. Preise auszeichnen 5. Vorverpacken 6. Sonstige Arbeiten mit der Ware III. Sonstige Arbeiten im Verkaufsraum 1. Raumpflege 2. Warenbestellung 3. Dienstgespräche 4. KassenAbschluss 5. Sonstige Arbeiten im Verkaufsraum IV. Verkaufsbereitschaft V. Privattätigkeit VI. Dienstliche Abwesenheit 1. Lagerarbeiten 2. Arbeiten der Warenannahme 3. In anderen Abteilungen 4. Sonstige dienstliche Abwesenheit VII. Private Abwesenheit VIII. Pause	1. Disposition und Einkauf - Markterkundung - Wareneinkauf - Preisgestaltung 2. Bedienung und Verkauf - Verkaufsgespräch - Warenvorlage - Kassieren - Warenübergabe - Warenumtausch/Reklamation 3. Warenannahme und Lager - Annahme und Kontrolle - Transport und Wareneinsatz - Warenverwaltung - Warenpflege 4. Büro und Verwaltung - Arbeitsorganisation - Statistik - Personalwesen - Rechnungswesen - Sonstige Büroarbeit 5. Verkaufsförderung und Verkaufsvorbereitung - Marketing - Dekoration - Warenpräsentation - Auszeichnen - Auffüllen 6. Sonstige und Sonderaufgaben - Kundenservice - Aus- und Fortbildung - Aufräumarbeiten (Putzen usw.) - Einzelhandelsuntypische Arbeiten	1. Warenbeschaffung a) Einkauf (1) b) Eigenproduktion (3) 2. Warenverwaltung a) Annahme, Kalkulation, und Auszeichnung (2),(4) b) Lagerung (5) 3. Warenverkauf a) Verkaufsanbahnung (6) b) Verkaufsdurchführung α) Kundenbedienung (6) β) Verkaufsabwicklung (7),(8),(9),(10) (1) Warenlieferung (2) Warenannahme (3) Weiterverarbeitung in Eigenproduktion (4) Kalkulation und Auszeichnung (5) Warenlagerung (6) Darbieten der Ware durch Werbung und Kundenbedienung (7) Kontrolle der gekauften Ware (8) Kassieren des Warenbetrages (9) Verpacken (10) Ausgabe bzw. Expedition der Ware

Tab. 28: Ausgewählte Aufteilungen der Tätigkeiten und Aufgaben des Personals

9000 ff weiter an Bedeutung gewonnen. Vgl. o.V.: Fehler gegen Null, in: handelsjournal, o.Jg. (1994), H. 10, S. 8-11; Wolf, S., 1997, S. 130-219.

190 Vgl. Mies, W.: Arbeitsrationalisierung im Verkauf, Köln 1964, S. 23; Bargmann, H./Müller, K./Schickle, O. et al.: Qualifikationsanforderungen im Einzelhandel, Weinheim-Basel 1981, S. 192-194; Seyffert, R., 1922, S. 15f.

Seyffert ordnet die Aufgaben des Personals in folgendes Ablaufschema ein:

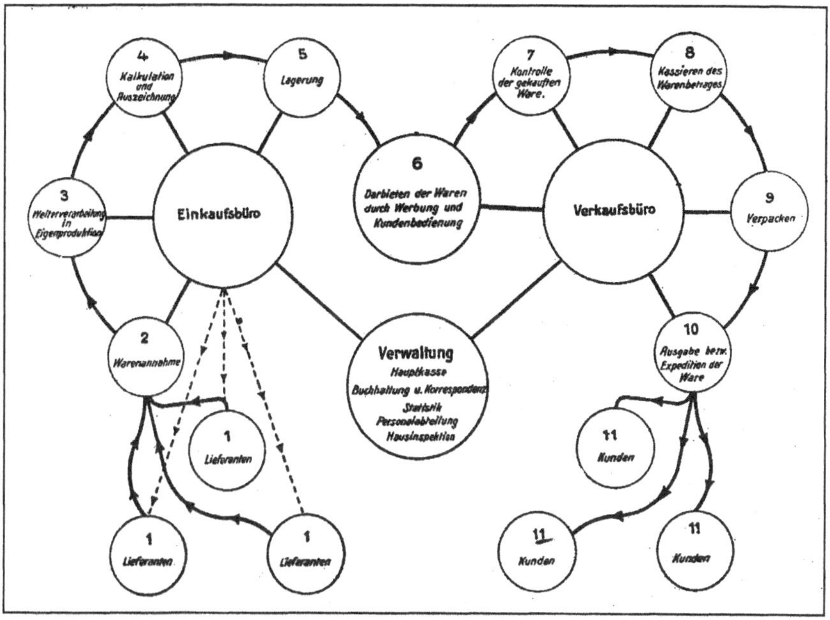

Abb. 59: Arbeitsgang im offenen Verkaufsgeschäfte[191]

Auf dem Weg zu einer für die weiteren Ausführungen sinnvollen Abgrenzung der Aktivitäten im Facheinzelhandel können die obigen Gliederungen wertvolle Hinweise geben. Drei Anforderungen, die sich aus der speziellen Themenstellung der vorliegende Arbeit ergeben, müssen zudem berücksichtigt werden:

1. Es sind nur die Aktivitäten relevant, die unter Einbezug des Faktors Arbeit durchgeführt werden und entsprechend Personalkosten verursachen.
2. Aufgrund ihrer besonderen Relevanz für den Facheinzelhandel sollen Service- und Dienstleistungsprozesse einen besonderen Schwerpunkt bilden.
3. Die Abgrenzung der Aktivitäten muss den Anforderungen geeigneter Kostenrechnungsverfahren genügen.

zu 1: Eine lückenlose Gliederung der betrieblichen Aktivitäten anhand der Aufgaben und Tätigkeiten des Personals ist nicht möglich und als solche auch nicht nö-

191 Seyffert, R., 1922, S. 14. In einer ähnlich einfachen, beispielhaften Untergliederung wird der Handelsbetrieb von Müller-Hagedorn und Toporowski als eine Abfolge von folgenden Aktivitäten gesehen: *Sortimentsplanung ⇨ Lieferantenauswahl ⇨ Disposition ⇨ Transport ⇨ Warenannahme ⇨ Lagerung ⇨ Transport zur Verkaufsstelle ⇨ Verkauf.* Vgl. Müller-Hagedorn, L./Toporowski, W., 1997, S. 464.

tig. Nicht berücksichtigt werden bspw. die ausschließliche Warenlagerung und bestimmte Formen der Warenpräsentation.

zu 2: Die Feststellung von Hansen, dass in der funktionsanalytischen Literatur die Funktionen vorrangig nur in Hinsicht auf den physischen Warenstrom behandelt werden, gilt auch für den Großteil der empirischen Arbeitsstudien.[192] Letztere verfolgten regelmäßig das Ziel, die Warendistribution derart zu rationalisieren bzw. zu ökonomisieren, dass der Kunde im Sinne einer vermehrten Selbstbedienung auf das Angebot von Service- und Dienstleistungen verzichten kann bzw. muss. Dieser Weg steht dem Facheinzelhandel definitionsgemäß nur eingeschränkt zur Verfügung.[193] Um so entscheidender scheint die Konzentration auf die Analyse der Service- und Dienstleistungsprozesse. Nicht erst Hedderich hat die Bedeutung dieser Art der Leistungsprozesse im Handel durch die Dreiteilung in Waren-, Geld- und Serviceprozesse hervorgehoben.[194] Bereits Seyffert setzt bei der Gliederung und Analyse der Arbeitsaufgaben den Schwerpunkt auf den persönlichen Verkehr mit dem Kunden, in Form der Kundenbedienung und Verkaufsabwicklung.[195]

Wie hoch die Personalkostenbelastung für die Erstellung von Dienstleistungen und Services im Facheinzelhandel ist, zeigt das Beispiel des Lebensmittel- und Gemischtwarendiscounters Aldi, dessen Marktleistung sich fast ausschließlich auf die reine Distribution von Waren eines allerdings zunehmend breiter werdenden Sortimentsspektrums beschränkt.[196] Während sich dort die Personalkosten auf ca. 3 Prozent vom Umsatz belaufen, lag der entsprechende Wert für den Facheinzelhandel 1998 mehr als 15 Prozentpunkte darüber[197]. Selbst unter Berücksichtigung größenbedingter Nachteile bei der Warenlogistik und Verwaltung sowie nicht ausgeschöpfter Rationalisierungspotenziale kann unterstellt werden, dass der weitaus größte Teil der Personalkosten im Facheinzelhandel auf die Erstellung von Dienst- und Serviceleistungen entfällt.

zu 3: Mit der Prozesskostenrechnung steht dem Handel ein Kostenrechnungsverfahren zur Verfügung, dessen besonderer Ansatz auch Hinweise zur Reduzierung der Personalkosten im Facheinzelhandel geben kann. Zentrales Anliegen der Prozesskostenrechnung ist es, die Kosten einzelner Prozesse bei der Leistungserstellung zu ermitteln. Die Definition der Prozesse und ihre Struktur sind im Hinblick auf die Ziele der Untersuchung zu entwickeln. Dabei stehen

---

192 Vgl. Hansen, U., 1990, S. 14.

193 Vgl. Kapitel 2.1.1.

194 Vgl. Hedderich, R.: Die Grundlagen des Handelsbetriebes, in: ZfB, 56. Jg. (1986), S. 487-488.

195 Vgl. Seyffert, R., 1922, S. 51.

196 Das Sortiment von Aldi umfasst ca. 750 Lebensmittelartikel und p.a. ca. 2000 Aktionsartikel aus den unterschiedlichsten Fachsparten des Einzelhandels.

197 Vgl. Beines, A.: Aldi – eine einmalige Erfolgsgeschichte, in: Dynamik im Handel, 42. Jg. (1998), H. 8, S. 33; Kaapke, A., 1999, H. 11, S. 236.

zwei Zielsetzungen im Vordergrund. Zum einen sollen Hinweise für eine optimale Gestaltung einzelner betrieblicher Prozesse gegeben werden, zum anderen werden darauf aufbauend Erfolgsbeiträge einzelner Bezugsgrößen ermittelt.[198] Die optimale Gestaltung der Prozesse muss im Rahmen der vorliegenden Arbeit auf die Reduzierung der Einsatzmenge des Faktors Arbeit begrenzt werden. Die Bezugsgrößen in Gestalt der Leistungseinheiten sind daraufhin zu untersuchen, ob der zur Erstellung notwendige Personaleinsatz und seine Kosten ihren Erfolgsbeitrag derart schmälert, dass eine Leistungselimination bzw. ein Leistungsaustausch geboten ist. Die Prozesskostenrechnung dient somit auch der Leistungssteuerung. Eine allgemeingültige Prozessstruktur ist für den Facheinzelhandel trotz der konkreten forschungsleitenden Fragestellungen im Rahmen des vorliegenden Kapitels kaum zu entwerfen. Zu unterschiedlich können die speziellen Anforderungen von Betrieb zu Betrieb sein. Lediglich bei den Prozessen selbst soll es sich einheitlich um mengenmäßig fassbare, relativ repetitive und homogene Aktivitäten, die in den jeweiligen Kostenstellen eines Fachhandelsbetriebes zu bewältigen sind, handeln.[199]

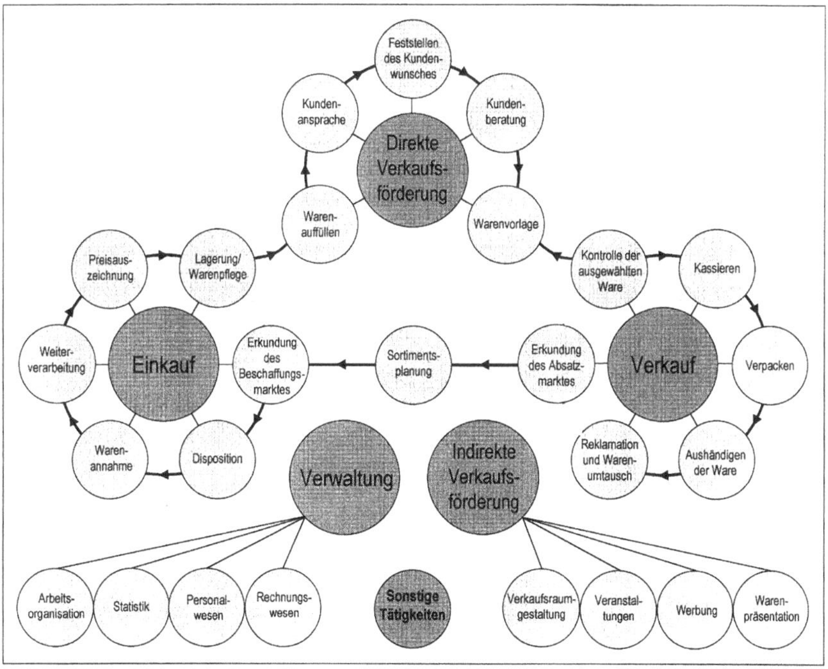

Abb. 60: Aufgaben des Personals im Facheinzelhandel

198 Vgl. Müller-Hagedorn, L./Toporowski, W., 1997, S. 445.
199 Vgl. Schwager, S.: Prozesskostenrechnung, in: WISU, 26. Jg. (1997), H. 11, S. 1035.

Unter Berücksichtigung der bestehenden Gliederungen und den speziellen Anforderungen können die Tätigkeiten und Aufgaben des Personals im Facheinzelhandel durch das Ablaufschema gemäß Abbildung 60 voneinander abgegrenzt und in einen Zusammenhang gebracht werden. Die grafische Darstellung erfolgt in Anlehnung an Seyffert.

Wie bei jedem Modell handelt es sich auch hier um eine vereinfachte Darstellung der Realität. So ist beispielsweise die Reihenfolge der Aufgaben und Tätigkeiten nicht zwingend einzuhalten, es kann zu Wiederholungen einzelner Tätigkeiten an anderer Stelle der Prozesskette kommen und die Zuordnung der Aufgaben zu den Geschäftsbereichen ist weniger eindeutig als dargestellt (Sortimentsplanung und Bearbeitung von Reklamationen und Umtauschwünschen können u.U. als absatzpolitische Maßnahmen auch der Verkaufsförderung zugeordnet werden). Auch der Anteil des Faktors Arbeit an der Durchführung der einzelnen Prozesse und die daraus erwachsende Personalkostenbelastung sind sehr unterschiedlich. Darüber hinaus kann es in Abhängigkeit des Untersuchungszieles notwendig sein, Prozesse einer weiteren Untergliederung bzw. Unterscheidung zu unterziehen.

Aber auch eine Zusammenfassung von Prozessen bzw. Aktivitäten ist denkbar. So definiert bspw. Porter, der für die Ansammlung von aufeinander folgenden Tätigkeiten den Begriff der **Wertkette** geprägt hat, fünf Gruppen ‚primärer' und vier Gruppen ‚unterstützender' betrieblicher Aktivitäten. Jede dieser Kategorien setzt sich wiederum aus ‚direkten', ‚indirekten' und ‚qualitätssichernden' Aktivitäten zusammen.[200] Ein für den Facheinzelhandel übergeordneter direkter, d.h. an der Wertbildung für den Kunden beteiligter Prozess ist beispielsweise die Kundenbedienung. In Abhängigkeit von den dabei berücksichtigten Tätigkeiten wird der Begriff der Bedienung unterschiedlich weit gefasst. Während Bidlingmaier lediglich die Warenübergabe durch Verkaufspersonal als konstitutives Element der Bedienung ansieht, umfasst für Hansen die Bedienung im weitesten Fall die Interpretation und Konkretisierung eines Konsumentenbedürfnisses, die Vorlage und Auswahl der in Frage kommenden Produktalternativen, physische Veränderungen der Ware, den innerbetrieblichen Warentransport, Verpackung und Abwicklung des Inkassos.[201] Eine durch die Kommunikation der Marktpartner geprägte Sichtweise findet sich bei Schuckel: „Die Bedienung des Kunden durch Verkaufspersonal im Einzelhandel umfasst alle kommunikativen Handlungen, die das Personal im direkten, persönlichen Kontakt erbringt, um den Kunden in seinem Kaufentscheidungsprozess zu unterstützen."[202]

Letztlich soll noch darauf hingewiesen werden, dass in Abbildung 60 nur betriebliche Tätigkeiten berücksichtigt wurden. Die um Vollständigkeit bemühte Auflistung von Mies (vgl. Tabelle 28) unterscheidet zudem in Privattätigkeiten, private Abwesenheit

200 Vgl. Porter, M.E.: Wettbewerbsvorteile. Spitzenleistungen erreichen und behaupten, 5. A., Frankfurt-New-York 1999, S. 63-76.

201 Vgl. Bidlingmaier, J.: Geschäftsprinzipien und Bedienungsformen des Einzelhandels, in: zfbf, 15. Jg., 1963, H. 12, S. 590; Hansen, U., 1990, S. 276.

202 Schuckel, M., 1999, S. 11.

und Pausen. Anders als die ebenfalls genannte Verkaufsbereitschaft handelt es sich dabei nicht um Aufgaben des Betriebsfaktors Arbeit. Aber auch die Betriebsbereitschaft kann im vorliegenden Kontext nicht als betriebliche Tätigkeit und somit als produktiver Prozess angesehen werden. Vielmehr handelt es sich dabei um das Leistungspotenzial des Facheinzelhandels, das als erste Phase der Produktion bereits in Kapitel 4.2.2 beschrieben wurde.

Ergebnis der Differenzierung von Aktivitäten und Prozessen stellen Angaben des Ressourcenverbrauchs und Outputeinheiten dar.[203] Letztere entziehen sich im Facheinzelhandel aufgrund ihres überwiegend immateriellen Wesens oft der direkten Erkenntnis oder sind aufgrund ihres Dienstleistungscharakters nur bedingt zu standardisieren. Beides scheint dafür verantwortlich, dass sie in der Vergangenheit kaum zu gestalterischen Zwecken der Kosten herangezogen wurden. So hatte die handelsbetriebliche Kostenrechnung in überwiegendem Maße die unterschiedlichsten Kostenarten zum Gegenstand und definierte den Gesamtbetrieb als Kostenträger. Erst in der jüngeren Vergangenheit finden sich vermehrt Ansätze einer differenzierten Kostenträgerrechnung. Dabei werden i.d.R. einzelne Artikel oder Sortimentsteile als Kosten- und Erlösträger herangezogen.[204] Die Ware als Produktionsfaktor wird dadurch gleichzeitig zum Produkt des Kombinationsprozesses. Um u.a. diesem vermeintlichen Widerspruch zu begegnen, sollen die Leistungen des Facheinzelhandels im Folgenden aus einer produktorientierten Sichtweise heraus behandelt werden.

4.2.4 Die produktorientierte Sichtweise der Leistungen im Facheinzelhandel

Bei der Definition des Outputs von Fachhandelsbetrieben soll nach Marktleistungen und innerbetrieblichen Leistungen unterschieden werden. Die Zweiteilung in Abhängigkeit von der Wahrnehmung der Leistung durch den Kunden bietet sich nur aus der produktorientierten Sichtweise heraus an. Würden auch die Leistungsprozesse anhand dieses Kriteriums eingeteilt, ließe sich nur ein geringer Teil der betrieblichen Aktivitäten der Marktleistungserstellung zuordnen. Insbesondere bei den Warenprozessen in Form der Lagerung, des Transports und der Manipulation handelt es sich aber um notwendige Teilprozesse, ohne die ein Großteil der Marktleistungen nicht zu erstellen ist und die keine innerbetrieblichen Aktivitäten darstellen. Es sollen im Weiteren nur die Tätigkeiten und Aufgaben des Personals als innerbetriebliche Aktivitäten angesehen werden, die sich im Bereich der Verwaltung ergeben (vgl. Abbildung 9), einschließlich sonstiger Tätigkeiten, wie Instandhaltung sachlicher Betriebsmittel, Reinigungsarbeiten, Betriebsversammlungen etc.

---

203 Vgl. Müller-Hagedorn, L./Toporowski, W., 1997, S. 465.

204 Vgl. Treeck, S.G.M.: DPR im Marketing-Mix. Wichtiges Instrument zur Sortimentssteuerung des Handels, in: Dynamik im Handel, 57. Jg. (1993), H. 2, S. 60-66.

4.2.4.1 Die Marktleistungen

Maßnahmen zur Reduzierung der Personalkosten im Facheinzelhandel können bei konstantem oder bei variablem Marktleistungsangebot durchgeführt werden. Um die Veränderung der Marktleistungsstrategie prüfen zu können, sollen die einzelnen Leistungen im Folgenden näher bestimmt werden. Dies kann ausschließlich aus Sicht des Kunden erfolgen; denn nur aus seiner Wahrnehmung heraus besitzt das Marktleistungsangebot Relevanz. So unterstellt der Handel, nicht zuletzt zum Zwecke einer kostendeckenden Kalkulation, dass die Ware zusammen mit ergänzenden Leistungen als Leistungsbündel eine Einheit darstellt und als solche auch nachgefragt wird. Aus Sicht des Kunden kann es sich dabei aber durchaus um voneinander unabhängige Leistungen handeln, die einzeln entgeltlich oder unentgeltlich nachgefragt und konsumiert werden können.

Eine Auswahl bestehender Ansätze zu den ‚Produkten' des (Fach-)Einzelhandels soll im Folgenden auf ihre Eignung bezüglich der vorliegenden Problemstellungen hin untersucht werden.

4.2.4.1.1 Diskussion bestehender Sichtweisen zur Marktleistung

Nach der am weitesten verbreiteten Sichtweise wird die als Ergebnis verstandene Handelsleistung mit dem Umsatz des Betriebes gleichgesetzt. Der Umsatz wird dabei als Summe der in einer Periode verkauften, mit ihren jeweiligen Verkaufspreisen bewerteten Leistungen definiert.[205] Er gibt an, wie viel Geldeinheiten als Gegenwert für die veräußerten Leistungen in den Betrieb zurückfließen. Der Umsatz wird regelmäßig als Bestimmungsgröße für den Personaleinsatz herangezogen; Hinweise auf die Art der hergestellten Güter gibt er jedoch nicht.

Auch eignet er sich nur bedingt zur Beurteilung der Leistungsfähigkeit des Faktors Personal, wie das Beispiel der Produktivitäts-Kennziffer „Umsatz je beschäftigte Person" im Textileinzelhandel, unterteilt in altes und neues Bundesgebiet, für 1995 zeigt.[206] Tabelle 29 zeigt die Werte.

Textilfacheinzelhandel			
Region	Umsatz je beschäftigte Person in DM	Umsatz je Kunde	Zahl der Kunden je beschäftigte Person (ohne Nichtkäufer)
Alte Bundesländer	245.500	207,70	1761
Neue Bundesländer	188.300	105,70	2606

Tab. 29: Kennzahlenvergleich zur Produktivität des Personals im Textil-EH 1995

205 Vgl. Gabler Wirtschafts-Lexikon, 1988, Sp. 2035.

206 Vgl. Kaapke, A.: Bericht über die Ergebnisse des Jahresbetriebsvergleichs der Einzelhandelsfachgeschäfte aus den alten und neuen Bundesländern im Jahre 1995, in: M.d.IfH, 48. Jg. (1996), H. 11, S. 178f.

Die errechnete Umsatzdifferenz je beschäftigte Person in Höhe von DM 57.200 (+ 30,4 %) für die Textilfachgeschäfte in den alten Bundesländern täuscht darüber hinweg, dass die Produktivität, bezogen auf die Kundenzahl je beschäftigte Person, in den neuen Bundesländern um 48,0 % deutlich über dem Durchschnittswert der Westbetriebe lag.

Anstelle des Umsatzes lässt sich die Leistung des Handels auch durch den Absatz als Menge der in einer Zeiteinheit veräußerten Waren kennzeichnen. Auf die Problematik, die Ware gleichzeitig als Produktionsfaktor und Produkt aufzufassen, wurde bereits an anderer Stelle hingewiesen. Dieser Ansatz ist nur dann zu rechtfertigen, wenn eine Veränderung der Ware zwischen Einkauf und Verkauf unterstellt wird. Hierauf weist u.a. Barth hin. Seiner Ansicht nach erlangt ein Sachgut im Handel erst durch die Diensteerstellung der Mitarbeiter seine Verwendungseignung.[207]

Die Aggregation der angebotenen Waren zu einem Sortiment stellt einen weiteren Ansatz zur Kennzeichnung der Marktleistung des Handels dar. Dabei hat das Sortiment als Vertriebsprogramm des Handels und als Äquivalent zum Produktionsprogramm der Industrie die Zusammenstellung der einzelnen Produkte zu einer für die Nachfrager attraktiven Gesamtheit zum Gegenstand.[208] Auch wenn man dieser Sichtweise folgt, so lässt sie doch die für den Facheinzelhandel so bedeutende Erstellung von Dienstleistungen unberücksichtigt. Es kann sich somit nur um einen Teil der Marktleistung handeln.

Auf einer noch weit über dem Sortiment liegenden Aggregationsstufe befinden sich Definitionen einer Marktleistung des Handels, die als Resultat des Kombinationsprozesses die Betriebsform bzw. den Betriebstyp als Output definieren. Aus Gründen einer besseren Modellierbarkeit werden alle Marktleistungen als Einheit definiert, die die unterschiedlichsten Eigenschaften ihrer Komponenten auf sich vereinigt. Demnach stellt der Facheinzelhandel ein spezielles Produkt der Produktart Einzelhandel dar. Die Feststellung, dass eine Betriebsform als Gesamtprodukt auf dem Markt angeboten und vom Konsumenten nachgefragt wird, trifft auch Woratschek.[209] Mit der Zielsetzung, Marktnischen für Betriebsformen des Handels mit Hilfe eines ökonomischen Modells aufzuspüren, fügt er die physischen Eigenschaften der Ware und die Transaktionseigenschaften, die sich aus den spannungsüberbrückenden Funktionserfüllungen ergeben, zu einer geschlossenen Handelsleistung als Output zusammen. Als Transaktionseigenschaften nennt er exemplarisch den Erlebniskonsum und die Beratung. Die Eigenschaften dieser Handelsleistung sind mit denen der Betriebsform

207 Vgl. Barth, K.: Betriebswirtschaftslehre des Handels, 3. A., Wiesbaden 1996, S. 53.

208 Vgl. Ausschuß für Begriffsdefinitionen aus der Handels- und Absatzwirtschaft (Hrsg.), 1995, S. 71.

209 Die Darstellung der Sichtweise von Woratschek hat ausschließlich exemplarischen Charakter. Der angenommene Verbundcharakter der Handelsleistung in Gestalt der Betriebsform findet sich beispielsweise auch bei Meyer und bei Kern. Vgl. Meyer, C.W.: Der Zusammenhang von Funktion und Betriebsformen des Warenhandels und seine Bedeutung für die Handelsbetriebsführung, in: Der österreichische Betriebswirt, 13. Jg. (1963), H. 3, S. 118-132; Kern, R.: Die Funktionsausübung im Einzelhandel, Berlin 1970, S. 22-42.

identisch. Woratschek beschreibt dies wie folgt: „Die Eigenschaften von Betriebsformen sind demzufolge das Ergebnis der Kombination der Handelsfunktionen oder Marketing-Funktionen zu einer Handelsleistung.“[210] Abbildung 61 verdeutlicht den Kombinationsprozess.

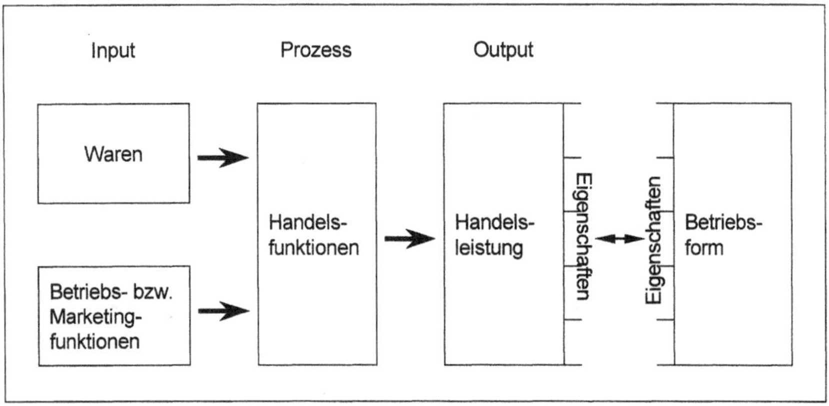

Abb. 61: Betriebsform als Output der Handelsleistung[211]

Die sowohl bei der Sortimentsbildung als auch bei der Erstellung einer Betriebsform vorgenommene Bündelung mehr oder weniger unabhängiger Leistungen zu einem ganzheitlichen Produkt wirft die grundsätzliche Frage auf, bis zu welchem Aggregationsniveau eine derartige Leistungsbündelung im Rahmen dieser Arbeit als sinnvoll anzusehen ist. Das umfassendste Produkt einer Volkswirtschaft ist das Bruttosozialprodukt, eines der geringfügigsten bzw. unaufwendigsten Produkte mag das aus ergebnisorientierter Sicht vollendete Lächeln einer Verkäuferin sein. Dazwischen lassen sich in Abhängigkeit vom gewünschten Untersuchungsgegenstand beliebige Abgrenzungen vornehmen.

Eine gänzlich andere Definition der Handelsleistung aus ergebnisorientierter Sicht findet sich bei Holler. Primäres Ziel seiner Exploration ist es, die Beziehungen zwischen Faktoreinsatz und -ertrag zu analysieren und in eine Funktion zu überführen. Unter der Annahme, dass ein Objekt weder ganzheitlich noch teilweise in ein zweites „übergeht“, sondern nur bezüglich einzelner Eigenschaften bestimmte Wechsel erfahren kann, definiert er den Faktorertrag bzw. das Produkt des Handelns als „den die abgeschlossene Zweckerfüllung konkretisierenden Teil des derivativen Zustandes der Faktorkombination.“[212] Diese sehr abstrakte und allgemeine Definition des Produkts erfolgt lediglich implizit. Es lassen sich daraus keine konkreten Güter geschweige denn die zu ihrer Erstellung notwendigen Personen und deren Kosten ableiten. Der Erkenntnisgewinn liegt vielmehr in der festgestellten Notwendigkeit einer

210 Woratschek, H., 1992, S. 29.

211 Ebenda.

212 Holler, H., 1990, S. 432.

zeitlichen Abgrenzung des Produktionsprozesses durch das Kriterium der erreichten und abgeschlossenen Zweckerfüllung.

Eine konkrete Sichtweise des Handelsprodukts findet sich dagegen mutmaßlich bei Haas. Auch er formuliert als Bedingung: „Als Leistung soll nur das Ergebnis des Produktionsprozesses verstanden werden, also das den Kunden angebotene und von ihnen nachgefragte Produkt."[213] Das Produkt definiert Haas dann wie folgt: „Handelsbetriebe bieten das Produkt, die Beschaffungsentscheidung und den Beschaffungsvorgang zu verbessern und für die Nachfrager teilweise oder ganz zu übernehmen."[214] Die Elemente dieses Produktes sind:

(1) Unterstützung der Kaufentscheidung,
(2) Gestaltung der Einkaufshandlung,
(3) Übergang der Ware,
(4) Betreuung nach dem Kauf.

Dieses Beispiel deutet wiederum auf die grundsätzliche Problematik bei der Festlegung des Produktes hin: Die strikte Trennung von Prozess und Produkt der Produktion. Auch die hier angestrebte Verbesserung von Beschaffungsentscheidung und Beschaffungsvorgang mit Hilfe der vier genannten Elemente stellen Prozesse der Marktleistungserstellung dar. Die angestrebte Beantwortung der Frage „Was produziert ein Handelsbetrieb" bleibt somit unbeantwortet.

Ein relativ neuer Ansatz, der über den Prozess hinaus auch Aussagen zum Ergebnis der handelsbetrieblichen Tätigkeit macht, ist die Transaktionskostentheorie. Transaktionskosten fallen bei der Erstellung von Vereinbarungen bzw. Verträgen über einen Leistungsaustausch zwischen Marktteilnehmern an. Je unvollkommener die Informationen der am Güter- und Leistungsaustausch beteiligten Wirtschaftssubjekte, desto höher die Kosten des Vertrages und mit ihm die Kosten des daraus erworbenen Rechts. Eine Kostenersparnis für den Konsumenten durch Einschaltung des Facheinzelhandels ist gegenüber der alternativen und direkten Kontaktierung einer unbestimmten Anzahl von Herstellern zwar schwierig zu quantifizieren, aber eindeutig vorhanden. Gümbel erklärt demzufolge Gewinnansprüche aus Handelsgeschäften „als Anteil an der kollektiv mit den jeweiligen Marktpartnern erwirtschafteten Transaktionskostenersparnis."[215]

Die bei der Erstellung von Rechten im Allgemeinen und von Eigentums- bzw. Verfügungsrechten (Property Rights) durch den Händler gegenüber dem Kunden im Besonderen anfallenden Transaktionskosten sind ihrem Wesen nach durchaus mit Produktionskosten zu vergleichen, zumal die moderne Produktionstheorie auch

213 Haas, H.-L.: Was produziert ein Handelsbetrieb?, in: ZfB, 63. Jg. (1993), H. 11, S. 1139.
214 Ebenda, S. 1154.
215 Gümbel, R., 1985, S. 18.

Rechte als Output der wirtschaftlichen Tätigkeit akzeptiert.[216] Die Facheinzelhandelsleistung, aus einer finalen Sichtweise heraus betrachtet, erschöpft sich aber nicht in der Schaffung von Eigentumsrechten für den Konsumenten.[217] Auch hier handelt es sich nur um einen Teil der Marktleistung dieser Betriebsform.

Die dargestellten Sichtweisen zu den Erzeugnissen des Handels sind nicht erschöpfend. An dieser Stelle sollen sie aber ausreichen, um zum einen auf die wesentlichen Problematiken, die mit der Bestimmung der Marktleistungen aus produktorientierter Sicht verbunden sind, hinzuweisen und zum anderen, um daraus Anforderungen an ihre im Weiteren vorzunehmende Definition ableiten zu können.

4.2.4.1.2 Anforderungen an eine Marktleistung des Facheinzelhandels

Der heterogene Output des Facheinzelhandels soll anhand der folgenden vier Merkmale ein Anforderungsprofil erhalten, das die Vielzahl der realen Erscheinungen charakterisiert und auf einen gemeinsamen Nenner bringt. Die zu formulierenden Anforderungen sind für alle Marktleistungen des Fachhandels in gleichem Maße gültig.

- **Die Marktleistung kann nur durch den Kunden bestimmt werden**

Die Interpretation und Bewertung einer Marktleistung kann ebenso wie die sich anschließende Bereitschaft, ein mehr oder weniger hohes Entgelt dafür zu entrichten, nur aus Sicht des Kunden erfolgen. Demnach sind jene Maßnahmen zur Reduzierung der Personalkosten in Kapitel 4.3, die auf eine Variation des Leistungsangebots ausgerichtet sind, nur unter Antizipation dieser Kundensicht zu beurteilen.

- **Bei der Zweckbestimmung soll der einzelne den gemeinschaftlichen Nutzen dominieren.**

Die Abgrenzung eines einzelnen Produktes ist immer dann problematisch, wenn es sowohl für sich allein als auch im Zusammenspiel mit anderen Produkten problemlösend eingesetzt werden kann. Dementsprechend lassen sich bei jedem erstellten Gut Einzelnutzen und Gemeinnutzen in Abhängigkeit von den zu befriedigenden Bedürfnissen unterscheiden. Eine angebotene Ware kann beispielsweise als Präsentationsobjekt im Rahmen der Kundenberatung Einzelnutzen stiften, im Rahmen der Sortimentsbildung als Teil eines Ganzen ihren Nutzen auch gemeinsam mit anderen Waren entfalten. Um die Sicht auf die einzelnen Komponenten einer Marktleistungs-

216 Zur Problematik der Abgrenzung von Produktionskosten und Transaktionskosten vgl. Mandewirth, S.O.: Transaktionskosten von Handelskooperationen, Heidelberg 1997, S. 36-41; Schneider, D.: Allgemeine Betriebswirtschaftslehre, 2. A., München-Wien-Oldenburg 1985, S. 532.

217 In diesem Falle käme es zu dem Paradoxon, dass ein Discouter zwar ein Vielfaches an Marktleistungen in Form von Rechten im Vergleich zu einem Fachgeschäft erstellt, durch seine wesentlich niedrigere Handelsspanne jedoch nur in einem weitaus geringerem Maße zur Wertschöpfung beiträgt.

aggregation nicht zu verdecken, soll die Betrachtung in erster Linie auf die kleinste, einzeln nachzufragende Einheit des Outputs gerichtet sein, die selbständig dem Kunden Nutzen stiften kann, selbst wenn sie nicht erlöswirksam wird.

■ Die Konstanz der Marktleistung

Eine Marktleistung aus produktorientierter Sicht wird durch die Konstanz ihrer Merkmale und Eigenschaften bestimmt. Solange die Stabilitätshypothese hinsichtlich dieser Charakteristika angenommen werden kann, gilt der zugrundeliegende Produktionsprozess als abgeschlossen. Die Konstanz der Merkmale und Eigenschaften ist im Zeitablauf jedoch nur begrenzt gegeben. Vollkommene Stabilität kann nur auf Basis einer Zeitpunktanalyse angenommen werden, wobei der Zeitpunkt in Abgrenzung zum Zeitraum unendlich klein ist. Auch wenn im Allgemeinen einer solchen strengen Sichtweise nicht gefolgt wird, scheint diese zur eindeutigen Abgrenzung und Bestimmung von Marktleistungen sinnvoll. Bezogen auf einen Handelsbetrieb stellt sich beispielhaft die Frage, ob es sich bei der beschafften Ware zum Zeitpunkt des Ausscheidens aus dem Handelsbetrieb um die selbe Ware handelt oder ob Veränderungen ein neues Gut geschaffen haben. Die Beantwortung dieser Frage hängt von der Definition der wesensbestimmenden Charakteristika der Ware ab. In Bezug auf die vorliegende Arbeit sollen diese substanzielle und situative Merkmale sowie funktionale und situative Eigenschaften umfassen (vgl. hierzu Kapitel 4.2.4.1.3.1). Grundsätzlich soll jede Veränderung an einer Marktleistung zu einer neunen Marktleistung führen. Dies gilt nicht nur in Bezug auf die Ware, sondern auf jeglichen Output des Facheinzelhandels.

■ Kundenleistungen zählen nicht zu den Marktleistungen des Fachhandels

Marktleistungen des Facheinzelhandels aus ergebnisorientierter Sicht stehen dem Kunden als Endprodukte teils mit, teils ohne Entgelt zur freien Verfügung. Dies gilt für Konsumtionsleistungen und Dienstleistungen in gleichem Maße. Die Nutzung der Marktleistung durch den Kunden erfüllt, wie bereits dargelegt, den Tatbestand der Kundenleistung. Ein Laib Brot, den der Fachhändler zum Kauf anbietet, stellt als Handelsware eine materielle Marktleistung dar. Schneidet er dasselbe Brot, bevor er es anbietet, in Scheiben, wird der ganze Laib zum Betriebsfaktor und das geschnittene Brot zur Marktleistung. Nimmt er die substanzielle Veränderung auf Wunsch des Kunden vor, handelt es sich dabei um eine materielle Dienstleistung.[218] Erwirbt der Kunde den ganzen Laib Brot und schneidet er ihn anschließend selbst in Scheiben, erstellt er eine Kundenleistung. Ißt er dann das Brot auf und hat es ihm gut geschmeckt, führt dies zur Zufriedenheit des Kunden. Die Kundenzufriedenheit ist ebenfalls eine Kundenleistung.

---

218 Dadurch, dass der Kunde in diesem Falle nicht ein geschnittenes Brot als fertiges Produkt nachfragt, sondern einen zunächst ganzen Laib Brot, der durch seinen Einfluss eine weitere letzte Veränderung und somit die Fertigstellung seiner Produktion erfährt, sind die Voraussetzungen für eine Dienstleistung erfüllt.

Die beispielhaft dargestellte, problemlose Trennung von Marktleistungen des Fachhandels und Leistungen des Kunden gestaltet sich bei immateriellen Leistungen oft schwieriger. Insbesondere die Veränderung von Konstrukten im Insystem des Kunden, also zum Beispiel der Einstellungen, der Absichten, der Bedürfnisse, des Involvements, der Emotionen und Motivationen oder der bereits genannten Zufriedenheit bedarf einer eindeutigen Zuordnung. Im Rahmen der vorliegenden Arbeit soll es sich bei den affektiven Konstrukten um Kundenleistungen handeln. Ihre Veränderung resultiert größtenteils aus der Bewertung von Information durch den Kunden. Die Information selbst, aus produktorientierter Sicht in Form des Wissens als kognitives Konstrukt, ist aber nur dann eine Kundenleistung, wenn er sie sich im Rahmen der Selbstbedienung unter Nutzung von Bereitstellungsleistungen eigenständig angeeignet hat. Wurde sie ihm dagegen von außen zum Beispiel durch das Verkaufspersonal im Rahmen der warenbezogenen Beratung vermittelt, soll es sich im Folgenden um eine Marktleistung des Facheinzelhandels handeln, auch wenn das Produkt letztendlich im Kopf des Kunden und in seiner Vorstellungswelt positioniert wird.

Unabhängig von der konkreten Leistungsart führt die Substitution von Konsumtionsleistungen und Dienstleistungen des Fachhändlers durch Kundenleistungen zu einem ‚Trading-Down' seiner Marktleistungsstrategie.

4.2.4.1.3 Die Klassifikation der Marktleistungen

Aufgrund der großen Vielfalt unterschiedlicher Marktleistungen im Facheinzelhandel muss auch bei ihrer Bestimmung aus ergebnisorientierter Sicht eine detaillierte Klassifizierung genügen.

4.2.4.1.3.1 Handelswaren

Die erste Kategorie an Marktleistungen als Output sind die Handelswaren. Sie sollen alle Sachgüter umfassen, die dem Kunden gegen Entgelt angeboten werden. Die folgenden Ausführungen gelten mit Ausnahme der Preisstellung auch für Sachleistungen in Form von Gratiswaren. Anstelle der Umsatzerzielung sollen mit diesen Zuwendungen allerdings dem Kunden positive Erlebnisse vermittelt werden, die seine Zufriedenheit und Bindung an das Handelsunternehmen erhöhen. Aufgrund der abweichenden Zielsetzung werden derartige unentgeltliche Sachleistungen unter dem Begriff der Serviceleistungen subsumiert und an anderer Stelle behandelt (vgl. Kapitel 4.2.4.1.3.3).

Die Veränderung der Handelsware als Folge eines Kombinationsprozesses kann sich auf ihre unterschiedlichsten Merkmale und Eigenschaften beziehen. In der Literatur findet sich häufig eine Dreiteilung der wesensbestimmenden Kriterien von Sachgütern. Demnach können die vorgenommenen Veränderungen entweder stofflicher, räumlicher oder zeitlicher Art sein. Carp bezeichnet diese Merkmale explizit als

‚Materielle Eigenschaftskomplexe'.[219] Fandel weist zudem daraufhin, dass bereits die Veränderung eines dieser Merkmale ein neues Gut hervorbringt: „Ein Gut wird durch seine Eigenschaften und durch Ort und Zeitpunkt seiner Verfügbarkeit eindeutig bestimmt. Ist bei einem Vergleich in einem der drei Kriterien ein Unterschied festzustellen, so liegen strenggenommen verschiedene Güter vor."[220]

Während in der Literatur zur Sachgüterproduktion die beiden Begriffe **Merkmal** und **Eigenschaft** eines Objektes i.d.R. synonym verwandt werden, sollen sie in der vorliegenden Arbeit unterschiedliche Bedeutungen erhalten. Merkmale kennzeichnen im Folgenden die materiellen, in der Regel objektiv nachprüfbaren Objektzustände der Ware. Eigenschaften charakterisieren dagegen ihre Fähigkeiten zur zielgerichteten Zweckerfüllung. Obwohl der Großteil der Eigenschaften der Ware durch ihre Merkmale bestimmt wird, bedingt die Kenntnis der Merkmale durch den Kunden nicht gleichzeitig die Kenntnis der Eigenschaften. Dieser Tatbestand soll die inhaltliche Differenzierung rechtfertigen.

Eine zusätzliche Begriffsdifferenzierung sieht die Trennung in

- **substanzielle** und **situative Merkmale** auf der einen und
- **funktionale** und **situative Eigenschaften**

auf der anderen Seite vor. Die bereits genannten Variablen Zeit und Raum stellen dabei die situativen Merkmale dar, wohingegen es sich bei allen stofflichen Charakteristika um substanzielle Merkmale der Ware handeln soll. Aus den substanziellen Merkmalen ergeben sich wiederum die funktionalen Eigenschaften. Im Gegensatz zu den funktionalen Eigenschaften können die situativen Eigenschaften ohne substanzielle Veränderung der Ware modifiziert werden. Die vier Begriffe werden im Folgenden einzeln definiert, erläutert und anhand eines Beispiels verdeutlicht.

Substanzielle Merkmale	Bei den **substanziellen Merkmalen** handelt es sich um alle Objektzustände, die sich aus der **stofflichen** Zusammensetzung ergeben und die ohne Kenntnis der Zweckbestimmung bzw. ohne Ge-/Verbrauch der Ware objektiv messbar oder feststellbar sind. Zu ihnen zählen u.a. die Form, die Abmessungen, das Gewicht, das Volumen, die Oberflächenbeschaffenheit, die stoffliche und chemischen Bestandteile, die Temperatur, die Farbe und der Geruch. Substanzielle Merkmale können als relativ konstant angenommen werden. Die gewollte Veränderung dieser Merkmale entspricht der Sachgüterproduktion im engeren Sinne. Beispiel: Die substanziellen Merkmale eines Autoreifens können beispielsweise wie folgt beschrieben werden: Gewicht 10,2 kg, Ringform mit U-Profil im Querschnitt, Breite 195 mm, Innendurchmesser 15 Zoll, Material Kautschuk mit Stahlgürtel, Oberfläche systematische Vertiefungen bis 8 mm, Farbe Schwarz etc.

219 Vgl. Carp, H.-J.: Der Transformationsprozess in Dienstleistungsunternehmen, Berlin 1974, S. 75.
220 Fandel, G.: Produktion, 3. A., Berlin u.a. 1991, S. 35.

Es besteht allgemeine Übereinstimmung darüber, dass der Handel (mit Ausnahme des Handwerkshandels) nur in geringem Maße substanzielle Veränderungen an der Handelsware vornimmt. Als ein typischer Produktionsprozess im Facheinzelhandel kann die Aufteilung großer Einheiten in eine Vielzahl kleinerer Einheiten angesehen werden. Hierzu zählen Tätigkeiten wie das Schneiden von Wurst und Käse, das Umfüllen von Flüssigkeiten, das Auspacken von gebündelten Paletten, das Ablängen von Meterware usw. Auch die zwischen Einkauf und Verkauf stattfindende Veränderung von Pflanzen und Blumen hinsichtlich ihrer Blüte, ihres Wachstums und des Hervorbringens von Früchten erfüllt den Tatbestand der betrieblichen Produktion und kann somit als ein Beispiel für die Sachleistungserstellung im Facheinzelhandel angesehen werden. Konsequenterweise werden vor allem Pflanzen in Abhängigkeit ihres Wachstums regelmäßig umgepreist. Weitere Beispiele für die Modifikation bzw. Erstellung substanzieller Merkmale von Sachleistungen durch den Facheinzelhandel sind das Aufstellen von Möbeln, das Verpacken der Ware in Geschenkpapier und Transporthilfen, das Anpassen von Schmuckstücken und Textilien oder die Zubereitung von Arzneien und Feinkostsalaten. Werden diese Tätigkeiten auf Wunsch und nach Vorgaben des Kunden durchgeführt, handelt es sich dabei um materielle Dienstleistungen, im anderen Falle um Bereitstellungsleistungen in Form von Konsumtionsleistungen.

Situative Merkmale	Bei den **situativen Merkmalen** soll es sich um die **zeitlichen** und **räumlichen** Objektzustände handeln, d.h. wann und wo befindet sich das Sachgut. Aufgrund der Tatsache, dass die meisten Artikel heutzutage als Massenwaren in einem industriellen Fertigungsprozess erstellt werden und sich folglich in keinem der substanziellen Merkmalen voneinander unterscheiden, kann die einzelne Ware nur anhand der situativen Merkmale eindeutig bestimmt werden. Beispiel: Ein Autoreifen umgibt für eine bestimmte Zeitspanne eines der vier Räder des Autos. Dadurch ist zumindest sein absoluter Aufenthaltsort und sein zeitlicher Aufenthalt eindeutig determiniert.

Die Vorstellung, dass auch die Veränderung der situativen Merkmale den Tatbestand der Produktion von Sachgütern erfüllen soll, mag zunächst befremden. Sie wird aber verständlich, wenn man sich bewusst macht, dass jede Form der materiellen Produktion allein auf einer zeitlichen und/oder räumlichen Veränderung der zugrunde liegenden Faktoren beruht. Dieser Sachverhalt ist nicht in allen Fällen so offensichtlich wie bei der Montage einzelner Baugruppen zu einem Endprodukt (z.B. Kraftfahrzeug), bei dem die einzelnen Teile in ein neues, fest definiertes räumliches Zueinander gebracht werden. Oft sind die Teile wie etwa bei einer chemischen Reaktion so klein, dass sich der an sich gleichartige Prozess der direkten Wahrnehmung durch den Menschen entzieht.

Die Veränderung der situativen Merkmale der Ware durch den Handel erfolgt durch die Aktivitäten **Lagerung** und **Transport**. Woratschek beschreibt diese anhand eines

Beispiels wie folgt: „Selbst an sich gleiche Produkte werden durch die Handelsleistung heterogenisiert. Eine Vitrine bestimmter Qualität ist, wenn sie im Laden um die Ecke erworben wird, eine andere, als wenn sie im entfernt liegenden Kaufhaus erstanden wird.“[221] Die angestrebte situative Veränderung der Ware durch den Facheinzelhandel wird durch den produktionsbezogenen Begriff des „Herstellens“ durchaus zutreffend beschrieben, wenn es darum geht, die Ware an einem anderen Ort und zu einer anderen Zeit als dem bzw. der der substanziellen Produktion zu platzieren.

Funktionale Eigenschaften	Bei den **funktionalen Eigenschaften** handelt es sich um die Mehrzahl der Charakteristika, die die Eignung der Ware zur zielgerichteten Zweckerfüllung kennzeichnen. Funktionale Eigenschaften resultieren aus den substanziellen Merkmalen der Ware, aber nicht jede Änderung der substanziellen Merkmale führt zu einer Veränderung der funktionalen Eigenschaften. Funktionale Eigenschaften können in vielen Fällen nur mittelbar aus den substanziellen Merkmalen abgeleitet werden. Oft zeigen sich Erstere erst beim Ge- oder Verbrauch der Ware. Beispiel: Die funktionalen Eigenschaften eines Autoreifens können beispielsweise wie folgt beschrieben werden: abriebfest, griffig, geeignet für Geschwindigkeiten bis 210 km/h, spurtreu, komfortabel, geringer Rollwiderstand, säurebeständig etc.

Auch der Facheinzelhandel kann Veränderungen der funktionalen Eigenschaften der Ware nur im Rahmen seiner Möglichkeiten zur Modifikation der substanziellen Merkmale bewirken. Es existieren allerdings weitere Eigenschaften der Ware, die ohne substanzielle Änderungen variiert werden bzw. eine Änderung erfahren können und auf die der Facheinzelhändler zum Teil besonderen Einfluss hat.

Situative Eigenschaften	Bei den **situativen Eigenschaften** handelt es sich um Charakteristika der Ware, deren Veränderung sich unabhängig von den substanziellen Merkmalen ergeben bzw. herbeigeführt werden. Es handelt sich hierbei u.a. um ihre modische Erscheinung, ihre Exklusivität bzw. Seltenheit und ihr Image. Beispiel: Die situativen Eigenschaften eines Autoreifens können beispielsweise wie folgt beschrieben werden: der Reifen hat ein modernes Profil, sein Image ist seine Sportlichkeit.

Die Eigenschaft **modisch** zu sein, bezieht sich auf das äußere Erscheinungsbild der Ware und ändert sich regelmäßig im Zeitablauf, ohne dass die Ware eine substanzielle Veränderung erfährt. Bei dem Attribut modisch handelt es sich noch nicht um ein Werturteil, denn auch ein modischer Artikel kann vom Kunden äußerst unterschiedlich beurteilt werden. Dies ist im Rahmen der Produktion von Marktleistungen durch den Facheinzelhandel insofern von Bedeutung, als es sich, wie bereits erwähnt, bei der Wertschätzung einer Ware durch den Nachfrager um eine Kunden-

221 Woratschek, H., 1992, S. 41.

leistung aus ergebnisorientierter Sicht und nicht um eine entsprechende Handelsleistung handeln soll.

Ähnlich verhält es sich mit der **Seltenheit** eines Gutes. Auch hier erfolgt die Veränderung völlig unabhängig vom Produkt, nämlich durch die eingeschränkte Herstellung oder Vernichtung von gleichen Objekten. Eine verwandte Gutseigenschaft ist die **Exklusivität**, nach der die Ware nur an einen eingeschränkten Kundenkreis abgegeben wird.[222]

Auch das **Image** einer Ware kann als situative Eigenschaft gewertet werden. Ein positives oder negatives Image führt nicht zwingend zu einer positiven oder negativen Beurteilung der Ware durch den einzelnen Konsumenten. Die Anforderung an das Wesen einer Marktleistung, dass es sich dabei u.a. noch nicht um ein normatives Konstrukt des Insystems (Einstellung, Zufriedenheit etc.) des Kunden handelt, ist somit erfüllt. Das Image eines Artikels ist folglich nicht das Ergebnis einer immateriellen Kundenleistung. Besondere Bedeutung hat das angestrebte positive Image bei Markenartikeln: „Mit dem Markenartikel geht im Regelfall die Vorstellung einher, dass er nicht nur markiert und insofern identifizierbar ist, sondern dass er im Kreis der Abnehmer bekannt ist und ihm positive Assoziationen zugeordnet werden."[223] Aber auch die **Marke** selbst in Form des Namens oder der Bezeichnung der Ware erfüllt die Bedingungen einer situativen Eigenschaft. Auch wenn die Marke regelmäßig als substanzielles Merkmal (meist in Form eines Aufdrucks auf der Verpackung) die Ware kennzeichnet, ist dies keine Voraussetzung für deren Existenz (ein Mercedes bleibt ein Mercedes, auch wenn der Stern entfernt worden ist).

Zwei weitere mutmaßlich situative Eigenschaften der Ware sind sein **Preis** und seine **rechtliche Zugehörigkeit**. Aufgrund ihrer besonderen Stellung sollen sie jedoch im Weiteren als separate unentgeltliche Marktleistungen dem Kapitel 4.2.4.1.3.3 zugeordnet werden.

Zusammenfassend ist festzustellen, dass der Facheinzelhandel in nicht zu unterschätzendem Maße Sachleistungen als Marktleistungen erstellt. Die Modifikation der Ware zwischen Einkauf (Ware als Produktionsfaktor) und Verkauf (Ware als materielle Marktleistung) kann sich auf ihre unterschiedlichsten Merkmale und Eigenschaften beziehen. Die Veränderungen der Objektzustände sind das Resultat von Aktivitäten, die in unterschiedlichem Maße der menschlichen (Mit-)Arbeit bedürfen,

---

222 Anhand der Exklusivität der Ware zeigt sich exemplarisch die Verwandtschaft zwischen der Einteilung von funktionalen und situativen Eigenschaften und der geläufigen Einteilung in Grundnutzen und Zusatznutzen von Waren. Es sind die funktionalen Eigenschaften, die in erster Linie den Grundnutzen stiften, während die situativen Eigenschaften einen Teil der Zusatznutzen darstellen können. Demnach nennen Ahlert/Schröder als Beispiel für einen Zusatznutzen der Ware die exklusive Zugehörigkeit zu einem ausgewählten Kundenkreis. Vgl. Ahlert, D./Schröder, H.: ‚Erlebnisorientierung' im stationären Einzelhandel, in Marketing ZFP, 12. Jg. (1990), H. 4, S. 223.

223 Müller-Hagedorn, L.: Handelsmarke oder Herstellermarke? – Überlegungen zur ökonomischen Effizienz, in: Bruhn, M.: Handelsmarken, Entwicklungstendenzen und Zukunftsperspektiven der Handelsmarkenpolitik, 2.A., Stuttgart 1997, S. 163.

folglich entsprechend Personalkosten verursachen. Allerdings variieren die Personalkosten zur Erstellung bzw. Modifizierung der Handelswaren kaum zwischen den unterschiedlichen Betriebsformen des Einzelhandels. Zudem sind sie i.d.R. durch den Warenpreis abgegolten und somit nur bedingt verantwortlich für die mangelnde Rentabilität im Facheinzelhandel. Das gleiche gilt für den Teil der Dienstleistungen, die entgeltpflichtig angeboten werden.

4.2.4.1.3.2 Entgeltpflichtige Dienstleistungen

Entgeltpflichtige Dienstleistungen werden im Facheinzelhandel kaum angeboten. Trotz dieser Tatsache sollen sie im Folgenden eine eigenständige Erwähnung erfahren; unterscheiden sie sich doch grundlegend von den Serviceleistungen, die keinen unmittelbaren Beitrag zur (Personal-)Kostendeckung leisten. Es sind vor allem materielle Dienstleistungen, die direkt zur Erlössteigerung beitragen und überwiegend dem Handwerkshandel zuzuordnen sind. Folgende exemplarische, mehr oder weniger personalintensive Marktleistungen erfüllen den Tatbestand einer entgeltpflichtigen Dienstleistung:

- entgeltpflichtige Parkplätze,
- Konsumentenkredite,
- Änderungsschneidereien,
- Reparaturdienste,
- Reinigungsdienste im Sanitärbereich,
- Vermietung von Gebrauchsgütern und
- entgeltpflichtige Kostenvoranschläge.

Bei einem sich verschärfenden Wettbewerb ist nicht auszuschließen, dass auch diese Dienstleistungen zunehmend unentgeltlich abgegeben werden. Als Beispiel kann hier der Automobileinzelhandel angesehen werden, der seine Handelsware teilweise zu einem Minimalzinssatz von 0,9 Prozent p.a. dem Kunden finanziert. Die gänzlich unentgeltlichen Dienstleistungen sind u.a. Gegenstand des folgenden Kapitels.

4.2.4.1.3.3 Serviceleistungen

In Summe machen die Personalkosten zur Herstellung von Handelswaren und entgeltpflichtigen Dienstleistungen nur einen geringen Teil der gesamten Personalkosten im Facheinzelhandel aus. Dies scheint auch insofern plausibel, als sich insbesondere die handelsbetrieblichen Varianten der Sachleistungsproduktion auch bei allen anderen Betriebsformen des Einzelhandels beobachten lassen und dort deutlich weniger Personalkosten das Betriebsergebnis belasten. Die Höhe der Personalkosten des Facheinzelhandels wird in entscheidendem Maße durch die Produktion der Marktleistungen bestimmt, die in weiten Teilen als fachhandelsspezifisch angesehen werden und durch die sich der Wettbewerbsvorteil dieser Betriebsform ergibt bzw. ergeben soll. Trotz der hohen Produktionskosten dieser Leistungen haben diese keinen Preis. Derartige unentgeltlichen Marktleistungen sollen wie bereits dargestellt durch den Begriff der Serviceleistung gekennzeichnet werden.

Durch das alleinige konstituierende Merkmal der unentgeltlichen Abgabe wird im Rahmen der vorliegenden Arbeit eine äußerst weite Begriffsfassung gewählt. Auch an sich mittlerweile selbstverständliche Marktleistungen, wie das Angebot von beheizten Verkaufsräumen oder das Erstellen von Kassenbons, erfüllen die definitorischen Voraussetzungen für eine Serviceleistung. Eine weitergehende dichotome Klassifizierung auf Basis der Kundenerwartung in Standardleistungen vs. Erlebnisleistungen soll erst in Kapitel 4.3.2 erfolgen.

Besondere Relevanz für die weiteren Ausführungen haben diejenigen Serviceleistungen, deren Erstellung für den Facheinzelhandel mit hohen Personalkosten verbunden ist. Von herausragender Bedeutung scheint unter dieser Bedingung die Information des Kunden über die Merkmale und Eigenschaften der Handelsware zu sein. Dabei werden an die Fachkompetenz der Mitarbeiter und die Qualität der Produktinformation in der Regel besondere Anforderungen gestellt.[224] Warenbezogene Informationsprozesse beispielsweise in Form der persönlichen Beratung werden als Erfolgsfaktoren des Facheinzelhandels angesehen, verursachen aber entsprechend hohe Personalkosten. Der Aufnahme von Produktinformationen durch den Kunden können neben der persönlichen Beratung noch andere Aktivitäten zugrunde liegen. Sie sollen im Weiteren durch den übergreifenden Begriff der Warenkommunikation gekennzeichnet werden, stellen als solche aber Marktleistungen des Fachhandels aus prozessorientierter Sicht dar. Das Ergebnis der Warenkommunikation aus produktorientierter Sicht ist das Abbild der Ware im Insystem des Kunden und soll durch den Begriff der In-Ware gekennzeichnet werden.

In-Ware

Ein Objekt ist allein durch seine Merkmale und Eigenschaften definiert, d.h. die Kenntnis der konkreten Sachleistung des Facheinzelhandels setzt die Kenntnis ihrer Merkmale und Eigenschaften voraus. Objektzustände, die zwar vorhanden, aber nicht bekannt sind, existieren für den Betrachter nicht. Ein Kunde, der über keinerlei Information hinsichtlich eines Personal Computers verfügt, wird darin nicht mehr als einen verhältnismäßig schweren, quadratischen und zumeist hellgrauen Gegenstand erkennen. Ein unterschiedlicher Kenntnisstand führt demnach zu unterschiedlichen Objekten.

Ellinger wählt zur Unterscheidung von Produktinformationen, die in unterschiedlichem Maße offensichtlich sind, die Begriffe „Evidenz" und „Latenz". Unter Latenz, im Sinne von unbekannt sein, unsichtbar sein, versteckt sein, sich verborgen halten,

224 Vgl. Matzler, K./Hinterhuber, H.H./Handlbauer, G.: Erfolgspotenzial Kundenzufriedenheit, in: WISU, 26. Jg. (1997), H. 8-9, S. 734.

versteht er den Anteil der Nicht-Ausstrahlung (vorübergehend oder dauernd) einer Produktinformation. Das Produkt bzw. die betreffende Eigenschaft ist zwar objektiv vorhanden, aber die Nachricht kann aus verschiedenen Gründen subjektiv nicht wahrgenommen werden. Mit der Evidenz, im Sinne von offenbar, ersichtlich, augenfällig und anschaulich, verhält es sich umgekehrt. Als Produktinformationen nennt Ellinger beispielsweise: Dimension, Form, physikalische Oberflächenstruktur, Bewegung, Materialbeschaffenheit, Art und Weise der Funktionserfüllung, Farben und graphische Gestaltung der Oberfläche, Geräusche und Töne, Geschmack, Geruch, Temperatur, Verpackung und Widerstandsfähigkeit gegenüber Außeneinflüssen. Die genannten Produktinformationen decken sich mit den in Kapitel 4.2.4.1.3.1 beschriebenen substanziellen Merkmalen und den funktionalen Eigenschaften von Handelswaren.[225]

Die alleinige, überwiegend materielle Produktion der Ware durch Hersteller und Händler reicht daher in vielen Fällen nicht aus, um sie beim Kunden gegenständlich werden zu lassen. Es bedarf weiterer immaterieller Produktionsprozesse, die darauf gerichtet sind, ein Bild von der Ware im Kopf des Kunden herzustellen, d.h. die Merkmale und Eigenschaften der Ware in das Insystem des Kunden zu transferieren. Die In-Ware kann als konkretes Konstrukt der mentalen Repräsentation angesehen werden, wie sie die kognitive Psychologie zum Gegenstand hat: „Es ist eine der Grundannahmen kognitions-psychologischer Forschung und Theorienbildung, dass die Sachverhalte und Ereignisse der Umwelt durch das menschliche System zur Informationsverarbeitung symbolhaft intern abgebildet werden."[226] Bei diesem Abbild handelt es sich durchaus um ein äußerst individuelles Bild von der Ware im Kopf des Kunden, das von der realen Ware, deren Merkmale und Eigenschaften objektiv meßbar und festzustellen sind, zu differenzieren ist. Folgende Definition soll der In-Ware zugrunde liegen:

Bei der **In-Ware** handelt es sich aus produktorientierter Sicht um das Abbild der realen d.h. der physisch existierenden Ware im Insystem des Kunden. Unterschiede zwischen In-Ware und Ware ergeben sich aus der mangelnden oder falschen Kenntnis der objektiv vorhandenen Merkmale und Eigenschaften der Ware durch den Kunden. Aus prozessorientierter Sicht soll die Produktion der In-Ware durch den Begriff der **Warenkommunikation** gekennzeichnet werden.

Preis

Eine weitere bedeutende Serviceleistung ist der Preis der Ware. Er stellt den geforderten Gegenwert einer fest definierten Wareneinheit dar. Dies soll unabhängig da-

225 Vgl. Ellinger, Th.: Latenz und Evidenz als Bestimmungsfaktoren der Produktinformation, in: Koppelmann, U., (Hrsg.): Die Ware in Wirtschaft und Technik, Herne-Berlin 1969, S. 147-150.

226 Kluwe, R.H./Haider, H.: Modelle zur internen Repräsentation komplexer technischer Systeme, in: Sprache & Kognition, 9. Jg. (1990), H. 4, S. 173.

von gelten, ob es sich dabei um Geld oder wie in einer Tauschwirtschaft um ein anderes Gut handelt. In Abhängigkeit von Angebot und Nachfrage, der Qualität und Quantität der ergänzenden Serviceleistungen sowie der betriebsindividuellen Kostensituation kann der Preis eines Artikels sowohl im Zeitablauf (Schlussverkauf, kundenindividuelle Rabattierung etc.) als auch im zwischenbetrieblichen Vergleich variieren. Der Prozess der Preisfestsetzung kann von der Kalkulation bis zur Etikettierung unterschiedliche betriebliche Aktivitäten umfassen.

Alternativ zu seinem Wesen als eigenständige Marktleistung des Handels aus ergebnisorientierter Sicht kann der Preis auch als eine der situativen Eigenschaften der Ware interpretiert werden. Insbesondere die Feststellung, dass sich aus Sicht des Handelspartners, der den Gegenwert veräußern möchte, die Ware ebenso als Eigenschaft des Preises begreifen lässt und der Preis folglich sowohl Eigenschaft als auch Eigenschaftsträger darstellt, deutet aber bereits auf seine besondere Stellung hin. Seine größte Bedeutung erlangt er aber regelmäßig als eines der absatzpolitischen Instrumente der Handelsbetriebe. Darüber hinaus stellt der Preis unter juristischen Gesichtspunkten explizit keine Eigenschaft der Ware dar.[227] Um seiner besonderen ökonomischen Stellung Rechnung zu tragen, soll der Preis deshalb im vorliegenden Kontext als separate Serviceleistung angesehen werden.

Als solche handelt es sich fast ausschließlich um eine unentgeltliche Bereitstellungsleistung des Facheinzelhandels. Als eine typische Konsumtionsleistung kann eine Preisliste angesehen werden. Dagegen bilden Dienstleistungen, bei denen der Kunde aktiv in den Prozess der Preisfindung einbezogen wird (Preisverhandlungen, Versteigerungen etc.), im Fachhandel nach wie vor die Ausnahme.[228] Dies gilt auch für kundenindividuelle, entgeltpflichtige Kostenvoranschläge, die aber keine Serviceleistung darstellen. Vollständigkeitshalber sei noch auf den Fall hingewiesen, in dem der Kunde den Preis aufgrund einer besonderen Machtstellung „diktieren" kann und sich die Handelsleistung zu einer Kundenleistung wandelt.

Verfügungsrecht

Als weitere zentrale Serviceleistung ist das Verfügungsrecht an der Ware zu nennen. Die Veränderung der Ware hinsichtlich ihrer rechtlichen Eigenschaft besteht in der rechtsverbindlichen Zuordnung der Ware zum Kunden. In Bezug auf den Facheinzelhandel handelt es sich in aller Regel um Eigentumsrechte, die auf den Kunden übertragen werden.

227 Vgl. Brox, H.: Allgemeiner Teil des BGB, 22. A., Köln u.a. 1998, S. 183.

228 Durch den Wegfall des Rabattgesetzes werden allerdings individuell ausgehandelte Preisnachlässe auch im Einzelhandel an Bedeutung gewinnen. Vgl. o.V.: Neuer Volkssport Feilschen, in: Kölnische Rundschau, 55. Jg., Nr. 166 v. 20.7.2000, S. rwi04b.

Auf der einen Seite finden sich Stimmen, die die rechtliche Bestimmtheit als zusätzliche inhärente Eigenschaft eines Objektes begreifen.[229] Andere Sichtweisen messen der Erstellung von Eigentumsrechten im Handel eine herausragende und eigenständige Bedeutung zu und sehen diese als eine der zentralen Marktleistungen an: „Im Regelfall kann der Output des Handelsbetriebes als das Zustandekommen von Kaufverträgen mit den Kunden definiert werden."[230] Eines der wesentlichen Elemente eines jeden Kaufvertrags ist nach § 433 I BGB die Pflicht des Verkäufers, dem Käufer das Eigentum an der Sache zu verschaffen. In Analogie zum Preis ist das Eigentum im Sinne des § 459 II BGB juristisch keine Eigenschaft der Ware.[231]

Die im Zusammenhang mit der Bestimmung, Übertragung und Durchsetzung von Verfügungsrechten entstehenden Kosten werden von den Vertretern der Transaktionskostentheorie durch den entsprechenden Begriff der Transaktionskosten gekennzeichnet.[232] Bezüglich der Eigentumsrechte handelt es sich um externe Transaktionen, die sich an der Schnittstelle zum Konsumenten auf die Ware beziehen. Auch wenn es für die weiteren Ausführungen unbedeutend ist, ob es sich bei den Personalkosten des Fachhandelsbetriebes um Produktionskosten oder Transaktionskosten handelt (die differierenden Sichtweisen unterscheiden sich nicht in den zugrundeliegenden betrieblichen Aktivitäten und Tätigkeiten), rechtfertigt die verbreitete separate Behandlung dieses Sachverhalts, dass die Übertragung des Verfügungsrechts an der Ware auch im weiteren Kontext als eine eigenständige Marktleistung angesehen wird. Der alleinige Übertrag des Eigentums auf den externen Faktor stellt demnach eine unentgeltliche Dienstleistung und somit ebenfalls eine Serviceleistung des Handels dar.

Fakultative Serviceleistungen

Die bislang ausführlich genannten Serviceleistungen In-Ware, Preis und Verfügungsrecht stellen die drei zentralen unentgeltlichen Marktleistungen des Fachhandels dar. Daneben bietet diese Betriebsform dem Kunden eine Vielzahl an fakultativen Serviceleistungen, die zum Teil als durchaus selbstverständlich angesehen werden, die aber auch die Erwartungen des Kunden weit übertreffen können. Die folgende Aufzählung ist nicht erschöpfend, gibt aber einen Einblick in das breite Spektrum an möglichen Serviceleistungen.[233] Die Klassifizierung erfolgt in Konsumtionsleistungen und Dienstleistungen.[234]

---

229 Vgl. Holler, H., 1990, S. 299-310, speziell 302.

230 Müller-Hagedorn, L., 1998, Der Handel, S. 114.

231 Vgl. Palandt, O.: Bürgerliches Gesetzbuch, Beck'sche Kurz-Kommentare, Bd. 7, 59. A., München 2000, S. 86f.

232 Vgl. Tietzel, M.: Die Ökonomie der Property Rights: Ein Überblick, in: Zeitschrift für Wirtschaftspolitik, 30. Jg. (1981), H. 1, S. 211.

233 Eine Auflistung von 1000 Serviceleistungen im Einzelhandel von A bis Z findet sich bei BBE (Hrsg.): Mehr Gewinn durch Serviceleistungen, Köln 1996, S. 200-238.

234 Vereinzelt finden sich in der Auflistung auch Angaben über Prozesse, anstelle der in diesem Kapitel angestrebten Definition der „Produkte" des Facheinzelhandels. Diese Vorgehensweise

Konsumtionsleistungen	– Warenproben, Werbegeschenke – Transporthilfen (Einkaufswagen, Tragetaschen) – warenunabhängige Information – Parkplätze, Fahrradständer – Toiletten – Sitzgelegenheiten – Schließfächer – Rolltreppe u. Aufzüge – automatische Eingangstüren – Schirmständer – Fußabstreifer – Rabattmarken – Verkaufsräume (Heizung, Beleuchtung, Witterungsschutz etc.) – Attraktives Personal – Preisausschreiben – Hintergrundmusik – Personenwaage
Dienstleistungen	– kleinere Reparaturen – Sachgüterpflege und -wartung (z.B. Silber putzen beim Juwelier) – Lieferservice – Kassenbon, Rechnungen – warenunabhängige Information – freundliches, zuvorkommendes und höfliches Personal – Kinderbetreuung – Bestellservice – Garantieleistungen – Ratenzahlung – Umtauschservice – Einpackservice

So verschieden sich die unentgeltlichen Marktleistungen darstellen, in so unterschiedlichem Maße sind sie für die hohen Personalkosten des Facheinzelhandels verantwortlich. Die ausschließliche Übertragung des Eigentums auf den Kunden (als solche setzt sie keine Warenbewirtschaftung voraus) ist zwar ohne den Menschen und seine entsprechende Willenserklärung nicht möglich, verursacht aber kaum Kosten. Einen hohen Personaleinsatz und dessen Kosten bedingen neben der Warenkommunikation zur Projektion bzw. ‚Produktion' der In-Ware ebenso die Kassiertätigkeiten. Auch die Erstellung sauberer und gepflegter Verkaufsräume bindet durch die notwendigen Reinigungs- und Instandhaltungsarbeiten Personalkapazität. Nicht zu vernachlässigen sind zudem die Personalkosten der nicht warenbezogenen Kommunikation mit dem Kunden, die sich aus ergebnisorientierter Sicht als Wissen und Information des Kunden darstellt. Es sind vor allem die Dienstleistungen, die ohne den Faktor Arbeit kaum zu erstellen sind. Dagegen spielt das betriebliche Personal bei der Erstellung der unentgeltlichen Konsumtionsleistungen eine untergeord-

folgt einem gewissen Pragmatismus, denn grundsätzlich lässt sich zu jedem Prozess eine ergebnisorientierte Sichtweise finden, aber nicht in jedem Fall ist dies ohne weitere Ausführungen möglich. Zudem kann der gefundene Output auch befremden. So ist beispielsweise das angestrebte Ergebnis einer Kinderbetreuung „ruhiggestellte, beim Einkauf nicht störende Kinder".

nete Rolle. In Bezug auf den Parfümeriefachhandel ist beispielhaft anzunehmen, dass die Attraktivität des Personals vom Kunden gewünscht wird und er diese explizit als Serviceleistung begreift.

Wie die Ausführungen des vorliegenden Kapitels 4.2.4.1 zeigen, ist das Spektrum der Marktleistungen des Facheinzelhandels aus produktorientierter Sicht weit. Die Vielfalt der Produkte wird durch kundenindividuelle Dienstleistungen geradezu ins Unbestimmbare gesteigert. Die komplexitätsreduzierende Klassifizierung erfolgte in einem ersten Schritt anhand des Merkmals der Preisstellung. Kostendeckende Preise für alle Marktleistungen ließen das Problem betriebswirtschaftlicher Verluste aufgrund zu hoher Personalkosten grundsätzlich nicht entstehen. Traditionell lassen sich aber monetäre Gegenleistungen ausschließlich in Verbindung mit Sachleistungen realisieren. Die Kosten der Serviceleistungen können im Einzelhandel nur durch einen erhöhten Warenverkaufspreis gedeckt werden. Dabei ist zu unterstellen, dass die Preisbereitschaft des Kunden steigt, wenn er den Konsum bzw. die Erstellung der Serviceleistungen als Erlebnis empfindet. Dagegen wird er kaum bereit sein, den Service von selbstverständlichen Leistungen durch einen deutlich höheren Warenpreis zu entgelten. Die Unterscheidung in Erlebnisleistungen auf der einen und Standardleistungen auf der anderen scheint vor dem Hintergrund, in Kapitel 4.3 die Personalkosten bei Modifikation der Marktleistungsstrategie reduzieren zu wollen, eine weitere sinnvolle Klassifizierung der am Markt anzubietenden Leistungen des Facheinzelhandels zu sein.

4.2.4.2 Die innerbetrieblichen Leistungen

Innerbetriebliche Leistungen aus produktorientierter Sicht werden am Markt zum Konsum und/oder Kauf nicht angeboten. Innerbetriebliche Leistungen sollen im Weiteren auch keine Zwischenprodukte bzw. Betriebsfaktoren zur Erstellung von Marktleistungen markieren. Folglich sind sie diesbezüglich auch keine notwendige Bedingung. Auch sind nur solche Leistungen relevant, die unter bedeutendem Einsatz von betrieblichem Personal erstellt werden, entsprechend Kosten verursachen und das Potenzial zur Kostensenkung in sich bergen. Darüber hinaus soll es bei der angestrebten Unterscheidung von innerbetrieblichen und marktseitigen Leistungen keine Rolle spielen, ob der Kunde die Aktivitäten aus prozessorientierter Sicht wahrnimmt oder nicht. Auch Aktivitäten (z.B. Veränderungen der substanziellen und situativen Merkmale der Ware), die im rückwärtigen Bereich des Betriebes (i.d.R. außerhalb des Verkaufsraums) vollzogen werden, können Marktleistungen darstellen.

Die überwiegende Zahl der Funktions- bzw. Planungsbereiche hat im Facheinzelhandel mehr oder weniger direkt die Planung und Durchführung der Marktleistungserstellung zum Gegenstand. Insbesondere das Marketing beschäftigt sich innerhalb der Teilbereiche Sortimentsplanung, Preispolitik, Absatzwerbung und Verkaufsraumgestaltung unmittelbar mit dem Angebot und der Produktion von Marktleistungen. Das gleiche gilt für die Bereiche der Warenbeschaffung und Warenlogistik. Aber auch Teile der betrieblichen Personalpolitik sind der Erstellung von Marktleistungen zuzurechnen; richten sich ihre Aktivitäten doch auf die Planung, Beschaffung und Verwaltung des Betriebsfaktors Arbeit aus und thematisieren damit auch Marktleistungen aus potenzialorientierter Sicht.

Das Spektrum der innerbetrieblichen Leistungen ist dementsprechend gering. Der innerbetriebliche Output entstammt in erster Linie dem betrieblichem Rechnungs- und Finanzwesen und zeigt sich in Form von Informationsträgern, die entweder internen oder externen Adressaten freiwillig oder unfreiwillig zur Verfügung gestellt werden. Zu den externen Adressaten zählen u.a. Anteilseigner, Gläubiger, Staat (Fiskus), Arbeitnehmer und Lieferanten. Typische Leistungen aus produktorientierter Sicht sind die Jahresbilanz, die Gewinn- und Verlustrechnung sowie Investitions-, Liquiditäts- und Finanzpläne. Sie dienen gegenüber Dritten oft der Rechenschaftslegung. Interner Adressat ist in der Regel die Geschäftsleitung. Zur Planung, Kontrolle und Dokumentation der Betriebsabläufe benötigt sie insbesondere Soll/Ist-Rechnungen bezüglich Aufwand und Ertrag, Vermögen und Kapital, Kosten und Leistungen sowie Ein- und Auszahlungen. Diese werden ergänzt um Betriebsstatistiken und Betriebsvergleichsrechnungen. Der seit Anfang der achtziger Jahre vermehrte Einsatz der elektronischen Datenverarbeitung hat in diesem Bereich umfangreiche Rationalisierungsmaßnahmen angestoßen, die die Voraussetzungen für den ersatzlosen Verzicht von Teilen der Personalkapazität schufen.

Auch Bereiche der Geschäftsführung an sich können als innerbetriebliche Leistung angesehen werden, sofern sie nicht die Planung, Organisation, Steuerung und Kontrolle von Marktleistungen aus potenzial-, prozess- oder produktorientierter Sicht zum Gegenstand haben.

Ein weiterer Bereich innerbetrieblicher Leistungserstellung ist die Instandhaltung von materiellen Betriebsmitteln, die nicht unmittelbar als Betriebsfaktoren zur Erstellung von Marktleistungen eingesetzt werden. Aufgrund des Umstands, dass der überwiegende Teil der Instandhaltungsarbeiten aber von externen Dienstleistern durchgeführt werden, beschränkt sich die Tätigkeit des betrieblichen Personals meist auf die Reinigung von Räumen und deren Inventar.

Zusammenfassend kann festgestellt werden, dass unter den angenommenen Restriktionen der Anteil der innerbetrieblichen Leistungen an den Gesamtleistungen gering ist. Unter der zusätzlichen Annahme von bereits partiell ausgeschöpften Rationalisierungspotenzialen verliert dieser Anteil für die spezielle Problemstellung des fünften Kapitels der vorliegenden Arbeit weiter an Bedeutung. Die Maßnahmen zur Reduzierung der Personalkosten werden sich folglich weitestgehend auf die Erstellung von Marktleistungen beziehen.

Die Ausführungen des Kapitels 4.2 sollten der Frage nachgehen, welcher Zielsetzung der kostenpflichtige Einsatz des Personals im Facheinzelhandel dient. Ziel ist die Erstellung von Leistungen, die entweder überwiegend am Markt zum Kauf und/oder zum Konsum dem Kunden angeboten werden oder die durch Notwendigkeiten bedingt sind, die nicht die unmittelbare Erstellung von marktseitigen Leistungen zum Gegenstand haben und als innerbetrieblich bezeichnet werden können. Das Angebot an Marktleistungen aus produktorientierter Sicht umfasst im Fachhandel mehr als nur die Handelsware. Es kann vielmehr unterstellt werden, dass der Großteil der Personalkosten durch die Erstellung und das Angebot von unentgeltlichen Serviceleistungen verursacht ist.

Unabhängig von der Art der Leistung dient der Einsatz von Personal in einem ersten Schritt dem Aufbau von Leistungspotenzialen und in einem zweiten Schritt der Durchführung der Leistungsprozesse. Ergebnis dieser beiden Leistungsphasen ist die Leistung als fertiges Produkt. Die Differenzierung nach den drei unterschiedlichen Wesenzuständen der Leistung schaffte die Voraussetzung, um diese im folgenden Kapitel 4.3 getrennt auf bestehende Möglichkeiten zur Personalkostensenkung hin überprüfen zu können.

4.3 Maßnahmen zur Reduzierung der Personalkosten im Facheinzelhandel

„Wenn man weiß, wie gering die Gewinnumsatzquoten im Handel sind, dann erschrickt man direkt, weil ein kleiner Fehler in diesem Bereich ausreicht, um schnell die Verlustzone zu erreichen. Das Management der Personalkosten ist also eine wohl entscheidende Herausforderung für den Fachhandel."[235] Dieses Zitat signalisiert die Notwendigkeit zu einem konsequenten Personalkostenmanagement, das insbesondere in Zeiten rückläufiger Einnahmen auf die Reduzierung der Personalkosten ausgerichtet ist.

Die alleinige Darstellung der Möglichkeiten zur Reduzierung der Personalkosten ist immer wieder Thema in den überwiegend praxisorientierten Einzelhandelsmagazinen und -zeitschriften.[236] Es handelt sich dabei meist um Aufzählungen, die in ihrer Funktion als Checkliste durchaus interessant sein können, denen es aber oft an der notwendigen Systematisierung und der theoretischen Fundierung fehlt. Darüber hinaus wird kaum dem Umstand Rechnung getragen, dass die mit der Verminderung der Personalkostenbelastung i.d.R. verbundenen Maßnahmen nicht ohne Auswir-

---

235 o.V.: „Braucht der Handel einen theoretischen Brückenkopf?", in: BAG Handelsmagazin, Nr. 10, 1995, S. 10.

236 Vgl. z.B. o.V.: Jetzt umschalten auf mehr Kostenbewusstsein, in: ehb, 34. Jg. (1991), H. 3, S. 196f; o.V.: Geschäftsjahr '91: Sind Sie Treiber oder Getriebener?, in: ehb, 34. Jg. (1991), H. 1, S. 25; o.V.: Die Zeit ist reif für das „lean management", in: ehb, 35. Jg. (1992), H. 4, S. 304; o.V.: Aus teurer Arbeit lohnende Leistung machen!, in: handel heute, o.Jg. (1989), H. 2, S. 31.

kungen auf das Leistungsangebot der Facheinzelhandelsbetriebe am Markt und der Erstellung seiner Komponenten bleibt. Besonders wenn Quantität und Qualität des eingesetzten Personals modifiziert werden, bleibt dies nicht ohne Einfluss auf die mengen- und wertmäßige Leistungserstellung.

Diesen Defiziten möchte das vorliegende Kapitel begegnen. Unter der Annahme, dass die einzelnen relevanten Maßnahmen in Theorie und Praxis hinreichend bekannt sind, legt es seinen Schwerpunkt auf die möglichst vollständige und überschneidungsfreie Systematisierung dieser Ansätze. Darüber hinaus wird die Einflussnahme auf die Personalkosten nicht isoliert betrachtet werden. Vielmehr sollen die Auswirkungen des Personalkostenmanagements auf die Personal- und auf die Marktleistungsstrategie berücksichtigt werden.

Nicht jede Maßnahme, die zu Personalkosteneinsparungen führt, findet im vorliegenden Kontext Berücksichtigung. Dagegen können relevante Maßnahmen durchaus mit vermehrten Aufwendungen für den Faktor Arbeit verbunden sein. Folgende drei Anforderungen werden an die zu berücksichtigenden Maßnahmen der Personalkostenreduktion gestellt:

- **Die Maßnahme muss auf den Faktor Arbeit ausgerichtet sein**

Maßnahmen zur Reduktion von Personalkosten im Facheinzelhandel sollen im Folgenden immer dann als relevant angesehen werden, wenn sie mit dem Ziel, die **Menge**, die **Güte** und/oder den **Preis** des Faktors Arbeit verändern zu wollen, ergriffen werden. Damit wird vor allem das Spektrum der anderen absatzpolitischen Instrumente ausgegrenzt, das nur äußerst mittelbar auf die Verbesserung der Personalkostensituation wirkt.

- **Die Maßnahme muss zu einer absoluten und/oder relativen Senkung der Personalkosten führen**

Um die Personalkosten zu reduzieren, müssen die personalpolitischen Maßnahmen ein vorteilhafteres Verhältnis von bewertetem Input und bewertetem Output herbeiführen. Die Verminderung der absoluten Kosten des Faktors Arbeit kann sich nur auf die Aufwendungen für angestelltes Personal beziehen. Eine Herabsetzung des Unternehmerlohns als kalkulatorische Kostenposition führt zwar theoretisch zu einer Entlastung, bleibt aber praktisch ohne Relevanz.

Eine relative Reduktion soll immer dann die Maßnahme rechtfertigen, wenn der prozentuale Anteil der betrieblichen Personalkosten entweder am betrieblichen Umsatz oder am Rohertrag abnimmt. Durch die Berücksichtigung der relativen Personalkostensenkung wird das Spektrum der Maßnahmen über die reine Personalkostenersparnis hinaus erweitert. Unter dieser Sichtweise erfüllt beispielsweise auch eine kostenintensive Qualifizierung des Personals bei anschließend überproportional steigenden Umsätzen den Tatbestand der Personalkostenreduktion. Aber auch wenn die Erlöse unverändert bleiben, jetzt aber eine höherwertige Ware verkauft werden kann und dadurch der Rohertrag stärker ansteigt als die Personalaufwendungen, soll die Bedingung der Kostenreduktion für den Faktor Arbeit erfüllt sein.

Die Bedingung der relativen Personalkostenreduzierung lässt sich formal wie folgt ausdrücken:

$$\Delta U - \Delta K_{FA} \xrightarrow{!} > 0 \quad bzw. \quad \Delta R - \Delta K_{FA} \xrightarrow{!} > 0$$

wobei

ΔU = absolute Umsatzveränderung zwischen t und t - 1

ΔR = absolute Veränderung des Rohertrags zwischen t und t - 1

ΔK_{FA} = absolute Veränderung der Kosten des Faktors Arbeit zwischen t und t - 1

Eine absolute oder relative Personalkostensenkung verbessert jedoch nur in Verbindung mit einer positiven Veränderung des Betriebsergebnisses die betriebswirtschaftliche Situation des Facheinzelhandels.

- **Die Maßnahme muss das absolute betriebswirtschaftliche Betriebsergebnis erhöhen**

Die oberste Aufgabe des Facheinzelhändlers besteht darin, in einer Zielentscheidung die Zielfunktion des Betriebes zu formulieren, in der alle zu realisierenden Ober- und Unterziele zum Ausdruck kommen. Neben der Einteilung der Ziele nach ihrer Rangfolge wird in der Literatur eine Vielzahl von Merkmalen zur Klassifizierung der Ziele innerhalb des Systems herangezogen.[237] Neben dem angestrebten Ausmaß der Zielerreichung, den Beziehungen zwischen den Zielen und dem zeitlichen Bezug ist es vor allem die Trennung in monetäre auf der einen und nicht-monetäre Zielsetzungen auf der anderen Seite, die zur Systematisierung herangezogen wird.

Unstrittig ist, dass auch der Fachhandel als marktwirtschaftlich orientierte Unternehmung das langfristige Gewinnstreben nicht nur als monetäres, sondern als erstes und oberstes Ziel insgesamt anstrebt. Daher kann es sich bei dem Anliegen einer personalkostenreduzierten Erstellung der Handelsleistung lediglich um ein Unterziel handeln. Erst in einem zweiten Schritt werden die Interdependenzen mit ergänzenden Zielsetzungen und mit ihnen die Durchführbarkeit der Maßnahmen zur Reduktion der Personalkosten thematisiert.

Unter Gewinnoptimierung soll das Streben nach dem höchstmöglichen kumulierten absoluten Gewinn innerhalb eines zu definierenden Zeitraums verstanden werden. Der Zeitraum muss so lang sein, dass betrieblichen Investitionen ausreichend Zeit

237 Vgl. Wöhe, G.: Einführung in die Allgemeine Betriebswirtschaftslehre, 16. A., München 1986, S. 124f.

zur Amortisation und zur Gewinnabschöpfung gegeben wird. Aus Sicht des Fachhändlers ist die aussagekräftigste und gleichzeitig längste Frist der gesamte Lebenszyklus von der Gründung bzw. dem Erwerb bis zur Veräußerung bzw. Liquidation des Handelsunternehmens. Dabei kann nur der Einfluss einiger weniger strategischer Maßnahmen über den gesamten Zeitraum hinweg beobachtet und gewertet werden. Alle anderen Maßnahmen sind nur begrenzt direkt wirksam. Sie wirken aber u.a. dadurch auf unbestimmte Zeit fort, dass ihr ursprünglicher Einfluss zukünftige Maßnahmen angestoßen hat. Allein die Bestimmung und Zuordnung derartiger mittelbarer Einflüsse auf vergangene Maßnahmen ist in der Regel nur qualitativ möglich. Als Beispiel für den eher losen Zusammenhang von Maßnahme und Konsequenz für die betriebswirtschaftliche Situation des Fachgeschäfts kann wiederum die Schulung des Verkaufspersonals dienen. Es existiert kein Automatismus, der über die Qualifizierung des Personals den Ertrag des Betriebes steigert und den Druck der Personalkosten abbaut. Aufgrund dieser Problematik ist es überwiegend der unmittelbare Einfluss der personalpolitischen Maßnahmen auf den betrieblichen Gewinn, anhand dessen die formulierte Bedingung eines absolut erhöhten Gewinns überprüft werden kann.

Um alle darzustellenden Maßnahmen auf ein gemeinsames Fundament zu stellen, soll die generelle Zielsetzung ‚Senkung der betrieblichen Personalkosten bei steigendem Betriebsergebnis' eine einheitliche Operationalisierung erfahren. Erst die Präzisierung und Standardisierung dieser Zielsetzung durch Angabe der Messgrößen schafft die Voraussetzungen zur Eignungsprüfung der vielfältigen Maßnahmen. Im Weiteren soll die Veränderung der Kennzahl ‚Gesamter Deckungsbeitrag des Faktors Arbeit' den Zielerreichungsgrad der kostenreduzierenden Maßnahmen anzeigen. Dadurch, dass diese Größe die Wertschöpfung und die Kosten des Faktors Arbeit in ein Verhältnis zueinander setzt, ist sie im besonderen Maße dazu geeignet, die faktorielle Wirtschaftlichkeit und deren Veränderung zu messen.[238]

---

238 Der ‚Deckungsbeitrag je beschäftigte Person' ist eine der zentralen Kennziffern des Jahresbetriebsvergleichs des Instituts für Handelsforschung, die seit 1989 in die Auswertung mit einbezogen wird. „Die Bedeutung des „Deckungsbeitrags je beschäftigte Person" zur Überprüfung des betrieblichen Leistungsstandes ergibt sich aus folgenden Überlegungen: In der „Betriebshandelsspanne (Rohertrag) je beschäftigte Person" drückt sich die Wertschöpfung aus, die durch die Absatztätigkeit der Betriebspersonen über den Einstandswert der umgesetzten Waren hinaus erzielt wird. Zieht man von der Betriebshandelsspanne je beschäftigte Person die durchschnittlich auf einen Beschäftigten entfallenden „Personalkosten mit Unternehmerlohn (UL)" ab, so erhält man den „Deckungsbeitrag je beschäftigte Person. Diese Kontrollzahl zeigt an, welchen Beitrag eine im Betrieb tätige Person über die eigenen Kosten hinaus durchschnittlich zur Deckung der übrigen Kosten leistet. Von der Höhe des Deckungsbeitrags je beschäftigte Person wird die betriebliche Gewinnsituation wesentlich bestimmt. Die Unterlagen des Betriebsvergleichs zeigen nämlich, dass zwischen den Teilnehmerbetrieben ganz erhebliche Unterschiede in der Höhe des je Person erzielten Deckungsbeitrags – mit erheblichen Auswirkungen auf die Gewinnsituation – bestehen. Jeder Betrieb sollte deshalb diese Messzahl mit in die Kontrolle des betrieblichen Leistungsstandes einbeziehen. Der „Deckungsbeitrag je beschäftigte Person" lässt sich im Übrigen auch verwenden, um die im Betrieb Tätigen zu guten Leistungsergebnissen zu motivieren." Dieses Zitat ist den Unterlagen zum Jahresbetriebsvergleich des IfH für das Jahr 1989 entnommen, die dem teilnehmenden Betrieb als Auswertung zur Verfügung gestellt wurden.

Diesem Ansatz liegt die allgemeine Annahme zugrunde, dass das Personal einer jeden Unternehmung sich der anderen betrieblichen und/oder im Falle einer Dienstleistung externen Faktoren bedient, um zusätzlichen Wert zu schöpfen. Dieser Wert muss ausreichen, über die Kosten des aktiven Faktors hinaus, die Kosten aller anderen Faktoren zu decken. Als residuale Größe verbleibt dann der betriebliche Gewinn bzw. der betriebliche Verlust. Die letzte Aussage kann als ergänzende Bedingung dahingehend formuliert werden, dass der Anstieg des Gesamtdeckungsbeitrags über einem eventuellen Anstieg der übrigen Handlungskosten liegen muss. bzw. ein Rückgang des Deckungsbeitrags mit einem höheren Rückgang der übrigen Handlungskosten verbunden ist. Für die letztere Konstellation findet sich in der betrieblichen Praxis allerdings kaum eine entsprechende Personalstrategie.

Allgemein soll gelten:

$$\Delta BE = \Delta \dot{D}B_{FA} - \Delta HK_{\ddot{U}} \xrightarrow{!} > 0$$

wobei

ΔBE = absolute Veränderung des Betriebsergebnisses zwischen t und t - 1
ΔDB_{FA} = absolute Veränderung des Deckungsbeitrags des Faktors Arbeit zw. t und t - 1
$\Delta HK_{\ddot{U}}$ = absolute Veränderung der übrigen Handlungskosten zwischen t und t - 1

Die Zahl der relevanten Maßnahmen zur Senkung der Personalkosten im Facheinzelhandel unter der Maxime steigender absoluter Gewinne bzw. reduzierter absoluter Verluste ist so groß, dass allein eine überschneidungsfreie Systematisierung eine besondere Herausforderung darstellt. Tabelle 30 nennt ausgewählte Kriterien und ordnet ihnen entsprechende Maßnahmen zu.

Die Einteilung und Auflistung der Kriterien ist weder erschöpfend noch überschneidungsfrei. So kann es sich bei der ‚Relevanz der Maßnahmen' um einen Parameter zur Bestimmung von operativen auf der einen und strategischen Maßnahmen auf der anderen Seite handeln. Die strategische Ausrichtung der Maßnahmen ist wiederum von der Leistungspolitik des Unternehmens abhängig. Vornehmlich lassen sich daher Maßnahmen, die zu einer Modifizierung der innerbetrieblichen Leistungsprozesse und -ergebnisse führen, als operativ und solche, die auf das Leistungsangebot am Markt ausgerichtet sind, als strategisch charakterisieren. Durch die hohen Investitionen und den weiten Planungshorizont strategischer Entscheidungen lassen sich viele Ereignisse nur unzureichend bzw. unter Unsicherheit antizipieren. Das damit verbundene, erhöhte unternehmerische Risiko wird den Facheinzelhändler in aller Regel dazu veranlassen, sich zunächst auf operative Maßnahmen zu beschränken und im Falle unzureichender Effizienz daran anschließend zunehmend strategische Optionen zu nutzen.

Ordnungskriterium	**Maßnahmen der Personalkostenreduktion, die ...**
Art der Marktleistungen	... eine Veränderung der verschiedenen Dienst- und Bereitstellungsleistungen des Handelsbetriebs bedingen.
Einfluss auf die Unternehmensstrategie	... zu einem Trading-Up bzw. einem Trading-Down führen oder die bei Konstanz des Leistungsprogramms durchgeführt werden.
Einfluss auf die Personalstruktur	... bei gegebener Personalstruktur ergriffen werden oder eine Neustrukturierung mit sich bringen.
Fristigkeit	... kurz-, mittel- oder langfristig zu realisieren sind.
Kostenbestandteil	... auf eine Mengen- oder Preisreduktion des Personals ausgerichtet sind.
Funktionsbereiche	... sich ausschließlich auf abgegrenzte Teilbereiche der Handelsunternehmung (Verwaltung, Lager, Verkauf etc.) beziehen.
Leistungsprozesse	... zu einer Modifikation der unterschiedl. Leistungsprozesse (Warendisposition, Warenlogistik, Warenkommunikation etc.) führen.
Relation der Kostenreduktion	... mit einer relativen und/oder absoluten Kostensenkung verbunden sind.
Relevanz	... als operativ oder strategisch angesehen werden können.

Tab. 30: Kriterienkatalog zur Systematisierung von Maßnahmen zur Personalkostenreduktion

Die Systematisierung der Maßnahmen zur Reduktion der Personalkosten soll dieser angenommenen Präferenzordnung des Facheinzelhändlers folgen. Das folgende Organigramm nennt neun Maßnahmenbündel und stellt sie anhand weiterer, als bedeutsam erachteter Kriterien in einen Zusammenhang.

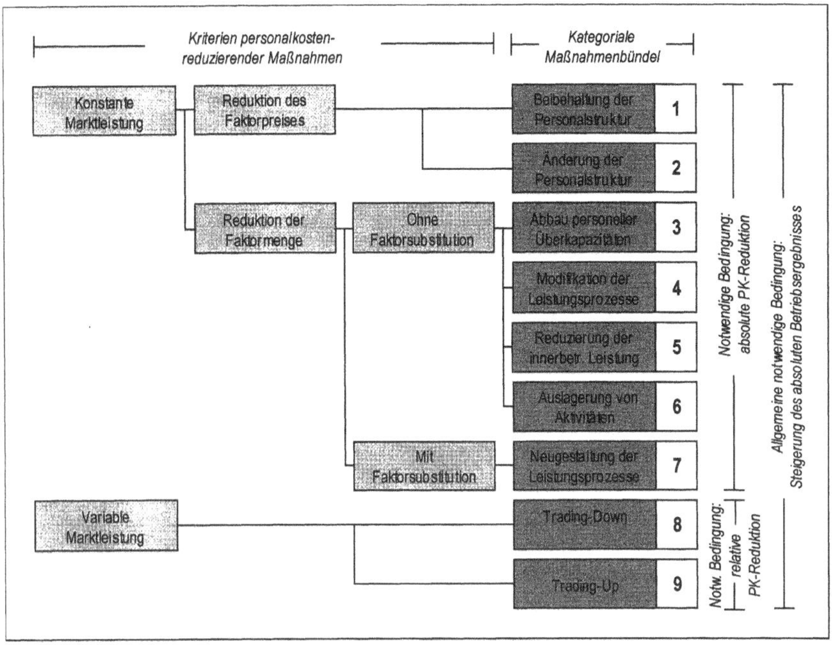

Abb. 62: Systematisierung der Maßnahmen zur Personalkostenreduktion

Im weiteren Verlauf des Kapitels werden die Maßnahmenbündel beschrieben und auf ihre Eignung im speziellen Fall des Facheinzelhandels hin überprüft.[239] Ein jedes Maßnahmenbündel lässt sich wiederum in eine Vielzahl von Einzelmaßnahmen zerlegen. Aufgrund des begrenzten Rahmens dieses Kapitels ist eine solch detaillierte Sichtweise nur eingeschränkt möglich. Vielmehr wollen die weiteren Ausführungen grundsätzliche Aspekte in den Vordergrund stellen.

In einem ersten Schritt sollen die Maßnahmen zur Senkung der Personalkosten zweigeteilt werden, je nachdem ob sie bei Konstanz der Marktleistung durchgeführt werden (Kapitel 4.3.1) oder mit einer Modifikation der Marktleistung (Kapitel 4.3.2) im Fachhandelsbetrieb verbunden sind. Bei einer angenommenen gleichbleibenden Marktleistungsstrategie sollen ebenfalls konstante Erlöse unterstellt werden.

Bei den Maßnahmen ohne Marktleistungsvariation handelt es sich um Ansätze, die sich unter dem Begriff ‚Lean Management' subsumieren lassen und die unter der

239 Eine betriebsindividuelle Diskussion der Maßnahmen zur Personalkostenreduktion findet sich bei Wenzlitschke. Vgl. Wenzlitschke, M.R.: Das Gartencenter ‚Oase' – Maßnahmen zur Reduktion der Personalkosten, In: Kaapke, A./Froböse, M. (Hrsg.): Fallstudien zur Handelsbetriebslehre, Frankfurt a. M. 1999, S. 333-348; Wenzlitschke, M.R.: Das Gartencenter ‚Oase' – Maßnahmen zur Reduktion der Personalkosten, in: Kaapke, A./Froböse, M. (Hrsg.): Fallstudien zur Handelsbetriebslehre. Instructor's Manual, Frankfurt a. M. 1999, S. 251-276.

alleinigen Doktrin der absoluten Personalkosteneinsparung stehen.[240] „Lean Management bündelt dabei einzelne – durchaus seit langem bekannte – Prinzipien und Maßnahmen, richtet diese strikt auf bestimmte Optimierungskriterien aus und erzielt dadurch einen Integrationsnutzen, der nicht bloß zu graduellen, sondern zu sprungartigen Verbesserungen führt."[241] Diese Vorgehensweise bezeichnet Frey als ‚Defensivstrategie', wenngleich es sich überwiegend um operative Maßnahmen handelt.[242] Absolute Personalkosteneinsparungen lassen sich dadurch realisieren, dass entweder der Preis oder die Menge des Faktors Arbeit herabgesetzt wird. Diese erneute Zweiteilung nimmt auf einer zweiten Stufe eine Trennung nach den beiden grundsätzlichen Komponenten Preis und Menge einer jeden Kostenart und in die Kapitel 4.3.1.1 und 4.3.1.2 vor.

Der Preis einer Einheit des Faktors Arbeit lässt sich wiederum in eine Vielzahl von Komponenten zerlegen, deren Flexibilitäten über das Potenzial einer Preissenkung entscheiden und die bereits in Kapitel 2.2.2 und 2.3.4 im Rahmen der Darstellung der Arbeitskostenerhebung des Statistischen Bundesamtes vorgestellt wurden. Der Überprüfung bestehender Variationsmöglichkeiten bei bereits bestehenden Arbeitsverträgen und der damit verbundenen Konstanz der Personalstruktur widmet sich Kapitel 4.3.1.1.2, während Kapitel 4.3.1.1.3 nicht das einzelne Vertragsverhältnis, sondern die Preisreduzierung mittels Modifikation der Personalstruktur in den Mittelpunkt seiner Ausführungen stellt. Kapitel 4.3.1.1.1 untersucht einleitend den Zusammenhang von Preis und Leistung des Faktors Arbeit.

Der Spielraum von Preisreduzierungen wird von vertraglichen und gesetzlichen Reglementierungen stark eingeengt. Daher kann es nicht verwundern, dass der Mengenregulierung die entscheidendere Rolle zukommt. Maßnahmen zur Personaleinsparung bei konstanter Marktleistung, die sich ohne eine Substitution des Faktors realisieren lassen, werden in Kapitel 4.3.1.2.1 vorgestellt. Zu ihnen zählen der Abbau personeller Überkapazitäten (Kapitel 4.3.1.2.1.1), die Modifikation der Leistungsprozesse (Kapitel 4.3.1.2.1.2), die Reduzierung der innerbetrieblichen Leistung (Kapitel 4.3.1.2.1.3) und die Auslagerung von Aktivitäten (Kapitel 4.3.1.2.1.4). Der mit diesen Maßnahmen verbundene Rationalisierungsbegriff wird als im weitesten Sinne verstanden, da das spezielle Verständnis von Rationalisierung den Austausch von Personal durch andere Betriebsfaktoren meint. Derartige Rationalisierungsansätze i.e.S., die auf die Substitution des Faktors Arbeit ausgerichtet sind, thematisiert Kapitels 4.3.1.2.2.

---

240 Weitere Management-Methoden, die u.a. auch Aussagen zum betrieblichen Personalkostenmanagement machen, sich aber nur schwer voneinander abgrenzen lassen, sind das ‚Total Quality Management', das ‚Kaizen' und das ‚Business Reengineering'. Vgl. Gunia, P.-G.: Mehr Effizienz und mehr Erfolg im Personalkostenmanagement. Ein Arbeitshandbuch zur Kostensenkung und Leistungssteigerung, Renningen-Malmsheim 1995, S. 107-116.

241 Pfeiffer, W./Weiss, E.: Philosophie und Elemente des Lean Management, in: Corsten, H./Will, T. (Hrsg.): Lean Production, Stuttgart-Berlin-Köln 1993, S. 15.

242 Vgl. Frey, H.: Personalkosten-Management, München 1997, S. 24.

Neben den Maßnahmen zur absoluten Kostenersparnis finden sich auch solche, die über eine Schmälerung des relativen Personalkostenanteils dem Problem der zu hohen Aufwendungen für den Einsatz des Faktors Arbeit zu begegnen versuchen. Der grundlegende Unterschied dieser beiden Strategien liegt, wie bereits erwähnt, in der Konstanz des marktseitigen Outputs des Handelsunternehmens. Während die Maßnahmen des Lean-Management auf die Senkung der Herstellkosten einer unveränderten Marktleistung ausgerichtet sind, soll der zusätzlichen Alternative einer relativen Personalkostenreduzierung in Kapitel 4.3.2 eine Modifikation der Marktleistung als notwendige und hinreichende Bedingung zugrunde gelegt werden.

Das Ergebnis eines verminderten Personalkostenanteils an der veränderlichen Wertschöpfung lässt sich durch eine quantitative und durch eine qualitative Variation des Marktleistungsprogramms erzielen. Die Abnahme der angestrebten durchschnittlichen Marktleistungsgüte und die Elimination von Marktleistungen wird in der Literatur zur Handelsbetriebslehre üblicherweise als ,Trading-Down' bezeichnet (Kapitel 4.3.2.1). Der konträre Fall dagegen als ,Trading-Up' (Kapitel 4.3.2.2). Während der Veränderung nach ,oben' kaum Grenzen gesetzt sind, lässt die obligatorische Leistungsorientierung als konstitutives Merkmal der Betriebsform des Facheinzelhandels eine Anpassung nach ,unten' nur begrenzt zu. Mit einer empirischen Analyse zum Erfolg unterschiedlicher Marktleistungsstrategien in Kapitel 4.3.2.3 schließt die Arbeit.

4.3.1 Reduktion der Personalkosten bei konstanter Marktleistung

Bei einem qualitativ und quantitativ unveränderten Angebot an Bereitstellungs- und Dienstleistungen müssen alle in diesem Rahmen denkbaren Maßnahmen zu einem absoluten Absinken der Personalkosten führen. Diese Bedingung hat gleichzeitig eine relative Kostensenkung im Verhältnis zum Umsatz und zum Rohertrag zur Folge. Der zusätzlich notwendige, positive Einfluss auf das Betriebsergebnis ist bei der alleinigen Herabsetzung der Aufwendungen für den Betriebsfaktor Personal im besonderen Maße offensichtlich. Bei Konstanz aller anderen Kosten steigt lediglich der Deckungsbeitrag des Personals.

4.3.1.1 Reduktion der Personalkosten durch Senkung des Faktorpreises

Die ersten beiden Maßnahmenbündel, die auf die Reduktion der Personalkosten bei gegebener Marktleistung ausgerichtet sind, versuchen bei konstantem Personalstand den Preis bzw. den Lohn für den Betriebsfaktor Arbeit zu senken.[243] Bei der

243 Der Preis für den Faktor Arbeit setzt sich nicht nur aus den Löhnen u. Gehältern, sondern auch aus den Sozialkosten, die nicht in den Löhnen und Gehältern enthalten sind, zusammen (vgl. Abbildung 18). Trotzdem soll an dieser Stelle Preissenkung und Lohnsenkung gleichgesetzt werden, da die Höhe des überwiegenden Teils dieser Sozialkosten in Form der Arbeitgeberpflichtbeiträge zur Sozialversicherung bei gegebenen Beitragssätzen von der Entlohnung des Faktors bestimmt wird.

ersten Kategorie dieser Maßnahmen soll die Personalsstruktur konstant bleiben, bei der zweiten wird eine Veränderung angestrebt. Die Personalstruktur ist dabei wie folgt definiert:[244]

> Die **Personalstruktur** eines Betriebes bezeichnet die Verhältnisse in der Gesamtheit der dort beschäftigten Personen. Merkmale, die diesen Relationen zugrunde liegen, sind u.a. das Geschlecht, die Nationalität, die Dauer der Betriebszugehörigkeit, die Ausbildung, die Zahl an Berufsjahren, die Qualifikation, die wöchentliche Arbeitszeit der Beschäftigten sowie Merkmale im Hinblick auf Werthaltungen, Einstellungen, Verhaltensweisen usw.

Bevor die Maßnahmen näher beschrieben werden, wird in einem einleitenden Schritt der entscheidende Zusammenhang zwischen Lohnhöhe und Personalleistung untersucht. Die Analyse erfolgt wiederum auf Basis der Daten zum Jahresbetriebsvergleich des IfH für das Geschäftsjahr 1998

4.3.1.1.1 Zum Zusammenhang von Lohnhöhe und Personalleistung

Sowohl in der betrieblichen Praxis als auch in der personalwirtschaftlichen Literatur wird regelmäßig unterstellt, dass die Leistung des Faktors Arbeit eng mit der Lohnhöhe verknüpft ist. Kosiol hat dieses Konzept als Äquivalentprinzip bezeichnet.[245] Empfindet der Mitarbeiter beispielsweise, dass er unter Wert entlohnt wird, nimmt seine Leistungsbereitschaft und mit ihr seine Leistungsabgabe ab. Der ‚Einzelhandelsberater' empfiehlt deshalb: „Handelsunternehmen, die an ihrer Personalschraube drehen müssen, sind gut beraten, wenn sie dies behutsam tun, um demotivierende Effekte zu vermeiden."[246] Da im vorliegenden Kontext die Wertschöpfung keine Veränderung erfahren soll, dürfen die relevanten Maßnahmen keinen negativen Einfluss auf das Leistungsverhalten des Personals haben.

Die Leistung wird im Folgenden anhand der Kennziffer ‚Betriebsergebnis je beschäftigte Person in DM' gemessen. Die ‚Personalkosten je beschäftigte Person in DM' repräsentieren die Preiskomponente des Personals.

244 Die Definition erfolgt in Anlehnung an Martin. Vgl. Martin, A.: Personalstrukturen und betriebliche Anreizpolitik, in: Weber, W. (Hrsg.): Entgeltsysteme. Lohn, Mitarbeiterbeteiligung und Zusatzleistungen, Stuttgart 1993, S. 106.

245 Vgl. Weber, W.: Entgeltsysteme in personalwirtschaftlicher Perspektive, in: Weber, W. (Hrsg:): Entgeltsysteme. Lohn, Mitarbeiterbeteiligung und Zusatzleistungen, Stuttgart 1993, S. 11.

246 O.V.: Schraube anziehen, nicht überdrehen, in: ehb, 40. Jg. (1997), H. 10, S. 17.

Branche	Personalkosten je beschäftigte Person in DM		Betriebsergebnis je besch. Person in DM	Zusammenhang der beiden Variablen	Signifikanz
	Mittelwert	Standardabweichung	Mittelwert	Pearson-Korrelationskoeffizient (R)	Irrtumswahrscheinlichkeit p
1	2	3	4	5	6
Bekleidung und Textilien	57.037	14.602	-3.440	0,097	0,073
Blumen und Pflanzen	38.206	10.131	-5.767	0,024	0,840
Bücher	55.271	12.277	-1.203	0,048	0,456
Consumer Electronic	47.575	11.537	-8.393	0,069	0,650
Hartwaren	61.050	15.091	+1.709	0,075	0,436
Möbel	62.053	15.973	+1.334	0,006	0,942
Naturkost/Naturwaren	38.451	11.967	-6.613	0,005	0,959
Reformhauswaren	42.349	10.449	-5.173	0,006	0,966
Schuhe	50.358	13.314	-2.775	0,073	0,177
Uhren und Schmuck	57.639	15.093	-3.290	0,054	0,525

Tab. 31: Zum Zusammenhang von Faktorpreis und Faktorleistung im Fach-EH 1998

Trotz der starken Streuung der Werte für die Kosten je Beschäftigten kann zwischen den Betrieben einer Branche kein statistischer Zusammenhang zum Betriebsergebnis festgestellt werden, das die einzelnen Mitarbeiter 1998 erwirtschaftet haben. Anhand des Niveaus der einzelbetrieblichen Löhne und Gehälter können somit keine Aussagen zur Gewinnsituation der Facheinzelbetriebe gemacht werden. Vielmehr scheint eine hohe Wertschöpfung des Faktors Arbeit durch die damit verbundenen hohen Personalkosten gegenüber einer niedrigeren Wertschöpfung bei ebensolchen Faktorkosten keinen Vorteil zu besitzen. Gleiches gilt im umgekehrten Fall.[247] Mit dieser Feststellung ist jedoch die Bedingung der in Kapitel 4 vorzustellenden Maßnahmen zur Personalkostenreduktion, dass diese einen positiven Einfluss auf das Betriebsergebnis haben sollen, nicht mehr erfüllt. Wenn die Preisreduzierung des Faktors Arbeit dennoch eine weitergehende Behandlung erfahren soll, dann richten sich die Maßnahmen gegen die speziellen Fälle, in denen überdurchschnittlich bezahlte Mitarbeiter unterdurchschnittliche Leistungen erbringen.

4.3.1.1.2 Senkung des Faktorpreises bei konstanter Personalstruktur

Will man die Personalstruktur einschließlich des Merkmals ‚Dauer der Betriebszugehörigkeit' unverändert lassen, ist ein Austausch von Personal nicht möglich. Hält

247 Da hohe Löhne in einem gewissen Rahmen durch eine erfolgreiche Personalführung substituiert werden können, kann ein unterdurchschnittlicher Faktorpreis in Einzelfällen sogar mit einer überdurchschnittlichen Faktorleistung einhergehen. Vgl. Eckardstein, D. von/Fredecker, I./Greife, W. u.a.: Die Qualifikation der Arbeitnehmer in neuen Entlohnungsmodellen, Frankfurt am Main u.a. 1988, S. 69-71.

man an den einzelnen Mitarbeitern fest, sind die Möglichkeiten zur Kosteneinsparung relativ begrenzt. Sie werden durch den Verzicht von Änderungskündigungen zusätzlich limitiert. Das Diktat bestehender Arbeits- und Tarifverträge verbietet regelmäßig die unmittelbare Variation der Höhe der Löhne und Gehälter nach unten, was letztlich auch den originären Sinn einer derartigen gegenseitigen und gleichgerichteten Willenserklärung darstellt.[248] Durch Kopplung der gesetzlichen Sozialleistungen an die Löhne und Gehälter bieten auch diese kaum Gestaltungsmöglichkeiten durch den Unternehmer. Eine Ausnahme bilden die Beiträge zur gesetzlichen Krankenversicherung. Seit 1. Januar 1996 kann der einzelne Arbeitnehmer zu einer Krankenkasse mit niedrigerem Beitragssatz wechseln. Damit reduziert sich auch der Arbeitgeberanteil für diese Vorsorgeaufwendung. Bei einer Spanne für den allgemeinen Beitragssatz von 11,2 bis 14,7 Prozent des Bruttoentgelts sind Personalkosteneinsparungen von gut einem Prozentpunkt möglich.[249]

Spielraum für eine Variation geben ebenfalls die freiwillig gezahlten Personalnebenkosten. Aber auch Leistungen die über das vertraglich vereinbarte Entgelt hinaus gegenüber dem Arbeitnehmer erbracht wurden, können nicht beliebig reduziert werden. Dies gilt im besonderen Maße für bisher regelmäßig wiederkehrende Vergütungen, unabhängig davon ob es sich um Sach- oder Geldleistungen handelt. Mit Berufung auf das Gewohnheitsrecht können die Arbeitnehmer mehrmals erhaltene Leistungen weiterhin verlangen. Eine Möglichkeit zur Einschränkung oder zum Abbau bestehender Aufwendungen ist nur dann möglich, wenn sich der Arbeitgeber das jederzeitige Widerrufsrecht der Leistung vorbehält.

Für darüber hinausgehende Lohnsenkungen ist eine Kündigung bestehender Arbeitsverträge unumgänglich. Es kann nicht angenommen werden, dass alle Beschäftigten einer freiwilligen Lohnkürzung oder einer Heraufsetzung der wöchentlichen Arbeitszeit ohne Lohnausgleich und als Voraussetzung hierzu einer einvernehmlichen Aufhebung der bisherigen, vertraglichen Vereinbarungen zustimmen. Ob im Einzelfall aufgrund von anhaltend negativen Geschäftsentwicklungen die Voraussetzung für eine Änderungskündigung der Mitarbeiter gegeben sein kann, muss geprüft werden. Es handelt sich dabei um ein komplexes Entscheidungsproblem, das der notwendigen Berücksichtigung verschiedener gesetzlicher Reglementierungen, insbesondere die des Kündigungsschutzgesetzes (KSchG), bedarf.[250]

Zusammenfassend kann gesagt werden, dass das Bestreben die Personalstruktur unverändert zu lassen, den Spielraum für eine Preisreduzierung des Faktors Arbeit sehr eng werden lässt. Deutlich mehr Ansatzpunkte zur Kostenreduzierung ergeben sich bei variabler Personalstruktur.

---

248 Vgl. Frey, H., 1997, S. 13f.

249 Vgl. o.V.: Der Beitrag zählt, in: Finanztest, o.Jg., 2000, H. 9, S. 12-19. Von dieser Einsparung ausgenommen sind u.a. sozialversicherungsbefreite Entgelte und Löhne, die über der Versicherungspflichtgrenze von monatlich 6.450 DM (West) und 5.325 (Ost) liegen (Stand: September 2000).

250 Vgl. Lexikon Praktisches Wissen: Die neue Personal-Praxis von A-Z. Nachschlagewerk mit Ergänzungslieferungen, Gruppe 2/A 28, Offenburg 1997, S. 1-10.

4.3.1.1.3 Senkung des Faktorpreises bei variabler Personalstruktur

Die betriebliche Personalstruktur wurde an anderer Stelle durch eine Reihe von Merkmalen charakterisiert. Die Ausprägungen eines Teils dieser Merkmale korrelieren mit der Höhe der Personalkosten im Allgemeinen und der der Löhne und Gehälter im Besonderen. Eine weitergehende Differenzierung dieses Teils kann dahingehend vorgenommen werden, ob der Zusammenhang als ‚legal', d.h. gesetzeskonform, anzusehen ist oder ob es sich mutmaßlich um diskriminierende Entgeltformen handelt. Seit jeher wird z.B. die unterschiedliche Entlohnung von Frauen und Männern als direkte oder zumindest indirekte, unrechtmäßige Entgeltdifferenzierung dem Geschlecht nach vermutet.[251] Dabei zeigen sich auch im Einzelhandel deutliche Unterschiede bezüglich der Entlohnung beider Geschlechter. So lag der durchschnittliche monatliche Bruttoverdienst der männlichen, kaufmännischen Angestellten der Leistungsgruppe III im Einzelhandel in Deutschland beispielsweise im Oktober 1999 um ca. 21 Prozent (4.668 DM) über dem der Angestellten weiblichen Geschlechts mit vergleichbaren Tätigkeitsinhalten (3.862 DM).[252] Auf die Darstellung personalkostenreduzierender Maßnahmen, bei denen eine Diskriminierung zu vermuten ist, wird im Folgenden grundsätzlich verzichtet. Vielmehr soll anhand von vertretbaren Handlungsalternativen der Einfluss der Personalstruktur auf die Preisgestaltung des Faktors Arbeit aufgezeigt werden.

Die Lohn- und Gehalts-Tarifverträge für den Einzelhandel sehen in der Regel eine deutliche Gehaltsdifferenzierung nach der Zahl der bereits absolvierten Berufs- bzw. Tätigkeitsjahre vor. Als Berufsjahre gelten dort die nach abgeschlossener Berufsausbildung zurückgelegten Jahre der Tätigkeit in vergleichbaren Handelsberufen. Weitere Unterschiede ergeben sich in Abhängigkeit von der Gehaltsgruppe. Strebt die Geschäftsführung eine Entlohnung ihrer Mitarbeiter zumindest in Höhe der tariflichen Bestimmung an bzw. ist sie durch bestehende Verträge dazu verpflichtet, müsste sie gemäß dem Tarifabschluß vom 27.7.2000 beispielsweise in der Gehaltsgruppe I für VerkäuferInnen in Nordrhein-Westfalen ein minimales Bruttogehalt von 2.425 DM zahlen. Mit jedem Jahr zusätzlicher Berufserfahrung stieg das Bruttogehalt bis zu einem Betrag von 3.535 DM für eine Berufsdauer von 6 und mehr Jahren an.[253] Eine ausschließlich unter Kostengesichtspunkten vorgenommene Personalplanung würde darauf bedacht sein, die durchschnittliche Berufserfahrung der Belegschaft möglichst gering zu halten. Eine diese Zielsetzung unterstützende Maßnahme könnte darin bestehen, dass der Handelsbetrieb ausscheidende Mitarbeiter regelmäßig durch Berufsanfänger ersetzt. Ob der Nutzen einer maximalen Gehaltsreduktion von bis zu einem Drittel wirklich nicht mit einem überproportionalem Defizit

---

251 Vgl. Müller-Hagedorn, L.: Zur Feststellung von diskriminierenden Entgeltformen, in: DBW, 53. Jg. (1993b), H. 4, S. 529-543.

252 Vgl. Statistisches Bundesamt (Hrsg.), 2000b, S. 226. Zur Leistungsgruppe III zählen kaufmännische und technische Angestellte mit mehrjähriger Berufserfahrung oder besonderen Fachkenntnissen und Fähigkeiten bzw. mit Spezialtätigkeiten, die nach allgemeiner Anweisung selbständig arbeiten, jedoch in der Regel keine Verantwortung für die Tätigkeit anderer tragen.

253 Die Informationen wurden dem Autor von der Gewerkschaft ‚hbv' zur Verfügung gestellt.

bezüglich der Qualifikation und Leistung des Personals verbunden ist, muss wiederum im Einzelfall geprüft und entschieden werden. Das optimale Verhältnis von i.d.R. jüngeren Berufsanfängern ohne Erfahrung und älteren Mitarbeitern mit Berufserfahrung wird von unterschiedlichen Faktoren bestimmt. Grundsätzlich kann davon ausgegangen werden, dass der Anteil jüngerer Arbeitnehmer umso höher sein sollte, je stärker der technologische Wandel in der Branche ist, je kleiner der Anteil der am Arbeitsplatz erlernbaren Fähigkeiten im Vergleich zu dem Anteil der Fähigkeiten, die in schulischen oder formalen Ausbildungsmaßnahmen erworben werden können ist und je niedriger der Anteil an betriebsspezifischen Technologien und Prozessen ist.[254]

Gestaffelte Vergütungen finden sich auch bei der differierenden Entlohnung in mittelbarer Abhängigkeit von der quantitativen Arbeitszeit einer definierten Periode. Üblicherweise wird die vertraglich vereinbarte Arbeitszeit eines Beschäftigten in Stunden pro Tag, pro Woche und vermehrt auch pro Jahr angegeben. Unter zusätzlicher Berücksichtigung der Laufzeit des Arbeitsvertrags und des vereinbarten Entgelts lassen sich aus Sicht des Sozialversicherungsrechts unterschiedliche Beschäftigungsverhältnisse voneinander abgrenzen. Die vier Alternativen mit der höchsten Praxisrelevanz werden in Tabelle 32 dargestellt.[255]

Geringfügig Beschäftigte	Arbeitnehmer
Kurzfristig Beschäftigte Die Beschäftigung wird nicht berufsmäßig ausgeübt. Die Beschäftigungsdauer ist von vornherein auf längstens 2 Monate oder 50 Arbeitstage beschränkt.	**Teilzeitarbeitskräfte** Erfüllen nicht die Bedingungen für geringfügig entlohnte Beschäftigte. Die Beschäftigung ist regelmäßig kürzer als die von Vollzeitkräften.
Geringfügig entlohnte Beschäftigte Die Beschäftigung wird regelmäßig weniger als 15 Stunden in der Woche ausgeübt. Das regelmäßige monatliche Entgelt beträgt nicht mehr als 630 DM. Es gelten steuer- und sozialversicherungsrechtlich besondere Bedingungen. Es erfolgt keine jährliche Anpassung der Entgeltgrenze.	**Vollzeitarbeitskräfte** Kriterium ist die jeweils im Betrieb maßgebende regelmäßige Wochenarbeitszeit, nicht die tarifvertraglich vorgesehene Regelarbeitszeit. Liegt keine Betriebsvereinbarung hinsichtlich der regelmäßigen Wochenarbeitszeit vor, so ist die regelmäßige Arbeitszeit maßgeblich, die sich im Jahresdurchschnitt pro Woche errechnet.

Tab. 32: Bedingungen alternativer Beschäftigungsverhältnisse

254 Vgl. Backes-Gellner, U./Lazear, E.P./Wolff, B., 2001, S. 81.

255 Vgl. Praxis-Lexikon: Lohn- und Gehaltsberechnung von A-Z. Nachschlagewerk mit Ergänzungslieferungen, Gruppe 3/17, Freiburg i. Br. o.J., S. 1ff. Als Beispiele für weitere alternative Beschäftigungsverhältnisse, an die besondere Bedingungen geknüpft sind, können die Tätigkeiten von Praktikanten, Werksstudenten und von Altersteilzeitbeschäftigten genannt werden.

Tendenziell kann unterstellt werden, dass mit zunehmender Laufzeit des Vertragsverhältnisses und Anzahl der vereinbarten Wochenarbeitsstunden auch das Niveau des Leistungsentgelts und somit das der Personalkosten ansteigt. So gaben bei einer Umfrage des Ifo-Instituts unter 700 Unternehmen 32 % der Befragten an, geringfügig Beschäftigte zur Senkung der Personalkosten einzusetzen. Weitere 46 % sahen den Vorteil in der flexiblen Personalplanung, die mittelbar auch die Senkung der Personalkosten zum Ziel hat. Der Rest folgte mit dieser Maßnahme den Wünschen der Mitarbeiter.[256]

Inwieweit der Einsatz geringfügig entlohnter Beschäftigter mit einer Dequalifizierung des Faktors Arbeit verbunden ist, hängt nicht nur vom Niveau der zu erbringenden Faktorleistung, sondern auch vom Potenzial an geringfügig Beschäftigten am Standort ab. Geringfügig Beschäftigte müssen per se nicht minder qualifiziert sein. Ehemalige erste Verkäuferinnen, die oft aus familiären Gründen aus dem Betrieb ausgeschieden sind, nutzen vermehrt die Möglichkeit der geringfügigen Beschäftigung zum Wiedereinstieg in das Berufsleben. Auch die Anstellung von StudentInnen bietet sich an, allerdings weniger aufgrund der fachlichen als vielmehr aufgrund der anzunehmenden kommunikativen Qualifikation dieser Personengruppe. Auch wenn der Einsatz von Aushilfskräften zu einer Lohnsenkung bei veränderter Personalstruktur führt, muss im Einzelfall geprüft werden, ob diese Kostenvorteile nicht durch Mehrkosten in der Personalverwaltung oder in der Raumzuweisung wieder kompensiert werden.[257] Bei einer Trennung von geringfügig Beschäftigten gelten die selben arbeitsrechtlichen Bestimmungen, wie auch bei Voll- oder Teilzeitkräften.

Der spezielle Austausch von Teilzeitkräften durch geringfügig Beschäftigte kann, über die Personalkostenersparnis hinaus, zur mittelbaren Beseitigung des unrechtmäßigen Umstands, dass die Höhe der Entlohnung von Teilzeitkräften nicht der von Vollzeitkräften entspricht, führen.[258] Eine entsprechende Disproportionalität von Arbeitszeiten und Leistungsentgelten ist in vielen Betrieben des Einzelhandels zu vermuten.

Die Fristigkeit, mit der die Auflösung eines Arbeitsvertrags als Voraussetzung für einen Personalaustausch rechtskräftig wird, kann so unterschiedlich sein wie die individuelle Situation des einzelnen Mitarbeiters. Möchte die Geschäftsleitung auf die Kündigung von Mitarbeitern verzichten, werden sich viele Maßnahmen in Abhängigkeit der gewöhnlichen Fluktuationsrate eher mittel- bis langfristig realisieren lassen. Die Fristigkeit der Handlungsalternativen zur Personalkostenreduktion wurde jedoch nicht als Kriterium zu deren Systematisierung herangezogen, daher soll im Weiteren auf die besondere Berücksichtigung dieses Problemkreises verzichtet werden.

256 Vgl. o.V.: Flexibilität im Vordergrund, in: Wirtschaftswoche, o.Jg. (1997), H. 46, S. 18.

257 Vgl. Müller-Hagedorn, L., 1999, S. 742.

258 Vgl. Lexikon Praktisches Wissen, 1997,Gruppe 2/T 39, S. 2.

Die Reduzierung der Wirkungsrichtung der preispolitischen Maßnahmen auf eine alleinige und unmittelbare Kostenersparnis wäre eine unangemessene Einschränkung der Sichtweise. Vielmehr muss angenommen werden, dass die damit verbundenen Maßnahmen einen weitergehenden Einfluss auf die Personalarbeit und die Personalkosten im Facheinzelhandel ausüben. In erster Linie ist als Folge einer Reduzierung der Entgelte, vor allem für bereits im Betrieb beschäftigte Personen durch deren verminderte Motivation, ein negativer Einfluss auf die Faktorleistung zu vermuten. Auf der anderen Seite können sich insbesondere im Fall einer modifizierten Personalstruktur auch positive Effekte für den Betrieb ergeben. Als Voraussetzung für eine der schwankenden Kundenfrequenz angepasste Personaleinsatz- und bedarfsplanung kann beispielsweise der verminderte Einsatz von Vollzeitkräften besonderes im Facheinzelhandel über die Einsparung von Personalkapazität zu einer weiteren Reduzierung der Kosten beitragen. Aufgrund der besonderen Bedeutung der Synchronisation von Leistungspotenzial und Leistungsnachfrage für diese Betriebsform des Einzelhandels soll sie auch die erste zentrale Maßnahme im folgenden Kapitel 4.3.1.2 unter der Überschrift ‚Reduzierung der Personalkosten durch Personalabbau' darstellen.

4.3.1.2 Reduktion der Personalkosten durch Personalabbau (Rationalisierung i.w.S.)

Die Ausführungen des vorhergehenden Kapitels zu den einzelnen Maßnahmen der Personalkostenreduktion mittels Absenkung des Preises für eine Einheit des Faktors Arbeit haben gezeigt, dass das verstärkte Ausschöpfen des dafür zur Verfügung stehenden Potenzials den Facheinzelhändler vor zwei grundsätzliche Probleme stellt. Zum einen ist der Preis für menschliche Arbeit in erster Linie extern determiniert und unterliegt somit nur sehr eingeschränkt dem Einfluss der Geschäftsleitung. Der Spielraum wird dadurch weiter eingegrenzt, dass sich der größte Teil der individuellen Vertragsbedingungen ‚veränderungsresistent' zeigt, d.h. ex post nur sehr eingeschränkt variiert werden kann. Zum anderen kann die Faktorqualität bei reduzierten Entgelten nur bis zu einem gewissen Grad konstant gehalten werden. Jeder weitergehende Versuch, niedrigere Löhne durchsetzen zu wollen, scheint zu mangelnden Mitarbeiterleistungen zu führen, die selbst im Rahmen eines bewussten Trading-Down kaum zur gewünschten Verbesserung des Betriebsergebnisses beitragen.

Die Dauer der Wirksamkeit von Preisminderungen des Faktors Arbeit hängt von der zukünftigen Entwicklung des Entgelts im Facheinzelhandel ab. Möchte sich das einzelne Unternehmen von dieser Entwicklung partiell unabhängig machen, wird es gut beraten sein, die Instrumente für eine selektive Reduzierung der betrieblichen Personalkapazität zu prüfen und soweit mit ihrer Marktleistungsstrategie vereinbar auch einzusetzen. Die dauerhafte Verbesserung der Wirtschaftlichkeit des Personaleinsatzes scheint daher in erster Linie über den Weg der Produktivitätssteigerung erreichbar. Für Frey ist die Steigerung der Produktivität der Königsweg aus einer Personalkostenkrise von Unternehmen, die ihre weitgehend durch Personalkosten bestimmten Betriebskosten aus dem Umsatz nicht mehr erwirtschaften können.[259] Es gibt seiner Meinung nach keinen anderen plausiblen Vorschlag, der gleichzeitig zwei Zielvorgaben erreichen lässt: Innerbetriebliche Kostendeckung sowie Beibehaltung der Vertragskonditionen des im Betrieb verbleibenden Personals. Bei angenommenen konstantem Output setzt dies allerdings voraus, dass ein Teil der Belegschaft aus dem Unternehmen ausscheidet oder mindestens teilweise arbeitslos wird.

Der ersatzlose Verzicht auf betriebseigenes Personal kann, unter der genannten Bedingung eines unveränderten Angebots an Bereitstellungs- und Dienstleistungen, durch

- Abbau personeller Überkapazitäten,
- Modifikation der Leistungsprozesse,
- Reduzierung der innerbetrieblichen Leistung und
- durch Auslagerung von Aktivitäten aus dem Betrieb

realisiert werden. Ein über diese Maßnahmen hinausgehender Personalabbau lässt sich nur durch Prozessinnovationen bewirken, wobei das aus dem Betrieb ausscheidende Personal durch andere Betriebsfaktoren substituiert werden muss. Sowohl die Modifikation als auch die grundsätzliche Neugestaltung der Leistungsprozesse kann sich auf die Erstellung von innerbetrieblichen Leistungen und auf die von Marktleistungen beziehen.

Den beiden Ansätzen mit und ohne Faktorsubstitution ist das Bestreben gemein, die Wirtschaftlichkeit des Personal durch einen rationelleren Einsatz zu verbessern. In Analogie zu dieser vorgenommenen Zweiteilung der Maßnahmen soll eine Personaleinsparung mit Substitution als Rationalisierung im engeren Sinne bezeichnet werden. Dagegen findet im weiteren Verlauf der Arbeit der Begriff der Rationalisierung in einem weitergehenden Sinne Verwendung, sobald ein Personalabbau generell in die Aussage mit einbezogen werden soll.[260]

---

259 Vgl. Frey, H., 1997, S. 23.

260 Rationalisierung ist ein Begriff der betriebswirtschaftlichen Theorie und Praxis mit nicht eindeutig abgegrenztem Begriffsinhalt. In einer sehr weitgehenden Sichtweise umfasst Rationalisierung alle Maßnahmen, die der Verwirklichung des Rationalprinzips bei veränderten Bedingungen dienen. Rationalisierung ist dann dadurch gekennzeichnet, dass bei einer Veränderung des Entscheidungsfeldes Maßnahmen zur Anpassung an diese Veränderungen geplant, realisiert und kontrolliert werden, um eine optimale Zielerreichung unter neuen Bedingungen zu ermöglichen. Die zu optimierenden Ziele können dabei Wert-, Sach- und/oder Sozialziele sein. Vielfach versteht man jedoch unter Rationalisierung nur solche Maßnahmen, die der Produktivitäts- und Wirtschaftlichkeitssteigerung dienen, wodurch letztlich eine Beschränkung auf das Wertziel erfolgt. Vgl. Gablers Wirtschaftslexikon, 1988, Sp. 1148. Dieser begrenzten Sichtweise wird auch in dieser Arbeit gefolgt. Die innerhalb dieser Beschränkung zusätzlich vorgenommene Einteilung von Rationalisierung in einem engeren und einem weiteren Sinne trägt dem Umstand Rechnung, dass die technologische Entwicklung die Bedeutung von Prozessinnovationen für die Rationalisierung auch im Einzelhandel stetig vergrößert hat.

Um die fünf Maßnahmenbündel, die sich im Rahmen der Rationalisierung im Facheinzelhandel anbieten, voneinander abgrenzen zu können, sollen die folgenden Fragestellungen in Tabelle 33 die spezifischen Sachverhalte verdeutlichen.

Maßnahmenbündel	**Fragestellung**
Abbau personeller Überkapazitäten (Kapitel 4.3.1.2.1.1)	Mit welchen Methoden kann der Umfang des Leistungspotenzials der Kundennachfrage angepasst werden, ohne die Leistungserstellung zu beeinträchtigen?
Prozessmodifikation (Kapitel 4.2.1.2.1.2)	Auf welche Tätigkeiten des Personals kann unter welchen Umständen ersatzlos verzichtet werden, ohne das Ergebnis quantitativ oder qualitativ zu beeinträchtigen?
Reduzierung der innerbetrieblichen Leistung (Kapitel 4.3.1.2.1.3)	Auf welche Weise kann die Qualität und die Quantität von innerbetrieblichen Leistungen verändert werden, um Teile des Personals einsparen zu können?
Auslagerung von Aktivitäten (Kapitel 4.3.1.2.1.4)	Unter welchen Bedingungen können Leistungen aus dem Betrieb ausgegliedert werden, um auf Teile des betriebseigenen Personals verzichten zu können?
Prozessinnovation (Kapitel 4.3.1.2.2)	Welche Aufgaben des Personals können durch einen kostengünstigeren Betriebsfaktor übernommen werden?

Tab. 33: Zentrale Fragestellungen der fünf Maßnahmenbündel zum Personalabbau bei gegebener Marktleistung

4.3.1.2.1 Personalabbau ohne Faktorsubstitution

Zunächst werden die vier Maßnahmenbündel vorgestellt, die nur der Rationalisierung i.w.S zuzurechnen sind. Auch wenn sich bei diesen Vorgehensweisen das relative Einsatzverhältnis von Personal und den weiteren produktiven Faktoren in dem Sinne verändert, dass letztere ein größere Bedeutung bei der Leistungserstellung erlangen, handelt es sich hierbei um Rationalisierungsmaßnahmen ohne Substitution des Faktors Arbeit. Die Reihenfolge der Darstellung richtet sich nach dem Ausmaß des Einflusses auf die Geschäftspolitik. Während die Maßnahmen zum Abbau personeller Überkapazitäten als ausschließlich operativ zu bezeichnen sind, lässt sich die Auslagerung von Aktivitäten aus dem Betrieb bereits als taktisch charakterisieren.

Der im folgenden Kapitel 4.3.1.2.1.1 beschriebene Abbau personeller Überkapazitäten wird in der Regel durch die nachlassende Nachfrage nach den Marktleistungen eines Facheinzelhandelsbetriebes notwendig, kann aber auch die Konsequenz aus den anderen Maßnahmen des Kapitels 4.3.1.2 sein. Somit kommt diesem Aspekt eine übergeordnete Bedeutung zu.

4.3.1.2.1.1 Abbau personeller Überkapazitäten

Wird mehr Personalkapazität in einem Unternehmen vorgehalten als zur Leistungserstellung benötigt wird, entstehen im Regelfall personelle Überkapazitäten. Folglich muss eine ständige Anpassung der maximal notwendigen Leistungspotenziale an den angestrebten Output vorgenommen werden. Permanenten Überkapazitäten ist letztlich mit entsprechendem Personalabbau zu begegnen. Dass diese Notwendigkeit nicht nur den Facheinzelhandel vor besondere Probleme stellt, hat Schmalenbach bereits sehr früh erkannt: „Und so ist die moderne Wirtschaft mit ihren hohen fixen Kosten des Heilmittels beraubt, das selbsttätig Produktion und Konsumtion in Einklang bringt und so das wirtschaftliche Gleichgewicht herstellt. Weil proportionale Kosten in so großem Umfang fix geworden sind, fehlt der Wirtschaft die Fähigkeit der Anpassung der Produktion an die Konsumtion".[261]

Um den genauen Umfang der freizusetzenden Personalkapazität bestimmen zu können, bedarf es einer mehrstufigen Vorgehensweise. Das folgende Flussdiagramm gibt einen Überblick über die wesentlichen Schritte, die anschließend unter Berücksichtigung der besonderen Spezifikation für den Facheinzelhandel diskutiert werden sollen.

261 Schmalenbach, E.: Die Betriebswirtschaftslehre an der Schwelle der neuen Wirtschaftsverfassung, in: ZfhF, 22. Jg. (1928), S. 245.

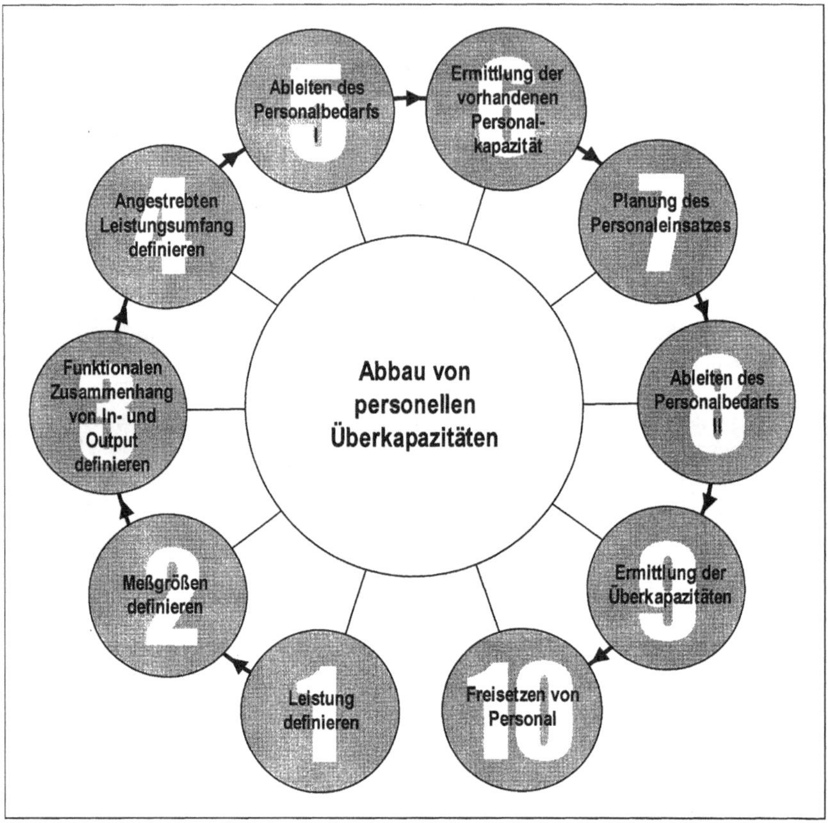

Abb. 63: Zehn Schritte zum Abbau von personellen Überkapazitäten

1 Leistung definieren

Die Art der Leistungen, die unter Einsatz des Faktors Arbeit erstellt werden sollen, ist in einem ersten Schritt zu definieren. Die Marktleistungsstrategie bestimmt bei dieser Betriebsform den weitaus größten Teil des Personalbedarfs. Er soll deshalb auch im Vordergrund der weiteren Ausführung stehen. Das weite Spektrum der möglichen Marktleistungen im Facheinzelhandel aus produktorientierter Sicht zeigte Kapitel 4.2.4.1.

2 Messgrößen definieren

Insbesondere die Vielzahl der immateriellen Leistungen entzieht sich aus prozess- und produktorientierter Sicht weitgehendst der quantitativen Bestimmung. Die notwendige Operationalisierung erfolgt meist anhand des betrieblichen Umsatzes oder der Zahl der Kunden. Um eine Relation zum Faktor Arbeit herzustellen, werden diese regelmäßig auf eine Faktoreinheit bezogen. Die Kennzahlen ‚Umsatz je beschäftigte Person' und ‚Umsatz je eingesetzte Arbeitsstunde' stellen die gebräuchlichsten Maßstäbe zur Quantifizierung der Leistungsfähigkeit des Personals und somit die Basis zur Planung des Personalbedarfs und des Personaleinsatzes im Verkaufsbereich dar. Messgrößen zur Bedarfsplanung in anderen Bereichen sind beispielsweise der ‚Lagerbestand je beschäftigte Person' oder die ‚Anzahl der zu bearbeitenden Fakturen'. Je nach Erfassungsaufwand und -möglichkeiten können diese globalen Kennziffern weiter verfeinert werden. Stark detaillierte Kennzahlen können mit Hilfe des Multimoment-Verfahrens gewonnen werden.[262]

3 Funktionalen Zusammenhang von In- und Output definieren

Der Erfolg einer kostenreduzierenden Personaleinsatzplanung durch Vorgabe einer zu realisierenden Outputgröße stellt sich nur dann ein, wenn ein möglichst enger funktionaler Zusammenhang gegeben ist. Die Personalkapazität als betrieblicher Input wird dabei in Umkehr zur ertragsorientierten Betrachtungsweise der Produktionstheorie zur abhängigen Variablen. Die Funktion kann anhand von Vergangenheitswerten ermittelt und unter Annahme der Zeitstabilitätshypothese für die zukünftige Personalbedarfsplanung genutzt werden.

Nicht immer ist im Einzelhandel ein linearer und stetiger Funktionsverlauf anzunehmen. Insbesondere in Bezug auf den ‚Umsatz je beschäftigte Person' wird die Zuwachsrate der Personalkapazität bei steigenden Gesamterlösen zunehmen. Auch kann im Facheinzelhandel nicht ausgeschlossen werden, dass bereits das Leistungspotenzial als Output zu definieren ist, d.h. der Einsatz von Verkaufspersonal nicht nur Leistungen am Kunden, sondern die Betriebsform an sich erstellen soll. Selbst wenn nur ein Kunde im Geschäft ist bzw. dieses von außen einzusehen ist, kann bei entsprechender Angebotspolitik die Anwesenheit einer gewissen Mindestanzahl an Mitarbeitern im Verkaufsraum von der Geschäftsleitung gewünscht sein, um den Charakter der Verkaufsstelle als Fachhandelsbetrieb zu begründen. Erst wenn dieses Potenzial durch die gleichzeitige Nachfrage mehrerer Kunden erschöpft ist, ist der Einsatz von weiterem Personal notwendig. Dieser mag dann degressiv, progressiv oder linear sowie stetig oder unstetig zur Anzahl der Kunden bzw. zur Nachfrage verlaufen.

Aus Gründen der Vereinfachung wird in der Praxis meist ein linearer Kapazitätsverlauf unterstellt. Das konkrete Verhältnis von In- und Output wird dabei auf Basis von

262 Vgl. Müller-Hagedorn, L., 1993a, S. 297-300. So hat eine Studie in 52 Fachgeschäften des Schuheinzelhandels ergeben, dass die Bedienungsdauer beim Verkauf von Herrenschuhen im Durchschnitt 12,97 Minuten beträgt und die von Damenschuhen 14,58 Minuten. Vgl. Müller-Hagedorn, L/Kaapke, A/ Eisenmann, H.: Sortimentspolitik, Preiskalkulation & Personaleinsatz im Schuhfacheinzelhandel, in: Schuhmarkt, o.Jg. (1997a), H. 12, S. 25.

Erfahrungswerten oder anhand von Referenzwerten festgelegt, die oft einem Betriebsvergleich entstammen. So kann es nicht verwundern, dass die Kennzahl ‚Umsatz je beschäftigte Person' eine der zentralen Größen auch der Vergleichsanalysen des Instituts für Handelsforschung ist und bei den primären und sekundären Nutzern auf besondere Resonanz stößt. Die entsprechenden Ergebnisse zeigen, dass die Werte nicht nur zwischen den Betrieben einer Fachsparte, sondern auch einzelbetrieblich im Jahresverlauf starken Schwankungen unterworfen sind. Als extremes Beispiel dienen die Fachgeschäfte mit Uhren und Schmuck. Die höchste Differenz des Umsatzes je beschäftigte Person zeigt sich bei dieser Branche regelmäßig zwischen den Monaten Februar und Dezember. Während bspw. der Februar des Jahres 1995 eine Umsatzleistung je Faktoreinheit von 14.990 DM hervorbrachte, lag der entsprechende Wert im Dezember bei 63.800 DM. Abbildung 64 zeigt die einzelnen Monatswerte im Zeitablauf.[263]

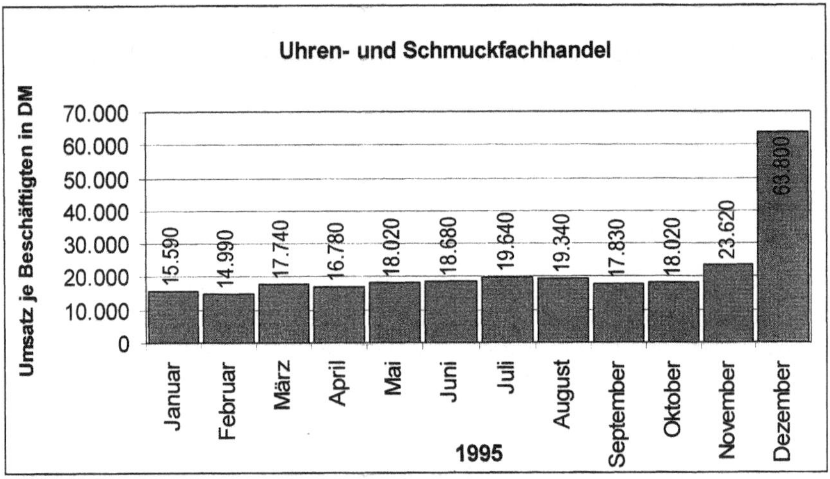

Abb. 64: Der monatliche Umsatz je beschäftigte Person im Uhren- und Schmuckfachhandel von Januar bis Dezember 1995

Grund für den starken Zuwachs der Personalleistung im Dezember ist das ‚Weihnachtsgeschäft'. Die einzelbetrieblichen Gesamtumsätze liegen bspw. in diesem Monat um ca. das 2,5-fache über denen im Januar.[264] Hätte sich der Dezemberwert der Faktorleistung durch einen entsprechend optimierten, quantitativen Personaleinsatz im Jahresdurchschnitt realisieren lassen, wären die Personalkapazität und bei einem linearen Zusammenhang von Preis und Menge des Faktoreinsatzes auch die gesamten Personalkosten 1995 um 65,5 Prozent geringer ausgefallen.

263 Aktuellere Werte sind von IfH nicht publiziert. Vgl. o.V.: Die Umsatzentwicklung der Einzelhandelsfachgeschäfte im Januar 1995, in: M.d.IfH, 47. Jg. (1995), H. 2, S. 39 und die folgenden 11 Hefte, S. 55, 64, 73, 100, 111, 128, 140, 152, 171, 207 u. 24.

264 Vgl. Wenzlitschke, M.R.: Bescheidener Start ins Jahr 1999, in: UJS, 53. Jg. (1999), H. 4, S. 62f.

Der Rückschluss von im Zeitablauf schwankenden Leistungskennziffern auf bestehende Überkapazitäten ist nur unter der Annahme möglich, dass sich die im Rahmen der Leistungserstellung durchzuführenden Tätigkeiten des Personals hinsichtlich ihrer Art und Menge auf die einzelnen Monate eines Jahres gleich verteilen. Die Aussage „Je größer die Streuung der Umsatzleistung, desto schlechter die Personaleinsatzplanung" ist somit an die Bedingung geknüpft, dass die Relation von Verkaufstätigkeiten zu den sonstigen Tätigkeiten zur Erstellung der Marktleistung im Zeitablauf konstant ist.

Die Bedingung einer gleichmäßigen Verteilung der für die Umsatzerzielung notwendigen Tätigkeiten im Jahresverlauf scheint zumindest für einen Teil der Branchen nicht erfüllt. Immer wenn saisonale Einflüsse die Nachfrage mehr oder weniger stark schwanken lassen, kann angenommen werden, dass in Vor- und Nachbereitung des Saisongeschäfts eine Reihe von Leistungen erbracht werden müssen, die in keinem unmittelbaren Zusammenhang zum Abverkauf der Ware stehen. So wird besonders in Vorbereitung auf das Weihnachtsgeschäft in vielen Branchen bereits in den Monaten Oktober und November vermehrt Personal zur Warenbeschaffung und zur Gestaltung des Verkaufsraums eingesetzt, welches die Personalleistung in diesen Monaten absinken lässt. Eine Orientierung des Personaleinsatzes an der Umsatzleistung des Faktors ist somit nur für den Teil der Personalkapazität sinnvoll, dessen Tätigkeiten sich auf den unmittelbaren Abverkauf von Waren beziehen.

Wie bereits dargestellt, kann die Mehrzahl der Marktleistungen nachgefragt oder konsumiert werden, ohne dass diese umsatzwirksam werden. Die Differenz von Kundenzahl und Anzahl der Käufer einer definierten Periode ist in Abhängigkeit des Warenkreises unterschiedlich groß. Ein Extrem bildet die Branche der Galeristen, in der auf ein verkauftes Exponat oft eine Vielzahl an Besuchern kommt. Als ein entgegengesetztes Extrem können die Fachgeschäfte des Lebensmitteleinzelhandels angesehen werden, die kaum ein Kunde ohne den Kauf von Waren wieder verlässt. Unabhängig von der Branche scheint sich dabei der Trend abzuzeichnen, dass der Kunde immer weniger die Ware als das Erlebnis beim Einkauf nachfragt. Mit zunehmender Differenz von abgesetzten und umgesetzten Marktleistungen bietet es sich daher an, anstelle des Umsatzes die Anzahl der Kunden je beschäftigte Person als Maßgröße zur quantitativen Personalplanung heranzuziehen. Notwendige Voraussetzung ist eine permanente Besucherzählung, die mittels moderner Techniken relativ kostengünstig installiert werden kann.

4 angestrebten Leistungsumfang definieren

In einem weiteren Schritt ist der gesamte zukünftige Leistungsumfang für den ausgewählten Bereich der Personalplanung festzulegen. Eine erfolgreiche Personalbedarfsplanung ist bei gegebener ‚Produktionstechnologie' und Arbeitsorganisation in erster Linie von der Prognose der Nachfrage abhängig.[265] Hierzu bieten sich unterschiedliche Prognoseverfahren an. Das Spektrum reicht von einfachen heuristischen bis statistisch-mathematischen, multivariaten Instrumenten.

5 Ableiten des Personalbedarfs I

Aus der Kenntnis des zu erwartenden bzw. gewünschten Gesamtleistungsumfangs und der angenommenen Leistungsfähigkeit des Personals kann der Personalbedarf I abgeleitet werden. Es handelt sich dabei zunächst um einen Soll-Wert, der noch nicht die individuellen Restriktionen des Betriebes berücksichtigt.

6 Ermittlung der vorhandenen Personalkapazität

Um einen Soll-Ist-Vergleich vornehmen zu können, muss die verfügbare Personalkapazität bekannt sein. Eine Auflistung gibt darüber Auskunft, wie viele Personen mit welcher Arbeitsdauer in die folgende Personaleinsatzplanung einbezogen werden können.

7 Planung des Personaleinsatzes

Die bisherigen Schritte 1 bis 5 gaben einen ersten Einblick in die Komplexität der Personalbedarfsplanung im Facheinzelhandel.[266] Ist der Bedarf bekannt, kann die Geschäftsführung im Rahmen der Personaleinsatzplanung die nicht minder komplexe Zuordnung der konkreten mitarbeiterbezogenen Arbeitszeiten auf die einzelnen räumlichen und funktionalen Geschäftseinheiten vornehmen. Es handelt sich dabei um ein Zuordnungsproblem, für das im jeweiligen Prämissenrahmen eine als ‚optimal' zu bezeichnende Lösung zu finden ist. Für derartige Problemstellungen bieten sich vor allem Verfahren des ‚Operations-Research' an. Ein Beispiel für eine entsprechend modellgestützte Personaleinsatzplanung im Einzelhandel findet sich bei Haase.[267] Der Autor leitet das unter Berücksichtigung von arbeitsrechtlichen und tariflichen Prämissen, effizienteste Arbeitszeitmuster mit Hilfe der Methode der Spaltengenerierung ab. Unter Verwendung verschiedener neuer Modellierungskonzepte entwirft Salewski ein allgemeines Modell zur Dienstplanung. Er geht dabei ausschließlich von der Zielsetzung der Kostenminimierung aus.[268]

---

265 Vgl. Sadowski, D.: Der Stand der betriebswirtschaftlichen Theorie der Personalplanung, in: ZfB, 51. Jg. (1981), H. 1, S. 91.

266 Eine umfassende Auseinandersetzung mit der Personalbedarfsplanung im Einzelhandel findet sich bei Stoffl. Vgl. Stoffl, M., 1996, S. 93-192.

267 Vgl. Haase, K.: Modellgestützte Personaleinsatzplanung im Einzelhandel, in: ZfB, 69. Jg. (1999), H. 2, S. 233-244.

268 Vgl. Salewski, F.: Modellierungskonzepte zur Dienstplanung bei flexibler Personalkapazität, in: ZfB, 69. Jg. (1999), H. 3, S. 319-345.

Aufgrund der Möglichkeit kurzfristig wechselnder Einflüsse kann die kapazitative Personalplanung nur für einen begrenzten Zeitraum vorgenommen werden bzw. ist im Regelfall auf eine permanente Anpassung in Form einer iterativen Abfolge der unterschiedlichen Planungsschritte angewiesen. Für die Personalbedarfs- und Personaleinsatzplanung stehen dem Facheinzelhandel spezielle EDV-Programme zur Verfügung, die den hierzu notwendigen Aufwand deutlich reduzieren sollen.[269] Zudem kann zurecht angenommen werden, dass aufgrund der Komplexität der zu treffenden Entscheidungen auch das Ergebnis der EDV-gestützten Personalplanung qualitativ besser ausfällt. Mit steigendem Personalstand, zunehmend flexiblen Arbeitszeiten und wachsendem Tätigkeitsspektrum ist die Zahl der alternativ zu realisierenden Kombinationen nicht mehr manuell zu bestimmen, zu bewerten und zu kontrollieren. Darüber hinaus können Prämissen definiert und programmiert werden, die eine permanente Berücksichtigung finden. Als Beispiel kann die tarifliche Bestimmung dienen, dass eine durchgehende Mindestarbeitszeit von drei Stunden am Tag nicht unterschritten werden darf.[270]

8 Ableiten des Personalbedarfs II

Aus der konkreten Personaleinsatzplanung ergibt sich der Personalbedarf II. In ihm sind die für den Betrieb gültigen Prämissen und Restriktionen berücksichtigt. Er wird in der Regel über dem theoretisch optimalen Personalbedarf I liegen.[271]

9 Ermittlung der Überkapazität

Alle verfügbaren Arbeitsmengen, die über dem Personalbedarf liegen, stellen Überkapazitäten dar. Liegen diese über dem Personalbedarf II, ist ein ersatzloser Verzicht möglich. Liegen sie jedoch zwischen Personalbedarf I und II, sind diese überzähligen Kapazitäten ohne negativen Einfluss auf die Betriebsabläufe nicht zu eliminieren. Derartige Überkapazitäten ergeben sich vor allem aus der nicht beliebig teilbaren, täglichen Arbeitszeit der Beschäftigten.[272] Hier ist im Einzelfall zu prüfen, in welchem Ausmaß und durch welche Maßnahmen diesem Personalüberhang zu begegnet ist.

---

269 Vgl. o.V.: Personaleinsatzplanung via PC, in: ehb, 39. Jg. (1996), H. 11, S. 36; o.V.: PEP mit Pep, in: Dynamik im Handel, 62. Jg. (1998), H. 4, S. 90-93.

270 Vgl. Haase, K., 1999, S. 235.

271 Eine differenzierte Darstellung der bekanntesten Methoden zur Ermittlung von Personalbedarf gibt Wittlage. Vgl. Wittlage, H.: Personalbedarfsermittlung, München 1995.

272 Laut Arbeitszeitgesetz (ArbZG) wird unter Arbeitszeit die Zeit vom Beginn der Arbeit bis zu ihrem Ende verstanden. Ruhepausen sind in Abzug zu bringen. Vgl. Manske, B.: Personaleinsatz und Arbeitsorganisation in Handel und Gewerbe, Berlin 1991, S. 72.

10 eventl. Freisetzen von Personal

Identifizierte und quantifizierte Überkapazitäten müssen in einem letzten Schritt abgebaut werden. Ob die Geschäftsführung den Personalabbau über die ‚normale' Fluktuation hinaus durch Kündigungen von Arbeitsverhältnissen beschleunigen muss, hängt nicht nur von der Höhe der bestehenden sondern auch von zukünftigen Überkapazitäten ab. Sie hat dann die Möglichkeit, entweder die davon tangierten Beschäftigungsverhältnisse unter veränderten Bedingungen weiterzuführen oder zu beenden.

Bei dem beschriebenen Abbau bestehender, unproduktiver Kapazitäten wurden Eingriffe in die betrieblichen Leistungsprozesse ausgeschlossen. Die folgenden Kapitel 4.3.1.2.1.2 bis 4.3.1.2.1.4 beschreiben Maßnahmen, die zusätzliche Kapazitäten des Faktors Arbeit freisetzen und somit die Voraussetzungen für eine weitere Personalkostenersparnis im Facheinzelhandel schaffen. Auswirkungen auf das Marktleistungsangebot sollen aber auch diese nicht haben.

4.3.1.2.1.2 Prozessmodifikation

Aufbauend auf der prozessorientierten Leistungsanalyse in Kapitel 4.2.3 sollen in diesem Kapitel Wege gesucht und aufgezeigt werden, die über eine Modifikation der Prozessstruktur und -abläufe die Menge des zur Leistungserstellung notwendigen Personals reduziert und somit zur Personalkostenersparnis beiträgt. Ausgenommen sind an dieser Stelle Maßnahmen der Faktorsubstitution. Auf dem Weg vom Operativen zum Strategischen sollen diese erst in Kapitel 4.3.1.2.2 unter dem Begriff ‚Prozessinnovation' thematisiert werden. Diese Trennung deckt sich mit der Einteilung in ‚Umbruchmodelle' und ‚Evolutionsmodelle' des Prozessmanagements. Während beim Umbruchmodell eine fundamentale, radikale Vorgehensweise mit dem Ziel gefordert wird, die Geschäftsprozesse völlig neu zu definieren und zu gestalten, strebt das Evolutionsmodell eine kontinuierliche Verbesserung an, d.h. es geht um eine inkrementale Modifikation der Arbeitsweisen in einer Organisation.[273]

In den neunziger Jahren des letzten Jahrhunderts wurde der ‚Prozessgedanke' wiederentdeckt und führte zu einer erneuten Auseinandersetzung mit den strukturellen und prozessualen Aspekten von Unternehmungen. Grundlage hierfür bildet der Wertschöpfungsprozess, wobei das zentrale Instrument der Geschäftsprozessoptimierung die ‚Wertanalyse' ist. Für sie ist die Prozessgestaltung nicht Selbstzweck, sondern sollte nach den Kriterien - Zweckmäßigkeit und Wirtschaftlichkeit - vorgenommen werden. Der Hinweis auf die notwendige Wirtschaftlichkeit von betrieblichen Leistungsprozessen findet sich auch bei Müller-Hagedorn: „Alle Unternehmen sind bei Wettbewerb ständig gehalten zu überprüfen, ob sie einzelne Prozesse nicht ungünstiger als andere Anbieter erbringen. Ungünstiger werden Prozesse vor allem

---

273 Vgl. Corsten, H., 1996, S. 1093.

dann ausgeführt, wenn sie mit vergleichsweise hohen Kosten verbunden sind. Höhere Kosten beschneiden den Spielraum für Preissenkungen und können ein Unternehmen bei intensivem Preiswettbewerb in die Verlustzone drängen. Insofern bietet es sich an, einzelne Prozesse im Unternehmen auf ihre Produktivität (Verhältnis von Leistungsergebnis und Ressourceneinsatz) zu analysieren, ...“[274] Unter dieser und mit der des vorliegenden Kapitels übereinstimmenden Zielsetzung, stehen zwei Fragestellungen im Vordergrund:

– welche Aktivitäten sind überhaupt erforderlich?,
– wie sind die einzelnen Aktivitäten zweckmäßig zu erbringen?

Die erste Frage ist auf die Identifikation unnötiger Aktivitäten gerichtet, die keinen Beitrag zur definierten Wertschöpfung und zum Kundennutzen leisten. Die Zweite untersucht, in welcher Art und Weise und in welcher Reihenfolge die einzelnen Aktivitäten erbracht werden sollen. Die Optimierung der Leistungsprozesse muss unter der Zielsetzung der absoluten Personaleinsparung sowohl die Prozesse zur Erstellung der innerbetrieblichen Leistungen als auch die der Marktleistungen umfassen. Da im vorliegenden Zusammenhang nur die Aktivitäten unter Einbezug des Faktors Arbeit betrachtet werden, sollen diese treffender als Tätigkeiten bezeichnet werden.

1. Der ersatzlose Verzicht auf Tätigkeiten des Personals

Der ersatzlose Verzicht auf Tätigkeiten des Personals bei konstantem Leistungsergebnis kann nur dann zum Tragen kommen, wenn der Prozess aufgrund einer nicht eintretenden Wirkung ineffizient ist, nicht auf die Leistungserstellung ausgerichtet ist oder es sich um eine Duplizität von Tätigkeiten handelt. Als geeignete Instrumente, mit denen derartige Prozesse identifiziert werden können, sieht Rokohl insbesondere controllingorientierte Verfahren zur Prozessbewertung und hier speziell die Gemeinkostenwertanalyse, die Nutzwertanalyse und das Zero-Base-Budgeting an.[275]

2. Die Modifikation der Tätigkeiten des Personals

Grundsätzlich kann bei der Modifikation der Tätigkeiten des Personals dahingehend unterschieden werden, ob die Tätigkeit beschleunigt oder anders durchgeführt werden soll. Durch die Erhöhung der Arbeitsgeschwindigkeit lassen sich vor allem bei weniger komplexen und repetitiven Aufgabenstellungen regelmäßig Teile des Personals einsparen.[276] Es sind vor allem körperliche Aktivitäten, wie das Auffüllen des Warenlagers oder das Reinigen der Geschäftsräume, die sich hierfür anbieten. Aber

274 Müller-Hagedorn, L., 1999, S. 739f.

275 Vgl. Rokohl, C.: Prozeßorientiertes Kostenmanagement in Einzelhandelsbetrieben, Göttingen 1997, S. 204-208.

276 Vgl. Reese, J./Werner, C.: Lernprozesse bei Lean Production, in: WISU, 25. Jg. (1996), H. 11, S. 1004.

auch bei Tätigkeiten des Kassierens spielt die Geschwindigkeit der Durchführung eine entscheidende Rolle. Dies gilt insbesondere bei den Branchen des Facheinzelhandels, die eine hohe Kundenfrequenz bei niedrigen Einkaufsbeträgen aufweisen.

Analog hierzu kann bei intellektuellen Aktivitäten, wie der Beratung und Bedienung von Kunden sowie der Erstellung von ‚Erlebniswelten', der Erfolg durch erfahrenes und qualifiziertes Personal deutlich schneller herbeigeführt werden. Der Unterschied liegt vielmehr in der Modifikation der Prozessinhalte. Eine beschleunigte Beratung allein durch schnelleres Sprechen wird kaum zu einem vergleichbaren Ergebnis führen. Andere und verbesserte Techniken der Beratung und des persönlichen Verkaufs müssen unter dieser Zielsetzung den Erfolg herbeiführen.

Unabhängig von der Vorgehensweise führt der Weg zu einer erfolgreichen Modifikation der Leistungstätigkeiten immer über eine Verbesserung der Faktorgüte. Diese kann auf zwei Wegen erreicht werden. Entweder wird die Leistungsfähigkeit oder die Leistungsmotivation des Faktors in Bezug auf die konkrete Aufgabenstellung verbessert oder es kommt zu einem Personalaustausch. Personalaustausch meint sowohl den wechselnden Einsatz von bereits angestellten Beschäftigten als auch die Fälle, in denen Stellen durch externe Arbeitskräfte neu besetzt werden.

Die Steigerung der Güte des Faktors Arbeit kann grundsätzlich auf das Wissen, die Fertigkeiten, den Einsatzwillen und das äußere Erscheinungsbild der Mitarbeiter ausgerichtet sein. Wissen und Fertigkeiten können sich wiederum durch Schulung oder durch Austausch des Personals verbessern.[277] Dagegen hängt der Einsatzwille bzw. die Motivation der Mitarbeiter im besonderen Maße von der Entlohnung und der Qualität der Personalführung ab.[278] Ein Konzept der Personalführung, das besonders motivationale Aspekte in den Vordergrund rückt, ist das des ‚Human Resource Management' (HRM).

Die Kritik gegenüber dem traditionellen Personalmanagement, es vernachlässige die optimale Nutzung der Ressource Mensch, führte zu Beginn der achtziger Jahre zur Entwicklung neuer Personalkonzepte.[279] Für die insbesondere in den USA entwickelten Ansätze setzte sich frühzeitig der einheitliche Begriff des Human Resource Management durch. Human Resource Management soll im Gegensatz zum traditionellen Personalmanagement, das Personalentscheidungen häufig isoliert von anderen Unternehmensentscheidungen trifft, die Integration von Unternehmensstrategie und Personalpolitik leisten und gleichzeitig eine bessere Ausschöpfung menschlichen

277 Berekoven sieht einen Erfolgsunterschied zwischen Betrieben mit guten und solchen mit schlechten Verkäufern von bis zu 30%. Vgl. Berekoven, L.: Erfolgreiches Einzelhandelsmarketing, München 1995, S. 318.

278 Vgl. Kossbiel, H.: Beiträge verhaltens- und wirtschaftswissenschaftlicher Theorien zur Beurteilung der Effizienz betrieblicher Anreizsysteme - Eine Vorstudie auf der Grundlage einiger ausgewählter Ansätze, in: Weber, W. (Hrsg.): Entgeltsysteme. Lohn, Mitarbeiterbeteiligung und Zusatzleistungen, Stuttgart 1993, S. 85.

279 Vgl. Guest, D.: Human Resource Management and the American Dream, in: Journal of Management Studies, Vol. 27 (1990), Nr. 4, S. 379.

Potenzials in der Produktion bewirken.[280] Konkrete Maßnahmen sind u.a. entsprechend gestaltende Motivations- und Anreizsysteme, Aus- und Weiterbildungsprogramme, eine auf den einzelnen Mitarbeiter ausgerichtete Karriereplanung, Möglichkeiten zur Mitsprache bei Planungsprozessen der Unternehmung und direkte Information und Kommunikation mit den Beschäftigten.[281]

Durch die in diesen Unternehmen angestrebte Win-Win-Situation für Arbeitgeber und Arbeitnehmer kann die angestrebte hohe Qualifikation des Personals und die Kongruenz von Arbeitnehmer- und Organisationszielen eine Kostensenkung und damit eine Effizienzsteigerung bewirken.[282] Die Zielsetzung einer effizienten Produktion erfolgt bei gegebenen Produktionsprogramm. Unter der für das gesamte Kapitel 4.3.1 getroffenen Annahme eines unveränderlichen Output kann Human Resource Management als mittelbar wirkendes Instrument zur Reduzierung des Personalbedarfs auch im Facheinzelhandel angesehen werden. Das korrekte Einhalten von Pausenzeiten, das freiwillige Ableisten von Überstunden, die zügige Durchführung sämtlicher Tätigkeiten führen beispielhaft zu sinkenden Personalständen.

Dieses neue Paradigma in der Personalpolitik fand besonders bei neuen Produktions- und Dienstleistungssektoren der us-amerikanischen Wirtschaft Anwendung. Der Einfluss des Human Resource Managenent auf das Personalmanagement deutscher Unternehmen scheint jedoch begrenzt, denn die mitarbeiterorientierte Unternehmensplanung in Deutschland hat Tradition. Dies kann sicher auch für den Facheinzelhandel angenommen werden. Allerdings nehmen die Möglichkeiten mit der Größe der Unternehmen ab. Insbesondere die Kleinbetriebsformen verfügen nur sehr eingeschränkt über die Mittel, nachhaltig eine grundsätzliche Änderung im Verhalten seiner Mitarbeiter herbeizuführen. Hierzu bedarf es eines entsprechenden Know-Hows und der zeitlichen sowie der personellen und finanziellen Kapazitäten. Eine richtungsweisende Steigerung der Personalqualität und –motivation wird sich in vielen Fällen erst durch den Austausch von Personal herbeiführen lassen. Diese Vorgehensweise nutzt Substitutionseffekte zwischen Arbeit verschiedener Qualifikationsniveaus.[283]

Durch die spezielle Marktleistungsstrategie des Facheinzelhandels, die durch das weite Leistungsspektrum und seine kundenindividuelle Ausgestaltung gekennzeichnet ist, eignen sich die Verfahren der Prozessoptimierung nur begrenzt. Obwohl die Grundidee des Prozessmanagement sowohl für individuelle und innovative als auch für sich wiederholende Tätigkeitsketten Gültigkeit besitzt, zielt es primär auf die Gestaltung von repetitiven Aufgabenbereichen ab, d.h. die Wiederholbarkeit und damit einhergehend die Standardisierbarkeit bilden das primäre Kriterium für die Auswahl

280 Siehe hierzu auch die Ausführungen des Kapitels 3.3.1.

281 Vgl. Tichy, N.M./Fombrun, C.J/Devanna, M.A.: Strategic Human Resource Management, in: Sloan Management Review, Vol. 23 (1982), Nr. 2, S. 50-52.

282 Vgl. Beer, M. et al.: Human Resource Management: A General Manager's Perspective, New York 1985, S. 17.

283 Vgl. Backes-Gellner, U., 1996a, S. 300.

der Anwendungsbereiche.[284] Die Standardisierung hat das Ziel, ganze Tätigkeitsfolgen einheitlich zu strukturieren und strebt folglich eine Routinisierung der Abläufe an.[285] Eine Routinisierung steht aber der zumindest im Verkaufsbereich notwendigen äußert flexiblen Leistungserstellung entgegen. So kann es nicht verwundern, dass die meisten Arbeitszeit- und Tätigkeitsstudien aus dem Selbstbedienungsbereich des Einzelhandels stammen. Eine deutliche Reduzierung der Personalkapazität als Folge von Prozessmodifikationen sind im Facheinzelhandel nicht zu erwarten. Der Nutzen eine Steigerung von Qualität und Motivation des Personals wird größer sein, wenn nicht nur die betrieblichen Aktivitäten, sondern auch die Leistungen aus einer produktorientierten Sicht einem Trading-Up unterzogen werden (vgl. Kapitel 4.3.2.2).

Unter der Zielsetzung der Personaleinsparung scheinen die Maßnahmen effektiver, die die vom betrieblichen Personal zu erstellenden Leistungen nach Art und Menge reduzieren. Dies kann sich auf innerbetriebliche Leistungen beziehen, aber auch auf Marktleistungen, wenn diese alternativ als fertige Produkte extern bezogen werden.

4.3.1.2.1.3 Reduzierung der innerbetrieblichen Leistung

Der Verzicht auf innerbetriebliche Leistungen aus einer produktorientierten Sicht soll an dieser Stelle auch die Reduktion des Leistungsumfangs beinhalten, ohne explizit darauf eingehen zu wollen. Diese Maßnahme kann sich ferner nur auf den Teil der innerbetrieblichen Leistungen beziehen, der nicht zur Aufrechterhaltung des vollen Geschäftsbetriebs und somit zur dauerhaften Erstellung des Marktleistungsprogramms notwendige Voraussetzung ist. Die Wirkung dieser Maßnahme kann mit dem Begriff des ‚Inhouse-Trading-Down‘ umschrieben werden. Die folgende Aufzählung nennt beispielhaft Leistungen, die auch im Facheinzelhandel als fakultativ angesehen werden können, dennoch in unterschiedlichem Maße Personalkapazität binden.

Fakultative innerbetriebliche Leistungen
– Betriebsausflüge – Mitarbeiterparkplätze (erspart das Reinigen und das Räumen von Schnee) – regelmäßige Betriebsversammlungen – Leistungen der Beschäftigten, die nicht der Betriebssphäre zuzurechnen sind – Einkauf der Mitarbeiter zu Sonderkonditionen – Aufwendige Ausstattung der Geschäftsräume, die keine Verkaufsräume sind (erleichtert bzw. erspart die Pflege) – regelmäßige Inventuren

Die Abgrenzung zum dem im vorhergehenden Kapitel aufgeführten, ersatzlosen Versicht auf Tätigkeiten des Faktors Arbeit ist nicht in jedem Einzelfall offensichtlich. Während es sich im ersten Fall um Prozesse handelte, deren Elimination keinerlei

284 Vgl. Rokohl, C., 1997, S. 249-259.

285 Vgl. Corsten, H., 1996, S. 1090.

Einfluss auf das gewünschte Leistungsergebnis haben durfte, wird im Folgenden auf das Leistungsergebnis an sich verzichtet. Dass dabei ebenfalls Tätigkeiten des Personals entfallen, ist Folge und nicht Ursache der Leistungsselektion.

4.3.1.2.1.4 Auslagerung von Aktivitäten (Outsourcing)

Die Auslagerung von Aktivitäten, auch mit dem Begriff des Outsoucing umschrieben, meint die Ausgliederung von Unternehmensfunktionen. Insbesondere in konjunkturellen Krisenzeiten ist es der Versuch, Unternehmensbereiche aus Kostengründen auszulagern und Kapazitäten abzubauen.[286] Eine Auslagerung kann raumbezogen, outputbezogen oder funktionsbezogen erfolgen. Die Zuordnung von Maßnahmen des Personalabbaus zu diesem Gliederungspunkt wurde an die Bedingung geknüpft, dass sie nicht mit einer Substitution des Faktors Mensch verbunden sind. Folglich können nur solche Maßnahmen Berücksichtigung finden, die zu einem Austausch von betriebseigenem durch betriebsfremdes Personal führen. Die Übernahme der Aktivitäten erfolgt in der Regel durch andere Gewerbetreibende oder durch den Kunden.

Grundsätzlich kann hierbei das Potenzial zur Personalkosteneinsparung durch die Selbstbedienung des Kunden als am größten angenommen werden. Allein die Prämisse, dem Kunden die Marktleistungen unverändert anbieten zu wollen, grenzt den Spielraum für entsprechende Maßnahmen an dieser Stelle stark ein. Nicht nur das subjektive Empfinden des Kunden, in welchem Ausmaß sich Art und Menge der betrieblichen Marktleistung durch den Einbezug seiner Arbeitskraft verändert haben, sondern vielmehr die Tatsache der partiellen Funktionsverlagerung an sich, wird ihn nicht mehr den ursprünglichen Preis der Marktleistung zahlen lassen. Aufgrund dieses anzunehmenden Wirkungszusammenhangs von Selbstbedienung und Trading-Down und dem damit verbundenen Einfluss auf die Erlössituation soll die Selbstbedienung als Maßnahme der Personalkostenreduktion in Kapitel 4.3.2.1 diskutiert werden.

Die Zuordnung einer Auslagerung von Marktleistungen auf selbständige Gewerbetreibende zur Personalkostenreduzierung ist unter dem Kriterium eines unveränderten Angebots an Konsumtions- und Dienstleistungen wiederum davon abhängig, ob der Kunde diese Leistungen weiterhin dem Fachhandelsgeschäft oder der neuen Unternehmung zuordnet. Im Regelfall wird er es davon abhängig machen, an wen er ein eventuell hierfür anfallendes Entgelt zu entrichten hat. Eine Auslagerung eines entgeltpflichtigen Transportservices erfüllt beispielsweise unter dieser Annahme nur dann den Tatbestand des Outsourcings und kann demnach diesem Kapitel zugeordnet werden, wenn der Subunternehmer seine Einkünfte aus selbständiger Tätigkeit

---

286 In der Regel steht im Mittelpunkt der Überlegungen zum Outsourcing das Bemühen um Kostensenkung. Darüber hinaus können mit diesem Instrument aber auch Leistungs- und Flexibilitätsziele realisiert werden. Vgl. Koppelmann, U.: Grundsätzliche Überlegungen zum Outsourcing, in: Koppelmann, U. (Hrsg.): Outsourcing, Stuttgart 1996, S. 4f.

nicht vom Kunden sondern vom Fachhandelsbetrieb bezieht und letzteres weiterhin dem Kunden die Rechnung stellt. Die alternative Vorgehensweise eines völligen Verzichts des Transportservices hätte im Bereich des Dienstleistungsangebots des Fachgeschäfts ein Trading-Down und die Auseinandersetzung mit dieser Maßnahme an anderer Stelle zur Folge.

Die Zuordnungsproblematik ‚Auslagerung der Aktivität vs. Trading-Down' gilt erschwerend für den beispielhaften Fall, dass die Geschäftsleitung eines Möbelhauses zur Kinderbetreuung während des Einkaufs der Eltern die Dienstleistung einer freiberuflichen Erzieherin einkauft oder alternativ dieser für ihre Leistung auf eigene Rechnung lediglich die hierzu notwendige Räumlichkeit vermietet. Der Kunde wird aufgrund der unverändert räumlichen Einbindung dieser Dienstleistung in den Handelsbetrieb weder die funktions- bzw. outputbezogene Auslagerung noch die Streichung dieses Leistungsangebots von Seiten des Fachhändlers ausreichend zur Kenntnis nehmen. Als Beispiel für eine Auslagerung einer Marktleistung in Form einer Sachleistung ist im Blumenfachhandel der Bezug vorproduzierter Blumensträuße mit dem Verzicht der Eigenherstellung anzusehen. Dies gilt allerdings nicht für die bislang individuelle Erstellung von Blumensträußen nach Maßgabe von Kundenwünschen. Der Verzicht auf diese Dienstleistung erfüllt wiederum den Tatbestand des Trading-Down.

Das Potenzial zur Auslagerungen von Aktivitäten scheint hoch. Das Spektrum der hierfür in Frage kommenden Leistungsprozesse und deren gewünschte Endzustände aus outputorientierter Sicht ist weit. Folgende Maßnahmen sollen als Beispiele dienen:

die Konsultierung eines Unternehmensberaters anstelle eigener Konzepte,
die Reinigung der Geschäftsflächen durch spezialisierte Putzkolonnen,
die externe Buchführung durch einen Steuerberater und
die Abgabe der Preisauszeichnung an den Hersteller.

Nicht jede Auslagerung von Aktivitäten aus dem Unternehmen wird unter der Zielsetzung einer Reduktion der Personalkosten durchgeführt und nicht jede Einsparung von Betriebsfaktoren führt zu einer Steigerung des Betriebsergebnisses. Die Auslagerung von Aktivitäten ist die Maßnahme, die nicht nur den Deckungsbeitrag des im Betrieb verbliebenen Personals erhöht, sondern erstmalig auch die Höhe der sonstigen Handlungskosten beeinflusst. Um den Erfolg einer entsprechenden Maßnahme antizipieren zu können, bedarf es einer detaillierten Kostenstellen– bzw. Kostenträgerrechnung. So müssen neben den direkt zurechenbaren Kosten der Faktortätigkeit auch die Gemeinkosten für die Führung, Verwaltung, Schulung etc. des Personals berücksichtigt werden. Die Gründe dafür, dass die externe Stelle einen kostenbedingten Vorteil besitzt, können auch im Personalbereich liegen. Möglicherweise gelingt es dem Anbieter, die Maßnahmen des Kapitels 4.3.1 in seinem Betrieb erfolgreicher umzusetzen.

Als Grundlage für eine ‚Make-or-buy' Entscheidung sollten aber nicht nur die betrieblichen Kosten der Leistungserstellung sondern auch eventuelle Opportunitätskosten herangezogen werden. Es ist durchaus denkbar, dass der Wert, den ein Mitarbeiter im Facheinzelhandel bspw. durch die Beratung des Kunden für das Unternehmen schöpft, über den Kosten einer anderen zugekauften Leistung (z.B. Reinigungsarbeiten) liegt und somit eine Auslagerung rechtfertigt, auch wenn diese Leistung von dem gleichen Mitarbeiter kostengünstiger erstellt werden könnte.[287] Aufgrund der Tatsache, dass Entscheidungen auf Basis von Opportunitätskosten über die Fragestellung Make-or-buy? hinausgehen und somit die Bedingung eines konstanten Marktleistungsangebots, wie sie das vorliegende Kapitel fordert, nicht erfüllen, soll dieser Aspekt nicht weiter vertieft werden.

Die Antwort auf die Frage, wie viele Mitarbeiter der Personalbestand umfassen sollte, hängt also nicht zuletzt davon ab, wie viele Leistungen, die bislang durch betriebseigenes Personal erbracht wurden, durch die Kunden, die Lieferanten oder sonstige, der Unternehmung nicht zugehörige Personen in Zukunft erbracht werden können.[288] Der Verzicht auf die Leistung des betriebseigenen Personals kann darüber hinaus aber auch durch eine Substitution des Betriebsfaktors Arbeit durch andere Betriebsmittel herbeigeführt werden. Mit diesem Maßnahmenbündel zur Personalkostenreduktion setzt sich das folgende Kapitel 4.3.1.2.2 auseinander.

4.3.1.2.2 Personalabbau mit Faktorsubstitution (Rationalisierung i.e.S.)

„Ohne Mitwirkung des Menschen, ohne seine Arbeitsleistung ist keine wirtschaftliche Tätigkeit möglich. Von allen Produktionszweigen ist der Ladenkleinhandel am meisten auf dem persönlichen Verkehre zwischen Verkäufer und Käufer aufgebaut. ... . Deshalb wollen wir die Arbeit und mit ihr ihre Träger, die Personen, als den ersten Betriebsfaktor des Ladenhandels bezeichnen."[289] Dieses Zitat von Rudolf Seyffert aus dem Jahre 1922 dokumentiert die damalige Bedeutung des Faktors Arbeit für den stationären Klein- bzw. Einzelhandel. Durch das vermehrte Auftreten von neuen Betriebformen bzw. -typen mit davon abweichenden Personalstrategien – Verbrauchermärkte, SB-Warenhäuser, Discounter – ist diese Bedeutung seit Ende der sechziger Jahre stark rückläufig.[290] Selbst im Facheinzelhandel haben sich gemäß dem Kapitel 3.3 sowie parallel zur Reduzierung der Kundendienstleistungen und der Einführung der partiellen Selbstbedienung die betrieblichen Personalkapazitäten im Verhältnis zu den anderen Betriebsfaktoren nach und nach verringert. Soll einer weiteren Deflation an Marktleistungen entgegengewirkt werden, hängt die zukünftige Personalkostenbelastung des Facheinzelhandels in entscheidendem Maße von der

287 Vgl. Backes-Gellner, U./Lazear, E.P./Wolff, B., 2001, S. 382-384.

288 Vgl. Müller-Hagedorn, L., 1993a, S. 284.

289 Seyffert, R., 1922, S. 6.

290 Vgl. Hebbering, B.: Leistung und Kosten im Personalbereich – aus der Sicht eines Handelsunternehmens, in: Schmalenbach-Gesellschaft e.V. (Hrsg.): Leistung und Kosten im Personalbereich – aus der Sicht der Unternehmensführung, Wiesbaden 1978, S. 66.

Möglichkeit der Substitution des Personals durch andere Faktoren ab. Der Austausch von Personal bzw. Teile seiner Tätigkeit gegen andere Betriebsfaktoren, in heutiger Zeit fast ausschließlich in Form von neuen Technologien, führen zu einer grundsätzlichen Neuausrichtung von Wertschöpfungsprozessen und geht über die der lediglichen Optimierung zugrundeliegende Veränderung von Leistungsprozessen hinaus.[291] Aufgrund dessen soll die Faktorsubstitution als ‚Prozessinnovation' bezeichnet werden. Wie auch die Prozessmodifikation ist diese Maßnahme in besonderem Maße auf eine personalkostenreduzierende Rationalisierung ausgerichtet.[292]

Die für eine Substitution bzw. Entlastung des Faktors Arbeit zur Verfügung stehenden Betriebsfaktoren wurden bereits in Kapitel 4.2.2 behandelt. Das Spektrum derartiger Betriebsmittel ist weit. Es reicht bei der Erstellung von innerbetrieblichen Leistungen vom Kehrbesen bis zum vollautomatischen Hochregallager und vom Preisetikett bis hin zum interaktiven Informationsterminal bei der Erstellung von Marktleistungen. Auch der Raum und die Ware werden als Ersatzmittel nicht ausgeschlossen. Während bei der Ware die Verpackung als Informationsmedium Funktionen des Personal ersetzen kann, eignet sich der Raum nur sehr eingeschränkt als Personalersatz. Die oft erwähnte, aber unter einer ganzheitlichen Sichtweise der Produktion im Einzelhandel faktisch nicht stattfindende Substitution von Personal durch Raum mit der Konsequenz der Selbstbedienung meint letztlich den Austausch von kostenpflichtigem Personal gegen kostenloses Personal in Form des Kunden.[293] Die Ausweitung des Verkaufsraums wird nicht zuletzt dadurch notwendig, dass die Ware nicht mehr vom Verkaufspersonal aus dem Lager zum Kunden transportiert wird, sondern der Kunde sich selbst der Ware nähern muss. Diese Veränderung scheint unter der unrealistischen Annahme einer aus Sicht des Kunden konstanten Marktleistung den Tatbestand der Preissenkung oder auch der Prozessmodifikation, nicht aber den der Prozessinnovation zu erfüllen.

Aber selbst wenn man vom Kunden als Produktionsfaktor abstrahiert und durch das veränderte Einsatzverhältnis von Raum zu betrieblichem Personal in der Tat eine Prozessinnovation per Substitution zu vermuten wäre, dann steht dieser Annahme das damit verbundene Trading-Down bezüglich der Marktleistung entgegen. Auch aus diesem Grund kann der ‚Austausch' von Personal durch Raum an dieser Stelle keine Berücksichtigung finden.

Das größte Potenzial zur Substitution von Personal im Einzelhandel kann beim Einsatz von technischen Hilfsmitteln vermutet werden. Unabhängig von der Art des Hilfsmittels führt sein Einsatz unter der Maßgabe konstantem Outputs in allen Fällen zu einer Substitution. Bis zur Entwicklung der elektronischen Datenverarbeitung fehl-

---

291 Vgl. Rudolph, T./ Büchner, M.-G.: Technologische Innovation – Schrittmacher der Handelsentwicklung, in: Thexis, Fachzeitschrift für Marketing, Jg. 16 (1999), S. 58.

292 Vgl. Thom, N.: Grundlagen des betrieblichen Innovationsmanagements, Königsstein 1980, S. 167.

293 Vgl. Burmann, C.: Fläche und Personalintensität als Erfolgsfaktoren im Einzelhandel, Wiesbaden 1995, S. 269.

te es allerdings an den technischen Voraussetzungen für eine umfassende Substitution des Faktors Arbeit im Einzelhandel. Der bereits geschilderte Einsatz spezieller EDV-Programme zur Personalbedarfs- und -einsatzplanung unterstützt heute beispielsweise nicht nur das Erkennen und Abbauen von Überkapazitäten, sondern hilft zudem Personalkapazitäten beim Prozess der Personalplanung einzusparen. Ebenso ersetzt die in vielen Betrieben des Facheinzelhandels bereits vorgenommene Implementierung eines Warenwirtschaftssystems u.a. die körperliche Aufnahme des Lagerbestands innerhalb des Geschäftsjahres.

Neben diesen beiden konkreten Anwendungen existiert im Einzelhandel mittlerweile ein breites Spektrum an neuen, i.d.R. EDV-gestützten Technologien, die sich zur Prozessinnovation bei der Erstellung von innerbetrieblichen Leistungen anbieten. Allein die Vielfalt von EDV-Programmen, die in den Bereichen Finanzbuchhaltung und Controlling zu einer Substitution des Faktors beitragen, ist nur schwer zu überschauen. Die zunehmende Vernetzung unterschiedlicher Wirtschaftsstufen schafft die Voraussetzungen für ein Online-Bestellwesen, das weitestgehend auf die Erstellung, Bearbeitung und Buchung von Belegen verzichtet. Eine beschleunigte Recherche via Internet und CD-ROM kann den Prozess der Beschaffung unterschiedlichster Information (Telefonauskünfte, Hotels, Lieferanten, Messen etc.) erheblich verkürzen.

Die neuesten technologischen Entwicklungen sind allerdings im Bereich der Produktion von Marktleistungen zu beobachten und nähren die Hoffnung des Fachhandels, zukünftig sogar im Verkaufsbereich geistig-intellektuelle Fähigkeiten des Personals durch künstliche Intelligenz partiell ersetzen zu können. Besonders der Einsatz neuer Medien am Point of Sale (POS) kann in Abhängigkeit von dem Warenkreis wesentliche Komponenten des persönlichen Verkaufs ersetzen und dabei helfen, Personalkosten abzubauen. Eine spezielle Anwendung stellt die Auswahl und Bestellung von Handelswaren per Kiosk-System dar, ohne dass der Kunde Wartezeiten in Kauf nehmen muss.[294] Auch der Prozess der Warenkommunikation als wesentlicher Bestandteil der Kundeninformation ist von dieser Entwicklung betroffen. Exemplarisch sollen anhand dieses Prozesses alternative Aktivitäten unter Einsatz unterschiedlicher Betriebsmittel dargestellt werden.

Die Warenkommunikation bedient sich im wesentlichen der fünf folgenden Verfahren:

- Kundenberatung,
- Elektronische Produktinformation,
- Probier- und Testservice,
- Warenpräsentation und
- Warenwerbung.

294 Vgl. Silberer, G.: Handelsmarketing mit neuen Medien, Herausforderung für den klassischen und den elektronischen Handel, in: Beisheim, O. (Hrsg.): Distribution im Aufbruch, Bestandsaufnahme und Perspektiven, München 1999, S. 1039.

Die einzelnen Produktionsverfahren haben gemein, dass es sich übereinstimmend um Vorgänge zur Übermittlung von Information zu den Merkmalen und Eigenschaften der Waren handelt. Ebenso übereinstimmend ist das Ergebnis dieser Prozesse die In-Ware, als Abbild der realen Ware im Insystem des Kunden. Ihre Unterschiede liegen in den Informationsträgern bzw. -medien und der damit verbundenen Möglichkeit der kundenindividuellen Informationsselektion, in ihrem unterschiedlichen Wesen als Dienstleistung oder Konsumtionsleistung sowie in der Art der Wahrnehmung durch den Kunden, d.h. über welche Sinne er die Information aufnimmt. Die folgende Tabelle dient der fachhandelsspezifischen Konkretisierung und nennt zudem Besonderheiten der Produktionsverfahren.

	Definitorische Besonderheiten	**Informations-medien**	**Leistungstyp**	**Sensuelle Wahr-nehmung durch den Kunden**
Persönliche Kunden-beratung	Interaktive Kom-munikation zw. Verkaufspersonal und Kunde	Verkaufsperso-nal, Ware	Dienstleistung	akustisch, visuell
Elektronische Produktinformation	Standardisierte Kommunikation zw. elekt. Ver-kaufshilfe und Kunde	Beratungstermi-nal, PC etc.	Konsumtionsleis-tung, Dienstleis-tung	akustisch, visuell
Warenpräsentation	Visuelle, merk-malsvermittelnde Darbietung der Ware	Ware	Konsumtionsleis-tung, Dienstleis-tung	visuell
Warenwerbung	Vermittlung der Merkmale und Eigenschaften ohne Einsatz der physischen Ware	Printmedien, FFF-Medien, Medien der Au-ßenwerbung, Medien der Di-rektwerbung etc.	Konsumtionsleis-tung	akustisch, visuell
Probier- und Testservice	Die funktionalen Eigenschaften zeigen sich beim Ge- oder Ver-brauch der Ware durch den Kunden.	Ware	Konsumtionsleis-tung, Dienstleis-tung	akustisch, visuell, kinästhetisch, gustatorisch und olfaktorisch

Tab. 34.: Charakteristika der Produktionsverfahren von In-Waren

Die Warenkommunikation verursacht im Allgemeinen hohe Kosten.[295] Dabei variiert der Anteil der Kosten für den Faktor Arbeit in Abhängigkeit von dem Produktionsverfahren. Der für die Problemstellung der Arbeit wesentliche Unterschied zwischen den Verfahren der Warenkommunikation liegt daher nicht nur in den oben genannten Merkmalen, sondern zudem in der voneinander abweichenden Höhe anfallender betrieblicher Handlungskosten. Wegen der Bedingung des steigenden Betriebsergebnisses muss die Ersparnis an Personalkosten durch die Prozessinnovation über dem Zuwachs der sonstigen Handlungskosten liegen. Diese scheint zumindest für die Warenpräsentation und den Probier- und Testservice erfüllt.

Unabhängig von den Kosten scheint die Kundenberatung durch Verkaufspersonal in Bezug auf die alleinige Warenkommunikation den vier aufgezeigten Alternativen überlegen. Durch sie können dem Kunden sowohl die Merkmale als auch die Eigenschaften der Ware vermittelt werden. In welchem Umfang die persönliche Produktinformation ersetzt werden kann, hängt davon ab, in welchem Ausmaß sich die erstellte In-Ware in Abhängigkeit der fünf Verfahren voneinander unterscheidet. Ergibt sich die Eignung der Ware hinsichtlich ihrer Zweckbestimmung unmittelbar aus ihren substanziellen Merkmalen, scheint die Präsentation der Ware zur Produktion der In-Ware ausreichend.[296] Dies gilt in besonderem Maße für alle materiellen Kunstgegenstände, die entsprechend in Galerien als spezielle Verkaufsräume zur Besichtigung ausgestellt werden. Bei dem Gros der Waren ist aber anzunehmen, dass in erster Linie die funktionalen Eigenschaften die Zweckbestimmung herbeiführen, diese aber für den Kunden nicht offensichtlich sind. „Das wirtschaftliche Gut, das zum Verkauf ansteht, ist mithin nicht nur durch seine Mengeneinheit im technischen Sinne charakterisiert, sondern ... durch einen Vektor, der seine Gutseigenschaften im Durchlauf durch den Betrieb vollständig charakterisiert. Diese Gutseigenschaften sind nur teilweise für den Abnehmer sichtbar".[297]

Die Warenwerbung des Facheinzelhändlers, sofern sie außerhalb des Verkaufsraums durchgeführt wird, informiert regelmäßig nur über die situativen (Wo und Wann kann ich die beworbene Ware erhalten) und substanziellen Merkmale (meist in Form einer bildlichen Darstellung), aber in nur sehr eingeschränktem Maße über die Eigenschaften der Ware. Warenwerbung wird in den überwiegenden Fällen nur bei solchen Artikeln eingesetzt, bei denen die In-Ware insbesondere hinsichtlich ihrer allgemeinen funktionalen Eigenschaften schon besteht. Dem gemäß kann ein Fachhändler der Consumer-Electronics-Branche in der Tageszeitung für ein bestimmtes Farbfernsehgerät werben, ohne die allgemeinen funktionalen Eigenschaften benennen zu müssen. Er kann zurecht unterstellen, dass bei seiner Zielgruppe ein Fernseher als In-Ware bereits existiert.[298]

---

295 Vgl. Müller-Hagedorn, L., 1997, S. 163.

296 Vgl. o.V.: Erfolgs-Story. Präsentation ersetzt Personal, in: ehb, 35. Jg. (1992), H. 5, S. 380.

297 Gümbel, R.: Theoretische Grundlagen der Betriebspolitik im Handel, Arbeitspapiere zur Vorlesung Handelsbetriebslehre, §5, Analyse des Faktorsystems, Frankfurt/Main 1979, S. 19-20.

298 Dauerhafte mentale Repräsentationen im Insystem des Menschen, die jeweils für eine Klasse ähnlicher Repräsentanda (hier Fernsehgeräte im Allgemeinen) Gültigkeit haben, werden im

Zum Transfer von funktionalen Eigenschaften in das Insystem des Kunden bietet sich vor allem der Probier- und Testservice als Alternative zur persönlichen Beratung an. Dies gilt im besonderen Maße für den Facheinzelhandel, der sich aufgrund seiner Sortimentsorientierung, in Form eines einzigartigen und aktuellen Warenkreises und/oder aufgrund seiner Serviceorientierung, beispielsweise gegenüber älteren Personen als ausgewählte Kundengruppe, auf die Produktion von In-Waren spezialisiert hat. Der Vorteil der Beratung liegt in der Möglichkeit, im Rahmen der Kundenbeeinflussung nur ausgewählte Merkmale und Eigenschaften individuell zu vermitteln. Dagegen ist der Probier- und Testservice das direkteste und effektivste Produktionsverfahren, wenn es alleinig darum geht, die Merkmale und Eigenschaften einer Ware im Insystem des Kunden zur In-Ware zu (re-)produzieren. Der Kunde kann hier bei der sensuellen Wahrnehmung alle fünf Sinne nutzen. Diese Art der Informationsübermittlung bietet sich bei Waren an, deren nutzenstiftenden Merkmale und Eigenschaften nur sehr eingeschränkt durch andere Medien wiedergegeben werden können. Hierzu zählen u.a. das Abspielen von Tonträgern, das Probieren von Parfüm, das Testen von Zeitschriften, Büchern und Videospielen sowie das Verkosten von Lebensmitteln. Beim Einsatz des Probier- und Testservice wird der Faktor Arbeit durch den Faktor Ware ersetzt.

In besonderer Konkurrenz steht die persönliche Bedienung zunehmend mit elektronischen Medien der Produktinformation. Das kann nicht verwundern, sind diese Betriebsmittel doch dazu entwickelt worden, den Faktor menschliche Arbeit am POS zu substituieren. Beim heutigen Stand der Technik verfügen sie allerdings noch über keinen Kostenvorteil gegenüber dem Verkaufspersonal und sind unabhängig von ihrer Leistung nicht zu den effektiven Maßnahmen zur Personalkostenreduzierung zu zählen.

Die Unterscheidung der Kommunikationsverfahren nach Dienstleistungen und Konsumtionsleistungen zeigt bereits, dass nicht jede In-Ware als Produkt des Facheinzelhandels angesehen werden kann. Nur wenn die In-Ware dem Kunden durch eine Dienstleistung vermittelt wurde, ist es eine Marktleistung aus produktorientierter Sicht. In den Fällen, in denen sich der Kunde im Rahmen der Selbstbedienung die Information zur Erstellung der In-Ware selbst aneignet, muss von einer Kundenleistung gesprochen werden. Die von ihm konsumierten Informationsmedien stellen dann Konsumtionsleistungen und somit Produkte des Facheinzelhandels dar. Das ambivalente Wesen der Warenkommunikation erschwert unter der gegebenen Restriktion eines konstanten Marktleistungsangebots die Substitution des Personals in diesem Bereich.

Ebenso die Tatsache, dass die Beratung und Bedienung des Kunden durch Verkaufspersonal in der Regel mehr als die Abgabe warengebundener Information um-

---

Rahmen der kognitiven Psychologie als Typ-Repräsentationen bezeichnet. Vgl. Schuckel, M., 1999, S. 105.

fasst, kann einer erfolgreichen Substitution entgegenstehen.[299] Besonders bei älteren Menschen ist anzunehmen, dass sie den persönlichen Verkauf zudem als positives, den Einsatz von neuen Technologien dagegen als negatives Erlebnis empfinden. Die jüngere Generation wird womöglich eine entgegengesetzte Wertung vornehmen. Die bewusste oder unbewusste Erstellung von Erlebnissen mittels neuer Technologien am POS kann über die Veränderung des Marktleistungsprogramms in Abhängigkeit der Zielgruppe sowohl mit einem Trading-Down als auch mit einem Trading-Up einhergehen.

Für die Fortdauer der personalintensiven Marktleistungserstellung spricht sich unter diesem Aspekt Stoffl aus, indem sie zur Automatisation am Point of Sale anmerkt: „Die betriebstypenabhängig bestehenden substitutiven Beziehungen zwischen den Produktionsfaktoren, aktuell vor allem Arbeit und technische Betriebsmittel, dürfen nicht überschätzt werden. Ohne Zweifel bieten sich dem Handel durch aktuelle Technologien enorme Rationalisierungspotenziale. Man denke beispielsweise an elektronische Kiosksysteme oder elektronische Checkout-Lösungen in Form von Self-Scanning oder Supertag, bei dem die Ware mit integrierten Mikrochips versehen sind und der Scanningprozess bei Durchschieben des Einkaufskorbs durch ein Messtor erfolgt. Eines bleibt allerdings zu beachten: Die emotionale Komponente, der im Kontext des Marketing eine beachtliche Rolle zukommt, geht verloren. Insgesamt ist davon auszugehen, dass eine Vielzahl an Handelsunternehmungen aus Wettbewerbsgründen und unter Kundenaspekten zu einem selektiven Angebot personalbasierender Dienstleistungen gezwungen ist."[300] „Um einen Innovationsprozess zu starten und erfolgreich durchzuführen, müssen in jedem Fall die Innovationswiderstände überwunden werden."[301] Der Einsatz von ‚Künstlicher Intelligenz' mit Hilfe technischer Innovationen am POS kann auf die genannten Widerstände von Kunden aber auch auf solche von Mitarbeitern treffen. Folglich sind die Barrieren beim Einsatz neuer Technologien im Facheinzelhandel zur Erstellung von innerbetrieblichen Leistungen als niedriger anzunehmen. Auch die Zahl der Anwendungsgebiete und nicht zuletzt das Kosten-Nutzen-Verhältnis ist im Vergleich zur Erstellung von Marktleistungen in Form der Kundendienstleistung als höher bzw. günstiger einzustufen. Gemäß dieser Vorgehalte kann es angeraten sein, zunächst die Leistungsprozesse innovativ zu gestalten, in die der Kunde nicht eingebunden ist und die die höchste Differenz zwischen Personalkostenreduktion und Investitionskosten aufweisen.

Die Grenzen einer Substitution des Faktors Arbeit sind dort, wo sich seine vermeintliche Einzigartigkeit verbirgt. Stellt sich diese Suche als erfolglos heraus, ist dies

---

299 Vgl. Simon, H./Butscher, S.A.: Automatisierung von Dienstleistungen. Gefährlicher Spagat, in: absatzwirtschaft, o.Jg. (1997), H. 2, S. 47.

300 Stoffl, M.: Mitarbeiter am Point of Sale: Einsatzbedarf transparent machen, in: WISU, 27. Jg. (1998), H. 8-9, S. 917.

301 Hudetz, K.: Prozessinnovation im Großhandel – Relevanz und Anknüpfungspunkte für ein Innovationsmanagement, in: Trommsdorf, V. (Hrsg.): Handelsforschung 1998/1999 – Innovation im Handel, Wiesbaden 1998, S. 370.

gleichbedeutend mit der Möglichkeit, grundsätzlich alle Funktionen des Menschen durch andere Faktoren ersetzen zu können.

4.3.2 Die Reduktion der Personalkosten bei variabler Marktleistung

Die bisherigen Maßnahmen hatten zum Ziel, die absoluten Aufwendungen für den Faktor Arbeit im Facheinzelhandel zu reduzieren. Einfluss auf das Leistungsangebot am Markt durften diese nicht haben. Das vorliegende Kapitel steht unter umgekehrten Vorzeichen. Die notwendige Bedingung abnehmender, absoluter Personalkosten ist nicht zwingend für die Maßnahmen, die mit einer Variation des Marktleistungsangebots verbunden sind. Unter der Annahme, dass mit der Modifikation von Art und Qualität des Outputs nicht nur die Kostenstruktur der Fachbetriebe eine Veränderung erfahren, sondern auch die Erlösseite davon betroffen ist, soll hier lediglich die relative Einsparung der Personalkosten in Prozent vom Umsatz oder des Rohertrages und eine daraus resultierende Verbesserung der Gewinnsituation als erste Bedingung für den Erfolg dieser Maßnahmen angesehen werden.

Auch in diesem Kontext gilt die weitere Bedingung für den Einsatz der Maßnahmen ist, dass eine Modifikation des Personaleinsatzes Ursache für die Reduzierung der Personalkosten sein muss. Alle diesbezüglichen Maßnahmen stehen unter der Prämisse einer bewussten Änderung von Quantität und/oder Qualität des Personaleinsatzes.[302] Diese Voraussetzung ist immer dann erfüllt, wenn gemäß den Ausführungen in Kapitel 3.3.1 die Personalstrategie die Markt-Leistungs-Strategie dominiert. Eine alleinige Umsatzsteigerung aufgrund der Variation anderer absatzpolitischer Instrumente erfüllt, wie an anderer Stelle bereits erwähnt, nicht den Tatbestand einer Maßnahme zur relativen Personalkostenreduktion. Die weiteren Ausführungen beziehen sich folglich nur auf einen Teil der neu zu gestaltenden oder zu eliminierenden Marktleistungen. Im Vordergrund stehen dabei alle Konsumtions- und Dienstleistungen des Verkaufspersonals, die dem Kunden gegenüber angeboten oder erbracht werden. Sie werden in der Literatur unter dem Begriff ‚Bedienung' zusammengefasst und in unterschiedliche Bedienungssysteme differenziert.[303] Die vom Institut für Handelsforschung vorgenommene Einteilung in die vier Bedienungssysteme – Verkäuferbedienung ohne Vorwahl, Verkäuferbedienung mit Vorwahl, Teilselbstbedienung und Selbstbedienung – wurden bereits in Kapitel 3.3.2.1 vorgestellt.

Die Wahl des Bedienungssystems, welches in weiten Teilen die Marktleistungsstrategie des Facheinzelhandels beschreibt, hat über den Personalbedarf unmittelbaren Einfluss auf die Höhe der Personalkosten. Denn „Die Entscheidung über das Bedienungssystem kann als Basisentscheidung über den Einsatz von Personal im Ver-

---

302 Eine Änderung der Qualifikation des Faktors soll auch dann angenommen werden, wenn bei einem an sich unveränderten Personaleinsatz höherwertige Güter erstellt werden, die ein bislang ungenutztes Potenzial an latent vorhandener Qualifikation des Personals offensichtlich werden lassen. Der Begriff einer indirekten Qualifizierung bietet zur Kennzeichnung dieses Sachverhalts an.

303 Vgl. Hansen, U./Algermissen, J.: Handelsbetriebslehre 2. Taschenlexikon, Göttingen 1979, S. 39.

kaufsbereich gesehen werden, weil die einzelnen Bedienungssysteme einen unterschiedlich hohen Personaleinsatz erfordern".[304] Aber auch hier gilt, dass nur solche Änderungen des Bedienungssystems als Maßnahmen zur Personalkostenreduktion angesehen werden können, die unter dieser Zielsetzung ergriffen wurden. Die eindeutige Identifizierung von personalkostenreduzierenden Maßnahmen gestaltet sich von ‚außen' allerdings oft schwierig. Letztlich kann nur die Geschäftsführung darüber Auskunft geben, ob die Variation des Personaleinsatzes der Doktrin zu hoher Personalkosten folgt oder ob sie ausschließlich die Attraktivität der Marktleistung verändern soll und somit im Rahmen dieser Ausführungen keine Bedeutung erlangt.

Hat sich der Fachhändler für eine Modifizierung der Marktleistungsstrategie entschieden, steht er vor der entscheidenden Frage, welche neue Position sein Unternehmen innerhalb des Fachhandels seiner Branche einnehmen soll. Es ist die Frage nach der geeigneten Wettbewerbsstrategie. Unabhängig von seinen einzelnen Stärken und Schwächen gibt es zwei Grundtypen von Wettbewerbsvorteilen, über die ein Unternehmen verfügen kann: niedrige Kosten oder Differenzierung.[305] Mit der Kostenführerschaft bzw. dem Kostenschwerpunkt verfolgt ein Handelsbetrieb das Ziel, der kostengünstige Anbieter der Ware zu werden. Mit der Differenzierung bemüht er sich dagegen, ein oder mehrere Leistungsmerkmale, die viele Abnehmer mutmaßlich für wichtig halten, zusätzlich zur Ware auszuwählen und bringt sich in die erfolgsversprechende Position, diese Bedürfnisse zu befriedigen. Dafür wird er mit höheren Preisen entlohnt.

Für diese beiden Wettbewerbsstrategien haben sich im Handel frühzeitig die beiden Begriffe ‚Trading-Down' und ‚Trading-Up' durchgesetzt. Unter der speziellen Zielsetzung der Personalkostenreduzierung führt der ersatzlose Abbau von Personalkapazität und die Dequalifizierung des Faktors im Bereich des persönlichen Verkaufs zu einem Trading-Down der Marktleistung. Im entgegengesetzten Fall wird ein vermehrter quantitativer und/oder qualitativer Personaleinsatz als Erfolgsfaktor angesehen und zu einem entsprechend verbesserten Marktleistungsangebot genutzt.

4.3.2.1 Trading-Down

Dem Begriff des Trading-Down liegt die folgende Definition zurunde.[306]

Beim **Trading-Down** handelt es sich um Maßnahmen, durch die sich ein Handelsbetrieb geänderten Präferenzen der Nachfrager (z.B. aufgrund eines konjunkturellen Nachfragerückgangs) anpassen kann: Senkung des Qualitäts- und Preisniveaus, Reduzierung der Auswahl und sonstiger Dienstleistungen, einfachere Geschäftsausstattung, Verminderung der Zahl der Mitarbeiter als Voraussetzung für niedrigere Kosten und möglicherweise eine niedrigere Handelsspanne.

304 Müller-Hagedorn, L., 1993a, S. 285.

305 Vgl. Porter, M.E., 1999, S. 37.

306 Ausschuß für Begriffsdefinitionen aus der Handels- und Absatzwirtschaft (Hrsg.), 1995, S. 55.

Diese Definition folgt der Sichtweise einer nachfrageorientierten Marktleistungspolitik. Ebenso denkbar ist im Sinne des vorliegenden Kapitels eine Angebotspolitik, die Bedürfnisse beim Kunden weckt und als Reaktion seine bisherige Präferenzordnung in Frage stellt. Als Beispiel für ein weitreichendes und erfolgreiches Trading-Down ist die positive Entwicklung der Betriebsform der Discountgeschäfte zu nennen, die sich zu Beginn ihres Lebenszyklus nicht an die geänderten Präferenzen der Nachfrager angepasst hatte.

Die Variation der Marktleistung nach ‚oben' oder nach ‚unten' hat regelmäßig die Erhöhung bzw. Senkung der Warenverkaufspreise zur Konsequenz. Insbesondere beim Trading-Down muss die abnehmende ‚Attraktivität' des Leistungsangebots durch eine entsprechende Preisreduzierung kompensiert werden, um den Gesamtnutzen für den Kunden möglichst konstant halten zu können. Dabei darf unter einer abnehmenden Attraktivität nicht das Angebot von qualitativ minderwertigen Leistungen verstanden werden. Keine Beratung ist im Zweifelsfall einer schlechten Beratung vorzuziehen. Soll ein Trading-Down zum Erfolg führen, wird sich der Fachhändler auf einige ausgewählte Leistungen beschränken, diese aber in für den Kunden zufriedenstellender Form anbieten.

Das Bestreben und die Notwendigkeit vieler Facheinzelhandelsbetriebe sich auch zukünftig als ein solches zu positionieren, setzt einem Trading-Down für diese Betriebsform enge Grenzen. Nicht nur die Einschränkungen im Bereich des Sachgüterangebots sind hiervon betroffen, auch im Bereich des Dienstleistungsangebots sind Kürzungen nur nach einer umfangreichen Analyse der Bedürfnisse ihrer Kunden möglich. Um das unternehmerische Risiko bei mangelnder Antizipation des Kundenverhaltens zu begrenzen, bietet sich die Auswahl eines Geschäftsbereichs für ein partielles Trading-Down an. Dies setzt allerdings voraus, dass die Unternehmung über getrennte Verkaufsstellen oder zumindest voneinander abgegrenzte Abteilungen verfügt, die einem Imagetransfer vorbeugen. Gängige Praxis ist beispielsweise das Angebot von Frischware in Form des Fremdbedienungssystems im Lebensmittelfacheinzelhandel, während alle anderen Waren in Selbstbedienung verkauft werden.

Die Maßnahmen des Trading-Down können in solche unterschieden werden, bei denen die Leistung entweder ersatzlos eliminiert oder auf den Kunden übertragen wird. In beiden Fällen wird der Kunde eine Preisreduzierung der Ware erwarten. Während sich die Höhe des Preisnachlasses für den Kunden im ersten Fall aus dem ihm entgangenen Nutzen ergibt, wird er im zweiten Fall vom Aufwand des Kunden bestimmt. Letzterer kann vom Fachhandel durch Bereitstellungsleistungen in Form von Hilfsmitteln verringert werden. Das Optimum ergibt sich dort, wo die Differenz zwischen eingesparten Personalkosten und Mehraufwand für Hilfsmittel sowie dem Rückgang der Erlöse maximal ist.

Mit zunehmendem technischen Fortschritt verlieren insbesondere die zur Warenkommunikation im Verkauf eingesetzten elektronischen Hilfsmittel ihren unterstützenden Charakter. Je mehr Personalfunktionen sie ausführen können, desto schwieriger ist das Trading-Down von der technischen Substitution des Betriebsfaktors Arbeit zu unterscheiden. Von dieser Entwicklung ist auch das Trading-Up betroffen, bietet sie doch die Möglichkeit, die Güte und Vielfalt des Leistungsangebots in nicht all zu ferner Zukunft ohne zusätzliche Personalkostenbelastung anzuheben.

4.3.2.2 Trading-Up

Dem Begriff des Trading-Up liegt die folgende Definition zurunde.[307]

> Als **Trading-Up** bezeichnet man die Erweiterung, Vertiefung und/oder qualitative Anhebung des Leistungsprogramms eines Handelsbetriebs (Handel im institutionellen Sinne, z.B. durch größere Auswahl, höheres Qualitäts- und Preisniveau, umfangreichere Dienstleistungen, anspruchsvollere Geschäftsausstattung). In der Regel ist damit eine Erhöhung der Kosten und der Handelsspannen verbunden.

Eine lt. obiger Definition mögliche Erhöhung der Kosten, speziell der Personalkosten, entspricht nicht der originären Zielsetzung des vorliegenden Kapitels. Durch den Einbezug der relativen Personalkostenreduktion in Prozent vom Umsatz bzw. vom Rohertrag als zulässige Voraussetzung für die Wirksamkeit der Maßnahmen kann auch das Trading-Up den gewünschten Erflog herbeiführen.

Ein Trading-Up mittels eines modifizierten Personaleinsatzes ist an die Annahme gebunden, dass der Einsatz von Personal im Einzelhandel nach wie vor ein strategischer Erfolgsfaktor sein kann und dass bei einem Teil der Konsumenten erst die konsequente Intensivierung des Dienstleistungsangebots, vor allem in Form der persönlichen Bedienung und Beratung, eine personalkostendeckende Nachfrage auslöst. Allein die Tatsache, dass die Höhe der Personalkosten gerade für die Betriebstypen des Einzelhandels ein besonderes Problem darstellt, die den vermehrten Einsatz von Personal traditionell als Erfolgsfaktor ansehen, wirft die Frage auf: Lässt sich das Angebot an persönlichen Dienstleistungen derart modifizieren, dass sich eine relative und ausreichende Personalkostenreduktion einstellt?

Die Modifikation der persönlichen Dienstleistungen kann sich auf kostenlose und kostenpflichtige Leistungen beziehen.[308] In der vorherrschenden Regel versucht sich der Facheinzelhandel mit primär kostenlosen Dienstleistungen zu profilieren. Das Dilemma eines derartigen Marketinginstruments liegt in der Problematik der ungerecht(fertigt)en Preispolitik. Der Kunde, der die Ware erwirbt, muss mit seinem monetären Entgelt nicht nur den Warenwert und den an ihm verübten Service entgelten, sondern auch den Service der Nichtkäufer. Mit zunehmendem Service im

307 Ausschuß für Begriffsdefinitionen aus der Handels- und Absatzwirtschaft (Hrsg.), 1995, S. 55.
308 Vgl. Hedderich, R.: Innovation, Imitation und Selektion im Handelsbetrieb, in: ZfB, 67. Jg. (1997), H. 5/6, S. 554.

Rahmen eines Trading-Up wird bei einem konstanten mengenmäßigen Verhältnis zwischen Kunde und Käufer die Differenz zwischen der erworbenen Leistung und des hierfür zu entrichtenden Entgelts für den Letzteren immer größer. Der Preis steigt gegenüber der angebotenen Leistung überproportional an. Der Forderung, die im Rahmen der optimalen Preisgestaltung für Leistungen zu erheben ist, dass bei jeder gewerblichen Marktleistung der Preis dem Nutzwert entsprechen und den Kunden verständlich sein sollte, kann nicht mehr entsprochen werden.[309] Diesem Dilemma versucht ein Teil des Facheinzelhandels dadurch zu begegnen, indem er den Einkauf durch das Angebot von herausragenden Serviceleistungen als Erlebnis für den Kunden gestaltet. Ein erlebnisorientierter Einkauf gilt als wesentlicher Erfolgsfaktor im Facheinzelhandel.[310]

An eine Erlebnisleistung werden vom Kunden besondere Anforderungen gestellt. Nach dem Kano-Modell zur Kundenzufriedenheit wird in Basis-, Leistungs- und Begeisterungsanforderungen unterschieden.[311] **Basisanforderungen** umfassen all jene Leistungskomponenten, die der Kunde voraussetzt. Sie müssen im erwarteten Ausmaß erfüllt werden. Ist dies nicht der Fall, entsteht starke Unzufriedenheit. Ein Übertreffen der Erwartungen wird vom Kunden aber in der Regel nicht honoriert. Basisanforderungen werden vom Kunden vorausgesetzt, als selbstverständlich angenommen und auch nicht explizit verlangt.

Leistungsanforderungen sind die erwarteten und in der Regel vom Kunden messbaren Leistungskomponenten. Werden diese nicht den Erwartungen entsprechend erfüllt, entsteht Unzufriedenheit. Werden Sie übertroffen, steigt die Zufriedenheit. Leistungsanforderungen werden vom Kunden explizit verlangt. Ein bloßes Erfüllen führt aber nur zu moderater Zufriedenheit, die Leistung des Unternehmens wird als austauschbar wahrgenommen, der Kunde steht ihr mehr oder weniger indifferent gegenüber.

Begeisterungsanforderungen sind jene Produkteigenschaften, die in der Lage sind, den Kunden zu begeistern. Dies sind jene Leistungskomponenten die er in der Regel nicht explizit verlangt und auch nicht erwartet, deren Bereitstellung aber den Wert eines Produkts oder einer Dienstleistung erhöht und einen überproportional starken Einfluss auf die Kundenzufriedenheit haben. Werden diese Leistungskomponenten nicht angeboten oder erfüllt, hat dies keinen negativen Einfluss auf die Zufriedenheit.

Es kann zurecht unterstellt werden, dass Erlebnisleistungen im Facheinzelhandel Begeisterungsanforderungen des Kunden genügen müssen. An Standardleistungen

---

309 Vgl. Berry, L.L./Yadav, M.S.: Oft falsch berechnet und verwirrend – die Preise für Dienstleistungen, in: Harvard Business manager, o.Jg. (1997), H. 1, S. 57.

310 Vgl. Ahlert, D./Schröder, H., 1990, S. 228; o.V.: Leistung und Begeisterung, in: Textilwirtschaft, o.Jg. (1997), H. 19, S. 25.

311 Vgl. Kano, N. et al.: Attractive Quality and Must-be Quality, in: Hinshitsu: The Journal of the Japaneses Society for Quality Control, Vol. 14 (1984), Nr. 4, S. 39-48.

werden bei dieser Betriebsform dagegen lediglich Basisanforderungen oder Leistungsanforderungen gestellt. Die folgende Abbildung stellt den Zusammenhang grafisch dar.

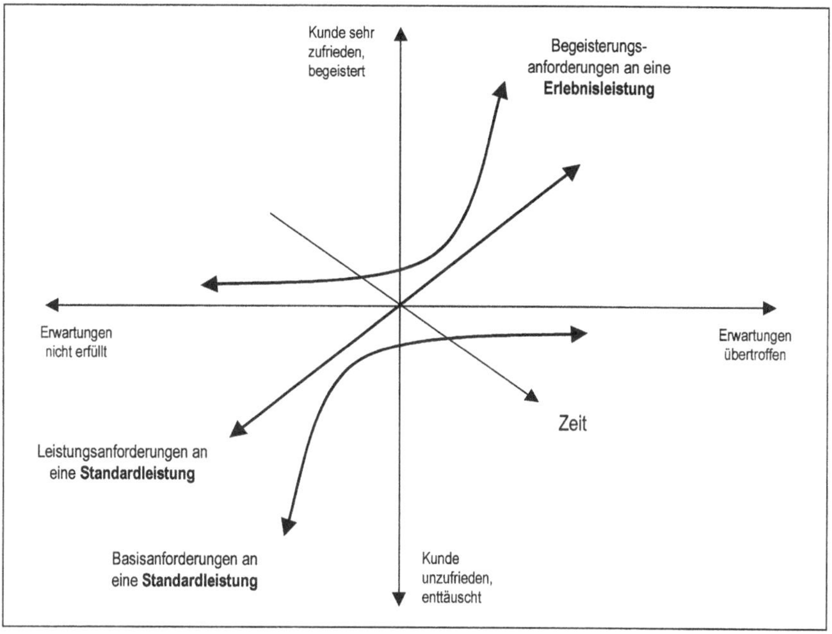

Abb. 65: Anforderungen an Serviceleistungen im Facheinzelhandel[312]

Eine allgemeingültige Zuordnung der vielfältigen Serviceleistungen zu den beiden Komponenten – Standardleistungen und Erlebnisleistungen – ist nicht möglich, da die Einschätzung von den persönlichen Prädispositionen des einzelnen Kunden abhängt. Der Begriff Erlebnis steht dabei für eine vom Kunden erlebte außergewöhnliche Situation. Diese muss zwar keinen einmaligen, aber doch zumindest einen einzigartigen Charakter besitzen. In der Regel widerfährt dem Kunden das Erlebnis während seines Aufenthalts in den Verkaufsräumen des Fachhändlers, kann aber auch von letzterem durch Maßnahmen der Werbung nach außen transferiert werden. Ziel ist es, beim Kunden intensive und angenehme Empfindungen zu erzeugen, die in seiner Gefühls- und Erfahrungswelt verankert sind.[313] Weinberg definiert den Wert eines Erlebnisses als den subjektiv empfundenen, durch einen bestimmten Konsumvorgang vermittelten Beitrag zur Lebensqualität des Konsumenten.[314]

312 In Anlehnung an Matzler, K./Hinterhuber, H.H./Handlbauer, G., 1997, S. 735.

313 Vgl. Ahlert, D./Schröder, H., 1990, S. 22; Silberer, G.: Die Bedeutung und Messung von Kauferlebnissen im Handel, in: Trommsdorf, V. (Hrsg.): Handelsforschung 1989. Grundsatzfragen, Wiesbaden 1989, S. 61.

314 Vgl. Weinberg, P.: Erlebnisorientierte Einkaufsstättengestaltung im Einzelhandel, in: Marketing ZFP, 8. Jg. (1986), H. 1, S. 99.

Trotz seines unbestritten positiven Einflusses auf die Zufriedenheit und Bindung des Kunden, ist der Einsatz von Erlebnisleistungen mit zwei Problemen verbunden. Zum einen mutierten Erlebnisleistungen im Laufe der Zeit kundeneinheitlich zu Standardleistungen. „Was heute den Kunden noch begeistert, kann morgen für ihn schon eine explizite Erwartung sein und übermorgen bereits vorausgesetzt werden."[315] War ein beheizter Verkaufsraum Ende der vierziger Jahre noch eine Erlebnisleistung, ist er heute eine mehr als selbstverständliche Marktleistung. Gleichzeitig konnte aber im Zuge der Automatisierung dieser Leistung fast vollständig auf den Einsatz des Faktors Arbeit verzichtet werden. Problematischer sind diejenigen Leistungen, die nur unter hohem Personaleinsatz und den entsprechenden Kosten erstellt werden können, die aber gleichzeitig vom Kunden nach einer gewissen Zeit als selbstverständlich vorausgesetzt werden, ohne ihm weiter einen besonderen Nutzen zu stiften. Derartige Standardleistungen verursachen den überwiegenden Teil der betrieblichen Personalkosten. Dafür eignen sie sich kaum zur Profilierung der Verkaufsstätte, tragen wenig zur Kundenbindung bei und sind ebenso wenig erlöswirksam. Gleichzeitig quittiert der Kunde ein Trading-Down, insbesondere in Bezug auf die aus seiner Sicht selbstverständlichen Standardleistungen, mit extremer Unzufriedenheit. Folglich stellen Standardleistungen eine entscheidende Ursache für die unbefriedigende betriebswirtschaftliche Situation im Facheinzelhandel dar.

Aber selbst wenn es gelingt, durch den Einsatz von mehr oder qualifizierterem Personal eine Serviceleistung dauerhaft als Erlebnis zu positionieren, stellt sich der Erfolg nur dann ein, wenn es zudem gelingt, den Konsum dieser Leistung an den Kauf der Ware zu koppeln. In vielen Fällen ist dieses Problem nicht zu lösen. Ein Trading-Up durch personalintensive Serviceleistungen ist folglich mit hohen Risiken verbunden. Geeigneter ist die Differenzierung des Warenangebots. Eine größere, exklusivere Auswahl hochwertiger Waren beinhaltet bereits das Erlebnis. Dies ist allerdings keine Maßnahme der Personalkostenreduktion.

Die Entscheidung über die geeignete Wettbewerbsstrategie stellt den Facheinzelhandel regelmäßig vor eine besondere Herausforderung. Im Folgenden sollen einzelne Untersuchungen kurz vorgestellt werden, die Anhaltspunkte zur Vorteilhaftigkeit der beiden unterschiedlichen Marktleistungsstrategien geben.

4.3.2.3 Empirische Analysen zum Erfolg unterschiedlicher Marktleistungsstrategien

Ein wesentlicher Aspekt bei der Wahl der Marktleistungsstrategie ist die Preisbereitschaft bzw. die Preissensibilität des Kunden. Schuckel führte eine Befragung unter potenziellen Käufern von Bekleidung und Artikeln der Unterhaltungselektronik durch.[316] Hierdurch sollte die Frage beantwortet werden, um wieviel jeweils ein Arti-

---

315 Matzler, K./Hinterhuber, H.H./Handlbauer, G., 1997, S. 735.

316 Vgl. Schuckel, M., 1999, S. 229-234.

kel, der mit einer guten Bedienung und Beratung verkauft wird, teurer sein darf als ein Artikel, den man in Selbstbedienung erwirbt. Die folgende Tabelle nennt die vorgegebenen SB-Preise, die Mittelwerte der genannten Preise sowie deren relativen und absoluten Differenzen.

Bekleidung				**Unterhaltungselektronik**			
SB-Preis in DM	Preis mit Bedienung in DM	Differenz in DM	Differenz in %	SB-Preis in DM	Preis mit Bedienung in DM	Differenz in DM	Differenz in %
50,00	64,25	14,25	29	100,00	122,07	22,07	22
100,00	120,99	20,99	21	200,00	235,08	35,08	18
200,00	237,46	37,46	19	300,00	350,24	50,24	17
300,00	364,68	64,68	22	500,00	575,97	75,97	15
400,00	448,22	48,22	12	800,00	889,08	89,08	11
600,00	673,29	73,29	12	2.000,00	2.242,75	242,75	12

Tab. 35: Preisbereitschaft beim Kauf ausgewählter Artikel in den Untersuchungsbranchen[317]

Im Durchschnitt der zwölf Artikel liegen die aufgrund der zusätzlichen Bedienung zu realisierenden Preise um 17,5 Prozent über den Verkaufspreisen mit Selbstbedienung. Die Fachbetriebe dieser Branchen können ihren Umsatz je 100 DM um 17,50 DM steigern. Dieser Betrag hat einen Anteil von 14,9 Prozent an der Gesamteinnahme und muss ausreichen, um die Kosten des Verkaufspersonals zu decken. Werden die durchschnittlichen Personalkosten der beiden Fachsparten in Prozent vom Umsatz des Jahres 1998 in Höhe von 22,0 zugrundegelegt, ist dieser Mehrerlös nur dann kostendeckend, wenn der Anteil der Personalkosten des rückwärtigen Bereichs der Unternehmung größer als 7,1 Prozent ist. Davon ist nicht auszugehen. Eine Stichprobenerhebung des Autors bei zwei namhaften Warenhausfilialisten zeigte ein einheitliches Verhältnis von Personalkosten des Verkaufsbereich zu sonstigen Personalkosten von drei zu eins. Nach dieser Einschätzung können letztere in ihrer Höhe auf fünf bis sechs Prozent vom Umsatz festgesetzt werden. Die festgestellte Preisbereitschaft reicht demnach nicht aus, um eine hochwertige Bedienung und Beratung zumindest kostenneutral anbieten zu können.

Die der obigen Berechnung zugrundegelegte Durchschnittsbetrachtung von Kosten und Umsätzen stellt eine Vereinfachung dar, die wesentliche Aspekte unberücksichtigt lässt. Insbesondere die Annahme, dass sich die Kosten der Bedienung proportional zum Artikelpreis verhalten, entspricht kaum der Realität. Wie die bereits an anderer Stelle kurz zitierte Untersuchung zu den Erfolgsbeiträgen einzelner Sortimentsteile im Schuhfachhandel zeigt, hat der Artikelpreis einen nur geringen Einfluss auf die direkt zurechenbare Bedienungsdauer und den daraus resultierenden Kosten. Die in die dortige Ermittlung der Bedienungskosten eingegangene, artikelbezo-

317 Schuckel, M., 1999, S. 231.

gene Einsatzzeit berücksichtigte auch die Verkaufstätigkeiten ohne erfolgreichen Verkaufsabschluss. Leerzeiten und sonstige Tätigkeiten des Verkaufspersonals haben Gemeinkostencharakter und blieben bei der weiteren Berechnung des Deckungsbeitrags der einzelnen Artikelgruppen unberücksichtigt. Der Deckungsbeitrag als solcher errechnet sich als Verkaufspreis abzüglich der Umsatzsteuer, der Warenkosten und der Kosten für die Bedienung. Exemplarisch werden ausgewählte Ergebnisse für den Sortimentsbereich ‚Damenschuhe' in Tabelle 36 dargestellt.

Kennzahlen	Damenschuhe bis DM 50,00	Damenschuhe ab DM 220,00
Einkaufspreis netto in DM	19,67	111,06
Verkaufspreis brutto in DM	38,39	261,51
Verkaufspreis netto in DM	33,38	227,40
Rohertrag in DM	13,71	116,34
Handelsspanne in % d. VK netto	42	51
Bedienungsdauer in Minuten	9,27	21,80
Bedienungskosten in DM	6,00	13,71
Bedienungskosten in % VK brutto	15,6	5,2
Deckungsbeitrag in DM	7,71	102,63

Tab. 36: Ausgewählte Kennzahlen zum Erfolgsbeitrag zweier Preissegmente bei Damenschuhen im Schuhfachhandel.[318]

Es zeigt sich ein gravierender Unterschied hinsichtlich der relativen Bedienungskosten beider Segmente. Sie betragen bei Damenschuhen im Niedrigpreissegment 15,6 % vom Endverkaufspreis. Im hochwertigen Segment beträgt der Anteil mit 5,2 % lediglich ein Drittel davon. Am stärksten weichen allerdings die Deckungsbeiträge voneinander ab. Einem Wert von 7,71 DM steht ein Wert von 102,63 DM gegenüber. Auch wenn diese Differenz zunächst für das vermehrte Angebot von hochwertigen und hochpreisigen Artikeln im Facheinzelhandel spricht, kann daraus noch kein eindeutiger Vorteil gegenüber anderen Bedienungssystemen mit geringeren Personalaufwendungen abgeleitet werden. Zum einen bleibt bei der obigen Studie offen, ob die ausgewiesenen Deckungsbeiträge ausreichen, um die vermehrten sonstigen Handlungskosten zu decken, zum anderen stellen die hier nicht berücksichtigten Leerzeiten des Verkaufspersonals den Fachhandel regelmäßig vor große Probleme. Temporäre Überkapazitäten sind auch bei einer soliden Personalbedarfs- und Einsatzplanung gegeben.

Eine weitere Studie zum Erfolgsbeitrag unterschiedlicher Bedienungssysteme trägt den Titel „Mehr Mut zu weniger Beratung." Ausgehend von der Beobachtung, dass

318 Müller-Hagedorn, L./Kaapke, A./Eisenmann, H.: Sortimentspolitik, Preiskalkulation und Personaleinsatz im Schuhfacheinzelhandel. Eine Untersuchung zum Einfluss der Bedienungskosten und der Kalkulation auf die Vorteilhaftigkeit einzelner Sortimentsteile im Auftrag des Hauptverbands der Deutschen Schuhindustrie, Köln 1997b, S. 83.

auf Tätigkeiten mit Kundenkontakt in den Betrieben aller untersuchten Branchen weniger als die Hälfte der Arbeitszeit entfällt, dafür aber ca. ein Viertel auf Pausen und Reservezeiten, empfiehlt die Studie den Wechsel von der reinen Verkäuferbedienung zur Verkäuferbedienung mit Vorwahl.[319] So sollen sich durch die Vorwahl des Kunden die Verkaufsvorgänge insgesamt rationeller abwickeln lassen. Das Personal wurde in einem Beispiel angehalten, die Kunden zwar grundsätzlich „im Auge zu behalten", sie aber nur zu beraten, wenn sie einen unsicheren Eindruck machten oder ausdrücklich Beratung wünschten. Als Folge dieser Verhaltensregel und einer auf Intensiv-Vorwahl abgestellten Personaleinsatzplanung konnte in diesem Beispiel die Personalumsatzleistung wesentlich gesteigert werden.

Wie die Ausführungen des Kapitels 3.2.2 gezeigt haben, ist der Zusammenhang von Personalumsatzleistung und betriebswirtschaftlichem Erfolg nicht sehr ausgeprägt. Ob die Verkäuferbedienung mit Vorwahl gegenüber der Verkäuferbedienung ohne Vorwahl auch in Bezug auf das Betriebsergebnis Vorteile besitzt, soll im Folgenden anhand der Daten zum Betriebsvergleich des IfH untersucht werden. Es handelt sich dabei um eine Zeitreihenanalyse anhand von Fachbetrieben des Textileinzelhandels. Um die Vergleichbarkeit der Stichproben der einzelnen Berichtsjahre zu gewährleisten, wurde auf das erweiterte Panel zurückgegriffen. Der Zeitraum der Analyse erstreckt sich von 1981 bis 1996.

Bereits in Abbildung 37g wurden die Anteile der Bedienungsformen und ihre Veränderung für diese Branche im Zeitablauf dargestellt. Die dortige Zusammenfassung der Formen Verkäuferbedienung mit Vorwahl und Teilselbstbedienung wird an dieser Stelle wieder aufgehoben. Es zeigt sich dabei, dass die reine Selbstbedienung als auch die Bedienung nur eines Teils des Sortiments in der Einschätzung der Textilfachhändler und somit auch in ihrer Unternehmensstrategie zumindest seit 1981 keine Rolle gespielt haben. Dagegen ist ein eindeutiger Trend zur Verkäuferbedienung mit Vorauswahl zu beobachten. Dieser geht zu Lasten der reinen Verkäuferbedienung, die kontinuierlich an Bedeutung verliert.

Wenn die Strategie der Verkäuferbedienung mit Vorwahl der ausschließlichen Verkäuferbedienung überlegen ist, müsste sich dies anhand einer verbesserten Leistungs- und Gewinnsituation nachweisen lassen. Um das zu überprüfen, sollen die Kennzahlen Umsatz je beschäftigte Person, Umsatz je Kunde, Betriebshandelspanne, Personalkosten in % vom Umsatz, Betriebsergebnis und Umsatzentwicklung nach den zwei relevanten Ausprägungen der Verkaufsform differenziert analysiert werden. In den Abbildung 66 bis 71 werden die Ergebnisse vergleichend gegenübergestellt.

---

319 Vgl. Conz, B., 1976, S. 11 u. 72-74.

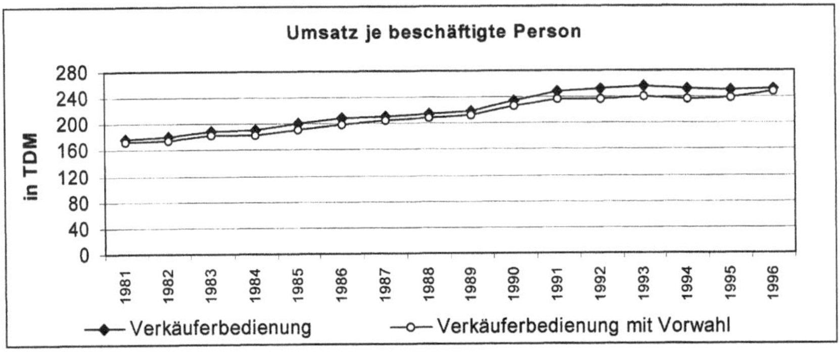

Abb. 66: Der Umsatz je beschäftigte Person im Textileinzelhandel differenziert nach den beiden Bedienungsformen Verkäuferbedienung und Verkäuferbedienung mit Vorwahl von 1981 bis 1996

Der von der Studie „Mehr Mut zu weniger Beratung" angenommene Vorteil der Verkäuferbedienung mit Vorwahl kann in Bezug auf die Personalleistung nicht bestätigt werden. Vielmehr lag der durchschnittliche Umsatz je beschäftigte Person von 1981 bis 1996 mit 212.102 DM gegenüber 220.997 DM um durchschnittlich 3,9 Prozent p.a. unter dem der Vergleichsgruppe.

Erwartungsgemäß lag der Einkaufsbetrag je Kunde bei den Betrieben mit ausschließlicher Verkäuferbedienung im Berichtszeitraum um durchschnittlich 56,1 Prozent über dem Wert der Fachgeschäfte mit der Möglichkeit der Vorauswahl. Die Durchschnittswerte beliefen sich auf 239,25 DM und 153,30 DM.

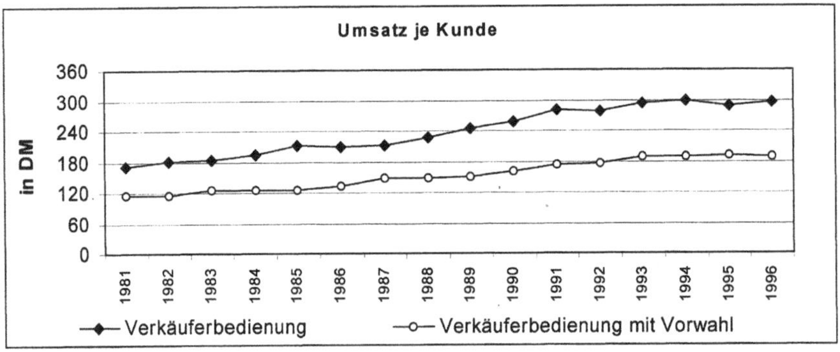

Abb. 67: Der Umsatz je Kunde im Textileinzelhandel differenziert nach den beiden Bedienungsformen Verkäuferbedienung und Verkäuferbedienung mit Vorwahl von 1981 bis 1996

Auch bei der Handelsspanne lagen die Vorteile auf Seiten der reinen Verkäuferbedienung. Mit einem durchschnittlichen Wert von 38,9 Prozent vom Umsatz betrug der Abstand zur Vergleichsgruppe 3,5 Prozentpunkte.

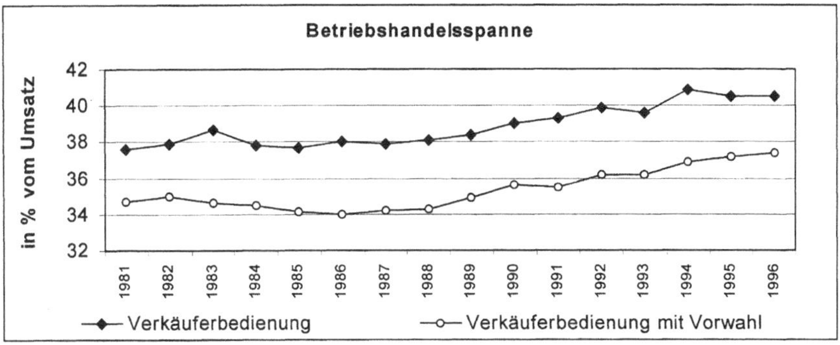

Abb. 68: Die Handelsspanne im Textileinzelhandel differenziert nach den beiden Bedienungsformen Verkäuferbedienung und Verkäuferbedienung mit Vorwahl von 1981 bis 1996

Es kann nicht verwundern, dass die Textilbetriebe mit der Möglichkeit der Vorwahl des Kunden niedrigere Personalkosten zu verzeichnen hatten. Im Durchschnitt der sechzehn Jahre zeigen sich für die beiden Gruppen Werte von 18,3 und 21,4 Prozent vom Umsatz

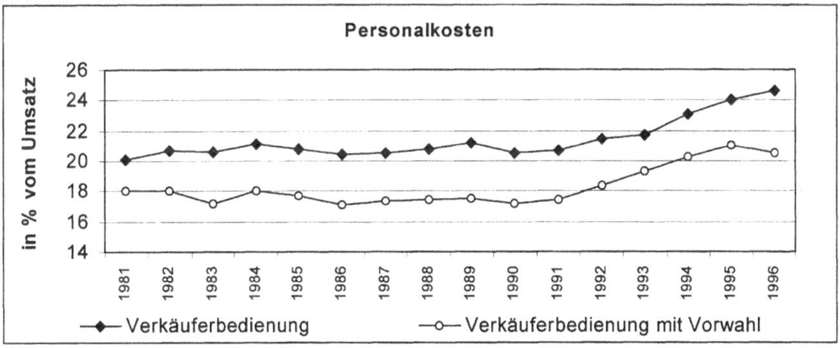

Abb. 69: Die Personalkosten im Textileinzelhandel differenziert nach den beiden Bedienungsformen Verkäuferbedienung und Verkäuferbedienung mit Vorwahl von 1981 bis 1996

Als residuale Größe ergibt sich das Betriebsergebnis. Abbildung 70 zeigt die Verläufe für diese Kennzahl.

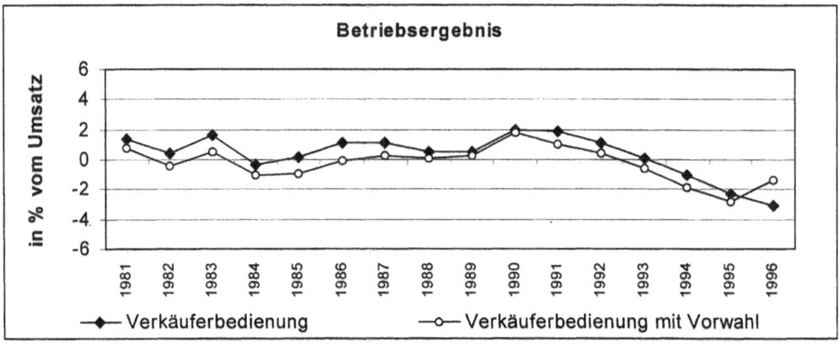

Abb. 70: Das Betriebsergebnis im Textileinzelhandel differenziert nach den beiden Bedienungsformen Verkäuferbedienung und Verkäuferbedienung mit Vorwahl von 1981 bis 1996

Die Betriebsergebnisse der beiden Bedienungsformen unterscheiden sich nicht stark aber eindeutig voneinander. Der Vergleich geht zu Gunsten der Fachhandelsbetriebe aus, die Waren ausschließlich unter Einsatz von Verkaufspersonal anbieten. Ihr Betriebsergebnis lag im Durchschnitt der 16 Jahre bei einem Wert von plus 0,33 Prozent vom Umsatz. Der Wert der Vergleichsgruppe lag mit minus 0,24 Prozent um einen halben Prozentpunkt darunter.

Die Frage, warum der allgemeine Trend zur Verkäuferbedienung mit Vorwahl geht, scheint bei den obigen Ergebnissen besonders interessant. Die Antwort fällt nicht leicht und kann an dieser Stelle nur spekulativ gegeben werden. Die Unterschiede beim Einkaufsbetrag je Kunden deuten auf Abweichungen im Preissegment hin. Das erfolgreiche Angebot von hochpreisigen Artikeln bei entsprechender Beratungsintensität ist in erster Linie von der Qualität der Geschäftslage des Betriebes abhängig. Gute und sehr gute Lagen stehen dem Facheinzelhandel nur begrenzt zur Verfügung. Es kann daher nicht ausgeschlossen werden, dass bei einem Großteil der Betriebe bei Mängeln hinsichtlich der Standortlage die Verkäuferbedienung mit Vorwahl trotz geringer Erträge das optimale Bedienungssystem ist.

Möglicherweise liegt der Grund auch in dem weit verbreiteten ‚Umsatzdenken' des Einzelhandels. Wird ausschließlich die Umsatzentwicklung betrachtet, erscheint die Vorteilhaftigkeit der beiden Systeme unter umgekehrten Vorzeichen.

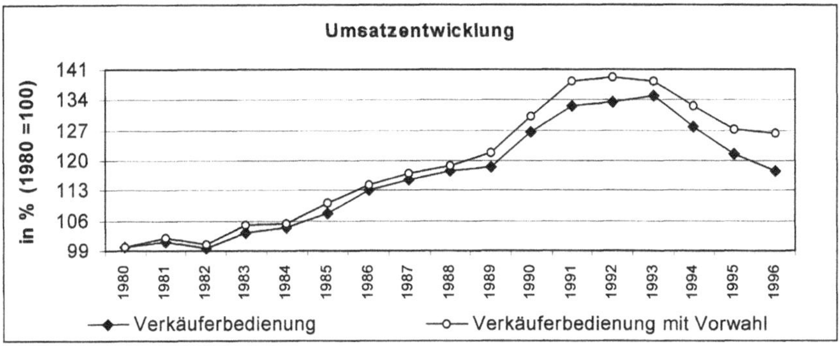

Abb. 71: Die Umsatzentwicklung im Textileinzelhandel differenziert nach den beiden Bedienungsformen Verkäuferbedienung und Verkäuferbedienung mit Vorwahl von 1981 bis 1996

Öffnet sich die Schere der Umsatzentwicklung in Zukunft weiter, wird sich auch die Gewinnsituation zum Nachteil der reinen Verkäuferbedienung verändern.

Die im vorliegenden Kapitel vorgestellten, empirischen Analysen zum Erfolgsbeitrag der persönlichen Kundenbedienung geben kein einheitliches Bild wieder. Es kann hieraus keine Empfehlung abgeleitet werden, welcher Marktleistungsstrategie, unter der Zielsetzung der relativen Kosteneinsparung und der angestrebten Verbesserung der Gewinnsituation, der Vorzug zu geben ist. Diese Feststellung deckt sich mit den Ergebnissen des Kapitels 3.2.2. Wie sich dort zeigte, hat die Faktorkombination aus Personal und Raum keinen Einfluss auf das Betriebsergebnis. Dabei stehen die Unterschiede beim relativen Einsatz der beiden Betriebsfaktoren synonym für die Unterschiede in der Bedienungsintensität der Fachhandelsbetriebe (vgl. Abbildung 42). Es mangelt dem Fachhandel demnach an Alternativen bei der geeigneten Bedienungsstrategie, um die Gewinnsituation nachhaltig zu verbessern. Porter hat hierfür den Begriff des ‚zwischen den Stühlen Sitzens' geprägt.[320] Eine Kostenführerschaft kann er im Wettbewerb mit anderen Betriebsformen nicht durchsetzen. Seine weitere Differenzierung wird vor allem aufgrund der hohen Personalkosten vom Kunden nicht in ausreichendem Maße honoriert.

320 Vgl. Porter, M.E., 1999, S. 44.

5 Zusammenfassung

Ziel der Arbeit war es, die Personalkosten im Facheinzelhandel einer detaillierten Analyse zu unterziehen. Drei zentrale Fragestellungen standen dabei im Vordergrund.

1. Wie verlief die bisherige Personalkostenentwicklung im Facheinzelhandel?
2. Welchen Einfluss hatten die Personalkosten bislang auf die Situation des Facheinzelhandels?
3. Welche Maßnahmen stehen dem Facheinzelhändler zur Effizienzsteigerung im Personalbereich (im Sinne des Verhältnisses von bewertetem Input und bewertetem Output) zur Verfügung?

zu 1:

Das Augenmerk richtete sich zunächst auf die langfristige Entwicklung der Personalkosten. Der Analysezeitraum erstreckte sich von 1949 bis 1998 über genau ein halbes Jahrhundert. Um die Vergleichbarkeit der einzelnen Jahreswerte durchgehend zu gewährleisten, wurden nur Daten aus den alten Bundesländern berücksichtigt. Als ergiebige Datenquellen zeigten sich dabei die Publikationen zum Jahresbetriebsvergleich des Instituts für Handelsforschung an der Universität zu Köln und die der unterschiedlichen Erhebungen zu den Personalaufwendungen des Statistischen Bundesamts. Wie sich zeigte, existiert noch eine Reihe weiterer Institutionen, die zu einzelnen Aspekten der Personalkosten regelmäßig Erhebungen im (Fach-)Einzelhandel durchführen, deren Ergebnisse aber aufgrund des begrenzten Rahmens dieser Arbeit nicht berücksichtigt werden konnten. Will der interessierte Leser weitergehende Recherchen zu diesem Thema durchführen, kann er auf die detaillierten Ausführungen zu den Inhalten und zum Design der verschiedenen Erhebungen zurückgreifen.

Die zentralen Ergebnisse der Analyse der Personalkostenentwicklung im Facheinzelhandel lauten wie folgt.

- Der Anteil der Personalkosten am Umsatz hat sich in einem Zeitraum von 50 Jahren verdoppelt.

- In diesem Zeitraum hat sich der durchschnittliche, einzelbetriebliche Umsatz um 760 %, die Personalkosten je beschäftigte Person um 1.380 % und die Personalkosten je eingesetzte Arbeitsstunde um 2.450 % erhöht.
- Bis 1960 lag die Zuwachsrate des Umsatzes oberhalb der der Personalkosten.
- Die Steigerungsraten für den Preis einer angestellten Person waren bei den einzelnen Fachsparten des Einzelhandels nahezu identisch. Es zeigten sich jedoch deutliche Unterschiede hinsichtlich des Preisniveaus. So lagen die Aufwendungen für diese Faktoreinheit im Möbelfachhandel zu jedem Zeitpunkt gut doppelt so hoch wie im Blumenfachhandel.
- Der Anstieg der Personalkosten wurde ausschließlich vom relativen Rückgang der Warenkosten aufgefangen. Seit Anfang der achtziger Jahre reicht diese Entlastung nicht mehr aus und nahezu alle Branchen schreiben seitdem negative Betriebsergebnisse.
- Diese negative Entwicklung wurde lediglich in den Jahren 1989 bis 1992 als Folge der wiedervereinigungsbedingten Nachfragebelebung unterbrochen.
- Der Textilfachhandel mit Herren- und Knabenoberbekleidung ist die einzige der 39 analysierten Fachsparten, die durchgehend positive Ergebnisse realisieren konnte. Das Pendant bildet der Lebensmittelfachhandel, der seit 1949 keine betriebswirtschaftlichen Gewinne mehr zu verzeichnen hatte.
- Die gesamten Arbeitskosten lagen im (Fach-)Einzelhandel in den letzten 20 Jahren des Untersuchungszeitraums durchschnittlich um 66,7 % über dem Entgelt für geleistete Arbeit.
- Den höchsten Anteil an den Personalnebenkosten hatten die gesetzlichen Personalnebenkosten, gefolgt von den Aufwendungen für Vorsorgeeinrichtungen und den Vergütungen für arbeitsfreie Tage.
- Der höchste Zuwachs war bei den Arbeitgeberpflichtbeiträgen zur Sozialversicherung zu beobachten. Dagegen waren die Aufwendungen für die Ausbildungsvergütung am stärksten rückläufig.
- Entgegen der allgemeinen Annahme, haben sich die Personalnebenkosten im Verhältnis zum Entgelt für geleistete Arbeit zumindest seit 1981 im (Fach-)Einzelhandel kaum verändert.

zu 2:

Hohe Personalkosten über per se keinen negativen Einfluss auf den Erfolg eines Unternehmens aus. Dies gilt im Besonderen für den Facheinzelhandel, der traditionell den vermehrten Einsatz des Faktors Arbeit als Erfolgsfaktor ansieht. Ob diese Aussage aktuell Bestand hat, wurde in einem nächsten Schritt untersucht. Basis hierfür waren die einzelbetrieblichen Daten des Facheinzelhandels zum Jahresbetriebsvergleich des IfH für das Geschäftsjahr 1998. Es konnten 4.054 Betriebe in die Auswertungen einbezogen werden. Die folgende Auflistung informiert über die wichtigsten Ergebnisse.

- Bei allen betrachteten Branchen (mit einer Mindestfallzahl von 40) zeigte sich ein höchst signifikanter Zusammenhang von steigenden Personalkosten und rückläufigen Erträgen.

- Der Zusammenhang stieg in gleichem Maße, wie die Branchen eine niedrige Betriebshandelsspanne bei geringer Streuung aufwiesen. Das Betriebsergebnis im Sortimentsbuchhandel zeigte sich aufgrund der Preisbindung am anfälligsten gegenüber steigenden Faktorkosten. Das andere Ende markierte der Uhren- und Schmuckfachhandel, der sich deutlich resistenter verhielt.

- Der negative Einfluss der Personalkosten auf den monetären Unternehmenserfolg hat im Zeitablauf zugenommen. Im Vergleich zu 1998 konnte 1960 keine Abhängigkeit des Betriebsergebnisses von der Personalkostenhöhe nachgewiesen werden.

- Im Fachhandelsdurchschnitt sind ca. ein Drittel der Betriebe durch den allgemeinen Trendverlauf nicht zu charakterisieren, d.h. dass sie entweder bei überdurchschnittlichen Personalkosten ein ebenfalls überdurchschnittliches Betriebsergebnis erzielten oder im entgegengesetzten Fall unterdurchschnittliche Personalkosten nicht zur Erreichung eines zumindest durchschnittlichen Ergebnisses nutzen konnten.

- Unter 26 ausgewählten Determinanten des betriebswirtschaftlichen Erfolgs, gingen die Personalkosten als der Faktor mit dem größten Einfluss auf das Betriebsergebnis hervor.

Die im weiteren zu überprüfende Hypothese lautete: Der Abstieg der Kosten des Faktors Arbeit hat die Marktleistungsstrategie der Fachhandelsbetriebe nachhaltig bestimmt. Hierzu wurde der Zeitraum von 1981 bis 1998 in den Fokus gestellt. Um die Homogenität der einzelnen Stichproben hinsichtlich ihrer Teilnehmerzusammensetzung zu erhöhen, wurden nur die Betriebe mit einer zehn bis 18-maligen Teilnahme am Jahresbetriebsvergleich berücksichtigt. Für das Ausmaß der Marktleistungsstrategie wurde stellvertretend die Bedienungsintensität ausgewählt. Die Erkenntnisse können wie folgt zusammengefasst werden.

- Die höchste Bedienungsintensität kann im Uhren- und Schmuckfachhandel festgestellt werden. Vier Fünftel der Uhrmacher und Juweliere setzten auf die Bedienungsform der ausschließlichen Verkäuferbedienung. Entgegengesetzt hierzu verhalten sich die Reformhäuser. Ca. die Hälfte von Ihnen bietet die Ware in Selbstbedienung an.

- Beim überwiegenden Teil der untersuchten Fachsparten ist die Bedienungsintensität rückläufig. Eine Ausnahme bilden diejenigen Branchen, die bereits in der Vergangenheit überwiegend auf das Bedienungssystem der Selbstbedienung setzten.

- Ebenso rückläufig ist die einzelbetriebliche Personalkapazität. Dies gilt nicht nur für die Zahl der im Betrieb beschäftigten Personen, sondern in einem noch stärkeren Maße für den Personaleinsatz im Verhältnis zum Einsatz des Faktors Raum.

- Die mit dem Personalabbau erzielte Kostenersparnis korreliert stark und höchst signifikant mit der Reduzierung der Bedienungsintensität.

- Die parallele Entwicklung von Bedienungsintensität und Personalkostenbelastung signalisiert schließlich das anhaltende Bemühen der Fachhändler, die Preissteigerungen des Faktors Arbeit durch ein Trading-Up der Marktleistungsstrategie auffangen zu wollen.

zu: 3

An- und abschließend wurden die Maßnahmen zu einer erfolgreichen absoluten und/oder relativen Reduzierung der Personalkosten untersucht. Um die Kosten des Faktors Arbeit dabei nicht isoliert betrachten zu müssen, wurden in einem einleitenden Schritt, die Leistungen des Facheinzelhandels aus einer potenzialorientierten, prozessorientierten und produktorientierten Sichtweise untersucht und definiert.

Die Zukunft dieser Betriebsform hängt nicht unwesentlich von der Effizienz dieser Maßnahmen ab. Um die Ansätze nicht auf operative Kosteneinsparungen zu begrenzen, wurden auch strategische Maßnahmen der Marktleistungsvariation vorgestellt. Die Relevanz der Maßnahmen wurde an drei Bedingungen geknüpft.

1. Absoluter oder relativer, d.h. im Verhältnis zum Umsatz oder zur Wertschöpfung, Rückgang der Personalkosten
2. Veränderung von Preis, Menge und/oder Güte des Faktors Arbeit
3. Anstieg des absoluten Betriebsergebnisses

Insgesamt wurden neun kategoriale Maßnahmenbündel gegeneinander abgegrenzt. Die ersten beiden stellten Möglichkeiten der Preissenkung bei unverändertem Leistungsangebot vor, deren Spielraum jedoch durch bestehende gesetzliche, tarifliche und arbeitsvertragliche Reglementierungen begrenzt ist. Es folgten fünf Instrumente der Personaleinsparung. Auch bei diesen wurden konstante Marktleistungen unterstellt. Die Effizienz dieser Instrumente ist unterschiedlich zu beurteilen. Während die Potenziale zur Mengenreduzierung ohne Faktorsubstitution in vielen Fällen bereits ausgeschöpft sind, erscheint der Austausch von Personal, vor allem gegen elektronische Betriebsmittel, weiterhin zukunftsweisend.

Die anschließend vorgestellten Maßnahmen versuchen Personalstrategie und Marktleistungsstrategie zu harmonisieren. Zwei entgegengesetzte Wettbewerbsstrategien stehen dem Facheinzelhändler dabei theoretisch zur Verfügung. Mit einem Trading-Up seines Waren- und Serviceangebots versucht er die Leistungsführerschaft zu erwerben, währenddessen er im Falle des Trading-Down Kostenvorteile zur erfolgreichen Positionierung nutzen will.

Für ein erfolgreiches Kostenmanagement stehen dem Facheinzelhandel demnach eine Vielzahl unterschiedlicher Maßnahmen zur Verfügung. Jede einzelne kann und muss ihren Beitrag zur Entlastung der Wertschöpfung leisten. Nur in der Summe werden diese Maßnahmen zum Erfolg führen.

Anhang

Anhang 1

Datenblatt der Kennzahlen aus Abbildung 5

Jahr	Unternehmerlohn in % v. Umsatz im Facheinzel-handel	Fremd-personalkosten in % v. Umsatz im Facheinzelhandel	Personalkosten in % vom Umsatz im Facheinzelhandel	Personalkosten, ohne Lebens-mittelbetriebe, in % v. Umsatz im Facheinzelhandel
1	2	3	4	5
1949	4,6	4,6	9,2	9,8
1950	4,3	4,5	8,8	9,3
1951	4,6	4,5	9,1	9,6
1952	4,4	4,9	9,3	10,1
1953	4,2	5,3	9,5	10,6
1954	4,1	5,6	9,7	10,8
1955	4,6	5,6	10,2	11,3
1956	4,4	5,7	10,1	11,2
1957	4,4	6,1	10,5	11,7
1958	4,5	6,3	10,8	12,1
1959	4,3	6,4	10,7	12,2
1960	4,4	6,4	10,8	12,4
1961	4,9	6,3	11,2	12,7
1962	4,6	6,8	11,4	13,1
1963	4,5	7,2	11,7	13,6
1964	4,3	7,3	11,6	13,5
1965	4,6	7,5	12,1	13,9
1966	4,9	8,0	12,9	14,9
1967	4,7	8,5	13,2	15,4
1968	4,5	8,7	13,2	15,5
1969	4,8	8,3	13,1	15,1
1970	4,7	8,4	13,1	15,1
1971	5,0	8,7	13,7	15,8
1972	5,1	9,3	14,4	16,5
1973	5,3	10,1	15,4	17,7
1974	4,9	10,5	15,4	17,8
1975	4,6	10,7	15,3	18,0
1976	4,6	11,0	15,6	18,1
1977	4,6	11,0	15,6	18,1
1978	4,6	11,3	15,9	18,5
1979	4,5	11,6	16,1	18,6
1980	4,6	11,7	16,3	18,7
1981	4,5	12,0	16,5	19,0
1982	4,6	12,3	16,9	19,5
1983	4,5	12,1	16,6	19,0
1984	4,6	12,3	16,9	19,5
1985	4,6	12,2	16,8	19,5
1986	4,5	11,9	16,4	18,9
1987	4,4	11,8	16,2	18,6
1988	4,3	12,0	16,3	18,6
1989	4,2	12,2	16,4	18,7
1990	4,0	12,0	16,0	18,3
1991	4,0	12,2	16,2	18,4

1992	3,9	12,7	16,6	18,9
1993	3,9	13,6	17,5	20,1
1994	4,0	14,0	18,0	20,9
1995	4,1	14,4	18,5	21,5
1996	4,1	14,6	18,7	21,6
1997	4,2	14,8	19,0	21,7
1998	4,3	14,2	18,5	21,2

Quellen: Seyffert, R. (Hrsg.), 1962, S. 58-61; Sundhoff, E. (Hrsg.): Umsatz, Kosten, Spannen und Gewinn des Einzelhandels in der Bundesrepublik Deutschland in dem Jahrzehnt 1959 bis 1968, Köln-Opladen 1970, S. 56-59; Sundhoff, E. (Hrsg.): Umsatz, Kosten, Spannen und Gewinn des Einzelhandels in der Bundesrepublik Deutschland in dem Jahrzehnt 1969 bis 1978, Göttingen 1980, S. 56-58; Philippi, H.: Bericht über die Ergebnisse des Betriebsvergleichs des Einzelhandels im Jahre 1979, in: M.d.IfH, Jg. 32 (1980), H. 11, S. 144; Philippi, H., 1982, S. 156; Philippi, H.: Bericht über die Ergebnisse des Betriebsvergleichs der Einzelhandelsfachgeschäfte im Jahre 1983, in: M.d.IfH, Jg. 36 (1984), H. 11, S. 168; Philippi, H.: Bericht über die Ergebnisse des Betriebsvergleichs der Einzelhandelsfachgeschäfte im Jahre 1985, in: M.d.IfH, 38. Jg. (1986), H. 11, S. 156; Philippi, H.: Bericht über die Ergebnisse des Betriebsvergleichs der Einzelhandelsfachgeschäfte im Jahre 1987, in: M.d.IfH, 40. Jg. (1988), H. 11, S. 160; Philippi, H.: Bericht über die Ergebnisse des Betriebsvergleichs der Einzelhandelsfachgeschäfte im Jahre 1989, in: M.d.IfH, 42. Jg. (1990), H. 11, S. 152; Philippi, H.: Bericht über die Ergebnisse des Betriebsvergleichs der Einzelhandelsfachgeschäfte im Jahre 1991, in: M.d.IfH, 44. Jg. (1992), H. 11, S. 168; Erdmann, B.: Bericht über die Ergebnisse des Betriebsvergleichs der Einzelhandelsfachgeschäfte aus den alten und den neuen Bundesländern im Jahre 1993, in: M.d.IfH, 46. Jg. (1994), H. 11, S. 182; Kaapke, A., 1996, S. 184; Kaapke, A., 1998, S. 242; Kaapke, A., 1999, S. 236. Die Werte in der fünften Spalte von 1949 bis 1979 basieren auf eigenen Berechnungen.

Anhang 2

Datenblatt der Kennzahlen aus Abbildung 6

Jahr	Umsatz-veränderung zum jeweiligen Vorjahr im Facheinzelhandel (Vorjahr = 100)	Personalkosten je beschäftigte Person im Fach-einzelhandel pro Jahr in DM	Effektive Jahresarbeitszeit je beschäftigte Person in Stunden im Handel	Personalkosten je beschäftigte Person im Fach-einzelhandel pro Stunde in DM
1	2	3	4	5
1949	100,0	3.800	2.790,0	1,36
1950	111,2	3.650	2.731,7	1,34
1951	111,9	3.690	2.673,8	1,38
1952	103,7	3.840	2.616,3	1,47
1953	105,6	3.930	2.559,2	1,54
1954	104,7	4.030	2.502,5	1,61
1955	109,0	4.510	2.446,2	1,84
1956	109,8	4.690	2.390,3	1,96
1957	106,6	4.970	2.334,8	2,13
1958	103,7	5.210	2.279,7	2,29
1959	104,5	5.400	2.225,0	2,43
1960	107,2	5.810	2.163,6	2,69
1961	108,9	6.750	2.142,6	3,15
1962	106,7	7.390	2.119,2	3,49
1963	103,0	7.970	2.101,1	3,79
1964	106,9	8.640	2.115,1	4,08
1965	108,5	9.700	2.102,6	4,61
1966	104,6	10.890	2.040,8	5,34
1967	99,2	11.340	2.009,5	5,64
1968	102,9	11.800	1.989,8	5,93
1969	108,7	12.790	1.976,0	6,47
1970	110,9	13.470	1.957,1	6,88
1971	109,7	15.456	1.927,6	8,02
1972	106,7	17.925	1.870,0	9,59
1973	105,3	20.169	1.831,4	11,01
1974	104,0	21.713	1.800,5	12,06
1975	104,6	23.240	1.773,8	13,10
1976	103,5	25.192	1.812,2	13,90
1977	104,7	27.394	1.777,1	15,41
1978	103,2	27.863	1.762,3	15,81
1979	103,4	29.571	1.743,9	16,96
1980	105,3	31.668	1.732,9	18,27
1981	101,4	32.860	1.720,9	19,10
1982	99,9	34.397	1.724,1	19,95
1983	101,9	35.494	1.723,9	20,59
1984	99,8	36.842	1.714,1	21,49
1985	100,5	37.234	1.689,5	22,04
1986	102,7	36.697	1.657,2	22,14
1987	102,4	38.109	1.642,7	23,20
1988	102,7	39.010	1.637,5	23,82
1989	103,6	40.510	1.623,8	24,95
1990	106,6	41.144	1.591,4	25,85
1991	105,3	42.868	1.554,2	27,58

1992	102,4	44.519	1.573,2	28,30
1993	99,6	46.463	1.567,4	29,64
1994	98,2	47.375	1.577,7	30,03
1995	98,5	48.720	1.575,3	30,93
1996	98,9	50.253	1.589,3	31,62
1997	97,9	51.995	1.574,8	33,02
1998	99,5	52.782	1.583,9	33,32

Quellen **zu Spalte 2**: Seyffert, R. (Hrsg.), 1962, S. 44; Sundhoff, E. (Hrsg.), 1970, S. 36; Sundhoff, E. (Hrsg.), 1980, S. 35; Klein-Blenkers, Fritz (Hrsg.): Umsatz, Kosten, Spannen und Gewinn der Einzelhandelsfachgeschäfte in der Bundesrepublik Deutschland in dem Jahrzehnt 1979 bis 1988, Göttingen 1990, S. 34; Philippi, H., 1990, S. 148; Philippi, H., 1992, S. 164; Erdmann, B., 1994, S. 172; Kaapke, A., 1996, S. 174; Kaapke, A., 1998, S. 234; Kaapke, A., 1999, S. 232. Die Daten von 1949 bis 1968 basieren auf einer Rückrechnung der publizierten Indexwerte (Basis 1949 = 100) auf das jeweilige Vorjahr.

Quellen **zu Spalte 3**: Seyffert, R. (Hrsg.), 1962, S. 59; Sundhoff, E. (Hrsg.), 1970, S. 57. Da das IfH seit dem Betriebsvergleich für das Jahr 1969 die Personalkosten je beschäftigte Person nur für das Fremdpersonal publiziert, basieren die Daten für die Jahre 1969 bis 1995 auf eigenen Berechnungen. Hierzu wurde auf die Kennzahlen ‚Zahl der beschäftigten Personen je Betrieb', ‚Absatz je Betrieb in Tausend DM', ‚Personalkosten mit Unternehmerlohn in % des Umsatzes' und auf den ‚Anteil am Einzelhandelsumsatz in %' der einzelnen Branchen zurückgegriffen. Sundhoff, E. (Hrsg.), 1980, S. 5, 32, 34 u. 58; Klein-Blenkers, Fritz (Hrsg.), 1990, S. 5, 31, 33 u. 57; Philippi, H., 1990, S. 138, 145 u. 152; Philippi, H., 1992, S. 155, 161 u. 168; Erdmann, B., 1994, S. 157, 170 u. 182; Kaapke, A., 1996, S. 157, 172 u. 184. Die Veröffentlichungen des IfH enthalten für die Berichtsjahre 1996 bis 1998 keine Angaben mehr zu den Kennzahlen ‚Zahl der beschäftigten Personen je Betrieb' und ‚Absatz je Betrieb in Tausend DM'. Die entsprechenden Daten in der obigen Tabelle wurden auf Basis der einzelbetrieblichen Werte der Betriebsvergleichsteilnehmer errechnet.

Quellen **zu Spalte 4**: Die Angaben zur ‚Jahresarbeitszeit je beschäftigte Person in Stunden' wurden dem Autor freundlicherweise vom Institut für Arbeitsmarkt- und Berufsforschung (IAB), Nürnberg für die Jahre 1960 bis 1998 zur Verfügung gestellt. Sie beziehen sich allerdings auf den gesamten bundesdeutschen Handel. Gravierende Abweichungen zum (Fach-)Einzelhandel können aber ausgeschlossen werden. Die Daten für den Zeitraum von 1949 bis 1959 basieren auf eigenen Berechnungen. Die hierzu notwendige Information über die jeweilige wöchentliche Arbeitszeit, die Anzahl an Urlaubstagen sowie die Zahl der sonstigen arbeitsfreien Tage wurde u.a. den folgenden Veröffentlichungen entnommen. Lemm, R., 1987, S. 120-132; Friede-Mohr, Ch., 1987, S. 87-93.

Quelle **zu Spalte 5**: Berechnet aus dem Quotienten der Spalten 3 u. 4.

Anhang 3

Datenblatt der Kennzahlen aus Abbildung 7

Jahr	Löhne, Gehälter u. Provisionen je angestellte Person im Einzelhandel mit Blumen und Pflanzen pro Jahr in DM (Quelle: Stat.BA)	Sozialkosten je angestellte Person im Einzelhandel mit Blumen und Pflanzen pro Jahr in DM (Quelle: Stat.BA)	Personalkosten je angestellte Person im Einzelhandel mit Blumen und Pflanzen pro Jahr in DM (Quelle: Stat.BA)	Personalkosten je angestellte Person im Blumenfachhandel pro Jahr in DM (Quelle: IfH)
1	2	3	4	5
1952				1.849
1953				2.032
1954				2.265
1955				2.347
1956				2.623
1957				3.150
1958				2.976
1959				3.448
1960				3.951
1961	3.626	464	4.090	4.383
1962				4.812
1963				5.308
1964				6.884
1965	4.802	533	5.336	7.005
1966				7.887
1967				7.022
1968				7.172
1969	5.083	583	5.666	7.800
1970				8.200
1971				10.000
1972				10.900
1973	8.101	1.048	9.149	12.500
1974				13.200
1975				14.500
1976				15.400
1977	11.449	1.772	13.221	16.000
1978				15.300
1979				15.800
1980				17.200
1981	13.707	2.269	15.976	19.007
1982				18.963
1983				20.919
1984				20.027
1985	16.874	3.001	19.875	21.241
1986				20.624
1987				21.807
1988				22.879
1989	21.470	3.878	25.348	23.277
1990				25.328
1991				28.177
1992				29.337

1993	27.800	5.199	32.999	30.124
1994				31.982
1995				32.995
1996				34.719
1997				35.084
1998				34.472

Quellen **zu Spalte 2 u. 3**: Statistisches Bundesamt (Hrsg.): Unternehmen und Arbeitsstätten. Die Kostenstruktur in der Wirtschaft. VII. Einzelhandel 1961, Fachserie C, Reihe 1, Stuttgart-Mainz 1965, S. 21 u. 84f; Statistisches Bundesamt (Hrsg.): Unternehmen und Arbeitsstätten. Die Kostenstruktur in der Wirtschaft. VII. Einzelhandel 1965, Fachserie C, Reihe 1, Stuttgart-Mainz 1968, S. 29 u. 92f; Statistisches Bundesamt (Hrsg.): Unternehmen und Arbeitsstätten. Die Kostenstruktur in der Wirtschaft. VII. Einzelhandel 1969, Fachserie C, Reihe 1, Stuttgart-Mainz 1972, S. 15 u. 86f; Statistisches Bundesamt (Hrsg.): Unternehmen und Arbeitsstätten. Die Kostenstruktur in der Wirtschaft. VII. Einzelhandel 1973, Fachserie C, Reihe 1, Stuttgart-Mainz 1976, S. 15 u. 86f; Statistisches Bundesamt (Hrsg.): Unternehmen und Arbeitsstätten. Kostenstruktur im Einzelhandel 1977, Fachserie 2, Reihe 1.3, Stuttgart-Mainz 1979, S. 78f; Statistisches Bundesamt (Hrsg.): Unternehmen und Arbeitsstätten. Kostenstruktur im Einzelhandel 1981, Fachserie 2, Reihe 1.3, Stuttgart-Mainz 1983, S. 102f; Statistisches Bundesamt (Hrsg.): Unternehmen und Arbeitsstätten. Kostenstruktur im Einzelhandel 1985, Fachserie 2, Reihe 1.3, Stuttgart-Mainz 1987, S. 104f; Statistisches Bundesamt (Hrsg.), 1992, S. 130f; Statistisches Bundesamt (Hrsg.), 1996, S. 131. Lediglich der Wert in Spalte 2 für das Erhebungsjahr 1993 konnte den Veröffentlichungen direkt entnommen werden. In allen anderen Fällen wies das Statistische Bundesamt die entsprechenden Kosten in Prozent der betrieblichen Gesamtleistung und/oder als kumulierte absolute Werte über die Gesamtzahl der angestellten Personen aus. Auch finden sich bei den Kostenstrukturerhebungen der Jahre 1950 bis 1977 keine Branchendurchschnittswerte, sondern nur Mittelwerte über die unterschiedlichen Betriebsgrößenklassen einer Branche. Zur Ableitung der obigen Kennzahlen waren folglich weitergehende Berechnungen notwendig.

Quelle **zu Spalte 4**: Summe aus Spalte 2 u. 3.

Quellen **zu Spalte 5**: Seyffert, R. (Hrsg.), 1962, S. 42, 43 u. 60; Sundhoff, E. (Hrsg.), 1970, S. 32, 34 u. 58; Sundhoff, E. (Hrsg.), 1980, S. 69; Klein-Blenkers, Fritz (Hrsg.), 1990, S. 68; Lediglich die Daten von 1969 bis 1980 sind unmittelbar diesen Veröffentlichungen entnommen. Für die Jahre 1949 bis 1968 blieb die Kennzahl bei den Publikationen des IfH unberücksichtigt. Die im obigen Datenblatt angegebenen Werte sind auf Basis der dort angegebenen Kennzahlen ‚Der Umsatz je Betrieb in DM', ‚Die Personalkosten (ohne Unternehmerlohn) in Prozenten des Umsatzes' und ‚Die Zahl der beschäftigten Personen je Betrieb' ermittelt worden. Um die letztere Kennzahl um die nicht angestellten Personen (Inhaber und mithelfende Familienangehörige) reduzieren zu können, musste auf die entsprechenden Angaben der folgenden Veröffentlichungen des Stat.BA zurückgegriffen werden. Statistisches Bundesamt (Hrsg.), 1965, S. 84; Statistisches Bundesamt (Hrsg.), 1968, S. 92. Die Daten in der obigen Tabelle für die Jahre 1981 bis 1998 wurden auf Basis der einzelbetrieblichen Werte der Betriebsvergleichsteilnehmer errechnet.

Datenblatt der Kennzahlen aus Abbildung 8

Jahr	Löhne, Gehälter u. Provisionen je angestellte Person in Drogerien pro Jahr in DM (Quelle: Stat.BA)	Sozialkosten je angestellte Person in Drogerien pro Jahr in DM (Quelle: Stat.BA)	Personalkosten je angestellte Person in Drogerien pro Jahr in DM (Quelle: Stat.BA)	Personalkosten je angestellte Person im Drogeriefachhandel pro Jahr in DM (Quelle: IfH)
1	2	3	4	5
1949				1.791
1950	1.526	151	1.677	1.952
1951				1.895
1952				1.929
1953				2.067
1954				2.199
1955				2.400
1956				2.596
1957				2.573
1958				2.871
1959				3.027
1960				3.369
1961	3.202	414	3.616	3.533
1962				4.268
1963				4.588
1964				5.085
1965	4.588	497	5.085	5.795
1966				6.179
1967				6.418
1968				7.496
1969	6.088	711	6.799	8.300
1970				9.100
1971				10.500
1972				11.500
1973	8.670	1.133	9.803	13.100
1974				14.400
1975				15.700
1976				17.000
1977	13.488	2.033	15.522	18.100
1978				19.000
1979				19.700
1980				21.300
1981	16.824	2.969	19.793	23.343
1982				23.449
1983				25.122
1984				25.857
1985	23.221	3.906	27.128	26.121
1986				27.192
1987				28.415
1988				28.817
1989	26.401	4.477	30.878	29.141
1990				30.004
1991				31.383
1992				32.307

1993	35.900	6.031	41.931	35.665
1994				37.844
1995				39.477
1996				41.022
1997				42.765
1998				42.935

Quellen **zu Spalte 2 u. 3**: Statistisches Bundesamt (Hrsg.), 1955, S. 37 u. 98f; Statistisches Bundesamt (Hrsg.), 1965, S. 20 u. 82f; Statistisches Bundesamt (Hrsg.), 1968, S. 28 u. 90f; Statistisches Bundesamt (Hrsg.), 1972, S. 14 u. 84f; Statistisches Bundesamt (Hrsg.), 1976, S. 14 u. 84f; Statistisches Bundesamt (Hrsg.), 1979, S. 76f; Statistisches Bundesamt (Hrsg.), 1983, S. 100f; Statistisches Bundesamt (Hrsg.), 1987, S. 100f; Statistisches Bundesamt (Hrsg.), 1992, S. 128f; Statistisches Bundesamt (Hrsg.), 1996, S. 129. Lediglich der Wert in Spalte 2 für das Erhebungsjahr 1993 konnte den Veröffentlichungen direkt entnommen werden. In allen anderen Fällen wies das Statistische Bundesamt die entsprechenden Kosten in Prozent der betrieblichen Gesamtleistung und/oder als kumulierte absolute Werte über die Gesamtzahl der angestellten Personen aus. Auch finden sich bei den Kostenstrukturerhebungen der Jahre 1950 bis 1977 keine Branchendurchschnittswerte, sondern nur Mittelwerte über die unterschiedlichen Betriebsgrößenklassen einer Branche. Zur Ableitung der obigen Kennzahlen waren folglich weitergehende Berechnungen notwendig.

Quelle **zu Spalte 4**: Summe aus Spalte 2 u. 3.

Quellen **zu Spalte 5**: Seyffert, R. (Hrsg.), 1962, S. 42, 43 u. 60; Sundhoff, E. (Hrsg.), 1970, S. 32, 34 u. 58; Sundhoff, E. (Hrsg.), 1980, S. 69; Klein-Blenkers, Fritz (Hrsg.), 1990, S. 68; Lediglich die Daten von 1969 bis 1980 sind unmittelbar diesen Veröffentlichungen entnommen. Für die Jahre 1949 bis 1968 blieb die Kennzahl bei den Publikationen des IfH unberücksichtigt. Die im obigen Datenblatt angegebenen Werte sind auf Basis der dort angegebenen Kennzahlen ‚Der Umsatz je Betrieb in DM', ‚Die Personalkosten (ohne Unternehmerlohn) in Prozenten des Umsatzes' und ‚Die Zahl der beschäftigten Personen je Betrieb' ermittelt worden. Um die letztere Kennzahl um die nicht angestellten Personen (Inhaber und mithelfende Familienangehörige) reduzieren zu können, musste auf die entsprechenden Angaben der folgenden Veröffentlichungen des Stat.BA zurückgegriffen werden. Statistisches Bundesamt (Hrsg.), 1955, S. 98; Statistisches Bundesamt (Hrsg.), 1965, S. 82; Statistisches Bundesamt (Hrsg.), 1968, S. 90. Die Daten in der obigen Tabelle für die Jahre 1981 bis 1998 wurden auf Basis der einzelbetrieblichen Werte der Betriebsvergleichsteilnehmer errechnet.

Datenblatt der Kennzahlen aus Abbildung 9

Jahr	Löhne, Gehälter u. Provisionen je angestellte Person im Einzelhandel mit Schuhen pro Jahr in DM (Quelle: Stat.BA)	Sozialkosten je angestellte Person im Einzelhandel mit Schuhen pro Jahr in DM (Quelle: Stat.BA)	Personalkosten je angestellte Person im Einzelhandel mit Schuhen pro Jahr in DM (Quelle: Stat.BA)	Personalkosten je angestellte Person im Schuhfachhandel pro Jahr in DM (Quelle: IfH)
1	2	3	4	5
1949				2.749
1950	1.447	152	1.599	2.660
1951				2.534
1952				2.479
1953				2.585
1954				2.550
1955				2.510
1956				2.690
1957				2.963
1958				2.871
1959				3.157
1960				3.149
1961	3.741	468	4.209	3.561
1962				4.200
1963				4.204
1964				5.107
1965	4.586	515	5.102	5.324
1966				5.800
1967				6.390
1968				6.950
1969	5.618	702	6.321	8.400
1970				9.400
1971				11.000
1972				12.300
1973	9.326	1.210	10.536	14.000
1974				15.800
1975				16.800
1976				18.100
1977	15.989	3.023	19.012	20.100
1978				21.000
1979				22.500
1980				24.700
1981	17.740	3.033	20.773	25.444
1982				26.463
1983				28.275
1984				29.416
1985	23.496	4.114	27.610	29.566
1986				30.432
1987				31.129
1988				31.997
1989	28.996	5.117	34.113	32.957
1990				34.279
1991				36.873

1992				38.968
1993	38.200	6.800	45.000	41.313
1994				43.150
1995				44.428
1996				45.985
1997				47.295
1998				47.834

Quellen **zu Spalte 2 u. 3**: Statistisches Bundesamt (Hrsg.), 1955, S. 35 u. 94f; Statistisches Bundesamt (Hrsg.), 1965, S. 18 u. 78f; Statistisches Bundesamt (Hrsg.), 1968, S. 26 u. 86f; Statistisches Bundesamt (Hrsg.), 1972, S. 11 u. 80f; Statistisches Bundesamt (Hrsg.), 1976, S. 11 u. 78f; Statistisches Bundesamt (Hrsg.), 1979, S. 70f; Statistisches Bundesamt (Hrsg.), 1983, S. 92f; Statistisches Bundesamt (Hrsg.), 1987, S. 94f; Statistisches Bundesamt (Hrsg.), 1992, S. 118f; Statistisches Bundesamt (Hrsg.), 1996, S. 121. Lediglich der Wert in Spalte 2 für das Erhebungsjahr 1993 konnte den Veröffentlichungen direkt entnommen werden. In allen anderen Fällen wies das Statistische Bundesamt die entsprechenden Kosten in Prozent der betrieblichen Gesamtleistung und/oder als kumulierte absolute Werte über die Gesamtzahl der angestellten Personen aus. Auch finden sich bei den Kostenstrukturerhebungen der Jahre 1950 bis 1977 keine Branchendurchschnittswerte, sondern nur Mittelwerte über die unterschiedlichen Betriebsgrößenklassen einer Branche. Zur Ableitung der obigen Kennzahlen waren folglich weitergehende Berechnungen notwendig.

Quelle **zu Spalte 4**: Summe aus Spalte 2 u. 3.

Quellen **zu Spalte 5**: Seyffert, R. (Hrsg.), 1962, S. 42, 43 u. 60; Sundhoff, E. (Hrsg.), 1970, S. 32, 34 u. 58; Sundhoff, E. (Hrsg.), 1980, S. 69; Klein-Blenkers, Fritz (Hrsg.), 1990, S. 68; Lediglich die Daten von 1969 bis 1980 sind unmittelbar diesen Veröffentlichungen entnommen. Für die Jahre 1949 bis 1968 blieb die Kennzahl bei den Publikationen des IfH unberücksichtigt. Die im obigen Datenblatt angegebenen Werte sind auf Basis der dort angegebenen Kennzahlen ‚Der Umsatz je Betrieb in DM', ‚Die Personalkosten (ohne Unternehmerlohn) in Prozenten des Umsatzes' und ‚Die Zahl der beschäftigten Personen je Betrieb' ermittelt worden. Um die letztere Kennzahl um die nicht angestellten Personen (Inhaber und mithelfende Familienangehörige) reduzieren zu können, musste auf die entsprechenden Angaben der folgenden Veröffentlichungen des Stat.BA zurückgegriffen werden. Statistisches Bundesamt (Hrsg.), 1955, S. 94; Statistisches Bundesamt (Hrsg.), 1965, S. 78; Statistisches Bundesamt (Hrsg.), 1968, S. 86. Die Daten in der obigen Tabelle für die Jahre 1981 bis 1998 wurden auf Basis der einzelbetrieblichen Werte der Betriebsvergleichsteilnehmer errechnet.

Datenblatt der Kennzahlen aus Abbildung 10

Jahr	Löhne, Gehälter u. Provisionen je angestellte Person im Einzelhandel mit Büchern und Fachzeitschriften pro Jahr in DM (Quelle: Stat.BA)	Sozialkosten je angestellte Person im Einzelhandel mit Büchern und Fachzeitschriften pro Jahr in DM (Quelle: Stat.BA)	Personalkosten je angestellte Person im Einzelhandel mit Büchern und Fachzeitschriften pro Jahr in DM (Quelle: Stat.BA)	Personalkosten je angestellte Person im Buchfachhandel pro Jahr in DM (Quelle: IfH)
1	2	3	4	5
1949				2.608
1950	1.871	186	2.057	2.736
1951				2.552
1952				2.777
1953				2.977
1954				3.265
1955				3.404
1956				3.578
1957				4.218
1958				4.400
1959				4.554
1960				4.812
1961	3.922	489	4.411	5.306
1962				5.820
1963				6.073
1964				7.050
1965	5.599	617	6.216	7.336
1966				7.964
1967				8.658
1968				9.056
1969	7.150	876	8.026	10.800
1970				11.800
1971				13.300
1972				15.100
1973	11.410	1.580	12.990	17.100
1974				18.500
1975				19.900
1976				21.800
1977	17.190	2.915	20.106	22.700
1978				24.200
1979				25.300
1980				26.900
1981	22.105	3.809	25.914	28.265
1982				29.769
1983				30.634
1984				31.332
1985	22.761	4.175	26.936	31.879
1986				31.474
1987				31.451
1988				32.198
1989	30.531	5.388	35.919	34.129
1990				35.934
1991				37.909

1992				41.604
1993	39.000	7.020	46.020	43.954
1994				45.889
1995				49.677
1996				50.959
1997				49.705
1998				50.283

Quellen **zu Spalte 2 u. 3**: Statistisches Bundesamt (Hrsg.), 1955, S. 36 u. 96f; Statistisches Bundesamt (Hrsg.), 1965, S. 19 u. 80f; Statistisches Bundesamt (Hrsg.), 1968, S. 27 u. 88f; Statistisches Bundesamt (Hrsg.), 1972, S. 13 u. 82f; Statistisches Bundesamt (Hrsg.), 1976, S. 13 u. 82f; Statistisches Bundesamt (Hrsg.), 1979, S. 74f; Statistisches Bundesamt (Hrsg.), 1983, S. 98f; Statistisches Bundesamt (Hrsg.), 1987, S. 100f; Statistisches Bundesamt (Hrsg.), 1992, S. 126f; Statistisches Bundesamt (Hrsg.), 1996, S. 127. Lediglich der Wert in Spalte 2 für das Erhebungsjahr 1993 konnte den Veröffentlichungen direkt entnommen werden. In allen anderen Fällen wies das Statistische Bundesamt die entsprechenden Kosten in Prozent der betrieblichen Gesamtleistung und/oder als kumulierte absolute Werte über die Gesamtzahl der angestellten Personen aus. Auch finden sich bei den Kostenstrukturerhebungen der Jahre 1950 bis 1977 keine Branchendurchschnittswerte, sondern nur Mittelwerte über die unterschiedlichen Betriebsgrößenklassen einer Branche. Zur Ableitung der obigen Kennzahlen waren folglich weitergehende Berechnungen notwendig.

Quelle **zu Spalte 4**: Summe aus Spalte 2 u. 3.

Quellen **zu Spalte 5**: Seyffert, R. (Hrsg.), 1962, S. 42, 43 u. 60; Sundhoff, E. (Hrsg.), 1970, S. 32, 34 u. 58; Sundhoff, E. (Hrsg.), 1980, S. 69; Klein-Blenkers, Fritz (Hrsg.), 1990, S. 68; Lediglich die Daten von 1969 bis 1980 sind unmittelbar diesen Veröffentlichungen entnommen. Für die Jahre 1949 bis 1968 blieb die Kennzahl bei den Publikationen des IfH unberücksichtigt. Die im obigen Datenblatt angegebenen Werte sind auf Basis der dort angegebenen Kennzahlen ‚Der Umsatz je Betrieb in DM', ‚Die Personalkosten (ohne Unternehmerlohn) in Prozenten des Umsatzes' und ‚Die Zahl der beschäftigten Personen je Betrieb' ermittelt worden. Um die letztere Kennzahl um die nicht angestellten Personen (Inhaber und mithelfende Familienangehörige) reduzieren zu können, musste auf die entsprechenden Angaben der folgenden Veröffentlichungen des Stat.BA zurückgegriffen werden. Statistisches Bundesamt (Hrsg.), 1955, S. 96; Statistisches Bundesamt (Hrsg.), 1965, S. 80; Statistisches Bundesamt (Hrsg.), 1968, S. 88. Die Daten in der obigen Tabelle für die Jahre 1981 bis 1998 wurden auf Basis der einzelbetrieblichen Werte der Betriebsvergleichsteilnehmer errechnet.

Datenblatt der Kennzahlen aus Abbildung 11

Jahr	Löhne, Gehälter u. Provisionen je angestellte Person im Einzelhandel mit Möbeln pro Jahr in DM (Quelle: Stat.BA)	Sozialkosten je angestellte Person im Einzelhandel mit Möbeln pro Jahr in DM (Quelle: Stat.BA)	Personalkosten je angestellte Person im Einzelhandel mit Möbeln pro Jahr in DM (Quelle: Stat.BA)	Personalkosten je angestellte Person im Möbelfachhandel pro Jahr in DM (Quelle: IfH)
1	2	3	4	5
1949				3.617
1950	1.873	194	2.067	3.800
1951				3.668
1952				4.188
1953				4.500
1954				4.826
1955				5.438
1956				5.248
1957				5.827
1958				6.346
1959				6.320
1960				6.707
1961	6.159	805	6.964	7.420
1962				8.412
1963				8.922
1964				9.581
1965	8.299	903	9.203	10.269
1966				11.612
1967				11.953
1968				12.886
1969	10.176	1.236	11.413	14.500
1970				16.500
1971				19.000
1972				20.800
1973	17.036	2.391	19.427	23.900
1974				26.000
1975				28.000
1976				29.400
1977	23.996	4.070	28.066	31.300
1978				33.000
1979				35.200
1980				37.500
1981	30.806	5.309	36.115	39.728
1982				40.452
1983				41.639
1984				41.748
1985	36.636	6.364	43.000	43.153
1986				43.272
1987				45.110
1988				46.739
1989	38.431	6.623	45.054	49.028
1990				50.892
1991				53.847
1992				56.480

1993	51.700	9.254	60.954	58.368
1994				59.364
1995				61.353
1996				63.007
1997				62.163
1998				61.718

Quellen **zu Spalte 2 u. 3**: Statistisches Bundesamt (Hrsg.), 1955, S. 36 u. 96f; Statistisches Bundesamt (Hrsg.), 1965, S. 18 u. 78f; Statistisches Bundesamt (Hrsg.), 1968, S. 26 u. 86f; Statistisches Bundesamt (Hrsg.), 1972, S. 12 u. 80f; Statistisches Bundesamt (Hrsg.), 1976, S. 12 u. 80f; Statistisches Bundesamt (Hrsg.), 1979, S. 72f; Statistisches Bundesamt (Hrsg.), 1983, S. 94f; Statistisches Bundesamt (Hrsg.), 1987, S. 96f; Statistisches Bundesamt (Hrsg.), 1992, S. 122f; Statistisches Bundesamt (Hrsg.), 1996, S. 123. Lediglich der Wert in Spalte 2 für das Erhebungsjahr 1993 konnte den Veröffentlichungen direkt entnommen werden. In allen anderen Fällen wies das Statistische Bundesamt die entsprechenden Kosten in Prozent der betrieblichen Gesamtleistung und/oder als kumulierte absolute Werte über die Gesamtzahl der angestellten Personen aus. Auch finden sich bei den Kostenstrukturerhebungen der Jahre 1950 bis 1977 keine Branchendurchschnittswerte, sondern nur Mittelwerte über die unterschiedlichen Betriebsgrößenklassen einer Branche. Zur Ableitung der obigen Kennzahlen waren folglich weitergehende Berechnungen notwendig.

Quelle **zu Spalte 4**: Summe aus Spalte 2 u. 3.

Quellen **zu Spalte 5**: Seyffert, R. (Hrsg.), 1962, S. 42, 43 u. 60; Sundhoff, E. (Hrsg.), 1970, S. 32, 34 u. 58; Sundhoff, E. (Hrsg.), 1980, S. 69; Klein-Blenkers, Fritz (Hrsg.), 1990, S. 68; Lediglich die Daten von 1969 bis 1980 sind unmittelbar diesen Veröffentlichungen entnommen. Für die Jahre 1949 bis 1968 blieb die Kennzahl bei den Publikationen des IfH unberücksichtigt. Die im obigen Datenblatt angegebenen Werte sind auf Basis der dort angegebenen Kennzahlen ‚Der Umsatz je Betrieb in DM', ‚Die Personalkosten (ohne Unternehmerlohn) in Prozenten des Umsatzes' und ‚Die Zahl der beschäftigten Personen je Betrieb' ermittelt worden. Um die letztere Kennzahl um die nicht angestellten Personen (Inhaber und mithelfende Familienangehörige) reduzieren zu können, musste auf die entsprechenden Angaben der folgenden Veröffentlichungen des Stat.BA zurückgegriffen werden. Statistisches Bundesamt (Hrsg.), 1955, S. 96; Statistisches Bundesamt (Hrsg.), 1965, S. 78; Statistisches Bundesamt (Hrsg.), 1968, S. 86. Die Daten in der obigen Tabelle für die Jahre 1981 bis 1998 wurden auf Basis der einzelbetrieblichen Werte der Betriebsvergleichsteilnehmer errechnet.

Anhang 4

Datenblatt der Kennzahlen aus Abbildung 12

Jahr	Wareneinsatz (bis 1967 mit Umsatzsteuer der Vorhandelsstufen; ab 1968 ohne Vorsteuer)	Umsatzsteuer (bis 1951 incl. Gewerbesteuer)	Handlungskosten ohne Personalkosten	Personalkosten	Betriebswirtschaftliches Ergebnis
	in % des Umsatzes (incl. MwSt.)				
Facheinzelhandel insgesamt					
1	2	3	4	5	6
1949	80,6	3,5	7,2	9,2	-0,5
1950	79,3	3,4	7,9	8,8	+0,6
1951	78,9	3,9	7,5	9,1	+0,6
1952	78,3	3,6	8,7	9,3	+0,1
1953	77,3	3,6	9,1	9,5	+0,5
1954	76,8	3,6	9,6	9,7	+0,3
1955	76,0	3,6	9,5	10,2	+0,7
1956	75,7	3,6	9,4	10,1	+1,2
1957	75,2	3,6	9,3	10,5	+1,4
1958	74,8	3,6	9,5	10,8	+1,3
1959	74,0	3,6	9,8	10,7	+1,9
1960	73,6	3,6	9,6	10,8	+2,4
1961	73,5	3,5	9,6	11,2	+2,2
1962	73,1	3,5	9,7	11,4	+2,3
1963	72,9	3,5	10,1	11,7	+1,8
1964	72,7	3,5	9,9	11,6	+2,3
1965	72,5	3,5	10,1	12,1	+1,8
1966	72,2	3,5	10,4	12,9	+1,0
1967	71,6	3,6	10,9	13,2	+0,7
1968	67,9	8,0	11,1	13,2	-0,2
1969	67,4	8,5	10,9	13,1	+0,1
1970	66,8	8,5	10,7	13,1	+0,9
1971	66,1	8,5	10,3	13,7	+1,4
1972	65,5	8,5	10,6	14,4	+1,0
1973	64,7	8,5	11,4	15,4	0,0
1974	64,3	8,5	11,8	15,4	0,0
1975	64,1	8,5	11,9	15,3	+0,2
1976	64,0	8,5	11,9	15,6	0,0
1977	63,9	8,5	11,9	15,6	+0,1
1978	63,2	9,2	11,8	15,9	-0,1
1979	62,7	9,6	12,0	16,1	-0,4
1980	62,3	9,9	12,0	16,3	-0,5
1981	62,3	10,0	12,6	16,5	-1,4
1982	62,0	10,0	13,1	16,9	-2,0
1983	61,7	10,4	12,8	16,6	-1,5
1984	61,6	10,7	12,9	16,9	-2,1
1985	61,7	10,7	13,1	16,8	-2,3
1986	61,7	10,7	12,9	16,4	-1,7
1987	61,7	10,7	12,6	16,2	-1,2
1988	61,5	10,7	12,4	16,3	-0,9

1989	61,2	10,7	12,5	16,4	-0,8
1990	61,0	10,7	12,5	16,0	-0,2
1991	60,9	10,7	12,5	16,2	-0,3
1992	60,6	10,7	12,9	16,6	-0,8
1993	59,4	11,2	13,3	17,5	-1,4
1994	59,1	11,2	13,6	18,0	-1,9
1995	58,7	11,2	13,9	18,5	-2,3
1996	58,4	11,2	13,8	18,7	-2,1
1997	58,3	11,2	14,2	19,0	-2,7
1998	58,4	11,5	14,1	18,5	-2,5

Quellen Seyffert, R. (Hrsg.), 1962, S. 57-72; Sundhoff, E. (Hrsg.), 1970, S. 122; Sundhoff, E. (Hrsg.), 1980, S. 123; Klein-Blenkers, Fritz (Hrsg.), 1990, S. 125; Philippi, H., 1990, S. 152 u. 154; Philippi, H., 1992, S. 168 u. 170; Erdmann, B., 1994, S. 182 u. 186; Kaapke, A., 1996, S. 184 u. 188; Kaapke, A., 1998, S. 240 u. 244; Kaapke, A., 1999, S. 236 u. 238. Die Publikationen des IfH zum JBV 1998 unterscheiden nicht mehr in alte und neue Bundesländer. Auch wenn die Analyse der Personalkosten im Facheinzelhandel in der vorliegenden Arbeit ausschließlich das alte Bundesgebiet zum Gegenstand haben soll, scheint es unproblematisch, Betriebe aus den neuen Bundesländern ausnahmsweise mit einzubeziehen. Zum einen ist ihr Anteil mit ca. 5 Prozent an der Gesamtstichprobe für 1998 äußerst gering, zum anderen unterscheiden sich die Werte kaum mehr von denen aus dem alten Bundesgebiet. Folglich wurde auf die getrennte und somit aufwendige Auswertung nach den beiden Regionen auf Basis der einzelbetrieblichen Werte an dieser Stelle verzichtet. Die hier angegebenen Quellen gelten für alle Datenblätter in Anhang 4 und werden im Folgenden nicht mehr genannt.

Datenblatt der Kennzahlen aus Abbildung 13

Jahr	Wareneinsatz (bis 1967 mit Umsatzsteuer der Vorhandelsstufen; ab 1968 ohne Vorsteuer)	Umsatzsteuer	Handlungskosten ohne Personalkosten	Personalkosten	Betriebswirtschaftliches Ergebnis
	in % des Umsatzes (incl. MwSt.)				
Blumenfachhandel					
1	2	3	4	5	6
1952	56,6	3,7	17,8	20,1	1,8
1953	57,5	3,9	16,3	17,5	4,8
1954	59,8	3,7	16,7	18,6	+1,2
1955	56,6	4,0	15,7	19,0	+4,7
1956	55,8	3,8	16,4	19,8	+4,2
1957	55,2	3,6	17,9	19,2	+4,1
1958	56,5	3,5	16,8	20,1	+3,1
1959	56,1	3,6	17,5	18,8	+4,0
1960	54,1	3,6	18,0	19,3	+5,0
1961	54,0	3,4	18,8	18,8	+5,0
1962	54,1	3,5	17,9	19,2	+5,3
1963	55,1	3,6	17,8	20,2	+3,3
1964	54,1	3,4	17,4	20,3	+4,8
1965	52,7	3,7	17,7	20,2	+5,7
1966	53,3	3,5	18,3	21,9	+3,0
1967	53,4	3,8	18,7	22,0	+2,1
1968	52,1	5,2	20,5	21,2	+1,0
1969	53,9	5,5	18,2	21,9	+0,5
1970	54,5	5,3	18,4	22,3	-0,5
1971	54,5	5,7	16,8	22,2	+0,8
1972	53,6	5,9	17,0	23,2	+0,3
1973	52,6	5,7	16,3	24,8	+0,6
1974	53,5	5,7	17,8	23,8	-0,8
1975	53,9	5,7	16,8	26,1	-2,5
1976	54,1	5,7	16,8	26,5	-3,1
1977	53,7	5,7	17,4	26,8	-3,6
1978	53,5	6,2	17,2	26,4	-3,3
1979	52,6	6,5	17,5	27,0	-3,6
1980	52,5	6,7	17,4	27,1	-3,7
1981	52,6	6,8	17,9	28,3	-5,6
1982	51,1	6,7	18,3	29,2	-5,3
1983	51,5	7,0	17,9	28,8	-5,2
1984	51,4	7,3	19,1	28,8	-6,6
1985	50,4	7,3	18,8	30,4	-6,9
1986	50,2	7,3	19,3	29,9	-6,7
1987	50,3	7,3	19,3	29,1	-6,0
1988	49,4	7,3	19,5	29,1	-5,3
1989	48,5	7,3	19,7	29,2	-4,7
1990	49,0	7,4	19,8	29,9	-6,1
1991	48,7	7,5	19,0	29,6	-4,8
1992	47,7	7,5	19,9	31,3	-6,4
1993	47,8	7,5	18,5	31,4	-5,2
1994	46,9	7,5	20,1	33,4	-7,9
1995	45,5	7,6	21,5	33,5	-8,1
1996	47,3	8,0	21,9	33,7	-10,9
1997	46,7	7,7	21,5	33,0	-8,9
1998	45,3	8,1	21,7	31,2	-6,3

Datenblatt der Kennzahlen aus Abbildung 14

Jahr	Wareneinsatz (bis 1967 mit USt der Vorhandelsstufen; ab 1968 ohne Vorsteuer)	Umsatzsteuer (bis 1950 incl. Gewerbesteuer)	Handlungskosten ohne Personalkosten	Personalkosten	Betriebswirtschaftliches Ergebnis
	in % des Umsatzes (incl. MwSt.)				
Drogeriefachhandel					
1	2	3	4	5	6
1949	73,5	4,0	9,3	12,9	+0,3
1950	72,0	3,9	10,4	13,3	+0,4
1951	71,3	3,4	11,3	12,8	+1,2
1952	70,3	3,9	10,9	12,1	+2,8
1953	70,2	3,9	11,1	11,8	+3,0
1954	69,1	3,9	12,3	12,3	+2,4
1955	68,1	3,9	12,4	13,0	+2,6
1956	68,0	3,8	12,0	13,1	+3,1
1957	68,4	3,8	11,4	12,9	+3,5
1958	68,2	3,8	11,9	13,0	+3,1
1959	67,1	3,8	11,8	13,0	+4,3
1960	67,0	3,8	11,8	13,1	+4,3
1961	66,4	3,8	11,3	13,5	+5,0
1962	66,6	3,7	11,1	13,8	+4,8
1963	66,4	3,8	11,7	13,9	+4,2
1964	66,4	3,8	11,3	13,8	+4,7
1965	66,2	3,8	11,7	14,7	+3,6
1966	65,6	3,8	11,8	15,5	+3,3
1967	65,5	3,8	12,6	15,7	+2,4
1968	61,9	8,7	13,4	15,9	+0,1
1969	61,9	9,2	12,7	16,0	+0,2
1970	61,5	9,2	12,8	15,9	+0,6
1971	61,1	9,2	12,5	16,8	+0,4
1972	61,3	9,2	12,9	17,3	-0,7
1973	60,5	9,2	13,0	18,4	-1,1
1974	60,4	9,2	13,0	18,3	-0,9
1975	61,2	9,2	12,0	17,7	-0,1
1976	61,4	9,3	12,2	17,8	-0,7
1977	61,6	9,2	12,3	18,1	-1,2
1978	60,7	10,0	12,4	18,5	-1,6
1979	60,1	10,4	12,3	18,7	-1,5
1980	59,7	10,7	12,8	18,9	-2,1
1981	59,2	10,8	13,1	19,4	-2,5
1982	59,2	10,7	13,7	19,6	-3,2
1983	58,4	11,2	14,1	20,3	-4,0
1984	58,2	11,5	14,2	20,5	-4,4
1985	58,0	11,5	14,1	20,6	-4,2
1986	58,0	11,5	13,4	20,1	-3,0
1987	57,7	11,5	13,6	20,4	-3,2
1988	57,5	11,6	14,1	20,5	-3,7
1989	56,7	11,8	14,9	20,3	-3,7
1990	56,8	11,8	14,5	19,8	-2,9
1991	55,9	11,8	14,7	21,3	-3,7
1992	56,0	11,8	14,0	21,0	-2,8
1993	54,0	12,3	14,3	22,4	-3,0
1994	53,2	12,4	15,5	22,8	-3,9
1995	54,0	12,4	14,7	23,4	-4,5
1996	54,2	12,3	15,7	24,0	-6,2
1997	53,0	12,4	14,8	24,4	-4,6
1998	53,7	12,7	14,8	22,4	-3,6

Datenblatt der Kennzahlen aus Abbildung 15

Jahr	Wareneinsatz (bis 1967 mit USt der Vorhandelsstufen; ab 1968 ohne Vorsteuer)	Umsatzsteuer (bis 1950 incl. Gewerbesteuer)	Handlungskosten ohne Personalkosten	Personalkosten	Betriebswirtschaftliches Ergebnis
	in % des Umsatzes (incl. MwSt.)				
Schuhfachhandel					
1	2	3	4	5	6
1949	81,1	3,7	7,8	7,7	-0,3
1950	78,7	3,6	7,3	7,1	+3,3
1951	79,6	3,5	8,3	7,9	+0,7
1952	78,9	3,9	8,8	7,9	+0,5
1953	79,3	4,0	8,7	8,5	-0,5
1954	77,4	3,9	9,4	8,7	+0,6
1955	76,0	4,0	9,4	9,4	+1,2
1956	74,6	4,0	9,2	9,5	+2,7
1957	74,6	3,9	9,1	10,0	+2,4
1958	73	3,9	9,5	10,4	+3,2
1959	71,3	3,9	9,8	10,7	+4,3
1960	70,7	3,9	9,8	10,9	+4,7
1961	70,0	3,9	9,9	11,8	+4,4
1962	69,8	3,8	10,2	12,5	+3,7
1963	69,1	3,8	10,7	12,6	+3,8
1964	68,5	3,9	10,6	12,9	+4,1
1965	67,7	3,9	11,2	14,0	+3,2
1966	67,1	3,9	11,5	14,9	+2,6
1967	65,3	3,9	12,2	15,2	+3,4
1968	62,0	9,4	12,9	15,3	+0,4
1969	61,1	9,9	13,0	15,4	+0,6
1970	59,8	9,9	12,4	15,6	+2,3
1971	57,8	9,9	12,6	16,8	+2,9
1972	56,6	9,9	13,0	18,3	+2,2
1973	55,1	9,9	13,9	19,1	+2,0
1974	54,7	9,9	14,9	19,3	+1,2
1975	54,3	9,9	14,5	19,0	+2,3
1976	54,1	9,9	14,5	19,2	+2,3
1977	53,9	9,9	14,5	19,5	+2,2
1978	53,4	10,6	13,8	18,8	+3,4
1979	53,0	11,1	14,2	19,0	+2,7
1980	53,3	11,5	14,3	18,8	+2,1
1981	53,4	11,5	15,1	19,4	+0,6
1982	53,0	11,4	15,9	20,5	-0,8
1983	52,5	11,9	15,8	19,9	-0,1
1984	52,2	12,2	15,7	20,4	-0,5
1985	52,3	12,2	16,0	20,5	-1,0
1986	52,5	12,3	15,3	20,2	-0,3
1987	52,1	12,3	15,6	20,5	-0,5
1988	52,3	12,2	16,3	20,9	-1,7
1989	51,6	12,3	16,5	21,3	-1,7
1990	51,2	12,3	15,9	20,0	+0,6
1991	50,6	12,3	16,2	20,7	+0,2
1992	49,9	12,3	16,4	21,2	+0,2
1993	49,0	13,0	16,5	21,8	-0,3
1994	48,9	13,0	16,8	23,5	-2,2
1995	49,0	13,0	17,2	23,8	-3,0
1996	48,4	13,0	17,4	23,2	-2,0
1997	48,4	13,0	18,1	23,9	-3,4
1998	47,4	13,5	18,1	23,1	-2,1

Datenblatt der Kennzahlen aus Abbildung 16

Jahr	Wareneinsatz (bis 1967 mit USt der Vorhandelsstufen; ab 1968 ohne Vorsteuer)	Umsatzsteuer (bis 1950 incl. Gewerbesteuer)	Handlungskosten ohne Personalkosten	Personalkosten	Betriebswirtschaftliches Ergebnis
	in % des Umsatzes (incl. MwSt.)				
	Buchfachhandel				
1	2	3	4	5	6
1949	75,8	3,1	10,9	13,2	-3,0
1950	72,2	2,9	10,5	13,1	+1,3
1951	74,3	2,6	10,7	12,2	+0,2
1952	73,6	3,0	10,4	11,8	+1,2
1953	72,7	3,0	10,6	11,8	+1,9
1954	72,3	2,9	10,8	11,9	+2,1
1955	70,7	2,9	11,7	12,5	+2,2
1956	70,7	3,0	11,7	12,8	+1,8
1957	70,5	3,0	11,2	13,3	+2,0
1958	70,2	3,0	11,2	12,8	+2,8
1959	69,9	3,0	11,1	13,0	+3,0
1960	69,6	3,0	11,3	12,7	+3,4
1961	69,6	2,4	10,7	13,5	+3,8
1962	70,1	1,6	10,9	13,7	+3,7
1963	70,3	1,6	11,0	14,0	+3,1
1964	69,9	1,6	10,5	14,0	+4,0
1965	69,8	1,5	10,7	14,6	+3,4
1966	70,7	1,5	10,7	14,8	+2,3
1967	69,7	1,6	10,9	15,2	+2,6
1968	67,1	5,1	11,5	15,5	+0,8
1969	66,6	5,7	11,5	15,7	+0,5
1970	66,3	5,7	11,2	15,8	+1,0
1971	66,3	5,6	10,3	15,8	+2,0
1972	65,8	5,7	10,4	16,5	+1,6
1973	66,2	5,6	10,8	17,2	+0,2
1974	65,7	5,7	10,5	16,6	+1,5
1975	66,0	5,6	10,4	16,4	+1,6
1976	66,0	5,6	10,4	16,5	+1,5
1977	66,4	5,6	10,4	16,4	+1,2
1978	65,5	6,1	10,4	16,6	+1,4
1979	65,3	6,4	10,1	16,5	+1,7
1980	65,0	6,6	10,3	16,9	+1,2
1981	65,0	6,5	10,6	17,4	+0,5
1982	64,7	6,6	11,2	17,9	-0,4
1983	64,6	6,9	11,2	17,6	-0,3
1984	64,2	7,0	11,6	17,9	-0,7
1985	64,2	7,0	11,5	17,8	-0,5
1986	64,2	7,0	12,1	18,0	-1,3
1987	64,2	7,1	12,2	17,7	-1,2
1988	63,8	7,1	11,9	17,8	-0,6
1989	63,6	7,1	11,8	17,7	-0,2
1990	63,7	7,1	11,7	17,4	+0,1
1991	63,7	7,1	11,6	17,7	-0,1
1992	63,3	7,1	11,8	18,3	-0,5
1993	63,2	7,2	11,9	18,4	-0,7
1994	63,2	7,2	11,8	18,7	-0,9
1995	63,0	7,1	12,1	18,8	-1,0
1996	63,0	7,2	12,0	18,9	-1,1
1997	63,0	7,1	12,0	19,3	-1,4
1998	63,1	7,2	12,0	18,7	-1,0

Datenblatt der Kennzahlen aus Abbildung 17

Jahr	Wareneinsatz (bis 1967 mit USt der Vorhandelsstufen; ab 1968 ohne Vorsteuer)	Umsatzsteuer (bis 1950 incl. Gewerbesteuer)	Handlungskosten ohne Personalkosten	Personalkosten	Betriebswirtschaftliches Ergebnis
	in % des Umsatzes (incl. MwSt.)				
Möbelfachhandel					
1	2	3	4	5	6
1949	73,7	3,7	12,6	12,1	-2,1
1950	71,8	3,5	12,0	8,4	+4,3
1951	72,8	3,4	11,3	8,7	+3,8
1952	71,7	3,9	12,4	8,9	+3,1
1953	71,4	3,8	12,7	8,8	+3,3
1954	70,9	3,9	12,8	9,3	+3,1
1955	70,1	3,9	13,0	9,6	+3,4
1956	69,5	3,9	12,3	9,3	+5,0
1957	69,0	3,9	12,5	10,1	+4,5
1958	68,3	4,0	13,6	10,8	+3,3
1959	67,1	3,9	14,1	10,8	+4,1
1960	66,7	3,9	13,8	10,9	+4,7
1961	66,4	3,9	13,5	11,5	+4,7
1962	65,8	3,9	14,1	12,2	+4,0
1963	65,5	3,9	14,9	12,9	+2,8
1964	65,1	3,9	13,9	12,4	+4,7
1965	65,0	3,9	14,2	12,6	+4,3
1966	64,3	3,9	14,8	13,2	+3,8
1967	63,7	3,9	15,2	13,7	+3,5
1968	59,4	9,4	16,4	14,1	+0,7
1969	58,2	9,9	15,7	13,6	+2,6
1970	57,6	9,9	15,1	14,1	+3,3
1971	56,3	9,9	14,9	14,6	+4,3
1972	56,0	9,9	15,1	15,5	+3,5
1973	54,8	9,9	16,1	16,6	+2,6
1974	54,7	9,9	17,2	16,7	+1,5
1975	54,7	9,9	17,1	17,0	+1,3
1976	54,9	9,9	17,1	16,7	+1,4
1977	55,2	9,9	16,2	16,0	+2,7
1978	55,0	10,7	16,4	16,6	+1,3
1979	54,7	11,1	17,2	16,8	+0,2
1980	54,4	11,5	16,7	16,4	+1,0
1981	54,4	11,5	17,8	17,1	-0,8
1982	54,5	11,4	18,4	17,4	-1,7
1983	53,9	11,9	17,7	16,8	-0,3
1984	54,2	12,2	18,0	17,2	-1,6
1985	54,3	12,2	18,3	17,5	-2,3
1986	54,5	12,2	16,9	16,1	+0,3
1987	54,5	12,3	16,0	15,7	+1,5
1988	54,1	12,3	15,7	15,5	+2,4
1989	53,4	12,3	16,0	15,5	+2,8
1990	53,6	12,3	15,9	15,7	+2,5
1991	54,7	12,3	15,1	15,0	+2,9
1992	54,6	12,3	15,1	15,2	+2,8
1993	54,2	13,0	15,4	15,5	+1,9
1994	54,3	13,0	16,1	16,3	+0,3
1995	52,7	13,0	16,9	17,2	+0,2
1996	52,3	13,0	16,9	18,3	-0,5
1997	52,3	13,0	17,4	17,4	-0,1
1998	51,5	13,6	17,3	17,2	+0,4

Anhang 5

Die Kostenstruktur von 34 weiteren Branchen des Facheinzelhandels im Zeitablauf: Abbildungen und Datenblätter

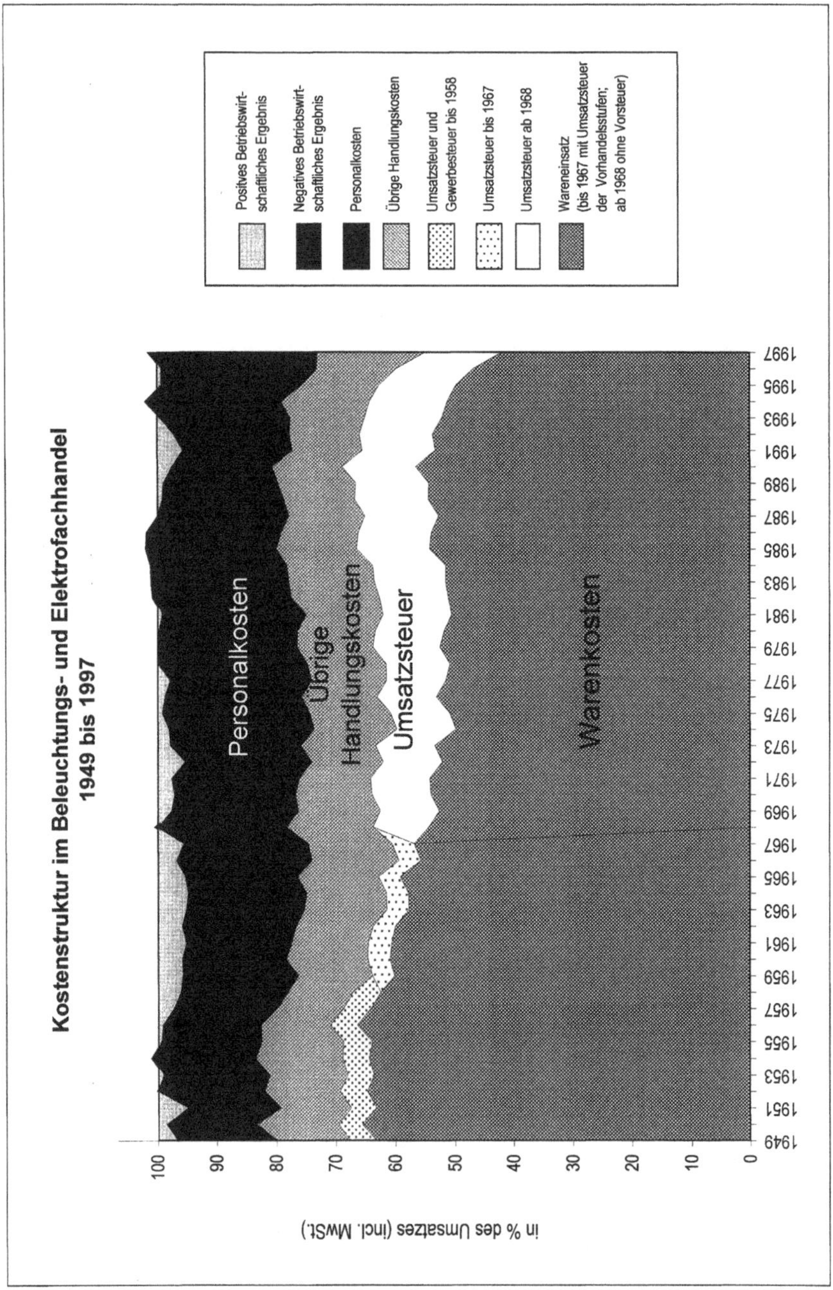

Abb. 72: Die Entwicklung der Kostenstruktur im Beleuchtungs- u. Elektro-FH

Datenblatt der Kennzahlen aus Abbildung 72

Jahr	Wareneinsatz (bis 1967 mit USt der Vorhandelsstufen; ab 1968 ohne Vorsteuer)	Umsatzsteuer (bis 1958 incl. Gewerbesteuer)	Handlungskosten ohne Personalkosten	Personalkosten	Betriebswirtschaftliches Ergebnis
	in % des Umsatzes (incl. MwSt.)				
Beleuchtungs- und Elektrofachhandel					
1	2	3	4	5	6
1949	63,2	4,4	12,2	16,9	+3,3
1950	65,6	3,9	13,8	15,3	+1,4
1951	63,2	4,2	11,8	15,7	+5,1
1952	64,7	4,6	12,7	18,2	-0,2
1953	63,6	4,4	13,1	18,0	+0,9
1954	64,4	4,4	14,7	17,7	-1,2
1955	63,9	4,8	13,8	16,9	+0,6
1956	66,4	4,5	11,7	16,6	+0,8
1957	64,1	4,6	11,2	17,5	+2,6
1958	62,5	4,6	11,0	18,1	+3,8
1959	60,1	3,7	12,4	19,6	+4,2
1960	60,9	3,7	13,7	17,6	+4,1
1961	60,6	3,9	12,9	17,8	+4,8
1962	60,0	3,7	12,9	19,3	+4,1
1963	57,7	3,7	13,8	20,0	+4,8
1964	57,8	3,7	13,3	20,1	+5,1
1965	59,2	3,6	13,6	19,0	+4,6
1966	55,7	3,7	14,5	23,0	+3,1
1967	56,8	3,7	14,0	21,1	+4,4
1968	54,4	9,3	14,5	22,4	-0,6
1969	52,6	9,9	13,7	21,5	+2,3
1970	54,0	9,9	12,8	20,5	+2,8
1971	54,2	9,9	11,9	21,7	+2,3
1972	52,1	9,9	11,9	21,5	+4,7
1973	53,4	9,9	12,5	22,1	+2,1
1974	49,8	9,9	13,8	24,6	+1,9
1975	50,8	9,9	13,5	25,0	+0,8
1976	53,1	9,9	12,6	23,2	+1,2
1977	51,5	9,9	12,5	24,0	+2,1
1978	50,8	10,7	13,1	25,3	+0,1
1979	52,5	11,2	12,7	23,4	+0,2
1980	51,8	11,5	13,0	23,5	+0,2
1981	50,5	11,5	12,8	24,4	+0,8
1982	51,1	11,5	14,8	23,5	-0,9
1983	51,5	11,9	14,3	23,4	-1,1
1984	51,5	12,2	14,4	23,1	-1,2
1985	54,2	12,2	13,5	22,1	-2,0
1986	53,9	12,2	13,0	22,8	-1,9
1987	52,7	12,3	12,7	22,3	0,0
1988	54,4	12,3	11,9	20,6	+0,8
1989	54,3	12,2	13,1	19,4	+1,0
1990	56,5	12,3	11,8	17,0	+2,4
1991	53,2	12,2	11,7	18,6	+4,3
1992	53,7	12,2	11,7	19,6	+2,8
1993	52,1	12,9	12,5	22,0	+0,5
1994	51,2	13,0	14,8	23,1	-2,1
1995	49,7	12,9	12,0	23,8	+0,7
1996	46,7	13,0	13,3	26,3	+0,7
1997	41,8	13,0	18,1	28,7	-1,6

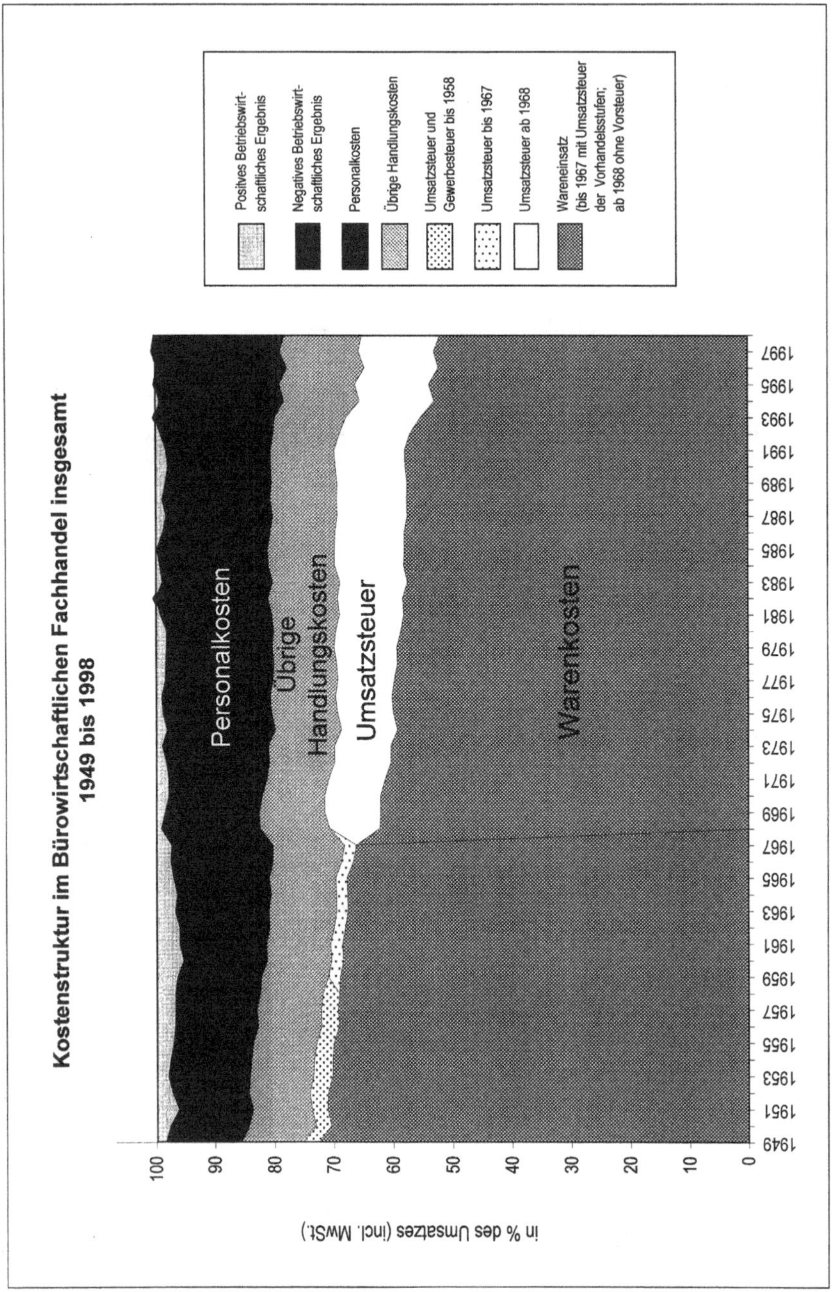

Abb. 73: Die Entwicklung der Kostenstruktur im Bürowirtschaftlichen-FH insgesamt

Datenblatt der Kennzahlen aus Abbildung 73

Jahr	Wareneinsatz (bis 1967 mit USt der Vorhandelsstufen; ab 1968 ohne Vorsteuer)	Umsatzsteuer (bis 1958 incl. Gewerbesteuer)	Handlungskosten ohne Personalkosten	Personalkosten	Betriebswirtschaftliches Ergebnis
	in % des Umsatzes (incl. MwSt.)				
Bürowirtschaftlichen Fachhandel insgesamt					
1	2	3	4	5	6
1949	72.7	2.6	10.3	12.9	+1.5
1950	70.4	2.5	11.4	13.4	+2.3
1951	71.0	2.6	10.0	12.6	+3.8
1952	71.0	3.1	10.3	13.0	+2.7
1953	70.2	3.2	10.7	13.9	+2.0
1954	70.2	3.0	10.6	13.7	+2.4
1955	70.0	2.9	10.7	13.6	+2.9
1956	69.1	2.9	10.8	14.1	+3.2
1957	69.3	2.8	10.9	13.8	+3.2
1958	69.0	2.8	10.6	14.5	+3.2
1959	68.9	2.0	11.3	14.3	+3.6
1960	68.4	2.0	10.9	14.1	+4.6
1961	68.5	2.0	10.8	14.8	+3.9
1962	68.0	1.9	10.9	15.3	+3.9
1963	67.6	1.9	11.4	15.9	+3.2
1964	67.6	1.9	11.0	15.9	+3.5
1965	67.7	1.9	11.2	16.3	+2.9
1966	66.7	2.0	11.5	17.4	+2.5
1967	66.1	2.0	12.0	17.3	+2.6
1968	62.2	8.4	11.7	16.8	+0.8
1969	62.1	9.4	11.0	16.0	+1.5
1970	62.1	9.3	10.6	15.9	+2.1
1971	61.3	9.4	10.5	16.7	+2.1
1972	60.3	9.4	11.0	17.5	+1.7
1973	60.3	9.4	11.2	18.0	+1.1
1974	59.2	9.4	11.2	18.4	+1.9
1975	59.9	9.4	11.1	18.5	+1.2
1976	60.2	9.4	11.1	18.4	+1.0
1977	59.7	9.4	10.9	18.3	+1.6
1978	59.2	10.2	10.6	18.4	+1.6
1979	59.3	10.5	10.4	18.0	+1.8
1980	58.6	10.9	10.5	18.2	+1.8
1981	58.1	10.8	11.4	18.9	+0.8
1982	58.3	10.9	11.8	19.5	-0.5
1983	57.5	11.3	11.3	18.8	+1.1
1984	58.1	11.6	11.2	18.4	+0.7
1985	58.0	11.7	11.3	18.8	+0.2
1986	58.0	11.6	10.9	18.3	+1.2
1987	57.5	11.7	10.9	18.1	+1.8
1988	57.6	11.7	11.2	18.4	+1.1
1989	57.5	11.7	11.1	18.0	+1.7
1990	57.8	11.7	10.9	17.5	+2.1
1991	57.9	11.8	10.7	17.8	+1.8
1992	57.0	11.8	11.2	19.1	+0.9
1993	55.2	12.5	12.0	20.7	-0.4
1994	52.9	12.5	12.7	21.2	+0.7
1995	53.8	12.4	12.7	21.4	-0.3
1996	52.2	12.4	13.0	22.1	+0.3
1997	53.0	12.6	13.2	21.8	-0.6
1998	51.9	13.1	13.0	22.2	-0.2

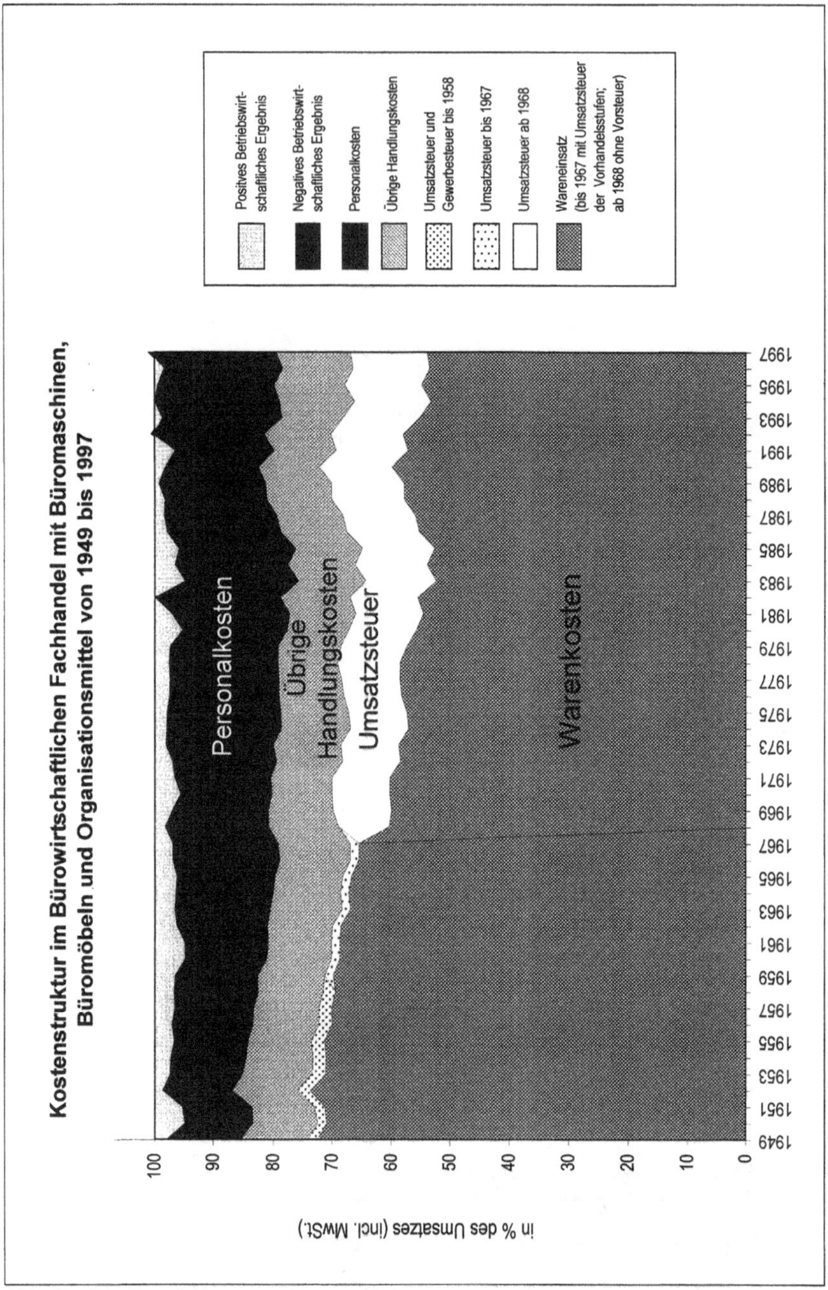

Abb. 74: Die Entwicklung der Kostenstruktur im Bürowirtschaftlichen Fachhandel mit Büromaschinen, Büromöbeln und Organisationsmittel

Datenblatt der Kennzahlen aus Abbildung 74

Jahr	Wareneinsatz (bis 1967 mit USt der Vorhandelsstufen; ab 1968 ohne Vorsteuer)	Umsatzsteuer (bis 1958 incl. Gewerbesteuer)	Handlungskosten ohne Personalkosten	Personalkosten	Betriebswirtschaftliches Ergebnis
	in % des Umsatzes (incl. MwSt.)				
Bürowirtschaftlicher Fachhandel mit Büromaschinen, Büromöbel und Organisationsmittel					
1	2	3	4	5	6
1949	72,5	1,6	11,4	12,6	+1,9
1950	70,9	1,5	11,0	11,5	+5,1
1951	71,2	1,8	10,5	11,8	+4,7
1952	73,7	2,2	10,9	11,9	+1,3
1953	71,1	2,2	11,8	12,3	+2,6
1954	71,0	2,2	11,3	12,8	+2,7
1955	71,3	2,2	10,7	12,5	+3,3
1956	70,0	2,2	11,2	13,7	+2,9
1957	70,1	2,1	11,1	13,3	+3,4
1958	69,4	2,1	11,0	14,2	+3,3
1959	69,8	1,4	7,9	13,9	+3,5
1960	68,7	1,4	5,8	13,7	+5,2
1961	68,7	1,4	5,6	14,1	+5,1
1962	68,5	1,4	7,3	15,2	+3,8
1963	66,9	1,4	8,8	16,1	+3,4
1964	67,2	1,4	7,8	16,4	+3,6
1965	66,7	1,5	7,7	16,5	+3,8
1966	65,5	1,4	8,9	18,0	+3,1
1967	65,4	1,5	9,1	17,8	+3,1
1968	60,3	8,6	11,8	17,5	+1,8
1969	59,9	9,9	11,0	16,2	+3,0
1970	60,2	9,8	10,2	15,4	+4,4
1971	60,2	9,8	10,4	16,2	+3,4
1972	58,4	9,8	11,2	17,6	+3,0
1973	58,7	9,8	11,5	18,1	+1,9
1974	57,0	9,9	11,7	19,4	+2,0
1975	57,3	9,9	11,5	19,2	+2,1
1976	58,2	9,8	11,0	18,5	+2,5
1977	58,5	9,9	10,6	18,4	+2,6
1978	58,5	10,6	10,1	18,4	+2,4
1979	57,3	11,2	10,7	18,2	+2,6
1980	55,7	11,5	10,4	17,6	+4,8
1981	54,5	11,5	11,2	19,9	+2,9
1982	55,5	11,5	11,8	21,2	+0,0
1983	52,3	12,0	11,3	19,2	+5,2
1984	53,9	12,2	11,4	19,0	+3,5
1985	52,6	12,3	11,2	19,8	+4,1
1986	55,2	12,3	11,2	19,2	+2,1
1987	55,9	12,3	11,2	19,0	+1,6
1988	57,8	12,3	11,0	17,2	+1,7
1989	57,8	12,3	11,2	18,0	+0,7
1990	59,9	12,3	10,3	15,7	+1,8
1991	57,1	12,2	10,5	16,7	+3,5
1992	57,9	12,3	11,3	19,1	-0,6
1993	55,1	13,0	10,4	20,2	+1,3
1994	53,2	13,0	12,7	21,1	+0,0
1995	54,0	13,0	12,0	19,7	+0,5
1996	53,4	13,0	11,9	20,1	+1,6
1997	53,9	13,0	12,6	21,6	-1,1

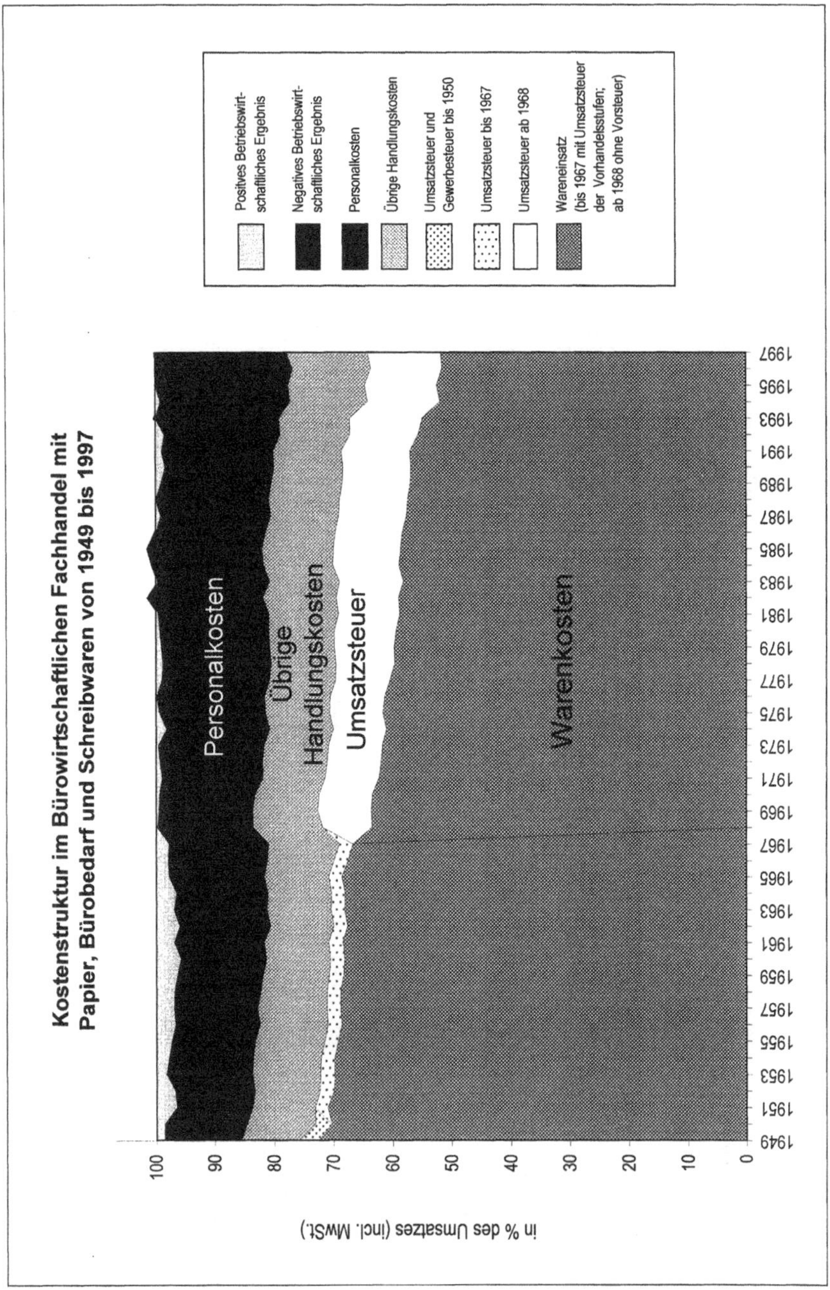

Abb. 75: Die Entwicklung der Kostenstruktur im Bürowirtschaftlichen Fachhandel mit Papier, Bürobedarf und Schreibwaren

Datenblatt der Kennzahlen aus Abbildung 75

Jahr	Wareneinsatz (bis 1967 mit USt der Vorhandelsstufen; ab 1968 ohne Vorsteuer)	Umsatzsteuer (bis 1950 incl. Gewerbesteuer)	Handlungskosten ohne Personalkosten	Personalkosten	Betriebswirtschaftliches Ergebnis
	in % des Umsatzes (incl. MwSt.)				
Bürowirtschaftlichen Fachhandel mit Papier, Bürobedarf und Schreibwaren					
1	2	3	4	5	6
1949	72,7	2,9	10,0	13,0	+1,4
1950	70,3	2,8	11,5	14,0	+1,4
1951	71,0	2,1	10,6	12,8	+3,5
1952	69,9	2,4	11,0	13,5	+3,2
1953	69,8	2,4	11,5	14,6	+1,7
1954	69,8	2,3	11,5	14,2	+2,2
1955	69,2	2,3	11,7	14,2	+2,6
1956	68,6	2,3	11,5	14,3	+3,3
1957	68,8	2,3	11,7	14,2	+3,0
1958	68,8	2,3	11,2	14,6	+3,1
1959	68,3	2,4	11,2	14,5	+3,6
1960	68,1	2,4	10,8	14,5	+4,2
1961	68,4	2,4	10,9	15,2	+3,1
1962	67,6	2,3	10,7	15,4	+4,0
1963	68,1	2,3	10,8	15,8	+3,0
1964	68,0	2,3	10,7	15,5	+3,5
1965	68,6	2,2	10,9	16,1	+2,2
1966	67,5	2,4	11,2	16,9	+2,0
1967	66,7	2,3	11,9	16,9	+2,2
1968	63,5	8,3	11,7	16,3	+0,2
1969	63,6	9,0	11,0	15,9	+0,5
1970	63,4	9,0	10,8	16,2	+0,6
1971	62,3	9,1	10,5	17,1	+1,0
1972	61,9	9,1	10,9	17,4	+0,7
1973	61,7	9,1	10,9	17,9	+0,4
1974	61,0	9,0	10,7	17,5	+1,8
1975	61,6	9,0	10,8	18,0	+0,6
1976	61,3	9,2	11,1	18,3	+0,1
1977	60,4	9,2	11,1	18,3	+1,0
1978	59,6	9,9	10,9	18,4	+1,2
1979	59,7	10,1	10,9	18,4	+0,9
1980	59,3	10,4	11,0	18,5	+0,7
1981	58,8	10,3	11,7	18,8	+0,4
1982	59,0	10,5	12,4	19,7	-1,5
1983	58,1	10,8	11,7	19,1	+0,3
1984	58,9	11,2	11,7	19,0	-0,7
1985	58,6	11,3	12,0	19,5	-1,5
1986	58,3	11,3	11,8	18,9	-0,2
1987	57,6	11,4	11,4	18,6	+0,9
1988	57,4	11,5	11,9	19,3	-0,1
1989	57,0	11,5	11,9	18,7	+0,9
1990	56,9	11,4	11,6	18,4	+1,7
1991	57,0	11,5	11,5	18,9	+1,1
1992	55,6	11,5	11,8	19,6	+1,5
1993	54,9	12,3	11,9	21,2	-0,3
1994	51,9	12,2	13,1	21,9	+0,9
1995	52,4	12,2	12,9	22,6	-0,1
1996	51,5	12,0	13,2	23,1	+0,2
1997	51,7	12,4	13,7	22,4	-0,2

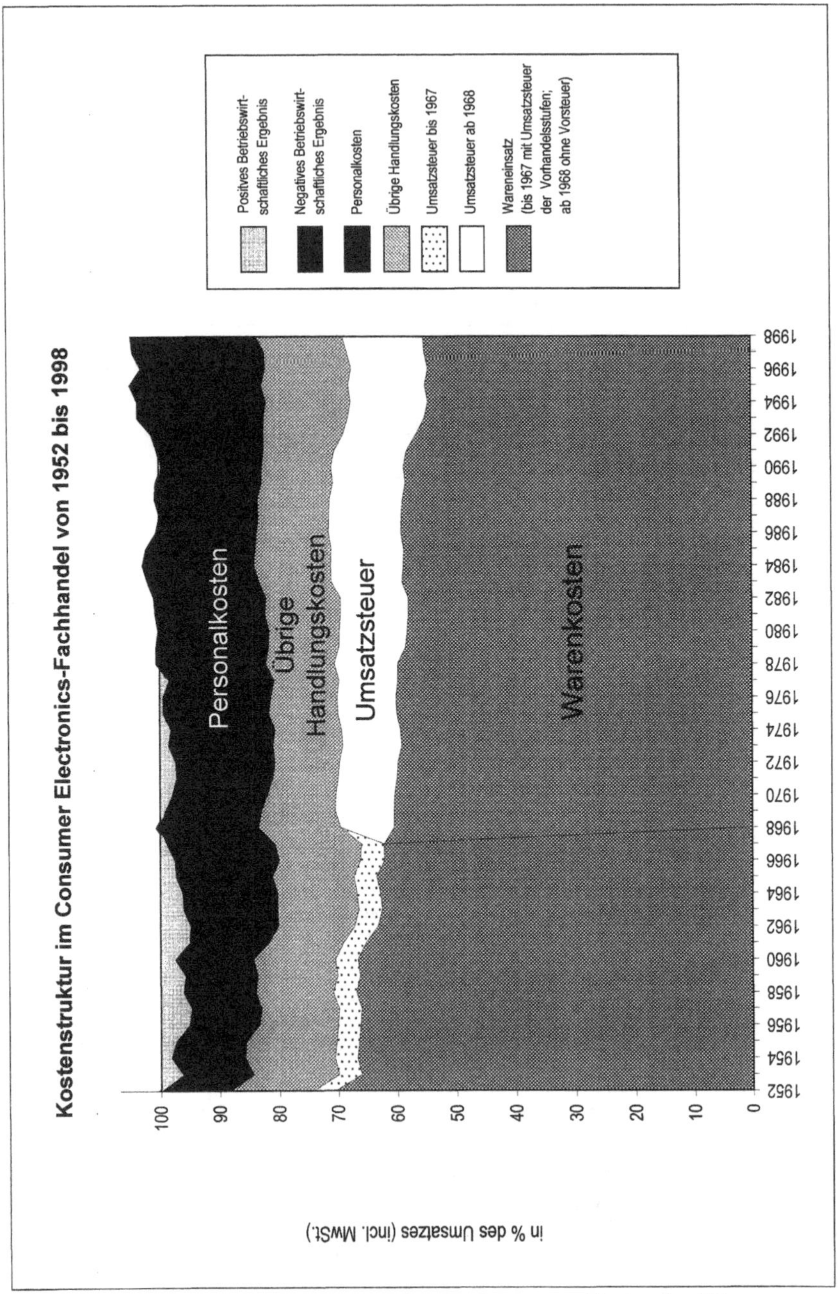

Abb. 76: Die Entwicklung der Kostenstruktur im Consumer Electronics-FH

Datenblatt der Kennzahlen aus Abbildung 76

Jahr	Wareneinsatz (bis 1967 mit USt der Vorhandelsstufen; ab 1968 ohne Vorsteuer)	Umsatzsteuer	Handlungskosten ohne Personalkosten	Personalkosten	Betriebswirtschaftliches Ergebnis
	in % des Umsatzes (incl. MwSt.)				
Consumer Electronics-Fachhandel					
1	2	3	4	5	6
1952	70,6	3,7	14,0	12,3	-0,6
1953	66,1	3,8	14,4	12,0	+3,7
1954	66,8	3,8	15,2	12,5	+1,7
1955	66,5	3,8	15,3	11,9	+2,5
1956	66,3	3,8	13,3	11,8	+4,8
1957	66,1	3,8	13,1	11,8	+5,2
1958	67,0	3,9	13,1	12,2	+3,8
1959	66,3	3,8	13,5	12,2	+4,2
1960	66,7	3,8	13,8	13,3	+2,4
1961	65,3	3,8	12,7	13,3	+4,9
1962	63,3	3,9	12,9	14,8	+5,1
1963	62,6	3,9	13,7	15,9	+3,9
1964	62,9	3,9	13,4	16,1	+3,7
1965	63,5	3,8	13,8	16,3	+2,6
1966	62,2	4,0	13,7	17,7	+2,4
1967	62,2	3,8	14,6	18,3	+1,1
1968	60,5	9,0	13,9	17,4	-0,8
1969	60,5	9,9	12,5	16,3	+0,8
1970	60,4	9,9	11,6	16,1	+2,0
1971	60,0	9,9	11,1	16,3	+2,7
1972	59,8	9,9	10,9	16,8	+2,6
1973	59,2	9,9	11,8	17,7	+1,4
1974	59,4	9,9	11,3	17,6	+1,8
1975	60,0	9,9	11,7	17,9	+0,5
1976	60,1	9,9	11,2	18,3	+0,5
1977	59,8	9,9	11,0	17,8	+1,5
1978	59,8	10,7	11,6	18,6	-0,7
1979	58,5	11,2	11,9	19,1	-0,7
1980	58,2	11,4	11,9	18,8	-0,3
1981	58,0	11,4	12,8	18,6	-0,8
1982	58,0	11,4	12,6	19,0	-1,0
1983	59,0	11,9	12,2	18,9	-2,0
1984	58,8	12,2	13,0	18,9	-2,9
1985	58,7	12,2	12,9	18,5	-2,3
1986	59,2	12,2	12,1	17,1	-0,6
1987	59,1	12,2	11,9	16,8	0,0
1988	58,9	12,3	12,2	17,4	-0,8
1989	58,4	12,2	12,1	18,0	-0,7
1990	58,7	12,2	11,7	17,1	+0,3
1991	58,1	12,2	12,0	18,1	-0,4
1992	56,5	12,3	13,5	19,0	-1,3
1993	55,1	12,9	14,2	21,4	-3,6
1994	54,5	13,0	14,4	21,7	-3,6
1995	55,0	12,9	14,7	22,3	-4,9
1996	54,5	12,9	14,6	21,0	-3,0
1997	55,1	13,0	14,0	22,3	-4,4
1998	55,3	13,0	14,6	21,2	-4,7

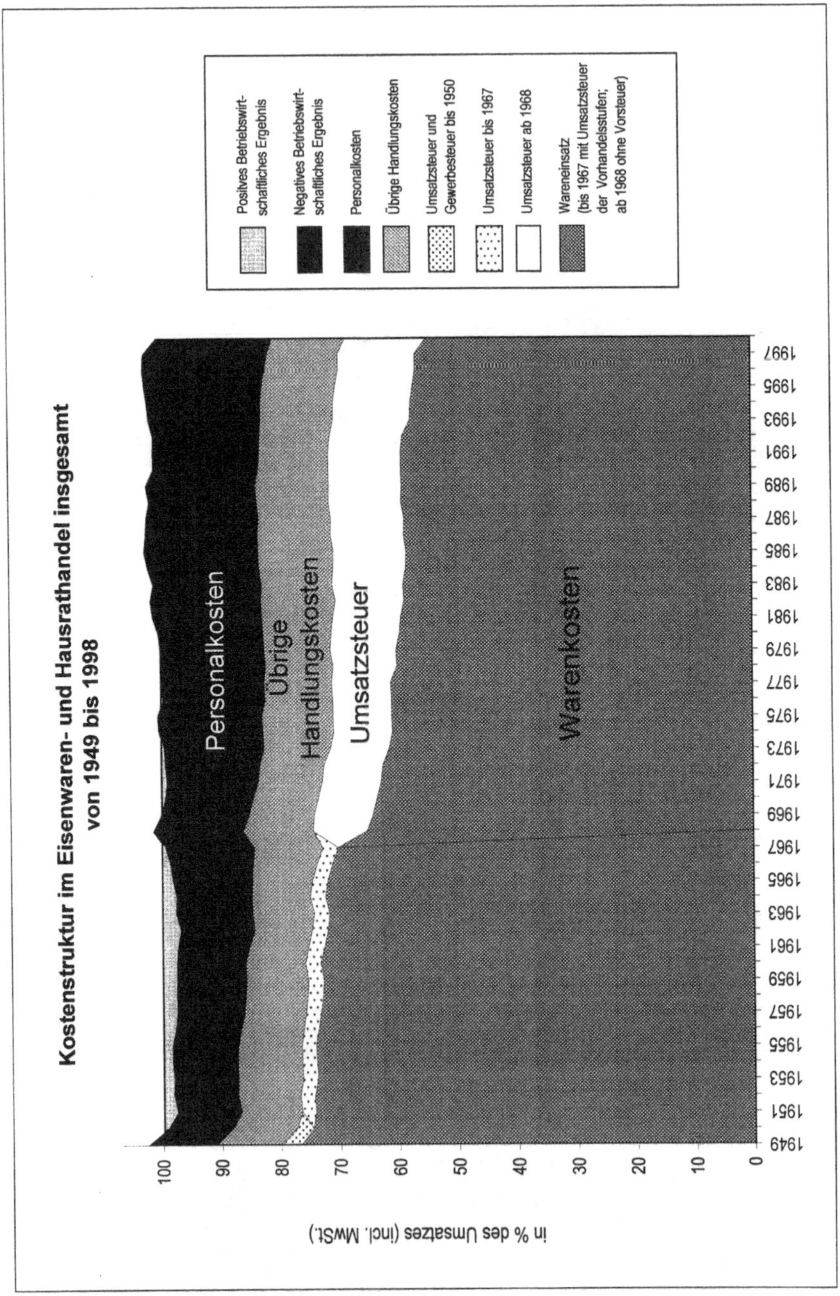

Abb. 77: Die Entwicklung der Kostenstruktur im Eisenwaren- u. Hausrathandel insg.

Datenblatt der Kennzahlen aus Abbildung 77

Jahr	Wareneinsatz (bis 1967 mit USt der Vorhandelsstufen; ab 1968 ohne Vorsteuer)	Umsatzsteuer (bis 1950 incl. Gewerbesteuer)	Handlungskosten ohne Personalkosten	Personalkosten	Betriebswirtschaftliches Ergebnis
	in % des Umsatzes (incl. MwSt.)				
Eisenwaren- und Hausrathandel insgesamt					
1	2	3	4	5	6
1949	76,7	3,3	10,9	11,8	-2,7
1950	74,6	2,8	10,8	11,0	+0,8
1951	74,2	2,3	10,2	10,9	+2,4
1952	74,3	2,5	10,5	10,9	+1,8
1953	73,8	2,5	10,9	10,9	+1,9
1954	73,9	2,5	10,9	11,1	+1,6
1955	74,1	2,4	10,7	11,2	+1,6
1956	73,6	2,5	10,6	11,1	+2,2
1957	73,2	2,5	10,4	11,4	+2,5
1958	72,8	2,6	10,5	11,7	+2,4
1959	72,7	2,6	10,4	11,8	+2,5
1960	73,2	2,6	10,1	11,6	+2,5
1961	72,5	2,7	10,0	12,1	+2,7
1962	71,9	2,7	9,7	12,5	+3,2
1963	71,6	2,6	10,4	13,0	+2,4
1964	72,3	2,6	9,8	12,8	+2,5
1965	71,9	2,6	10,1	13,5	+1,9
1966	71,1	2,6	10,8	14,0	+1,5
1967	70,1	2,6	11,5	15,1	+0,7
1968	65,2	9,1	11,8	15,3	-1,4
1969	64,2	9,9	11,0	14,9	+0,0
1970	63,5	9,9	11,0	14,9	+0,7
1971	62,8	9,9	10,8	15,5	+1,0
1972	62,5	9,9	10,8	16,1	+0,7
1973	61,4	9,9	11,2	16,9	+0,6
1974	60,8	9,9	11,9	17,7	-0,3
1975	60,9	9,9	12,0	17,7	-0,5
1976	60,9	9,9	11,4	17,4	+0,4
1977	61,1	9,9	11,4	17,6	+0,0
1978	60,0	10,7	11,4	17,8	+0,1
1979	60,1	11,1	11,1	17,7	+0,0
1980	59,5	11,5	11,5	17,8	-0,3
1981	59,3	11,4	12,0	18,5	-1,2
1982	58,7	11,5	12,6	18,8	-1,6
1983	58,9	11,9	11,9	18,4	-1,1
1984	58,4	12,2	12,5	18,9	-2,0
1985	58,3	12,2	12,7	19,4	-2,6
1986	58,7	12,3	12,3	19,0	-2,3
1987	58,6	12,3	12,2	19,1	-2,2
1988	59,1	12,2	12,1	18,3	-1,7
1989	59,0	12,2	12,4	18,6	-2,2
1990	59,1	12,2	11,8	17,8	-0,9
1991	59,1	12,2	11,6	18,1	-1,0
1992	58,8	12,2	11,8	18,1	-0,9
1993	57,5	12,9	12,2	19,0	-1,6
1994	57,4	13,0	12,2	19,3	-1,9
1995	57,0	13,0	12,4	10,0	-2,3
1996	56,6	12,9	12,4	20,7	-2,6
1997	56,6	12,9	11,9	21,1	-2,5
1998	54,6	13,6	12,3	19,7	-0,2

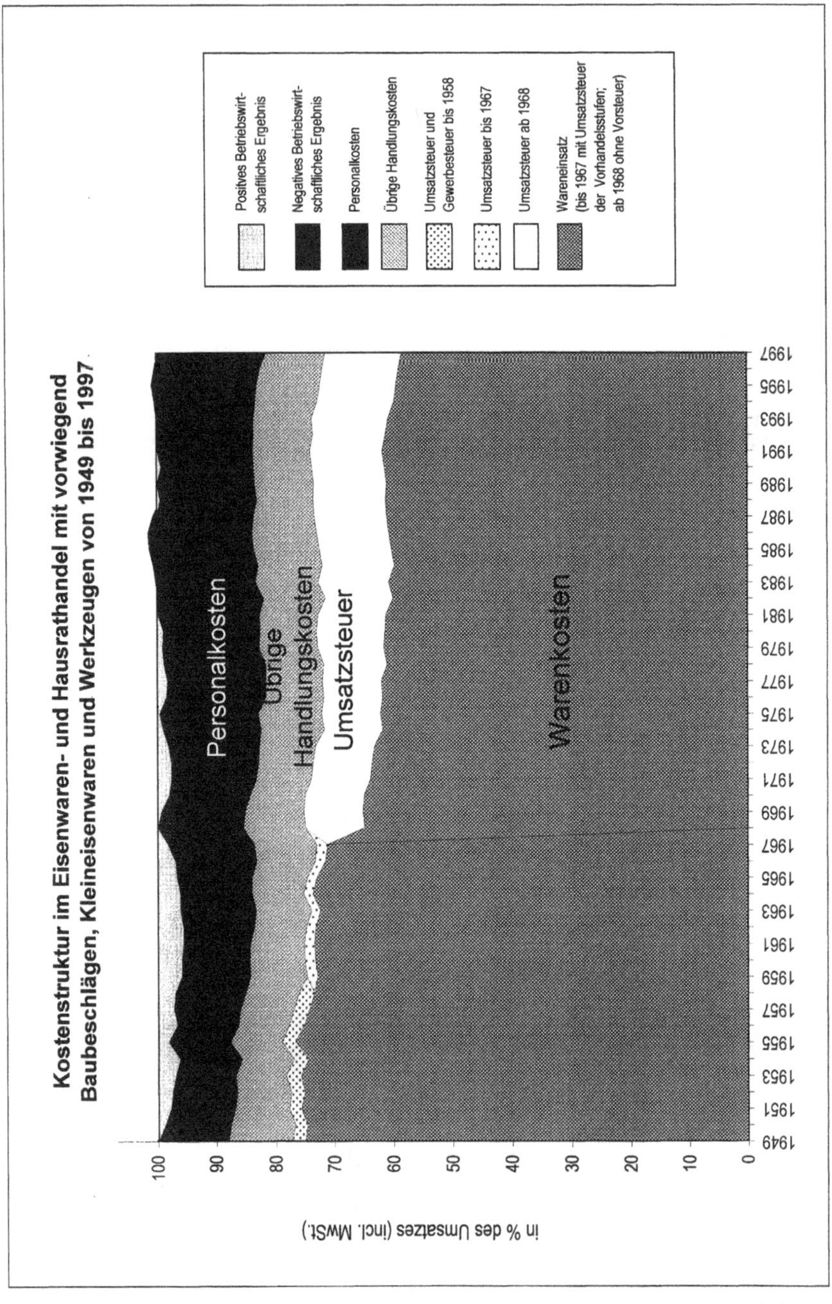

Abb. 78: Die Entwicklung der Kostenstruktur im Eisenwaren- und Hausrathandel mit vorwiegend Baubeschlägen, Kleineisenwaren und Werkzeugen

Datenblatt der Kennzahlen aus Abbildung 78

Jahr	Wareneinsatz (bis 1967 mit USt der Vorhandelsstufen; ab 1968 ohne Vorsteuer)	Umsatzsteuer (bis 1958 incl. Gewerbesteuer)	Handlungskosten ohne Personalkosten	Personalkosten	Betriebswirtschaftliches Ergebnis
	in % des Umsatzes (incl. MwSt.)				
Eisenwaren- und Hausrathandel mit vorw. Baubeschlägen, Kleineisenwaren und Werkzeugen					
1	2	3	4	5	6
1949	75,0	2,3	10,7	12,3	-0,3
1950	74,6	2,1	10,9	11,2	+1,2
1951	75,7	2,1	9,1	10,9	+2,2
1952	75,0	2,4	9,1	11,0	+2,5
1953	75,7	2,6	8,5	10,1	+3,1
1954	74,4	2,5	8,8	10,5	+3,8
1955	76,7	2,3	8,7	10,5	+1,8
1956	75,2	2,6	8,5	10,4	+3,3
1957	74,2	2,7	9,1	11,2	+2,8
1958	73,4	2,6	9,1	11,9	+3,0
1959	72,8	1,8	9,7	11,6	+4,1
1960	73,2	1,8	9,4	11,5	+4,1
1961	73,4	1,7	9,2	11,3	+4,4
1962	73,1	1,6	8,9	12,0	+4,4
1963	72,3	1,5	9,5	12,8	+3,9
1964	73,6	1,6	8,8	12,1	+3,9
1965	72,9	1,6	9,5	12,7	+3,3
1966	71,5	1,7	10,0	13,7	+3,1
1967	71,1	1,8	10,7	14,6	+1,8
1968	64,9	9,9	10,6	14,5	+0,1
1969	65,2	9,9	10,0	14,2	+0,7
1970	65,0	9,9	9,4	13,7	+2,0
1971	63,9	9,9	9,4	14,4	+2,4
1972	63,6	9,9	9,3	14,8	+2,4
1973	63,2	9,9	9,6	15,4	+1,9
1974	61,8	9,8	10,8	16,6	+1,0
1975	62,2	9,9	10,8	16,7	+0,4
1976	61,8	9,9	9,9	16,8	+1,6
1977	62,0	9,9	9,7	16,6	+1,8
1978	61,0	10,7	9,9	17,2	+1,2
1979	61,6	11,1	10,0	16,4	+0,9
1980	61,4	11,5	9,6	16,4	+1,1
1981	61,2	11,4	10,0	17,2	+0,2
1982	59,9	11,5	10,5	17,9	+0,2
1983	60,7	11,9	10,7	16,9	-0,2
1984	59,7	12,2	10,9	17,8	-0,6
1985	60,2	12,2	11,2	17,7	-1,3
1986	60,6	12,2	11,0	17,7	-1,5
1987	61,0	12,2	10,4	17,1	-0,7
1988	61,2	12,2	9,6	16,4	+0,6
1989	61,0	12,3	10,1	16,5	+0,1
1990	61,4	12,2	9,9	15,7	+0,8
1991	61,7	12,2	9,8	16,1	+0,2
1992	61,2	12,2	10,1	16,4	+0,1
1993	60,7	12,9	9,9	16,5	+0,0
1994	59,7	13,0	10,5	17,1	-0,3
1995	59,3	12,9	10,8	17,8	-0,8
1996	58,9	12,9	10,6	17,9	-0,3
1997	58,4	12,9	10,0	18,5	+0,2

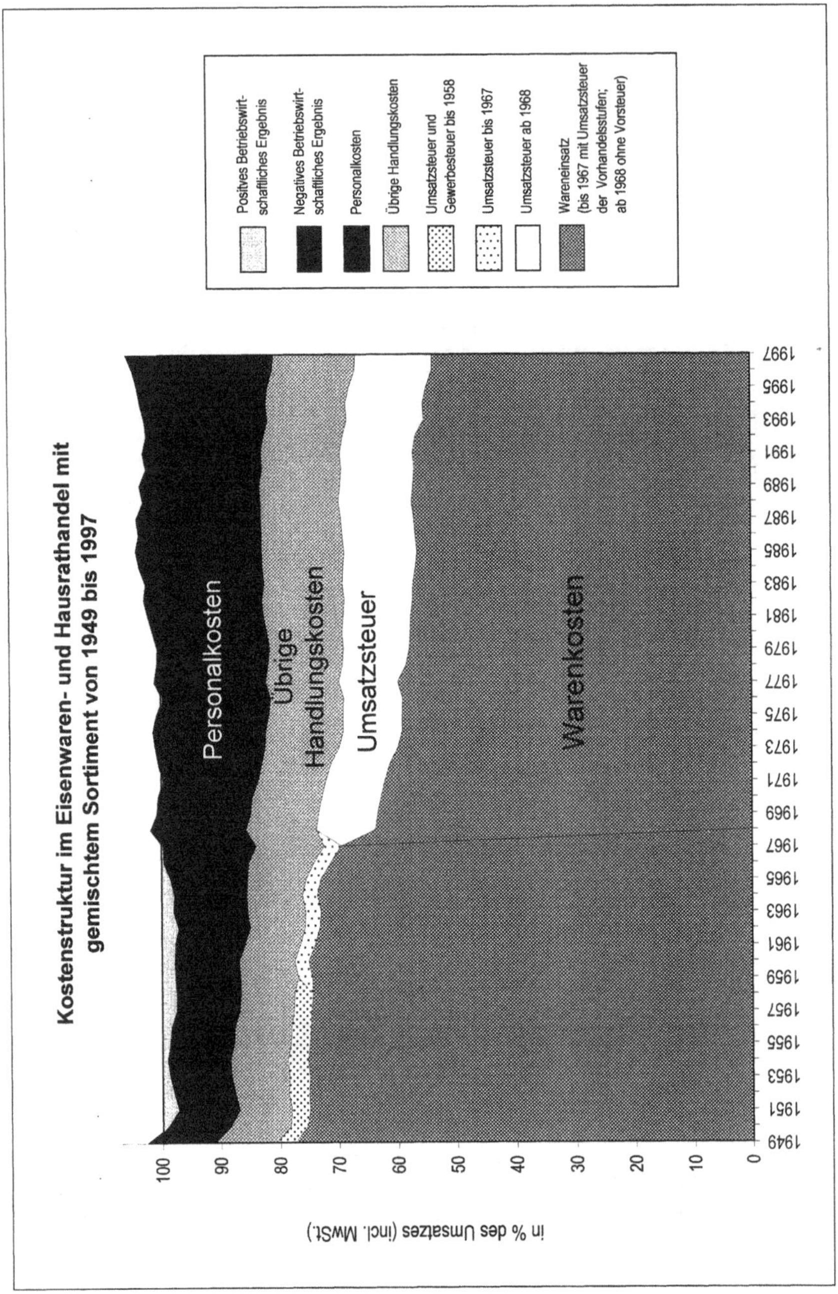

Abb. 79: Die Entwicklung der Kostenstruktur im Eisenwaren- und Hausrathandel mit gemischtem Sortiment

Datenblatt der Kennzahlen aus Abbildung 79

Jahr	Wareneinsatz (bis 1967 mit USt der Vorhandelsstufen; ab 1968 ohne Vorsteuer)	Umsatzsteuer (bis 1958 incl. Gewerbesteuer)	Handlungskosten ohne Personalkosten	Personalkosten	Betriebswirtschaftliches Ergebnis
	in % des Umsatzes (incl. MwSt.)				
Eisenwaren- und Hausrathandel mit gemischtem Sortiment					
1	2	3	4	5	6
1949	77,5	3,2	10,5	11,4	-2,6
1950	75,4	2,9	10,2	10,6	+0,9
1951	74,9	3,1	8,9	10,3	+2,8
1952	75,1	3,5	9,0	10,4	+2,0
1953	74,9	3,5	9,8	10,5	+1,3
1954	75,2	3,5	9,7	10,7	+0,9
1955	74,9	3,3	9,6	10,9	+1,3
1956	74,7	3,3	9,6	10,8	+1,6
1957	74,6	3,0	9,2	10,7	+2,5
1958	74,3	3,2	9,1	10,9	+2,5
1959	74,4	2,4	9,8	11,1	+2,3
1960	75,0	2,4	9,5	10,9	+2,2
1961	73,9	2,5	9,5	11,8	+2,3
1962	73,1	2,5	9,4	12,1	+2,9
1963	72,9	2,6	9,9	12,6	+2,0
1964	73,5	2,5	9,5	12,3	+2,2
1965	72,9	2,5	10,0	13,1	+1,5
1966	71,3	2,8	11,1	14,4	+0,4
1967	69,4	2,9	11,6	15,8	+0,3
1968	63,7	9,9	12,0	16,2	-1,8
1969	63,3	9,9	11,6	15,9	-0,7
1970	62,7	9,9	11,9	16,0	-0,5
1971	62,1	9,9	11,5	16,2	+0,3
1972	61,2	9,9	11,8	17,5	-0,4
1973	59,8	9,9	12,6	18,6	-0,9
1974	59,1	9,9	13,2	19,1	-1,3
1975	59,1	9,9	12,6	19,1	-0,7
1976	59,0	9,9	12,4	18,4	+0,3
1977	59,8	9,9	12,4	18,9	-1,0
1978	58,4	10,7	12,6	18,9	-0,6
1979	57,8	11,1	12,5	19,1	-0,5
1980	57,6	11,5	12,7	19,4	-1,2
1981	57,5	11,4	13,5	19,6	-2,0
1982	57,2	11,5	14,0	20,0	-2,7
1983	57,1	11,9	13,3	20,1	-2,4
1984	56,7	12,2	13,7	20,8	-3,4
1985	56,4	12,3	14,0	21,3	-4,0
1986	56,7	12,3	13,7	20,8	-3,5
1987	56,9	12,3	13,6	21,1	-3,9
1988	57,3	12,3	13,2	19,9	-2,7
1989	57,0	12,3	13,7	20,3	-3,3
1990	56,8	12,3	13,4	19,7	-2,2
1991	57,0	12,3	13,4	20,0	-2,7
1992	56,6	12,2	13,4	19,9	-2,1
1993	55,1	13,0	13,4	20,9	-2,4
1994	55,3	13,0	13,5	21,3	-3,1
1006	64,7	13,0	13,8	22,1	3,6
1996	53,7	13,0	14,0	23,6	-4,3
1997	53,7	12,9	13,8	25,1	-5,5

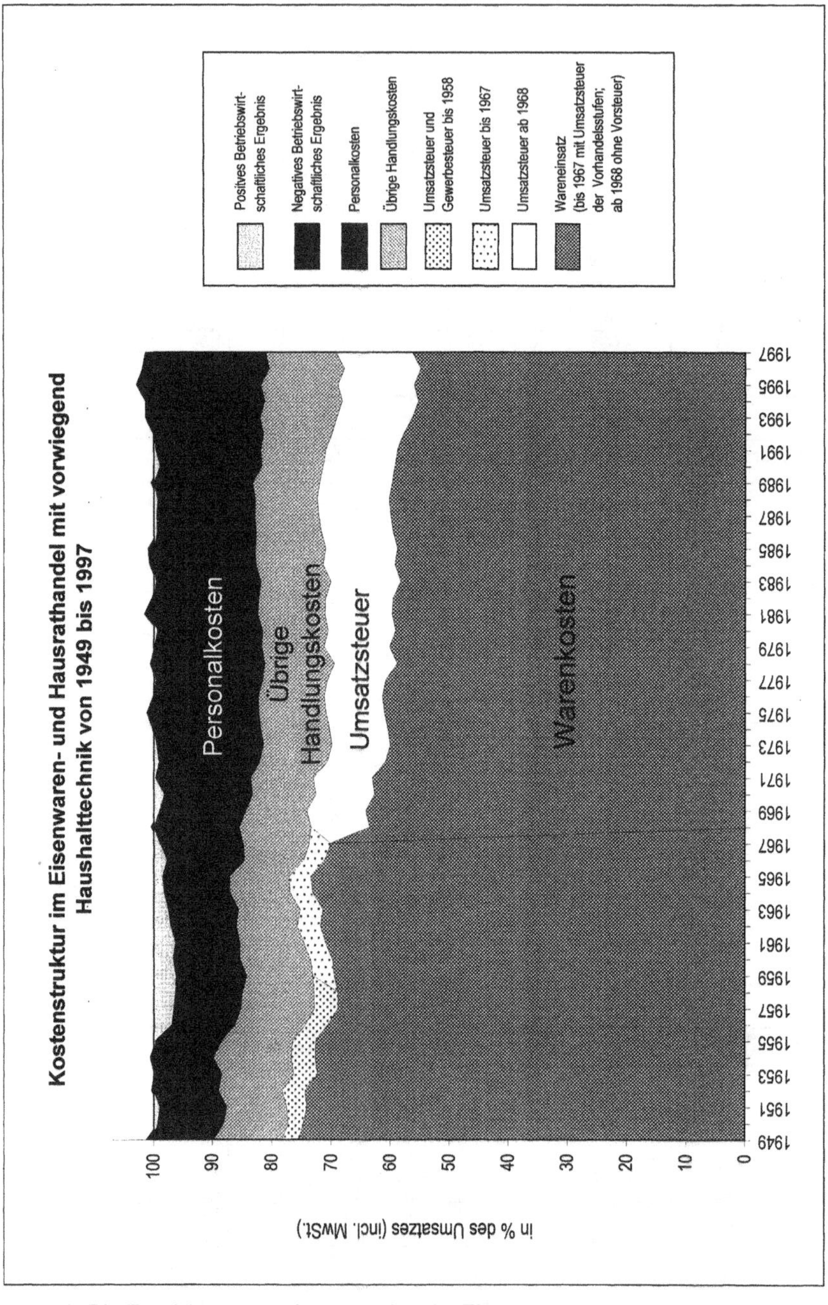

Abb. 80: Die Entwicklung der Kostenstruktur im Eisenwaren- und Hausrathandel mit vorwiegend Haushalttechnik

Datenblatt der Kennzahlen aus Abbildung 80

Jahr	Wareneinsatz (bis 1967 mit USt der Vorhandelsstufen; ab 1968 ohne Vorsteuer)	Umsatzsteuer (bis 1958 incl. Gewerbesteuer)	Handlungskosten ohne Personalkosten	Personalkosten	Betriebswirtschaftliches Ergebnis
	in % des Umsatzes (incl. MwSt.)				
Eisenwaren- und Hausrathandel mit vorwiegend Haushalttechnik					
1	2	3	4	5	6
1949	75,5	2,8	11,5	11,5	-1,3
1950	74,7	2,5	10,9	11,2	+0,7
1951	74,1	3,4	10,1	11,4	+1,0
1952	74,4	3,8	10,7	11,5	-0,4
1953	72,3	4,0	12,1	11,5	+0,1
1954	72,7	4,0	13,1	10,8	-0,6
1955	72,6	3,9	11,9	11,3	+0,3
1956	70,6	3,7	11,9	10,7	+3,1
1957	68,9	3,9	12,4	11,4	+3,4
1958	68,9	4,0	12,1	11,3	+3,7
1959	69,5	3,6	11,1	12,0	+3,8
1960	69,8	3,7	11,9	11,3	+3,3
1961	71,0	3,6	10,8	10,9	+3,7
1962	71,8	3,9	10,3	11,1	+2,9
1963	71,4	3,8	10,4	11,9	+2,5
1964	73,1	3,8	10,1	11,2	+1,8
1965	73,5	3,6	10,0	11,4	+1,5
1966	71,1	3,5	10,0	13,1	+2,3
1967	70,1	3,6	11,1	14,1	+1,1
1968	63,5	9,9	12,1	15,0	-0,5
1969	64,2	9,9	10,3	14,6	+1,0
1970	62,7	9,9	10,7	14,9	+1,8
1971	63,1	9,9	10,6	16,1	+0,3
1972	60,8	9,9	11,4	17,0	+0,9
1973	60,0	9,9	11,5	18,1	+0,5
1974	60,4	9,9	11,6	18,3	-0,2
1975	61,0	9,9	11,3	19,0	-1,2
1976	61,3	9,9	11,1	17,8	-0,1
1977	60,8	9,9	10,9	18,1	+0,3
1978	58,8	10,7	11,7	19,4	-0,6
1979	60,1	11,1	10,5	18,2	+0,1
1980	59,1	11,5	11,0	17,8	+0,6
1981	59,7	11,4	11,3	19,2	-1,6
1982	59,5	11,5	11,2	18,1	-0,3
1983	58,2	11,9	11,8	17,7	+0,4
1984	59,2	12,2	11,3	18,0	-0,7
1985	58,8	12,2	11,8	18,2	-1,0
1986	59,5	12,2	11,0	16,7	+0,6
1987	59,9	12,2	10,8	16,6	+0,5
1988	60,2	12,2	10,4	16,5	+0,7
1989	59,7	12,3	11,3	17,2	-0,5
1990	59,2	12,2	10,3	17,2	+1,1
1991	58,8	12,2	10,9	17,7	+0,4
1992	57,7	12,2	11,5	18,7	-0,1
1993	56,2	12,9	12,9	19,4	-1,4
1994	55,2	13,0	13,0	20,2	-1,4
1995	55,9	13,0	12,9	21,1	-2,9
1996	54,8	13,0	12,6	21,5	-1,9
1997	56,2	13,0	11,8	20,4	-1,4

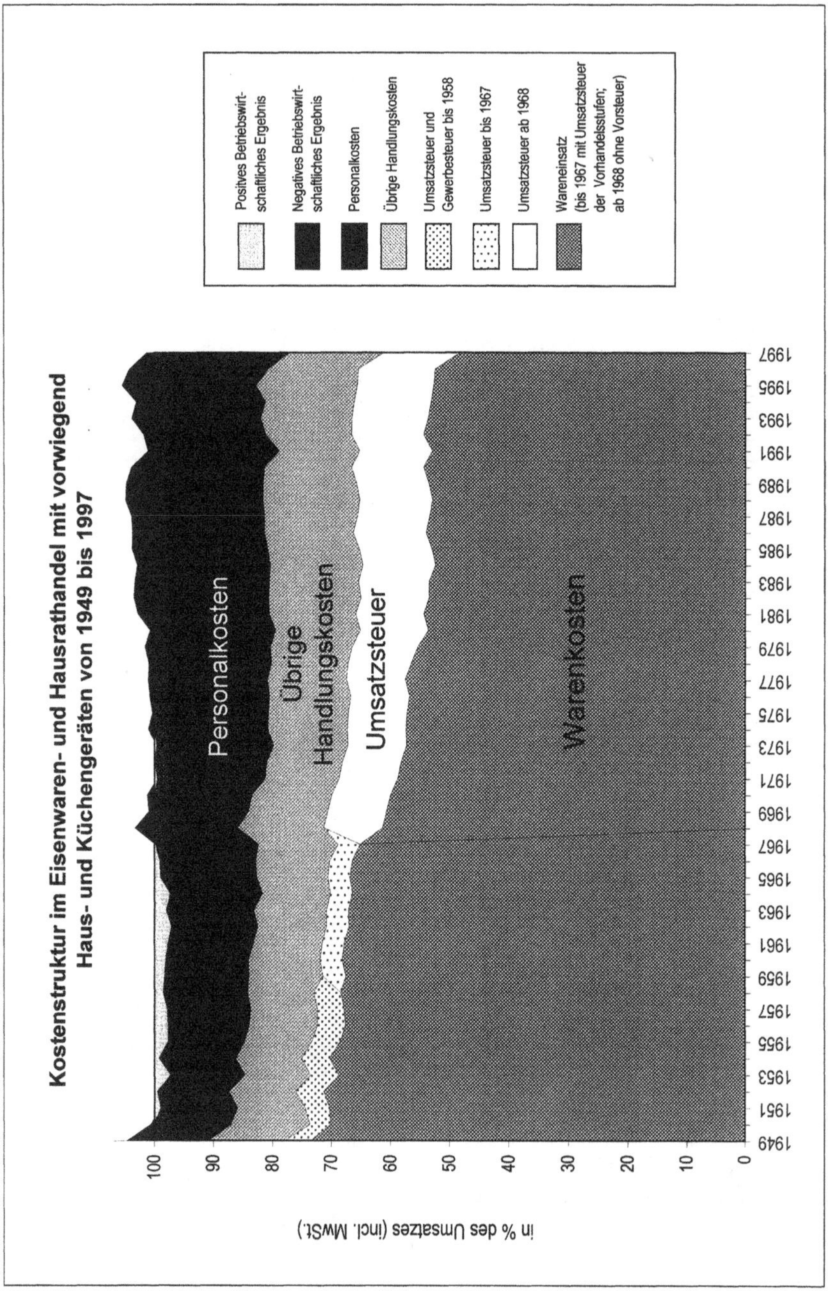

Abb. 81: Die Entwicklung der Kostenstruktur im Eisenwaren- und Hausrathandel mit vorwiegend Haus- und Küchengeräten

Datenblatt der Kennzahlen aus Abbildung 81

Jahr	Wareneinsatz (bis 1967 mit USt der Vorhandelsstufen; ab 1968 ohne Vorsteuer)	Umsatzsteuer (bis 1958 incl. Gewerbesteuer)	Handlungskosten ohne Personalkosten	Personalkosten	Betriebswirtschaftliches Ergebnis
	in % des Umsatzes (incl. MwSt.)				
Eisenwaren- und Hausrathandel mit vorwiegend Haus- und Küchengeräten					
1	2	3	4	5	6
1949	73,6	4,4	12,9	13,8	-4,7
1950	70,1	3,5	13,5	13,5	-0,6
1951	70,3	4,1	11,5	13,0	+1,1
1952	71,3	4,7	11,4	12,1	+0,5
1953	68,7	4,8	11,2	12,5	+2,8
1954	70,3	4,7	11,2	13,0	+0,8
1955	68,5	4,8	11,5	12,9	+2,3
1956	67,6	4,7	11,7	13,7	+2,3
1957	67,8	4,5	11,4	14,1	+2,2
1958	68,4	4,6	11,3	14,2	+1,5
1959	67,5	3,9	12,6	14,3	+1,7
1960	68,2	3,7	12,2	14,0	+1,9
1961	67,8	3,7	11,8	14,4	+2,3
1962	67,0	3,8	11,7	14,6	+2,9
1963	67,1	3,7	12,4	14,8	+2,0
1964	66,4	3,7	11,6	15,6	+2,7
1965	66,9	3,7	12,1	16,3	+1,0
1966	66,5	3,8	12,6	16,2	+0,9
1967	65,1	3,7	13,6	17,4	+0,2
1968	61,4	9,9	14,6	17,4	-3,3
1969	60,7	9,9	13,5	16,8	-0,9
1970	60,0	9,9	13,6	17,7	-1,2
1971	58,8	9,9	12,6	18,2	+0,5
1972	58,2	9,9	12,9	19,0	+0,0
1973	57,3	9,9	12,6	19,8	+0,4
1974	57,4	9,9	13,5	20,2	-1,0
1975	57,2	9,9	13,6	19,6	-0,3
1976	56,8	9,9	13,8	20,3	-0,8
1977	57,5	9,9	13,5	20,1	-1,0
1978	56,5	10,7	13,0	20,7	-0,9
1979	55,4	11,1	13,9	21,2	-1,6
1980	53,6	11,5	14,4	21,2	-0,7
1981	54,4	11,5	14,7	22,2	-2,8
1982	53,5	11,5	15,7	22,8	-3,5
1983	53,5	11,9	15,1	22,8	-3,3
1984	52,4	12,3	15,7	22,5	-2,9
1985	53,0	12,3	15,5	23,0	-3,8
1986	54,0	12,3	15,1	22,3	-3,7
1987	53,4	12,2	15,8	22,5	-3,9
1988	52,9	12,3	16,4	23,3	-4,9
1989	53,5	12,2	15,9	23,2	-4,8
1990	54,4	12,2	14,8	22,5	-3,9
1991	52,9	12,3	13,6	22,2	-1,0
1992	54,4	12,2	14,6	20,6	-1,8
1993	53,6	12,9	15,5	21,8	-3,8
1994	53,1	13,0	15,1	21,8	-3,0
1995	52,7	12,9	17,2	22,7	-5,5
1996	52,4	13,0	15,3	23,5	-4,2
1997	48,1	13,0	16,0	24,1	-1,2

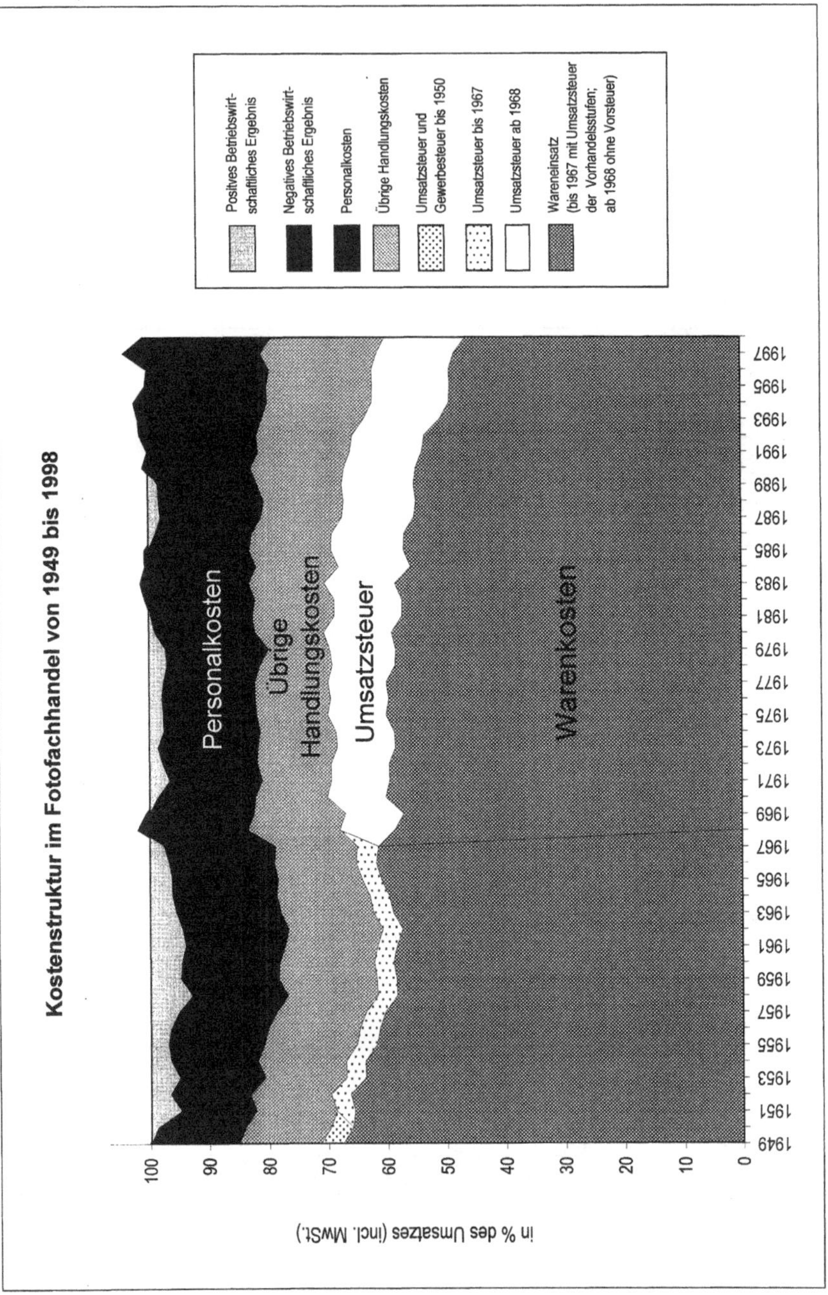

Abb. 82: Die Entwicklung der Kostenstruktur im Fotofachhandel

Datenblatt der Kennzahlen aus Abbildung 82

Jahr	Wareneinsatz (bis 1967 mit USt der Vorhandelsstufen; ab 1968 ohne Vorsteuer)	Umsatzsteuer (bis 1950 incl. Gewerbesteuer)	Handlungskosten ohne Personalkosten	Personalkosten	Betriebswirtschaftliches Ergebnis
	in % des Umsatzes (incl. MwSt.)				
Fotofachhandel					
1	2	3	4	5	6
1949	67.7	3.7	13.7	15.2	-0.3
1950	66.0	3.7	14.3	14.8	+1.2
1951	65.7	3.0	13.5	12.6	+5.2
1952	66.4	3.3	13.5	13.5	+3.3
1953	63.8	3.2	13.6	14.4	+5.0
1954	63.9	3.2	14.8	14.6	+3.5
1955	61.9	3.4	15.5	16.2	+3.0
1956	61.4	3.4	15.3	16.4	+3.5
1957	60.4	3.3	14.9	16.5	+4.9
1958	58.4	3.3	15.0	16.1	+7.2
1959	58.5	3.4	16.4	16.5	+5.2
1960	59.0	3.3	15.8	16.5	+5.4
1961	58.4	3.3	15.4	16.8	+6.1
1962	57.4	3.4	15.7	17.9	+5.6
1963	59.0	3.4	15.4	17.7	+4.5
1964	59.7	3.3	15.5	17.7	+3.8
1965	61.0	3.3	14.0	17.9	+3.8
1966	61.9	3.4	13.6	17.8	+3.3
1967	61.5	3.6	13.6	18.8	+2.5
1968	58.7	9.3	15.4	18.6	-2.0
1969	57.1	9.9	15.3	18.3	-0.6
1970	60.2	9.8	12.1	16.5	+1.4
1971	59.5	9.8	11.6	15.6	+3.5
1972	59.6	9.8	12.3	16.0	+2.3
1973	58.5	9.8	13.3	16.9	+1.5
1974	58.7	9.8	12.7	16.3	+2.5
1975	60.1	9.8	11.9	15.8	+2.4
1976	59.6	9.8	12.6	15.8	+2.2
1977	60.0	9.8	12.3	15.4	+2.5
1978	58.5	10.6	12.1	15.7	+3.1
1979	58.4	11.1	10.2	17.4	+2.9
1980	59.1	11.4	11.5	16.9	+1.1
1981	57.3	11.4	13.7	17.2	+0.4
1982	57.3	11.4	13.3	18.6	-0.6
1983	58.5	11.9	12.6	18.4	-1.4
1984	55.8	12.2	13.8	18.8	-0.6
1985	57.0	12.2	13.7	17.8	-0.7
1986	56.9	12.2	13.4	16.3	+1.2
1987	55.2	12.2	13.5	17.0	+2.1
1988	54.9	12.2	13.3	17.8	+1.8
1989	55.2	12.2	14.1	16.8	+1.7
1990	54.9	12.1	15.6	18.3	-0.9
1991	53.8	12.2	15.3	18.8	-0.1
1992	53.4	12.2	16.0	19.7	-1.3
1993	50.7	12.9	17.0	21.0	-1.6
1994	49.2	13.0	17.5	22.6	-2.3
1995	49.1	13.0	17.7	20.6	-0.4
1996	49.2	13.0	17.1	20.8	-0.1
1997	48.3	13.0	19.5	23.2	-4.0
1998	46.3	13.6	18.9	21.9	-0.7

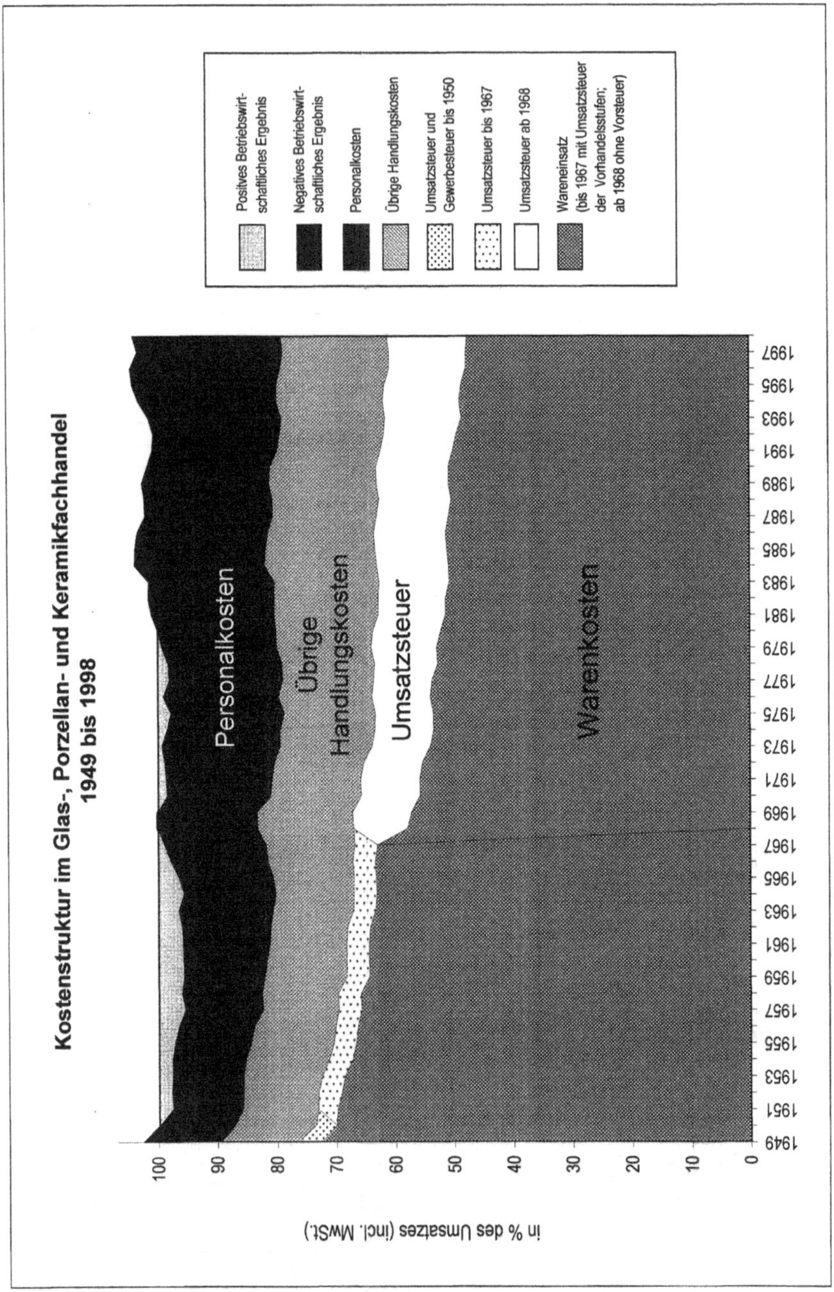

Abb. 83: Die Entwicklung der Kostenstruktur im Glas-, Porzellan- und Keramik-FH

Datenblatt der Kennzahlen aus Abbildung 83

Jahr	Wareneinsatz (bis 1967 mit USt der Vorhandelsstufen; ab 1968 ohne Vorsteuer)	Umsatzsteuer (bis 1950 incl. Gewerbesteuer)	Handlungskosten ohne Personalkosten	Personalkosten	Betriebswirtschaftliches Ergebnis
	in % des Umsatzes (incl. MwSt.)				
Glas-, Porzellan- und Keramikfachhandel					
1	2	3	4	5	6
1949	72,5	4,1	12,9	13,2	-2,7
1950	70,0	3,5	13,6	12,8	+0,1
1951	69,8	3,3	12,6	11,8	+2,5
1952	69,1	3,9	12,6	12,1	+2,3
1953	68,5	3,9	13,2	12,0	+2,4
1954	67,2	4,0	14,0	12,4	+2,4
1955	66,6	3,8	13,9	12,9	+2,8
1956	66,3	3,8	13,7	12,7	+3,5
1957	65,7	3,9	12,7	13,1	+4,6
1958	65,8	3,9	12,8	13,5	+4,0
1959	64,3	3,8	13,9	13,6	+4,4
1960	64,4	3,8	13,4	14,1	+4,3
1961	64,4	3,8	12,9	14,7	+4,2
1962	64,2	3,8	13,0	14,9	+4,1
1963	63,3	3,7	13,6	15,9	+3,5
1964	63,1	3,8	13,2	15,5	+4,4
1965	63,2	3,7	13,6	15,9	+3,6
1966	63,4	3,7	14,3	16,4	+2,2
1967	62,9	3,8	15,0	17,1	+1,2
1968	57,9	9,0	16,2	17,1	-0,2
1969	57,2	9,9	16,1	17,0	-0,2
1970	55,7	9,9	15,3	17,5	+1,6
1971	55,8	9,9	15,0	17,9	+1,4
1972	55,3	9,9	15,1	18,5	+1,2
1973	53,9	9,9	15,5	20,0	+0,7
1974	53,4	9,9	16,0	19,1	+1,6
1975	53,4	9,8	15,3	19,2	+2,3
1976	53,9	9,9	15,7	19,5	+1,0
1977	53,6	9,9	15,3	19,2	+2,0
1978	52,6	10,7	15,6	19,3	+1,8
1979	52,8	11,1	15,9	19,4	+0,8
1980	52,1	11,5	16,3	20,0	+0,1
1981	51,3	11,4	17,5	20,8	-1,0
1982	51,3	11,4	17,5	21,3	-1,5
1983	50,6	11,9	17,6	21,3	-1,4
1984	50,7	12,2	18,9	22,0	-3,8
1985	51,0	12,2	18,4	22,1	-3,7
1986	51,2	12,2	17,8	22,1	-3,3
1987	50,7	12,2	17,5	21,6	-2,0
1988	50,2	12,3	17,9	21,7	-2,1
1989	50,7	12,2	18,1	21,5	-2,5
1990	50,7	12,3	17,8	20,8	-1,6
1991	49,9	12,3	17,4	21,1	-0,7
1992	49,3	12,3	17,5	21,4	-0,5
1993	48,4	13,0	17,4	22,5	-1,3
1994	48,8	13,0	17,9	23,3	-3,0
1995	48,5	13,0	18,2	24,4	-4,1
1996	47,7	13,0	18,3	25,4	-4,4
1997	47,7	13,0	17,9	24,6	-3,2
1998	47,5	13,6	17,8	25,1	-4,0

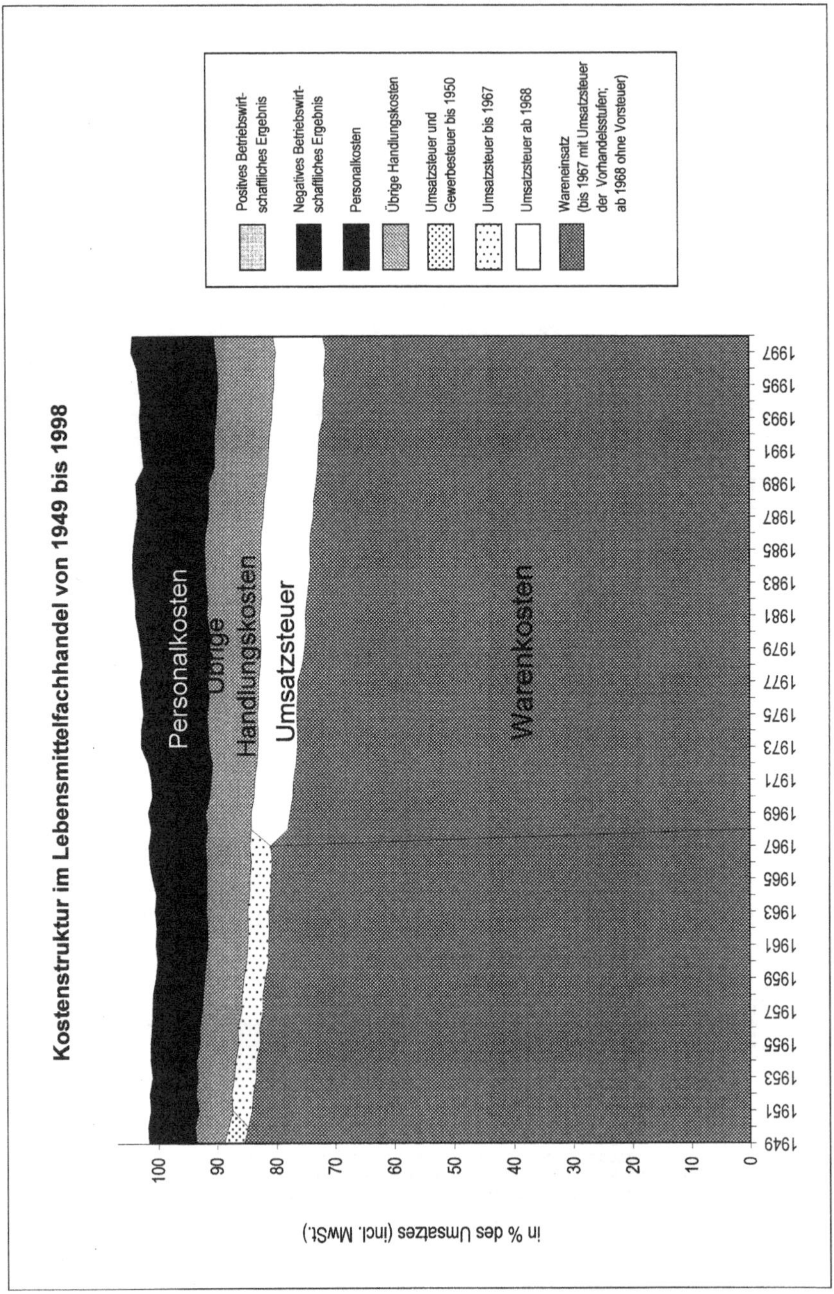

Abb. 84: Die Entwicklung der Kostenstruktur im Lebensmittelfachhandel

Datenblatt der Kennzahlen aus Abbildung 84

Jahr	Wareneinsatz (bis 1967 mit USt der Vorhandelsstufen; ab 1968 ohne Vorsteuer)	Umsatzsteuer (bis 1950 incl. Gewerbesteuer)	Handlungskosten ohne Personalkosten	Personalkosten	Betriebswirtschaftliches Ergebnis
	in % des Umsatzes (incl. MwSt.)				
Lebensmittelfachhandel					
1	2	3	4	5	6
1949	85,5	3,3	4,7	8,1	-1,6
1950	84,8	3,3	5,7	8,0	-1,8
1951	84,2	3,2	5,7	8,2	-1,3
1952	84,0	3,6	6,0	7,9	-1,5
1953	83,5	3,6	6,2	7,7	-1,0
1954	83,4	3,5	6,6	7,8	-1,3
1955	82,8	3,6	6,5	8,4	-1,3
1956	82,9	3,6	6,4	8,2	-1,1
1957	82,3	3,6	6,6	8,5	-1,0
1958	82,3	3,5	6,5	8,6	-0,9
1959	81,9	3,6	6,6	8,3	-0,4
1960	81,4	3,6	6,8	8,3	-0,1
1961	81,3	3,5	6,7	8,9	-0,4
1962	81,2	3,5	6,8	8,7	-0,2
1963	81,3	3,5	6,9	8,8	-0,5
1964	81,0	3,5	7,1	8,7	-0,3
1965	80,9	3,5	7,2	9,3	-0,9
1966	80,7	3,5	7,4	9,8	-1,4
1967	80,9	3,5	7,4	9,7	-1,5
1968	78,0	6,2	7,3	9,6	-1,1
1969	77,6	6,6	7,6	9,8	-1,5
1970	77,1	6,6	7,4	9,8	-0,9
1971	77,0	6,6	7,2	10,3	-1,1
1972	76,5	6,7	7,4	11,0	-1,6
1973	76,3	6,7	8,2	11,6	-2,8
1974	76,3	6,7	8,3	11,5	-2,8
1975	76,4	6,7	8,4	10,9	-2,4
1976	76,3	6,6	8,2	11,5	-2,6
1977	76,2	6,7	8,5	11,5	-2,9
1978	75,4	7,2	8,3	11,6	-2,5
1979	75,0	7,5	8,5	11,8	-2,8
1980	74,8	7,8	8,4	12,2	-3,2
1981	74,9	7,8	8,8	12,2	-3,7
1982	74,6	7,8	8,9	12,4	-3,7
1983	74,3	8,2	9,2	12,4	-4,1
1984	74,0	8,4	9,3	12,5	-4,2
1985	74,1	8,4	9,4	12,2	-4,1
1986	74,0	8,4	9,3	12,1	-3,8
1987	73,5	8,5	9,2	12,1	-3,3
1988	73,4	8,5	9,2	12,3	-3,4
1989	73,0	8,5	9,6	12,5	-3,6
1990	72,7	8,5	8,9	12,1	-2,2
1991	72,6	8,5	9,0	12,4	-2,5
1992	72,4	8,5	9,2	12,6	-2,7
1993	71,8	8,7	9,3	13,1	-2,9
1994	71,8	8,6	9,2	13,1	-2,7
1995	71,5	8,6	9,4	13,5	-3,0
1996	71,6	8,5	9,5	13,7	-3,3
1997	71,3	8,5	10,1	14,4	-4,3
1998	71,8	8,5	9,9	13,9	-4,1

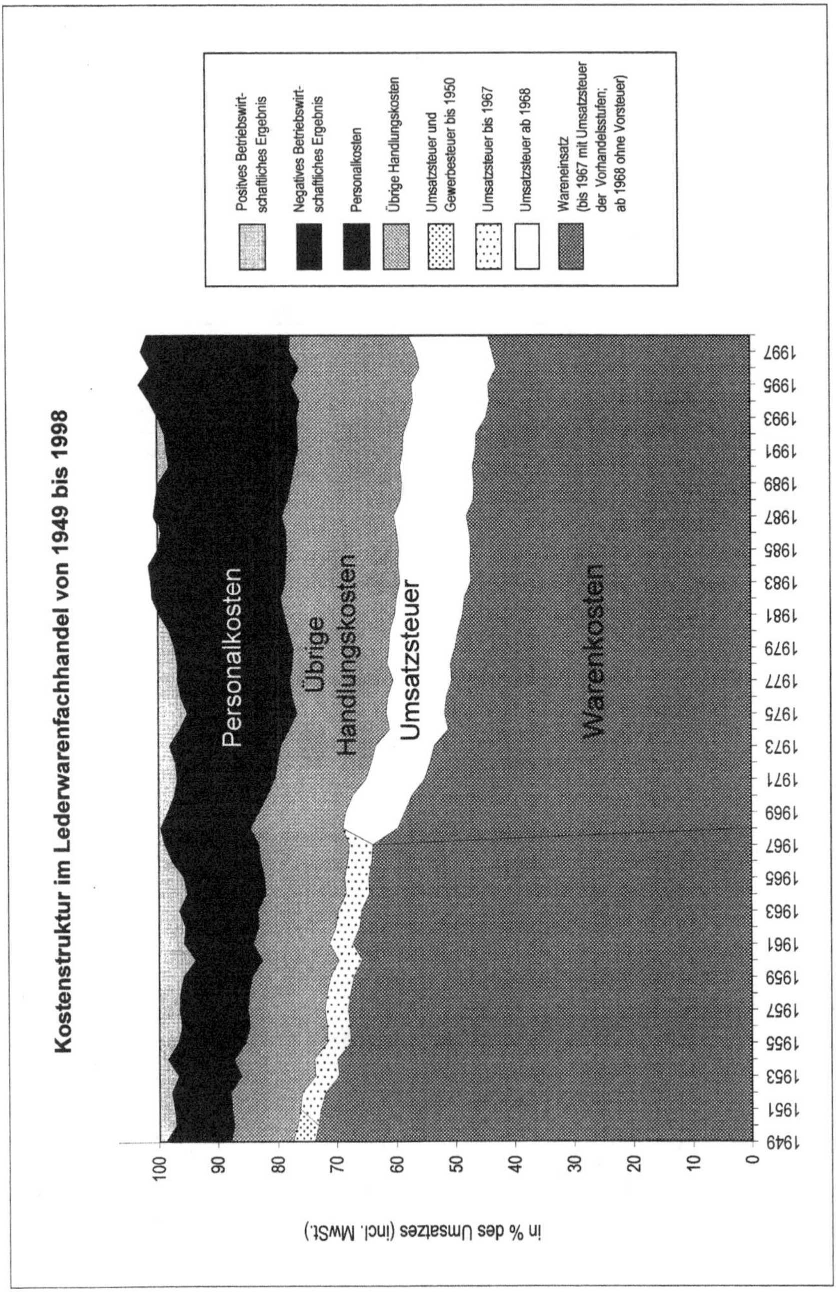

Abb. 85: Die Entwicklung der Kostenstruktur im Lederwarenfachhandel

Datenblatt der Kennzahlen aus Abbildung 85

Jahr	Wareneinsatz (bis 1967 mit USt der Vorhandelsstufen; ab 1968 ohne Vorsteuer)	Umsatzsteuer (bis 1950 incl. Gewerbesteuer)	Handlungskosten ohne Personalkosten	Personalkosten	Betriebswirtschaftliches Ergebnis
	in % des Umsatzes (incl. MwSt.)				
Lederwarenfachhandel					
1	2	3	4	5	6
1949	73,8	3,7	10,3	11,1	+1,1
1950	73,1	3,6	10,5	10,0	+2,8
1951	72,7	3,5	11,4	9,8	+2,6
1952	71,9	4,0	11,9	10,1	+2,1
1953	69,6	4,0	12,4	10,7	+3,3
1954	69,9	3,9	13,4	11,3	+1,5
1955	67,7	3,9	13,7	11,5	+3,2
1956	67,8	3,8	13,0	11,5	+3,9
1957	68,1	3,9	12,9	11,6	+3,5
1958	67,7	3,9	13,1	11,7	+3,6
1959	67,1	3,9	13,2	11,6	+4,2
1960	65,7	3,9	12,9	11,2	+6,3
1961	67,3	3,9	12,8	11,7	+4,3
1962	66,1	4,0	13,0	12,4	+4,5
1963	65,8	3,9	13,5	13,3	+3,5
1964	64,5	3,9	13,5	13,2	+4,9
1965	64,6	4,0	13,5	13,6	+4,3
1966	64,1	4,0	14,6	15,0	+2,3
1967	63,9	3,9	15,2	15,9	+1,1
1968	59,7	9,2	15,5	15,2	+0,4
1969	58,5	9,9	14,6	15,4	+1,6
1970	57,3	9,9	14,4	15,7	+2,7
1971	55,1	9,9	15,3	16,5	+3,2
1972	54,2	9,9	15,7	17,3	+2,9
1973	53,5	9,9	15,9	18,8	+1,9
1974	51,1	9,9	16,8	18,6	+3,6
1975	51,7	9,9	14,9	18,5	+5,0
1976	51,4	9,9	16,0	18,9	+3,8
1977	50,5	9,9	17,3	19,0	+3,3
1978	50,7	10,7	15,8	19,5	+3,3
1979	49,9	11,2	16,0	20,1	+2,8
1980	49,4	11,5	17,0	20,2	+1,9
1981	48,6	11,5	18,5	21,1	+0,3
1982	48,3	11,5	19,4	21,7	-0,9
1983	47,2	12,0	19,2	22,7	-1,1
1984	47,3	12,2	18,8	23,2	-1,5
1985	47,2	12,2	18,7	21,8	+0,1
1986	47,4	12,3	18,5	21,2	+0,6
1987	47,9	12,3	18,7	21,7	-0,6
1988	46,7	12,3	18,9	22,4	-0,3
1989	46,6	12,2	18,5	22,5	+0,2
1990	46,8	12,3	17,7	21,2	+2,0
1991	46,3	12,3	17,5	22,3	+1,6
1992	46,2	12,3	17,7	22,5	+1,3
1993	44,5	13,0	18,8	23,5	+0,2
1994	43,9	13,0	18,9	25,4	-1,2
1995	44,1	13,0	20,1	25,8	-3,0
1996	42,7	13,0	20,2	25,2	-1,1
1997	43,4	13,0	21,1	25,1	-2,6
1998	44,1	13,6	19,7	24,2	-1,6

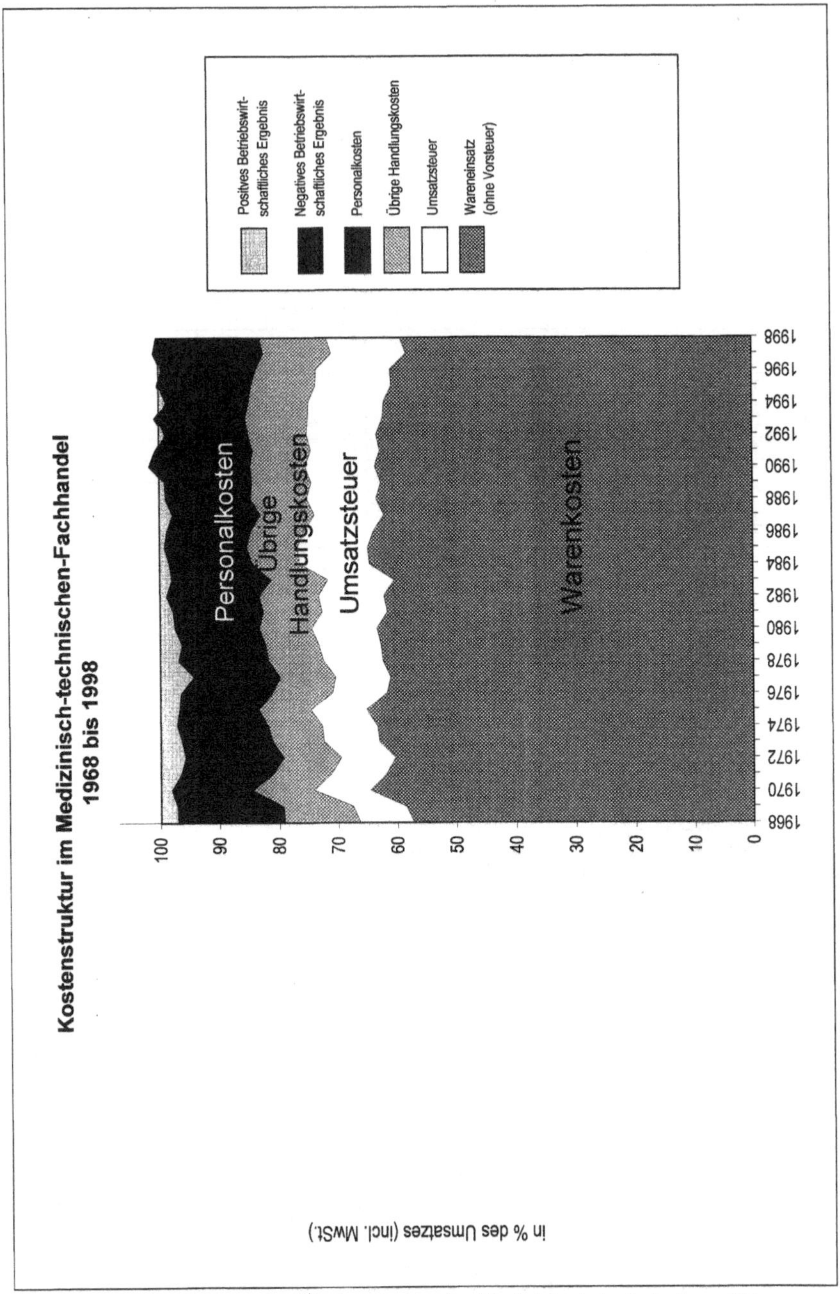

Abb. 86: Die Entwicklung der Kostenstruktur im Medizinisch-technischem-FH

Datenblatt der Kennzahlen aus Abbildung 86

Jahr	Wareneinsatz (ohne Vorsteuer)	Umsatzsteuer	Handlungskosten ohne Personalkosten	Personalkosten	Betriebswirtschaftliches Ergebnis
	in % des Umsatzes (incl. MwSt.)				
Medizinisch-technischer-Fachhandel					
1	2	3	4	5	6
1968	57,3	9,0	12,7	18,1	+2,9
1969	58,5	9,0	11,8	17,9	+2,8
1970	64,6	9,5	10,4	13,7	+1,8
1971	61,9	9,3	9,9	15,5	+3,4
1972	60,3	9,2	9,7	16,6	+4,2
1973	63,1	9,3	8,7	15,3	+3,6
1974	63,4	9,3	9,2	15,3	+2,8
1975	65,2	9,4	8,8	13,4	+3,2
1976	61,7	9,2	10,2	15,4	+3,5
1977	61,1	9,3	9,3	14,6	+5,7
1978	62,4	10,0	9,3	15,2	+3,1
1979	62,7	10,5	9,0	14,1	+3,7
1980	63,4	11,0	8,9	14,2	+2,5
1981	61,6	11,0	10,0	15,2	+2,2
1982	62,2	11,0	10,1	15,6	+1,1
1983	60,4	11,2	9,6	16,8	+2,0
1984	64,6	11,7	8,1	14,0	+1,6
1985	64,9	11,8	8,6	13,9	+0,8
1986	63,9	11,7	9,0	14,2	+1,2
1987	62,1	11,7	9,2	14,8	+2,2
1988	63,4	11,7	9,5	14,4	+1,0
1989	62,6	11,7	10,1	14,7	+0,9
1990	63,6	11,7	9,3	17,1	-1,7
1991	62,7	11,6	9,9	16,5	-0,7
1992	63,3	11,7	9,9	14,1	+1,0
1993	62,2	12,6	10,6	15,4	-0,8
1994	62,0	12,7	10,1	14,0	+1,2
1995	60,7	12,8	10,9	15,9	-0,3
1996	60,9	12,5	10,2	16,0	+0,4
1997	58,2	12,6	11,5	18,6	-0,9
1998	59,2	12,5	11,3	17,4	-0,4

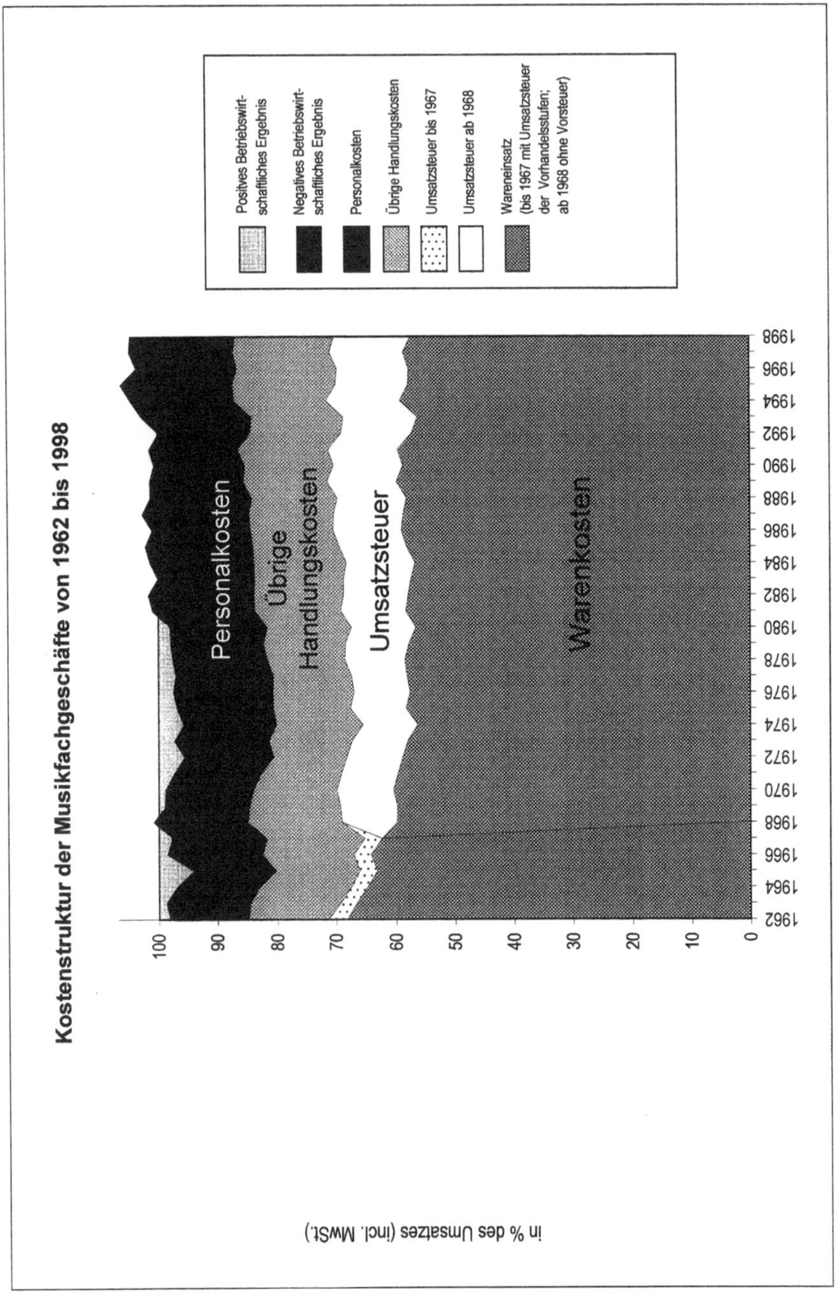

Abb. 87: Die Entwicklung der Kostenstruktur der Musikfachgeschäfte

Datenblatt der Kennzahlen aus Abbildung 87

Jahr	Wareneinsatz (bis 1967 mit USt der Vorhandelsstufen; ab 1968 ohne Vorsteuer)	Umsatzsteuer	Handlungskosten ohne Personalkosten	Personalkosten	Betriebswirtschaftliches Ergebnis
	in % des Umsatzes (incl. MwSt.)				
Musikfachgeschäfte					
1	2	3	4	5	6
1962	68,2	3,1	13,5	13,4	1,8
1963	66,6	2,7	15,2	14,3	1,2
1964	64,8	2,7	15,5	14,0	3,0
1965	63,2	2,9	14,1	13,9	5,9
1966	64,3	2,8	15,4	16,1	1,4
1967	62,4	2,9	16,5	16,0	2,2
1968	59,9	9,1	15,9	16,0	-0,9
1969	59,8	9,5	15,3	14,4	1,0
1970	60,5	9,4	14,1	14,9	1,1
1971	59,7	9,4	13,6	14,7	2,6
1972	58,9	9,3	12,4	15,1	4,3
1973	58,0	9,3	14,1	16,0	2,6
1974	56,3	9,2	14,6	15,7	4,2
1975	58,3	9,3	13,0	16,3	3,1
1976	57,6	9,4	13,7	16,8	2,5
1977	58,1	9,3	13,2	16,5	2,9
1978	58,5	10,0	13,1	16,0	2,4
1979	57,8	10,6	13,9	15,7	2,0
1980	56,6	10,8	14,2	16,5	1,9
1981	58,3	10,9	14,5	17,3	-1,0
1982	57,9	10,8	15,1	17,9	-1,7
1983	57,4	11,3	15,0	16,4	-0,1
1984	56,7	11,5	15,6	17,6	-1,4
1985	58,1	11,3	14,6	18,2	-2,2
1986	59,0	11,4	13,9	16,7	-1,0
1987	58,7	11,6	14,3	18,1	-2,7
1988	58,1	11,6	14,4	17,2	-1,3
1989	59,8	11,6	14,1	15,9	-1,4
1990	58,7	11,6	14,9	15,5	-0,7
1991	59,6	11,6	15,2	15,1	-1,5
1992	57,2	11,8	15,4	15,5	0,1
1993	56,2	12,4	15,5	18,6	-2,7
1994	59,2	12,3	15,4	17,7	-4,6
1995	57,8	12,1	17,3	19,1	-6,3
1996	57,7	12,0	16,8	17,1	-3,6
1997	58,6	12,3	16,2	17,7	-4,8
1998	57,3	12,8	16,6	17,9	-4,6

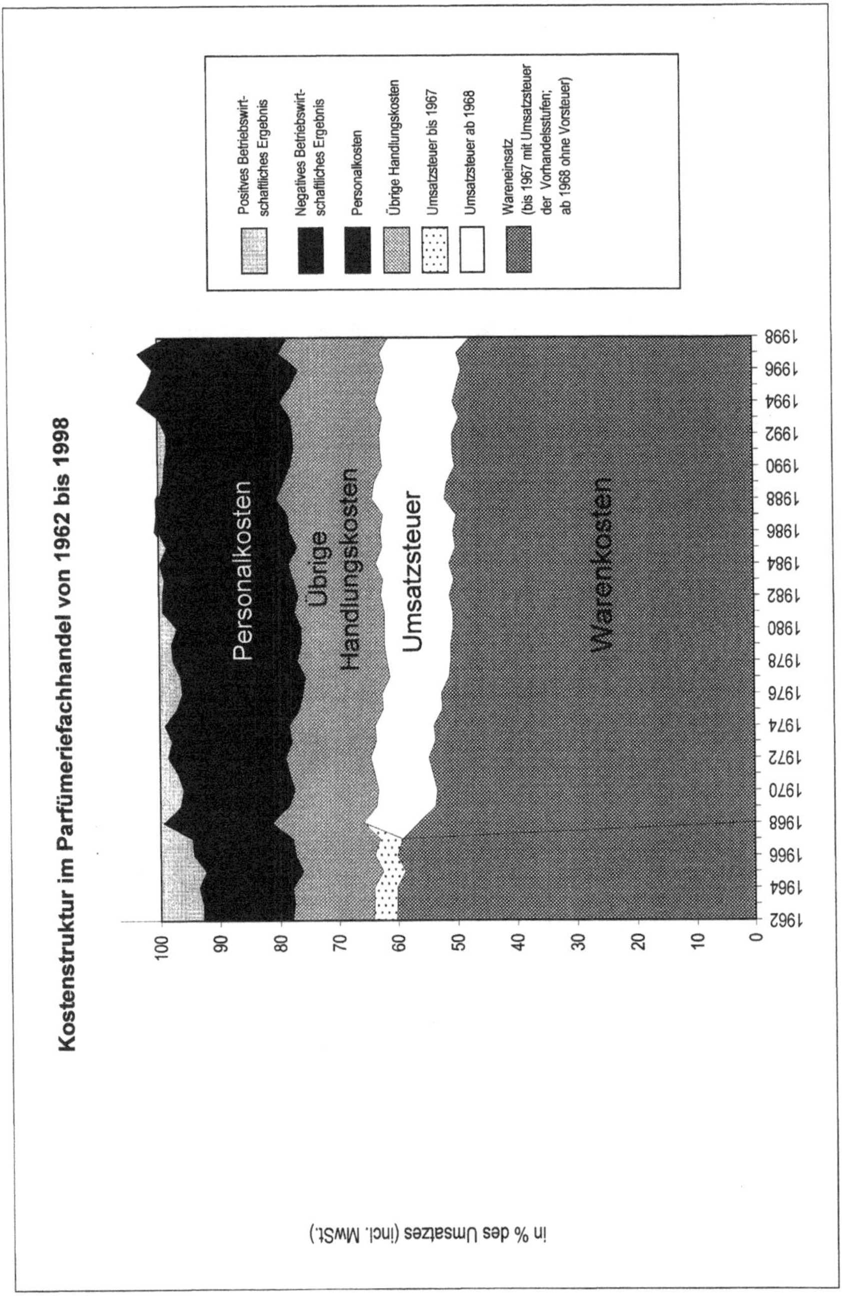

Abb. 88: Die Entwicklung der Kostenstruktur im Parfümeriefachhandel

Datenblatt der Kennzahlen aus Abbildung 88

Jahr	Wareneinsatz (bis 1967 mit USt der Vorhandelsstufen; ab 1968 ohne Vorsteuer)	Umsatzsteuer	Handlungskosten ohne Personalkosten	Personalkosten	Betriebswirtschaftliches Ergebnis
	in % des Umsatzes (incl. MwSt.)				
Parfümeriefachhandel					
1	2	3	4	5	6
1962	68,2	3,1	13,5	13,4	+1,8
1963	66,6	2,7	15,2	14,3	+1,2
1964	64,8	2,7	15,5	14,0	+3,0
1965	63,2	2,9	14,1	13,9	+5,9
1966	64,3	2,8	15,4	16,1	+1,4
1967	62,4	2,9	16,5	16,0	+2,2
1968	59,9	9,1	15,9	16,0	-0,9
1969	59,8	9,5	15,3	14,4	+1,0
1970	60,5	9,4	14,1	14,9	+1,1
1971	59,7	9,4	13,6	14,7	+2,6
1972	58,9	9,3	12,4	15,1	+4,3
1973	58,0	9,3	14,1	16,0	+2,6
1974	56,3	9,2	14,6	15,7	+4,2
1975	58,3	9,3	13,0	16,3	+3,1
1976	57,6	9,4	13,7	16,8	+2,5
1977	58,1	9,3	13,2	16,5	+2,9
1978	58,5	10,0	13,1	16,0	+2,4
1979	57,8	10,6	13,9	15,7	+2,0
1980	56,6	10,8	14,2	16,5	+1,9
1981	58,3	10,9	14,5	17,3	-1,0
1982	57,9	10,8	15,1	17,9	-1,7
1983	57,4	11,3	15,0	16,4	-0,1
1984	56,7	11,5	15,6	17,6	-1,4
1985	58,1	11,3	14,6	18,2	-2,2
1986	59,0	11,4	13,9	16,7	-1,0
1987	58,7	11,6	14,3	18,1	-2,7
1988	58,1	11,6	14,4	17,2	-1,3
1989	59,8	11,6	14,1	15,9	-1,4
1990	58,7	11,6	14,9	15,5	-0,7
1991	59,6	11,6	15,2	15,1	-1,5
1992	57,2	11,8	15,4	15,5	+0,1
1993	56,2	12,4	15,5	18,6	-2,7
1994	59,2	12,3	15,4	17,7	-4,6
1995	57,8	12,1	17,3	19,1	-6,3
1996	57,7	12,0	16,8	17,1	-3,6
1997	58,6	12,3	16,2	17,7	-4,8
1998	57,3	12,8	16,6	17,9	-4,6

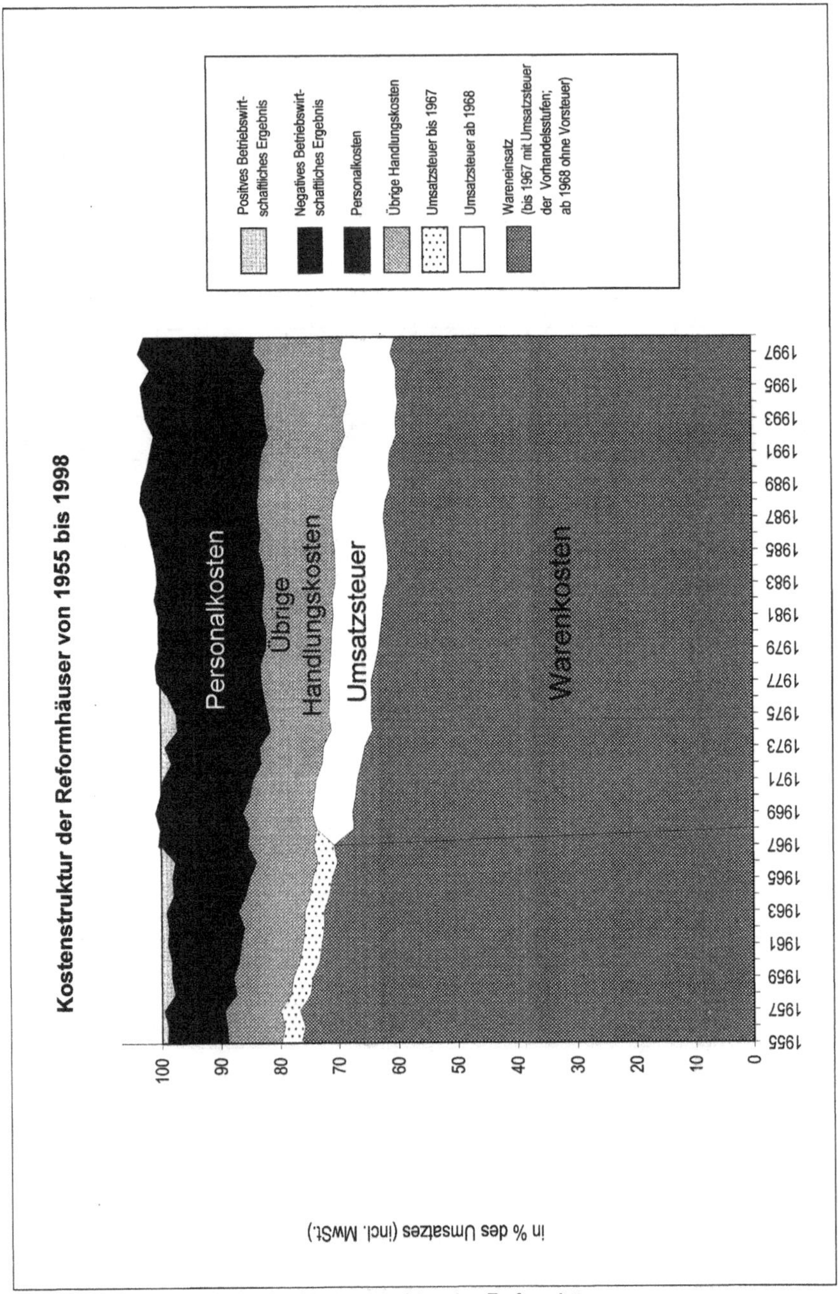

Abb. 89: Die Entwicklung der Kostenstruktur der Reformhäuser

Datenblatt der Kennzahlen aus Abbildung 89

Jahr	Wareneinsatz (bis 1967 mit USt der Vorhandelsstufen; ab 1968 ohne Vorsteuer)	Umsatzsteuer	Handlungskosten ohne Personalkosten	Personalkosten	Betriebswirtschaftliches Ergebnis
	in % des Umsatzes (incl. MwSt.)				
Reformhäuser					
1	2	3	4	5	6
1955	76,5	3,4	8,9	10,3	+0,9
1956	75,8	3,5	9,7	10,0	+1,0
1957	76,7	3,4	9,3	10,3	+0,3
1958	74,9	3,3	9,2	10,4	+2,2
1959	74,5	3,3	10,1	10,4	+1,7
1960	73,3	3,4	10,2	11,4	+1,7
1961	72,9	3,3	10,4	12,4	+1,0
1962	72,5	3,3	10,2	12,8	+1,2
1963	72,5	3,3	11,2	12,2	+0,8
1964	71,6	3,3	10,9	12,2	+2,0
1965	71,1	3,4	10,6	13,1	+1,8
1966	70,2	3,4	10,4	13,7	+2,3
1967	70,7	3,5	11,2	15,1	-0,5
1968	67,4	6,3	11,4	15,1	-0,2
1969	67,6	6,9	11,7	14,8	-1,0
1970	67,1	7,0	10,9	15,2	-0,2
1971	66,8	7,0	10,7	15,3	+0,2
1972	66,1	6,6	10,4	15,2	+1,7
1973	65,5	7,0	10,8	16,1	+0,6
1974	64,2	7,0	10,3	15,8	+2,7
1975	64,4	7,1	10,4	15,5	+2,6
1976	64,3	7,1	11,1	16,2	+1,3
1977	64,4	7,1	11,5	17,7	-0,7
1978	63,7	7,6	11,8	17,8	-0,9
1979	63,1	8,0	11,1	18,1	-0,3
1980	62,8	8,2	11,1	18,3	-0,4
1981	62,4	8,3	12,1	17,6	-0,4
1982	62,3	8,6	11,8	18,3	-1,0
1983	61,6	8,7	12,0	18,2	-0,5
1984	61,4	8,9	12,2	18,1	-0,6
1985	61,6	8,8	12,9	17,8	-1,1
1986	61,9	8,8	12,3	18,8	-1,8
1987	62,2	8,7	12,4	18,9	-2,2
1988	61,8	8,8	12,9	19,8	-3,3
1989	60,9	8,7	13,6	19,8	-3,0
1990	61,3	8,7	13,1	19,0	-2,1
1991	61,0	8,7	12,9	18,9	-1,5
1992	59,9	8,6	13,0	19,4	-0,9
1993	60,0	8,9	13,2	20,1	-2,2
1994	59,6	8,6	14,1	20,4	-2,7
1995	59,9	8,7	14,2	20,3	-3,1
1996	59,9	8,6	13,5	19,5	-1,5
1997	60,8	8,5	14,6	19,6	-3,5
1998	60,0	8,7	15,0	18,8	-2,5

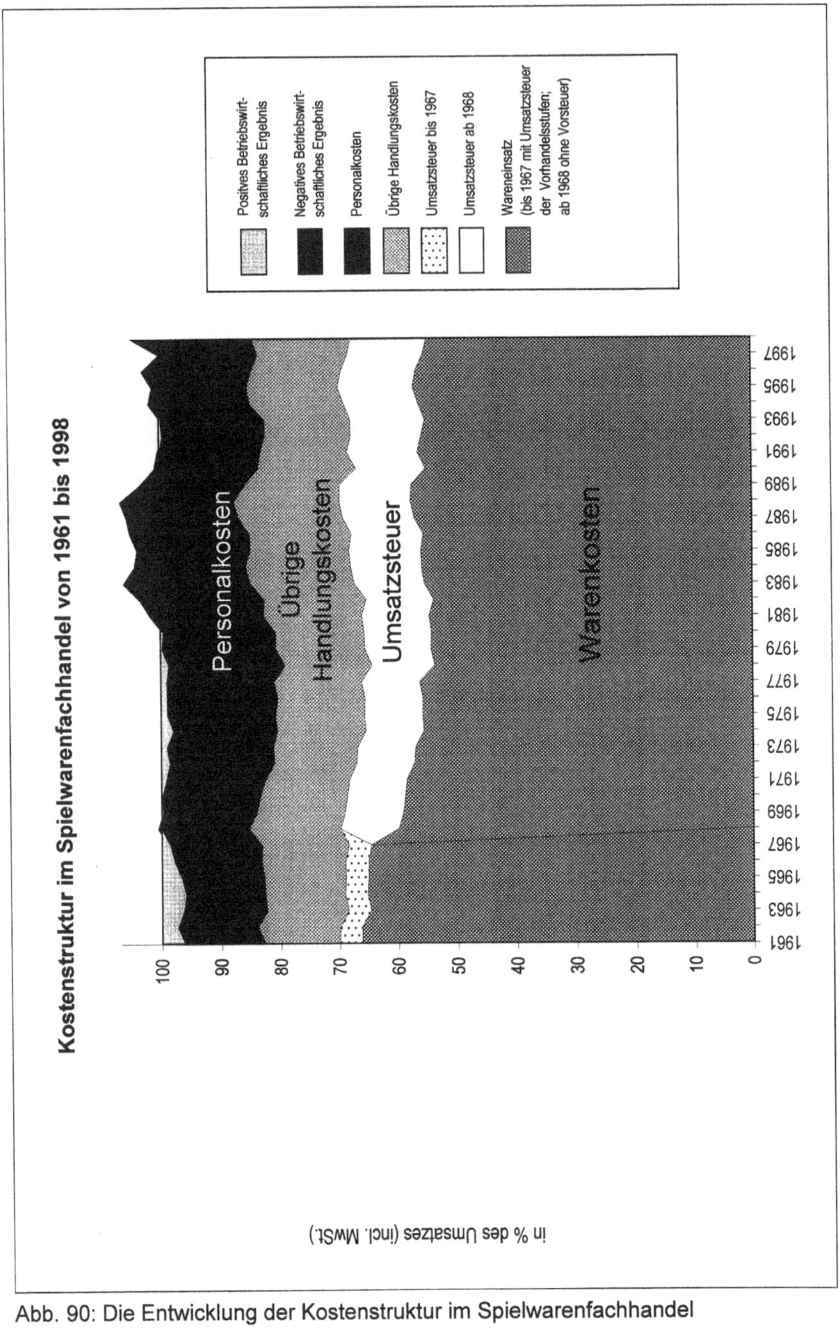

Abb. 90: Die Entwicklung der Kostenstruktur im Spielwarenfachhandel

Datenblatt der Kennzahlen aus Abbildung 90

Jahr	Wareneinsatz (bis 1967 mit USt der Vorhandelsstufen; ab 1968 ohne Vorsteuer)	Umsatzsteuer	Handlungskosten ohne Personalkosten	Personalkosten	Betriebswirtschaftliches Ergebnis
	in % des Umsatzes (incl. MwSt.)				
Spielwarenfachhandel					
1	2	3	4	5	6
1961	66,2	3,8	12,6	13,6	+3,8
1962	66,2	3,7	14,0	13,5	+2,6
1963	64,7	3,8	13,8	14,1	+3,6
1964	65,3	3,8	13,5	13,4	+4,0
1965	65,1	3,8	13,9	13,9	+3,3
1966	65,1	3,9	14,2	14,7	+2,1
1967	64,6	3,8	14,7	15,5	+1,4
1968	59,9	9,9	15,5	15,4	-0,7
1969	59,1	9,9	15,0	15,8	+0,2
1970	58,8	9,8	14,8	16,5	+0,1
1971	58,5	9,7	14,3	16,7	+0,8
1972	57,2	9,8	13,9	17,7	+1,4
1973	57,0	9,8	14,3	18,0	+0,9
1974	55,6	9,8	15,0	17,6	+2,0
1975	55,8	9,8	15,1	18,3	+1,0
1976	55,7	9,8	14,8	18,7	+1,0
1977	56,3	9,8	14,8	18,2	+0,9
1978	53,7	10,6	14,7	19,7	+1,3
1979	54,3	11,2	15,1	19,2	+0,2
1980	54,2	11,4	15,0	19,0	+0,4
1981	54,6	11,4	16,6	19,2	-1,8
1982	53,8	11,4	17,3	21,0	-3,5
1983	55,4	11,8	17,6	21,5	-6,3
1984	55,8	12,0	17,8	18,8	-4,4
1985	55,9	12,2	16,7	19,1	-3,9
1986	55,5	12,1	17,3	20,2	-5,1
1987	57,0	12,1	17,6	19,0	-5,7
1988	57,6	12,1	17,8	19,3	-6,8
1989	57,5	12,1	16,1	17,7	-3,4
1990	55,0	11,8	16,6	17,5	-0,9
1991	56,4	11,9	14,7	17,4	-0,4
1992	55,7	11,9	14,6	17,3	+0,5
1993	55,1	12,6	14,5	17,6	+0,2
1994	56,2	12,6	15,9	17,1	-1,8
1995	57,1	12,7	15,4	16,0	-1,2
1996	56,6	12,6	15,2	18,5	-2,9
1997	55,4	12,7	15,2	16,7	+0,0
1998	54,7	12,8	16,8	20,5	-4,8

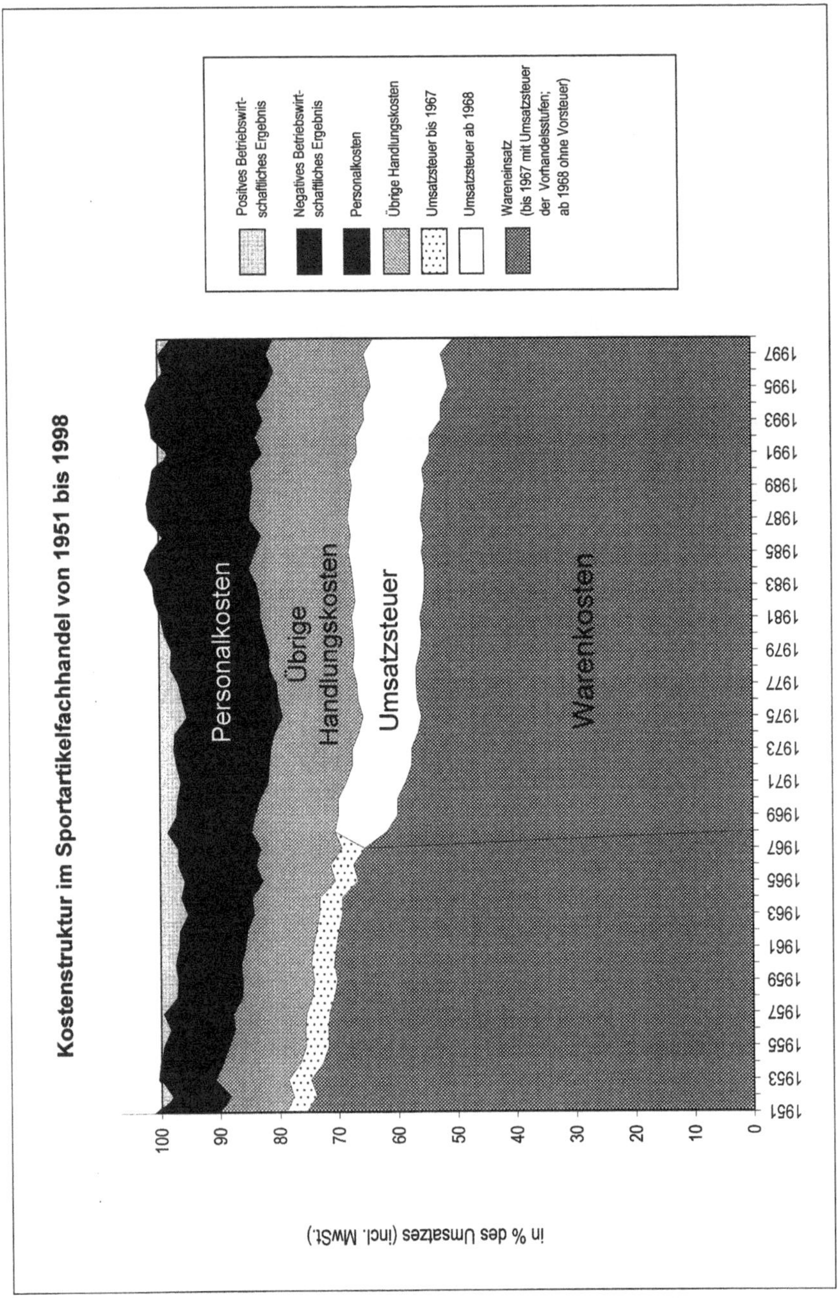

Abb. 91: Die Entwicklung der Kostenstruktur im Sportartikelfachhandel

Datenblatt der Kennzahlen aus Abbildung 91

Jahr	Wareneinsatz (bis 1967 mit USt der Vorhandelsstufen; ab 1968 ohne Vorsteuer)	Umsatzsteuer	Handlungskosten ohne Personalkosten	Personalkosten	Betriebswirtschaftliches Ergebnis
	in % des Umsatzes (incl. MwSt.)				
Sportartikelfachhandel					
1	2	3	4	5	6
1951	75.7	3.3	11.2	11.0	-1.2
1952	73.8	3.9	10.5	9.9	+1.9
1953	74.8	3.8	12.2	9.7	-0.5
1954	72.7	3.9	12.9	10.7	-0.2
1955	71.7	3.9	12.9	11.1	+0.4
1956	71.8	3.9	11.8	10.9	+1.6
1957	71.6	3.9	12.2	11.9	+0.4
1958	70.7	3.8	11.7	11.1	+2.7
1959	70.2	3.9	12.0	11.0	+2.9
1960	70.7	3.9	11.8	11.1	+2.5
1961	70.4	3.9	11.3	11.3	+3.1
1962	69.9	3.8	11.6	11.5	+3.2
1963	69.3	3.9	11.0	11.2	+4.6
1964	69.3	3.8	11.4	12.0	+3.5
1965	66.6	3.9	12.2	13.2	+4.1
1966	67.4	3.9	12.5	13.2	+3.0
1967	65.5	3.8	13.7	14.0	+3.0
1968	61.8	8.7	14.0	14.3	+1.2
1969	60.0	9.9	14.1	13.3	+2.7
1970	60.0	9.9	13.2	14.0	+2.9
1971	58.6	9.9	13.2	14.8	+3.5
1972	57.6	9.9	14.0	15.7	+2.8
1973	57.6	9.9	13.8	16.4	+2.3
1974	56.5	9.9	14.2	16.9	+2.5
1975	55.9	9.8	13.5	16.2	+4.6
1976	56.6	9.9	13.4	16.3	+3.8
1977	56.8	9.9	13.5	16.6	+3.2
1978	56.8	10.6	14.1	16.7	+1.8
1979	56.1	11.0	14.3	16.6	+2.0
1980	55.8	11.4	15.0	17.0	+0.8
1981	56.1	11.4	15.4	16.9	+0.2
1982	55.5	11.4	16.0	17.9	-0.8
1983	55.3	11.9	16.3	17.6	-1.1
1984	55.3	12.2	17.3	17.7	-2.5
1985	55.8	12.2	15.8	17.7	-1.5
1986	55.4	12.2	15.1	16.6	+0.0
1987	55.9	12.2	16.6	17.0	-1.7
1988	55.6	12.2	16.7	17.6	-2.1
1989	55.2	12.2	16.7	17.4	-1.5
1990	55.6	12.2	16.7	16.5	-1.0
1991	54.3	12.2	16.0	16.0	+1.5
1992	54.3	12.3	17.0	17.5	-1.1
1993	52.4	12.9	17.0	19.1	-1.4
1994	52.4	13.0	18.0	18.7	-2.1
1995	51.1	13.0	17.4	19.6	-1.1
1996	51.6	13.0	15.8	18.8	+0.8
1997	52.3	13.0	16.3	18.3	+0.1
1998	50.0	13.6	16.8	17.3	+2.3

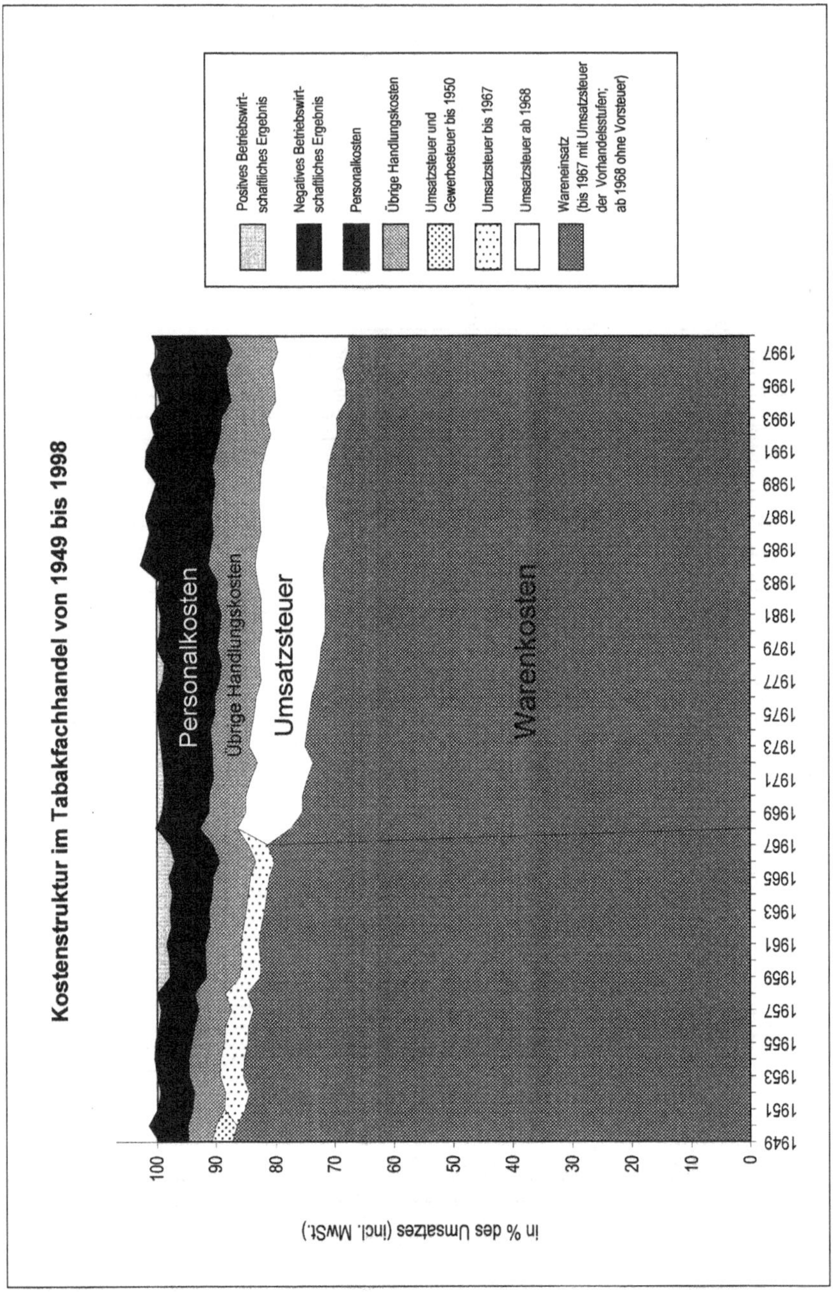

Abb. 92: Die Entwicklung der Kostenstruktur im Tabakfachhandel

Datenblatt der Kennzahlen aus Abbildung 92

Jahr	Wareneinsatz (bis 1967 mit USt der Vorhandelsstufen; ab 1968 ohne Vorsteuer)	Umsatzsteuer (bis 1950 incl. Gewerbesteuer)	Handlungskosten ohne Personalkosten	Personalkosten	Betriebswirtschaftliches Ergebnis
	in % des Umsatzes (incl. MwSt.)				
Tabakfachhandel					
1	2	3	4	5	6
1949	87,3	3,4	3,9	5,1	+0,3
1950	86,5	3,5	4,8	6,6	-1,4
1951	85,2	3,4	5,3	6,0	+0,1
1952	84,5	3,9	5,2	5,8	+0,6
1953	85,5	3,8	5,2	5,5	+0,0
1954	85,3	3,9	5,4	5,8	-0,4
1955	84,7	3,9	5,4	6,3	-0,3
1956	84,6	3,8	5,1	6,2	+0,3
1957	83,8	3,6	5,4	6,5	+0,7
1958	84,8	3,6	5,1	6,5	+0,0
1959	82,6	3,4	5,5	6,3	+2,2
1960	82,6	3,2	5,8	6,3	+2,1
1961	82,9	3,0	5,8	6,7	+1,6
1962	82,5	2,9	5,5	6,7	+2,4
1963	81,9	3,1	6,0	6,8	+2,2
1964	81,5	3,1	5,9	6,9	+2,6
1965	81,1	3,2	6,1	7,6	+2,0
1966	80,2	3,2	5,9	7,7	+3,0
1967	81,4	3,2	5,8	7,4	+2,2
1968	77,4	9,0	6,1	7,7	-0,2
1969	75,4	9,6	6,0	8,1	+0,9
1970	75,4	9,6	6,0	7,8	+1,2
1971	74,6	9,6	6,1	8,5	+1,2
1972	73,6	9,5	7,3	8,6	+1,0
1973	75,0	9,5	6,0	8,8	+0,7
1974	74,6	9,5	6,7	8,8	+0,4
1975	74,2	9,4	6,4	9,9	+0,1
1976	73,8	9,5	6,8	9,8	+0,1
1977	73,0	9,4	6,8	9,8	+1,0
1978	72,5	10,2	6,2	9,8	+1,3
1979	72,2	10,6	6,8	10,4	+0,0
1980	71,5	10,8	6,9	10,2	+0,6
1981	71,5	10,9	6,5	10,4	+0,7
1982	71,5	10,9	7,3	10,4	-0,1
1983	71,7	11,3	6,5	10,0	+0,5
1984	71,8	11,6	7,7	11,6	-2,7
1985	71,5	11,6	7,6	11,1	-1,8
1986	70,8	11,6	7,8	10,9	-1,1
1987	71,1	11,5	7,9	11,3	-1,8
1988	71,3	11,4	7,5	10,7	-0,9
1989	71,1	11,4	7,4	10,1	+0,0
1990	70,9	11,4	8,0	11,5	-1,8
1991	70,3	11,3	8,1	11,9	-1,6
1992	69,4	11,3	8,3	11,3	-0,3
1993	69,5	11,8	7,5	12,1	-0,9
1994	67,9	11,9	7,4	12,1	+0,7
1995	67,0	12,1	7,7	12,6	-0,3
1996	68,4	12,0	7,6	12,8	-0,8
1997	67,5	11,9	7,6	12,6	+0,4
1998	67,4	12,7	8,0	12,5	-0,6

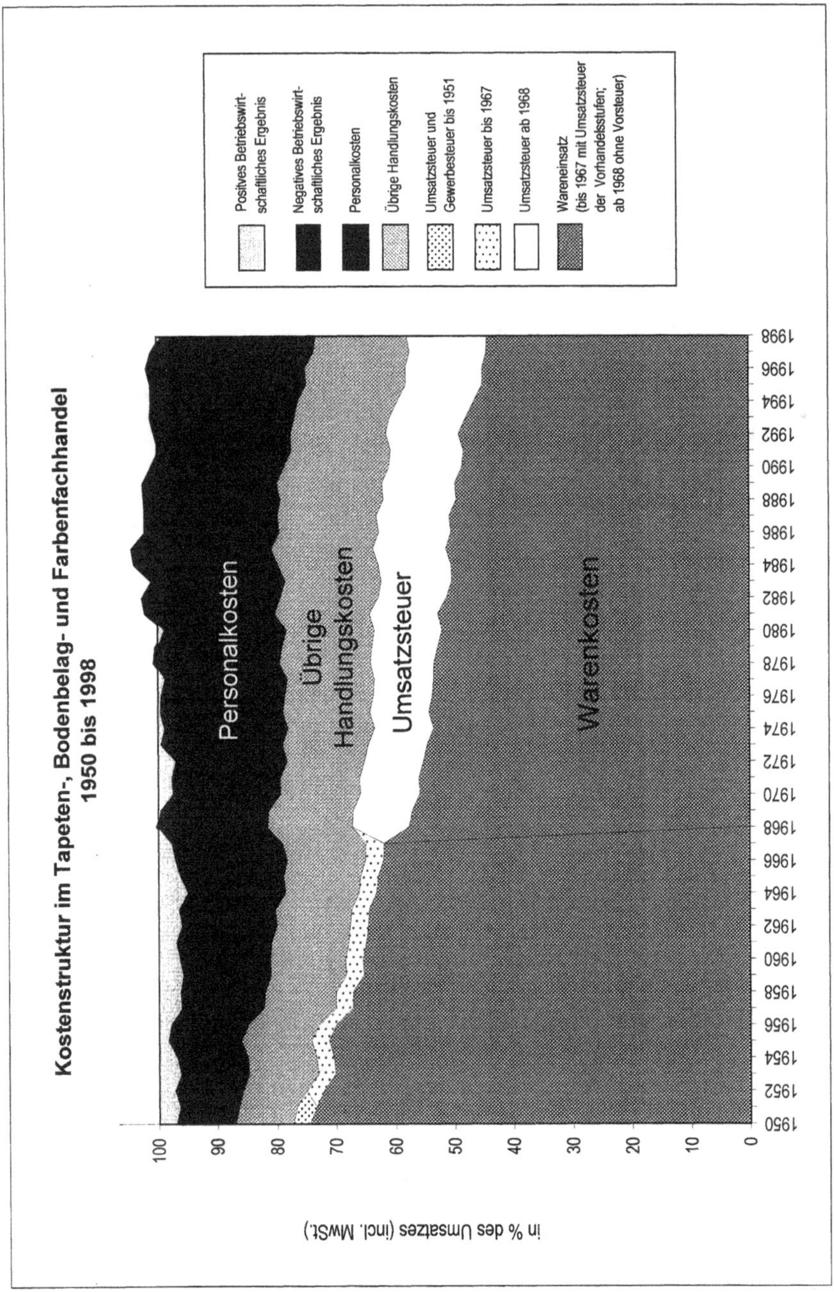

Abb. 93: Die Entwicklung der Kostenstruktur im Tapeten-, Bodenbelag- und Farbenfachhandel

Datenblatt der Kennzahlen aus Abbildung 93

Jahr	Wareneinsatz (bis 1967 mit USt der Vorhandelsstufen; ab 1968 ohne Vorsteuer)	Umsatzsteuer (bis 1950 incl. Gewerbesteuer)	Handlungskosten ohne Personalkosten	Personalkosten	Betriebswirtschaftliches Ergebnis
	in % des Umsatzes (incl. MwSt.)				
Tapeten-, Bodenbelag- und Farbenfachhandel					
1	2	3	4	5	6
1950	74,5	2,8	9,7	10,1	+2,9
1951	73,3	3,4	9,7	10,0	+3,6
1952	72,1	2,9	10,7	11,6	+2,7
1953	70,1	2,9	11,7	11,5	+3,8
1954	70,4	2,9	11,6	12,0	+3,1
1955	71,2	3,0	11,8	12,4	+1,6
1956	69,9	2,9	12,0	13,1	+2,1
1957	67,1	2,9	12,2	13,9	+3,9
1958	67,1	2,9	12,0	14,3	+3,7
1959	65,3	3,0	12,7	14,8	+4,2
1960	65,5	2,9	12,7	15,3	+3,6
1961	64,9	2,9	13,1	16,1	+3,0
1962	64,6	3,0	12,4	16,0	+4,0
1963	64,4	2,9	12,9	16,3	+3,5
1964	63,2	2,9	12,4	16,5	+5,0
1965	62,9	2,9	13,0	17,4	+3,8
1966	62,0	3,0	13,2	18,9	+2,9
1967	61,9	3,0	14,0	18,8	+2,3
1968	57,7	9,5	14,3	18,9	-0,4
1969	57,1	9,9	14,3	18,3	+0,4
1970	55,9	9,9	13,5	18,2	+2,5
1971	56,0	9,9	13,4	18,4	+2,2
1972	55,2	9,9	13,0	18,9	+3,0
1973	54,6	9,9	14,4	20,6	+0,5
1974	53,5	9,9	14,6	20,9	+1,1
1975	54,3	9,9	14,6	20,8	+0,4
1976	53,7	9,9	14,9	21,0	+0,5
1977	53,5	9,9	14,6	20,8	+1,2
1978	53,4	10,7	15,3	21,4	-0,8
1979	52,7	11,1	15,1	21,6	-0,5
1980	52,0	11,4	14,8	20,7	+1,1
1981	52,7	11,5	16,0	22,0	-2,2
1982	51,2	11,5	16,5	23,5	-2,7
1983	50,3	11,9	16,1	22,8	-1,1
1984	50,4	12,3	16,9	24,4	-4,0
1985	51,3	12,3	17,1	23,8	-4,5
1986	50,4	12,2	16,7	22,9	-2,2
1987	50,7	12,3	16,6	22,6	-2,2
1988	49,5	12,3	17,3	23,2	-2,3
1989	49,7	12,3	17,7	22,8	-2,5
1990	48,5	12,3	17,6	22,7	-1,1
1991	48,2	12,3	16,7	22,6	+0,2
1992	49,1	12,2	16,0	23,2	-0,5
1993	47,8	12,9	15,9	24,6	-1,2
1994	46,4	12,9	16,7	25,0	-1,0
1995	45,0	12,9	16,7	26,5	-1,1
1996	45,0	13,0	16,8	27,0	-1,8
1997	44,3	13,0	16,0	27,7	-1,0
1998	44,2	13,6	15,1	26,4	+0,7

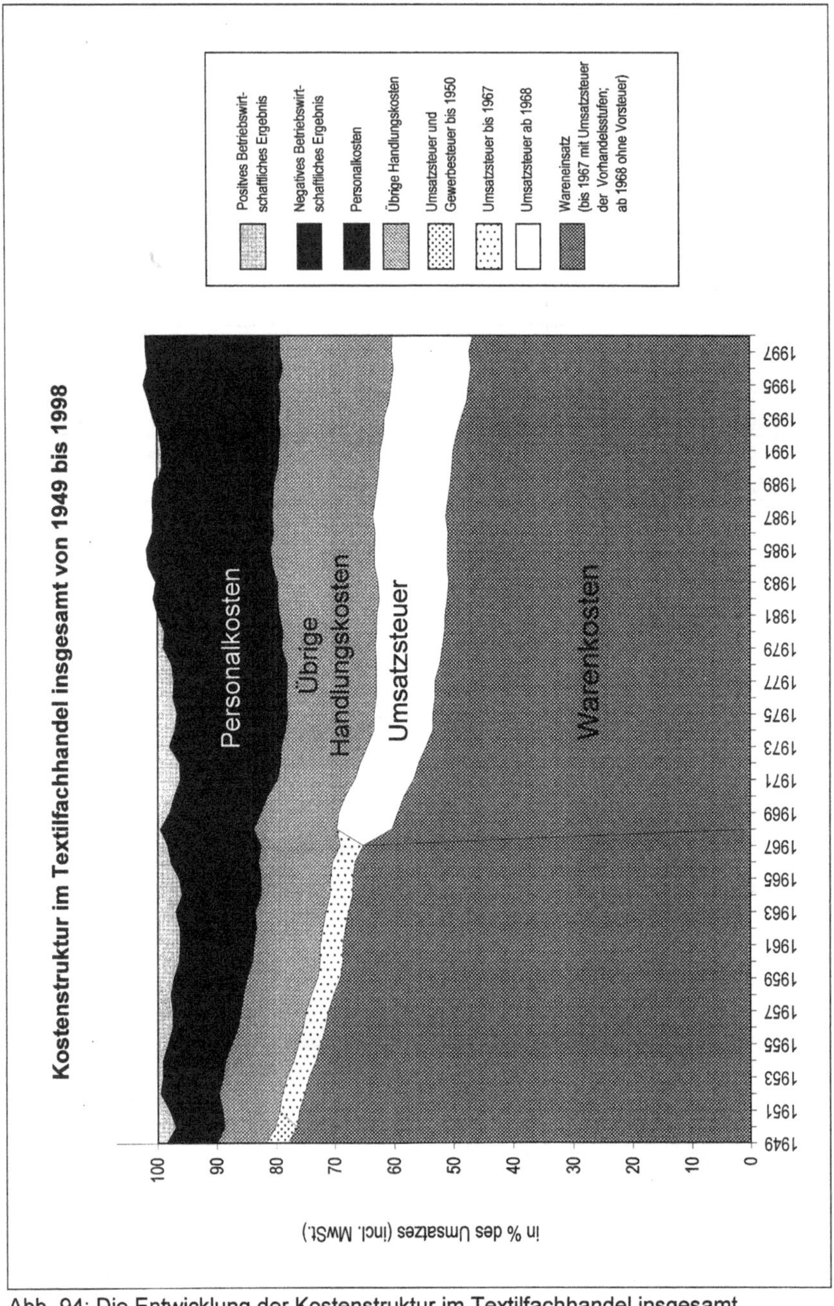

Abb. 94: Die Entwicklung der Kostenstruktur im Textilfachhandel insgesamt

Datenblatt der Kennzahlen aus Abbildung 94

Jahr	Wareneinsatz (bis 1967 mit USt der Vorhandelsstufen; ab 1968 ohne Vorsteuer)	Umsatzsteuer (bis 1950 incl. Gewerbesteuer)	Handlungskosten ohne Personalkosten	Personalkosten	Betriebswirtschaftliches Ergebnis
	in % des Umsatzes (incl. MwSt.)				
Textilfachhandel insgesamt					
1	2	3	4	5	6
1949	78,1	3,7	8,2	8,5	+1,5
1950	76,5	3,7	8,5	8,3	+3,0
1951	76,1	3,4	9,5	9,0	+2,0
1952	75,2	3,8	10,6	9,9	+0,5
1953	74,4	3,8	10,7	10,2	+0,9
1954	73,2	3,8	11,5	10,6	+0,9
1955	72,4	3,8	11,2	10,9	+1,7
1956	71,6	3,8	11,0	11,1	+2,5
1957	71,1	3,8	11,0	11,6	+2,5
1958	70,2	3,8	11,5	12,3	+2,2
1959	69,1	3,8	12,0	12,4	+2,7
1960	68,7	3,8	11,5	12,4	+3,6
1961	68,7	3,8	11,2	12,6	+3,7
1962	68,2	3,8	11,3	13,0	+3,7
1963	67,7	3,8	12,0	13,5	+3,0
1964	67,0	3,8	11,7	13,4	+4,1
1965	66,9	3,8	11,8	13,9	+3,6
1966	66,6	3,8	12,5	14,9	+2,2
1967	65,2	3,9	13,4	15,8	+1,7
1968	60,4	9,3	14,0	15,8	+0,5
1969	59,4	9,9	13,2	15,5	+2,0
1970	58,3	9,9	13,2	15,8	+2,8
1971	56,7	9,9	13,1	16,5	+3,8
1972	55,8	9,9	13,4	17,2	+3,7
1973	54,6	9,9	14,5	19,0	+2,0
1974	53,5	9,9	14,9	18,8	+2,9
1975	53,5	9,9	14,5	18,8	+3,3
1976	53,1	9,9	15,1	19,3	+2,6
1977	53,1	9,9	15,0	19,3	+2,7
1978	52,3	10,7	15,0	19,6	+2,4
1979	51,9	11,2	15,8	20,1	+1,0
1980	51,5	11,5	15,7	20,1	+1,2
1981	51,4	11,5	16,4	20,6	+0,1
1982	51,0	11,5	17,1	21,1	-0,7
1983	50,8	11,9	16,9	20,6	-0,2
1984	51,0	12,3	17,2	21,0	-1,5
1985	51,0	12,3	17,5	21,0	-1,8
1986	50,9	12,3	17,1	20,5	-0,8
1987	51,3	12,3	16,9	20,2	-0,7
1988	50,9	12,3	17,2	20,4	-0,8
1989	50,5	12,3	17,4	20,3	-0,5
1990	50,2	12,3	17,0	19,7	+0,8
1991	50,0	12,3	17,0	19,9	+0,8
1992	49,4	12,3	17,4	20,5	+0,4
1993	48,6	13,0	17,7	21,3	-0,6
1994	47,7	13,0	18,3	22,3	-1,3
1995	47,4	13,0	18,9	22,0	2,2
1996	47,0	13,0	18,6	22,9	-1,5
1997	47,3	13,0	18,8	22,7	-1,8
1998	46,6	13,6	18,9	22,8	-1,9

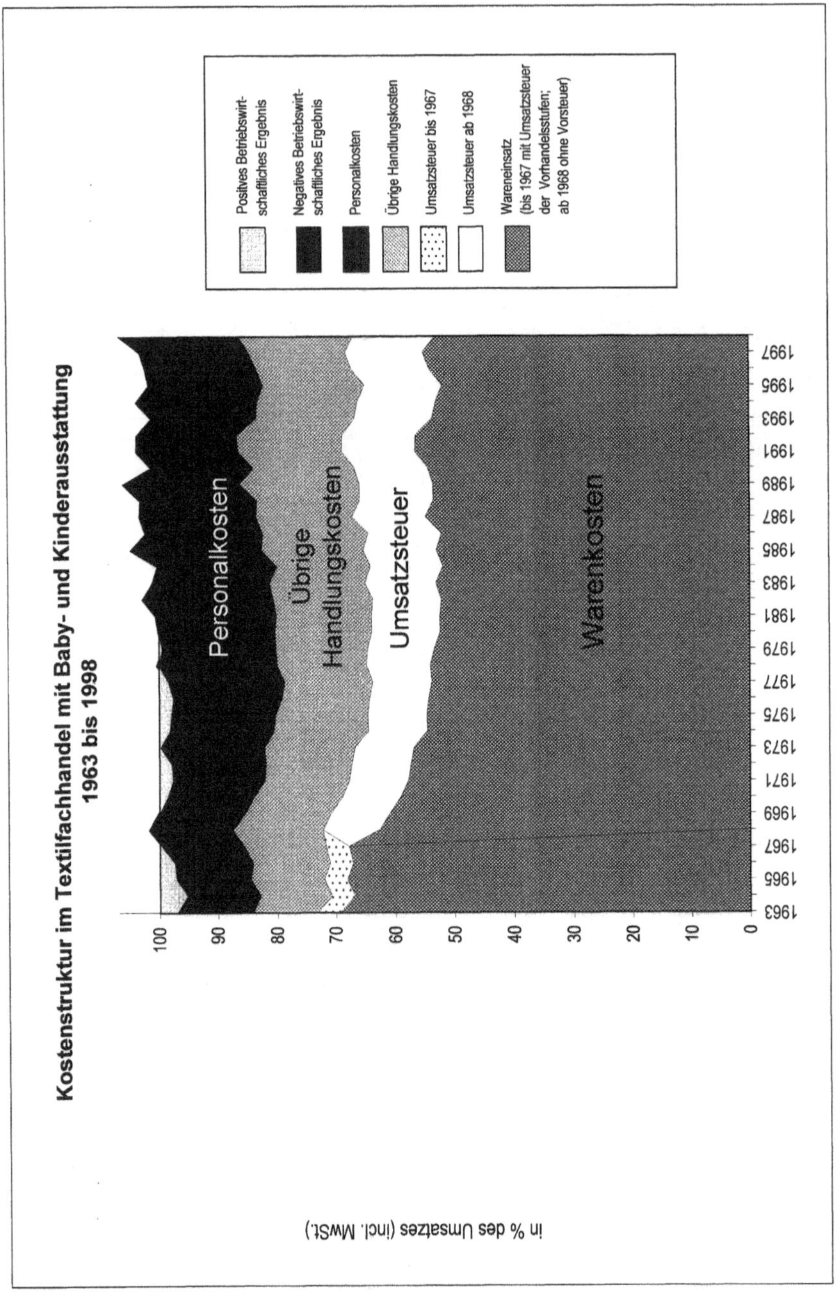

Abb. 95: Die Entwicklung der Kostenstruktur im Textilfachhandel mit Baby- und Kinderausstattung

Datenblatt der Kennzahlen aus Abbildung 95

Jahr	Wareneinsatz (bis 1967 mit USt der Vorhandelsstufen; ab 1968 ohne Vorsteuer)	Umsatzsteuer	Handlungskosten ohne Personalkosten	Personalkosten	Betriebswirtschaftliches Ergebnis
	in % des Umsatzes (incl. MwSt.)				
Textilfachhandel mit Baby- und Kinderausstattung					
1	2	3	4	5	6
1963	69,3	3,8	11,0	12,9	+3,0
1964	66,8	3,9	12,2	12,4	+4,7
1965	68,1	3,9	12,5	12,6	+2,9
1966	67,1	3,9	13,1	13,3	+2,6
1967	67,8	3,9	13,9	14,0	+0,4
1968	62,7	9,5	15,3	14,4	-1,9
1969	60,9	9,9	14,6	14,9	-0,3
1970	59,1	9,8	15,0	14,7	+1,4
1971	57,8	9,9	14,4	15,6	+2,3
1972	57,4	9,9	14,6	16,0	+2,1
1973	56,8	9,9	15,4	17,7	+0,2
1974	54,6	9,9	16,0	17,7	+1,8
1975	54,7	9,9	15,6	17,7	+2,1
1976	54,4	9,9	14,8	18,5	+2,4
1977	53,8	9,9	14,9	19,8	+1,6
1978	54,1	10,7	15,1	20,6	-0,5
1979	53,4	11,2	15,5	19,4	+0,5
1980	52,4	11,5	16,4	19,9	-0,2
1981	52,4	11,5	16,1	20,6	-0,6
1982	52,2	11,5	16,8	22,4	-2,9
1983	53,1	11,9	16,2	20,0	-1,2
1984	51,9	12,2	15,8	20,4	-0,3
1985	53,0	12,3	17,2	22,4	-4,9
1986	52,1	12,3	17,9	20,0	-2,3
1987	54,8	12,3	16,3	19,9	-3,3
1988	53,5	12,3	17,5	19,9	-3,2
1989	53,5	12,3	20,3	20,0	-6,1
1990	54,4	12,3	17,1	17,5	-1,3
1991	56,5	12,3	17,5	17,5	-3,8
1992	56,4	12,3	17,9	17,1	-3,7
1993	53,6	13,0	16,7	17,9	-1,2
1994	53,0	13,1	17,0	20,7	-3,8
1995	51,9	13,0	17,2	19,5	-1,6
1996	54,1	13,0	16,1	19,0	-2,2
1997	55,1	13,0	16,4	18,6	-3,1
1998	53,0	13,7	19,5	20,5	-6,7

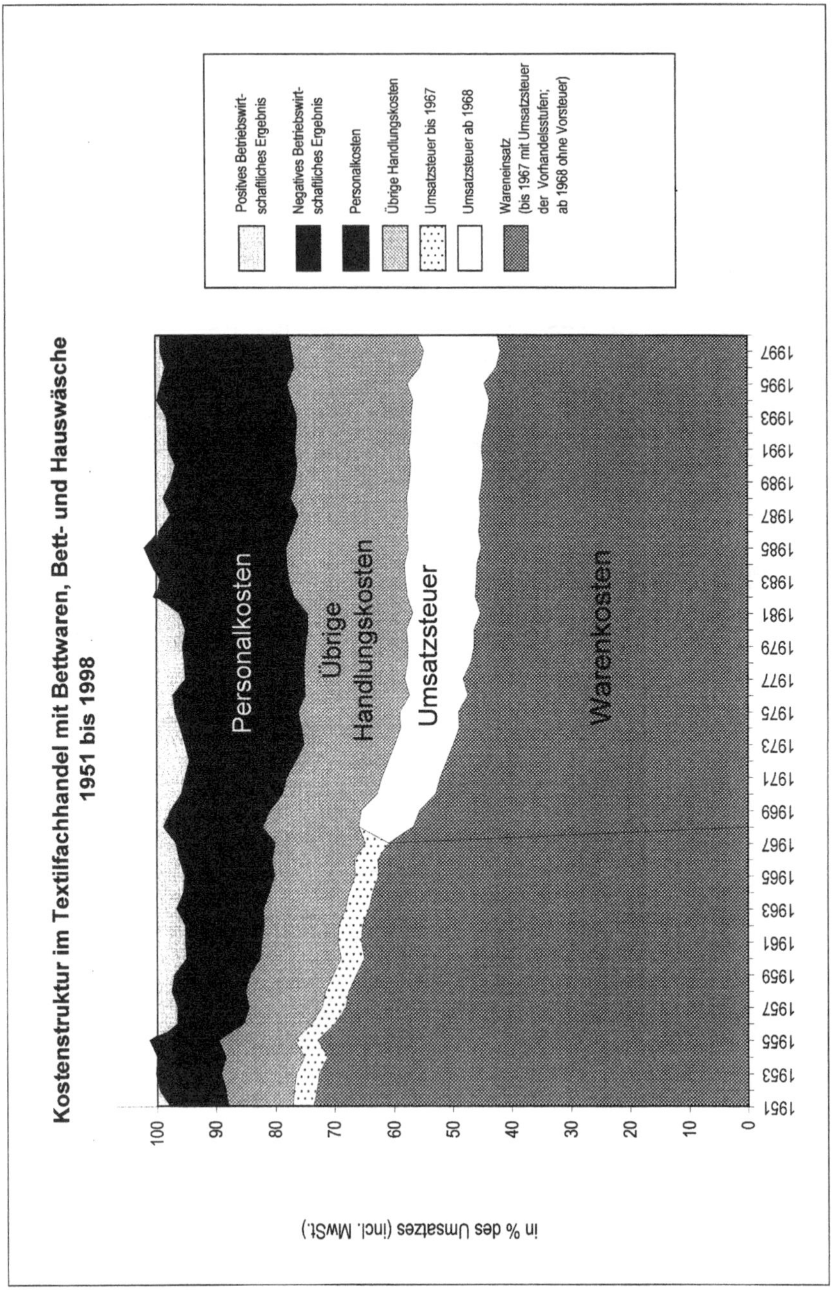

Abb. 96: Die Entwicklung der Kostenstruktur im Textilfachhandel mit Bettwaren, Bett- und Hauswäsche

Datenblatt der Kennzahlen aus Abbildung 96

Jahr	Wareneinsatz (bis 1967 mit USt der Vorhandelsstufen; ab 1968 ohne Vorsteuer)	Umsatzsteuer	Handlungskosten ohne Personalkosten	Personalkosten	Betriebswirtschaftliches Ergebnis
	in % des Umsatzes (incl. MwSt.)				
Textilfachhandel mit Bettwaren, Bett- und Hauswäsche					
1	2	3	4	5	6
1951	73,6	3,5	10,8	9,9	+2,2
1952	73,0	3,9	11,4	11,3	+0,4
1953	72,6	3,9	12,6	11,1	-0,2
1954	71,2	3,9	13,2	11,7	+0,0
1955	72,8	4,0	12,7	11,8	-1,3
1956	69,9	3,9	11,5	11,3	+3,4
1957	68,1	4,0	12,3	12,2	+3,4
1958	67,6	3,9	13,5	12,5	+2,5
1959	66,3	3,9	14,0	12,9	+2,9
1960	65,0	3,9	13,7	12,4	+5,0
1961	65,5	3,9	12,9	12,9	+4,8
1962	65,3	3,9	12,7	13,3	+4,8
1963	64,2	3,9	13,9	14,7	+3,3
1964	63,6	3,9	13,5	14,5	+4,5
1965	62,6	3,9	13,6	15,2	+4,7
1966	62,7	3,9	13,9	15,7	+3,8
1967	60,9	3,9	15,2	16,8	+3,2
1968	56,7	9,2	16,2	16,8	+1,1
1969	55,6	9,9	15,4	16,8	+2,3
1970	52,9	9,9	15,9	17,2	+4,1
1971	52,1	9,9	16,0	17,2	+4,8
1972	51,0	9,9	15,5	18,1	+5,5
1973	49,9	9,9	15,2	20,2	+4,8
1974	48,9	9,9	16,6	20,6	+4,0
1975	49,0	9,9	17,1	20,9	+3,1
1976	47,4	9,9	17,5	22,5	+2,7
1977	48,2	9,9	16,8	20,2	+4,9
1978	46,9	10,7	17,3	20,4	+4,7
1979	46,3	11,2	17,2	20,9	+4,4
1980	46,3	11,5	16,5	20,8	+4,9
1981	45,2	11,5	17,7	21,7	+3,9
1982	46,1	11,5	19,1	23,8	-0,5
1983	45,9	12,0	19,6	21,9	+0,6
1984	45,8	12,3	19,8	22,9	-0,8
1985	45,1	12,3	20,6	24,0	-2,0
1986	45,5	12,2	19,2	22,6	+0,5
1987	45,2	12,3	18,4	21,7	+2,4
1988	45,4	12,3	19,5	21,6	+1,2
1989	44,9	12,3	19,2	21,1	+2,5
1990	44,7	12,3	19,1	20,6	+3,3
1991	45,0	12,3	19,1	21,5	+2,1
1992	44,6	12,3	19,3	21,8	+2,0
1993	43,9	13,0	19,2	22,1	+1,8
1994	43,6	13,0	20,4	22,8	+0,2
1995	44,5	13,0	20,2	21,4	+0,9
1996	42,4	13,0	21,1	21,9	+1,6
1997	41,7	13,0	22,2	22,3	+0,8
1998	42,2	13,7	21,5	21,8	+0,8

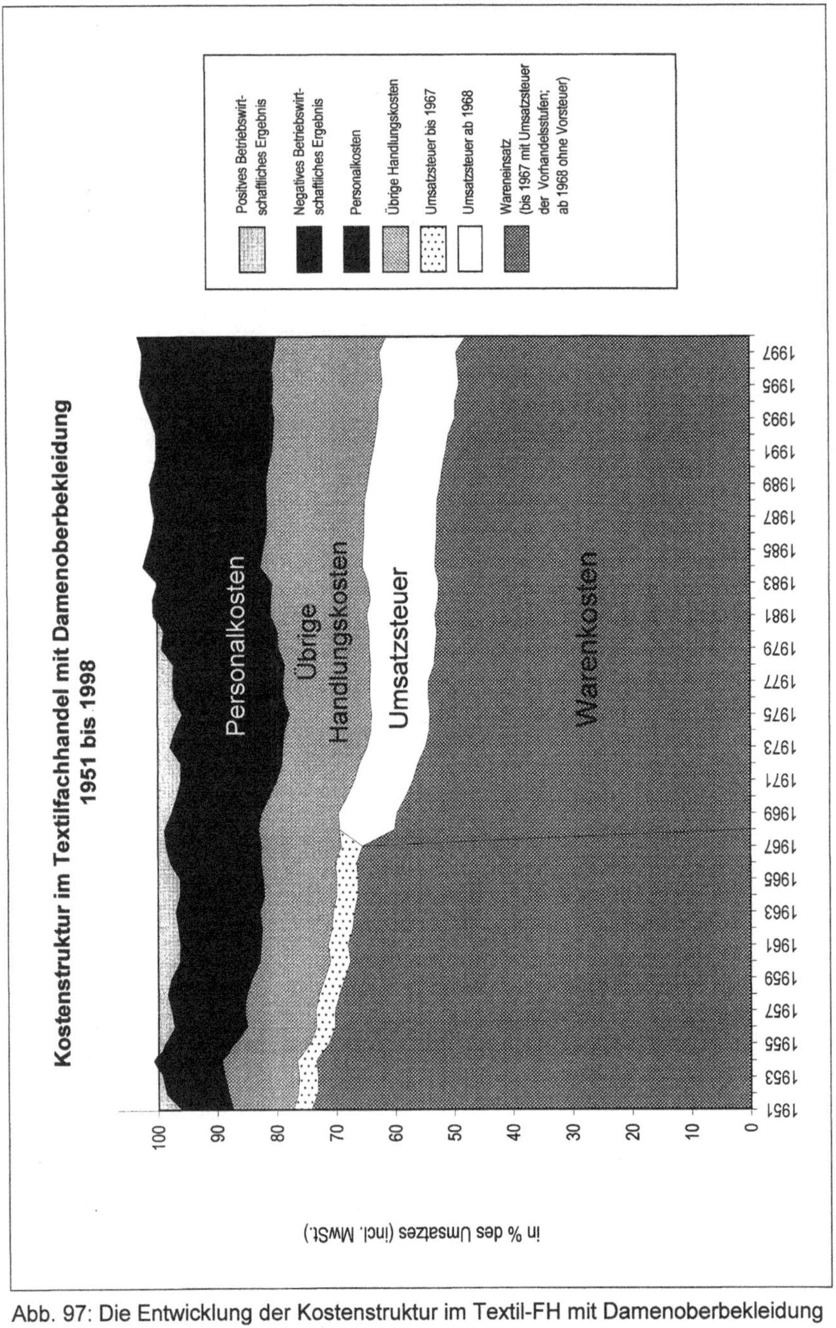

Abb. 97: Die Entwicklung der Kostenstruktur im Textil-FH mit Damenoberbekleidung

Datenblatt der Kennzahlen aus Abbildung 97

Jahr	Wareneinsatz (bis 1967 mit USt der Vorhandelsstufen; ab 1968 ohne Vorsteuer)	Umsatzsteuer	Handlungskosten ohne Personalkosten	Personalkosten	Betriebswirtschaftliches Ergebnis
	in % des Umsatzes (incl. MwSt.)				
Textilfachhandel mit Damenoberbekleidung					
1	2	3	4	5	6
1951	74,3	3,0	10,0	8,6	+4,1
1952	73,2	3,3	11,6	10,5	+1,4
1953	73,1	3,2	12,4	10,5	+0,8
1954	73,4	3,2	12,6	11,6	-0,8
1955	71,3	3,2	12,7	11,7	+1,1
1956	70,2	3,2	11,6	12,2	+2,8
1957	70,2	3,3	11,9	12,3	+2,3
1958	69,5	3,4	12,2	13,3	+1,6
1959	68,5	3,4	12,2	13,6	+2,3
1960	67,6	3,4	11,8	13,5	+3,7
1961	68,0	3,4	11,2	13,6	+3,8
1962	67,2	3,5	11,7	14,1	+3,5
1963	66,9	3,6	12,3	14,2	+3,0
1964	66,3	3,6	12,1	14,3	+3,7
1965	66,3	3,6	12,3	14,1	+3,7
1966	66,5	3,6	12,5	15,3	+2,1
1967	65,5	3,6	13,4	16,1	+1,4
1968	60,1	9,3	13,6	15,9	+1,1
1969	59,7	9,9	12,9	15,2	+2,3
1970	58,2	9,9	13,1	15,6	+3,2
1971	56,9	9,9	13,1	16,2	+3,9
1972	56,1	9,9	13,0	17,1	+3,9
1973	54,8	9,9	14,2	19,0	+2,1
1974	54,2	9,9	14,5	18,5	+2,9
1975	54,0	9,9	13,8	18,1	+4,2
1976	54,3	9,9	14,5	18,5	+2,8
1977	54,3	9,9	14,6	18,6	+2,6
1978	53,3	10,7	14,5	18,8	+2,7
1979	53,1	11,2	15,3	19,7	+0,7
1980	52,8	11,5	15,4	19,2	+1,1
1981	53,2	11,5	16,2	19,8	-0,7
1982	52,6	11,5	16,7	20,0	-0,8
1983	52,5	11,9	16,2	19,3	+0,0
1984	53,1	12,3	17,2	19,8	-2,4
1985	53,0	12,3	16,8	19,5	-1,6
1986	52,8	12,3	16,5	19,2	-0,8
1987	52,8	12,3	16,3	19,0	-0,4
1988	52,7	12,3	16,5	19,4	-0,9
1989	52,2	12,3	17,1	19,6	-1,2
1990	51,8	12,3	17,1	19,2	-0,4
1991	51,2	12,3	17,0	19,3	+0,2
1992	50,7	12,3	17,3	19,7	+0,0
1993	49,6	13,0	17,5	20,8	-0,9
1994	49,6	13,0	17,9	21,5	-2,0
1995	48,9	13,0	18,4	22,5	-2,8
1996	49,1	13,0	18,4	22,0	-2,5
1997	49,4	13,0	17,7	22,3	-2,4
1998	47,6	13,6	18,5	23,5	-3,2

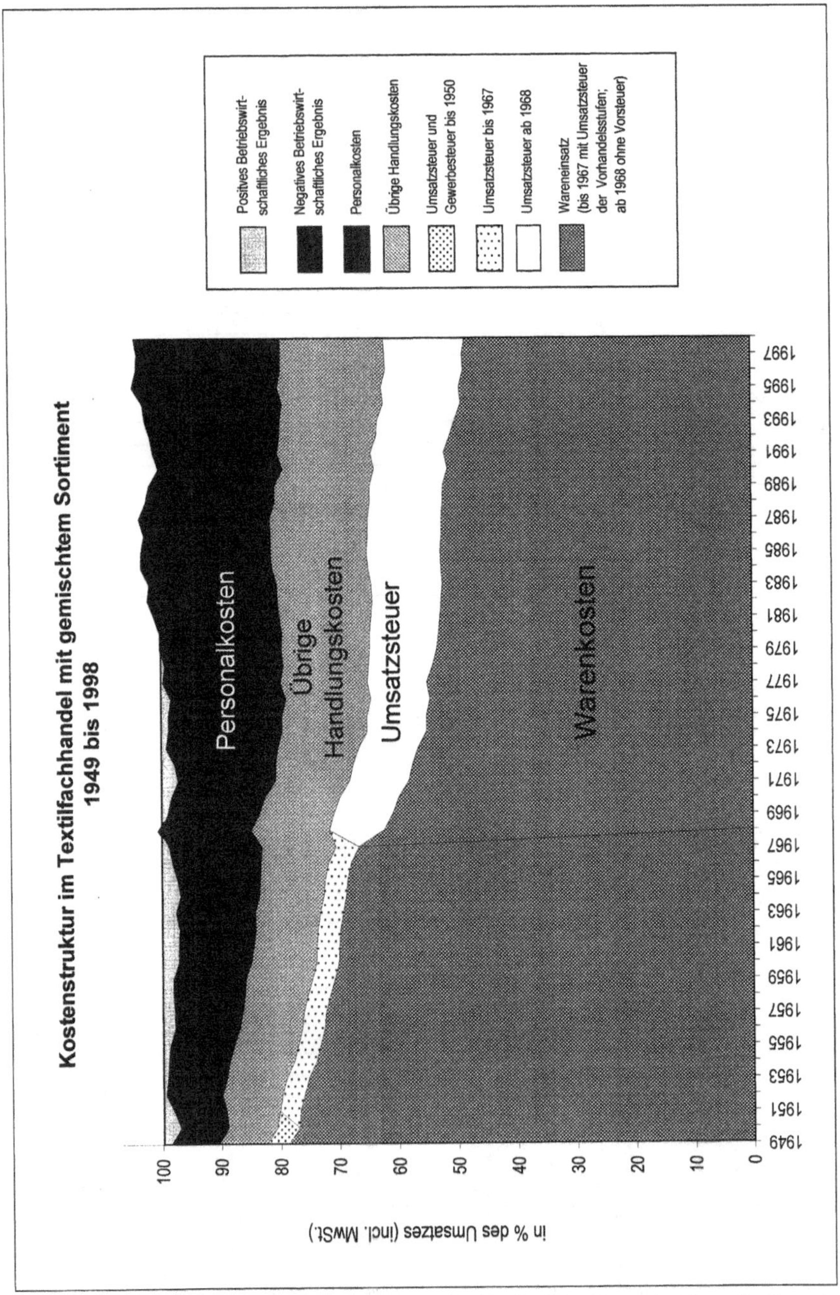

Abb. 98: Die Entwicklung der Kostenstruktur im Textil-FH mit gemischtem Sortiment

Datenblatt der Kennzahlen aus Abbildung 98

Jahr	Wareneinsatz (bis 1967 mit USt der Vorhandelsstufen; ab 1968 ohne Vorsteuer)	Umsatzsteuer (bis 1950 incl. Gewerbesteuer)	Handlungskosten ohne Personalkosten	Personalkosten	Betriebswirtschaftliches Ergebnis
	in % des Umsatzes (incl. MwSt.)				
Textilfachhandel mit gemischtem Sortiment					
1	2	3	4	5	6
1949	78.8	3.7	8.0	8.2	+1.3
1950	76.9	3.8	8.1	8.2	+3.0
1951	76.8	3.4	8.9	9.0	+1.9
1952	76.0	3.8	10.0	9.7	+0.5
1953	75.2	3.8	10.0	10.1	+0.9
1954	73.9	3.8	10.8	10.5	+1.0
1955	73.2	3.8	10.7	11.0	+1.3
1956	72.5	3.8	10.5	11.1	+2.1
1957	72.2	3.8	10.3	11.6	+2.1
1958	71.5	3.8	10.6	12.2	+1.9
1959	70.7	3.8	11.2	12.4	+1.9
1960	70.0	3.8	11.0	12.4	+2.8
1961	69.9	3.8	10.6	12.8	+2.9
1962	69.7	3.8	10.5	13.0	+3.0
1963	69.2	3.9	11.0	13.5	+2.4
1964	68.7	3.8	10.9	13.4	+3.2
1965	68.4	3.8	11.0	14.1	+2.7
1966	67.8	3.9	11.4	15.0	+1.9
1967	66.5	3.9	12.5	15.8	+1.3
1968	62.3	9.2	13.2	15.9	-0.6
1969	60.8	9.9	12.6	15.6	+1.1
1970	59.8	9.9	12.7	15.9	+1.7
1971	58.1	9.9	12.6	16.5	+2.9
1972	57.5	9.9	13.1	17.2	+2.3
1973	56.5	9.9	13.7	19.0	+0.9
1974	55.1	9.9	14.4	19.3	+1.3
1975	55.1	9.9	14.4	19.3	+1.3
1976	54.5	9.9	14.3	19.6	+1.7
1977	55.0	9.9	14.7	20.0	+0.4
1978	54.0	10.7	14.4	20.2	+0.7
1979	53.3	11.2	14.9	20.7	-0.1
1980	53.0	11.5	14.8	20.8	-0.1
1981	52.7	11.5	15.5	21.3	-1.0
1982	52.5	11.5	16.0	22.1	-2.1
1983	52.3	11.9	15.9	21.7	-1.8
1984	52.5	12.2	16.2	22.3	-3.2
1985	52.6	12.3	16.2	22.0	-3.1
1986	52.4	12.3	16.4	21.5	-2.6
1987	52.4	12.3	16.6	22.2	-3.5
1988	52.2	12.2	16.0	21.9	-2.3
1989	52.1	12.2	16.1	21.3	-1.7
1990	51.3	12.3	15.4	21.1	-0.1
1991	51.9	12.3	15.7	21.1	-1.0
1992	50.9	12.3	16.3	22.0	-1.5
1993	50.0	13.0	16.4	22.9	-2.3
1994	49.0	13.0	17.0	23.7	-2.7
1995	49.3	13.0	17.5	24.7	-4.5
1996	48.6	13.0	17.7	24.5	-3.8
1997	48.7	13.0	17.5	24.4	-3.6
1998	48.3	13.6	17.4	24.8	-4.1

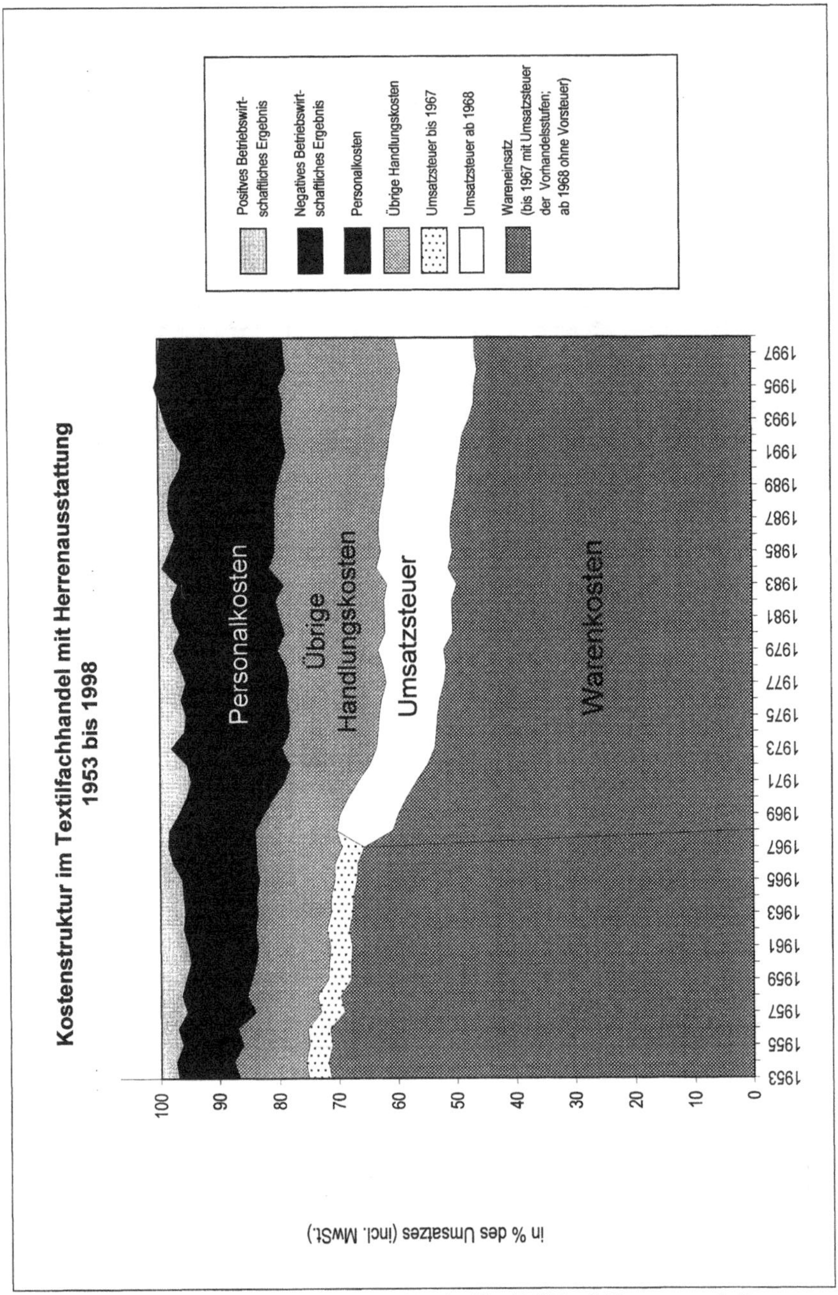

Abb. 99: Die Entwicklung der Kostenstruktur im Textil-FH mit Herrenausstattung

Datenblatt der Kennzahlen aus Abbildung 99

Jahr	Wareneinsatz (bis 1967 mit USt der Vorhandelsstufen; ab 1968 ohne Vorsteuer)	Umsatzsteuer	Handlungskosten ohne Personalkosten	Personalkosten	Betriebswirtschaftliches Ergebnis
	in % des Umsatzes (incl. MwSt.)				
Textilfachhandel mit Herrenausstattung					
1	2	3	4	5	6
1953	71,3	3,8	11,5	10,4	+3,0
1954	71,8	3,8	12,0	9,8	+2,6
1955	71,1	3,9	11,1	10,2	+3,7
1956	71,5	3,8	11,7	10,1	+2,9
1957	69,0	4,0	11,0	11,5	+4,5
1958	69,7	3,9	11,8	11,0	+3,6
1959	67,9	3,9	12,8	11,1	+4,3
1960	67,9	3,7	12,3	11,0	+5,1
1961	67,7	3,7	12,1	11,8	+4,7
1962	68,2	3,8	12,0	12,1	+3,9
1963	67,6	3,7	12,3	12,2	+4,2
1964	67,5	3,8	12,5	12,3	+3,9
1965	66,8	3,8	12,7	13,0	+3,7
1966	66,7	3,9	13,1	14,1	+2,2
1967	65,6	3,8	14,4	14,8	+1,4
1968	60,8	9,5	13,7	14,5	+1,5
1969	59,8	9,9	12,8	14,3	+3,2
1970	58,4	9,9	12,6	14,6	+4,5
1971	56,7	9,9	12,4	15,7	+5,3
1972	54,8	9,9	13,4	17,3	+4,7
1973	53,6	9,9	15,9	18,7	+1,9
1974	53,3	9,9	15,0	17,6	+4,2
1975	53,1	9,9	15,1	17,4	+4,5
1976	52,7	9,9	16,0	17,8	+3,6
1977	51,9	9,9	16,4	17,3	+4,5
1978	51,6	10,7	16,4	17,8	+3,5
1979	52,0	11,2	16,9	17,6	+2,3
1980	50,5	11,5	16,9	17,6	+3,5
1981	50,5	11,5	17,7	18,0	+2,3
1982	50,6	11,5	18,3	17,6	+2,0
1983	49,7	11,9	17,4	17,8	+3,2
1984	51,2	12,2	18,1	18,0	+0,5
1985	50,4	12,2	17,9	17,7	+1,8
1986	50,8	12,2	17,5	16,7	+2,8
1987	50,7	12,2	17,6	17,7	+1,8
1988	50,2	12,3	18,0	18,0	+1,5
1989	49,7	12,2	18,2	17,9	+2,0
1990	49,6	12,3	17,4	17,1	+3,6
1991	49,1	12,2	17,2	17,5	+4,0
1992	48,7	12,3	18,0	18,9	+2,1
1993	47,5	12,9	18,9	19,6	+1,1
1994	46,7	13,0	19,3	20,7	+0,3
1995	46,6	13,0	20,1	20,9	-0,6
1996	46,1	13,0	19,4	21,3	+0,2
1997	46,5	13,0	19,3	21,0	+0,2
1998	46,5	13,6	18,9	20,6	+0,4

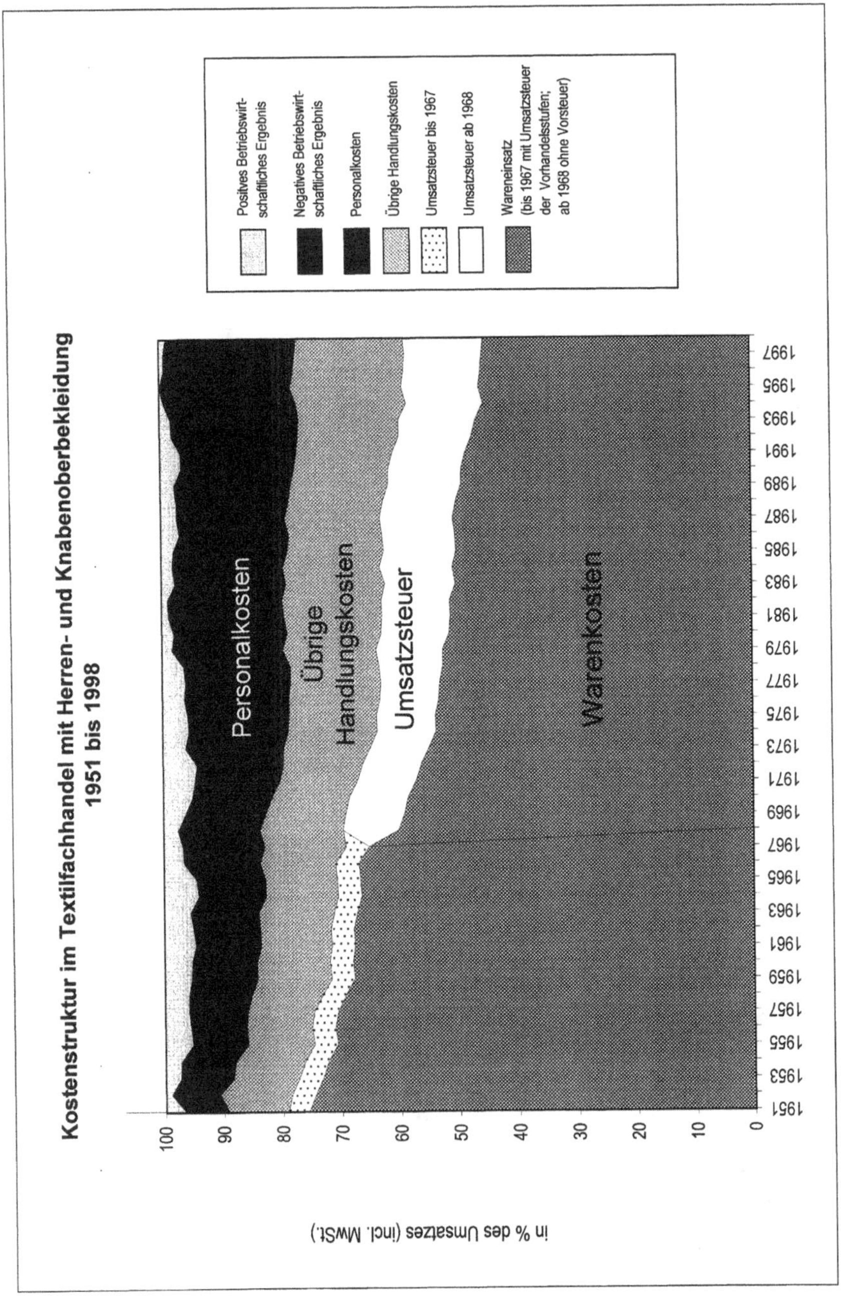

Abb. 100: Die Entwicklung der Kostenstruktur im Textilfachhandel mit Herren- und Knabenoberbekleidung

Datenblatt der Kennzahlen aus Abbildung 100

Jahr	Wareneinsatz (bis 1967 mit USt der Vorhandelsstufen; ab 1968 ohne Vorsteuer)	Umsatzsteuer	Handlungskosten ohne Personalkosten	Personalkosten	Betriebswirtschaftliches Ergebnis
	in % des Umsatzes (incl. MwSt.)				
Textilfachhandel mit Herren- und Knabenoberbekleidung					
1	2	3	4	5	6
1951	75,6	3,5	10,1	7,4	+3,4
1952	74,5	4,0	12,1	8,4	+1,0
1953	73,2	4,0	11,2	9,0	+2,6
1954	72,3	3,9	11,8	9,3	+2,7
1955	70,7	3,9	11,3	9,4	+4,7
1956	71,1	3,9	11,1	9,5	+4,4
1957	70,6	4,0	11,3	10,0	+4,1
1958	69,3	3,9	12,0	10,7	+4,1
1959	67,7	3,9	12,6	11,2	+4,6
1960	68,0	3,9	12,4	11,0	+4,7
1961	67,6	3,9	12,0	11,1	+5,4
1962	67,8	3,9	12,0	11,3	+5,0
1963	67,2	3,9	12,8	11,6	+4,5
1964	66,4	4,0	12,2	11,4	+6,0
1965	66,6	4,0	12,1	11,7	+5,6
1966	66,9	3,9	12,8	12,9	+3,5
1967	65,1	3,9	13,8	13,9	+3,3
1968	60,1	9,4	14,1	13,9	+2,5
1969	59,1	9,9	13,6	13,6	+3,8
1970	58,5	9,9	13,1	13,5	+5,0
1971	57,1	9,9	13,1	14,4	+5,5
1972	56,2	9,9	13,4	14,7	+5,8
1973	54,9	9,9	14,6	16,7	+3,9
1974	53,7	9,9	15,0	16,9	+4,5
1975	53,8	9,9	14,7	17,3	+4,3
1976	53,2	9,9	15,3	17,8	+3,8
1977	53,0	9,9	15,2	17,9	+4,0
1978	52,5	10,7	14,9	18,2	+3,7
1979	52,5	11,2	15,7	18,9	+1,7
1980	51,3	11,5	15,8	19,3	+2,1
1981	51,1	11,5	16,5	19,7	+1,2
1982	51,2	11,5	16,8	19,5	+1,0
1983	50,2	11,9	16,7	18,9	+2,3
1984	50,7	12,3	16,3	18,8	+1,9
1985	50,0	12,2	16,2	19,5	+2,1
1986	50,2	12,3	15,7	18,6	+3,2
1987	50,6	12,3	16,0	18,4	+2,7
1988	50,0	12,3	15,9	19,1	+2,7
1989	49,1	12,3	16,4	19,9	+2,3
1990	49,0	12,3	15,9	19,2	+3,6
1991	48,3	12,3	16,2	19,7	+3,5
1992	47,2	12,3	17,0	21,5	+2,0
1993	46,5	13,0	16,8	21,8	+1,9
1994	45,2	13,0	18,5	22,5	+0,8
1995	46,0	13,0	18,7	22,3	+0,0
1996	45,6	13,0	18,6	22,0	+0,8
1997	45,4	13,0	18,5	22,3	+0,0
1998	45,1	13,6	17,9	22,2	+1,2

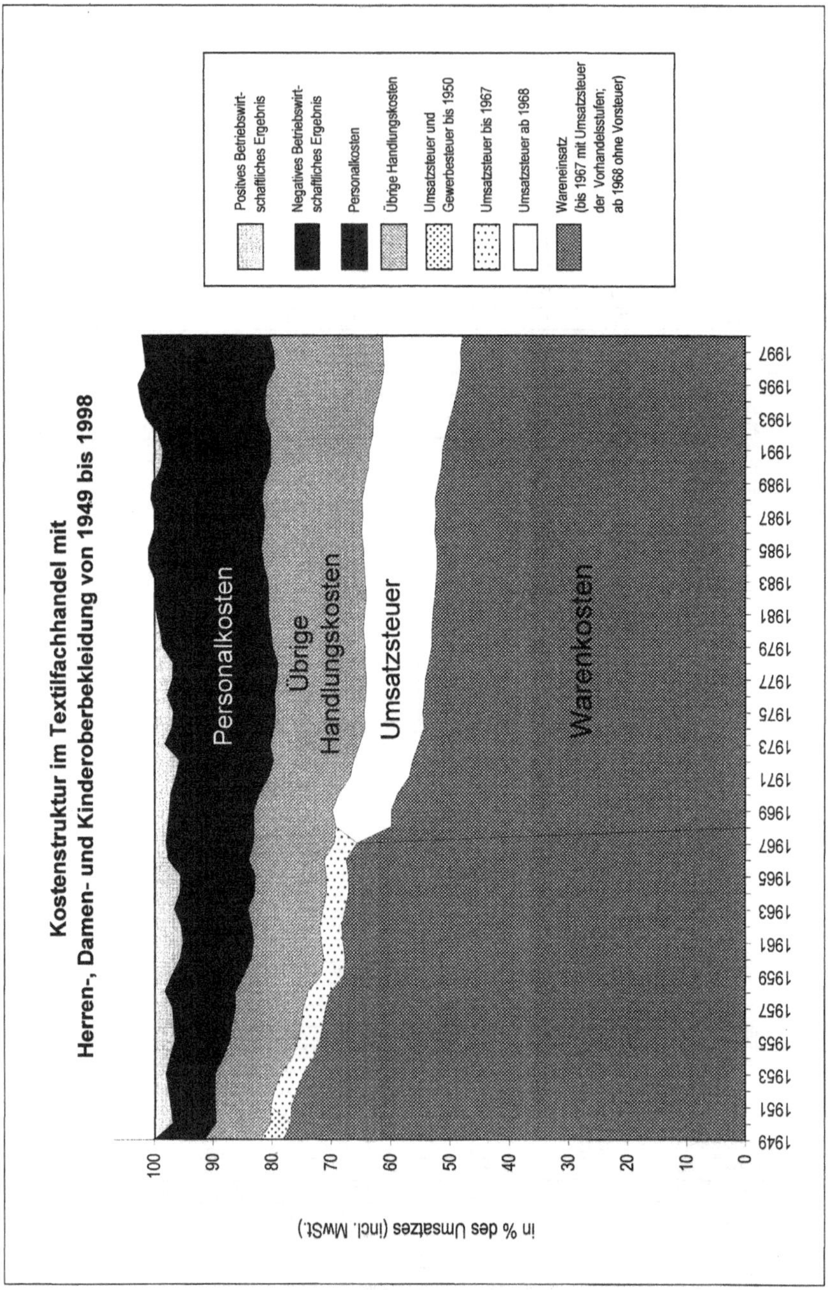

Abb. 101: Die Entwicklung der Kostenstruktur im Textilfachhandel mit Herren-, Damen- und Kinderoberbekleidung

Datenblatt der Kennzahlen aus Abbildung 101

Jahr	Wareneinsatz (bis 1967 mit USt der Vorhandelsstufen; ab 1968 ohne Vorsteuer)	Umsatzsteuer (bis 1950 incl. Gewerbesteuer)	Handlungskosten ohne Personalkosten	Personalkosten	Betriebswirtschaftliches Ergebnis
	in % des Umsatzes (incl. MwSt.)				
Textilfachhandel mit Herren-, Damen- und Kinderoberbekleidung					
1	2	3	4	5	6
1949	78,2	3,8	9,5	8,7	-0,2
1950	76,8	3,5	9,1	7,4	+3,2
1951	76,8	3,4	9,4	7,6	+2,8
1952	75,8	3,8	10,0	8,0	+2,4
1953	74,7	3,8	11,1	8,4	+2,0
1954	72,9	3,7	11,6	9,1	+2,7
1955	71,9	3,7	11,5	9,4	+3,5
1956	71,4	3,7	11,6	10,0	+3,3
1957	70,9	3,8	11,4	10,8	+3,1
1958	70,1	3,8	12,3	12,0	+1,8
1959	67,9	3,8	13,0	12,3	+3,0
1960	67,6	3,7	12,2	12,1	+4,4
1961	68,0	3,7	11,4	12,0	+4,9
1962	68,2	3,7	11,5	12,0	+4,6
1963	67,6	3,8	12,6	12,6	+3,4
1964	67,0	3,8	12,1	12,7	+4,4
1965	67,0	3,8	12,0	12,7	+4,5
1966	67,4	3,8	12,7	13,7	+2,4
1967	65,6	3,9	13,6	14,9	+2,0
1968	59,9	9,3	13,8	14,7	+2,3
1969	59,9	9,9	13,3	14,3	+2,6
1970	58,8	9,9	13,4	15,1	+2,8
1971	56,9	9,9	13,8	15,7	+3,7
1972	56,3	9,9	13,5	16,0	+4,3
1973	55,3	9,9	15,1	17,9	+1,8
1974	54,4	9,9	15,3	17,4	+3,0
1975	54,6	9,9	14,9	17,3	+3,3
1976	54,3	9,9	15,4	18,2	+2,2
1977	54,2	9,9	15,0	17,8	+3,1
1978	53,6	10,7	14,7	17,8	+3,2
1979	53,1	11,2	15,6	18,7	+1,4
1980	53,1	11,5	15,5	18,9	+1,0
1981	52,9	11,5	16,2	19,0	+0,4
1982	52,6	11,5	16,4	19,4	+0,1
1983	52,4	11,9	16,4	19,1	+0,2
1984	52,2	12,3	16,9	19,5	-0,9
1985	52,3	12,3	17,2	19,2	-1,0
1986	52,6	12,3	16,5	18,7	-0,1
1987	52,4	12,3	16,5	18,5	+0,3
1988	52,5	12,3	16,8	18,9	-0,5
1989	52,0	12,3	17,0	19,0	-0,3
1990	51,4	12,3	16,5	18,5	+1,3
1991	51,3	12,3	16,6	18,3	+1,5
1992	50,7	12,3	17,2	19,1	+0,7
1993	49,9	13,0	18,2	20,3	-1,4
1994	49,2	13,0	18,9	21,1	-2,2
1995	48,5	13,0	19,3	21,9	2,7
1996	48,1	13,0	18,3	21,9	-1,3
1997	48,2	13,0	18,4	22,0	-1,6
1998	47,8	13,6	18,9	21,7	-2,0

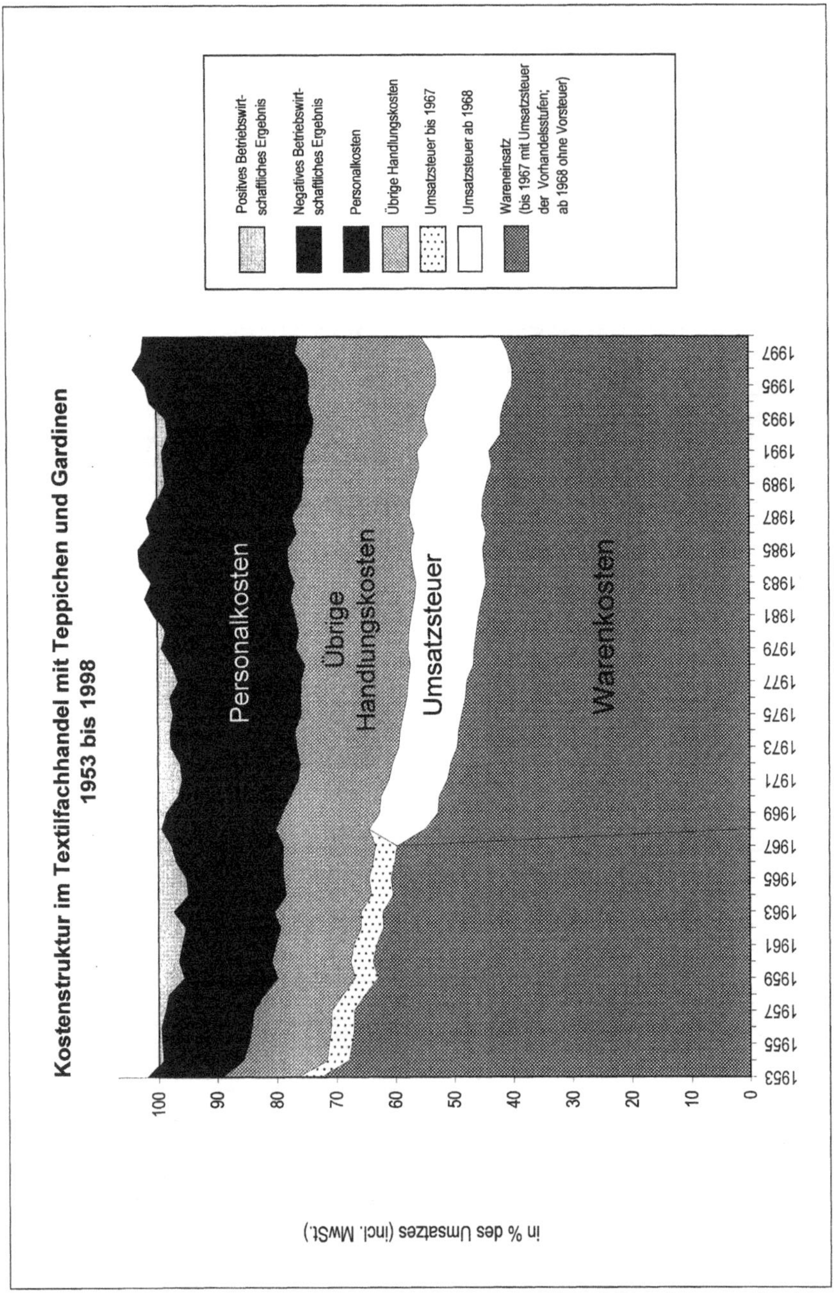

Abb. 102: Die Entwicklung der Kostenstruktur im Textil-FH mit Teppichen u. Gardinen

Datenblatt der Kennzahlen aus Abbildung 102

Jahr	Wareneinsatz (bis 1967 mit USt der Vorhandelsstufen; ab 1968 ohne Vorsteuer)	Umsatzsteuer (bis 1950 incl. Gewerbesteuer)	Handlungskosten ohne Personalkosten	Personalkosten	Betriebswirtschaftliches Ergebnis
	in % des Umsatzes (incl. MwSt.)				
Textilfachhandel mit Teppichen und Gardinen					
1	2	3	4	5	6
1953	72,7	3,8	12,7	12,8	-2,0
1954	67,9	3,7	14,1	13,5	+0,8
1955	67,4	3,9	13,5	14,6	+0,6
1956	67,0	3,9	13,4	15,2	+0,5
1957	67,0	3,8	13,1	14,9	+1,2
1958	65,2	3,8	13,3	16,0	+1,7
1959	62,9	3,9	13,0	15,8	+4,4
1960	63,8	3,8	13,3	15,6	+3,5
1961	63,2	3,9	13,1	15,8	+4,0
1962	62,0	3,8	13,5	16,0	+4,7
1963	62,1	3,7	14,6	17,0	+2,6
1964	60,3	3,7	14,3	16,6	+5,1
1965	60,7	3,7	14,4	16,4	+4,8
1966	60,1	3,7	15,1	18,0	+3,1
1967	59,6	3,7	15,5	18,9	+2,3
1968	54,9	9,5	15,7	19,3	+0,6
1969	52,7	9,9	16,4	19,6	+1,4
1970	52,5	9,9	15,2	19,0	+3,4
1971	51,1	9,9	15,3	19,6	+4,1
1972	50,5	9,9	15,5	20,3	+3,8
1973	49,4	9,9	17,2	21,3	+2,2
1974	49,2	9,9	17,7	21,1	+2,1
1975	48,6	9,9	17,2	21,7	+2,6
1976	48,0	9,9	17,9	22,2	+2,0
1977	47,8	9,9	18,0	20,8	+3,5
1978	46,6	10,7	17,8	22,5	+2,4
1979	46,5	11,2	18,9	22,8	+0,6
1980	46,1	11,4	18,6	22,5	+1,4
1981	45,7	11,4	19,6	23,9	-0,6
1982	45,1	11,5	20,9	24,7	-2,2
1983	44,4	11,9	20,5	24,2	-1,0
1984	44,7	12,2	20,9	25,2	-3,0
1985	45,0	12,2	20,8	25,3	-3,3
1986	44,4	12,2	19,8	24,8	-1,2
1987	45,1	12,3	19,8	24,6	-1,8
1988	45,0	12,3	18,3	24,8	-0,4
1989	44,3	12,2	18,7	23,4	+1,4
1990	43,4	12,3	19,6	23,6	+1,1
1991	43,8	12,2	19,1	24,0	+0,9
1992	41,9	12,3	19,6	24,3	+1,9
1993	41,9	13,0	18,6	25,0	+1,5
1994	41,2	13,0	20,2	26,8	-1,2
1995	39,9	12,9	21,4	27,7	-1,9
1996	39,8	13,0	21,8	29,5	-4,1
1997	40,6	13,0	22,9	26,0	-2,5
1998	41,8	13,6	20,6	26,2	-2,2

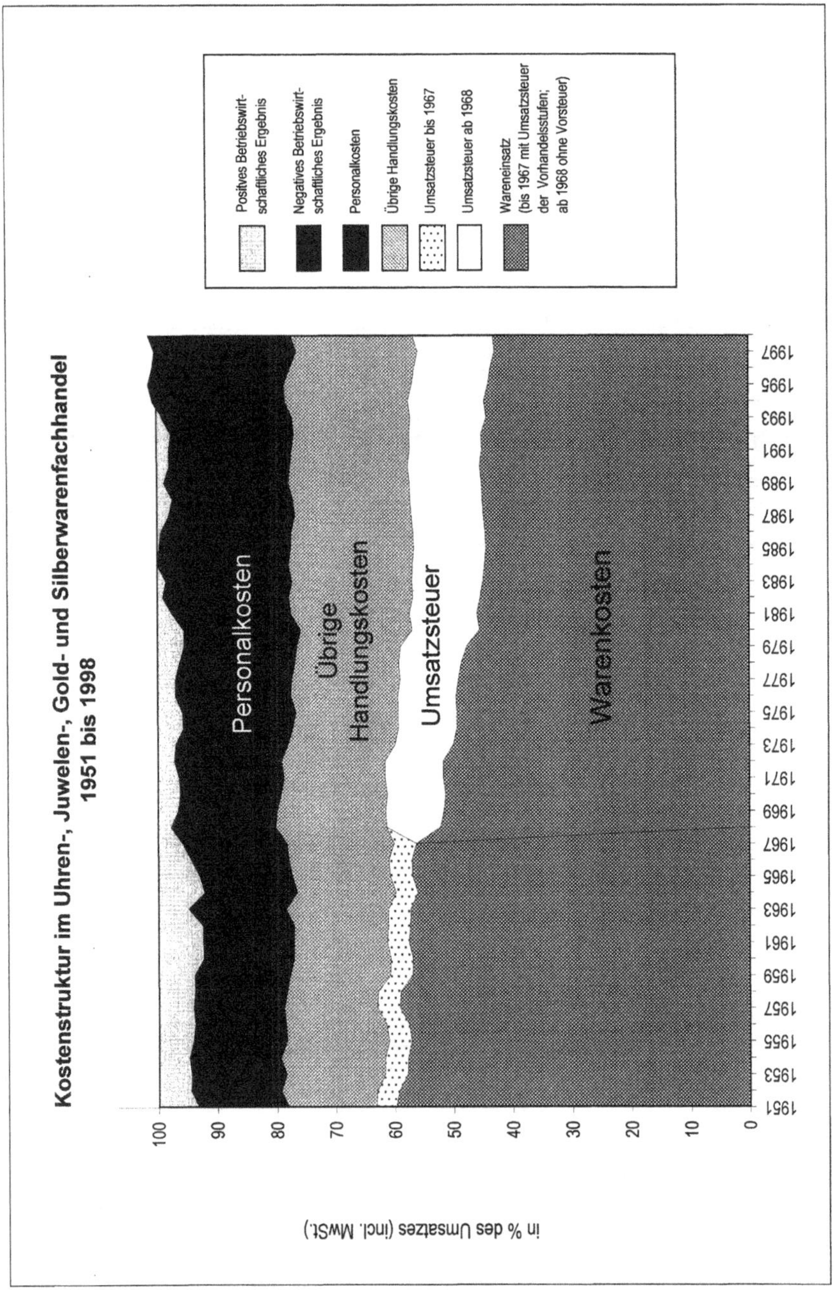

Abb. 103: Die Entwicklung der Kostenstruktur im Uhren-, Juwelen-, Gold- und Silberwarenfachhandel

Datenblatt der Kennzahlen aus Abbildung 103

Jahr	Wareneinsatz (bis 1967 mit USt der Vorhandelsstufen; ab 1968 ohne Vorsteuer)	Umsatzsteuer	Handlungskosten ohne Personalkosten	Personalkosten	Betriebswirtschaftliches Ergebnis
	in % des Umsatzes (incl. MwSt.)				
Uhren-, Juwelen-, Gold- und Silberwarenfachhandel					
1	2	3	4	5	6
1951	59,9	3,3	14,8	15,2	+6,8
1952	59,3	3,8	16,2	15,2	+5,5
1953	57,9	3,8	16,7	16,0	+5,6
1954	57,8	3,9	17,7	15,4	+5,2
1955	57,2	3,8	17,3	15,8	+5,9
1956	57,6	3,9	17,0	15,3	+6,2
1957	59,2	3,8	15,8	15,3	+5,9
1958	59,1	3,8	15,4	15,5	+6,2
1959	57,0	3,8	16,9	16,2	+6,1
1960	56,9	3,8	16,4	15,2	+7,7
1961	57,6	3,7	15,7	15,4	+7,6
1962	57,4	3,7	15,9	15,4	+7,6
1963	57,3	3,8	17,3	16,5	+5,1
1964	56,1	3,7	16,7	15,6	+7,9
1965	57,0	3,8	16,5	15,7	+7,0
1966	57,1	3,9	16,9	16,5	+5,6
1967	56,3	3,8	18,1	17,6	+4,2
1968	52,2	9,1	18,8	17,7	+2,2
1969	51,6	9,9	18,4	16,7	+3,4
1970	51,3	9,9	18,0	17,0	+3,8
1971	51,7	9,9	17,1	17,7	+3,6
1972	51,7	9,9	17,5	18,1	+2,8
1973	50,0	9,9	18,1	19,0	+3,0
1974	49,4	9,9	17,9	18,5	+4,3
1975	49,4	9,9	17,3	19,2	+4,2
1976	49,5	9,9	18,1	19,5	+3,0
1977	49,1	9,9	18,3	19,7	+3,0
1978	48,6	10,6	17,6	19,5	+3,7
1979	47,7	11,2	17,5	19,1	+4,5
1980	45,5	11,4	18,9	19,7	+4,5
1981	46,0	11,4	20,0	20,1	+2,5
1982	45,4	11,4	21,0	21,3	+0,9
1983	44,9	12,0	20,3	21,3	+1,5
1984	44,6	12,2	21,0	22,3	-0,1
1985	44,4	12,2	20,8	22,3	+0,3
1986	44,5	12,2	20,6	22,1	+0,6
1987	44,8	12,2	19,7	21,3	+2,0
1988	45,0	12,2	19,8	20,4	+2,6
1989	45,1	12,2	20,5	21,0	+1,2
1990	45,4	12,2	19,9	20,4	+2,1
1991	45,0	12,2	20,0	20,7	+2,1
1992	45,1	12,2	19,5	20,8	+2,4
1993	44,2	12,9	20,0	22,0	+0,9
1994	44,6	12,9	20,8	22,4	-0,7
1995	43,9	12,9	21,6	23,0	-1,4
1996	43,5	12,9	21,0	23,3	-0,7
1997	42,8	13,0	20,5	24,0	-0,3
1998	43,1	13,6	20,6	24,1	-1,4

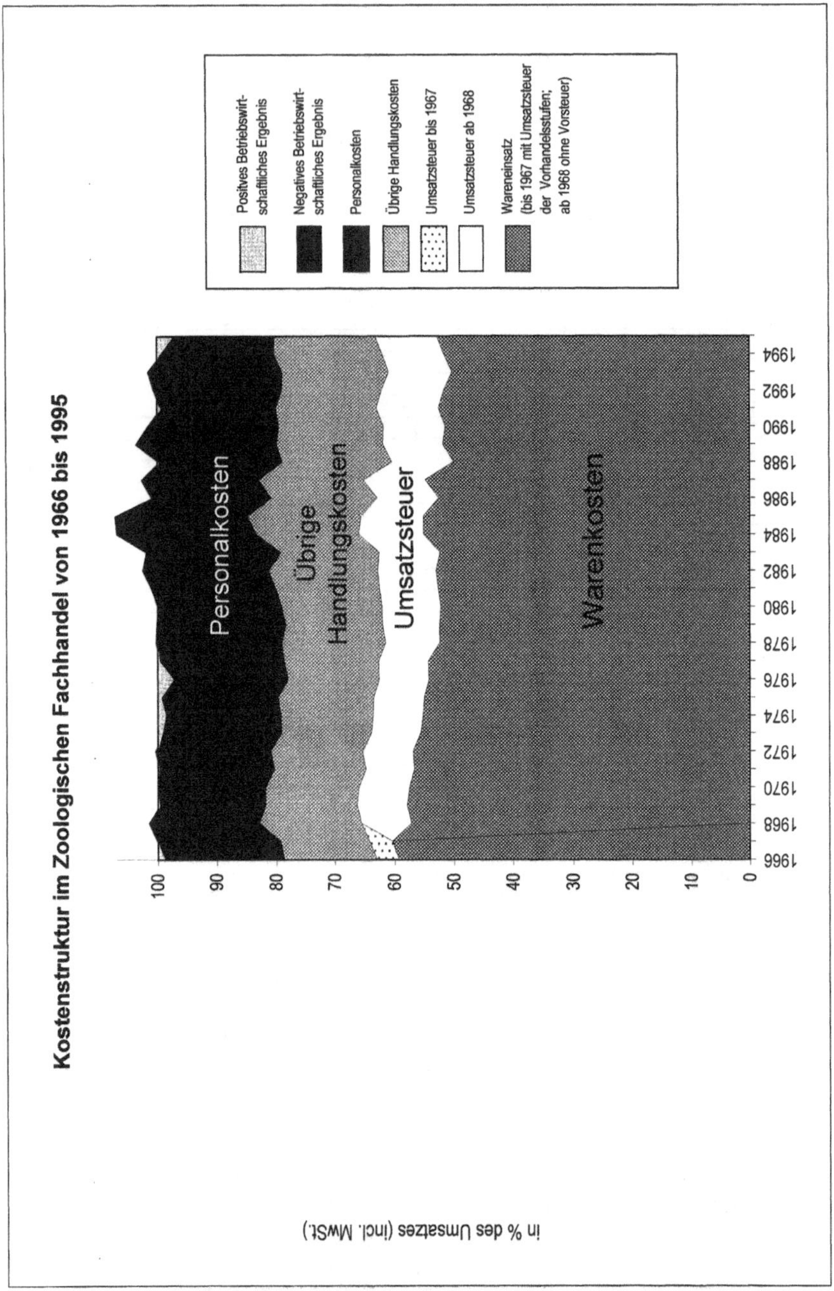

Abb. 104: Die Entwicklung der Kostenstruktur im Zoologischen Fachhandel

Datenblatt der Kennzahlen aus Abbildung 104

Jahr	Wareneinsatz (bis 1967 mit USt der Vorhandelsstufen; ab 1968 ohne Vorsteuer)	Umsatzsteuer	Handlungskosten ohne Personalkosten	Personalkosten	Betriebswirtschaftliches Ergebnis
	in % des Umsatzes (incl. MwSt.)				
Zoologischen Fachhandel					
1	2	3	4	5	6
1966	59,3	3,7	15,6	20,2	+1,2
1967	60,4	3,8	15,0	21,0	-0,2
1968	57,2	8,4	17,3	18,7	-1,6
1969	57,9	8,4	15,5	17,9	+0,3
1970	57,5	8,5	15,8	18,2	+0,0
1971	56,7	8,1	15,5	19,5	+0,2
1972	56,9	8,5	15,5	19,6	-0,5
1973	55,6	8,3	15,2	20,1	+0,8
1974	55,2	8,4	15,5	19,5	+1,4
1975	55,0	8,5	16,2	19,7	+0,6
1976	54,2	8,4	15,3	19,4	+2,7
1977	54,3	8,4	15,9	21,0	+0,4
1978	52,4	9,1	17,5	21,4	-0,4
1979	52,4	9,6	16,3	21,9	-0,2
1980	52,2	9,9	16,9	21,1	-0,1
1981	52,6	9,9	17,5	21,1	-1,1
1982	53,0	9,8	18,4	21,4	-2,6
1983	52,3	10,3	16,5	22,9	-2,0
1984	55,1	10,9	17,3	23,7	-7,0
1985	55,1	10,5	19,2	22,5	-7,3
1986	52,5	10,4	17,8	20,3	-1,0
1987	54,8	10,4	17,7	19,9	-2,8
1988	50,0	10,4	18,4	21,0	+0,2
1989	51,8	10,1	17,9	23,9	-3,7
1990	51,4	10,4	17,6	22,3	-1,7
1991	52,5	10,5	16,9	19,5	+0,6
1992	51,6	10,5	16,8	21,8	-0,7
1993	50,2	10,7	17,9	22,8	-1,6
1994	51,6	10,4	18,2	19,1	+0,7
1995	52,8	10,4	16,9	17,0	+2,9
1996	59,3	3,7	15,6	20,2	+1,2
1997	60,4	3,8	15,0	21,0	-0,2
1998	57,2	8,4	17,3	18,7	-1,6

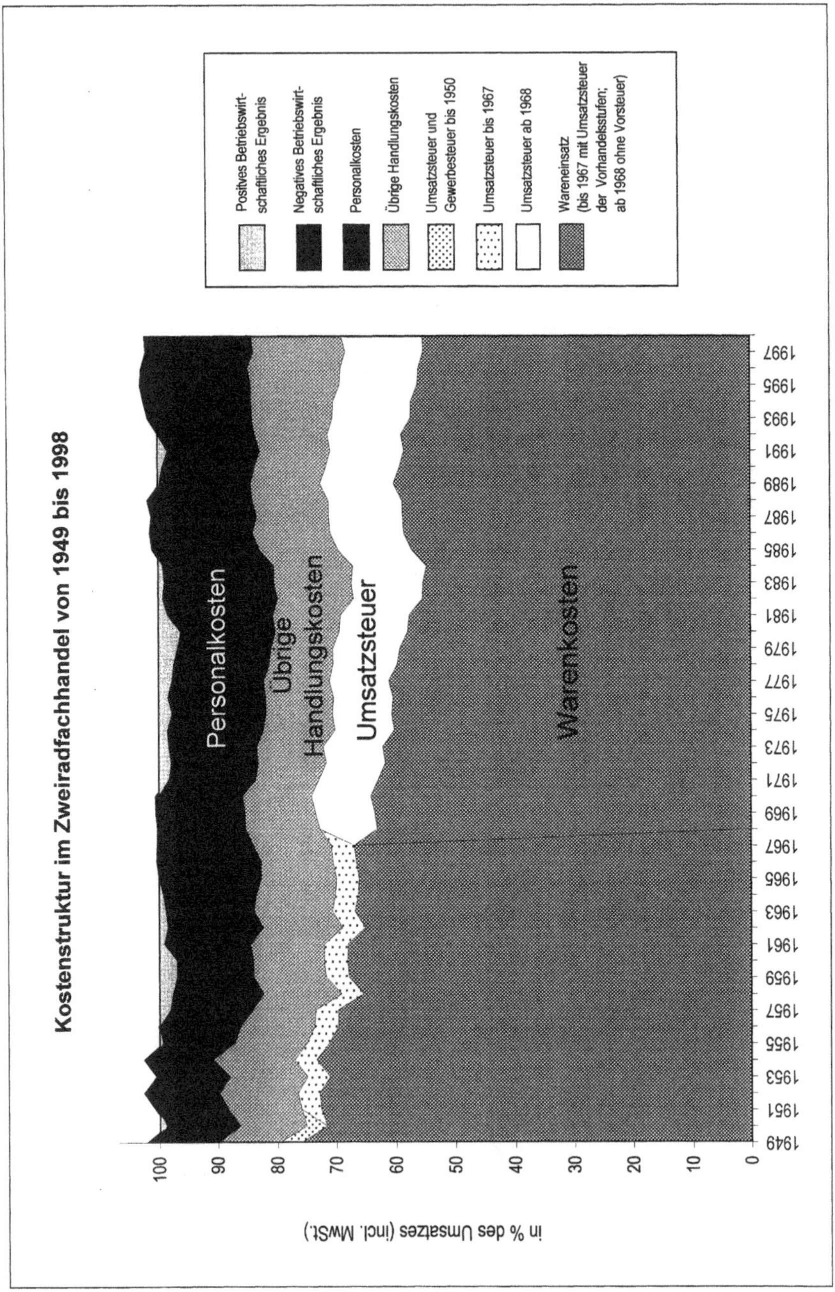

Abb. 105: Die Entwicklung der Kostenstruktur im Zweiradhandel

Datenblatt der Kennzahlen aus Abbildung 105

Jahr	Wareneinsatz (bis 1967 mit USt der Vorhandelsstufen; ab 1968 ohne Vorsteuer)	Umsatzsteuer (bis 1950 incl. Gewerbesteuer)	Handlungskosten ohne Personalkosten	Personalkosten	Betriebswirtschaftliches Ergebnis
	in % des Umsatzes (incl. MwSt.)				
Zweiradfachhandel					
1	2	3	4	5	6
1949	76,0	3,6	10,3	12,3	-2,2
1950	71,6	3,5	11,1	12,6	+1,2
1951	72,6	3,3	12,3	12,5	-0,7
1952	72,9	3,7	13,1	13,0	-2,7
1953	71,1	3,8	13,0	12,6	-0,5
1954	73,4	3,7	13,7	11,9	-2,7
1955	71,2	3,8	12,1	12,3	+0,6
1956	69,7	4,0	12,5	14,0	-0,2
1957	69,7	3,8	10,6	14,0	+1,9
1958	65,4	3,7	13,2	15,4	+2,3
1959	67,8	3,9	12,2	13,1	+3,0
1960	68,1	3,9	12,0	13,0	+3,0
1961	68,0	4,0	12,4	14,7	+0,9
1962	65,1	3,8	13,4	16,2	+1,5
1963	66,8	3,8	13,2	15,0	+1,2
1964	66,3	3,8	13,4	15,8	+0,7
1965	66,1	3,8	12,7	17,4	+0,0
1966	66,6	3,9	12,1	17,8	-0,4
1967	66,9	3,8	13,2	16,4	-0,3
1968	63,1	9,6	12,5	15,1	-0,3
1969	63,5	9,9	11,9	15,2	-0,5
1970	64,2	9,9	11,6	14,9	-0,6
1971	62,9	9,9	10,7	14,7	+1,8
1972	61,7	9,9	11,5	14,8	+2,1
1973	62,1	10,0	11,2	15,0	+1,7
1974	60,2	9,9	12,1	16,3	+1,5
1975	60,6	9,9	11,2	16,0	+2,3
1976	60,4	9,9	11,5	16,6	+1,6
1977	61,1	9,9	11,1	15,6	+2,3
1978	59,7	10,7	10,8	16,2	+2,6
1979	59,2	11,2	10,4	15,9	+3,3
1980	57,9	11,4	10,8	16,1	+3,8
1981	57,6	11,5	11,4	17,9	+1,6
1982	55,4	11,5	12,8	19,5	+0,8
1983	55,3	12,0	13,0	18,6	+1,1
1984	54,7	12,3	13,3	18,9	+0,8
1985	57,2	12,3	13,2	18,3	-1,0
1986	58,5	12,3	13,1	17,5	-1,4
1987	58,7	12,3	12,2	17,9	-1,1
1988	58,8	12,3	12,8	17,9	-1,8
1989	60,2	12,3	11,7	15,5	+0,3
1990	59,2	12,3	12,0	15,7	+0,8
1991	58,4	12,3	11,9	15,7	+1,7
1992	58,9	12,3	12,2	16,5	+0,1
1993	57,3	13,0	13,6	17,7	-1,6
1994	57,2	13,0	13,8	18,3	-2,3
1995	56,1	13,0	14,9	18,9	-2,9
1996	55,9	13,0	15,7	18,1	-2,7
1997	55,1	13,0	15,5	18,3	-1,9
1998	55,2	13,6	15,2	18,1	-2,1

Anhang 6

Datenblatt der Kennzahlen aus den Abbildungen 49 bis 53

Jahr	Personalkosten je beschäftigte Person im Textilfachhandel pro Jahr in DM (Abbildung 49)	Personalkosten je beschäftigte Person im Textilfachhandel pro Stunde in DM (Abbildung 50)	Zahl der beschäftigten Personen im Textilfachhandel je Betrieb (reale Kapazität, Abbildung 51)	Zahl der beschäftigten Personen im Textil-FH je 100 Qm-Geschäftsraum (reale Faktorkombination, Abbildung 52)	Personalkosten in % des Rohertrags im Textilfachhandel (Abbildung 53)
1	2	3	4	5	6
1949	3.530	1,27	19,1		
1950	3.730	1,37	21,3		41,9
1951	3.780	1,41	24,8	6,25	43,9
1952	3.910	1,49	26,6	5,88	47,1
1953	3.980	1,56	27,1	5,88	46,8
1954	4.040	1,61	26,9	5,56	46,1
1955	4.420	1,81	29,5	5,26	45,8
1956	4.700	1,97	31,0	5,26	45,1
1957	5.030	2,15	30,1	5,26	46,2
1958	5.230	2,29	29,4	5,26	47,3
1959	5.340	2,40	28,8	5,00	45,8
1960	5.770	2,67	27,5	5,00	45,1
1961	6.480	3,02	27,2	4,76	45,8
1962	7.110	3,36	26,1	4,55	46,4
1963	7.560	3,60	25,6	4,55	47,4
1964	8.120	3,84	25,0	4,17	45,9
1965	9.290	4,42	25,0	4,17	47,4
1966	10.120	4,96	25,1	4,00	50,3
1967	10.350	5,15	25,8	3,85	51,1
1968	10.840	5,45	25,5	3,70	52,1
1969	11.439	5,79	21,3	3,03	50,5
1970	13.023	6,65	22,3	2,94	49,7
1971	14.701	7,63	22,1	2,94	49,4
1972	16.627	8,89	21,3	2,86	50,1
1973	19.304	10,54	20,0	2,70	53,5
1974	21.159	11,75	20,0	2,56	51,4
1975	23.131	13,04	19,1	2,50	51,4
1976	24.752	13,66	19,4	2,44	52,2
1977	26.678	15,01	17,5	2,38	52,2
1978	28.286	16,05	18,3	2,38	53,0
1979	30.414	17,44	17,5	2,27	54,5
1980	32.471	18,74	16,8	2,27	54,3
1981	34.635	20,13	17,1	2,13	55,5
1982	36.257	21,03	16,9	2,08	56,3
1983	37.621	21,82	16,0	2,00	55,2
1984	40.760	23,78	17,1	1,92	57,2
1985	40.779	24,14	16,0	1,96	57,2
1986	42.386	25,58	14,2	1,92	55,7
1987	43.055	26,21	14,0	1,92	55,5
1988	43.748	26,72	14,6	1,89	55,4

1989	44.647	27,50	15,2	1,82	54,6
1990	45.351	28,50	14,5	1,85	52,5
1991	47.266	30,41	15,3	1,79	52,8
1992	49.923	31,73	15,6	1,79	53,5
1993	53.765	34,30	14,9	1,75	55,5
1994	56.196	35,62	14,0	1,67	56,7
1995	58.681	37,25	15,2	1,64	57,8
1996	60.881	38,31	14,0	1,49	57,3
1997	60.797	38,61	13,2	1,46	57,2
1998	61.476	38,81	14,2	1,39	57,3

Quellen **zu Spalte 2**: Seyffert, R. (Hrsg.), 1962, S. 59; Sundhoff, E. (Hrsg.), 1970, S. 57. Da das IfH seit dem Betriebsvergleich für das Jahr 1969 die Personalkosten je beschäftigte Person nur für das Fremdpersonal publiziert, basieren die Daten für die Jahre 1969 bis 1995 auf eigenen Berechnungen. Hierzu wurde auf die Kennzahlen ‚Zahl der beschäftigten Personen je Betrieb', ‚Absatz je Betrieb in Tausend DM' und ‚Personalkosten mit Unternehmerlohn in % des Umsatzes' zurückgegriffen. Sundhoff, E. (Hrsg.), 1980, S. 32, 34 u. 58; Klein-Blenkers, Fritz (Hrsg.), 1990, S. 31, 33 u. 57; Philippi, H., 1990, S. 145 u. 152; Philippi, H.,, 1992, S. 161 u. 168; Erdmann, B., 1994, S. 170 u. 182; Kaapke, A., 1996, S. 172 u. 184. Die Veröffentlichungen des IfH enthalten für die Berichtsjahre 1996 bis 1998 keine Angaben mehr zu den Kennzahlen ‚Zahl der beschäftigten Personen je Betrieb' und ‚Absatz je Betrieb in Tausend DM'. Die entsprechenden Daten in der obigen Tabelle wurden auf Basis der einzelbetrieblichen Werte der Betriebsvergleichsteilnehmer errechnet.

Quellen **zu Spalte 3**: Quotient aus Spalte 2 und der ‚Effektiven Jahresarbeitszeit je beschäftigte Person in Stunden'. Nähere Angaben zur letzteren Kennzahl finden sich in Anhang 2, Spalte 4.

Quellen **zu Spalte 4**: Seyffert, R. (Hrsg.), 1962, S. 42; Sundhoff, E. (Hrsg.), 1970, S. 32; Sundhoff, E. (Hrsg.), 1980, S. 32; Klein-Blenkers, Fritz (Hrsg.), 1990, S. 31; Philippi, H., 1990, S. 145; Philippi, H., 1992, S. 161; Erdmann, B., 1994, S. 170; Kaapke, A., 1996, S. 172. Die Veröffentlichungen des IfH enthalten für die Berichtsjahre 1996 bis 1998 keine Angaben mehr zu der Kennzahl ‚Zahl der beschäftigten Personen je Betrieb'. Die entsprechenden Daten in der obigen Tabelle wurden auf Basis der einzelbetrieblichen Werte der Betriebsvergleichsteilnehmer errechnet.

Quellen **zu Spalte 5**: Die Kennzahl stellt den reziproken Wert der vom IfH publizierten Kennziffer ‚Zahl der Quadratmeter Geschäftsraum je beschäftigte Person' dar. Seyffert, R. (Hrsg.), 1962, S. 49; Sundhoff, E. (Hrsg.), 1970, S. 43; Sundhoff, E. (Hrsg.), 1980, S. 47; Klein-Blenkers, Fritz (Hrsg.), 1990, S. 46; Philippi, H., 1990, S. 150; Philippi, H., 1992, S. 166; Erdmann, B., 1994, S. 178; Kaapke, A., 1996, S. 180. Die Veröffentlichungen des IfH enthalten für die Berichtsjahre 1996 bis 1998 keine Angaben mehr zu dieser Kennzahl. Die entsprechenden Daten in der obigen Tabelle wurden auf Basis der einzelbetrieblichen Werte der Betriebsvergleichsteilnehmer errechnet.

Quellen **zu Spalte 6**: Die Berechnung der Kennzahl basiert auf den Kennziffern ‚Personalkosten in % des Umsatzes' und ‚Betriebshandelsspanne in % des Unsatzes'. Die Werte der letzteren Kennziffer mussten für die Jahre 1951 bis 1958 zuvor um die Umsatzsteuer reduziert werden. Seyffert, R. (Hrsg.), 1962, S. 79; Sundhoff, E. (Hrsg.), 1970, S. 81; Sundhoff, E. (Hrsg.), 1980, S. 83; Klein-Blenkers, Fritz (Hrsg.), 1990, S. 80; Philippi, H., 1990, S. 152 u. 154; Philippi, H., 1992, S. 168 u.170; Erdmann, B., 1994, S. 182 u. 168; Kaapke, A., 1996, S. 184 u. 188; Kaapke, A., 1998, S. 240 u. 244; Kaapke, A., 1999, S. 236 u. 238.

Literaturverzeichnis

Ackermann, Karl-Friedrich: Strategisches Personalmanagement im Visier der Wissenschaft, in: Ackermann, Karl-Friedrich/Scholz, Hartmut (Hrsg.): Personalmanagement für die 90er Jahre, Stuttgart 1991, S. 13-31.

Ahlert, Dieter/Schröder, Hendrik: ‚Erlebnisorientierung' im stationären Einzelhandel, in Marketing ZFP, 12. Jg. (1990), H. 4, S. 221-229.

Alewell, Dorothea: Zum Verhältnis von Arbeitsökonomik und Verhaltenswissenschaften, in: DBW, 56. Jg. (1996), H. 5, S. 667-683.

Altenburger, Otto A: Ansätze zu einer Produktions- und Kostentheorie der Dienstleistung, Berlin 1980.

Andreß, Hans-Jürgen/Hagenaars, Jacques A./Kühnel, Steffen: Analyse von Tabellen und kategorialen Daten. Log-lineare Modelle, latente Klassenanalysen, logistische Regression und GSK-Ansatz, Berlin u.a. 1997.

Ausschuß für Begriffsdefinitionen aus der Handels- und Absatzwirtschaft (Hrsg.): Katalog E, Begriffsdefinitionen aus der Handels- und Absatzwirtschaft, 4. Ausgabe, Köln 1995.

AWV – Arbeitskreis für wirtschaftliche Verwaltung e.V. (Hrsg.): Personalkosten und Personalzusatzkosten in der betrieblichen Praxis, Eschborn 1995.

Backes-Gellner, Uschi/Lazear, Edward P./Wolff, Birgitta: Personalökonomie. Fortgeschrittene Anwendungen für das Management, Stuttgart 2001.

Backes-Gellner, Uschi: Personalwirtschaftslehre – eine ökonomische Disziplin, in: Weber, Wolfgang (Hrsg.): Grundlagen der Personalwirtschaft: Theorien und Konzepte, Wiesbaden 1996a.

Backes-Gellner, Uschi: Personalökonomik und Verhaltenswissenschaften, in: DBW, 56. Jg. (1996b), H. 6, S. 855-858.

Bargmann, Holger/Müller, Kurt/Schickle, Ottmar et al.: Qualifikationsanforderungen im Einzelhandel. Eine empirische Untersuchung der Arbeitsaufgaben, Tätigkeiten und Anforderungen von Verkäufern/Einzelhandelskaufleuten unter Einschluß möglicher Veränderungen des institutionellen Einzelhandels in den letzten zehn Jahren, Weinheim-Basel 1981.

Barth, Klaus: Betriebswirtschaftslehre des Handels, 3. A., Wiesbaden 1996.

Barth, Klaus: Noch einmal: Kritische Anmerkungen zur Entwicklung der Betriebswirtschaftslehre des Handels, in: ZfB, 54. Jg. (1984), H. 3, S. 295-298.

BBE (Hrsg.): BBE-Dokumentation. Gehälter für leitende Mitarbeiter im Einzelhandel, Köln 1997.

BBE (Hrsg.): Mehr Gewinn durch Serviceleistungen, Köln 1996.

Beer, M. et al.: Human Resource Management: A General Manager's Perspektive, New York 1985.

Beines, Alexandra: Aldi – eine einmalige Erfolgsgeschichte, in: Dynamik im Handel, 42. Jg. (1998), H. 8, S. 32f.

Berekoven, Ludwig: Erfolgreiches Einzelhandelsmarketing, München 1995.

Berekoven, Ludwig: Geschichte des deutschen Einzelhandels, Frankfurt am Main 1986.

Berekoven, Ludwig: Der Dienstleistungsmarkt in der Bundesrepublik Deutschland, Göttingen 1983.

Berry, Leonard L./Yadav, Manjit S.: Oft falsch berechnet und verwirrend – die Preise für Dienstleistungen, in: Harvard Business manager, o.Jg. (1997), H. 1, S. 57-67.

Berthel, Jürgen: Personal-Management, 4. A., Stuttgart 1995.

Bidlingmaier, Johannes: Geschäftsprinzipien und Bedienungsformen des Einzelhandels, in: zfbf, 15. Jg. (1963), H. 12, S. 590-599.

Bidlingmaier, Johannes: Einzelhandel, Betriebsformen des, in: Tietz, Bruno (Hrsg.): Handwörterbuch der Absatzwirtschaft, Stuttgart 1974, Sp. 526-546.

Brox, Hans: Allgemeiner Teil des BGB, 22. A., Köln u.a. 1998.

Buddeberg, Hans: Betriebslehre des Binnenhandels, Wiesbaden 1959.

Bühl, Achim/Zöfel, Peter: SPSS für Windows. Version 6, Bonn u.a. 1994.

Burmann, Christoph: Fläche und Personalintensität als Erfolgsfaktoren im Einzelhandel, Wiesbaden 1995.

Carp, Hans-Jürgen: Der Transformationsprozess in Dienstleistungsunternehmen, Berlin 1974.

Conz, Bernd: Mehr Mut zu weniger Beratung. Verkaufsanalysen in vier Einzelhandelsbranchen, Köln 1976.

Corsten, Hans: Grundlagen des Prozeßmanagements, in: WISU, 25. Jg. (1996), H. 12, S. 1089-1095.

Drumm, Hans Jürgen: Personalwirtschaftslehre, 3. A., Berlin u.a. 1995.

Eckardstein, Dudo von/Fredecker, Ines/Greife, Wolfgang u.a.: Die Qualifikation der Arbeitnehmer in neuen Entlohnungsmodellen, Frankfurt am Main u.a. 1988.

Ellinger, Theodor: Latenz und Evidenz als Bestimmungsfaktoren der Produktinformation, in: Koppelmann, Udo, (Hrsg.): Die Ware in Wirtschaft und Technik, Herne-Berlin 1969, S. 147-155.

Engelhardt, Hans Werner: Grundprobleme der Leistungslehre, dargestellt am Beispiel der Warenhandelsbetriebe, in: zfbf, 18. Jg. (1966), H. 2, S. 158-178.

Engelhardt, Hans Werner/Kleinaltenkamp, Michael/Reckenfelderbäumer, Martin: Leistungsbündel als Absatzobjekte: Ein Ansatz zur Überwindung der Dichotomie von Sach- und Dienstleistungen, in: Corsten, H. (Hrsg.): Integratives Dienstleistungsmanagement: Grundlagen, Beschaffung, Produktion, Marketing, Qualität, Wiesbaden 1994, S. 31-69.

Engelter, Karl-Adam: Das Rationalisierungspotential im Dienstleistungsbereich. Zu den Möglichkeiten der Substitution persönlicher Systeme im Bereich der Produktion immaterieller Güter, Frankfurt-Bern-Las Vegas 1979.

Erdmann, Benedikt: Bericht über die Ergebnisse des Betriebsvergleichs der Einzelhandelsfachgeschäfte aus den alten und den neuen Bundesländern im Jahre 1993, in: M.d.IfH, 46. Jg. (1994), H. 11, S. 153-187.

Fandel, Günter: Produktion, 3. A., Berlin u.a. 1991.

Feld, Christa: Trends – Megatrends: Definitionen, Möglichkeiten der Ermittlung, Gütekriterien und Relevanz für die Unternehmensplanung, in: Müller-Hagedorn, Lothar (Hrsg.): Trends im Handel. Analysen und Fakten zur aktuellen Situation im Handel, Frankfurt am Main 1996, S. 9-25.

Forschungsstelle für den Handel (Hrsg.): Arbeitsbericht für das Rechnungsjahr 1985, Berlin 1996.

Forschungsstelle für den Handel (Hrsg.): Der Einzelhandel mit Eisenwaren, mit Haus- und Küchengeräten und mit Glas- und Porzellanwaren im Jahre 1935, Berlin 1936.

Frey, Helmut: Personalkosten-Management, München 1997.

Friede-Mohr, Christina: Die Entwicklung der Personalkosten, Bonn 1987.

Gabler Wirtschafts-Lexikon, 12. A., Wiesbaden 1988.

Gaugler, Eduard: Gegenstandsbereich und Erkenntnisstand des Personal-Management, in: BFuP, 34. Jg. (1982), H. 4, S. 285-301.

Gerstung, Fritz: Die Servicepolitik im Großhandel, in: M.d.IfH, 28. Jg. (1976), H. 3. S. 45-48.

Gesellschaft zur Förderung des Instituts für Handelsforschung an der Universität zu Köln (Hrsg.): Festschrift zum 25-jährigen Bestehen der Gesellschaft zur Förderung des Instituts für Handelsforschung an der Universität zu Köln e.V., Köln 1953.

Gümbel, Rudolf: Handel, Markt und Ökonomik, Wiesbaden 1985.

Gümbel, Rudolf: Die Produktionsfunktion – Fundament der Handelsbetriebslehre, in: ZfB, 54. Jg. (1984), S. 299-301.

Gümbel, Rudolf: Theoretische Grundlagen der Betriebspolitik im Handel, Arbeitspapiere zur Vorlesung Handelsbetriebslehre, §5, Analyse des Faktorsystems, Frankfurt/Main 1979.

Guest, D.: Human Resource Management and the American Dream, in: Journal of Management Studies, Vol. 27 (1990), Nr. 4, S. 377-397.

Gunia, Paul-Gerhard: Mehr Effizienz und mehr Erfolg im Personalkostenmanagement. Ein Arbeitshandbuch zur Kostensenkung und Leistungssteigerung, Renningen-Malmsheim 1995.

Gutenberg, Erich: Grundlagen der Betriebswirtschaftslehre, 24. A., Berlin u.a. 1983.

Haas, Hans-Lüder: Was produziert ein Handelsbetrieb?, in: ZfB, 63. Jg. (1993), H. 11. S. 1137-1155.

Haase, Knut: Modellgestützte Personaleinsatzplanung im Einzelhandel, in: ZfB, 69. Jg. (1999), H. 2, S. 233-244.

Hansen, Ursula: Absatz- und Beschaffungsmarketing des Einzelhandels, 2. A., Göttingen 1990.

Hansen, Ursula/Algermissen, Joachim: Handelsbetriebslehre 2. Taschenlexikon, Göttingen 1979.

Hebbering, Bernd: Leistung und Kosten im Personalbereich – aus der Sicht eines Handelsunternehmens, in: Schmalenbach-Gesellschaft e.V. (Hrsg.): Leistung und Kosten im Personalbereich – aus der Sicht der Unternehmensführung, Wiesbaden 1978, S. 66-69.

Hedderich, Rudolf: Innovation, Imitation und Selektion im Handelsbetrieb, in: ZfB, 67. Jg. (1997), H. 5/6, S. 541-560.

Hedderich, Rudolf: Die Grundlagen des Handelsbetriebes, in: ZfB, 56. Jg. (1986), H. 6, S. 484-499.

Hedderich, Rudolf: Eine Erwiderung zu den Ausführungen von Barth, in: ZfB, 54. Jg. (1984), H. 3, S. 299-301.

Hedderich, Rudolf: Kritische Anmerkungen zur Entwicklung der Betriebswirtschaftslehre des Handels, in: ZfB, 53. Jg. (1983), H. 7, S. 684-685.

Hedderich, Rudolf: Die Warenprozesse und die Kapazitätsfaktoren im Einzelhandelsbetrieb, in: ZfB, 48. Jg. (1978), H. 7, S. 579-595.

Heinemann, Gerrit: Betriebstypenprofilierung im Facheinzelhandel - Ansätze der strategischen Marktsegmentierung, Münster 1987.

Hemmer, Edmund: Personalzusatzkosten in der deutschen Wirtschaft, in: iw-trends, Quartalshefte zur empirischen Wirtschaftsforschung, Bd. 1 (1998), S. 65-75.

Hentschel, Bert: Dienstleistungsqualität aus Kundensicht: Vom merkmals- zum ereignisorientierten Ansatz, Wiesbaden 1992.

Holler, Helmut: Produktionsfunktion und Handelsbetrieb, Frankfurt am Main u.a. 1990.

Hudetz, Kai: Prozessinnovation im Großhandel – Relevanz und Anknüpfungspunkte für ein Innovationsmanagement, in: Trommsdorf, Volker (Hrsg.): Handelsforschung 1998/1999 – Innovation im Handel, Wiesbaden 1998, S. 357-377.

Kaapke, Andreas: Der Jahresbetriebsvergleich der Einzelhandelsfachgeschäfte 1998, in: M.d.IfH, 51. Jg. (1999), H. 11, S. 217-238.

Kaapke, Andreas: Der Jahresbetriebsvergleich der Einzelhandelsfachgeschäfte 1997 – Bericht über die Ergebnisse aus den alten und neuen Bundesländern, in: M.d.IfH, 50. Jg. (1998), H. 11, S. 213-245.

Kaapke, Andreas: Bericht über die Ergebnisse des Jahresbetriebsvergleichs der Einzelhandelsfachgeschäfte aus den alten und neuen Bundesländern im Jahre 1995, in: M.d.IfH, 48. Jg. (1996), H. 11, S. 153-168 u. 170-189.

Kaapke, Andreas/Wenzlitschke, Max Reinhard: Ladenschlußgesetz – Was sagt der Fachhandel? – Teil II, in: M.d.IfH, 49. Jg. (1997), H. 7, S. 137-148.

Kano, N. et al.: Attractive Quality and Must-be Quality, in: Hinshitsu: The Journal of the Japaneses Society for Quality Control, Vol. 14 (1984), Nr. 4, S. 39-48.

Kern, Roland: Die Funktionsausübung im Einzelhandel, Berlin 1970.

Klein-Blenkers, Fritz (Hrsg.): Der Betriebsvergleich des Instituts für Handelsforschung. Methoden und Nutzungsmöglichkeiten, Sonderhefte der M.d.IfH, Nr. 40, Köln 1991.

Klein-Blenkers, Fritz (Hrsg.): Umsatz, Kosten, Spannen und Gewinn der Einzelhandelsfachgeschäfte in der Bundesrepublik Deutschland in dem Jahrzehnt 1979 bis 1988, Göttingen 1990.

Klein-Blenkers, Fritz: Die Kombination der Betriebsfaktoren und ihr Einfluß auf die Handelsleistung, in: M.d.IfH, 34. Jg. (1982), H. 10, S. 118-126.

Kluwe, Rainer H./Haider, Hilde: Modelle zur internen Repräsentation komplexer technischer Systeme, in: Sprache & Kognition, 9. Jg. (1990), H. 4, S. 173-192.

Koppelmann, Udo: Grundsätzliche Überlegungen zum Outsourcing, in: Koppelmann, Udo (Hrsg.): Outsourcing, Stuttgart 1996, S. 1-9.

Kossbiel, Hugo: Beiträge verhaltens- und wirtschaftswissenschaftlicher Theorien zur Beurteilung der Effizienz betrieblicher Anreizsysteme - Eine Vorstudie auf der Grundlage einiger ausgewählter Ansätze, in: Weber, Wolfgang (Hrsg.): Entgeltsysteme. Lohn, Mitarbeiterbeteiligung und Zusatzleistungen, Stuttgart 1993, S. 79-103.

Kothlow, Silja: Multimediale Systeme im stationären Einzelhandel, in: Bliemel, Friedhelm/Fassott, Georg/Theobald, Axel (Hrsg.): Electronic Commerce, Wiesbaden 1999.

Krell, Gertraude: Geschichte der Personallehren, in: WiSt, 27. Jg. (1998), H 5, S. 222-227.

Kroeber-Riel, Werner: Grundsatzfragen der Handelsbetriebslehre – Zwei Briefe, Eine provinzielle Diskussion!, in: ZfB, 54. Jg. (1984), S. 888-890.

Leihner, Emil: Die Entwicklung der Betriebswirtschaftslehre aus Sicht der Unternehmensberatung unter besonderer Berücksichtigung der Betriebswirtschaftslehre des Handels, in: ZfB, 52. Jg. (1982), S. 580-597.

Lemm, Rolf: Von Früh bis Spät – Arbeitszeit und Arbeitszeitverkürzungen im Einzelhandel (Eine Chronologie), in: o. Hrsg.: Dienst am Kunden? Der Handel zwischen Flexibilisierung und Ladenschluß, Hamburg 1987, S. 120-132.

Lexikon Praktisches Wissen: Die neue Personal-Praxis von A-Z. Nachschlagewerk mit Ergänzungslieferungen, Offenburg 1997.

Ludovici, Carl Günther: Grundriß eines vollständigen Kaufmanns-Systems, 2. A., Leipzig 1768.

Mandewirth, Sven Oliver: Transaktionskosten von Handelskooperationen, Heidelberg 1997.

Manske, Bernd: Personaleinsatz und Arbeitsorganisation in Handel und Gewerbe, Berlin 1991.

Martin, Albert: Personalstrukturen und betriebliche Anreizpolitik, in: Weber, Wolfgang (Hrsg.): Entgeltsysteme. Lohn, Mitarbeiterbeteiligung und Zusatzleistungen, Stuttgart 1993, S. 105-129.

Matzler, Kurt/Hinterhuber, Hans H./Handlbauer, Gernot: Erfolgspotential Kundenzufriedenheit, in: WISU, 26. Jg. (1997), H. 8-9, 733-739.

Meffert, Heribert: Marktorientierte Führung von Dienstleistungsunternehmen – neue Entwicklungen in Theorie und Praxis, in: DBW, 54. Jg. (1994), H. 4, S. 519-541.

Meffert, Heribert/Bruhn, Manfred: Dienstleistungsmarketing, Grundlagen – Konzepte – Methoden, Wiesbaden 1995.

Menge, Robert: Struktur und Leistungen des westdeutschen Textileinzelhandels in den Jahren 1949 bis 1953, Köln-Opladen 1957.

Meyer, Anton/Mattmüller, Roland: Qualität von Dienstleistungen – Entwurf eines praxisorientierten Qualitätsmodells, in: Marketing ZFP, 9. Jg. (1987), H. 3, S. 187-195.

Meyer, Carl W.: Der Zusammenhang von Funktion und Betriebsformen des Warenhandels und seine Bedeutung für die Handelsbetriebsführung, in: Der österreichische Betriebswirt, 13. Jg. (1963), H. 3, S. 118-136.

Mies, Werner: Arbeitsrationalisierung im Verkauf, Köln 1964.

Müller-Hagedorn, Lothar: Bausteine eines Management-Informationssystems: Balanced Scorecard – Benchmarking – Betriebsvergleich, in: Beisheim, Otto (Hrsg.): Distribution im Aufbruch, Bestandsaufnahme und Perspektiven, München 1999, S. 729-753.

Müller-Hagedorn, Lothar: Der Handel, Stuttgart-Berlin-Köln 1998.

Müller-Hagedorn, Lothar: Handelsmarke oder Herstellermarke? – Überlegungen zur ökonomischen Effizienz, in: Bruhn, Manfred: Handelsmarken, Entwicklungstendenzen und Zukunftsperspektiven der Handelsmarkenpolitik, 2.A., Stuttgart 1997, S. 153-166.

Müller-Hagedorn, Lothar: Betriebstypen im Einzelhandel, in: Tietz, Bruno/Köhler, Richard/Zentes, Joachim: Handwörterbuch des Marketings, 2. A., Stuttgart 1995, 238-255.

Müller-Hagedorn, Lothar: Handelsmarketing, 2. A., Stuttgart-Berlin-Köln 1993a.

Müller-Hagedorn, Lothar: Zur Feststellung von diskriminierenden Entgeltformen, in: DBW, 53. Jg. (1993b), H. 4, S. 529-543.

Müller-Hagedorn, Lothar: Handelsmarketing, Stuttgart u.a. 1984.

Müller-Hagedorn, Lothar: Grundlagen der Personalbestandsplanung, Opladen 1970.

Müller-Hagedorn, Lothar/Kaapke, Andreas/Eisenmann, Holger: Sortimentspolitik, Preiskalkulation & Personaleinsatz im Schuhfacheinzelhandel, in: Schuhmarkt, o.Jg. (1997a), H. 12, S. 24-27.

Müller-Hagedorn, Lothar/Kaapke, Andreas/Eisenmann, Holger: Sortimentspolitik, Preiskalkulation und Personaleinsatz im Schuhfacheinzelhandel. Eine Untersuchung zum Einfluss der Bedienungskosten und der Kalkulation auf die Vorteilhaftigkeit einzelner Sortimentsteile im Auftrag des Hauptverbands der Deutschen Schuhindustrie, Köln 1997b.

Müller-Hagedorn, Lothar/Kaapke, Andreas/Wenzlitschke, Max Reinhard: Ladenschlußgesetz – Was sagt der Fachhandel?, in: M.d.IfH, 49. Jg. (1997), H. 3, S. 45-61.

Müller-Hagedorn, Lothar/ Schuckel, Markus, Der Handel in der amtlichen Statistik, in: von der Lippe, Peter/Rehm, Norbert/Strecker, Heinrich/Wiegert, Rolf (Hrsg.): Wirtschafts- und Sozialstatistik heute. Theorie und Praxis. Festschrift für Walter Krug, Sternefels 1997, S. 110-140.

Müller-Hagedorn, Lothar/Sewing, Eva: Betriebswirtschaftliche Besonderheiten von Handelsbetrieben, in: WISU, 19. Jg. (1990), H. 4, S. 227-233.

Müller-Hagedorn, Lothar/Toporowski, Waldemar: Kostenrechnung in Handelsbetrieben, in: Freidank, Carl-Christian/Götze, Uwe/Huch, Burkhard/Weber, Jürgen (Hrsg.): Kostenmanagement, Aktuelle Konzepte und Anwendungen, Berlin u.a 1997, S. 445-477.

Naisbitt, John/Aburdene, Patricia: Megatrends 2000, Düsseldorf-Wien-New York 1990.

Nicklisch, Heinrich: Die Betriebswirtschaft, 7. A., Stuttgart 1932.

o.V.: Aus teurer Arbeit lohnende Leistung machen!, in: handel heute, o.Jg. (1989), H. 2, S. 18-35.

o.V.: „Braucht der Handel einen theoretischen Brückenkopf?", in: BAG Handelsmagazin, Nr. 10, 1995, S. 10-12.

o.V.: Der Beitrag zählt, in: Finanztest, o.Jg., 2000, H. 9, S. 12-19.

o.V.: Die Umsatzentwicklung der Einzelhandelsfachgeschäfte im Januar 1995, in: M.d.IfH, 47. Jg. (1995), H. 2, S. 39 und die folgenden 11 Hefte, S. 55, 64, 73, 100, 111, 128, 140, 152, 171, 207 u. 24.

o.V.: Die Zeit ist reif für das „lean management", in: ehb, 35. Jg. (1992), H. 4, S. 298-311.

o.V.: Duty Free, Schröders vergeblicher Kampf, in: http://www.managermagazin.de/news/artikel/0,1113,2841,00.html, 11. April 1999.

o.V.: Erfolgs-Story. Präsentation ersetzt Personal, in: ehb, 35. Jg. (1992), H. 5, S. 380-382.

o.V.: Fehler gegen Null, in: handelsjournal, o.Jg. (1994), H. 10, S. 8-11.

o.V.: Flexibilität im Vordergrund, in: Wirtschaftswoche, o.Jg. (1997), H. 46, S. 18.

o.V.: Geschäftsjahr '91: Sind Sie Treiber oder Getriebener?, in: ehb, 34. Jg. (1991), H. 1, S. 20-29.

o.V.: Gesetz über den Ladenschluß vom 28. November 1956 (BgBl. I S. 875), zuletzt geändert durch Artikel 1 des Gesetzes vom 30. Juli 1996 (BgBl. I S. 1186).

o.V.: Jetzt umschalten auf mehr Kostenbewußtsein, in: ehb, 34. Jg. (1991), H. 3, S. 194-202.

o.V.: Leistung und Begeisterung, in: Textilwirtschaft, o.Jg. (1997), H. 19, S. 25.

o.V.: Neuer Volkssport Feilschen, in: Kölnische Rundschau, 55. Jg., Nr. 166 v. 20.7.2000, S. rwi04b.

o.V.: Noch mehr Service und Beratungsqualität, in: handelsjournal, o.Jg. (1994), H. 4, S. 16.

o.V.: PEP mit Pep, in: Dynamik im Handel, 62. Jg. (1998), H. 4, S. 90-93.

o.V.: Personaleinsatzplanung via PC, in: ehb, 39. Jg. (1996), H. 11, S. 36.

o.V.: Schraube anziehen, nicht überdrehen, in: ehb, 40. Jg. (1997), H. 10, S. 16-24.

Oberparleiter, Karl: Die Funktionen des Handels, Wien 1918.

Oechsler, Walter A.: Personal und Arbeit, 6. A., München 1997.

Olfert, Klaus/ Steinbuch, Pitter A.: Personalwirtschaft, 7. A., Ludwigshafen (Rhein) 1998.

Palandt, Otto: Bürgerliches Gesetzbuch, Beck'sche Kurz-Kommentare, Bd. 7, 59. A., München 2000.

Pfeiffer, Werner/Weiss, Enno: Philosophie und Elemente des Lean Management, in: Corsten, Hans/Will, Thomas (Hrsg.): Lean Production, Stuttgart-Berlin-Köln 1993.

Philippi, Hans: Bericht über die Ergebnisse des Betriebsvergleichs der Einzelhandelsfachgeschäfte im Jahre 1991, in: M.d.IfH, 44. Jg. (1992), H. 11, S. 153-170.

Philippi, Hans: Bericht über die Ergebnisse des Betriebsvergleichs der Einzelhandelsfachgeschäfte im Jahre 1989, in: M.d.IfH, 42. Jg. (1990), H. 11, S. 137-154.

Philippi, Hans: Bericht über die Ergebnisse des Betriebsvergleichs der Einzelhandelsfachgeschäfte im Jahre 1987, in: M.d.IfH, 40. Jg. (1988), H. 11, S. 145-162.

Philippi, Hans: Bericht über die Ergebnisse des Betriebsvergleichs der Einzelhandelsfachgeschäfte im Jahre 1985, in: M.d.IfH, 38. Jg. (1986), H. 11, S. 141-158.

Philippi, Hans: Bericht über die Ergebnisse des Betriebsvergleichs der Einzelhandelsfachgeschäfte im Jahre 1983, in: M.d.IfH, 36. Jg. (1984), H. 11, S. 153-170.

Philippi, Hans: Bericht über die Ergebnisse des Betriebsvergleichs des Einzelhandels im Jahre 1981, in: M.d.IfH, 34. Jg. (1982), H. 11, S. 141-158.

Philippi, Hans: Bericht über die Ergebnisse des Betriebsvergleichs des Einzelhandels im Jahre 1979, in: M.d.IfH, 32. Jg. (1980), H. 11, S. 129-146.

Porter, Michael E.: Wettbewerbsvorteile. Spitzenleistungen erreichen und behaupten, 5. A., Frankfurt-New-York 1999.

Potthoff, Erich: Betriebliches Personalwesen, Berlin-New York 1974.

Praxis-Lexikon: Lohn- und Gehaltsberechnung von A-Z. Nachschlagewerk mit Ergänzungslieferungen, Freiburg i. Br. o.J..

Reese, Joachim/Werner, Claudia: Lernprozesse bei Lean Production, in: WISU, 25. Jg. (1996), H. 11, S. 1004-1009.

Ridder, Hans-Gerd: Personalwirtschaftslehre als ökonomische Theorie, in: Weber, Wolfgang (Hrsg.): Grundlagen der Personalwirtschaft: Theorien und Konzepte, Wiesbaden 1996, S. 317-339.

Rokohl, Claudia: Prozeßorientiertes Kostenmanagement in Einzelhandelsbetrieben, Göttingen 1997.

Rothschild, Kurt W.: Lohntheorie, Berlin-Frankfurt am Main 1963.

Rudolph, T./ Büchner, M.-G.: Technologische Innovation – Schrittmacher der Handelsentwicklung, in: Thexis, Fachzeitschrift für Marketing, Jg. 16 (1999), H. 1, S. 58.

Sadowski, Dieter: Humankapital und Organisationskapital – Zwei Grundkategorien einer ökonomischen Theorie der Personalpolitik in Unternehmen, in: Ordelheide, Dieter/Rudolph, Bernd/Büsselmann, Elke: Betriebswirtschaftslehre und Ökonomische Theorie, Stuttgart 1991, S. 127-143.

Sadowski, Dieter: Der Stand der betriebswirtschaftlichen Theorie der Personalplanung, in: ZfB, 51. Jg. (1981), H. 1, S. 88-105.

Salewski, Frank: Modellierungskonzepte zur Dienstplanung bei flexibler Personalkapazität, in: ZfB, 69. Jg. (1999), H. 3, S. 319-345.

Schär, Johann Friedrich: Allgemeine Handelsbetriebslehre, 1. Bd., 1.A., Leipzig 1911.

Scherz, Erhard: Verrechnungspreise für unternehmensinterne Dienstleistungen, Wiesbaden 1998.

Scheuch, Fritz: Dienstleistungsmarketing, München 1982.

Schmalenbach, Eugen: Die Betriebswirtschaftslehre an der Schwelle der neuen Wirtschaftsverfassung, in: ZfhF, 22. Jg. (1928), S. 241-251.

Schneider, Dieter: Allgemeine Betriebswirtschaftslehre, 2. A., München-Wien-Oldenburg 1985.

Scholl, Guido: Die Faktoren Raum und Einrichtungsmittel im Ladenfacheinzelhandel des mittelfristigen Bedarfs, Frankfurt am Main 1996.

Scholz, Christian: Integration der strategischen Personalplanung in der strategischen Unternehmensführung, in: Ackermann, Karl-Friedrich/Scholz, Hartmut (Hrsg.): Personalmanagement für die 90er Jahre, Stuttgart 1991, S. 35-49.

Scholz, Christian: Strategisches Personalmanagement. Von der Vision zur Realisation, in: Gablers Magazin, 5. Jg. (1990), H. 2, S. 16-21.

Schuckel, Markus: Bedienungsqualität im Einzelhandel, Stuttgart 1999.

Schwager, Susanne: Prozeßkostenrechnung, in: WISU, 26. Jg. (1997), H. 11, S. 1035.

Seyffert, Rudolf: Über Begriff, Aufgaben und Entwicklung der Betriebswirtschaftslehre, 6. A., Stuttgart 1971.

Seyffert, Rudolf (Hrsg.): Umsatz, Kosten, Spannen und Gewinn des Einzelhandels in der Bundesrepublik Deutschland in dem Jahrzehnt 1949 bis 1958, Köln-Opladen 1962.

Seyffert, Rudolf: Der Mensch als Betriebsfaktor. Eine Kleinhandelsstudie, Stuttgart 1922.

Silberer, Günter: Handelsmarketing mit neuen Medien, Herausforderung für den klassischen und den elektronischen Handel, in: Beisheim, Otto (Hrsg.): Distribution im Aufbruch, Bestandsaufnahme und Perspektiven, München 1999, S. 1039.

Silberer, Günter: Die Bedeutung und Messung von Kauferlebnissen im Handel, in: Trommsdorf, V. (Hrsg.): Handelsforschung 1989. Grundsatzfragen, Wiesbaden 1989, S. 59-76.

Simon, Hermann/Butscher, Stephan A.: Automatisierung von Dienstleistungen. Gefährlicher Spagat, in: absatzwirtschaft, o.Jg. (1997), H. 2, S. 46-49.

Staffelbach, Bruno: Strategisches Personalmanagement, Bern-Stuttgart 1986.

Statistisches Bundesamt (Hrsg.): Gesamtkatalog 2000, Stuttgart 2000a.

Statistisches Bundesamt (Hrsg.): Löhne und Gehälter. Angestelltenverdienste im Produzierenden Gewerbe, Handel, Kredit- und Versicherungsgewerbe Oktober 1999, Fachserie 16, Reihe 2.2, Stuttgart 2000b.

Statistisches Bundesamt (Hrsg.): Löhne und Gehälter. Arbeitnehmerverdienste im Produzierenden Gewerbe; Handel; Kredit- und Versicherungsgewerbe Oktober 1999, Fachserie 16, Reihe 2.3, Stuttgart 2000c.

Statistisches Bundesamt (Hrsg.): Binnenhandel, Gastgewerbe, Tourismus. Beschäftigung, Umsatz, Wareneingang, Lagerbestand und Investitionen im Einzelhandel 1997, Fachserie 6, Reihe 3.2, Stuttgart 1999a.

Statistisches Bundesamt (Hrsg.): Löhne und Gehälter. Arbeitskostenerhebungen. Arbeitskosten im Produzierenden Gewerbe und ausgewählten Dienstleistungsbereichen 1996. Erste Ergebnisse für Deutschland, Fachserie 16, H. 1, Stuttgart 1999b.

Statistisches Bundesamt (Hrsg.): Löhne und Gehälter. Arbeitskostenerhebungen. Arbeitskosten in ausgewählten Dienstleistungsbereichen 1996. Ergebnisse für das frühere Bundesgebiet sowie die neuen Länder und Berlin-Ost, Fachserie 16, H. 3, Stuttgart 1999c.

Statistisches Bundesamt (Hrsg.): Löhne und Gehälter. Gehalts- und Lohnstrukturerhebung. Ausgewählte Strukturdaten im Produzierenden Gewerbe, im Groß- und Einzelhandel, Kredit- und Versicherungsgewerbe 1995, Fachserie 16, H. 1, Stuttgart 1998a.

Statistisches Bundesamt (Hrsg.): Löhne und Gehälter. Gehalts- und Lohnstrukturerhebung. Arbeiterverdienste nach Wirtschaftszweigen und ausgewählten Merkmalen 1995, Fachserie 16, H. 2, Stuttgart 1998b.

Statistisches Bundesamt (Hrsg.): Löhne und Gehälter. Gehalts- und Lohnstrukturerhebung. Angestelltenverdienste nach Wirtschaftszweigen und ausgewählten Merkmalen 1995, Fachserie 16, H. 3, Stuttgart 1998c.

Statistisches Bundesamt (Hrsg.): Löhne und Gehälter. Gehalts- und Lohnstrukturerhebung. Verdienstschichtungen nach ausgewählten Merkmalen sowie Arbeitnehmerverdienste nach Berufen 1995, Fachserie 16, H. 4, Stuttgart 1998d.

Statistisches Bundesamt (Hrsg.): Statistisches Jahrbuch 1998, Stuttgart 1998e.

Statistisches Bundesamt (Hrsg.): Unternehmen und Arbeitsstätten. Kostenstruktur im Einzelhandel 1993, Fachserie 2, Reihe 1.3, Stuttgart 1996.

Statistisches Bundesamt (Hrsg.): Löhne und Gehälter. Arbeitskostenerhebungen. Arbeitskosten in ausgewählten Dienstleistungsbereichen 1992, Fachserie 16, H. 2, Stuttgart 1995.

Statistisches Bundesamt (Hrsg.): Unternehmen und Arbeitsstätten. Kostenstruktur im Einzelhandel 1989, Fachserie 2, Reihe 1.3, Stuttgart 1992.

Statistisches Bundesamt (Hrsg.): Löhne und Gehälter. Arbeitskostenerhebungen. Arbeitskosten im Groß- und Einzelhandel sowie im Bank- und Versicherungsgewerbe 1988, Fachserie 16, H. 2, Stuttgart 1990.

Statistisches Bundesamt (Hrsg.): Unternehmen und Arbeitsstätten. Kostenstruktur im Einzelhandel 1985, Fachserie 2, Reihe 1.3, Stuttgart-Mainz 1987.

Statistisches Bundesamt (Hrsg.): Löhne und Gehälter. Arbeitskostenerhebungen. Arbeitskosten im Groß- und Einzelhandel sowie im Bank- und Versicherungsgewerbe 1984, Fachserie 16, H. 2, Stuttgart-Mainz 1986.

Statistisches Bundesamt (Hrsg.): Löhne und Gehälter. Personal- und Personalnebenkostenerhebungen. Aufwendungen der Arbeitgeber im Groß- und Einzelhandel sowie im Bank- und Versicherungsgewerbe 1981, Fachserie 16, H. 2, Stuttgart-Mainz 1984.

Statistisches Bundesamt (Hrsg.): Unternehmen und Arbeitsstätten. Kostenstruktur im Einzelhandel 1981, Fachserie 2, Reihe 1.3, Stuttgart-Mainz 1983.

Statistisches Bundesamt (Hrsg.): Löhne und Gehälter. Personal- und Personalnebenkostenerhebungen. Aufwendungen der Arbeitgeber im Groß- und Einzelhandel sowie im Bank- und Versicherungsgewerbe 1978, Fachserie 16, H. 2, Stuttgart-Mainz 1981.

Statistisches Bundesamt (Hrsg.): Unternehmen und Arbeitsstätten. Kostenstruktur im Einzelhandel 1977, Fachserie 2, Reihe 1.3, Stuttgart-Mainz 1979.

Statistisches Bundesamt (Hrsg.): Löhne und Gehälter. Personal- und Personalnebenkostenerhebungen. Aufwendungen der Arbeitgeber im Groß- und Einzelhandel sowie im Bank- und Versicherungsgewerbe 1974, Fachserie 16, H. 3, Stuttgart-Mainz 1977.

Statistisches Bundesamt (Hrsg.): Unternehmen und Arbeitsstätten. Die Kostenstruktur in der Wirtschaft. VII. Einzelhandel 1973, Fachserie C, Reihe 1, Stuttgart-Mainz 1976.

Statistisches Bundesamt (Hrsg.): Unternehmen und Arbeitsstätten. Die Kostenstruktur in der Wirtschaft. VII. Einzelhandel 1969, Fachserie C, Reihe 1, Stuttgart-Mainz 1972.

Statistisches Bundesamt (Hrsg.): Unternehmen und Arbeitsstätten. Die Kostenstruktur in der Wirtschaft. VII. Einzelhandel 1965, Fachserie C, Reihe 1, Stuttgart-Mainz 1968.

Statistisches Bundesamt (Hrsg.): Unternehmen und Arbeitsstätten. Die Kostenstruktur in der Wirtschaft. VII. Einzelhandel 1961, Fachserie C, Reihe 1, Stuttgart-Mainz 1965.

Statistisches Bundesamt (Hrsg.): Die Kostenstruktur in der gewerblichen Wirtschaft und in ausgewählten freien Berufen. Ergebnisse der Kostenstrukturerhebung 1950. Einzelhandel, H. 4, Stuttgart-Köln 1955.

Stoffl, Michaela: Personalmanagement in Großbetrieben des Einzelhandels, Wiesbaden 1996.

Stoffl, Michaela: Mitarbeiter am Point of Sale: Einsatzbedarf transparent machen, in: WISU, 27. Jg. (1998), H. 8-9, S. 917-922.

Sundhoff, Edmund (Hrsg.): Umsatz, Kosten, Spannen und Gewinn des Einzelhandels in der Bundesrepublik Deutschland in dem Jahrzehnt 1969 bis 1978, Göttingen 1980.

Sundhoff, Edmund (Hrsg.): Umsatz, Kosten, Spannen und Gewinn des Einzelhandels in der Bundesrepublik Deutschland in dem Jahrzehnt 1959 bis 1968, Köln-Opladen 1970.

Sundhoff, Edmund: Handel, in: Beckerath, Erich von/Bente, Hermann/Brinkmann, Carl et al. (Hrsg.): Handwörterbuch der Sozialwissenschaften, Bd. 4, Stuttgart 1965, S. 762-779.

Taylor, Frederick Winslow: Die Grundsätze wissenschaftlicher Betriebsführung, Berlin 1913.

Tichy, N.M./Fombrun, C.J/Devanna, M.A.: Strategic Human Resource Management, in: Sloan Management Review, Vol. 23 (1982), Nr. 2, S. 47-60.

Tietzel, Manfred: Die Ökonomie der Property Rights: Ein Überblick, in: Zeitschrift für Wirtschaftspolitik, 30. Jg. (1981), H. 1, S. 207-243.

Thom, N.: Grundlagen des betrieblichen Innovationsmanagements, Königsstein 1980.

Toutenburg, Helge: Lineare Modelle, Heidelberg 1992.

Treeck, Saskia G.M.: DPR im Marketing-Mix. Wichtiges Instrument zur Sortimentssteuerung des Handels, in: Dynamik im Handel, 57. Jg. (1993), H. 2, S. 60-66.

Walther, Alfred: Einführung in die Wirtschaftslehre der Unternehmung, 2. A., Zürich 1955.

Wanik, Bernhard: Ansätze einer betriebswirtschaftlichen Lohntheorie, in: ZfB, 51. Jg. (1981), H. 5, S. 496-522.

Weber, Hans Hermann: Zur Diskussion um die Produktivität des Handels, in: ZfB, 46. Jg. (1976), H. 1, S. 47-58.

Weber, Wolfgang: Entgeltsysteme in personalwirtschaftlicher Perspektive, in: Weber, Wolfgang (Hrsg.): Entgeltsysteme. Lohn, Mitarbeiterbeteiligung und Zusatzleistungen, Stuttgart 1993, S. 3-22.

Weber, Wolfgang/Mayrhofer, Wolfgang/Nienhüser, Werner: Grundbegriffe der Personalwirtschaft, Stuttgart 1993.

Weibler, Jürgen: Ökonomische vs. verhaltenswissenschaftliche Ausrichtung der Personalwirtschaftslehre – Eine notwendige Kontroverse?, in: DBW , 56. Jg. (1996), H. 5, S. 649-665.

Weinberg, Peter: Erlebnisorientierte Einkaufsstättengestaltung im Einzelhandel, in: Marketing ZFP, 8. Jg. (1986), H. 1, S. 97-102.

Wenzlitschke, Max Reinhard: Bescheidener Start ins Jahr 1999, in: UJS, 53. Jg. (1999), H. 4, S. 62f.

Wenzlitschke, Max Reinhard: Das Gartencenter ‚Oase' – Maßnahmen zur Reduktion der Personalkosten, in: Kaapke, Andreas/Froböse, Michael (Hrsg.): Fallstudien zur Handelsbetriebslehre, Frankfurt a. M. 1999, S. 333-348.

Wenzlitschke, Max Reinhard: Das Gartencenter ‚Oase' – Maßnahmen zur Reduktion der Personalkosten, in: Kaapke, Andreas/Froböse, Michael (Hrsg.): Fallstudien zur Handelsbetriebslehre. Instructor's Manual, Frankfurt a. M. 1999, S. 251-276.

Wenzlitschke, Max Reinhard: Der Anstieg der Personalkosten und seine Folgen für den Facheinzelhandel, in: Müller-Hagedorn, Lothar (Hrsg.): Trends im Handel. Analysen und Fakten zur aktuellen Situation im Handel, Frankfurt am Main 1996, S. 227-250.

Wenzlitschke, Max Reinhard/Wagner, Elwira: Ergebnisse einer Befragung zum Tertialsbetriebsvergleich, in: M.d.IfH, 50. Jg. (1998), H. 7, S. 148-53.

Wittlage, Helmut: Personalbedarfsermittlung, München 1995.

Wöhe, Günter: Einführung in die Allgemeine Betriebswirtschaftslehre, 16. A., München 1986.

Wolf, Susanne: Kundenbindung durch Qualitätsmanagement, Göttingen 1997.

Woratschek, Herbert: Betriebsform, Markt und Strategie, Wiesbaden 1992.

Wunderer, Rolf: Entwicklungstendenzen im Personalwesen. Beurteilung aus theoretischer und praktischer Warte, in: DBW, 43. Jg. (1983), H. 2, S. 217-236.

Wunderer, Rolf/Mittmann, Josef: 10 Jahre Personalwirtschaftslehren – von Ökonomie nur Spurenelemente, in: DBW, 43. Jg. (1983), H. 4, S. 623-655.